U0925852

本书是国家社科基金项目“《神圣家族》及其当代价值研究”（15CKS001）的结项成果，结项等级为“优秀”（结项证书号20182584）。

思想的清算与转变

——《神圣家族》的文本学研究

Settling Accounts With Former Philosophical Belief and Setting Forth New Philosophical Conception

——A Text Study of "the Holy Family"

李彬彬 著

人民出版社

责任编辑:吴广庆
封面设计:石笑梦
版式设计:胡欣欣

图书在版编目(CIP)数据

思想的清算与转变:《神圣家族》的文本学研究/李彬彬 著. —北京:人民出版社,
2023.7
ISBN 978-7-01-024899-8

Ⅰ.①思… Ⅱ.①李… Ⅲ.①《神圣家族》-马恩著作研究 Ⅳ.①A811.21

中国版本图书馆 CIP 数据核字(2022)第 131395 号

思想的清算与转变
SIXIANG DE QINGSUAN YU ZHUANBIAN
——《神圣家族》的文本学研究

李彬彬 著

人民出版社 出版发行
(100706 北京市东城区隆福寺街 99 号)

中煤(北京)印务有限公司印刷 新华书店经销

2023 年 7 月第 1 版 2023 年 7 月北京第 1 次印刷
开本:710 毫米×1000 毫米 1/16 印张:35.25
字数:515 千字

ISBN 978-7-01-024899-8 定价:98.00 元

邮购地址 100706 北京市东城区隆福寺街 99 号
人民东方图书销售中心 电话 (010)65250042 65289539

目　录

导　言

本书的研究对象是马克思恩格斯合作发表的第一部著作《神圣家族》。在马克思和恩格斯的早期著作中，它是表征马克思思想转变最为重要的文本之一。但是长期以来，它并没有被归入“经典”之列，也没有受到研究者足够的重视。迄今为止，这一文本的研究中还存在很多薄弱环节乃至盲点。甚至直至最近几年才开始出现针对这一文本的专题研究著作。究其原因，一方面，是由于《神圣家族》通常被归类为马克思的“不成熟”著作，研究者不愿花费时间精力研究；另一方面，是由于缺乏原始的文献资料，尤其是对作为其批判对象的《文学总汇报》的思想内容缺乏了解，研究者不能进行深入研究。因此，在新的文献资料的基础上，对这一文本进行认真的解读和深入的思想阐发、进而重估其思想史意义及当代价值，就成为深化马克思主义研究的必然要求。

本书重新研究《神圣家族》有以下着力点：首先立足于马克思的如下判断，“我们是当代的哲学同时代人，而不是当代的历史同时代人”①。包括马克思、恩格斯和鲍威尔兄弟在内的德国哲学家们虽然生活在落后的德国，但思考的却是西欧共同面对的资本主义的时代课题。《神圣家族》这部著作涉及的人物众多、内容庞杂、章节之间也没有必然联系，但是它们都指向一个共同的

① 《马克思恩格斯文集》第1卷，人民出版社2009年版，第9页。

时代课题:如何理解并解决资本主义时代的问题。在这一视角之下,共产主义及其哲学基础唯物主义,涉及的是如何制定资本主义的替代方案;如何看待蒲鲁东的政治经济学,涉及的是如何对待资本主义社会的工具科学;如何看待贫困、"巴黎"的野蛮、无法纪、看门人、曼妙女郎、慈善事业、妇女解放的"秘密",直指资本主义时代随处可见的社会现象;首先改变人的思想观念,还是首先改变人的社会生活,这一理论冲突是马克思恩格斯同鲍威尔及其伙伴所代表的两种哲学对如何解决资本主义时代问题的不同回答。

其次,本书紧紧围绕"现实人道主义"这一理论主题来思考《神圣家族》。"现实人道主义"最核心的意涵是"把人作为在历史中行动的人"来考察。马克思和恩格斯在《神圣家族》中所坚持的"人道主义"接续的是费尔巴哈。后者之所以提出"人道主义",其用意在于超越唯物主义和唯心主义的对立,尽管费尔巴哈局限于"感性直观"的方法并没有很好地依靠"人"完成自然和精神、实体和自我意识的统一,也就是说,费尔巴哈没有很好地完成超越唯物主义和唯心主义的任务,但这并不能抹杀"人道主义"是费尔巴哈在哲学上的重大贡献。马克思和恩格斯的"现实人道主义"同样是试图超越一切旧唯物主义和唯心主义,其哲学上的用意既包括颠覆传统的唯心主义形而上学,也包括克服18世纪唯物主义和费尔巴哈唯物主义的局限(《神圣家族》虽然有"对费尔巴哈的迷信",但也"开始""超出费尔巴哈而进一步发展费尔巴哈")。"现实人道主义"不仅仅统摄起马克思和恩格斯的《神圣家族》在哲学上的努力,而且统摄起了他们对政治经济学和现代市民社会批判以及他们的无产阶级革命的共产主义思想,因为政治经济学批判能够揭露现代市民社会的秘密,说明"现实的个体的人"的真实处境;无产阶级革命的共产主义思想则服务于生活在私有制的现实枷锁下"现实的个体的人"的解放事业。

再次,本书始终把《神圣家族》作为一部"论战性"的著作来对待,力求客观地对待论战双方的观点。这首先要求我们深入研究论战双方的文本。我们不仅把《神圣家族》作为本研究的第一手资料,而且把在德国搜集到的《文学总汇报》也作为第一手的资料。本书最大的特色就在于它是作者深入研究《文学总汇报》的相关篇目之后完成的。在《文学总汇报》上,布鲁诺·鲍威尔讨论"犹太人问题"的三篇文章和埃德加·鲍威尔的《蒲鲁东》都已被作者翻译为中文,并收入作者主编的《马克思思想发展历程中的"犹太人问题"》,兹不再重复收录。为了方便读者了解论战双方的观点,我们在本书中还以附录形式收录了马克思和恩格斯批判过的其他篇目以及布鲁诺·鲍威尔回应费尔巴哈、赫斯、马克思和恩格斯的重要论文《评路德维希·费尔巴哈》。

最后,我们坚持"从后思索"探讨马克思和恩格斯的思想发展过程。在马克思和恩格斯思想快速发展的1842—1846年间,德国的理论界是一个混乱的战场,"狄亚多希战争"在它面前都不值一提。马克思和恩格斯的思想发展也是在各种头绪的交织中向前发展的。"从后思索"马克思和恩格斯的思想发展历程,有助于我们厘清这纷繁复杂的头绪。就《神圣家族》而言,我们始终把《德意志意识形态》作为衡量它的一个标尺。《德意志意识形态》完成了唯物史观的系统表述,这是马克思和恩格斯持续探索得来并用于指导其后研究的"总的结果"①。这个"总的结果"具有标志性意义,它表明马克思和恩格斯在其思想先贤的基础上完成了新思想的锻造。相对于这个"总的结果",《神圣家族》是马克思和恩格斯对其思想先贤和自身"哲学信仰"的一次"清算",是向着这个"总的结果"的转变。当然,选择这种"从后思索"法,并不意味《德意志意识形态》中的所有思想都比《神圣家族》更加深刻和充分,事实上,就对作为"德意志意识形态"鲍威尔及其伙伴的哲学的批判而言,《神圣家族》无疑更加集中、深入和充分。

一、国内外相关研究的学术史梳理及研究动态

在马克思早期思想发展的过程中,《神圣家族》的写作是一道分水岭。在

① 《马克思恩格斯文集》第2卷,人民出版社2009年版,第591页。

这一文本中,马克思、恩格斯开始对他们的思想先贤布鲁诺·鲍威尔及其伙伴进行全面的思想清算。正是由于占据着如此重要的思想史地位,《神圣家族》才成为马克思主义研究中至关重要的文本,成为国内外马克思主义学术研究绕不开的对象。伴随着马克思主义研究范式从"体系意识"向"问题意识"的转换,国内外马克思主义研究者围绕《神圣家族》文本所展开的研究取向、研究主题、研究方法以及形成的总体风貌产生了较大的改观。大体说来,国内外相关研究的学术史可分为两个阶段。

第一阶段,在"体系意识"的引导下,国内外的研究成果表现出更多的统一性。以构建马克思主义发展史或哲学史为取向,探讨《神圣家族》在马克思主义形成中的地位,其方法主要为逻辑与历史相统一的方法,形成了一批富有影响的马克思主义哲学史和马克思恩格斯传记著作。在这一研究方向上,可区分出三种有代表性的观点:其一,把《神圣家族》视为马克思的尚未成熟的著作,代表性的成果有:阿尔都塞著《保卫马克思》。其二,有保留地认可《神圣家族》是马克思基本成熟的著作,代表性的研究成果有:拉宾著《马克思的青年时代》,科尔纽著《马克思恩格斯传·第2卷》,黄楠森、庄福龄、林利主编《马克思主义哲学史·第1卷》。其三,把《神圣家族》视为不值一提的著述,代表性的成果有:梅林著《马克思传》,麦克莱伦著《马克思传》。

第二阶段,在"问题意识"的指引下,因面对不同的现实问题和理论问题,国内外研究者的成果也更加分散。具体而言,国内的研究者更加以文本为中心,国外的研究者更加以人物为中心。

在国内,由于对苏联教科书体系的深刻反思,在"回到马克思"这一口号的感召下,《神圣家族》研究在20世纪90年代以后关注的焦点逐步聚焦到这一经典文本上。重点关注的问题有:其一,文本中对思辨哲学的批判。代表性的成果有黄学胜著《〈神圣家族〉:马克思对"思辨唯心主义"的批判》(论文)。其二,文本中对唯物主义史的清理。代表性的成果有张一兵著《自然唯物主义、人本学唯物主义与社会唯物主义——〈神圣家族〉的哲学解读》(论文)、杨耕著《重新审视唯物主义的历史形态和历史唯物主义的理论空间——重读〈神圣家族〉》(论文)。其三,文本中的政治经济学思想。代表性的成果有张一兵著《回到马克思:经济学语境中的哲学话语》(专著)、赵家祥著《〈1844 年经济学哲学手稿〉和〈神圣家族〉中的生产关系思想》(论文)。其四,文本中的政治哲学思想。代表性成果有李淑梅著《探求社会平等及其实现途径——〈神圣家族〉对蒲鲁东平等思想和埃德加的思辨歪曲的评判》(论文)。其五,对《神圣家族》做文本学个案研究。代表性成果有聂锦芳著《一段思想因缘的解构——〈神圣家族〉的文本学解读》(论文)、张一兵主编《马克思哲学的历史原像》(著作)。其六,《神圣家族》当代意义的阐发。代表性成果有卜祥记著《对〈神圣家族〉理论重要性的当代性解读》(论文)。

在国外,研究《神圣家族》的学者更加注重探讨马克思与青年黑格尔派之间的思想传承与断裂。这些研究又分为两类:其一,研究马克思和青年黑格尔派某个成员思想关系。代表性的著作有:波兰学者兹维·罗森著《布鲁诺·鲍威尔和卡尔·马克思:鲍威尔对马克思思想的影响》;德国人沃尔夫冈·艾斯巴赫著《麦克斯·施蒂纳对历史唯物主义起源的意义。重构马克思、恩格斯和施蒂纳之间的争论》;德国教授鲁迪·瓦泽尔著《自我意识的自主。布鲁诺·鲍威尔和马克思关系的研究(1835—1843)》(德文版)。其二,探讨马克思和整个青年黑格尔派的思想关系。代表性的成果有:犹太人卡尔·洛维特著《从黑格尔到尼采:19 世纪思维中的革命性决裂》;英国学者戴维·麦克莱伦著《青年黑格尔派和马克思》;沃伦·布雷克曼著《废黜自我:马克思、青年黑格尔派及激进社会理论的起源》;英国学者戴维·雷奥普德著《青年马克思:德国哲学、现代政治和人类的繁荣》。

当然,这种区分只具有相对的意义。例如,侯才先生的《青年黑格尔派与马克思早期思想的发展——对马克思哲学本质的一种历史透视》和吴晓明先生的《形而上学的没落》已经成为国内研究马克思和青年黑格尔派思想关系的标志性成果。总的来说,经过长期的研究探索,国内外学者从不同方面拓展了我们对《神圣家族》的认识，进一步明确了《神圣家族》在马克思主义形成中的历史地位，并对文本中的重要理论作出了富有时代意义的阐发，还进一步理清了文本中不同思想家之间的关系。这些重要的成果为我们进一步研究《神圣家族》提供了丰富的思想资源和理论养料。

但是，从目前的研究来看，还存在一定的不足。第一，评价标准单一。面对《神圣家族》这部马克思和恩格斯共同创作的第一部著作，单纯以“成熟”与“不成熟”来评判这部著作，甚至把它排斥在马克思主义经典著作之外，未免过于草率。第二，缺乏整体性的研究视角。在过去，研究者多是分别从哲学（尤其是哲学史和政治哲学）、政治经济学、社会主义史等角度对《神圣家族》展开研究。即使同时涵盖了哲学、政治经济学和社会主义，也很少探讨它们在《神圣家族》中的有机统一性。第三，缺少全面的文献支撑。马克思主义是马克思和恩格斯在与同时代人的论战中形成的，但是由于语言文化的隔阂，我们的研究一直缺少他们论战对手的文献支撑。具体到《神圣家族》而言，对于马克思和恩格斯批判的《文学总汇报》，过去国内研究者几乎没有直接接触过，对其中思想的复杂性和论证思路的把握也较为片面。如此一来，对《神圣家族》的理解也就很难成为客观、准确和到位的了。因此，在新的文献基础上，重新研究《神圣家族》就成了一项迫切而必要的任务。

二、本书相对于之前研究的意义和价值

《神圣家族》是一部论战性著作。准确理解《神圣家族》，必须客观复原那场论战。这要求研究者对当时的社会历史状况和思想史背景有深入的了解，对原始文献——包括《神圣家族》的德语原文和《文学总汇报》上被批判的13篇论文——作深入细致的研究。笔者曾对普鲁士1840年代的社会和思想状况做过一定研究，在德国留学期间曾搜集到包括《文学总汇报》在内的大量一手文献和研究材料。本书对这些材料进行了认真的研究，细致地比较了马克

思和恩格斯与鲍威尔及其伙伴相关篇章的立论依据、论证逻辑和基本结论，力争完整把握那场论战的本来面目。

第一，在文本研究上，本书试图客观、准确地恢复《神圣家族》的思想原貌。本书把《神圣家族》重新置入其创作的历史语境中，翻译、辨析《文学总汇报》的相关篇目，在对照中研究《神圣家族》与《文学总汇报》就相同的社会历史问题所提供的立论视角、论证过程和基本结论，有助于恢复《神圣家族》的思想原貌。当然，本书也认识到，《神圣家族》在马克思和恩格斯的思想发展历程或马克思主义的发展史上的意义在于过渡性。因此，本书试图在“德意志意识形态批判文本群”中界定的《神圣家族》的位置。相对于《1844 年经济学哲学手稿》，《神圣家族》的一个重要变化在于，虽然该文本还在谈论“异化”，但是它把“异化”放在更加具体的社会历史语境中来探讨。《1844 年经济学哲学手稿》中“异化劳动”和“类本质”的观点正在让位于“物质生产”和“社会关系”的观点，表明马克思向着历史唯物主义思想发展的方向。但是，它距离以“现实个人”的“生产关系”为出发点的“唯物史观”尚有距离。这一思想转变的实现得益于对实践观点的深刻思考。正是在实践观的基础上，马克思和恩格斯自觉地充分地认识到他们自己在《神圣家族》中初步表达的观点相对于“德意志意识形态”的革命性意义，在颠倒思想观念和社会生活关系的过程中把自己的思想理解为相对于“德意志意识形态”的思想革命。

第二，在思想发掘上，本书试图为理解《神圣家族》提供一种整体性的视角。本书从整体性的视角出发研究《神圣家族》，认为《神圣家族》是一部统一于“现实人道主义”的整体性著作，并进一步发掘这部文本的理论空间，彰显马克思和恩格斯实现思想变革是一个在哲学、政治经济学和社会主义思想共同作用下的整体性的过程。具体说来：在哲学上，马克思清理了唯物主义史，批判了思辨唯心主义，并提出，取代旧的形而上学的将是“为思辨本身的活动所完善化并和人道主义相吻合的唯物主义”。理解这种新哲学的关键在于，“劳动”或“对象性活动”作为人的自我生产的活动的本体论意义。在政治经济学研究中，马克思继承了黑格尔把市民社会理解为经济社会的主张，继续从政治经济学入手解剖市民社会；主张站在政治经济学之外——即人的立场上——批判政治经济学，揭露资产阶级社会中生产的不平等。在社会主义和共产主义思想上，马克思辩证地考察了英法的"空想社会主义"，基于"群众史观"初步阐述了对无产阶级进行阶级意识灌输，通过无产阶级革命推翻资本主义的社会主义和共产主义思想。

第三，在现实指向上，本书认为，马克思和恩格斯在《神圣家族》中提出的很多观点在当代中国都具有强烈的现实意义。如："历史的活动是群众的事业"的观点对于破解改革发展瓶颈，"思想离开利益会使自己出丑"的观点对于思考社会的核心价值认同都具有指导价值。

三、《神圣家族》的"德意志意识形态"批判语境

在马克思和恩格斯的早期思想发展历程中，"德意志意识形态"是他们思想发展的重要语境。所谓"德意志意识形态"是指包括黑格尔、以鲍威尔兄弟和施蒂纳为代表的青年黑格尔派、费尔巴哈和"真正的社会主义"在内的思想群体。从1837年加入博士俱乐部并开始与布鲁诺·鲍威尔相识，到1846年在《德意志意识形态》中对德国哲学（费尔巴哈、鲍威尔和施蒂纳）和德国社会主义思潮（"真正的社会主义者"）彻底清算，马克思与这个思想群体的纠葛有十年之久。在这漫长的十年中，马克思和恩格斯从融入其中，到反叛出来，逐步实现了自己的思想变革，在吸收继承的基础上彻底批判了"德意志意识形态"这一思想传统，完成了哲学史上的一次重大革命。

在马克思和恩格斯的早期著作中，《神圣家族》并不是一个孤立的文本，而是他们批判"德意志意识形态"的关键一环。"德意志意识形态"批判是马克思和恩格斯在一个相对集中的时间段里完成的主题相对集中工作。《莱茵

报》时期的“物质利益难题”为马克思反思自己信奉的“德意志意识形态”提供了契机,《黑格尔法哲学批判》对黑格尔理性主义国家观的批判是马克思对“德意志意识形态”的第一次批判。这一次批判扭转了黑格尔关于政治国家和市民社会关系的判断,为马克思在之后的《论犹太人问题》中向唯物主义转变打下了基础。英国的工作经历为恩格斯批判“德意志意识形态”提供了契机,他在《英国状况》中明确放弃“德国原则”,开始用“英国原则”理解社会和历史。《神圣家族》是马克思和鲍威尔“犹太人问题”论战的直接延续,也是马克思和恩格斯对“德意志意识形态”的全面清算。尽管《神圣家族》中有丰富的“唯物史观”的思想素材,但是,马克思和恩格斯此时只是把自身的唯物主义世界观视为与“德意志意识形态”对立的两极,还没有自觉地把“唯物史观”理解为“德意志意识形态”的前提批判。《神圣家族》没有完成的工作在《德意志意识形态》中完成了,在后一文本中,马克思和恩格斯明确提出只有“唯物史观”才能解释“德意志意识形态”产生的原因,才能指出消灭“德意志意识形态”的路径。在唯物史观和“德意志意识形态”批判的关系上,俞吾金教授有一个重要判断:即“德意志意识形态批判和唯物史观构建是同一个过程的两个方面”。① 在《德意志意识形态》中,马克思提出:“意识在任何时候都只能是被意识到了的存在,而人们的存在就是他们的现实生活过程。”②这一命题集中体现了马克思对意识形态的“破”和唯物史观的“立”是一个交织在一起的过程,唯物史观恰恰是在批判“德意志意识形态”过程中的理论建构。

马克思和恩格斯对“德意志意识形态”的批判是对西方形而上学思想传统的批判。在《德意志意识形态》中,马克思和恩格斯明确指出,“德意志意识形态”和一切时代的“意识形态”并没有任何不同,它们都认定:“思想和概念

① 参见俞吾金:《意识形态论》,人民出版社 2009 年版,第 165 页;汪行福:《意识形态批判与唯物史观》,《复旦学报(社会科学版)》2012 年第 5 期。

② 《马克思恩格斯文集》第 1 卷,人民出版社 2009 年版,第 525 页。

是决定性的本原”[①]。事实上,唯物史观在西方哲学和思想传统中革命性变革的意义就在于,它颠覆了西方两千多年以来把理念世界视为感性世界的根据、把尘俗历史视为精神历史的验证的柏拉图主义传统。在本书中,我们将重点关注马克思和恩格斯在《神圣家族》中对作为“德意志意识形态”之表现形式的“批判的批判”的批判,并借此反思马克思哲学与西方形而上学传统的关系。

四、文献学问题清理

《神圣家族》是马克思和恩格斯青年时代公开发表的为数不多的著作之一。初看起来,作为一部定稿并公开出版的著作,《神圣家族》并没有什么值得探讨的文献学问题。但是由于《神圣家族》处于马克思思想快速转变的历史阶段上,之前有《1844 年经济学哲学手稿》,之后有《关于费尔巴哈的提纲》。如何看待《神圣家族》与这些文本的关系,就成为研究这一文本不得不面对的问题。如果把《神圣家族》从马克思早期创作的这些文本中隔离出来,我们将因缺少总体性的视角而无法正确把握这部文本的思想。

1.《神圣家族》与《1844 年经济学哲学手稿》的思想关系

《1844 年经济学哲学手稿》首次由苏联马克思主义研究专家梁赞诺夫出版时,就是以“《神圣家族》的准备资料”为题出版的。从字面上看,《1844 年经济学哲学手稿》与《神圣家族》之间有诸多关联。最为明显的表现就是,《1844 年经济学哲学手稿》的“第三笔记本”尤其是“序言”中对“德国现代的批判”的批判。其中的诸多引文表明,马克思在写作《1844 年经济学哲学手稿》时已经读到《文学总汇报》第 8 期上的《目前什么是批判的对象?》,并开始

① 《马克思恩格斯文集》第 1 卷,人民出版社 2009 年版,第 510 页脚注。

明确批判鲍威尔所代表的“德国现代的批判”。基于此，本书将《1844 年经济学哲学手稿》视为《神圣家族》的重要准备材料。马克思在《1844 年经济学哲学手稿》中初步提出的一些重要议题（包括私有财产的关系、现实的共产主义革命、鲍威尔和费尔巴哈同黑格尔辩证法的不同关系等议题）都在《神圣家族》中得到更进一步的讨论。《1844 年经济学哲学手稿》重点内容是政治经济学批判和共产主义思想的阐释，在这部批判国民经济学的手稿中也在深入反思青年黑格尔派，这一做法表明德国哲学作为马克思思想发展的母体是他时刻反思的对象之一。当他开始思考现代社会的问题或构思未来社会的图景时，他首先想到的是德国哲学能否提供思想资源。他在这部手稿中确认了政治经济学批判的科学意义和共产主义运动的革命力量，这让他认识到德国哲学只是头脑中的革命，无法真正改变现实，进而触动他全面清算这一思想传统。

2.《神圣家族》与《英国状况》的思想关系

《神圣家族》并不是马克思一个人的著作，而是他与恩格斯的合作成果。在《神圣家族》的封面和“序言”中，马克思甚至把恩格斯列为第一作者。这在马克思和恩格斯的合著著作中是一个极其罕见的现象。马克思把恩格斯列为第一作者，绝非马克思的意气之举。恩格斯虽为“第二小提琴手”，但是他在英国的经历使得他不仅“从另一条道路”得出了与马克思“一样的结果”，而且在亲身参与无产阶级运动和政治经济学研究上一度走在马克思前面，从而在马克思的思想发展进程中起到了比同时代的其他理论家更为重要的作用。

把《神圣家族》和《论犹太人问题》《1844 年经济学哲学手稿》《英国状况》《英国工人阶级的状况》《德意志意识形态》结合起来阅读，我们能够明确地感觉到，《神圣家族》是马克思和恩格斯思想交互影响、相互综合的产物。具体而言：一方面，《神圣家族》中对以布鲁诺·鲍威尔为代表的青年黑格尔派的批判，往前接续着马克思在《论犹太人问题》和《1844 年经济学哲学手稿》中对他们的批判，往后直接通向《德意志意识形态》的相关内容。另一方面，《神圣家族》中“消灭社会贫困”“英国历史进程”“无产阶级历史使命”“资本主义是现代的奴隶制”“经济生产的决定性作用”等唯物史观的思想片段又能与恩格斯在《英国状况》《英国工人阶级状况》中的观点实现平滑过渡，并进而在《德意志意识形态》中得到更加完整和充分的论述。唯物史观是马克思和恩格斯的“共同见解”①，恩格斯是唯物史观的共同奠基者，这是基本的思想史事实。

以“唯物史观”的创立为基准，“从后思索”马克思和恩格斯的思想历程，《神圣家族》之所以达到了一个新的高度，就在于马克思开始试图融合恩格斯所带来的“英国利益”，把经济关系理解为历史发展的决定性力量。恩格斯在《英国状况》中所发现的“英国利益”无疑对“德意志意识形态”滋育出来的马克思形成了巨大的冲击，以至于他在恩格斯的再三劝阻之下，还是把恩格斯列为第一作者。毋庸置疑，马克思这时通过对黑格尔法哲学的批判已经发现了市民社会对政治国家的决定性作用，并且间接地在黑格尔的影响下和直接地在恩格斯的启发下开始认识到政治经济学这一市民社会科学的重要性，但是恩格斯明确指出经济生产的决定性力量、详细分析私有制下的竞争和剥削关系，尤其是亲身参与无产阶级革命实践等，这些还是超出了马克思此时的理论和实践范围。当然恩格斯的这些发现也恰好契合了马克思的“理性国家”批判和“人的解放”的思想，触动马克思开始进一步的思想探索。

3.《神圣家族》与《关于费尔巴哈的提纲》《德意志意识形态》的关系

如何看待《神圣家族》与《关于费尔巴哈的提纲》之间的文献关系，是马克思主义文献学研究中的一大热点问题，在国外有巴加图利亚和陶伯特持久争

① 马克思的原话是：“我们决定共同阐明我们的见解与德国哲学的意识形态的见解的对立，实际上是把我们从前的哲学信仰清算一下。”《马克思恩格斯选集》第 2 卷，人民出版社 2012 年版，第 4 页。

论,在国内有张一兵和鲁克俭两位老师"针锋相对"。[①] 争论的焦点问题正在于,如何看待《关于费尔巴哈的提纲》与《神圣家族》和《德意志意识形态》的关系,它是《神圣家族》的后续创作,还是《德意志意识形态》的"思想提纲"。毋庸置疑,巴加图利亚和陶伯特等人的文献学研究新成果为我们理解《关于费尔巴哈的提纲》的十一条内容提供了新的文献学支撑。尽管巴加图利亚和陶伯特最终一致同意在《关于费尔巴哈的提纲》之前的四条笔记(即:"神灵的利己主义者同利己主义的人相对立。革命时期关于古代国家的误解。'概念'和'实体'。革命——现代国家起源的历史。"[②])创作于《神圣家族》之后,但是对于这四条笔记的写作原因却有根本不同的判断:巴加图利亚认为,这四条笔记"与批判施蒂纳的《唯一者及其所有物》有关";陶伯特认为,这四条笔记是对《神圣家族》所引起的反响的一种回应。对这一文本的文献学信息的不同判定引发了巴加图利亚和陶伯特对《关于费尔巴哈的提纲》完全不同的认识。巴加图利亚认为,《关于费尔巴哈的提纲》写作于 1845 年 4—5 月间,是《德意志意识形态》的准备性著作,与其处于同一思想水准;陶伯特则认为《关于费尔巴哈的提纲》写作于 1845 年 7 月上旬,是为回应《维干德季刊》第 2 期(出版于 1845 年 6 月 25—28 日)上尤里乌斯批判《神圣家族》的文章《看得见的教派与看不见的教派之争或批判对批判的批判所作的批判》而创作,是《1844 年经济学哲学手稿》和《德意志意识形态》之间的过渡性著作。也就是说,陶伯特认为《关于费尔巴哈的提纲》与《神圣家族》是处于同一思想水平上的。陶伯特和巴加图利亚的相关讨论为我们重新认识《神圣家族》和《关于费尔巴哈的提纲》提供了重要的文献学材料,具有重要的学术价值,也提醒我们必须慎重对待《神圣家族》中的"对费尔巴哈的迷信"。

---

① 鲁克俭:《〈关于费尔巴哈的提纲〉的写作原因及其再评价》,《马克思主义与现实》2008 年第 5 期;张一兵:《文献学与马克思主义基本理论研究的科学立场——答鲁克俭先生和大村等日本学者》,《学术月刊》2001 年第 1 期。

② 《马克思恩格斯全集》第 42 卷,人民出版社 1979 年版,第 273 页。

我们认为，这四条笔记同《神圣家族》在内容上有明确的对应性，第一、二、四条对应于《马克思恩格斯文集》第1卷第322—326页的内容，第三条对应于《马克思恩格斯文集》第1卷第336页的内容。因此，不能夸大施蒂纳的《唯一者及其所有物》对该笔记乃至《关于费尔巴哈的提纲》的创作的影响。① 同时，该笔记同《关于费尔巴哈的提纲》在写作时间上又是接近的。这些信息指明了《神圣家族》、这四条笔记和《关于费尔巴哈的提纲》之间有紧密联系，不能过度强调差异，甚至认为它们之间存在断裂。我们绝对不能像鲍威尔那样把《神圣家族》视为费尔巴哈的后继者，因为马克思在《德意志意识形态》中猛烈地批判了这种观点。

但是，我们也不赞同把《关于费尔巴哈的提纲》同《神圣家族》等量齐观。马克思1867年4月24日给恩格斯的信中曾这样回顾《神圣家族》："我愉快而惊异地发现，对于这本书我们是问心无愧的，虽然对费尔巴哈的迷信现在给人造成一种非常滑稽的印象。"② 马克思在这封信中亲口承认《神圣家族》中有"对费尔巴哈的迷信"。而到了《关于费尔巴哈的提纲》中，"对费尔巴哈的迷信"彻底消失，取而代之的是全面的批判。我们之所以把批判费尔巴哈作为衡量《关于费尔巴哈的提纲》与《神圣家族》的思想标尺，是因为尽管费尔巴哈并不像黑格尔那样持久地影响了马克思，也不像鲍威尔那样直接地指导过马克思，但是因为费尔巴哈是青年黑格尔派中唯一突破了黑格尔体系的哲学家，不论他的"突破"有多少不足，其"人本学唯物主义"对于马克思和恩格斯

---

① 随着历史考证版《德意志意识形态》出版，国内学界近来越来越突出强调施蒂纳对于《关于费尔巴哈的提纲》的重要性，这种做法看起来有道理，本质上是认定马克思没有施蒂纳的外部冲击就不会开始反思自己和费尔巴哈的差别，甚至不可能完成新哲学的创立。这种观点虽然有助于提醒我们注意马克思思想发展的复杂性，但绝对夸大其词了。我们始终认为，马克思超越费尔巴哈的思想武器即"对象性活动"概念在《1844年经济学哲学手稿》中就已经在打磨之中，并且在《神圣家族》中使用更加频繁也更加趁手了。这个概念是在黑格尔的启迪下制定的。马克思超越费尔巴哈走的是一条独立于鲍威尔和施蒂纳等人的道路。参见李彬彬：《马克思哲学革命历程中的"施蒂纳冲击说"考辩》，《哲学研究》2023年第8期。

② 《马克思恩格斯全集》第31卷，人民出版社1972年版，第293页。

走出思辨哲学创立自己的哲学世界观确实具有重要的意义。当马克思综合黑格尔哲学的“活动”原则和费尔巴哈的“感性对象性”制定出“实践”概念,并以之为基础彻底清算费尔巴哈时,也就意味着他不仅自觉与思辨唯心主义相区分,而且自觉与一切传统唯物主义相区分。

当然,尽管马克思承认《神圣家族》有“对费尔巴哈的迷信”,我们也不能扩大“迷信”的范围,尤其不能认为马克思此时是完全的费尔巴哈主义者。因为他此时已经从“现实的个体的人”出发研究市民社会中无产阶级和资产阶级的关系,并把无产阶级群众的革命实践作为共产主义的条件,诸如此类的思想表明马克思已经开始把人“作为在历史中行动的人去考察”,并因此“开始”“超出费尔巴哈而进一步发展费尔巴哈”。① 无原则地扩大“对费尔巴哈的迷信”并不符合思想史的事实。我们认为,《神圣家族》“对费尔巴哈的迷信”主要在思辨唯心主义批判上,例如,恩格斯强调费尔巴哈“揭露了‘体系’的秘密”,马克思强调费尔巴哈“为批判黑格尔的思辨以及全部形而上学拟定了博大恢宏、堪称典范的纲要”②。他们认为费尔巴哈正确地批判了思辨唯心主义抽象的人和自然观,没有认识到费尔巴哈在“直观”的原则下理解的人和自然界依然是抽象的。而做到这一点,需要他们在“实践观”的基础上建立起具体地理解了人、自然、社会和历史的新哲学并以此反思前人。《神圣家族》还没有从这样的元概念出发建构自己的哲学,《关于费尔巴哈的提纲》则做到了这一点。

五、本书的基本思路

基于以上考虑尤其是相关文献学信息的清理,本书将《神圣家族》置于普鲁士 19 世纪 40 年代的思想语境中,深入了解当时历史状况和社会思潮,在阅

① 《马克思恩格斯文集》第 4 卷,人民出版社 2009 年版,第 294—295 页。

② 《马克思恩格斯文集》第 1 卷,人民出版社 2009 年版,第 295、342 页。

读、翻译、辨析原始文献的基础上，复原马克思和恩格斯与鲍威尔及其伙伴的论战。接着，在文本研究的基础上，探讨《神圣家族》的论证思路，辨析《神圣家族》重要概念的理论内涵，并基于当代视角阐发《神圣家族》的重要理论。然后，在思想史研究的视野内澄清《神圣家族》的历史地位。最后，结合当代中国特色社会主义建设，阐释《神圣家族》的当代价值。

第一章“写作背景”把马克思的《1844 年经济学哲学手稿》和恩格斯的《英国状况》作为《神圣家族》的“准备材料”加以讨论。这一章首先讨论了马克思在《1844 年经济学哲学手稿》中对“德国的现代批判”、费尔巴哈以及“黑格尔的辩证法和整个哲学”的批判。这是马克思在《神圣家族》中展开对鲍威尔及其伙伴的批判的重要思想基础。不仅如此，恩格斯的《英国状况》同样构成了《神圣家族》的思想基础。只有认真对待《神圣家族》与《英国状况》的思想联系，才能明白恩格斯所说的他此时与马克思“在一切理论领域中都显出意见完全一致”，以及马克思为什么把恩格斯列为第一作者。《神圣家族》之前的思想探索历程表明，历史唯物主义是马克思和恩格斯的“共同见解”。这一章还结合“犹太人问题”论战、无产阶级科学世界观的创立、捍卫“现实人道主义”的需要探讨了马克思和恩格斯写作《神圣家族》的思想动因。

第二章是对马克思和恩格斯与布鲁诺·鲍威尔及其伙伴所代表的两种宏观哲学思路的清理。《神圣家族》是一部论战性的著作。马克思和恩格斯在该书一开篇就亮明，他们所坚持的“现实人道主义”正是针对鲍威尔及其伙伴的“思辨唯心主义”提出的，这是两种不同的哲学思路。黑格尔提出“哲学是被把握在思想中的时代”，马克思和恩格斯与鲍威尔及其伙伴虽然代表了两条针锋相对的哲学思路，但是它们都是对自己时代的把握。具体说来，他们的激进主义既是对德国落后保守的政治局势的反应，也是对西欧资本主义时代问题的回应。哲学之所以是“时代精神的精华”，就在于它把握住了自己时代的问题并且做出了深刻的答复。德国的哲学家们虽然生活在落后的德国，但是他们的哲学思想并不落后，反倒是与世界历史处于同一水平的。具体说来，尽管德国并没有英国和法国的资本主义的经济和政治问题，但是德国哲学家在哲学和意识形态领域也在反思在西欧已经开始发展的资本主义的问题。如何看待并解决资本主义社会的问题，是当时德国哲学家共同面对的问题，也是马克思和恩格斯与鲍威尔及其伙伴面对的问题。《神圣家族》中无处不渗透着对资本主义时代问题的回答。只有在这个层次上思考问题，才能看到《神圣家族》真正的问题意识，也才不至于把"德意志意识形态"仅仅看作一种空论。本书第三到七章就是以该问题为导向，辨析这两种针锋相对的哲学思路在面对诸多相同的时代课题时所给出的不同答案。

第三章讨论的是恩格斯在《神圣家族》中写作的相关章节。在《神圣家族》的整体结构中，恩格斯写作的内容不足十分之一，但这并不意味着恩格斯讨论的问题是次要的。事实上，恩格斯通过分析批判家在解决赤贫化、看待英国的历史、分析瑙威尔克解职事件、对待特莉斯坦的《工人联合会》、辛利克斯的《政治讲演录》等问题上的错误看法，指出了一个很深刻的问题，即批判家只是在用黑格尔的范畴制定公式，从来没有摆脱黑格尔的思维方式。不仅如此，恩格斯还针对鲍威尔等人把人抽象为精神，把历史理解为独立于人的人格化过程的错误观点，提出了历史是"追求着自己目的的人的活动"；针对鲍威尔等人追求思想领域的解放，恩格斯提出了只有在无产阶级革命中才能实现人的解放。深入分析恩格斯对鲍威尔及其伙伴的批判，可以看到，恩格斯的相关批判与马克思的相关批判处在同一思想水平上。

第四章讨论的是政治经济学的科学价值。马克思到巴黎之后就与蒲鲁东有接触，并高度赞赏蒲鲁东对政治经济学的批判。马克思对蒲鲁东之所以有这种态度，是因为他在黑格尔的间接影响并在恩格斯的直接启发下，已经自觉地把对政治经济学的批判理解为资本主义的社会科学。要想透视资本主义社会的本质，必须对作为资本主义工具科学的政治经济学进行彻底的批判。然而，埃德加·鲍威尔作为思辨哲学的拥趸对蒲鲁东政治经济学批判的科学价值一无所知，反倒把蒲鲁东变成了他习惯批判的神学家。通过批判埃德加，马克思也进一步反思了蒲鲁东的局限性，提出蒲鲁东把在政治经济学的范围内对政治经济学所能批判的一切都已经完成了，但这也意味着蒲鲁东没有离开政治经济学的地基。基于此，马克思认识到政治经济学批判要想成为真正的科学，必须服务于推翻私有财产关系的无产阶级革命和共产主义事业。

第五章以“群众”问题为切入点思考马克思和鲍威尔对“犹太人问题”和法国大革命认识上的分歧。“群众”是由现代市民社会中的独立个体构成的。人虽一出生就是以个体的形态出现的，但是社会、心理或文化意义上的个体却是世界历史漫长发展的产物，其中积淀了基督教、文艺复兴和启蒙运动以及现代资本主义的文化历史成就。当然，这种利己主义、自我中心的个体尤其是人类历史中生产力发展带来的成就，在生产力低下的状况下，集体相对于个体具有天然的优先性。在现代社会中，生产力水平提高，人身依附关系被打破，经济生产和经商谋利成为群众生存、存在的物质前提，利己主义和自私自利由此才成为其意识的内核。群众最大的特点就在于，它是现代社会中的“通用人格”，一方面，“群众”的身份为每一个个体提供了“千人一面”的安全屏障；另一方面，“群众”中的个体又极度个性张扬，自由、平等、民主必然是其最重要的追求。德国的“犹太人问题”和法国的大革命都是群众在社会中崛起之后对政治权利提出新诉求而引发的。如何评判这些重大事件，体现了两种哲学对于现代社会的发展趋势及其中的典型人格的看法。鲍威尔的“自我意识哲学”对群众的排他性（个人主义、利己主义、自我中心等）精神状况提出了严厉的批判，直指现代人的精神病灶，无疑有其深刻性。马克思和恩格斯把群众视为历史活动的主体和历史变革的推动性力量，表面上看起来对群众听之任之、极力讨好，缺少批判性，但是事实上，马克思和恩格斯的深刻之处在于，如果群众生活于其中的私有制的经济关系不改变，群众的精神不可能突破特殊性的限制而达到普遍性，在他们看来，鲍威尔的“自我意识哲学”对群众的精神进行批判并没有找到问题的根本，最终只能是意识范围内的“空转”，是一出可笑的“滑稽剧”。这一章中间还穿插了“群众”的代表（《文学总汇报》的来信读者)对批判的认识,这种认识反映了德国的"民族性",反映了"思辨"是德国人的"民族性特征"。

第六章探讨的是马克思和塞利加对欧仁·苏的畅销小说《巴黎的秘密》的认识。《巴黎的秘密》是欧仁·苏借助盖罗尔斯坦公爵鲁道夫的巴黎探险之举对现代资本主义浪漫之都巴黎存在的各种丑恶问题的揭露,并提出了"改良主义"的社会救治方案。塞利加按照"思辨的结构"从欧仁·苏的小说中抽象出"秘密"这个概念,把"秘密"概念作为各种具体秘密的实体和主体,重新叙述了"秘密"概念在小说中经历的自我设定、自我差别、自我扬弃的生命历程,把具体的秘密构成为一个"被有机地划分为各个环节的系列"。虽然是对一部小说的评论,但是其背后涉及的是如何真正理解现代资本主义社会的问题以及如何根治这些问题。正是因为这是一个事关重大的问题,马克思才不惜花费了长长的两章来讨论这部小说及其书评。马克思在对塞利加的批判中揭露了"思辨结构的秘密",在对欧仁·苏的批判中揭露了"改良主义"的幻想并演示了一种现实主义的文艺批判。"思辨的结构"在德国影响深远,它仅仅追求"单纯理论领域内的解放",无法真正"撼动世界";"改良主义"反对从根本上改造资本主义,主张通过一些补缀办法改善底层人的生活,在工人和市民中影响很大。它们是马克思和恩格斯领导工人运动无法回避的思想对手,而梅林和麦克莱伦恰恰没有深入到这一层次才过度贬低了这两章。

第七章是对《神圣家族》中的唯物主义思想的讨论。这一章前两节分别分析了《文学总汇报》和《神圣家族》时期的鲍威尔和马克思对法国唯物主义和费尔巴哈唯物主义的批判。第三节还重点讨论了马克思在《神圣家族》中提出的一个重要概念:"为思辨本身的活动所完善化并和人道主义相吻合的唯物主义"。这一概念提示我们,马克思的新唯物主义是传统思辨哲学和人道主义哲学基础上的新哲学创造。德国的思辨哲学是整个世界历史范围内少有的思想高峰,马克思主义就产生于这一时代的土壤中,这奠定了马克思主义思想高度。只有在这一思想高度上才能科学理解马克思主义,避免对马克思主义作低于马克思主义的庸俗化、简单化解释。

综论部分主要是在思想史的视野中探讨《神圣家族》。首先，本书系统总结了《神圣家族》对思辨唯心主义的批判以及初步建构的唯物主义学说，指出该著作揭露了“思辨结构的秘密”，批判的批判的总秘密就是“重弹思辨的老调”，思辨哲学把历史和真理理解为一个特殊人格，在存在和思维、实践和理论之间建立起思辨的神秘的同一，把现实斗争变成观念斗争等观点的荒谬。它所建构起的新思想包括，在“现实人道主义”的统领之下，把“现实的个体的人”理解为出发点，提出以群众为历史发展主体的群众史观、把物质生产理解为历史诞生地、通过群众的共产主义运动实现社会变革等思想。其次，本书探讨了该著作尚未完成的工作，试图在与《关于费尔巴哈的提纲》和《德意志意识形态》的比较中探讨该著作尚未完成的理论建构，并分析其原因。在马克思早期思想演变的历程中存在着一个思辨唯心主义批判和唯物史观构建同步推进的过程，《神圣家族》在这两个方向上都有新的贡献，但是其最大的缺陷在于没能在一个元概念的基础上完成思辨唯心主义批判与唯物史观建构的内在贯通。与《关于费尔巴哈的提纲》和《德意志意识形态》做一比较的话，该著作系统全面地反思了思辨唯心主义的理论失误，并在新唯物主义的建构上迈出了重要一步，包含着丰富的理论内容，是马克思主义创立过程中必不可少的一个环节。最后，把该著作放在当时德国思想大论战的语境中，探讨马克思和恩格斯、鲍威尔以及其他德国学者对该书的态度，尤其是分析了《维干德季刊》上“可见的教派与不可见的教派之间的论争或批判对批判的批判所做的批判”对《神圣家族》的批判，这是马克思最为看重的书评之一，并探讨该书在后来的思想史上受到的对待。本书最后落脚于《神圣家族》的重要思想与当代中国特色社会主义理论和实践的发展，《神圣家族》作为唯物史观创立过程中的重要著作，其“人的解放”的根本主题、历史发源地在粗糙物质生产、人民群众是历史的主体等思想对于中国特色社会主义举旗定向具有重要的意义。如习近平总书记在党的二十大报告上指出的：“中国共产党为什么能，中国特色社会主义为什么好，归根到底是马克思主义行，是中国化时代化的马克思主义行。”①《神圣家族》中的思想对于当代中国社会发展依然具有重要价值。

① 习近平：《高举中国特色社会主义伟大旗帜　为全面建设社会主义现代化国家而团结奋斗——在中国共产党第二十次全国代表大会上的报告》，人民出版社 2022 年版，第 16 页。

第一章 《神圣家族》的写作背景

在马克思和恩格斯合作《神圣家族》之前，他们各自都经历了艰辛的思想探索。马克思在巴黎完成的《1844年经济学哲学手稿》构成了《神圣家族》的"准备资料"，恩格斯在英国完成的《英国状况》同样构成了《神圣家族》的思想基础。他们各自的思想探索不仅为《神圣家族》时期的合作打下了思想基础，而且通过发挥各自擅长的思想并吸收对方的思想，马克思和恩格斯在《神圣家族》中补足了自己思想的短板，并使合作的思想达到了一个新的高度。

一、作为"准备资料"的《1844年经济学哲学手稿》

1927年，在梁赞诺夫主持下，《1844年经济学哲学手稿》"第三笔记本"的大部分译文发表于俄文版《马克思恩格斯文库》第3卷上。后来，这部分文本又转载于1929年俄文版《马克思恩格斯全集》第3卷上，当时的标题为"《神圣家族》准备资料"。梁赞诺夫把《1844年经济学哲学手稿》"第三笔记本"作为《神圣家族》的"准备资料"并不是任性的决定。比对这两个文本不难发现，《神圣家族》不仅在多个地方利用了《1844年经济学哲学手稿》中的内容，而且马克思在《神圣家族》序言中提出的"批判的批判在各方面都低于德国的理论发展已经达到的水平”的判断也是基于《1844 年经济学哲学手稿》中就曾对“德国理论发展已经达到的水平”和“批判的批判”的研究而做出的。

（一）《神圣家族》与《1844 年经济学哲学手稿》的文本关联

《1844 年经济学哲学手稿》与《神圣家族》在文本上有诸多联系。第一，《1844 年经济学哲学手稿》已经预告了《神圣家族》的批判对象及其总体评价。首先，《1844 年经济学哲学手稿》序言预告了《神圣家族》的批判对象。这一序言写作于全部手稿即将完成的最后时期，其中对鲍威尔的“现代的批判”有很多评论。这些评论表明，马克思在写作《1844 年经济学哲学手稿》的最后一个时期已经读到《文学总汇报》的前 8 期。因为在《1844 年经济学哲学手稿》序言中，马克思已经引述了《文学总汇报》第 1、4、8 期上的内容。尤其是第 8 期上的《目前什么是批判的对象?》更是受到马克思的高度重视。① 而《文学总汇报》前 8 期正是《神圣家族》的批判对象。② 尽管《神圣家族》写作距离《1844 年经济学哲学手稿》完成还有一段时间，但是马克思并没有再扩大批判的范围，而是把《神圣家族》的批判对象局限于《文学总汇报》前 8 期。其中一个最重要的原因就是《目前什么是批判的对象?》已经明确地表明了鲍威尔的哲学观点。其次，《1844 年经济学哲学手稿》序言已经表明了马克思对鲍威尔的总体评价。马克思在这里已经提出，鲍威尔的批判是“神学的批判”，是“黑格尔的超验性被歪曲为神学漫画的顶点和结果”。③ 马克思在这里预告了他在《神圣家族》中对以鲍威尔为代表的现代批判家的批判，这些人的哲学是“以漫画形式再现出来的思辨”④。再次，在“对黑格尔辩证法和整个哲学的批判”一节中，马克思已经指出，以鲍威尔为代表的现代批判家没有摆脱黑

① 参见《马克思恩格斯文集》第 1 卷，人民出版社 2009 年版，第 111 页。

② 参见《马克思恩格斯文集》第 1 卷，人民出版社 2009 年版，第 253 页。

③ 《马克思恩格斯文集》第 1 卷，人民出版社 2009 年版，第 112—113 页。

④ 《马克思恩格斯文集》第 1 卷，人民出版社 2009 年版，第 253 页。

格尔的束缚，他们没有认真研究黑格尔的辩证法，对于自己同黑格尔哲学的关系采取了完全非批判的态度。这一点被马克思和恩格斯在《神圣家族》中全面展开。

第二，关于黑格尔犯了“双重错误”，在《神圣家族》与《1844 年经济学哲学手稿》之间有连续性。在《神圣家族》中，马克思写道：“黑格尔的过错在于双重的不彻底性：首先，他宣布哲学是绝对精神的定在，同时却绝不宣布现实的哲学家个人就是绝对精神；其次，他只是在表面上让绝对精神作为绝对精神去创造历史。因为绝对精神只是事后才通过哲学家意识到自身是具有创造力的世界精神，所以，它制造历史的行动也只是发生在哲学家的意识中、见解中、观念中，只是发生在思辨的想象中。”①在《1844 年经济学哲学手稿》中，马克思同样指出黑格尔犯了“双重错误”：第一个错误是，黑格尔只是就它们的“思想形式”来理解“同人的本质相异化的本质”，在这一过程中，“哲学家把自己变成异化的世界的尺度”，其结果是，整个外化和外化的消除都只是“逻辑的思辨的思维的生产史”，以至于客体和主体之间的对立成了“在思想本身范围内的对立”。② 第二个错误是，对异化的本质力量的占有只是“在意识中、在纯思维中即在抽象中实现的占有”，而不是对现实对象的占有。其结果是，《现象学》对各种异化的批判是“一种隐蔽的、自身还不清楚的、神秘化的批判。”③

第三，在关于贫穷和富有的关系上，《神圣家族》深化了《1844 年经济学哲学手稿》的提法。在《神圣家族》关于埃德加和蒲鲁东的研究中，“批判性的评注 1”对私有财产的形态和私有财产关系的研究和“批判性的评注 2”对贫穷和富有的对立的研究，在《1844 年经济学哲学手稿》中已经存在了。马克思在后一文本中写道：“补入 XXXIX 页。但是，无产和有产的对立，只要还没有把

① 《马克思恩格斯文集》第 1 卷，人民出版社 2009 年版，第 292 页。
② 《马克思恩格斯文集》第 1 卷，人民出版社 2009 年版，第 203 页。
③ 《马克思恩格斯文集》第 1 卷，人民出版社 2009 年版，第 204 页。

它理解为劳动和资本的对立，它还是一种无关紧要的对立，一种没有从它的能动关系上、它的内在关系上来理解的对立，还没有作为矛盾来理解的对立。"①《神圣家族》无疑把这里简短的提法深化了。

第四，《1844年经济学哲学手稿》中拟定了批判蒲鲁东的要点。首先，马克思指出了蒲鲁东只是从客体的形式来理解私有财产的片面性："最初，对私有财产只是从它的客体方面来考察，——但是劳动仍然被看成它的本质。因此，它的存在形式就是'本身'应被消灭的资本。（蒲鲁东。）"②其次，马克思还指出蒲鲁东把私有财产与平等相对立，既有其合理性，也有其不足："平等不过是德国人所说的自我=自我译成法国的形式即政治的形式。平等，作为共产主义的基础，是共产主义的政治的论据。这同德国人借助于把人理解为普遍的自我意识来论证共产主义，是一回事。不言而喻，异化的扬弃总是从作为统治力量的异化形式出发：在德国是自我意识；在法国是平等，因为这是政治；在英国是现实的、物质的、仅仅以自身来衡量自身的实际需要。对于蒲鲁东，应当从这一点出发来加以批判和承认。"③这里的观点在《神圣家族》第四章"批判性的评注3"中被马克思进一步发挥。

第五，《1844年经济学哲学手稿》中对"共产主义"的理解直接通向《神圣家族》。马克思在《1844年经济学哲学手稿》中指出："既然人的生命的现实的异化仍在发生，而且人们越意识到它是异化，它就越成为更大的异化；所以，对异化的扬弃只有通过付诸实行的共产主义才能完成。要扬弃私有财产的思想，有思想上的共产主义就完全够了。而要扬弃现实的私有财产，则必须有现实的共产主义行动。"④马克思明确主张通过现实的共产主义行动扬弃现实生活中的私有财产，他认为思想上的共产主义，或者从理论上批判私有财产，并

① 《马克思恩格斯文集》第1卷，人民出版社2009年版，第182页。
② 《马克思恩格斯文集》第1卷，人民出版社2009年版，第182—183页。
③ 《马克思恩格斯文集》第1卷，人民出版社2009年版，第231页。
④ 《马克思恩格斯文集》第1卷，人民出版社2009年版，第231—232页。

不能扬弃私有财产,必须通过共产主义的行动,才能扬弃私有财产。这与《神圣家族》"批判性的评注 5"中关于"群众的共产主义"的思想一脉相承。在后者那里,马克思写道:"这些群众的共产主义的工人,例如在曼彻斯特和里昂的工场中做工的人,并不认为用'纯粹的思维'就能够摆脱自己的企业主和他们自己实际的屈辱地位。"①

(二)如何对待黑格尔的辩证法是"本质的问题"

马克思在展开有关"共产主义"的七条讨论时,引入了"对黑格尔的辩证法和整个哲学的批判"。马克思指出:我们如何对待黑格尔的辩证法,"表面上看来是形式的问题,而实际上是本质的问题"②。这一定位表明了马克思对黑格尔辩证法的高度重视。在这一部分,马克思不仅探讨了"现代德国的批判"即《文学总汇报》中的"绝对的批判"对黑格尔辩证法的依赖性关系,而且深入地分析了费尔巴哈对黑格尔辩证法的突破及其不足,并且深刻地指出了黑格尔辩证法的伟大之处在于把劳动理解为人的自我产生的行动。马克思的这些思想表明他对于"德国理论发展已经得到的成果"和"批判的批判"都有了清晰的判断,而且有了自己独到的发展,这构成了他在《神圣家族》序言中提出"批判的批判在各方面都低于德国的理论发展已经达到的水平"③的基础。仔细研读《1844 年经济学哲学手稿》这一节可以发现马克思是如何从布·鲍威尔和路·费尔巴哈所代表的两种对待黑格尔辩证法的有缺陷的做法中超越出来并完成了对黑格尔辩证法的革命化改造的。对于深化理解马克思的辩证法与黑格尔的辩证法之间的关系具有重要的理论价值和思想史意义。

① 《马克思恩格斯文集》第 1 卷,人民出版社 2009 年版,第 273 页。
② 《马克思恩格斯文集》第 1 卷,人民出版社 2009 年版,第 197 页。
③ 《马克思恩格斯文集》第 1 卷,人民出版社 2009 年版,第 253 页。

1. 鲍威尔的"自我意识"辩证法及其对黑格尔哲学的完全依附性

在探讨黑格尔的辩证法和整个哲学的时候,马克思首先分析了布鲁诺·鲍威尔的"绝对批判"哲学与黑格尔的关系,指出鲍威尔完全依赖于黑格尔哲学,受其束缚。马克思说道:"对于现代的批判同黑格尔的整个哲学,特别是同辩证法的关系问题是如此缺乏认识,以致像施特劳斯和布鲁诺·鲍威尔这样的批判家仍然受到黑格尔逻辑学的束缚;前者是完全被束缚,后者……至少是有可能完全地被束缚。"①马克思在这里对布鲁诺·鲍威尔的"绝对批判"哲学做出了明确的批评,指出它完全被黑格尔哲学束缚,在黑格尔哲学解体之后没有做出任何有价值的贡献。

面对黑格尔的辩证法,当时鲍威尔和费尔巴哈代表了两种不同的态度。他们都对黑格尔的辩证法不满意,但是批判的点却不同,结果也大相径庭。布鲁诺·鲍威尔改造黑格尔的辩证法,源于他对黑格尔的认识,在他看来黑格尔方法的革命性与体系的保守性之间相互矛盾,黑格尔的辩证法最终不过是为了达到与世界的和解。这一判断是青年黑格尔派对黑格尔辩证法的共识,也构成了马克思恩格斯对黑格尔哲学的基本认识。而这种保守性是不符合时代需要的。他的弟弟埃德加·鲍威尔指出:"要想理解鲍威尔,必须理解我们的时代。……我们的时代是革命的时代。"②青年黑格尔派的思想运动承接了1830年法国革命和1848年欧洲革命,面对当年风起云涌的革命形势,布鲁诺·鲍威尔决意向黑格尔求助。为了发挥黑格尔辩证法的革命性,鲍威尔改造了黑格尔的自我意识概念,赋予意识辩证法更加激进的革命内容。安德烈亚斯·阿恩特教授指出:"鲍威尔的自我意识哲学是黑格尔哲学的一种激进

① 《马克思恩格斯文集》第1卷,人民出版社2009年版,第197—198页。

② Edgar Bauer, *Bruno Bauer und Seine Gegner*, Berlin: Jonasverlagsbuchhandlung, 1842, S.4-5; 李彬彬:《思想的传承与决裂——以"犹太人问题"为中心的考察》,中国人民大学出版社2015年版,第56页。

化,因为自我意识在黑格尔那里总是被表述为反思性的,即被表述为与他者相关的,而鲍威尔一方面把它解释为纯粹的自我相关,另一方面把它解释为有限精神的一种自我相关。这一观点是在1841年出版的《末日审判的号声》中提出的,黑格尔的绝对精神只有在有限的意识中才能达到自我意识。"①

首先,鲍威尔以"人的自我意识"取代黑格尔的"绝对精神",把哲学的关注点拉回人的生活。鲍威尔指出,除了人的自我意识之外,黑格尔的绝对精神没有任何别的含义。当黑格尔在《宗教哲学》中说出"从有限性的发酵中,当有限性发酵为泡沫时,精神就从发酵中发出芳香"②时,他已经"消灭了把宗教理解为实体性关系的那种看法",普遍者决没有被理解为"与有限自我相对立的独立的绝对力量"。黑格尔的《宗教哲学》表面上在谈论绝对精神,其实质是人的自我意识。对于黑格尔而言,"人的自我意识现在变成了一切,它变成了一切,普遍性也属于它。而在过去,普遍性看起来是归属于实体的。"③如罗森所言,在鲍威尔这里,"人的自我意识成了一切,成了普遍的力量;原来所谓归因于实体的普遍性,现在应归因于人的自我意识"④。

其次,为了释放辩证法的革命性,鲍威尔以"自我意识"的自我相关性取代了黑格尔的"自我意识"的反思性。黑格尔的"自我意识"是一种反思性关系,它必须通过他物返回自身。"自我意识必须把外在对象作为它自己的实体来扬弃"⑤,精神只有扬弃与他物的对象性关系返回自身才能达到自我意

---

① Andreas Arndt, "Jenseits der Philosophie: Die Kritik an Bruno Bauer und Hegel (S. 78-100)", in *Klassiker Auslegen: Karl Marx/Friedrich Engels: Die deutsche Iedeologie*, hrsg. Von Harald Bluhm, Berlin: Akademie Verlag, 2010, S.160;李彬彬:《思想的传承与决裂——以"犹太人问题"为中心的考察》,中国人民大学出版社2015年版,第58页。

② [德]黑格尔:《宗教哲学讲演录》第2卷,燕宏远、张松、郭成译,人民出版社2015年版,第236页。

③ Bruno Bauer, *Die Posaune des Jüngsten Gerichts Über Hegel, Den Atheisten Und Antichristen: Ein Ultimatum*. Leipzig: Otto Wigand, 1841, S.62.

④ [波兰]兹维·罗森:《布鲁诺·鲍威尔和卡尔·马克思:鲍威尔对马克思思想的影响》,王谨译,中国人民大学出版社1984年版,第86—87页。

⑤ [德]黑格尔:《精神现象学》上卷,贺麟、王玖兴译,商务印书馆1981年版,第106页。

识。鲍威尔认为这是在与对象世界和解，无法发挥哲学的批判功能。他指出，在黑格尔那里对象世界都是假象，黑格尔的“对象世界”本质上还是“自我”，“只有自我（das Ich）对他来说才是实体，才是一切”。[①] 所谓的对象不过是自我设定的对象，是另外的自我。自我意识的获得不是自我通过对象返回自身，而是自我对自身的认识。在黑格尔那里，绝对知识达到自我意识需要扬弃一切对象后达到的与自身的绝对同一，而鲍威尔则说，“自我把自身设定为普遍的、无限的自我意识。”[②]鲍威尔基于自我意识的纯粹自我相关性，把一切外在的东西都思考为自我的限制，自我要在批判中否定一切外在的东西，证明它是由自我意识创造的，进而确证自我的普遍性即自由，“自我意识也必须在批判实体的过程中不停地否定实体，即证明它是由自我意识设定的。”[③]如马克思后来所言，“鲍威尔先生在一切领域中都贯彻自己同实体的对立”[④]，自我意识不再寻求与对象的和解，而是为了达到自身的普遍性一往无前地与对象相对立。

最后，鲍威尔以这种“自我意识哲学”为基础发展了自己的批判哲学。鲍威尔用有限的自我意识取代绝对精神，只有当有限的自我意识摆脱了所有束缚，无限的自由才能成为现实。自我意识哲学成为鲍威尔批判哲学的武器。他首先批判宗教。在宗教信仰中，上帝作为至高无上的客观实体对人的自我意识构成了压制，由于丧失了“普遍的自我意识”，人与人充满对抗。但是，人的自我意识才是至高无上的，上帝不过是它的创造物。艾尔玛·特雷普托教

① Bruno Bauer，*Die Posaune des Jüngsten Gerichts Über Hegel*，*Den Atheisten Und Antichristen*：*Ein Ultimatum*.Leipzig：OttoWigand，1841，S.63.

② Bruno Bauer，*Die Posaune des Jüngsten Gerichts Über Hegel*，*Den Atheisten Und Antichristen*：*Ein Ultimatum*.Leipzig：OttoWigand，1841，S.63.

③ Andreas Arndt，“Jenseits der Philosophie：Die Kritik an Bruno Bauer und Hegel（S. 78－100）”，in *Klassiker Auslegen*：*Karl Marx/Friedrich Engels*：*Die deutsche Iedeologie*，hrsg.Von Harald Bluhm，Berlin：Akademie Verlag，2010，S.160；李彬彬：《思想的传承与决裂——以“犹太人问题”为中心的考察》，中国人民大学出版社 2015 年版，第 59 页。

④ 《马克思恩格斯文集》第 1 卷，人民出版社 2009 年版，第 345 页。

授指出："鲍威尔的主要观点是——尤其是在《号声》中——破坏超越性的东西，亦即，祛除宗教的客观性特征，把它视为人的自我意识的创造物。"[①]在鲍威尔看来，随着宗教批判的完成，人将摒弃犹太教、基督教等各种宗教达到普遍的自我意识，永恒的自由将实现。[②] 但是鲍威尔的希望落空了，青年黑格尔派轰轰烈烈的宗教批判运动并没有建立一个自由的王国。鲍威尔认为，必须拓展批判的范围，仅仅批判宗教并不足以确立自我意识的普遍性，因为现实生活中束缚人的自我意识的东西远不止宗教，既有的形而上学观念、政治观念、法律观念、道德观念等都在束缚着人形成"普遍的自我意识"。而群众就是各种各样狭隘意识的藏身之所。他的"宗教批判"由此发展为批判一切现实的"纯粹批判"或"绝对批判"，批判的对象主要就是群众。如马克思总结的那样，"一切占统治地位的关系逐渐地都被宣布为宗教的关系，继而被转化为迷信"，"青年黑格尔派则硬说一切都包含宗教观念或者宣布一切都是神学上的东西，由此来批判一切"。[③] 鲍威尔试图通过批判一切现存的东西建立一个自由的王国，除了"批判"以外具体如何实现这个目标则是他不关心的。这里包含着马克思和鲍威尔等青年黑格尔派对待黑格尔的根本差异，"青年黑格尔派把黑格尔哲学中的社会历史因素视为黑格尔与现实和解的尝试，他们普遍采取与现实对抗的态度，诉诸某种未来的理想主义来实现人的解放，'结果永远落后于黑格尔'。马克思则吸收了黑格尔的社会历史因素，进入现实生活内部去揭露资本主义的不合理，寻求人的解放的现实路径。"[④]

布鲁诺·鲍威尔的批判哲学并没有突破黑格尔哲学，也没有发展其辩证

---

① Elmar Treptow, *Theorie und Praxis bei Hegel und den Junghegelianern*, Habilationsschrift, von der Philosophischen Fakultät der Ludwig - Maximilians - Universität München angenommen im Jahr 1971, S.131.

② 聂锦芳、李彬彬主编：《马克思思想发展历程中的"犹太人问题"》，中国人民大学出版社 2017 年版，第 134 页。

③ 《马克思恩格斯文集》第 1 卷，人民出版社 2009 年版，第 515 页。

④ 韩立新：《〈巴黎手稿〉研究——马克思思想的转折点》，北京师范大学出版社 2014 年版，第 104 页。

法的革命性。马克思说道:“对于现代的批判同黑格尔的整个哲学,特别是同辩证法的关系问题是如此缺乏认识,以致像施特劳斯和布鲁诺·鲍威尔这样的批判家仍然受到黑格尔逻辑学的束缚”。马克思指出,《基督教真相》一书中关于“自我意识设定世界”的说法“甚至在语言上都同黑格尔的观点毫无区别,实际上,这是在逐字逐句重述黑格尔的观点”①。马克思指出:“这种唯心主义甚至一点也没想到现在已经到了同自己的母亲即黑格尔辩证法批判地划清界限的时候,甚至一点也没表明它对费尔巴哈辩证法的批判态度。这是对自身持完全非批判的态度。”②马克思在这段引文中连续用了七个“之后”从七个方面具体列举了布鲁诺·鲍威尔压根没有想到要批判地对待黑格尔的辩证法。在这七个“之后”中,除了第一个交代的是费尔巴哈的贡献,其余 6 个都是在讲述布鲁诺·鲍威尔在《文学总汇报》中的观点。第 2 个讲的是布鲁诺·鲍威尔在《文学总汇报》中对自己哲学的命名:他宣称自己的哲学是“纯粹的、坚决的、绝对的、洞察一切的批判”,又被马克思简称为“纯粹的批判”或“绝对的批判”。第 3—6 个讲的是《文学总汇报》中的“批判”与“群众”的对立。马克思在这里指出,鲍威尔除了宣称自己的批判哲学是“纯粹的、坚决的、绝对的、洞察一切的”以外,在旧哲学的解体上没有做任何工作。而所谓的“纯粹批判”“绝对批判”不过是“把整个历史运动归结为世界的其他部分和它自身之间的关系”,即归结为群众和批判家的关系。鲍威尔之所以批判群众,是因为他认为批判与群众的对立事关重大,直接关系到历史的发展。只有通过理论批判把群众从他们的不完善的自我意识中解放出来,使他们成为具有“真正普遍的自我意识”的人,自由这一历史的最终目的才能实现。但是,如马克思指出的,鲍威尔有关这一切的思辨只是在照搬照抄黑格尔的辩证法和逻辑学,暴露了鲍威尔从来没有想过要批判地对待黑格尔的辩证法。

鲍威尔认为黑格尔的“绝对精神”是与人相脱离的,他创立“自我意识哲

① 《马克思恩格斯文集》第 1 卷,人民出版社 2009 年版,第 197—198 页。
② 《马克思恩格斯文集》第 1 卷,人民出版社 2009 年版,第 199 页。

学"本来是要克服绝对精神的超越性。但是,"自我意识"同样变成了超越于人之上的主体。"在鲍威尔那里,自我意识也是提高到自我意识水平的实体,或者说,是作为实体的自我意识,自我意识从人的属性变成了独立的主体。"①如侯才教授所言,"鲍威尔的自我意识哲学一方面扼杀了黑格尔的绝对精神,同时又使它再度复活"②。鲍威尔有关消灭宗教以及精神与群众对立的思辨只是思维内部的革命,鲍威尔并没有真正批判地对待黑格尔的辩证法,也没能发展黑格尔辩证法的革命性。

2. 费尔巴哈的"对话"辩证法及其与感性直观原则的内在冲突

与鲍威尔等青年黑格尔派成员从来没有逃离黑格尔的地基不同,费尔巴哈是黑格尔之后唯一突破黑格尔体系的人,他为德国理论的发展指出了新的出路。马克思在《1844 年经济学哲学手稿》中指出:"费尔巴哈是唯一对黑格尔辩证法采取严肃的、批判的态度的人;只有他在这个领域内作出了真正的发现,总之,他真正克服了旧哲学。"③可见,对于马克思来说,费尔巴哈之所以做出了"真正的发现","真正克服了旧哲学",是因为费尔巴哈严肃地对待了黑格尔的辩证法,"在《未来哲学》中从根本上推翻了旧的辩证法和哲学",而鲍威尔的哲学"甚至一点也没表明它对费尔巴哈辩证法的批判态度"④。这句话的重要性在于:它表明了费尔巴哈哲学是尝试着保留辩证法的,但是费尔巴哈显然没有成功,因此需要批判。

费尔巴哈不满意于黑格尔的辩证法,认为其辩证法不过是思维自身的独白。"绝对理念的证明、中介只是一种形式的中介。理念并不是通过一种实际上另外的东西——这种另外的东西只能是经验的、具体的理智直观——来

① 《马克思恩格斯文集》第 1 卷,人民出版社 2009 年版,第 340 页。

② 侯才:《青年黑格尔派与马克思早期思想的发展——对马克思哲学本质的一种历史透视》,中国社会科学出版社 1994 年版,第 3 页。

③ 《马克思恩格斯文集》第 1 卷,人民出版社 2009 年版,第 199 页。

④ 《马克思恩格斯文集》第 1 卷,人民出版社 2009 年版,第 198—199 页。

产生和表明自己,它是从一种形式的、表面的对立中产生自己的。存在本身就是理念。"[①]费尔巴哈精准地把握住了黑格尔所讨论的思维与存在的关系只是思维与自身的关系,"思维与存在相对立,但是这种对立是在思维本身之内,因此思维直接毫无困难地将思维与存在的对立扬弃了"[②],精神的辩证发展历程都是思维在自说自话,是思维自身内部的思维与存在的关系。为了走出思维的内在性,费尔巴哈想要发展一种"我—你"的对话辩证法,在"我—你"的关系中超出思辨哲学在自我内部旋转。"真正的辩证法并不是寂寞的思想家的独白,而是'自我'和'你'之间的对话。"[③]费尔巴哈对黑格尔辩证法的批判具有重大的思想解放作用,为马克思在《1844年经济学哲学手稿》中批判黑格尔辩证法提供了重要指引。然而,费尔巴哈虽然想要在"'自我'和'你'之间的对话"中发展一种"真正的辩证法",但是为了反对黑格尔哲学,他并没有从辩证法的立场上来考察"'自我'和'你'之间的对话",而是从感性直观的立场上来认识"我"以及"我"与"你"的关系。他说:"旧哲学的出发点是这样一个命题:'我是一个抽象的实体,一个仅仅思维的实体,肉体是不属于我的本质的';新哲学则以另一个命题为出发点:'我是一个实在的感觉的本质,肉体总体就是我的'自我',我的实体本身'。……旧哲学承认感觉的真理性……只是因为不得已而为之的;新哲学则相反,是愉快地,自觉地承认感性的真理性的:新哲学是光明正大的感性哲学。"[④]感性直观是费尔巴哈整个哲学的第一原则,他对"我—你"之间关系的理解也以感性直观为基础:"只有在别人身上,我才具有对类的意识;只有借助别人,我才体验到和感到我是个人;只有在对他的爱里面,我才明白他属于我和我属于他,才明白我们两人缺一不可,才明白只有集体才构成人类。"[⑤]在"我—你"的关系中,费尔巴哈发现理性、爱、

① 《费尔巴哈哲学著作选集》上卷,商务印书馆1984年版,第66页。
② 《费尔巴哈哲学著作选集》上卷,商务印书馆1984年版,第154页。
③ 《费尔巴哈哲学著作选集》上卷,商务印书馆1984年版,第185页。
④ 《费尔巴哈哲学著作选集》上卷,商务印书馆1984年版,第169页。
⑤ [德]费尔巴哈:《基督教的本质》,荣震华译,商务印书馆1984年版,第215页。

意志构成了人的“类本质”,其人本学唯物主义的拱顶石就此搭就。不难发现,费尔巴哈虽然提出了“我—你”对话辩证法这一具有重大理论潜能的构想,但是他在“我与你的关系”中恰恰走向了辩证法的对立面,走向了作为感性直观之对象的人的“类本质”。而“类本质”(一般性或普遍性)与感性直观(个别性或个体性)之间的“二律背反”①注定了费尔巴哈无法回到现实的人及其社会关系。尽管近年来从马克思的“费尔巴哈辩证法”一语出发为费尔巴哈直观的形而上学的唯物主义翻案的论者越来越多,但这既是对马克思的过度诠释,也是对费尔巴哈的误读。

马克思高度肯定费尔巴哈的伟大贡献。他指出:

> “费尔巴哈的伟大功绩在于:
>
> (1)证明了哲学不过是变成思想的并且通过思维加以阐明的宗教,不过是人的本质的异化的另一种形式和存在方式;因此哲学同样应当受到谴责;
>
> (2)创立了真正的唯物主义和实在的科学,因为费尔巴哈使社会关系即“人与人之间的”关系也同样成为理论的基本原则;
>
> (3)他把基于自身并且积极地以自身为根据的肯定的东西同自称是绝对肯定的东西的那个否定的否定对立起来。”②

马克思讲到了费尔巴哈的三条贡献。第一条是,费尔巴哈证明了哲学与宗教一样都是人的本质的异化。费尔巴哈指出:你“把思维独立化为一个绝对无条件的本质,而这个本质,简单地由于它除了在思维者的脑袋中以外并没有其他的生存,所以,也就决不会丧失它的生存。因此,思辨哲学与基督教,乃是一丘之貉……由纯粹的、思辨的‘我’,也即抽象的、派生的‘我’,演绎出经

---

① 侯才:《青年黑格尔派与马克思早期思想的发展——对马克思哲学本质的一种历史透视》,中国社会科学出版社1994年版,第5页。

② 《马克思恩格斯文集》第1卷,人民出版社2009年版,第200页。

验的'我',也即现实的、原始的'我'"①。费尔巴哈把思辨哲学与宗教视为"一丘之貉",在反对宗教的时候,把整个黑格尔思辨哲学都作为需要摧毁的对象。早在评判"实践政治派"的时候,马克思就指出:"该派以为,只要背对着哲学,并且扭过头去对哲学嘟囔几句陈腐的气话,对哲学的否定就实现了。"②麦克莱伦指出,马克思对实践派的评论"在某些方面使人想到费尔巴哈的观点"③。费尔巴哈把黑格尔哲学等同于宗教,认为像批判宗教那样批判黑格尔就足够消灭这种哲学了,确实是一些"陈腐的气话"。马克思早已意识到:"你们不使哲学成为现实,就不能够消灭哲学。"④在马克思看来,"使哲学成为现实"就是以哲学掌握无产阶级,在无产阶级"否定私有财产"的实践中推动德国人解放成为人。"对思辨的法哲学的批判既然是对德国迄今为止政治意识形式的坚决反抗,它就不会专注于自身,而会专注于课题,这种课题只有一个解决办法:实践。"⑤在《〈黑格尔法哲学批判〉导言》中,通过对实践政治派和理论政治派的批判,马克思已经把无产阶级"否定私有财产"的实践作为继承黑格尔哲学积极成果的唯一出路。

在第二条中,马克思赞扬费尔巴哈创立了"真正的唯物主义和实在的科学"。马克思所谓真正的唯物主义和实在的科学,说的是"费尔巴哈使社会关系即'人与人之间的'关系也同样成为理论的基本原则"。不难发现,马克思这里所强调的真正的唯物主义是以社会关系即人与人之间的关系为研究对象的唯物主义。"当马克思这样看费尔巴哈时,他此时更多的是从自己已经萌芽的唯物史观立场上来理解费尔巴哈的"⑥。马克思在《1844 年经济学哲学

① 《费尔巴哈哲学著作选集》上卷,商务印书馆 1984 年版,第 403—404 页。

② 《马克思恩格斯文集》第 1 卷,人民出版社 2009 年版,第 10 页。

③ [英]戴维·麦克莱伦:《卡尔·马克思传》,王珍译,中国人民大学出版社 2005 年版,第 83 页。

④ 《马克思恩格斯文集》第 1 卷,人民出版社 2009 年版,第 10 页。

⑤ 《马克思恩格斯文集》第 1 卷,人民出版社 2009 年版,第 11 页。

⑥ 卜祥记、罗萍:《费尔巴哈的伟大功绩究竟何在——以〈1844 年经济学哲学手稿〉为例看马克思眼中的费尔巴哈》,《福建论坛(社科教育版)》2011 年第 2 期。

手稿》中使用了费尔巴哈的“自然主义”和“人本主义”的术语，但是这些术语的内涵已经超出了费尔巴哈。费尔巴哈虽然从社会关系入手来理解人，但是他所理解的社会关系仅仅是我与你之间的情感、意志和爱。“爱必须是双方的，即以爱易爱，……性爱是爱的最玄妙的、最完善的形式；但是在这里，不同时（即使不是自愿的）使另一个人幸福，就决不能使自己幸福。”①如马克思后来所言：费尔巴哈“从来没有看到现实存在着的、活动的人，而是停留于抽象的‘人’，并且仅仅限于在感情范围内承认‘现实的、单个的、肉体的人’，也就是说，除了爱与友情，而且是理想化了的爱与友情以外，他不知道‘人与人之间’还有什么其他的‘人的关系’”②。恩格斯也指出：“如果费尔巴哈指的主要不是性行为、种的延续的行为、自我和你的共同性，这句话是根本不能成立的。……费尔巴哈知道的也仅仅是两个人之间的交往。”③费尔巴哈以直观反对抽象，就是要回到“现实的人”，但是直观所给予的依旧是既定的超历史的抽象人。不仅如此，费尔巴哈虽然试图超越黑格尔意识哲学的内在性，但是当他把“人的本质”理解为“类”，“理解为一种内在的、无声的、把许多个人自然地联系起来的普遍性”④时，其“类哲学”又重新陷入了意识的内在性，没能完成其最初的目标设定。

第三条指出，费尔巴哈把“以自身为根据的肯定”和“否定的否定”对立起来。结合上下文，这里的“以自身为根据的肯定”说的是“感觉确定的”东西或“直观、自然界、现实”，具体说来就是作为感性对象的人和自然界；“否定的否定”即黑格尔的“绝对精神”。费尔巴哈把这二者对立起来，主张哲学应当以直观、自然界或现实为基础，反对思辨哲学把概念视为存在的本质。他反对黑格尔哲学从抽象概念出发，认为“抽象就是假定自然以外的自然本质，人以外

① 《费尔巴哈哲学著作选集》上卷，商务印书馆1984年版，第434页。
② 《马克思恩格斯文集》第1卷，人民出版社2009年版，第530页。
③ 《马克思恩格斯全集》第42卷，人民出版社1979年版，第361页。
④ 《马克思恩格斯文集》第1卷，人民出版社2009年版，第501页。

的人的本质,思维活动以外的思维本质”①。费尔巴哈把“肯定”与“否定的否定”对立起来,一方面确立起了唯物主义的原则,同时也错失了黑格尔“否定的否定”中所蕴含的人的能动性。马克思说,因为黑格尔把“否定的否定”“看成一切存在的唯一真正的活动和自我实现的活动”,“所以他只是为历史的运动找到抽象的、逻辑的、思辨的表达”②。马克思在这里既批判了黑格尔的思辨历史观,同时也肯定了“否定的否定”中蕴含的主体性和历史性,即历史的运动被理解为主体的自我实现的活动。费尔巴哈以“肯定”来反对黑格尔的“否定的否定”,这是直接站在黑格尔的对立面反对黑格尔,“费尔巴哈打破了黑格尔的体系,简单地把它抛在一旁”,其“解放作用,只有亲身体验过的人才能想象得到”,“但是简单地宣布一种哲学是错误的,还制服不了这种哲学”③。

费尔巴哈没能真正发展黑格尔辩证法的革命性。费尔巴哈的局限性根源于其自身的方法论张力。费尔巴哈敏锐地把握住黑格尔的精神辩证法是意识的独白,他有意通过“我—你”对话辩证法超越意识的内在性,但是这一辩证法在他那里只不过是一些“零星的猜测”,感性直观的方法作为第一原则无法容纳辩证法。而只有在辩证法的基础上才能理解人的主观能动性。费尔巴哈虽然提出人是社会存在物,但是人的社会性在费尔巴哈这里还只是直观的结果,而没有被理解为人在一定的实践活动中创造的。在《关于费尔巴哈的提纲》中,马克思更进一步提出:“直观的唯物主义,即不是把感性理解为实践活动的唯物主义,至多也只能达到对单个人和市民社会的直观。”④费尔巴哈无视人的感性实践及其在社会关系再生产中的作用,面对市民社会的各种异化形式,费尔巴哈只能求助于“类的平等化”,其“爱的哲学”对现实的反抗成了

① 《费尔巴哈哲学著作选集》上卷,商务印书馆 1984 年版,第 104—105 页。

② 《马克思恩格斯文集》第 1 卷,人民出版社 2009 年版,第 201 页。

③ 《马克思恩格斯文集》第 4 卷,人民出版社 2009 年版,第 275—276 页。

④ 《马克思恩格斯文集》第 1 卷,人民出版社 2009 年版,第 502 页。

无力的叹息。因此，马克思指出："费尔巴哈的关于哲学的本质的发现，究竟在什么程度上仍然——至少为了证明这些发现——使得对哲学辩证法的批判分析成为必要，读者从我的阐述本身就可以看清楚。"①很显然，马克思认为在费尔巴哈之后有必要重新审视黑格尔哲学，重新发掘其重大贡献。

这就引出了《神圣家族》序言中的另一个非常值得注意但又一直被忽略的命题。马克思在《神圣家族》的序言中指出，他和恩格斯"在本书中"将不再对德国理论的"发展本身进行评论"。② 这表明，至少马克思和恩格斯对德国理论的发展是有自己的评论的，但是限于《神圣家族》的批判对象就不再发表评论了。如其所言，马克思在《神圣家族》中并没有对费尔巴哈作过多的讨论，而且提及费尔巴哈时更多的是在强调费尔巴哈相比于鲍威尔墨守教条而做出的突破性贡献。但是结合《1844 年经济学哲学手稿》，我们必须指出，马克思在《神圣家族》中虽没有直接批判费尔巴哈，但这并不证明马克思此时对费尔巴哈没有批评性意见。柯尔施曾经非常深刻地指出："就其在《神圣家族》中所表明的观点来看，马克思批判的矛头形式上是针对鲍威尔的，但同样也是针对费尔巴哈的，这从他对仅仅是一种自然主义的，而不是历史的、经济的唯物主义的特点所进行的批判就可以得到证明。"③

3. 黑格尔辩证法的本质特征及其"伟大之处"

首先，黑格尔辩证法本质上是"纯思想的辩证法"。马克思指出，《精神现象学》从意识开始经过自我意识、理性、精神最终达到绝对知识。"黑格尔的《哲学全书》以逻辑学，以纯粹的思辨的思想开始，而以绝对知识，以自我意识的、理解自身的哲学的或绝对的即超人的抽象精神结束，所以整整一部《哲学

① 《马克思恩格斯文集》第 1 卷，人民出版社 2009 年版，第 114 页。

② 《马克思恩格斯文集》第 1 卷，人民出版社 2009 年版，第 254 页。

③ 转引自[波兰]兹维·罗森：《布鲁诺·鲍威尔和卡尔·马克思：鲍威尔对马克思思想的影响》，王谨译，中国人民大学出版社 1984 年版，第 266 页。

全书》不过是哲学精神的展开的本质,是哲学精神的自我对象化;而哲学精神不过是在它的自我异化内部通过思维方式即通过抽象方式来理解自身的、异化的世界精神。”①如马克思所言:“在《现象学》中出现的异化的各种不同形式,不过是意识和自我意识的不同形式。正像抽象的意识本身——对象就被看成这样的意识——仅仅是自我意识的一个差别环节一样,这一运动的结果也表现为自我意识和意识的同一,即绝对知识,也就是那种已经不是向外部而是仅仅在自身内部进行的抽象思维运动,这就是说,纯思想的辩证法是结果。”②《精神现象学》的意识形式发展历程是“纯思想的辩证法”的结果,“绝对知识”是自我意识和意识之间从有差别走向同一的最终结果,其整个现象学历程都没有脱离意识本身的范围,是一种“在自身内部”旋转的抽象辩证法。③ 黑格尔虽然谈到了自然界,但是自然界只是作为“物性”而不是作为“物”而存在的,宗教、道德、法、国家、历史也都是作为思想规定而存在的,其哲学的实证性是一种“虚假的实证主义”。

其次,黑格尔的辩证法具有革命性和批判性,但“只是虚有其表的批判主义”④。黑格尔的辩证法描绘了精神克服各种外化异化达到“绝对知识”的过程,意识在外化异化及其扬弃过程中突破既有意识形式,达到新的意识形式,这是一个具有革命性含义的过程。如马克思所言,这种“纯思想的辩证法”以一种“神秘化的”形式包含着对现代社会的批判:“因为《现象学》紧紧抓住人的异化不放——尽管人只是以精神的形式出现——,所以它潜在地包含着批判的一切要素,而且这些要素往往已经以远远超过黑格尔观点的方式准备好和加过工了。”⑤这一段话的重要性在于,马克思在这里首先指出了黑格尔《精神现象学》中包含着对现代社会进行批判的基因,黑格尔对于纯思想领域内

① 《马克思恩格斯文集》第1卷,人民出版社2009年版,第202页。

② 《马克思恩格斯文集》第1卷,人民出版社2009年版,第204—205页。

③ 《马克思恩格斯文集》第1卷,人民出版社2009年版,第218页。

④ 《马克思恩格斯文集》第1卷,人民出版社2009年版,第213页。

⑤ 《马克思恩格斯文集》第1卷,人民出版社2009年版,第204页。

的异化的揭露，是揭露现代宗教、国家和市民社会等领域的异化的必不可少的中介。如果结合马克思对费尔巴哈和黑格尔对"否定的否定"的不同理解来看，马克思在这里还指出了，黑格尔的"否定的否定"是对现代社会的一种批判，而费尔巴哈从"直接的肯定"出发则无法完成对现代社会的批判。

不过在马克思看来，这种革命性并非真的革命性。首先，其辩证法的革命性只是思维内部的革命。马克思指出，黑格尔把人抽象为自我意识，其《精神现象学》虽然描绘了各种异化和异化的扬弃，但是这些异化形式不过是自我意识的异化，它所处理的都是自我意识与其自身的关系。由于黑格尔辩证法所展示的精神发展历程完全束缚于自我的内在性之中，并没有真正超出自我的范围之外，其辩证法的革命性也就只是精神内部的革命，并不能真正改变人的现实生活。如马克思所言，"黑格尔在哲学中扬弃的存在，并不是现实的宗教、国家、自然界，而是已经成为知识的对象的宗教本身，即教义学；法学、国家学、自然科学也是如此。"①另一方面，黑格尔辩证法的革命性被其体系的封闭性窒息了。这一点在《精神现象学》的终点"绝对知识"一章最为明显。在这一章，意识克服了与其对象的分裂，达到了绝对的自我同一。马克思总结说，这一章的"主要之点就在于：意识的对象无非是自我意识；或者说，对象不过是对象化的自我意识、作为对象的自我意识"②。在不改变任何现实对象的情况下，意识克服了一切异化，达到了与其自身的绝对同一，黑格尔的辩证法以精神自身的理想化的同一性告终，以否定性为基本特征的辩证法最终实现了与世界的和解，一切改造现实的革命行动都成为多余的了。辩证法的革命性在体系的结尾窒息了。

再次，马克思高度赞扬了黑格尔辩证法的伟大成果。马克思说："黑格尔把人的自我产生看做一个过程，把对象化看做非对象化，看做外化和这种外化的扬弃；可见，他抓住了劳动的本质，把对象性的人、现实的因而是真正的人理

① 《马克思恩格斯文集》第1卷，人民出版社2009年版，第216页。

② 《马克思恩格斯文集》第1卷，人民出版社2009年版，第206页。

解为人自己的劳动的结果。"[①]在黑格尔"纯思想的辩证法"的语境中,"黑格尔唯一知道并承认的劳动是抽象的精神的劳动"。马克思基于"彻底的自然主义或人道主义",他所理解的劳动是感性的对象性的活动。基于劳动来理解人的"自我产生",这里的人就不再是黑格尔和青年黑格尔派的"纯思想"的人,也不是费尔巴哈的作为"感性对象"的人,而是作为"感性活动"的人。人在这种"感性活动"中改造了自然界和人类社会,创造了自己本身和自己的历史,也只能在这种"感性活动"中消灭现实中的异化,创造一个更加美好的社会。

(三)对黑格尔颠倒世界观的批判

在《神圣家族》的序言中,马克思指责布鲁诺·鲍威尔所代表的黑格尔主义哲学"把哲学对现实的颠倒(die Verkehrung der Wirklichkeit durch die Philosophie)变成最明显的滑稽剧"[②]。马克思在这里明确地把鲍威尔所遵从的黑格尔主义哲学指认为"对现实的颠倒"。对这种"颠倒"的世界观的批判并不是在《神圣家族》中首创的,在他刚刚完成的《1844 年经济学哲学手稿》中就包含着马克思对黑格尔"颠倒"世界观的批判,其中包含着马克思"德意志意识形态"批判全部内容的萌芽,也包含着马克思对黑格尔所完成的西方形而上学传统的批判。

1."颠倒"是黑格尔的重要方法论

"颠倒"是黑格尔《精神现象学》的重要环节,是意识完成辩证运动的重要推动力量。如黑格尔所言,精神现象学刻画了"自然意识"走向"绝对知识"的道路,"这条道路可以被看作是一条怀疑之路,或更确切地说,一条绝望之

---

① 《马克思恩格斯文集》第 1 卷,人民出版社 2009 年版,第 205 页。
② 《马克思恩格斯文集》第 1 卷,人民出版社 2009 年版,第 253 页。

路。"①所谓"怀疑之路"或"绝望之路",是说"自然意识"达到"真正知识"的道路上经历了感性确定性、知觉、知性、自我意识、理性等种种意识形式,最终这些意识形式都被证明是无法达到自身之真理性的,即无法达到与自身对象的同一性。而"颠倒"正是黑格尔指出每一种意识形式非真理性的一个重要方法。这一方法被黑格尔用来证明从"感性确定性"到最后的"绝对知识"的整个意识历程都是无法达到自身的真理性的。

在《精神现象学》的"感性确定性"这一章中,黑格尔探讨了"语言"的颠倒性使得感性确定性无法达到它所意谓的"这一个"。在"感性确定性"章,黑格尔提出,"言谈(Sprache)具有一个神灵般的本性,也就是说,它把意谓中的东西直接颠倒过来,使之成为另外的东西,从而使之根本不能溢于言表。"②感性确定性所要把握的是"纯粹存在",这样的纯粹存在是不能用语言把握的,因为每当语言表达出"这一个"的时候,它所陈述的已经不是感性确定性所意谓的"纯粹存在",因为凡是语言所表述的已经不是殊相,而是一个共相。面对这一"颠倒"的悖论,感性确定性无法坚守"直接事物"或"纯粹存在"的真理。这一"颠倒"所带来的挑战迫使感性确定性放弃自己原本坚持的真理立场,它不得不把共相作为自己的真理。随着思维对象的改变,思维活动本身也从感性确定性的立场转移到知觉的立场上。黑格尔通过语言完成意谓中的"这一个"与共相的颠倒,指出共相才是感性确定性的真理。他表明的是,所有可以被思考的都是共相,"直接的存在"既无法被思考,也无法被言说。他由此表明,感性确定性的真理只能在"知觉"中寻求,意识在自身的辩证运动中走向"知觉"这一形式。

仅仅通过语言的颠倒,我们还不能发现黑格尔"颠倒"方法的真实用意,"知性"章"颠倒的世界"更清晰地展示了黑格尔的深层用意。无论是罗伯

① [德]黑格尔:《精神现象学》,先刚译,人民出版社2013年版,第50页。
② [德]黑格尔:《精神现象学》,先刚译,人民出版社2013年版,第70页。

特·皮平教授,还是H.S.哈里斯教授,都一致同意《精神现象学》"知性"章中"颠倒世界"的论证是非常复杂难懂的。简单地说,所谓"颠倒世界"涉及的是知性所认识的"感性世界"和"超感性世界",从不同的视角来看,它们中的一方都有可能是真相,也可能是"颠倒的世界"。皮平教授指出,黑格尔的"颠倒世界"的悖论,"试图摧毁认识论中形形色色的实在论选项,并进而完成了他对唯心论的现象学论证中的第一个也是最重要的一个阶段"①。"颠倒世界"悖论是黑格尔深刻理解他之前的哲学史的基础上总结出来的,针对的是他之前的理性主义和经验主义哲学传统。在黑格尔看来,理性主义者和实在论者所说的超感性世界是"独断的、空洞的",或者"只是把这个世界解释为颠倒的世界,解释为感性世界的重新阐释";"经验性的论述内在地就是怀疑论的,不能做出真正的解释,同时有了知觉章的分析结果之后,它现在也不能单纯地依赖感性的杂多了,不能把它视为真正的知识了。这个感性世界一旦被认识就是颠倒的;要想理解它,需要借助非感官的世界。"②事实上,黑格尔在这里指出了理性主义和经验主义的认识论理论都会产生"颠倒世界"的悖论。黑格尔指出,"悖论性的颠倒的起源根源于,没有达到明白意识是依靠其自身来描述事物的本性的程度。……非感性的和感性的,或者换句话说,纯粹概念和感性杂多之间的必要联系,是由知性本身提供的。"③黑格尔通过对"颠倒世界"悖论的分析,得出的结论是感性世界或超感性世界都不是知性的真相,知性的真相是知性本身,这是一种纯粹自我相关的关系。这种纯粹自我相关的关系,被黑格尔在《精神现象学》表述为"自我意识"的知识立场。由此,意识的历程

---

① Robert Pippin, *Hegel's Idealism: Satisfaction of Self-Consciousness*, Cambridge: Cambridge University Press, 1989, p, 131.

② Robert Pippin, *Hegel's Idealism: Satisfaction of Self-Consciousness*, Cambridge: Cambridge University Press, 1989, p, 138.

③ Robert Pippin, *Hegel's Idealism: Satisfaction of Self-Consciousness*, Cambridge: Cambridge University Press, 1989, p, 138.另[美]罗伯特·皮平:《黑格尔的观念论》,陈虎平译,华夏出版社2006年版,第194页。

到达了下一站:“自我意识”。

这里有两点需要着重强调指出:第一,黑格尔在这里通过两次运用“颠倒世界”的悖论,最终把思想本身作为知识的对象,并在这种自我相关的关系中达到了“无限性”,尽管这里的无限性还是非常空洞的。第一个颠倒世界悖论是,黑格尔把知性的超感性世界视为知觉所把握的感性世界的颠倒世界;不过如此一来,感性世界也可以视为超感性世界的颠倒世界;感性世界和超感性世界之间的颠倒关系是由知性本身确定的。在这里,从知性过程本身来看,不论是感性世界还是超感性世界,都是对事物本身的认识;如果站在知性过程之上,我们又是在认识意识活动本身。如哈里斯指出的,由此出现了第二个颠倒世界悖论:在前一种认识立场上是颠倒悖论的东西,在后一种立场上不再是颠倒悖论,但它又是对前一种颠倒世界悖论本身的颠倒。通过对“颠倒世界”悖论的再颠倒,黑格尔本人回到了柏拉图主义的传统中,把知识的对象回归为意识本身。第二,尽管黑格尔主张哲学科学是哲学家从旁边记录意识本身的发展历程而不加入任何个人的特质,但是黑格尔借助于“颠倒”的活动事实上成了知识发展的真正推动者。借助于一系列的“颠倒”,黑格尔已经完全脱离了作为意识之根据的现实的生活过程,在观念的世界里建构了一个宏大的体系。这也正是马克思在《神圣家族》中指责黑格尔的过错在于“双重的不彻底性”的原因。一方面,黑格尔宣布哲学是绝对精神的定在,同时却决不宣布现实的哲学家个人就是绝对精神;另一方面,他只是表面上让绝对精神在创造历史。绝对精神制造历史的行动“只是发生在哲学家的意识中、见解中、观念中,只是发生在思辨的想象中”①。

2. 黑格尔颠倒的秘密是主谓颠倒

马克思在《1844年经济学哲学手稿》中对黑格尔的这一做法提出了批评。

① 《马克思恩格斯文集》第1卷,人民出版社2009年版,第292页。

马克思写道:黑格尔在抽象的范围内"把劳动理解为人的自我产生的行动(Selbsterzeugungsakt)",这是一种"颠倒说法(Verkehrtheit)",其结果是,"人的本质(das menschliche Wesen)本身仅仅被看做抽象的、思维着的本质,即自我意识"。① 马克思所说的"颠倒说法"——德语原文为"Verkehrtheit",亦可译为"颠倒性"——针对的是,黑格尔"在抽象的范围内"对劳动的积极意义的阐发。尽管黑格尔"把劳动理解为人的自我产生的行动",理解了劳动的积极意义,但是,他只是在抽象的范围内理解了劳动的积极意义,亦即他把劳动仅仅理解为"抽象的精神的劳动"。② 马克思所说的"在抽象的范围内",即在精神、意识、思维的范围内谈论劳动的积极意义。所谓"人的本质本身仅仅被看作抽象的、思维着的本质,即自我意识",即是说,思维、自我意识就是人的本质的全部,它们决定了人的存在状况。马克思既然认为这种看法是颠倒的,也就是说,思维和自我意识不是人的本质的全部,甚至不是主要方面,主要方面是思维和自我意识之外的内容,或者说,是人的存在状况决定了人的思维和自我意识,而不是相反。在马克思看来,黑格尔的劳动概念只见思维不见存在,只见精神不见现实,把人类现实生活的历史进程还原为精神发展的历史,颠倒了精神和现实生活的关系。因为在马克思看来,精神的发展是没有历史的,它只是在随着人们的现实生活过程和改造世界的劳动实践的改变而发生改变,正所谓,"不是意识决定生活,而是生活决定意识",黑格尔却颠倒了二者的关系。

马克思更进一步指出,黑格尔的颠倒的实质在于"主语和谓语之间的关系被绝对地颠倒了":"主语和谓语之间的关系被绝对地相互颠倒(absolute Verkehrung)了;这就是神秘的主体—客体,或笼罩在客体上的主体性,作为过

---

① 《马克思恩格斯文集》第1卷,人民出版社2009年版,第217页。Marx Engels Werke,Bd. 40.,Berlin:Dietz Verlag,1968,S.584.

② 《马克思恩格斯文集》第1卷,人民出版社2009年版,第205页。

程的绝对主体”。[①] “现实的人”成了“非现实的人”的谓语,“现实的自然界”成了“非现实的自然界”的谓语。造成黑格尔主谓颠倒的根源在于,“黑格尔设定人=自我意识”。“因为黑格尔设定人=自我意识,所以人的异化了的对象、人的异化了的本质现实性,无非就是意识,就是异化的思想,就是异化的抽象的因而无内容的和非现实的表现,即否定。”[②]在这里,我们已经能够看到《神圣家族》序言中马克思对思辨唯心主义用自我意识取代人的判断。这一颠倒造成的结果是,“自我对象化的内容丰富的、活生生的、感性的、具体的活动,就成为这种活动的纯粹抽象”,最终成为“脱离现实精神和现实自然界的抽象形式、思维形式、逻辑范畴”。[③]

3. 马克思对黑格尔辩证法的批判性发展

马克思对黑格尔的诊断是从指出“黑格尔有双重错误”开始的。这种双重错误表现为,“异化”和“异化的扬弃”这两者都只是思维内部的活动。[④] 这一指认明显受到费尔巴哈的影响。但是马克思超出费尔巴哈的地方在于,他立即指出黑格尔的双重错误中也有双重功绩。而在马克思对黑格尔辩证法双重功绩的指认中包含着对黑格尔的双重颠倒。正是通过这一双重颠倒,黑格尔的辩证法“重新用脚立地”,马克思恢复了黑格尔辩证法的革命方面,“同时也摆脱了那些曾经在黑格尔那里阻碍它贯彻到底的唯心主义装饰。”[⑤]“在如何对待黑格尔辩证法上,马克思表现出与费尔巴哈的根本性分歧,使得马克思能够真正扬弃和克服黑格尔哲学,费尔巴哈却办不到。”[⑥]

---

① 《马克思恩格斯文集》第1卷,人民出版社2009年版,第218页。

② 《马克思恩格斯文集》第1卷,人民出版社2009年版,第218页。

③ 《马克思恩格斯文集》第1卷,人民出版社2009年版,第218页。

④ 参见韩立新:《〈巴黎手稿〉研究——马克思思想的转折点》,北京师范大学出版社2014年版,第425页。

⑤ 《马克思恩格斯文集》第4卷,人民出版社2009年版,第298页。

⑥ 侯才:《青年黑格尔派与马克思早期思想的发展——对马克思哲学本质的一种历史透视》,中国社会科学出版社1994年版,第116、118页。

在承认黑格尔辩证法把“人理解为人自己的劳动的结果”①这一伟大之处时，马克思建构了自己的劳动辩证法，把辩证法的主体由黑格尔的“精神”颠倒为“现实的人”。在黑格尔这里，“现实的人和现实的自然界不过是成为这个隐蔽的非现实的人和这个非现实的自然界的谓语、象征。因此，主语和谓语之间的关系被绝对地相互颠倒了：这就是神秘的主体—客体，或笼罩在客体上的主体性，作为过程的绝对主体，作为使自身外化并且从这种外化返回到自身的、但同时又把外化收回到自身的主体，以及作为这一过程的主体；这就是在自身内部的纯粹的、不停息的旋转。”②黑格尔辩证法的问题在于颠倒了主语和谓语，把精神作为辩证法的主体。不仅主体是精神，客体的本质也是精神，黑格尔辩证法的发展过程是“在自身内部”纯粹旋转。劳动辩证法则把黑格尔的辩证法倒转过来，精神是现实的人的精神，它并非独立的主体，而是现实的人的谓语。

在肯定“《现象学》是一种隐蔽的、自身还不清楚的、神秘化的批判……潜在地包含着批判的一切要素”③时，马克思把黑格尔所揭示的精神异化颠倒为现实生活中的异化的反映，通过“异化劳动”论深入批判了现代社会中的异化。在马克思看来，黑格尔对思维领域的异化的揭露“包含着对宗教、国家、市民生活等整个领域的批判的要素，不过也还是通过异化的形式”④。唯心主义仅仅将现实的异化看作观念异化的外在表现，扬弃观念上的异化同时也意味着现实异化的扬弃。马克思认为这颠倒了二者的真实关系。这里潜在地包含着一个深刻的唯物主义认识论命题，即思维领域的异化不过是现实生活中的异化的反映。如此一来，马克思的新哲学就不能满足于停留在思维内部，而是必须探究并消灭现实生活中的异化。正是劳动辩证法让马克思进入到现实

---

① 《马克思恩格斯文集》第 1 卷，人民出版社 2009 年版，第 205 页。

② 《马克思恩格斯文集》第 1 卷，人民出版社 2009 年版，第 218 页。

③ 《马克思恩格斯文集》第 1 卷，人民出版社 2009 年版，第 204 页。

④ 《马克思恩格斯文集》第 1 卷，人民出版社 2009 年版，第 204 页。

生活过程之中。通过对现代资本主义社会中劳动过程的考察，马克思发现了“异化劳动”，即“工人同劳动产品相异化”“工人同劳动活动相异化”“工人同人的类本质相异化”“人同人相异化”。这些现实的异化必须要通过人的感性对象性的活动来消除。在感性对象性活动中消灭现实的异化，这正是马克思对黑格尔的“纯思想辩证法”中隐含的革命性的真正恢复。

扬弃私有财产的共产主义运动真正恢复了黑格尔辩证法的革命性。在对鲍威尔和费尔巴哈的黑格尔批判做出诊断的基础上，马克思提出了黑格尔辩证法的革命性必须落实为扬弃私有财产的共产主义行动。鲍威尔批判黑格尔辩证法与现实和解，把黑格尔哲学中“自我意识”的反思性结构改造为“自我意识”纯粹自我相关结构，在一切领域贯彻“自我意识”与“实体”的对立。但是，鲍威尔只是表面上把黑格尔辩证法激进化了，他的“自我意识哲学”依旧是思维领域的革命，没有真正改变现实。费尔巴哈指出了黑格尔辩证法只是思维自身的独白，没法发挥改造现实的作用，所以他想要用“我—你”对话辩证法超越思维自身的自说自话，但是其感性直观的方法从根本上是排斥辩证法的，他无法深入到“我—你”的现实关系中，而只能靠感性直观发现的理想化了的“我—你”的关系来批判社会现实，重新陷入唯心主义，而无法改造现实。马克思清醒地认识到，鲍威尔和费尔巴哈都没能把黑格尔辩证法革命化，必须在对现实的实际改造中才能把辩证法的革命性落到实处，才能有真正的“人的解放”。马克思指出：“对异化的扬弃只有通过付诸实行的共产主义才能完成。要扬弃私有财产的思想，有思想上的共产主义就完全够了。而要扬弃现实的私有财产，则必须有现实的共产主义行动。”①“对于马克思而言，改造现实与扬弃黑格尔本就是内在统一的，是同一件事情的两个方面。”②马克思、鲍威尔和费尔巴哈对黑格尔的批判表明，只有通过真正扬弃黑格尔，认真

① 《马克思恩格斯文集》第1卷，人民出版社2009年版，第231—232页。

② 侯才：《青年黑格尔派与马克思早期思想的发展——对马克思哲学本质的一种历史透视》，中国社会科学出版社1994年版，第33页。

对待黑格尔辩证法的伟大成果及其不足,才能走向改造现实。黑格尔的辩证法告诉我们,扬弃是把外化收回自身的对象性运动,通过扬弃对象性本质的异化,人占有了对象化的本质。“无神论是以扬弃宗教作为自己的中介的人道主义,共产主义则是以扬弃私有财产作为自己的中介的人道主义。只有通过对这种中介的扬弃——但这种中介是一个必要的前提——积极地从自身开始的即积极的人道主义才能产生。”①整部《1844 年经济学哲学手稿》的思想主线就是“异化劳动—私有财产—共产主义”,马克思写作“对黑格尔的辩证法和整个哲学的批判”目的也在于说明“共产主义是作为否定的否定的肯定,因此,它是人的解放和复原的一个现实的、对下一段历史发展来说是必然的环节”②。只有在辩证法的基础上才能理解对私有财产的扬弃是在更高的基础上恢复人的本质。扬弃私有财产的共产主义运动既继承了黑格尔辩证法对历史发展进程的认识,又致力于真正改变人的现实生活过程,以推动人的解放为目标,真正落实了黑格尔辩证法的革命性。马克思代表了鲍威尔和费尔巴哈之外把黑格尔辩证法激进化的第三种方向,他通过扬弃私有财产的共产主义运动将黑格尔辩证法激进化从而赋予其更加激进的革命内容。

(四)从《1844 年经济学哲学手稿》到《神圣家族》的思想过渡

在《路德维希·费尔巴哈和德国古典哲学的终结》一文中,恩格斯提出了一个重要论断:“对抽象的人的崇拜,即费尔巴哈的新宗教的核心,必定会由关于现实的人及其历史发展的科学来代替。这个超出费尔巴哈而进一步发展费尔巴哈观点的工作,是由马克思于 1845 年在《神圣家族》中开始的。”③也就是说,在《神圣家族》中,马克思“开始”用“现实的人及其历史发展的科学”来代替“对抽象的人的崇拜”。针对恩格斯的这一回忆,俞吾金教授曾经指出恩

① 《马克思恩格斯文集》第 1 卷,人民出版社 2009 年版,第 216 页。
② 《马克思恩格斯文集》第 1 卷,人民出版社 2009 年版,第 197 页。
③ 《马克思恩格斯选集》第 4 卷,人民出版社 2012 年版,第 247 页。

格斯有两个记忆纰漏。第一,《神圣家族》写作于 1844 年 9—11 月,而非 1845 年;第二,“这个超出费尔巴哈而进一步发展费尔巴哈观点的工作不是在《神圣家族》,而是在《关于费尔巴哈的提纲》中开始的,而在《德意志意识形态》中得到了更明确的叙述。”①赵家祥教授则针锋相对地指出:在恩格斯的评论里,“‘开始’这两个字说得非常恰如其分。它一方面意味着刚刚起步,尚需继续前进;另一方面意味着为继续前进做好了准备,打下了基础。正是因为有这个‘开始’马克思才自觉地意识到他的哲学不仅与思辨唯心主义哲学是根本对立的,而且与费尔巴哈的旧唯物主义哲学也是有本质区别的。”②我们以为,在《神圣家族》中“超出费尔巴哈而进一步发展费尔巴哈观点的工作”确实已经“开始”。因为尽管马克思在《神圣家族》中高度赞扬了费尔巴哈,存在“对费尔巴哈的迷信”③。但是马克思所赞扬的,只是费尔巴哈对黑格尔体系上的突破。马克思和恩格斯并不认为费尔巴哈哲学就是符合时代需要的哲学。他们在序言中就明确强调,受主题所限,本书不再对德国理论发展本身做进一步的评论。马克思和恩格斯并没有局限于费尔巴哈的人本学唯物主义。当然,就与黑格尔体系的关系而言,费尔巴哈相对于鲍威尔等人的独特贡献确实在于他突破了黑格尔的体系。而费尔巴哈对黑格尔的突破有什么样的不足,马克思在《1844 年经济学哲学手稿》中已经有所涉及。而且在谈到费尔巴哈的贡献时,马克思强调:“费尔巴哈在理论领域体现了和人道主义相吻合的唯物主义,而法国和英国的社会主义和共产主义则在实践领域体现了这种唯物主义”④。学界一般仅仅把这句话作为对费尔巴哈的赞扬。其实,这句话在肯定费尔巴哈的同时,也指出了他的局限性:他的贡献仅仅在理论领域,在实践领

① 《马克思究竟从何时何处开始批判“抽象的人”的学说——从恩格斯记忆上的一个纰漏说起》,《教学与研究》2003 年第 5 期。

② 赵家祥:《澄清对恩格斯一段话的误解——与俞吾金同志商榷》,《教学与研究》2003 年第 9 期。

③ 《马克思恩格斯全集》第 31 卷,人民出版社 1972 年版,第 293 页。

④ 《马克思恩格斯文集》第 1 卷,人民出版社 2009 年版,第 327 页。

域无所作为。

更为重要的是,恩格斯在《费尔巴哈和德国古典哲学的终结》中指出费尔巴哈局限的同时也指出了超出费尔巴哈的道路:"他(指费尔巴哈——引者注)紧紧地抓住自然界和人;但是,在他那里,自然界和人都只是空话。无论关于现实的自然界或关于现实的人,他都不能对我们说出任何确定的东西。但是,要从费尔巴哈的抽象的人转到现实的、活生生的人,就必须把这些人作为在历史中行动的人去考察。"①不难发现,恩格斯所说的"现实的人及其历史发展的科学"必须通过"把人作为在历史中行动的人去考察"才能建立起来,而"把人作为在历史中行动的人去考察"正是《神圣家族》中的"现实人道主义""开始"建构理论的基本立足点,既把马克思和恩格斯同鲍威尔等人区别开来,也把他们同费尔巴哈区别开来。而且恩格斯指出"把人作为在历史中行动的人去考察",恰恰指明了"现实人道主义"概念最核心的含义,因为只有这样来理解"现实人道主义",才能看到《神圣家族》与《1844 年经济学哲学手稿》中的"感性对象性活动"论的思想连续性。

当然,相比于《1844 年经济学哲学手稿》,《神圣家族》还是向着唯物史观更近了一步。虽然《1844 年经济学哲学手稿》的诸多议题在《神圣家族》中得到更进一步的阐述,二者之间存在文本上的关联,但是在《1844 年经济学哲学手稿》中,占据统治地位的思想方法是"积极的人道主义",即通过扬弃私有制和宗教的异化,达到对人的本质的确证,并在新的层次上丰富和发展人的本质。尽管有许多富有发展潜力的思想萌芽(如对依靠"工资""资本的利润"和"地租"生活的"现实的人"的分析,基于资本家占有了工人的劳动产品这一经济事实而对"异化劳动"的阐述,提出了"对象性活动"和"劳动辩证法",把工业理解为人的本质力量的展开,主张现实的共产主义行动等等),从整体上来把握《1844 年经济学哲学手稿》的逻辑,马克思此时的历史观还是人本学异化

① 《马克思恩格斯选集》第 4 卷,人民出版社 2012 年版,第 247 页。

论的历史观,共产主义的实现过程是一个扬弃人的异化而重新占有人的本质的历程,经济或物质生产的客观规律在历史发展中的决定性作用依旧是缺席的。正如俞吾金教授在另一篇论文中指出的:“如果说,在《1844年经济学哲学手稿》中,马克思以充满道德情感的、美文学的笔调来描绘无产阶级在异化劳动中的悲惨处境的话,那么,在《神圣家族》中,马克思已经开始从历史的观点出发,客观地评价异化现象,他现在首先关注的不再是有产阶级对异化中处于悲惨地位的无产阶级所应承担的道德责任,而是有产阶级本身也不过是异化的客观的、历史的产物。”①而马克思之所以能够完成《1844年经济学哲学手稿》到《神圣家族》之间的这一次思想过渡,在一定意义上得益于恩格斯从“另一条道路”对唯物史观的探索。恩格斯在英国的大量实践材料的基础上从经济的角度对人类社会做出了唯物主义的考察,尤其是在“国民经济学批判”中对私有制和资本家的批判,以及“根据亲身观察和可靠材料”对“英国工人阶级状况”及其历史使命的思考,都为马克思思考异化问题注入了更多的历史因素和社会因素。恩格斯带来的实践素材和理论思考让他更全面地认识到,不止工人在遭遇异化,资本家也在遭遇异化,资本主义私有制造成的是人的全面异化;也让他更加具体地认识到,工人和资本家在资本主义社会中的生活状况。这些一手资料推动他“从历史的观点出发,客观地评价异化现象”。

二、作为思想同行者的恩格斯

《神圣家族》不仅是马克思和恩格斯共同追求的体现,而且是马克思和恩格斯共同创作的结晶。在《神圣家族》22印张的篇幅中,恩格斯只完成了一个半印张,不到全书的十分之一。尽管恩格斯完成的内容少,批判的对象也都是布鲁诺·鲍威尔周围无足轻重的小人物,但是马克思在《神圣家族》中把恩格斯署名

① 俞吾金:《从“道德评价优先”到“历史评价优先”——马克思异化理论发展中的视角转换》,《中国社会科学》2003年第2期。

为第一作者,这一文本信息提醒我们:《神圣家族》是马克思和恩格斯密切合作的产物,文本篇幅显示出来的只是二人合作关系的冰山一角。这些思想就是恩格斯在英国所把握到的历史发展的"英国原则"。恩格斯在英国深切地体会到工业革命以来的大工业生产对历史进程的影响,认识到英国代表着法国和德国历史发展的未来。恩格斯在英国的实践和理论探索以及由此初步形成的唯物史观思想因素,使他成为马克思主义创立过程中与马克思志同道合的思想同行者。

(一)第一作者署名上的伟大人格和互相认可

面对《神圣家族》,首先引起我们注意的就是其署名问题:恩格斯竟然被署名为第一作者。这一文献信息之所以格外引人注意,首要的原因并不在于恩格斯第一作者与"第二小提琴手"这两个身份之间的冲突,而是因为它与马克思恩格斯各自在该书中承担的工作量严重不符。从《神圣家族》的写作过程来看,从选题(马克思选定《文学总汇报》作为批判对象)、写作(马克思写作了20多印张,占全书内容百分之九十以上)、出版(马克思积极奔走联系出版商)都是马克思处于绝对的主导地位,而且恩格斯在书稿出版之前明确表达过把自己署名为作者"未免欠妥"①,当他看到马克思不仅把自己署名为作者而且署名为第一作者时还质疑马克思,"你把我的名字写在前面了,为什么这样?"②针对马克思和恩格斯在《神圣家族》署名问题上的不同立场,需要明确以下认识。

首先,马克思把恩格斯署名为第一作者,排在自己前面,决不是为了把恩格斯做挡箭牌。马克思与恩格斯合作的基础是思想上的一致,不存在推诿责任的问题。如恩格斯晚年所言,"当我1844年夏天在巴黎拜访马克思时,我们在一切理论领域中都显出意见完全一致,从此就开始了我们共同的工作。"③不仅如此,马克思此时已经与鲍威尔等人公开决裂,他在《论犹太人问题》中

① 《马克思恩格斯全集》第47卷,人民出版社2004年版,第337页。

② 《马克思恩格斯全集》第47卷,人民出版社2004年版,第346页。

③ 《马克思恩格斯选集》第4卷,人民出版社2012年版,第202页。

已经十分明确地把布鲁诺·鲍威尔的两份著述列在文章开头的位置，这是摆明的战斗姿态，写作《神圣家族》是为了继续揭示鲍威尔思辨唯心主义的错误。而且，马克思在1844年8月给费尔巴哈的信中告诉费尔巴哈自己即将批判《文学总汇报》。他说："对于德国人来说，要摆脱对立的片面性是很困难的，我的多年的朋友（但现在同我越来越疏远了）布鲁诺·鲍威尔在他的柏林出版的批判性报纸《文学报》中重新证明了这一点。不知您看过这家报纸没有。那里有不少文章是在同您进行无声的论战。"①不难发现，马克思不仅没有想着掩盖他与鲍威尔的矛盾，反而在扩大论战的范围，鼓励费尔巴哈也与鲍威尔论战。

其次，恩格斯不愿意出现在该书署名中既是出于家庭的考虑，也是对写作内容实事求是的态度。在家庭上，恩格斯的父亲是个虔诚的宗教徒，无法容忍"神圣家族"这种亵渎圣物的名字与自己的儿子联系在一起。他明确写信告诉马克思："新的书名《神圣家族》肯定会使我和我家虔诚的、现在本来就已十分恼火的老头儿发生争吵，这一点你自然不会知道。"②更重要的是，恩格斯认为署名要实事求是，与写作内容一致。恩格斯认为马克思承担了绝大部分内容，而且讨论的都是重要的问题，自己讨论的都是无足轻重的问题，是马克思决定了《神圣家族》的思想水平。在马克思坚持把恩格斯署名为第一作者之后，他还要求在报刊介绍这部书时"可顺便提一提我为什么只写了一点点，并且写的又只是一些无须深入研究的问题，——原因是我在巴黎只待了短短的10天。这总归显得很可笑：我写了不到一个半印张，而你写了二十多个印张"③。不难发现，恩格斯的态度是真诚的，而且对照《神圣家族》的文本，也可发现恩格斯是在以实事求是的态度面对与马克思合作的成果，不愿意抢占马克思的第一作者地位，他在书信中透露出的这些理由无疑都是充分的。

---

① 《马克思恩格斯全集》第47卷，人民出版社2004年版，第75页。

② 《马克思恩格斯全集》第47卷，人民出版社2004年版，第346页。

③ 《马克思恩格斯全集》第47卷，人民出版社2004年版，第351页。

再次,马克思把恩格斯署名为第一作者,这首先体现了马克思对恩格斯思想水准的认可。面对唯物史观这个人生中的伟大发现,马克思从来没有贪功,没有把它记在自己一人名下,而是对恩格斯在这一思想创立过程中的作用给予高度评价。例如在1859年《〈政治经济学批判〉序言》中,马克思明确强调"唯物史观"的创立并不是他一个人的功劳,他充分肯定了恩格斯在这一过程中作用:"自从弗里德里希·恩格斯批判经济学范畴的天才大纲(在《德法年鉴》上)发表以后,我同他不断通信交换意见,他从另一条道路(参看他的《英国工人阶级状况》)得出同我一样的结果。当1845年春他也住在布鲁塞尔时,我们决定共同阐明我们的见解与德国哲学的意识形态的见解的对立,实际上是把我们从前的哲学信仰清算一下。"①马克思把恩格斯署名在自己前面,这也反映了马克思的谦让精神。在马克思生前,面对与恩格斯的合作,马克思总是表现出谦让的态度,例如在《德意志意识形态》成书以后,马克思在《驳卡尔·格律恩》一文中把《德意志意识形态》称为"恩格斯和我合写的"②,在1846年给出版商列斯凯的信中把它称为"我编辑的和恩格斯等人合写的著作"③。这种谦让的态度也是马克思与恩格斯一生保持伟大友谊的原因之一。当然,马克思之所以对恩格斯保持谦让的态度并把恩格斯署名为《神圣家族》的第一作者,主要的还是因为恩格斯在唯物史观的创立过程中确实扮演了重要作用,恩格斯对唯物史观有独立的探索,他从英国获得的实证材料为马克思批判青年黑格尔派提供了重要的经验事实。

这样界定恩格斯在《神圣家族》中的思想贡献,并不是要把恩格斯列为唯物史观的"第一小提琴手"。马克思是"第一小提琴手",恩格斯是"第二小提琴手",这是恩格斯本人的公允评价。恩格斯的这一说法出现于马克思去世之后。在1884年10月,恩格斯在致贝克尔的信中说:"我一生所做的是我注

---

① 《马克思恩格斯选集》第2卷,人民出版社2012年版,第3—4页。

② 《马克思恩格斯全集》第4卷,人民出版社1958年版,第43页。

③ 《马克思恩格斯全集》第47卷,人民出版社2004年版,第382—383页。

定要做的事，就是拉第二小提琴，而且我想我做得还不错。我很高兴我有像马克思这样出色的第一小提琴手。当现在突然要我在理论问题上代替马克思的地位去拉第一小提琴时，就不免要出漏洞，这一点没有人比我自己更强烈地感觉到。”①可见，恩格斯自认为作为“第二小提琴手”时“做得还不错”。在马克思主义创立的过程中，主要观点是马克思制定的，但是恩格斯也有着独立的探索，他的探索在马克思的思想创立过程中提供了重要的支持，与马克思共同完成了新哲学的建构。当然，马克思作为“第一小提琴手”有更高的“天才”，在哲学世界观的意义上阐述了他们的“共同见解”，制定了一种新哲学，同时更深刻的洞察力也造就了马克思更坚定的实践品格，他在面对国际工人运动遭遇的困难时更加敢于坚持自己的认识。马克思的这一品质，在形势越发复杂的时候，越显示出重要的意义。恩格斯在领导国际工人运动的过程中更加感到马克思去世后留下的缺失，对马克思做出了“第一小提琴手”的中肯评价。

（二）恩格斯走向唯物史观的“另一条道路”

在马克思系统阐述唯物史观基本思想的过程中，马克思受惠于很多思想先贤。其中，与他结成终生友谊、谦虚地自称“第二小提琴手”的恩格斯也是影响他思想发展的一位重要伙伴。由于工作的关系，恩格斯在曼彻斯特早就直接感受到“英国利益”的冲击，他也很快就摆脱德国唯心主义历史观的影响，开始认真对待英国历史已经证明的“经济事实”的力量。如果我们对比一下《英国状况》和《德法年鉴》，那么我们能够清晰地看到恩格斯和马克思同时形成了“唯物史观”的思想因素。恩格斯不仅具备与马克思合作的思想基础，而且是马克思通过经济关系来深入研究市民社会的引路人。马克思在《〈政治经济学批判〉序言》中回顾“唯物史观”的创立过程时明确提出，“唯物史观”的创立并不是他一个人的功劳，他高度评价了恩格斯在这一过程中作用：

① 《马克思恩格斯选集》第4卷，人民出版社2012年版，第571—572页。

"他从另一条道路(参看他的《英国工人阶级状况》)得出同我一样的结果。"①马克思在这里提到,在读到恩格斯的《国民经济学批判大纲》之后,他与恩格斯"不断地通信交换意见",发现恩格斯得出了与他同样的结论。

事实上,恩格斯在1886年也非常明确地说过自己在马克思主义创立过程中的作用:"我不能否认,我和马克思共同工作40年,在这以前和这个期间,我在一定程度上独立地参加了这一理论的创立,特别是对这一理论的阐发。但是,绝大部分基本指导思想(特别是在经济和历史领域内),尤其是对这些指导思想的最后的明确表述,都是属于马克思的。"②从1844年8月马克思和恩格斯共同撰写《神圣家族》开始,到马克思去世,其间整整40年。在这40年中间,恩格斯对于理论的创立和阐发有重要的贡献。正如恩格斯自己承认的,他"在一定程度上独立地参加了这一理论的创立",并且恩格斯强调的是,他在与马克思共同工作"之前"就已经在为这一理论的创立而工作。事实上,由于工作上的便利,恩格斯在形成唯物史观的进度上一度走在了马克思的前面。在马克思走向唯物史观的过程中,他起着重要引路人的作用。

1."德国原则"与"英国利益"相遇

1842年,时值恩格斯22岁,他被其父亲派往英国经营家族企业。作为一个在德国文化语境中成长起来的青年,恩格斯不可避免会受到德国思想界的影响。这种影响深刻地反映在恩格斯的思想上。在评判社会和历史发展的时候,恩格斯就遭遇到了"德国原则"与"英国利益"的困惑。按照德国哲学家的教导,历史是原理、原则、概念自我发展的历史,世界历史的全部目的就在于某一个原理、原则、概念的不断完善。但是,在英国这样一个经验主义盛行的国度,它在思想上、哲学上完全不能望群星璀璨的德国思想界哲学界项背,但是

① 《马克思恩格斯选集》第2卷,人民出版社2012年版,第3—4页。
② 《马克思恩格斯选集》第4卷,人民出版社2012年版,第248页。

经验主义中所发展出来的现代科学技术却推动英国最早完成工业革命,使之成为西欧最强大的经济体。如何看待英国的发展,它是走在整个欧洲前列,还是落后于欧洲大陆,这成了困扰恩格斯的第一个问题。

1842年刚到英国不久,恩格斯就在德国《莱茵报》上发表了多篇文章。这些文章清晰地再现了恩格斯站在"德国原则"和"英国利益"的十字路口所面对的困惑,以及其艰辛的思想转变历程。在发表于《莱茵报》的诸多文章中,有一篇叫《国内危机》的论文,恩格斯在其中提出:"有一个问题,在德国已经是不言而喻的,而对于一个顽固的不列颠人,却无论如何也讲不明白,那就是所谓的物质利益在历史上从来不可能作为独立的、主导的目的出现,而总是有意无意地为引导着历史进步方向的原则服务。"①此时,恩格斯刚到英国,他因深受德国哲学家们的影响而贬低英国人的历史发展成就。英国的成就(至少是经济上的成就)明白无误地摆在面前,否则恩格斯也不会远赴重洋到英国经商,但是恩格斯还是认为,如果再不改变自己对物质利益的关注,如果不转向发展出一套"原则"来引领社会发展,这个注重物质利益的民族将遭遇更大的危机。

不仅如此,在看到英国的国内危机之后,恩格斯认为,这个原本走在德国前面的国家,"由于政治上的排他性和故步自封而终于比大陆落后了几个世纪"②。恩格斯在这里所谓的英国国内危机是指,无产阶级作为一支政治力量兴起,为了改变自身的物质状况,无产阶级"只有通过暴力变革现有的反常关系"③。无产阶级的革命热情给英国造成很大的危机。在恩格斯看来,英国无产阶级革命只是为了"利益",而不是为了"原则",英国的革命不是政治革命,而是社会革命。只有政治领域的原则革命,才能影响历史发展。所以恩格斯认为英国落后于大陆。恩格斯这一时期看待社会和历史发展的态度很明确,

---

① 《马克思恩格斯全集》第3卷,人民出版社2002年版,第407—408页。

② 《马克思恩格斯全集》第3卷,人民出版社2002年版,第408页。

③ 《马克思恩格斯全集》第3卷,人民出版社2002年版,第411页。

他认为历史是由先进的理念而非物质利益推动向前发展的,尤其是他把“排他性”作为评判英国落后的标准,这表明他作为“自由人”的一员与鲍威尔共享着某些哲学观点。

恩格斯固守“德国的原则”,对已经在英国明确表现出巨大威力的“物质利益”视而不见。这与马克思在遭遇“物质利益难题”之后果断转换思路形成了鲜明的对比。正因此,马克思把恩格斯视为柏林“自由人”团体中僵化的教条主义者,不愿意与他进一步交往。当然,恩格斯此时也不认同马克思的看法。这种思想的距离直接导致了他们二人在1842年11月底第一次会面时的冷淡场面。恩格斯晚年回忆这次会面时写道:“[1842年]11月底我赴英国途中又一次顺路到编辑部去时,遇见了马克思,这就是我们十分冷淡的初次会面。”①很显然,在第一次会面时,恩格斯和马克思的冷淡态度是互相的,不仅马克思因为恩格斯与鲍威尔兄弟有书信来往而对恩格斯冷淡,恩格斯对马克思也有疑虑。这次会面的不愉快也从侧面证明了,恩格斯在理解历史发展时依旧坚持从“德国原则”出发,他虽然已经遭遇到了“英国利益”及其造成的历史结果,但是并没有把“英国利益”作为历史发展的推动力量。

在英国的经历迅速地改变着恩格斯。一年以后,在《大陆上社会改革的进展》一文中,恩格斯对德国和英国就不再是单一的褒贬态度,而是很明确地指认出德国只重原则存在重大缺陷:“德国人是一个从不重利益的民族;在德国,当原则和利益发生冲突的时候,原则几乎总是使利益的要求沉默下来。对抽象原则的偏好,对现实和利益的偏废,使德国人在政治上毫无建树;正是上述这些品质保证了哲学共产主义在这个国家的胜利。”②恩格斯指出,德国人偏废现实和利益对德国政治的进步造成了损害。当然在这里,我们还能够看到恩格斯对哲学共产主义的惺惺相惜(而不是像《德意志意识形态》中一样对其进行彻底批判),能够看到恩格斯肯定德国重原则的民族特性为共产主义

---

① 《马克思恩格斯全集》第39卷,人民出版社1974年版,第452页。

② 《马克思恩格斯全集》第3卷,人民出版社2002年版,第493页。

党派的建立提供了便利。这表明恩格斯依旧在“德国原则”与“英国利益”之间纠缠。

2. 恩格斯初步形成唯物史观的思想要素

在恩格斯从德国的“原则”转向英国的“利益”的过程中，他那份“批判经济学范畴的天才大纲”起到了至关重要的作用。毫无疑问，《国民经济学批判大纲》还带有费尔巴哈人道主义的色彩。例如，他提出要“从纯粹人的、普遍的基础出发来看问题”①；认为“不放弃一切真正人的目的”，就经不住私有制的竞争②；提出竞争制度“屠杀了并且每日还在屠杀着千百万人”。③ 正如马克思所指出的，包括恩格斯在内的对政治经济学的批判“全靠费尔巴哈的发现给它打下真正的基础”④。但是，在《国民经济学批判大纲》中，恩格斯所分析的政治经济学核心概念（包括资本、价值、竞争、人口、无产阶级等）始终以私有制为基础。他指出，国民经济学之所以是伪善的、矛盾的，是因为“经济学没有想去过问私有制的合理性的问题”⑤。另一方面，恩格斯在分析政治经济学发展史的时候，已经注意到了理论的发展与社会的发展不仅是同步的：“18 世纪这个革命的世纪使经济学也发生了革命”，而且经济学理论的片面性也是由社会发展的片面性造成的：“正如这个世纪的一切革命都是片面的并且停留在对立的状态中一样……经济学的革命也未能克服对立”⑥。对政治经济学的研究，在潜移默化中已经使得恩格斯放弃了“原则”主导历史的观点，开始认真对待“利益”在历史中的主导地位。在这个基础上，恩格斯在《英国状况》中把物质利益置于主导地位的观点就是自然的结果了。

---

① 《马克思恩格斯全集》第 3 卷，人民出版社 2002 年版，第 445 页。
② 《马克思恩格斯全集》第 3 卷，人民出版社 2002 年版，第 463 页。
③ 《马克思恩格斯全集》第 3 卷，人民出版社 2002 年版，第 468 页。
④ 《马克思恩格斯全集》第 3 卷，人民出版社 2002 年版，第 220 页。
⑤ 《马克思恩格斯全集》第 3 卷，人民出版社 2002 年版，第 443 页。
⑥ 《马克思恩格斯全集》第 3 卷，人民出版社 2002 年版，第 443 页。

1844年一、二月间，恩格斯写作了三篇《英国状况》的论文。在这一组论文中，恩格斯转向一边倒地肯定英国历史中已经证明了的物质利益的力量，认为这才是历史发展的决定性力量。恩格斯指出："英国的革命是社会革命，因此比任何其他一种革命都更广泛，更有深远影响。……社会革命才是真正的革命，政治的和哲学的革命必定通向社会革命"，他认为，在英国发生的变革"很可能会比法国的政治革命或德国的哲学革命在实践上更快地达到目的。"①如胡大平教授指出的，恩格斯在这篇文章中事实上已经提出了一种新的历史观，因为恩格斯以历史为线索，从工业革命开始，"以比较完整的逻辑分析了工业革命在纺织业的起步——整个工业变革——交通——现代英国各种关系（所有制、意识形态、政治），最后是无产阶级的诞生"，"恩格斯实际上已经开始从物质生产角度来解释市民社会"②。在这一组关于"英国状况"的论文中，恩格斯确实初步形成了唯物史观的思想要素。

恩格斯晚年的一段回忆能够让我们更加直接地看到他此时已经形成的唯物史观的思想要素。

> "我在曼彻斯特时异常清晰地观察到，迄今为止在历史著作中根本不起作用或者只起极小作用的经济事实，至少在现代世界中是一个决定性的历史力量；这些经济事实形成了产生现代阶级对立的基础；这些阶级对立，在它们因大工业而得到充分发展的国家里，因而特别是在英国，又是政党形成的基础，党派斗争的基础，因而也是全部政治史的基础。"③

经济事实决定历史发展，构成阶级对立的基础，为政党和现代政治奠定基础。毫无疑问，这个结论就是唯物史观的初步观点，即历史的发展是由经济生产决定的，经济事实中产生了阶级的对立和政党政治，引发上层建筑的变革。马克

① 《马克思恩格斯全集》第3卷，人民出版社2002年版，第526页。

② 胡大平：《回到恩格斯：文本、理论和解读政治学》，江苏人民出版社2010年版，第145页。

③ 《马克思恩格斯选集》第4卷，人民出版社2012年版，第202—203页。

思把这个发现表述为:“市民社会制约和决定政治国家”;恩格斯则把它表述为,经济事实是现代历史发展的决定性力量。可见,恩格斯已经初步提出了唯物史观的一些思想观点。

(三)《神圣家族》是马克思和恩格斯的共同创作

在《神圣家族》的创作中,恩格斯不仅仅是一个参加者,而且是一个与马克思达到相同思想水准的重要合作者。故此,马克思才会把他署名为第一作者。恩格斯与马克思的思想历程明确显示出,恩格斯的思想更加靠近“唯物史观”,正是恩格斯较早萌发出来的“唯物史观”思想因素为马克思提供了进一步理论创作的平台。

1. 从《英国状况》到《神圣家族》的理论进展

恩格斯在英国初步形成唯物史观的思想要素集中反映在题为《英国状况》的三篇论文之中。对比《英国状况》与《神圣家族》,不难发现二者之间的接续和进展。认真对待《英国状况》,才能理解恩格斯后来说的他在 1844 年夏天与马克思“在一切理论领域中都显出意见完全一致”①。把《英国状况》和《1844 年经济学哲学手稿》同等程度地作为《神圣家族》的思想准备,有助于深化理解恩格斯所说的“这个超出费尔巴哈而进一步发展费尔巴哈观点的工作,是由马克思于 1845 年在《神圣家族》中开始的”②。《英国状况》的思想水准表明,恩格斯在唯物史观的创立过程中并不是可有可无的合作者,而是与马克思同等水准的合作者,是唯物史观的共同创立者。从《神圣家族》起,马克思和恩格斯“开始”共同建构“现实的人及其历史发展的科学”。

在《英国状况:评托马斯·卡莱尔的〈过去和现在〉》一文中,恩格斯一方面肯定了卡莱尔对资本主义的批判,另一方面也揭露了卡莱尔思想方式的

---

① 《马克思恩格斯文集》第 4 卷,人民出版社 2009 年版,第 232 页。
② 《马克思恩格斯选集》第 4 卷,人民出版社 2012 年版,第 247 页。

“德国泛神论”实质。在隐性的意义上说，当恩格斯批判卡莱尔思想中的“德国神秘主义”的时候，他的矛头事实上已经指向了黑格尔主义的历史观。在显性的文本中，恩格斯对黑格尔主义的历史观也有明确的批判：“在黑格尔看来，历史归根结底也只是用来检验逻辑运算问题。嘲弄历史，无视人类的发展，这完全是对方所为；而且又是基督徒所为；基督徒编造了一部别具一格的‘天国史’，否认真实的历史具有任何内在实质，只承认他们的彼岸的抽象的而且是杜撰出来的历史才需要这种实质。”①对黑格尔主义和基督教历史观的批判能够与《神圣家族》中的相关内容无缝衔接。不仅如此，在该文中，恩格斯还高度赞扬无产阶级的历史地位：“只有工人、英国的贱民、穷人，才是真正值得尊敬的人，尽管他们粗野，尽管他们道德堕落。拯救英国要靠他们，他们身上还有可造之材；他们没有文化知识，但也没有偏见，他们还有力量从事伟大的民族事业，他们还有前途。”②这里的论述不能不让人想起《神圣家族》中关于无产阶级历史地位的著名论述，尽管那里的论述出自马克思写就的篇章，但与恩格斯前期的文章更加贴近。

《英国状况·十八世纪》已经明显地显示出恩格斯从经济事实入手解剖历史的技巧。18 世纪由于其本身的丰富性使之成为青年黑格尔派最热衷讨论的话题。在该文中，恩格斯也与青年黑格尔派一样讨论了精神史的发展，包括宗教信仰、现代科学、政治学和哲学的发展，但是恩格斯并没有把精神史理解为精神的自我发展史，而是从社会史中发掘精神史的根据，这就把精神史的写作建立在了唯物史观的基础上。这篇文章中的诸多内容都值得进一步讨论，例如，恩格斯把 18 世纪政治改革建立起来的现代政治制度理解为现代的奴隶制，“金钱、财产的外在化了的空洞抽象物，就成了世界的统治者。人已经不再是人的奴隶，而变成了物的奴隶；人的关系的颠倒完成了；现代生意经

① 《马克思恩格斯全集》第 3 卷，人民出版社 2002 年版，第 520 页。

② 《马克思恩格斯全集》第 3 卷，人民出版社 2002 年版，第 497 页。

世界的奴役……比封建时代的农奴制更不合乎人性、更无所不包”①。恩格斯这里的观点不仅达到了一定程度的唯物史观深刻性，而且直接接续着马克思在《神圣家族》中的相关观点，甚至让人想到《德意志意识形态》中对“个人力量转化为物的力量”的揭示和批判。而且恩格斯在该文中重申了工人阶级的“世界历史性地位”，并指出英国18世纪一系列变革最重要的结果就是产生了工人阶级。②

在《英国状况·英国宪法》中，恩格斯联系着经济和社会的发展来说明英国的宪法和政治制度的发展，指出经济和社会的发展必然会动摇英国宪法的基础。恩格斯不仅指出了英国宪法的虚伪和英国法治状况中理论和实践的极端矛盾，而且指出了英国即将建立的民主制不会是传统的民主制——传统的民主制本质上是“中间阶级和财产统治着一切”——而是“社会的民主制”。“单纯的民主制并不能消除社会的祸害。民主制的平等是空想……这个阶段也只是一个过渡……从中必定马上会发展出一种新的要素，一种超出一切政治事物的原则。这种原则就是社会主义的原则。”③这里的思想又能很好地接续《神圣家族》对现代民主制的批判。

可以毫不夸张地说，只有认真对待《英国状况》与《神圣家族》之间的关联性，我们才能更好理解马克思为什么把恩格斯列为《神圣家族》的第一作者，才能更好地理解恩格斯说的“我在一定程度上独立参与了这一理论的创立”。在马克思主义的创立过程中，马克思毋庸置疑是主导性的，但是恩格斯也不是一位可有可无的合作者。他在新哲学世界观的创立中的积极探索使得他对于马克思而言具有比鲍威尔等批判对象以及费尔巴哈、赫斯等在某一时间段正面影响了马克思的思想者都更加重要。首先，恩格斯从经济出发理解历史的唯物主义视角与马克思这一时期形成的相关思想相互确证，促进了马克思系

① 《马克思恩格斯全集》第3卷，人民出版社2002年版，第534页。

② 《马克思恩格斯全集》第3卷，人民出版社2002年版，第533、546页。

③ 《马克思恩格斯全集》第3卷，人民出版社2002年版，第584、585页。

统制定新的哲学世界观,并相应地加速了马克思与青年黑格尔派全面决裂。其次,恩格斯对于政治经济学的研究以及通过这一研究对现代资产阶级社会运行机制的初步暴露,为马克思指出了一个重要的前进方向。尽管马克思在《黑格尔法哲学批判》中已经提出市民社会决定政治国家的观点,并且对于市民社会的经济性质有了比较清晰的认识,但是恩格斯的这一先行性工作还是具有重要的启发。再次,恩格斯与工人阶级及其政党的交往以及对于工人阶级历史地位的揭示,对于马克思主义的整个后续发展具有深远而重大的影响。正是因为恩格斯在英国与正义者同盟的积极接触,为马克思和恩格斯改造"正义者同盟"创建共产党做了极为宝贵的准备工作。而且推动无产阶级觉醒与批判思辨唯心主义是内在相关的,工人阶级放弃"单纯理论领域内的解放"的幻想才能成为消灭资本主义私有制的行动主体。

2. 马克思和恩格斯基于合作的共同理论建构

指出《神圣家族》是马克思和恩格斯基于合作的共同理论建构,并不是要抹杀马克思在唯物史观创立过程中"第一小提琴手"的贡献,而是说,只有这样才能给恩格斯在《神圣家族》中的第一作者地位以合理的解释。马克思在《神圣家族》中的独立贡献就在于,在他获悉了恩格斯在英国的发现之后,能够通过持续的理论批判和探索,在更深的层次上发掘他与恩格斯的共同观点以及恩格斯的某些先行探索所具有的哲学世界观意义,并开始尝试着从整体上建构起一座新的理论大厦。这一系列尝试的结果就是,在他的主导下建立起了一个既继承了德国哲学的积极思想成就,又摆脱了其唯心主义泛灵论和神秘主义错误的新哲学。

马克思与恩格斯一生合作 40 年,但是他们是非常不同的写作者。恩格斯更擅长根据自己调查研究得到的一手经验材料写作,马克思则更擅长在理论思辨中把研究推向深入。比如,同样作为《莱茵报》的作者,马克思和恩格斯的文章所表现出来的写作风格就有很大差异:马克思的主要文章为《第六届莱茵省议会的辩论(第一篇论文),关于新闻出版自由和公布省等级会议辩论情况的辩论》《〈科隆日报〉第179号社论》《历史法学派的哲学宣言》《第六届莱茵省议会的辩论(第三篇论文),关于林木盗窃法的辩论》;恩格斯的文章有《英国对国内危机的看法》《国内危机》《各个政党的立场》《英国工人阶级状况》《谷物法》。马克思和恩格斯的报刊文章虽然都处理社会的热点问题,但是马克思在写作的过程中更多地诉诸哲学理念来反观现实生活,恩格斯则更多地白描现实生活中的问题。再比如,在马克思和恩格斯各自得出唯物史观结论的历程中,马克思更多的是通过对思辨唯心主义的理论批判得出这一结论的,而恩格斯则是通过在英国的调查研究得出这一结论的。

回顾马克思与恩格斯长达40年的合作,二人的思想各有特点:马克思更加注重思辨,更多地藏在书斋里与死去的人或活着的人写下的文字打交道,在乐此不疲的理论批判中发展完善自己的思想;恩格斯更加注重经验材料和实践行动,通过大量调查研究,掌握第一手的经验资料,注重对客观事实做经验分析,从中归纳总结出规律性的认识。由于马克思注重思辨,随着思考的深入,他的文字常常写得很长、很晦涩,并很难收住笔;相对地,恩格斯注重归纳总结,所以他的写作总是能够清晰流畅、通俗易懂,并能够很快地完成写作任务。但是,马克思和恩格斯在合作中较好地实现了互补。这二人之间的互补关系使得马克思主义既有理论的深刻性,又有经验的支撑。同时,这种互补关系还较好地维持了二人的友谊,恩格斯因为马克思的思想犀利深刻而佩服马克思,马克思因为恩格斯的思想贴近生活具有经验支撑而乐意与其交流自己思考的结果。

具体到《神圣家族》的合作模式,马克思之所以把恩格斯列为第一作者,绝不是任何一种阴谋论的解释能够说明的。恩格斯对经济的决定性力量的揭示、对资本主义发展的积极和消极结果的深刻理解、对工人阶级状况及其历史使命的认知,对于马克思而言是重要的促进,使得马克思更加深入地洞察到鲍威尔及其伙伴的理论局限。但是在《神圣家族》的写作过程中,马克思通过持续不断的理论批判,又把他和恩格斯从不同道路获得的“完全一致见解”发展得更加丰富、更加深刻了。

离开马克思或恩格斯任何一方,《神圣家族》都不会有其现在的思想高度。离开了恩格斯,马克思虽然也将展开与《文学总汇报》的论战,但是他将继续延续《1844 年经济学哲学手稿》中对黑格尔主义的批判,如何把经济事实的决定性力量、生产关系是历史发源地的思想糅合进其思想整体之中,并使这些唯物史观的思想萌芽成为批判思辨唯心主义的基石,将很难在本书中成为马克思思考的重点问题。相应地,如何在物质生产的基础上理解人的思想的发展、社会生活和历史的变迁,恐怕也将推后很久进入马克思的思考范围。尽管马克思在《神圣家族》中还没有很好地理顺唯物史观与思辨唯心主义批判的内在关系,没有把后者建立在前者的基础上,但是恩格斯的加入促进了他更进一步完成思想变革。离开马克思,恩格斯在英国的观察和研究也能使其进一步完善唯物史观的思想萌芽,但是这种新思想对于他生养教化于其中的德国古典哲学是一种什么样的关系,在人类思想史的发展中又将带来什么样的变革,这些问题恐怕恩格斯终其一生都不会关注。尽管马克思在《神圣家族》中还没有完全觉悟到新世界观的力量,更没有自觉地运用这种新世界观,并且带有旧哲学的遗留痕迹,但是《神圣家族》中的这种缺憾正是马克思进一步思考问题的着力点,是他们实现思想变革的重要一步。

三、《神圣家族》的写作动因

《神圣家族》是马克思和恩格斯对《文学总汇报》的批判。《文学总汇报》是布鲁诺·鲍威尔主编的月刊,1843 年 12 月到 1844 年 10 月共 12 期(其中第 11、12 期为合刊)由柏林夏洛滕堡的艾格伯特·鲍威尔出版,主要供稿人包括布鲁诺·鲍威尔、埃德加·鲍威尔、塞利加、荣格尼茨、卡尔·赖哈特、茹尔·法赫尔等,文章的题材涵盖了文学评论、理论论文、时局评论、诗歌、读者来信等。在《德意志年鉴》和《莱茵报》被查封之后，青年黑格尔派的活动受到很大打击，《文学总汇报》虽然成了青年黑格尔派的主要理论阵地，但是他们参与撰稿的热情并不高，除埃德加·鲍威尔和茹尔·法赫尔外，别的撰稿人理论水平是比较差的，整个杂志主要靠鲍威尔一人支撑。尤其是这些才华较低的撰稿人进一步放大了思辨哲学的缺点，使“整个德国思辨的全部谰言达到了顶点”。《文学总汇报》中的“思辨唯心主义”观点引起了马克思和恩格斯的警惕，他们决定合作《神圣家族》完成对青年黑格尔派的清算。

（一）“犹太人问题”论战的直接延续

《神圣家族》是马克思和鲍威尔围绕“犹太人问题”论战的直接延续。当德国理论界围绕“犹太人问题”展开争论的时候，布鲁诺·鲍威尔率先发表了《犹太人问题》和《现代犹太人和基督徒获得自由的能力》，提出了消灭宗教是解决“犹太人问题”的前提。1844 年 2 月，马克思在《德法年鉴》上发表《论犹太人问题》，点名批判布鲁诺·鲍威尔混淆了“政治解放”与“人的解放”。《论犹太人问题》在法国发表之后，迫于书报检查机关的压制，只有少量刊物流入德国，并没有引起太大的社会反响。尽管如此，马克思还是时刻关注《论犹太人问题》会遭到怎样的评价，尤其是他所批判的布鲁诺·鲍威尔将要如何辩解。终于，马克思在《文学总汇报》第 8 期上读到了布鲁诺·鲍威尔的《目前什么是批判的对象?》。尽管布鲁诺·鲍威尔在这篇文章中并没有提到马克思的《论犹太人问题》，但是其批判的锋芒已经指向了马克思在《德法年鉴》上的文章。在这篇文章中，鲍威尔为自己讨论“犹太人问题”的相关著述作了辩护，并提出了“纯粹批判”的纲领。他明确反对马克思等人提出的“组织群众”进行社会革命的观点，认为历史发展的动力是精神和自我意识，群众是精神和历史发展的敌人，是批判的对象而非依靠力量。鲍威尔在《文学总汇报》上的观点是一种彻头彻尾的唯心主义历史观。

1844 年 8 月，马克思读到布鲁诺·鲍威尔的《目前什么是批判的对象?》

之后，就已经有意再次与鲍威尔展开论战。8月11日，马克思写信给费尔巴哈说，“对于德国人来说，要摆脱对立的片面性是很困难的，我的多年的朋友（但现在同我越来越疏远了）布鲁诺·鲍威尔在他的柏林出版的批判性报纸《文学报》中重新证明了这一点。”①马克思在信中告诉费尔巴哈，他将与鲍威尔进一步论战。8月底，恩格斯从英国返回欧洲大陆，顺道在巴黎与马克思会见。相比于第一次会面时的冷漠，这一次马克思和恩格斯发现二人在一切重大理论问题上表现出惊人的一致，“当我于1844年夏天在巴黎拜访马克思时，我们在一切理论领域中都显出意见完全一致，从此就开始了我们共同的工作”②。他们都迫切地认识到，要想改变无产阶级群众的悲惨生活状态，必须为无产阶级提供一种新的哲学世界观，把他们组织成为强大的自为的阶级。建立这种新的世界观，必须彻底打破德国思辨哲学一直以来谙熟的观念批判。对于马克思来说，进一步批判布鲁诺·鲍威尔已经超出了如何理解“犹太人问题”这一个具体问题的范围，而是两种历史观的斗争，必须进一步揭露鲍威尔思辨哲学的真面目，肃清唯心主义历史观沉迷于“单纯理论领域内的解放”的危害。由此，《神圣家族》的写作正式提上日程。

（二）创立无产阶级科学的共同追求

在合作创作《神圣家族》之前，马克思和恩格斯都经历过艰辛的思想探索，为无产阶级创立科学世界观的共同追求最终把他们结合在一起，为他们的第一次合作打下了基础。

在转学柏林之后的很长一段时间内，马克思都是黑格尔哲学的拥趸。但是，《莱茵报》时期遭遇到的“物质利益”难题让他认识到黑格尔国家理论的局限，他再次退回书斋，完成了“克罗茨纳赫笔记”和《黑格尔法哲学批判》。其后，他又与卢格一起在巴黎出版了《德法年鉴》，并写作了《1844年经济学哲学

① 《马克思恩格斯全集》第47卷，人民出版社2004年版，第75页。

② 《马克思恩格斯选集》第4卷，人民出版社2012年版，第202—203页。

手稿》。回顾这个过程不难发现，马克思早期的研究对象经历了从一般哲学到国家哲学再到市民社会的逐步下沉的过程。从《黑格尔法哲学批判》开始，马克思就认识到了市民社会和政治社会的分离是现代世界的重要特征。他指出："黑格尔觉得市民社会和政治国家的分离是一种矛盾，这是他著作中比较深刻的地方。"①但是马克思也指出，黑格尔所谓的家庭和市民社会向国家的过渡，"完全是在逻辑学中所实现的那种从本质领域到概念领域的过渡。"②马克思放弃了这种逻辑学的抽象，转而基于人类社会的现实历史考察了市民社会和国家关系。他认为，国家和市民社会相互分离并不是某个理念发展的结果，而是历史的结果。"只有法国大革命才完成了从政治等级到社会等级的转变过程……完成了政治生活同市民社会的分离。"③此外，马克思还颠倒了黑格尔思辨地建构起来的市民社会和政治国家的关系，指出市民社会是国家的基础。在之后的《德法年鉴》中，马克思明确提出了"政治解放"（即政治国家和市民社会的分离）是一种不彻底的进步，只有通过无产阶级革命才能实现"人的解放"。至此，马克思完成了从唯心主义向唯物主义、从革命民主主义向共产主义的转变。在《1844年经济学哲学手稿》中，马克思更是第一次通过政治经济学与哲学的结合，对市民社会中的人的境遇进行了透彻的分析，提出了"异化劳动"的四重规定性，并提出了扬弃私有财产实现共产主义的思想。对现代市民社会的研究越深入，马克思就越认识到创立无产阶级科学的重要性，因为无产阶级革命需要科学的哲学世界观作为指导，而当时无产阶级并没有这样的世界观。

如果说马克思是从理论领域完成了向着共产主义思想的转变，恩格斯则是在实践领域完成了这一转变。恩格斯1842年底离开故乡巴门赴英国曼彻斯特经营家庭生意。这一时期的经历对恩格斯的影响极其重大，使他较早地

① 《马克思恩格斯全集》第3卷，人民出版社2002年版，第94页。

② 《马克思恩格斯全集》第3卷，人民出版社2002年版，第13页。

③ 《马克思恩格斯全集》第3卷，人民出版社2002年版，第100页。

形成了唯物史观的思想萌芽:德国人压根不重视的“经济事实”是历史发展的决定性力量,它形成了阶级对立的基础,进而成为政党形成和政党斗争的基础,构成了现代政治运动的基础。[①] 恩格斯到英国之后完成的著作也确实表明,他已经开始自觉地把经济事实理解为历史发展的决定性力量,并从阶级斗争的角度理解历史。除了历史观上的转变,英国的经历还使恩格斯确立了工人阶级的立场。他指出:“英国工人阶级的状况日益恶化”是一个显而易见、人尽皆知的事实,经济的贫困造成了道德的堕落,面对工人们的违法行为,国家“不关心饥饿的滋味是苦是甜”,所做的只是“把这些人抛进监狱,或是放逐到罪犯流放地”。恩格斯此时已经认识到国家作为阶级统治的工具与无产阶级处于对立之中,并且他已经准确地预料到,宪章派的政治斗争不可能“——即使是很小的可能——获得成功”,[②]改造现代市民社会的重任落到了无产阶级头上。无产阶级革命成为恩格斯不得不面对的问题,而他同样缺少指导无产阶级革命的科学世界观。

马克思和恩格斯的第二次会面之所以能够取得巨大成功,在根本上是因为他们分别从不同的道路得出了同样的理论观点,都确立起了无产阶级的阶级立场,并把无产阶级和全人类的解放作为自己的奋斗目标。青年黑格尔派“用‘自我意识’即‘精神’代替现实的个体的人”[③],劝说人们通过改造自己的思想获得自由。对于他们来说,这样的思想是极其有害的,它否定了人民群众在历史中的主体地位,抹杀了无产阶级实践斗争的历史作用,他们不得不直接面对这一对手,指出其思想上的虚妄。这种理论不仅在德国的思想界有广泛的市场,而且曾经深刻地影响了他们自身。因此,这场理论批判又是他们清算自己“哲学信仰”的斗争。《神圣家族》是马克思和恩格斯密切合作的产物。他们合作的共同追求就是为无产阶级解放提供科学的理论。正是这一共同追

---

① 《马克思恩格斯选集》第4卷,人民出版社2012年版,第202页。

② 《马克思恩格斯全集》第3卷,人民出版社2002年版,第418页。

③ 《马克思恩格斯文集》第1卷,人民出版社2009年版,第253页。

求给了马克思和恩格斯强大的精神力量，最终发现了人类社会的发展规律，给共产主义奠定了科学的基础。

（三）捍卫“现实人道主义”的必然要求

在《神圣家族》一开篇，马克思和恩格斯就提出，“现实人道主义在德国没有比唯灵论或者说思辨唯心主义更危险的敌人了。”①很显然，《神圣家族》批判思辨唯心主义的目的在于捍卫“现实人道主义”。事实上，“现实人道主义”构成了《神圣家族》的理论主题。在这部著作中，“现实人道主义”统一起了马克思和恩格斯在哲学、政治经济学和社会主义共产主义上的研究，并在这一理论主题之下把它们带到了一个新的理论高度，朝着马克思主义的形成迈出了坚实的一步。

“现实人道主义”是马克思和恩格斯写作《神圣家族》的立足点。在《神圣家族》中，马克思和恩格斯告诉我们，他们之所以批判“思辨唯心主义”，是因为思辨唯心主义用“自我意识”取代了“现实的个体的人”。团结在布鲁诺·鲍威尔周围的青年黑格尔派“把哲学对现实的颠倒变成最明显的滑稽剧”，而马克思和恩格斯写作《神圣家族》的目的正是为了“识破思辨哲学的幻想”。很明显，马克思和恩格斯是要把布鲁诺·鲍威尔所颠倒的“现实”再次倒转过来，即颠倒鲍威尔所坚持的“自我意识”与“现实的个体的人”的关系，把“现实的个体的人”重新确立为新哲学世界观的出发点。

“现实人道主义”是唯物史观创立过程中的一个重要阶段。如果把《神圣家族》与《1844年经济学哲学手稿》和《德意志意识形态》对照阅读，我们不难发现，“现实人道主义”集中地体现了马克思思想发展的连续性。在《1844年经济学哲学手稿》中，马克思写道：“无神论是以扬弃宗教作为自己的中介的人道主义，共产主义则是以扬弃私有财产作为自己的中介的人道主义。只有

① 《马克思恩格斯文集》第1卷，人民出版社2009年版，第253页。

通过对这种中介的扬弃——但这种中介是一个必要的前提——积极地从自身开始的即积极的人道主义才能产生。”①在这里,马克思把无神论和共产主义称为“积极的人道主义”。深入分析马克思所说的“积极的人道主义”不难发现,他此时所追求的“积极的人道主义”是“人的本质的现实生成”,其中还有人本学异化论历史观的色彩,历史依旧被理解为人的本质的异化和异化的扬弃的过程。到了《德意志意识形态》“费尔巴哈”章中,马克思和恩格斯把“现实人道主义”视为“共产主义”的同义语,他们提出:“圣布鲁诺却继续心安理得地幻想,认为‘现实的人道主义’即共产主义所以取代‘唯灵论的地位’(唯灵论根本没有什么地位)只是为了赢得尊敬。”②而在《德意志意识形态》中,马克思对“现实人道主义”即“共产主义”的认识已经完全建立在了唯物史观的基础之上。在《1844年经济学哲学手稿》和《德意志意识形态》之间,《神圣家族》是一个必要的过渡。

在《神圣家族》中,马克思批判了青年黑格尔派的唯心主义历史观,反对青年黑格尔派把历史归结为精神和自我意识的发展史以及通过理论批判推动历史发展的观点,提出“现实的个体的人”是历史的主体、人民群众的实践活动推动了历史的发展、实现共产主义必须诉诸无产阶级改造社会的现实活动。这种通过无产阶级改造社会的现实斗争实现共产主义、实现“现实的个体的人”的自由解放的“现实人道主义”思想,不仅昭示了马克思主义的核心价值追求,而且提醒我们,马克思主义的人道主义价值追求,人的自由解放的崇高理想始终以“现实”为基础。在《神圣家族》中,这一“现实”既包括无产阶级和有产阶级等“现实的个体的人”构成的现代市民社会及其制度体系,也包括更为基础的“生活本身的直接的生产方式”和“地上的粗糙的物质生产”。正是这些思想的生长发展,才有了马克思主义的唯物史观。

① 《马克思恩格斯文集》第1卷,人民出版社2009年版,第216页。
② 《马克思恩格斯文集》第1卷,人民出版社2009年版,第543页脚注。

第二章 《神圣家族》的理论主题

马克思和恩格斯的“现实人道主义”与鲍威尔及其伙伴的“纯粹批判”哲学代表了两种针锋相对的哲学路线。前者立足于“现实的个体的人”，把历史理解为追求着自己的目的的人的活动。后者立足于“自我意识”，把历史理解为“普遍的自我意识”的形成史。因此，马克思和恩格斯试图通过无产阶级革命的现实共产主义运动实现人的自由解放，鲍威尔及其伙伴则试图通过理论上的观念批判推动“普遍的自我意识”的形成进而实现人的自由。尽管这两种哲学在各个方面都是截然不同甚至极端对立的，但是它们都以人的自由解放为根本追求，是对普鲁士落后的经济政治社会状况的回应，也是对当时具有世界历史意义的现代资本主义问题的解答。

一、两条针锋相对的哲学路线

黑格尔在《法哲学原理》的序言中说，“哲学是被把握在思想中的它的时代”。尽管在《文学总汇报》和《神圣家族》的辩论中，布鲁诺·鲍威尔和马克思恩格斯表现得势不两立，但是，不论是布鲁诺·鲍威尔的“绝对批判”哲学，还是马克思恩格斯的“现实人道主义”，都是对当时时代问题的深刻回答。对这两种哲学世界观做比较研究，必须把它们放回到其产生的时代，由此才能对它们为时代问题提供的解决方案做出富有内容的理解,同时也是恰当的理解。

(一) 政治的保守走向与哲学的激进转向

1812 年拿破仑甫一战败,反法同盟就召开了“维也纳会议”,着手恢复被拿破仑破坏的神圣罗马帝国的各项制度。但是,在经受了法国大革命的冲击和洗礼之后,按照“正统主义”的原则恢复欧洲秩序已经成了不可能的事了。尽管如此,由奥地利、普鲁士、巴伐利亚、汉诺威和符腾堡组成的五强委员会还是于 1815 年签署了《德意志邦联条例》,在中世纪的废墟上联合起 38 个君主国和自由市成立了一个“德意志邦联”。此时的“德意志联邦”并不是一个政治实体,没有统一的中央政府和立法机构,“甚至邦联的纲领也是‘要保持德意志内外的安全和德意志各邦的独立与不可侵犯’,事实上也就是继续维持德意志的分裂状态。”①这些君主国和自由市各自为政、关卡林立,并存着多种商业法规、度量衡制度和几百种地方性货币。这种分裂的政治格局严重影响了德意志邦联内的各个国家发展资本主义经济。1834 年关税同盟的建立虽然打破了关税壁垒,但是德意志联邦内统一市场的形成和工商业的发展已经远远落后英国和法国。相比英国和法国的资本主义经济和资产阶级群体的快速发展壮大,德国资产阶级的力量则弱小得多。

德国在政治上同样落后于同时代的英国和法国。在当时的西欧,不论是海峡对岸的英国,还是咫尺之遥的法国,在政治上都遥遥领先于德国。英国于 1688 年“光荣革命”之后逐步建立起君主立宪制政体,国家权力转移到议会手里,封建君主成为形式上的国家元首。法国在 1789 年大革命之后,通过制宪会议制定了《人权和公民权宣言》,旗帜鲜明地写入了“人人生而自由平等”的原则。法国、英国在 19 世纪 30 年代已经先后基本确立起现代政治制度。与它们形成鲜明对照的是,1840 年德国国王弗里德里希-威廉三世寿终正寝之

① 《德意志为何不要奥地利》,2016 年 8 月 8 日,见 http://sd.people.com.cn/n2/2016/0808/c368172-28797560.html。

后，其子弗里德里希—威廉四世即位。在法国大革命把“自由”“平等”“博爱”的理念传播到欧洲各个角落的时代里，德国封建专制制度的腐朽气息变得更加难以忍受。对于深陷在封建主义的泥潭里无法自拔的国家制度，整个社会对变革的期待是如此强烈，以至于当弗里德里希-威廉四世稍一放松书报检查制度，整个社会都欢欣鼓舞。但是正如恩格斯指出的，新任国王是“普鲁士原则的最后产物”，他不可能放弃王权给他带来的至高无上的地位。所以就算是放松书报检查制度，也只是对于20印张以上的书报免于检查，对于20印张以下的书报，因为人民大众有更大可能阅读到，所以检查依旧非常严格。不仅如此，面对犹太人市民平权的请愿书，新任国王为了捍卫基督教的国家信仰做出了恢复中世纪犹太人同业公会的决定。“国王的全部言行一贯表明他特别偏爱同业公会制度，这便是他的中世纪观点的最好说明。”①

落后的经济和政治制度，激发了德国知识分子的强烈反抗。青年黑格尔派是其中的中坚力量。如恩格斯所回忆的，到了19世纪30年代末期，黑格尔学派内部的分裂越来越明显，青年黑格尔派“在反对虔诚派的正统教徒和封建反动派的斗争中一点一点地放弃了在哲学上对当前的紧迫问题所采取的超然态度”②，即他们开始在哲学中对当时落后的封建专制发动旗帜鲜明的批判。他们之所以不得不投入战斗，是因为“到了1840年，正统教派的虔诚和封建专制的反动随着弗里德里希—威廉四世登上了王座，这时人们就不可避免地要公开站在这一派或那一派方面了。斗争依旧是用哲学的武器进行的，但已经不再是为了抽象的哲学目的；问题已经直接是要消灭传统的宗教和现存的国家了”③。以鲍威尔为代表的青年黑格尔派对基督教的猛烈批判直指“基督教德意志国家”的立国之本，以哲学的形式反抗着当时的保守政治。当时，

① 恩格斯：《普鲁士国王弗里德里希—威廉四世》，见《马克思恩格斯全集》第2卷，人民出版社2005年版，第535、539页。关于弗里德里希-威廉四世的描述，亦可参见Julius Carlebach, *Karl Marx and the Radical Critique of Judaism*, London: Routledge & Kegan Paul, 1978, pp.65-66。

② 《马克思恩格斯文集》第4卷，人民出版社2009年版，第274页。

③ 《马克思恩格斯文集》第4卷，人民出版社2009年版，第274页。

包括《德国年鉴》和马克思主编的《莱茵报》在内的进步刊物就是反封建斗争的排头兵。“在当时的理论的德国,有实践意义的首先是两种东西:宗教和政治”①,由于宗教是当时德国立国的意识形态根基,青年黑格尔派反宗教的斗争直接就具有政治的意义,也是对封建王权的挑战。所以从 1843 年开始,包括布鲁诺·鲍威尔、卡尔·瑙威尔克在内的青年黑格尔派先后被褫夺教职,卡尔·马克思在大学求职遭遇挫折,作为他们理论阵地的《德国年鉴》和《莱茵报》也先后被查禁。虽然当时的青年黑格尔派主要活跃于 1835—1845 年间,就时间范围来看并不长久,但是这一时期正处于“德国准备 1848 年革命的时期”②,当时欧洲处于大变革的时代,在经过 1830 年巴黎七月革命的预热之后,他们的理论活动成为德国 1848 年“三月革命”中的重要助推剂。这场革命深刻地影响了德国的后续发展,如恩格斯所言:“那以后我国所发生的一切,仅仅是 1848 年的继续,仅仅是革命遗嘱的执行罢了。”③

(二)德国哲学面对的世界历史性问题

青年黑格尔派不仅反抗德国的君主政治,而且也在反思和解决资本主义的时代问题。德国激进的哲学运动无疑是对当时德国保守的政治走向的一种回应。不论是布鲁诺·鲍威尔的“纯粹批判哲学”,还是马克思恩格斯的“现实人道主义”,它们都是激进的社会思潮。其所以锋芒毕露,是对当时德国落后的、保守的政治走向的一种回应。但是,反对封建王权的政治斗争并没有限制住德国哲学家们思考具有世界历史意义的问题。在研究青年黑格尔派和青年马克思的思想时,必须牢记德国历史发展的“时代错乱”的状况。这一特点是由马克思明确概括出来的,他说:“我们德国人在思想中、在哲学中经历了自己的未来的历史。我们是当代的哲学同时代人,而不是当代的历史同时代

---

① 《马克思恩格斯文集》第 4 卷,人民出版社 2009 年版,第 273 页。

② 《马克思恩格斯文集》第 4 卷,人民出版社 2009 年版,第 267 页。

③ 《马克思恩格斯文集》第 4 卷,人民出版社 2009 年版,第 267 页。

人。德国的哲学是德国历史在观念上的延续。”①在当时的西欧范围内，英国的资本主义正在蓬勃发展，法国的革命斗争也是如火如荼，德国人则在纯粹的思想领域内建构了一座座大厦。尽管德国人在现实生活中还没有发展出强大的资本主义经济，也没有发动起法国那样声势浩大的政治革命，但是他们在思想领域内却与世界历史的发展进程是同步的。虽然德国人既不能像英国政治经济学家那样从经济规律的层次上研究资本主义的社会问题，也不能像法国的政治理论家那样从政治革命的层面实现资产阶级的政治主张，但是他们生活于其中的封建专制制度并没有阻断他们在哲学中讨论现代资产阶级社会的问题。② 德国哲学的世界历史意义就体现在他们对现代资产阶级社会问题的批判上。

按照唯物史观的基本观点，“每一历史时代主要的经济生产方式和交换方式以及必然由此产生的社会结构，是该时代政治的和精神的历史所赖以确立的基础”③。因此，当我们说资本主义社会问题的时候，我们首先关注的是经济生产方式和交换方式中的问题。在1840年代，资本主义处于自由竞争的发展阶段，残酷的竞争把社会撕裂为有产阶级和无产阶级两大对立的阵营。资本主义带来了经济的快速发展和财富的快速积累，但是同时也带来了大量人口的赤贫化，如何看待和消灭这种极端对立的阶级状况，也成了德国哲学家思考的问题。德国人在哲学中不仅回应了资本主义的经济问题，而且回应了以法国大革命为代表的资产阶级政治革命的问题。资产阶级革命的根本目的是发展资本主义经济。要想达成这一目的，首先必须使人摆脱封建时代的人身依附。因此，资产阶级革命或者说现代资产阶级社会的政治架构都是以“自由”“平等”“民主”“人权”等资产阶级法权为基础的。德国哲学家还对

---

① 《马克思恩格斯文集》第1卷，人民出版社2009年版，第7页。

② 参见侯才：《青年黑格尔派和马克思早期思想的发展》，中国社会科学出版社1998年版，第9—10页。

③ 《马克思恩格斯文集》第2卷，人民出版社2009年版，第14页。

“自由主义”这一现代资产阶级社会的主流意识形态做了深入的探讨。黑格尔通过对市民社会的反思,对市民社会的经济性质及其自由主义的意识形态做出了反思和批判。鲍威尔、施蒂纳和马克思对自由主义同样有深刻的批判,通过对自由主义及作为其哲学基础的占有性的个体主义的批判表现出了自己思想的世界历史意义。这一点在黑格尔和鲍威尔那里尤其明显。考虑到资本主义的生产方式开创了现代性的生活方式和理念,德国哲学家对现代资产阶级社会问题的探讨,也是对现代性问题的回应。尽管他们生活于现代性的早期,但是随着资本主义生产方式的发生发展,现代的整个政治架构以及现代意义上的个体出现了。由此,不仅整个社会秩序,而且人的心灵结构(被工具理性、个人中心、利己主义所主导)都明显地与传统区别开来。布鲁诺·鲍威尔和马克思恩格斯对资本主义社会问题的回应,无疑也是对现代性问题的回应。但是,我们之所以再次强调他们对现代性问题的回应,是为了以此明确确证在布鲁诺·鲍威尔和马克思恩格斯的争论中,他们对资本、个体、群众、社会、人权等问题的讨论直指现代性的关键问题。

马克思充分认识到了青年黑格尔的理论功绩。“就德国来说,对宗教的批判基本上已经结束;而对宗教的批判是其他一切批判的前提。”①青年黑格尔派的宗教批判为此后德国理论的进展铺平了道路,这反映了马克思对青年黑格尔派的高度肯定。对马克思恩格斯和布鲁诺·鲍威尔思想的比较研究,必须把他们放在对现代资产阶级社会问题的解答中来思考。离开关于时代问题及其解决方案的讨论,再完美的哲学体系也是空洞无物的。必须从时代背景和“问题意识”入手,才能理解文本本身并进而彰显其当代价值,而不致陷入外围言说和宏观定性。可以说,马克思恩格斯与鲍威尔等人代表了回应现代性问题的两种哲学思路,一种倚重精神超越,一种倚重物质变革,最终的价值指向都是人的自由解放。荒诞和空洞的理论对手,并不能突显马克思主义

① 《马克思恩格斯文集》第1卷,人民出版社2009年版,第3页。

的伟大，毋宁说，正是伟大的论辩对手，才造就了马克思主义的锐利视角、深刻洞见和伟大体系。

（三）两种针锋相对的解答思路

在《神圣家族》的一开篇，马克思就直截了当地点明了他们与青年黑格尔派的差异。“现实人道主义在德国没有比唯灵论或者说思辨唯心主义更危险的敌人了。思辨唯心主义用‘自我意识’即‘精神’代替现实的个体的人，并且用福音书作者的话教诲说：‘叫人活着的乃是灵，肉体是无益的’。显而易见，这种没有肉体的精神只是在自己的臆想中才具有精神。”①这一段文字告诉我们，马克思恩格斯所坚持的“现实人道主义”与青年黑格尔派的“思辨唯心主义”是针锋相对的“敌人”。前者以“现实的个体的人”为立足点，后者以“自我意识”或“精神”为立足点。这种立足点上的差异带来了两种针锋相对的哲学路线。马克思恩格斯从“现实的个体的人”出发，从改变现实的个体的人生活于其中的生活过程入手改变人的心灵秩序。布鲁诺·鲍威尔从“自我意识”出发，从改变人的心灵秩序来改变人的生活过程。在社会理论上，马克思恩格斯是从经济关系领域变革资本主义社会，布鲁诺·鲍威尔是试图从精神生活领域入手超越资本主义社会。

对于马克思而言，现实的个体的人是处于一定的现实生活过程中的个体，其整个思想观念是这一生活过程在头脑中的反映。就个体的人而言，只有改变其现实的生活过程，才能改变其思想观念，使其理性和精神发展到新的层次。就社会而言，由于现实的个体的人是现代资产阶级社会中的个体，物质利益是其生活的轴心，只有对社会的经济生产过程进行变革，建立起一种消除阶级差别的社会关系，才能改变整个社会的政治和精神的上层建筑。布鲁诺·鲍威尔从“自我意识”哲学出发，认为人类的历史是自我意识的发展史，他不

① 《马克思恩格斯文集》第1卷，人民出版社2009年版，第253页。

仅把人类整个过往和现存的历史都纳入自我意识的发展历程中，而且在黑格尔关于基督教是绝对精神形成的前奏的基础上，提出真正普遍的自我意识必须突破当时的基督教所代表的自我意识层次。在他看来，对基督教以及全部排他性的"自我意识"的批判，是改变整个社会政治结构和经济结构的关键。

举例来说，鲍威尔和马克思都对资本主义社会中的"自由主义"的意识形态持批判态度。对于鲍威尔而言，"自由主义"之所以是需要批判的，是因为它的立足点是利己主义，维护的是个体的人排他性的经济利益，它所代表的人的自我意识依旧是排他性的自我意识，而不是真正普遍的自我意识。这种排他性的自我意识造成了人彼此孤立、互相排斥、充满竞争、弱肉强食。资本主义社会问题的根源就在于生活于其中的人的自我意识依旧是排他性的，要想根除资本主义的社会问题必须对这种排他性的自我意识进行批判，使其认识到自身的局限性，把这种局限性呈现给自我意识，就意味着自我意识对这种局限性的突破和超越。马克思也看到了，"自由主义"的立足点是现代市民社会中彼此孤立的、单子化、利己主义的个体的人。但是作为资产阶级社会的主流意识形态，"自由主义"是从资本主义经济生产方式和交换方式中产生出来的，是服务于后者的。在唯物史观的视域中，不论是自由主义之类的政治思想，还是宗教信仰之类的思想观念，它们本身都"没有历史，没有发展，而发展着自己的物质生产和物质交往的人们，在改变自己的这个现实的同时也改变着自己的思维和思维的产物"①。因此要想消除"自由主义"这种意识形态，必须改变人们的物质生产过程和物质交往过程。当孤立的、单子化的、利己的生活过程不再存在的时候，"自由主义"也就失去了存在的基础。正如马克思恩格斯指出的："德国哲学从天国降到人间；和它完全相反，这里我们是从人间升到天国。"②马克思恩格斯和青年黑格尔派代表了两条截然相反的哲学道路。

---

① 《马克思恩格斯文集》第1卷，人民出版社2009年版，第525页。

② 《马克思恩格斯文集》第1卷，人民出版社2009年版，第525页。

但是这两条截然相反的哲学道路也有着共同的哲学主题，即个体自由。作为德国古典哲学滋育出来的哲学家，马克思和鲍威尔都格外重视个体自由的问题，他们都认识到资本主义生产方式已经对个体自由构成了新的制约。尽管他们都接受了黑格尔关于个体走出自己特殊性的限制达到普遍性即为自由的观点，但是他们对于个体自由实现的路径却有着完全不同的思考。鲍威尔认为，要实现个体在社会生活中的自由，个体的理性和精神必须摆脱特殊主义立场的束缚，达到普遍的自我意识。正是在这个意义上，鲍威尔把群众置于精神的对立面，因为群众唯一关注的就是自己的排他性的利益。马克思与鲍威尔的差异并不在于要不要在精神上摆脱特殊性的束缚，而在于他认为，如果社会生活是被私人的物质利益主导的，个体的人压根不可能在精神上摆脱特殊性的束缚。因此马克思格外强调无产阶级群众革命的作用，只有通过无产阶级的革命打破利益主导的现代市民社会，人的精神在“真正的共同体”中才能达到普遍性。就此而言，鲍威尔依旧是传统启蒙主义的学者，而马克思的哲学则是一种新的启蒙。

二、鲍威尔的“绝对批判”哲学

布鲁诺·鲍威尔在《文学总汇报》中提出自己的哲学是对一切现存事物进行批判的“绝对批判”哲学，是不与任何现存事物结成党派的“纯粹批判”哲学。这种对现存世界充满敌意的哲学既与普鲁士政府的反动统治有关，又与社会大众的冷漠态度有关，当然也是其“自我意识哲学”必然的发展结果。

（一）“绝对批判”的哲学基础是自我意识哲学

布鲁诺·鲍威尔是《文学总汇报》的创办者和主要撰稿人，而且为“绝对的批判”提供了基本的纲领，即以群众为批判的对象。而这一切又是从鲍威尔的自我意识哲学发展而来的。深刻理解马克思和恩格斯在《神圣家族》中的批判，首先必须掌握自我意识哲学及其演变历程和马克思恩格斯对它的批判。

1. 鲍威尔的“自我意识哲学”

尽管“自我意识”是鲍威尔哲学的核心概念，但是他却很少直接界定这个概念。理解鲍威尔的“自我意识”概念需要把握三组关系：第一，鲍威尔的“自我意识”与黑格尔的“绝对精神”的关系。尽管黑格尔的“绝对精神”达到自我意识的整个现象学历程是鲍威尔提出“自我意识”概念的基础，但是必须看到鲍威尔的自我意识是对黑格尔的超越性的“绝对精神”的反叛。鲍威尔说，“世界精神(Weltgeist)在人的精神(Menschengeist)中才有其现实性，它并没有一个自为的王国、自为的世界和自为的天国”，在鲍威尔看来，“世界精神只是那个哲学家创立的一幅图象(Bild)，但是那个哲学家却赋予了它神圣(Goettlichkeit)的属性。但是，那个哲学家非常清楚地知道，这幅图景表达的只是自我意识”。① 黑格尔的“理性”是大写的理性，是与人相脱离的、作为真正主体的实体。鲍威尔的“自我意识”是以人的有限的精神为载体的，它在根本上反对任何超越性的实体和无限者。人在自己有限的精神中获得“无限的自我意识”或“真正普遍的自我意识”，就是达到了自由。“黑格尔要求，哲学在本质上必须以体系结束。就鲍威尔与黑格尔一致同意把实体性或客观性消融于主体性中而言，鲍威尔能够掩盖他与黑格尔的差别。但是，他们之间也有本质的区别：黑格尔把实体纳入了绝对的自我意识，鲍威尔把实体纳入了人的普遍的自我意识。与鲍威尔相反，黑格尔承认的不是人的自我意识，而是实体的、客观的现实性。”②毫无疑问，鲍威尔是想把人的普遍的自我意识理解为世界历

① Bruno Bauer, *Die Posaune des jüngsten Gerichts über Hegel den Atheisten und Antichristen, Ein Ultimatum*, Leipzig: Otto Wigand, 1841, S.85.

② Elmar Treptow, *Theorie und Praxis bei Hegel und den Junghegelianern*, Habilationsschrift, von der Philosophischen Fakultät der Ludwig – Maximilians – Universität München angenommen im Jahr 1971, S.131.

史的最终结果，相比于黑格尔的"绝对精神"哲学，鲍威尔的"自我意识"哲学是向人的回归。但是，正如马克思指出的，鲍威尔最终并没有成功，他同样把自我意识变成了超越于人之上的独立实体。"在鲍威尔那里，自我意识也是提高到自我意识水平的实体，或者说，是作为实体的自我意识，自我意识从人的属性变成了独立的主体。这是一幅讽刺人同自然分离的形而上学的神学漫画。"①第二，鲍威尔的"自我意识"与费希特的自我的关系。鲍威尔说，自我意识是"真正的自因"，它"设定了世界，设定了差别，而且在它所创作的东西中创作了自身，"因而"创作物的差别又被它自身扬弃了"②。鲍威尔的自我意识无疑是从黑格尔的立场向着费希特的主观主义立场的后退，但是二者也是有区别的。如阿恩特（Andreas Arndt）教授指出的，"正如费希特的自我必须不停地消灭自己设定的非我，自我意识要不停地批判实体性，即证明它是自己的产物，从而否定它，而鲍威尔和费希特的对立则表现在，自我没有被思考为绝对的东西，而是被思考为有限的东西。"③它可以通过自己的行动把自身确立为普遍的东西，这个行动就是批判。在批判中，自我意识证明一切外在于、超越于自我意识的实体都不外乎自我意识的创造物，只有自我意识是真正普遍的。第三，鲍威尔的自我意识与宗教意识的关系。宗教意识也是一种类型的自我意识，或者说是异化的自我意识。无限的自我意识的形成，是一个教化（Bildung）的历史过程。这个过程是有限的自我意识不断放弃自己的特殊性的立场，成为真正普遍的自我意识的过程。在这个过程中，宗教的意识是自我意识必经的异化阶段，只有扬弃宗教的异化，自我意识才能成为真正普遍的自我意识。

---

① 《马克思恩格斯文集》第 1 卷，人民出版社 2009 年版，第 340 页。

② Bruno Bauer, *Das entdeckte Christentum. Eine Erinnerung an das achtzehnte Jahrhundert und ein Beitrag zur Krisis des neunzehnten*, Zuerich und Wintertur 1843, herausg, von E.Barnikol, Jena 1927, S.160f.

③ Andreas Arndt, "Jenseits der Philosophie: Die Kritik an Bruno Bruno und Hegel (S. 78－100)", in *Karl Marx/Friedrich Engels: Die Deutsche Ideologie*, hrsg. von Harald Bluhm, Berlin: Akademie Verlag, 2010, S.160.

鲍威尔的自我意识哲学把普遍性的实现作为自由,这种反对一切特殊性(或排他性特权)的哲学在"三月革命前夕(Vormärz)"汹涌澎湃的思想激荡中具有明确的政治含义:首先,它反对宗教特权的压迫,反对以宗教为基础的国家,基督教德意志国家是其典型形态。其次,它也反对经济特权的压迫,反对以占有性的个体主义为基础的自由主义,因为自由主义所维护的无非是私人的特殊的经济利益。美国学者道格拉斯·莫格奇(Douglas Moggach)指出,鲍威尔的自我意识哲学落实在政治思想层面,是一种共和主义。① 尽管鲍威尔的共和主义不同于马克思的社会主义,但是并不能因此抹杀他对封建主义和资本主义的双重批判。

2. 以"自我意识哲学"为基础的宗教批判

鲍威尔自我意识哲学最重大的功绩体现在宗教批判上。鲍威尔的"宗教批判"工作源于他强烈的时代责任感。埃德加·鲍威尔曾经这样描述他的兄长布鲁诺·鲍威尔:"要想理解鲍威尔,必须理解我们的时代。……我们的时代是革命的时代。"②鲍威尔提出:"世界历史的意义仅仅在于自我意识的生成和发展。"③在他看来,"历史可以分为两个阶段:一个阶段是异化和自我二重化的阶段,在这个阶段,人的意识无法在世界中再次认出自身,它把自己的产品视为陌生的力量和自己创造力的桎梏。第二个阶段是异化的消灭:人把陌生的力量和历史客观给定的东西(国家、制度、道德、宗教等)视为自己的产物,从而从所有的限制中解放出来,达到自由的自决。在鲍威尔看来,新时期出现的拐点就在当下。"④

① 参见 Douglas Moggach, *The Philosophy and Politics of Bruno Bauer*, Cambridge: Cambridge University Press, 2003, p.2, pp.95-96, pp.157-171。

② Edgar Bauer, *Bruno Bauer und seine Gegner*, Berlin: Jonasverlagsbuchhandlung, 1842, S.4-5.

③ Bruno Bauer, *Die Posaune des jüngsten Gerichts über Hegel den Atheisten und Antichristen, Ein Ultimatum*, Leipzig Otto Wigand, 1841, S.70.

④ Ingrid Pepperle, *Junghegelianische Geschichtsphilosophie und Kunsttheorie*, Berlin: Akademie-Verlag, 1978, S.70.

鲍威尔接受了黑格尔的如下看法:在世界历史的范围内,宗教是绝对精神的自我意识形成的最后障碍。新时代的孕育必须要有新的思想观念作支撑,这种新的思想观念的形成必须以打破宗教意识的束缚为前提。“宗教表象的内容虽然是绝对精神”,但是以宗教的形式表现出来的精神还不是真正的精神。只有消除宗教形式的束缚,新时代的形成才有教养的基础。这构成了鲍威尔发展自我意识哲学和宗教批判的时代语境。

在1843年出版《犹太人问题》之前,鲍威尔以宗教批判为主题的著作就有九本。这些著作的主题思想并不完全一致,展现了鲍威尔宗教批判逐步深入的过程。举例来说:《天启故事批判。按照旧约宗教原则的历史发展描述旧约宗教》(两卷本)和《亨斯滕贝格博士先生。宗教意识批判。论戒律和福音对立的批判书信》的副标题明显地把旧约的戒律和新约的福音对立起来了;《约翰福音批判》和《符类福音作者的福音故事批判》(两卷本)则表明,尽管鲍威尔开始以批判的态度考察四部福音书,但是泾渭分明的标题又透露出鲍威尔认为约翰福音和符类福音是有差异的。这种差异的图景在《符类福音作者和约翰的福音故事批判》中被抹平了。在《基督教真相》一书中——该书名可以直译为《被揭穿了的基督教。对18世纪的回忆兼论19世纪的危机》——针对基督教的批判似乎更加锋芒毕露。事实上,随着这些著作的写作、出版,鲍威尔对圣经故事的批判越来越彻底,这最终促使他写出一部揭露“基督教真相”的书籍。

布鲁诺·鲍威尔通过一系列的宗教批判著作所达到的重要结论包括,第一,宗教意识是自我意识的一种形式。在布鲁诺·鲍威尔看来,不仅宗教故事的内容是人的自我意识创作的,而且宗教中的最高实体上帝也是人的自我意识的创造物。不是上帝创造了人,而是人创造了上帝。第二,宗教意识是不完善的自我意识,是异化的自我意识。宗教意识的不完善表现在它并没有认识到自我意识是最高的实体,而是把自我意识视为上帝的创造物。由于宗教意识把上帝视为最高的实体,它也必然把服务于上帝视为最高的事业,由此每一个宗教都认为自己的神是独一无二的真神,这造成了宗教的排他性本质。第三,自我意识达到自由必须消灭宗教。布鲁诺·鲍威尔接受了黑格尔关于人超出自己的特殊性达到普遍性即获得了自由的看法,认为自由意味着获得真正普遍的自我意识,宗教的排他性是一种特殊性,因此宗教信仰是自我意识自由的桎梏。消灭宗教是自我意识实现自由的前提。

(二)《文学总汇报》与"绝对批判"的产生

鲍威尔基于"自我意识哲学"批判宗教信仰的著述无疑是激进的,也正是这种激进的作风确立起了他在青年黑格尔派中间的领军人物的地位,但是对宗教以及以基督教德意志国家所进行的批判,相比于对一切阻碍历史进步的因素——尤其是作为社会大众的"群众"(群众事实上就是青年黑格尔派之外的所有人类个体)——大加挞伐的"纯粹批判",前者无论是在批判的范围还是在批判的力度上都相形见绌。鲍威尔的"自我意识哲学"之所以能够更激进地发展成为"纯粹批判哲学",这首先是鲍威尔自身的哲学立场延续的结果。

> "从其科学—政治生涯的一开始,鲍威尔就反对加入任何一个特定的'党派'。他想从一种'科学的'亦即普遍的、超党派的立场出发制定自己的理论批判和教会(=政治)批判。从1839年批判亨斯滕贝格、1841批判基督教国家到1842年写作《自由的正义的事业》,他的立场一直都是科学的普遍性的立场,即真理的立场,他批判教会、国家或大学的领导阶层所代表的不同党派利己主义。按照鲍威尔的观点,只有当批判以'纯粹的批判'出现,既不代表党派的立场也不以'中庸'的做法妥协,批判才能发挥出真正的、改变世界的作用。鲍威尔的批判是纯粹的、科学的、激进的、无情的、无限的,当然也是'自我批判'的,只有这样的批判才是真正的批判。"①

① Werner Goldschmidt,"Bruno Bauer als Gegenstand der Marx-Forschung",in *Jahrbuch des Institute für Marxist.,Studien und Forschungen*,(12)1987,S.68-81.

另一方面,鲍威尔的立场向着更加激进的方向发展,这和当时的政治、社会环境也不无关系。鲍威尔本来对于缺乏自我意识的公众是冷漠的,对群众只剩下了蔑视,但是随着政治形势的恶化,鲍威尔期待的危机一直没能出现,群众对于他和基督教会的论战也越来越没有热情,鲍威尔开始怪罪群众不支持批判的事业,批判群众的惰性。① 这种立场在《文学总汇报》中被清晰地表达出来了。马克思在与鲍威尔论战时,曾以挖苦的语气说出了“纯粹批判”的诞生记录:“我们就按绝对的纪元,从批判的救世主即鲍威尔主编的《文学报》诞生的那一年算起吧!批判的尘世拯救者诞生于 1843 年。……就在这重要的旧历 1843 年即批判的纪元元年,在《德国年鉴》和《莱茵报》被查封之后,鲍威尔先生的虚假政治的著作《国家、宗教和政党》出版了。”②

马克思在这里向我们交代了一个历史事实,即“纯粹批判”是在《德国年鉴》和《莱茵报》被查封之后登上历史舞台的。这两份刊物曾经是青年黑格尔派最重要的理论阵地,由于对政府的激进立场,它们都没能逃脱被书报检查机构查封的命运。面对这两份为了群众利益发声的报刊被封禁,群众竟冷漠相对。鲍威尔认识到如果继续对群众狭隘的立场保持冷漠和高傲,最终批判哲学将一事无成。因此,鲍威尔提出以群众为批判的对象。因为群众是旧的世界形式瓦解之后唯一残留下来的事物,对群众的批判也就是对整个旧教养的最终结果的批判,这种批判被鲍威尔命名为“纯粹的批判”或“绝对的批判”。如兹维·罗森指出的,“促使鲍威尔把批判变成只是在自我意识领域内起作用和故意尽量与现实保持距离的纯批判”有两方面的原因:其一,“是由于他

---

① 在写作《基督教真相》时,鲍威尔对群众的冷漠并没有做出激烈的批判。相反,他写道:“现在自我意识已经达到了自身自由的确定性,而且在决定性的时刻也会让不自由的人自由地做不自由的人。自我意识不会强迫他们变得自由。自我意识会用自由征服世界。在危机之后,历史就不是基督教的历史了,也不再是基督徒的历史了;但是历史会宽容地蔑视那些停留在文明世界的边缘的人,以及那些想要为自己维持自身的神灵的人。”参见 Ernst Barnikol, *Das entdeckte Christentum im Vormärz*, Jena: Eugen Diederichs Verlags, 1927, S.164。

② 《马克思恩格斯文集》第 1 卷,人民出版社 2009 年版,第 304 页。

敌视群众而造成的(群众只听任政权的摆布),也是由于激进运动的失败所导致的";其二,"认为革命的变革毫无意义,因为这样并不能改变悲惨的社会和文化状况。政治革命必然会鼓动群众去实施其计划,结果只能引起一些表面上的变化。一个集团的统治虽然被赋予另一个集团以特权的政权所代替,但本质并没有改变:依然存在着特权统治、既得利益和各种控制。"①对于鲍威尔而言,只有通过理论批判群众的局限性,只有提高了群众或全体人民的自我意识的水准,新社会才有坚实的基础。

(三)"绝对批判"的纲领是对一切现存事物进行批判

如马克思在上述引文中指出的,"纯粹批判"诞生的纪元是布鲁诺·鲍威尔主编的《文学总汇报》出版。如特雷普陀(Treptow)先生在其教授资格论文中提出的"《德国年鉴》和《莱茵报》于1843年初受到压制造成了青年黑格尔派的分裂。在这之后,鲍威尔在否定性的问题上,或者说,在辩证法的激进性、鲁莽性和不可调和性的问题上,亦即在批判的无前提性和纯粹性的问题上,看到了与卢格的决定性差别"②。当然,这个差别"不仅是鲍威尔与卢格的区别,而且也是所有的柏林'自由人'与卢格、赫斯、恩格斯和马克思分裂之后的区别"③。这种区别鲜明地体现在他对批判哲学的理解上。在鲍威尔看来,批判"作为意识的新形式,在自己本身之中和通过自己本身就已经是一种新的历史存在了"。④"在

---

① [波兰]兹维·罗森:《布鲁诺·鲍威尔和卡尔·马克思:鲍威尔对马克思思想的影响》,王瑾译,中国人民大学出版社1984年版,第279—280页。

② Elmar Treptow, *Theorie und Praxis bei Hegel und den Junghegelianern*, Habilationsschrift, von der Philosophischen Fakultät der Ludwig - Maximilians - Universität München angenommen im Jahr 1971, S.127.

③ Elmar Treptow, *Theorie und Praxis bei Hegel und den Junghegelianern*, Habilationsschrift, von der Philosophischen Fakultät der Ludwig - Maximilians - Universität München angenommen im Jahr 1971, S.127.

④ Elmar Treptow, *Theorie und Praxis bei Hegel und den Junghegelianern*, Habilationsschrift, von der Philosophischen Fakultät der Ludwig - Maximilians - Universität München angenommen im Jahr 1971, S.127.

自己本身之中和通过自己本身"这样的术语表明的是,批判对客观存在或现存事物的绝对排斥,这种自我隔绝背后体现的是意识对现存事物的厌恶。"鲍威尔对现存的事物极端厌恶,而且他规定了批判与过去和现在的力量之间的关系不是扬弃和保存下来的遗产,而是彻底的决裂,这一切起源于他的失望,因为(在弗里德里希四世加冕之后)人民和自由主义者并没有反抗政府的压迫措施。"①

这种极端的批判在《文学总汇报》中达到了极致。《文学总汇报》在谈到批判时说道:

> "对民族、历史和过去发展的批判是当前唯一能够进一步发展的道路。假如批判不同时也是对党派、对每一个党派、对党派的整个本质的批判,那么这种批判就是片面的和不真实的。批判不组织党派,它不想有自己的派别,这就是说,它深入自身的对象的时候,它是孤独的,它把自己与这个对象对立起来的时候,它是孤独的。它把自己与一切隔绝。任何一种对形成一个党派所必需的共同前提,假如它看到自己被阻止去批判、瓦解这个前提(正如这在党派内部是必须的一样),那么,它就会把它视为恶毒的教条。"②

如鲍威尔所说的,他的批判"把自己与一切隔绝",亦即,这种批判不受任何前提的制约,批判是自我发展的,不是从一个额外的历史前提中引导出来的。

> "这种批判同时也意味着,黑格尔的思辨的肯定辩证法被转变为一种分析的否定辩证法(正如阿多诺今天所重新完成的那样):批判的结果总是,单纯的抽象的否定、对积极东西的否定,也就是说,否定包含了肯定的东西、并以肯定的东西为出发点,但并没有把肯定的

---

① Elmar Treptow, *Theorie und Praxis bei Hegel und den Junghegelianern*, Habilationsschrift, von der Philosophischen Fakultät der Ludwig-Maximilians-Universität München angenommen im Jahr 1971, S.127.

② *Die Allgemeine Literatur-Zeitung*, hrsg.v.Bruno Bauer, Mai 1844, Heft 6, S.34.参见《马克思恩格斯全集》第2卷,人民出版社1957年版,第201页。

> 东西扬弃在自身中,扬弃的意思是,虽然被克服了但依旧能保持为真;否定并不是由被否定之物的性质激发起来的,也不是由它肯定地决定的,而是说,保留下来的仅仅是'anti-'这个介词。因此,批判与思辨不同,并不是肯定的综合,并不是对立的环节变成整体这个过程中的具体中介。"①

鲍威尔的辩证法是一种纯粹否定的过程,在这个否定的过程中,批判否定它所遭遇的现存世界中的一切,证明其只不过代表了"自我意识"发展的一个阶段。最终,自我意识在消灭一切客观性或超越性的对象之后,把自身确立为唯一普遍的,这时自我意识达到了真正的普遍性。由于批判是打倒一切,鲍威尔把他的批判哲学称为"纯粹的批判"或"绝对的批判",这种批判就是一种单纯的批判、一种单纯的否定,它不确立任何肯定的东西,正如马克思转述鲍威尔的话所说的那样,批判在本性上"不提供任何独立的东西"②。

在这种辩证法的基础之上,鲍威尔的"纯粹批判"哲学的基本纲领就是对一切现存事物开战,并把它打倒。"鲍威尔的批判并不是建立在现存的东西之上,也不偏向性地参与客观存在的东西,这也就意味着批判地倒退回主体之中,这就是自我意识。鲍威尔把这种批判地倒退进自我意识之中理解为对宗教、基督教国家和社会中的'群众'的否定;因为对于鲍威尔而言,它们都是普遍的人的自我意识的异化。"③鲍威尔的批判哲学不仅批判宗教和基督教国家,而且批判现代市民社会中的群众。群众局限于自己的私人利益,他们的自我意识是有局限的自我意识,只有破除他们的自我意识的局限,他们才能获得

---

① Elmar Treptow, *Theorie und Praxis bei Hegel und den Junghegelianern*, Habilationsschrift, von der Philosophischen Fakultät der Ludwig-Maximilians-Universität München angenommen im Jahr 1971, S.129.

② *Die Allgemeine Literatur-Zeitung*, hrsg.v.Bruno Bauer, Mai 1844, Heft 6, S.38.或参见《马克思恩格斯文集》第1卷,人民出版社2009年版,第355页。

③ Elmar Treptow, *Theorie und Praxis bei Hegel und den Junghegelianern*, Habilationsschrift, von der Philosophischen Fakultät der Ludwig-Maximilians-Universität München angenommen im Jahr 1971, S.130.

普遍的自我意识,从而获得真正的自由。

三、捍卫“现实人道主义”的理论主题

在《神圣家族》的序言一开篇,马克思直奔主题写道:“现实人道主义(der reale Humanismus)在德国没有比唯灵论(Spiritualismus)或者说思辨唯心主义(spekulativer Idealismus)更危险的敌人了。”①很显然,马克思联合恩格斯批判布鲁诺·鲍威尔及其伙伴,就是为了清算思辨唯心主义,维护现实的人道主义。事实上,“现实人道主义”构成了整部《神圣家族》的立足点。可以毫不夸张地说,不理解马克思所说的“现实人道主义”,就无法理解《神圣家族》。

(一)《神圣家族》的理论主题是“现实人道主义”

毫无疑问,《神圣家族》批判思辨唯心主义的目的在于捍卫“现实人道主义”。事实上,“现实人道主义”构成了《神圣家族》的理论主题。在这部著作中,“现实人道主义”统一起了马克思和恩格斯在哲学、政治经济学和社会主义共产主义上的研究,并在这一理论主题之下把它们带到了一个新的理论高度,朝着马克思主义的形成迈出了坚实的一步。

如何判定《神圣家族》在马克思主义发展史上的地位,一直充满了争论。在《神圣家族》更接近新哲学世界观这种主流观点之外,总是能够看到各种不同的观点。例如,山之内靖认为《神圣家族》比《德法年鉴》更深刻地受到了费尔巴哈的影响②,阿尔都塞认为《神圣家族》正处于马克思思想发展的“断裂期”③,国内也有学者认为,正因为《神圣家族》处于新思想诞生的前夜,所以

① 《马克思恩格斯文集》第1卷,人民出版社2009年版,第253页。

② [日]山之内靖:《受苦者的目光:早期马克思的复兴》,彭曦、汪丽影译,北京师范大学出版社2011年版,第198页脚注。

③ [法]阿尔都塞:《保卫马克思》,顾良译,商务印书馆2006年版,第242页。

是最晦暗的时刻。学界的种种争论恰恰表明了《神圣家族》思想的复杂性。作为马克思和恩格斯首次合作的著作,《神圣家族》的涉及面很广,思想内容极其丰富,从其中的不同观点出发往往会得出大相径庭的结论。这就要求我们在理解《神圣家族》时要有一个总体性的理论站位,只有从整体上把握住《神圣家族》的理论主旨,才不至于纠结某一个别观点而对其思想主题形成误判。对于《神圣家族》而言,“现实人道主义”就是这样的理论主题。深入辨析这一概念,是理解《神圣家族》思想内容的关键。

1. 思想前奏:“彻底的自然主义或人道主义”

《神圣家族》中的“现实人道主义”概念不是凭空诞生的,它的提出有一个过程。它起源于马克思在《1844 年经济学哲学手稿》中对黑格尔以及布鲁诺·鲍威尔所代表的“现代德国的批判”所做的批判。在《1844 年经济学哲学手稿》第三笔记本中,马克思以较大篇幅完成了“对黑格尔的辩证法和整个哲学的批判”。这一批判使马克思认清了黑格尔哲学的实质以及鲍威尔等人对黑格尔哲学的关系。马克思指出,鲍威尔等人对于自己同黑格尔的整个哲学,特别是同辩证法的关系完全缺乏认识,以致“完全”被黑格尔的逻辑学束缚住了。[①] 因为鲍威尔等人的哲学并没有超出黑格尔哲学的范围,所以只需要全面批判黑格尔哲学就能澄清鲍威尔哲学的错误。

马克思是从《精神现象学》入手批判黑格尔哲学的,他认为这是“黑格尔哲学的真正诞生地和秘密”。基于对《精神现象学》的分析,马克思既指出了黑格尔的局限,又肯定了其伟大贡献。《1844 年经济学哲学手稿》中以黑格尔的《精神现象学》从“意识”开始到“绝对知识”结束为例指出黑格尔犯了“双重错误”[②]。第一个错误是,黑格尔只是就“它们的思想形式”来谈“异化的本质”的。当黑格尔谈论异化的时候,并没有触及真正的客观对象,而只是谈到

① 《马克思恩格斯文集》第 1 卷,人民出版社 2009 年版,第 197 页。

② 《马克思恩格斯文集》第 1 卷,人民出版社 2009 年版,第 203 页。

了“在思想本身范围内的对立”。第二个错误是，异化的扬弃本来是把“对象世界归还给人”或“对人的本质力量的占有”，在黑格尔这里却仅仅是对“精神的本质的占有”。简言之，异化和异化的扬弃都只是思维范围内的事情。马克思指出，这一切都是因为黑格尔把人抽象为“自我意识”，把对象抽象为“物性”，人和事物都只是作为思维形式而存在的。“在《现象学》中出现的异化的各种不同形式，不过是意识和自我意识的不同形式。”①马克思还以黑格尔对“绝对知识”的分析为例指出其中“汇集了思辨的一切幻想”。但是，马克思也指出，黑格尔的辩证法有其“伟大之处”，“黑格尔把人的自我产生看做一个过程……他抓住了劳动的本质，把对象性的人、现实的因而是真正的人理解为人自己的劳动的结果。”②黑格尔通过精神自我外化和异化进而回归自身的辩证运动过程描写了“自然意识”的教化过程，只不过由于黑格尔把人抽象为“意识”，所以他理解的劳动也只是“抽象的精神劳动”。马克思对黑格尔哲学的这些局限性的分析，完全适用于鲍威尔。马克思指出，鲍威尔在《符类福音作者的福音故事考证》中“用抽象的人的‘自我意识’代替了‘抽象的自然界’的实体”，其《基督教真相》关于“自我意识设定世界、设定差别，并且在它所创造的东西中创造自身”的论断都表明了鲍威尔是在“逐字逐句重述黑格尔的观点”③。

针对黑格尔和鲍威尔哲学的局限，马克思提出了“彻底的自然主义或人道主义”。他说，“彻底的自然主义或人道主义，既不同于唯心主义，也不同于唯物主义，同时又是把这二者结合起来的真理。我们同时也看到，只有自然主义能够理解世界历史的行动。”④与黑格尔和鲍威尔针锋相对，马克思指出必须在实在的意义上理解人和对象，人是“一个有生命的、自然的、具备并赋有

① 《马克思恩格斯文集》第1卷，人民出版社2009年版，第204页。
② 《马克思恩格斯文集》第1卷，人民出版社2009年版，第205页。
③ 《马克思恩格斯文集》第1卷，人民出版社2009年版，第198页。
④ 《马克思恩格斯文集》第1卷，人民出版社2009年版，第209页。

对象性的即物质的本质力量的存在物”,对象世界是一个“现实的”“以外在性形式表现出来”的对象世界。这样来理解人和对象“是十分自然的”,“并没有什么不可捉摸的和神秘莫测的东西”。黑格尔和鲍威尔抽象地理解人和自然界及其关系的做法却陷入了一种神秘主义。在马克思看来,黑格尔及其门徒鲍威尔共同的错误都是把人抽象为精神和自我意识,他们讨论的异化和异化的扬弃都只是思维领域内的异化及其扬弃。对于马克思而言,单纯的理论批判无法改变人的意识,因为意识是由生活过程决定的,“五官感觉的形成是迄今为止全部世界历史的产物。”①私有制之下,人的感觉的丰富性缩减为唯一的拥有的感觉,只有消灭私有制才能带来人的感性的解放。更重要的是,单纯的理论批判更不能改变人的现实生活过程,“要扬弃现实的私有财产,则必须有现实的共产主义行动”②,人在现实生活中受到的奴役和剥削必须通过物质力量来摧毁。

对《神圣家族》“现实人道主义”概念提出语境的分析表明,马克思在创作《神圣家族》之前已经对思辨唯心主义的局限性有着清晰而深刻的认识了。《1844年经济学哲学手稿》第三笔记尤其是其中的“序言”已经开始批判布鲁诺·鲍威尔的《文学总汇报》,《神圣家族》对《文学总汇报》前八期的全面批判是对《1844年经济学哲学手稿》中既有工作的接续和深化。在这个思想进程中理解《神圣家族》的“现实人道主义”才能把握住其来龙去脉。它来自《1844年经济学哲学手稿》对思辨唯心主义的批判,《神圣家族》是对既有思想的全面展开和进一步深化。这里所说的“深化”的关键点就在于如何超出思辨唯心主义的“抽象的人”,在超出思辨唯心主义的“抽象的人”的过程中也开始超出费尔巴哈的“抽象的人”。

---

① 《马克思恩格斯文集》第1卷,人民出版社2009年版,第191页。

② 《马克思恩格斯文集》第1卷,人民出版社2009年版,第232页。

2. 核心要义:“把人作为在历史中行动的人去考察”

《神圣家族》接续并深化了《1844 年经济学哲学手稿》对思辨唯心主义的批判。按照《神圣家族》序言的说法,为了克服思辨唯心主义的抽象性,马克思以“现实的个体的人”取代了“抽象的人”。所谓“现实的个体的人”,即在马克思恩格斯看来,人不是仅仅蛰居于思维领域的人,而是在自然、社会和历史中行动并以自己的行动改造自然、社会和历史的人。对“现实的个体的人”的这种理解在《1844 年经济学哲学手稿》的“现实的人”概念中已经初露端倪,并在《神圣家族》中进一步展开。当马克思把《1844 年经济学哲学手稿》的“现实的人”进一步展开为《神圣家族》中“现实的个体的人”时,他不仅超出了思辨唯心主义对人的理解,而且开始超出费尔巴哈对人的理解。也正是因为这一原因,恩格斯在《路德维希·费尔巴哈和德国古典哲学的终结》中指出,以“关于现实的人及其历史发展的科学”来代替费尔巴哈的“对抽象的人的崇拜”,“这个超出费尔巴哈而进一步发展费尔巴哈观点的工作,是由马克思于 1845 年在《神圣家族》中开始的”。[①] 恩格斯得出这一结论的根据在于,费尔巴哈虽然憎恶抽象王国,但是却没有发现如何从抽象王国进入现实世界,最终依旧局限于抽象王国。“要从费尔巴哈的抽象的人转到现实的、活生生的人,就必须把这些人作为在历史中行动的人去考察。”[②]马克思通过把人理解为“在历史中行动的人”,找到了通向“现实世界”的道路。考虑到“现实人道主义”是《神圣家族》的纲领性概念,恩格斯在这里指明的是“现实人道主义”概念的核心要义,它把人作为“在历史中行动的人”来考察,从而不仅超出思辨唯心主义,而且开始超出费尔巴哈。

费尔巴哈是马克思完成哲学革命、创立唯物史观的重要环节。在理解马克思主义哲学与费尔巴哈哲学的关系时,不能简单地把费尔巴哈全盘庸俗唯

① 《马克思恩格斯文集》第 4 卷,人民出版社 2009 年版,第 295 页。
② 《马克思恩格斯文集》第 4 卷,人民出版社 2009 年版,第 294 页。

物主义化以突出马克思的卓越贡献，虽然费尔巴哈在很多方面陷入了庸俗唯物主义，但是启发马克思的并不是这些庸俗唯物主义的方面。“人本学唯物主义”是费尔巴哈综合旧唯物主义和唯心主义的一次尝试，尽管没有成功，但是在黑格尔哲学之后是一个重大的突破，也有着重大的思想解放作用。费尔巴哈之所以主张回到“以自然为基础的现实的人”，首先是出于对唯心主义把“现实的人”抽象为“精神”的反叛。他深刻地认识到：“只有人才是费希特的‘自我’的根据和基础，才是莱布尼茨的‘单子’的根据和基础，才是‘绝对’的根据和基础。”①他还强调说，他作为哲学原则的“人”是对旧哲学的“否定的否定”：“只有在我知道了而且证实了那与自然有别的，被设想为人的根源的本质终究还原于一种以人自身为其根源和前提的东西之后，我才从人出发的；因之，我对人的断定绝不是确言判断，而是由‘否定的否定’间接地引申出来的。”②正是基于对旧哲学的原则是对人的抽象这一认识，费尔巴哈强调要把“现实的人”作为哲学的真正原则。其次，费尔巴哈强调要从整体上完整地理解人。他提出了“完整的，现实的，人的本质”的概念，强调人是自然本质、精神本质和社会本质的统一。在他看来，人首先是自然存在物。唯心主义哲学做出的种种抽象都是脱离了人的自然属性来谈论人，只有以自然为基础才能回到“现实的人”。他同时强调，人与动物虽然都是自然存在物，但“人的整个本质是有别于动物的”③。因为除了自然属性之外，人还具有精神文化属性和社会属性。费尔巴哈说：“直接从自然界产生的人，只是纯粹自然的本质，而不是人。人是人的作品，是文化、历史的产物。”④他还强调说：“只有社会的人才是人。因为有你存在和与你共处，我才是我。”⑤费尔巴哈从自然属性、精神属性和社会属性的统一出发来理解人的本质，相对于旧唯物主义和唯心主义

① 《费尔巴哈哲学著作选集》上卷，商务印书馆 1984 年版，第 118 页。
② 《费尔巴哈哲学著作选集》上卷，商务印书馆 1984 年版，第 248 页。
③ 《费尔巴哈哲学著作选集》上卷，商务印书馆 1984 年版，第 182 页。
④ 《费尔巴哈哲学著作选集》上卷，商务印书馆 1984 年版，第 247 页。
⑤ 《费尔巴哈哲学著作选集》上卷，商务印书馆 1984 年版，第 571 页。

哲学是一个重要的突破，也是其“人本学唯物主义”的“划时代的贡献”①。

费尔巴哈“人本学唯物主义”的不足在于他仅仅从“感性直观”出发来理解人。由于局限于“感性直观”的方法，费尔巴哈对自然属性、精神属性和社会属性的理解又都是片面的和抽象的。费尔巴哈把自然属性作为人的根本属性，无疑有可取之处，但是感性直观的方法使他无法理解人与自然之间的能动的实践关系，在对人与自然的关系上陷入了庸俗的唯物主义，例如，他提出“人就是他所吃的那个东西”。就对人的精神文化本质的理解而言，费尔巴哈注意到了只有在文化的基础上人才是真正的人，但是感性直观的方法限制了他对文化的理解，不理解文化是人的实践活动在观念上的反映，把各种意识形式仅仅看作“头脑的活动”，同样陷入了庸俗唯物主义。就对人的社会关系的理解而言，费尔巴哈“类哲学”虽然主张从人与人的关系上理解人的本质，但是他的问题在于对社会关系的片面理解，仅仅从“情感、意志、爱”等共同性上来理解人与人的社会关系，而且把两性之间的爱的关系视为理想的社会关系，也落入了庸俗唯物主义。“感性直观”的方法造成的结果是，费尔巴哈是不可能回到“现实的人”的，他所理解的人还是作为“感性对象”的抽象的人。

马克思和恩格斯超出费尔巴哈而进一步发展费尔巴哈的地方，恰恰是把费尔巴哈理论的重大理论贡献继续发展下去。马克思在《1844 年经济学哲学手稿》中已经全面注意到了费尔巴哈的原创哲学贡献在于其“人本学的唯物主义”，并且总体上说，他立足于“感性活动”回到“现实的人”的做法也找到了超出费尔巴哈观点的思想方向。首先，马克思并没有像费尔巴哈那样完全站在黑格尔的对立面，而是在“感性活动”的基础上继承了黑格尔辩证法的积极成果。费尔巴哈对黑格尔辩证法有着深刻的认识，他提出：“真正的辩证法并不是寂寞的思想家的独白，而是‘自我’和‘你’之间的对话。”②这一论断指出

① 杨耕、郭利：《人的本质：三种整体探讨——论费尔巴哈、舍勒、马克思对人的本质的理解》，《社会科学战线》1989 年第 3 期。

② 《费尔巴哈哲学著作选集》上卷，商务印书馆 1984 年版，第 185 页。

了黑格尔辩证法的局限性在于它只是思维自身内部的戏法,只有在社会关系中才能发展出真正的辩证法。这些认识启发了马克思,他在《1844年经济学哲学手稿》中进一步指出了黑格尔辩证法的本质是"纯粹思维的辩证法",是"虚假的实证主义"和"徒有其表的批判",只有在社会关系尤其是私有财产关系的运动中才能发展辩证法的革命性。费尔巴哈的失误在于仅仅指出了黑格尔辩证法的不足,却无法进一步发展黑格尔的辩证法。黑格尔的辩证法尽管是唯心主义的,但是他把劳动视为人的自我产生的行动,把人的自我产生看做一个过程,这是极其深刻的认识。费尔巴哈却忽视了这一点,直接走到黑格尔的对立面,他"还制服不了这种哲学"①。其次,马克思从"感性活动"而非"感性直观"来理解人的自然本质、精神本质和社会本质,大大深化了费尔巴哈的观点。马克思也从自然性、精神性、社会性三个方面来理解人的本质,例如他指出,"人是自然存在物","人是有意识的类存在物","人是社会存在物"。但是,马克思此时不同于费尔巴哈的地方在于,他是在"感性活动"的基础上理解人的自然本质、精神本质和社会本质的。在谈到人与自然的关系时,马克思说,自然界并不直接构成人的本质,只是人生存的前提,"是人的无机的身体","人靠自然界生活"②,而且构成人的本质的恰恰是人改造自然界的行动:"正是在改造对象世界的过程中,人才真正地证明自己是类存在物。"③马克思还基于"感性活动"揭示了人的精神属性的实践根源,"通过实践创造对象世界,改造无机界,人证明自己是有意识的类存在物"④。最重要的是,不论是人的自然本质,还是人的精神本质,都是在"类生活"中发展起来的。只有结成一定的社会关系,人才能完成改造自然的活动,也只有在一定的社会关系中,人的感觉、思维和精神才能发展起来。虽然《1844年经济学哲学手稿》有

① 《马克思恩格斯文集》第4卷,人民出版社2009年版,第276页。

② 《马克思恩格斯文集》第1卷,人民出版社2009年版,第161页。

③ 《马克思恩格斯文集》第1卷,人民出版社2009年版,第163页。

④ 《马克思恩格斯文集》第1卷,人民出版社2009年版,第162页。

一些不同于费尔巴哈的思想，但是总体而言，马克思此时还没有自觉到对费尔巴哈的超越。例如，他强调“彻底的自然主义或人道主义”是不同于旧唯物主义和唯心主义的真理，是在“自然主义”的基础上发展起来的“人道主义”，并确证自然界具有独立于主体的外在优先性，这种“感性论”的立场具有明显的费尔巴哈色彩。① 如韩立新教授指出的，马克思此时是在用一种从费尔巴哈那里继承来的唯物主义的态度反抗黑格尔。② 又如，在高度赞扬费尔巴哈的“伟大功绩”时，马克思强调费尔巴哈“使社会关系即‘人与人之间的’关系也同样成为理论的基本原则”③，把费尔巴哈的“类”概念理解为“社会关系”，这表明马克思虽然有不同于费尔巴哈的地方，但还没有认识到自己与费尔巴哈的不同。④

《神圣家族》更进一步发展了“感性活动”的原则，其“现实人道主义”的核心要义就是“把人作为在历史中行动的人来考察”，并开始在多个方面超出费尔巴哈。第一，就对社会关系的理解而言，《神圣家族》不再把费尔巴哈的“类”理解为“社会关系”，而是深入到市民社会中人与人的关系，从私有制、需要、雇佣劳动、货币、交换等多方面阐述了社会关系的内容，并从这些社会关系出发探讨现代社会的“非人性”和“人的解放”问题，已经远远超出了费尔巴哈所理解的“类”关系。第二，就改造社会的方案而言，由于费尔巴哈没法真正理解人与人的社会关系是如何在人的行动中生成、发展和改变的，最终在如何建立理想社会关系的问题上只能退回到唯心主义哲学的观念批判：“在思维领域中把神学转变为人类学——这等于在实践和生活领域中把君主政体转变

---

① 参见吴晓明：《形而上学的没落——马克思与费尔巴哈关系的当代解读》，人民出版社2006年版，第323页。

② 参见韩立新：《〈巴黎手稿〉研究》，北京师范大学出版社2014年版，第429页。

③ 《马克思恩格斯文集》第1卷，人民出版社2009年版，第200页。

④ 参见卜祥记、罗萍：《费尔巴哈的伟大功绩究竟何在？——以〈1844年经济学哲学手稿〉为例看马克思眼中的费尔巴哈》，《学术评论》2011年第2期。

为共和国。"[①]马克思则提出私有制的运动造成了无产阶级,无产阶级是推翻私有制的主体力量,必须通过无产阶级的革命行动推翻私有制。这些"群众的共产主义"的主张已经开始超出费尔巴哈。尽管《神圣家族》依旧有对费尔巴哈的热情赞美,但是其中有着比较明确的超出费尔巴哈的思想也是不容忽视的。马克思在多年后提到这本书时说:"我愉快而惊异地发现,对于这本书我们是问心无愧的,虽然对费尔巴哈的迷信现在给人造成一种非常滑稽的印象。"[②]让马克思问心无愧的地方,不仅是对思辨哲学的批判,而且开始超出费尔巴哈。如唐正东教授所言,《神圣家族》的"现实人道主义"与《1844 年经济学哲学手稿》"异化式人道主义"有着重大不同,"马克思已经不再满足于站在高高在上的抽象类本质的角度来批判异化的现实,而是把人性的线索融进了私有制的发展过程之中,探索出了一条现实的人道主义的思路。"[③]

3. 思想进展:"三大批判"的进一步深化

在《神圣家族》中,"现实人道主义"是一个纲领性概念,统领起了马克思和恩格斯在思辨唯心主义、政治经济学和"批判的共产主义"上的批判,在三大批判上包含着重要进展,是向着唯物史观和科学社会主义思想迈进的重要一步。

首先,马克思和恩格斯基于"现实人道主义"批判了鲍威尔等人的思辨唯心主义。第一,在哲学基本原则上,马克思和恩格斯以"现实的个体的人"取代"抽象的人"。《神圣家族》的序言中写道:"现实人道主义在德国没有比唯灵论或者说思辨唯心主义更危险的敌人了。"[④]马克思和恩格斯简明扼要地点

---

① 《费尔巴哈哲学著作选集》上卷,商务印书馆 1984 年版,第 598 页。

② 《马克思恩格斯全集》第 31 卷,人民出版社 1972 年版,第 293 页。

③ 唐正东:《青年马克思的"现实人道主义"概念为什么很重要?》,《南京政治学院学报》2012 年第 1 期。

④ 《马克思恩格斯文集》第 1 卷,人民出版社 2009 年版,第 253 页。

明了“现实人道主义”是与“思辨唯心主义”针锋相对的哲学立场。青年黑格尔派用“自我意识”或“精神”取代了“现实的个体的人”，把人变成了“抽象的人”。所谓“抽象的人”就是把人从具体的社会历史环境中抽象出来，仅仅从精神、思维、意识的范围内来考察人。马克思和恩格斯写作《神圣家族》的目的正是为了把布鲁诺·鲍威尔所颠倒的“现实”再次倒转过来，把“现实的个体的人”重新确立为出发点。第二，在历史观上，马克思和恩格斯反对把观念作为历史的主体，主张人才是历史的主体。青年黑格尔派把历史抽象为独立于人之外的主体，把人视为历史的工具，完全颠倒了人与历史进程的关系。马克思和恩格斯从“现实的个体的人”出发，把人始终理解为一定社会、一定历史发展阶段上的人，把历史理解为“追求着自己目的的人的活动”。第三，在改造社会的方式上，马克思和恩格斯反对单纯的观念批判，主张诉诸革命的行动。马克思在《神圣家族》中指出：“绝对的批判从黑格尔的《现象学》中至少学会了这样一种技艺，即把存在于我身外的现实的、客观的链条转变成纯观念的、纯主观的、只存在于我身内的链条，因而也就把一切外在的感性的斗争都转变成纯粹的思想斗争。”①但是思想领域内的革命并不能带来现实生活的改变，也不可能推动人的解放的进程，“思想本身根本不能实现什么东西。思想要得到实现，就要有使用实践力量的人”②。

其次，马克思和恩格斯基于“现实人道主义”批判了政治经济学。《神圣家族》对政治经济学的批判是围绕着如何理解蒲鲁东的《什么是财产?》展开的。蒲鲁东的《什么是财产?》因为对私有财产的激烈批判而受到广泛关注，埃德加·鲍威尔在《文学总汇报》第4期上向德国读者翻译介绍并评论批判了蒲鲁东的这部专著。马克思在读到埃德加·鲍威尔的评论文章之后，认为埃德加从“赋予特征的翻译”和“批判性的评注”两个方面歪曲了蒲鲁东的观点，并在蒲鲁东的基础上从“现实人道主义”出发在五个方面对政治经济学展

① 《马克思恩格斯文集》第1卷，人民出版社2009年版，第288页。

② 《马克思恩格斯文集》第1卷，人民出版社2009年版，第320页。

开了批判。第一,马克思基于“现实人道主义”批判了私有财产这个国民经济学的前提。马克思指出,“对任何科学的最初的批判都必然要拘泥于这个批判所反对的科学本身的种种前提”,国民经济学的前提是私有财产,因此只有批判私有财产才能超越国民经济学的观点。国民经济学把私有财产看做合乎人性和合理的关系,马克思则通过对私有财产的分析指出了其反人性的方面。例如,政治经济学认为工资和资本的利润是互惠的,马克思则指出,在私有制的前提下,“工人是被迫让资本家去确定工资,而资本家则是被迫把工资压到尽可能低的水平。强制代替了立约双方的自由。”①工人因为竞争被迫接受资本家的低工资,资本家因为竞争被迫压低工资。私有制使资本家和工人都丧失了自由。第二,马克思批判了私有制造就了贫穷。“对私有财产的最初的批判,当然是从那种体现私有财产充满矛盾的本质的最彰明较著、最触目惊心、最令人激愤的形式,即贫穷、贫困的事实出发的。”②马克思指出,蒲鲁东“详尽地证明了资本的运动怎样造成贫困”,而埃德加·鲍威尔则把贫穷和富有合为一个整体,“向这个整体本身探询其存在的前提”。③ 如唐正东教授所言,“这个整体本身的存在前提是自由的自我意识的缺乏。”④进一步说,“自由的自我意识的缺乏”之所以是贫穷和富有这个整体的前提,是因为有产阶级和无产阶级由于缺乏“自由的自我意识”都争取自己的政治和经济的特权,而无法为整体的利益工作,使得双方陷入对抗。马克思则指出:“有产阶级和无产阶级同样表现了人的自我异化。”⑤在这组关系中,有产阶级感到的是幸福,无产阶级感到的是非人的奴役,私有财产运动由于造就了无产阶级,而最终会被无产阶级推翻。第三,马克思指出蒲鲁东没有超越国民经济学。蒲鲁

① 《马克思恩格斯文集》第1卷,人民出版社2009年版,第256—257页。

② 《马克思恩格斯文集》第1卷,人民出版社2009年版,第259页。

③ 《马克思恩格斯文集》第1卷,人民出版社2009年版,第260页。

④ 唐正东:《青年马克思的“现实人道主义”概念为什么很重要?》,《南京政治学院学报》2012年第1期。

⑤ 《马克思恩格斯文集》第1卷,人民出版社2009年版,第261页。

东想消灭私有财产所造成的不拥有和拥有的对立，希望以“平等占有”的社会取代现代私有制的社会。马克思指出：“由于他对国民经济学的批判还受到国民经济学的前提的束缚，因此，蒲鲁东仍以国民经济学的占有形式来理解对象世界的重新获得。”①他是“在国民经济学的异化范围内扬弃国民经济学的异化”②。马克思则从人与物的关系中看到了人与人的关系，“对象作为为了人的存在……是他同他人的人的关系，是人同人的社会关系。”③列宁指出，从这段话“可以看出马克思已经掌握了什么以及他如何转到新的思想领域”④。第四，马克思指出了劳动时间对于人的发展的重要性。马克思赞赏蒲鲁东从时效出发对所有权的批判，指出：“蒲鲁东把劳动时间，即人类活动本身的直接定在，当做工资和产品价值规定的尺度，他就使人成了决定性的因素。”⑤但是，马克思同时也指出，像蒲鲁东这样把劳动时间作为工资和产品价值规定的尺度，表明他还受国民经济学前提的束缚，“蒲鲁东还是以国民经济学的、因而也是充满矛盾的形式恢复了人的权利”⑥。马克思则指出，劳动时间的意义在于它对于人的自由发展至关重要，“因为社会是否有时间来实现合乎人性的发展，就取决于时间。”⑦第五，私有财产对人的奴役是现实的奴役，必须通过共产主义的行动加以消灭。埃德加把现实只看做一些范畴，认为“在思想上征服了资本这个范畴，他们也就消除了现实的资本；只要他们在意识中改变自己的‘抽象的我’……他们就会现实地发生变化并使自己成为现实的人”⑧。马克思则指出，要想消灭私有制，必须要有无产阶级的革命行动。

再次，马克思和恩格斯基于“现实人道主义”批判了“批判的共产主义”，

---

① 《马克思恩格斯文集》第1卷，人民出版社2009年版，第268页。
② 《马克思恩格斯文集》第1卷，人民出版社2009年版，第268页。
③ 《马克思恩格斯文集》第1卷，人民出版社2009年版，第268页。
④ 《列宁全集》第55卷，人民出版社1990年版，第6页。
⑤ 《马克思恩格斯文集》第1卷，人民出版社2009年版，第270页。
⑥ 《马克思恩格斯文集》第1卷，人民出版社2009年版，第270页。
⑦ 《马克思恩格斯文集》第1卷，人民出版社2009年版，第270页。
⑧ 《马克思恩格斯文集》第1卷，人民出版社2009年版，第274页。

并在批判市民社会和私有财产运动的基础上论证了“群众的共产主义”。思辨唯心主义也主张改造资本主义社会,甚至喊出了“自由”“人的解放”等革命性的口号,但是他们的革命主张被马克思恩格斯称为“批判的共产主义”,即认为通过理论批判改造人的思想就能建立美好的社会。在马克思恩格斯看来,这些人实质是要求人改变自己的思想与现实相媾和,最终与资产阶级的政治经济学一样,成了维护私有制的“保守派”。马克思在唯物主义的立场上阐述了自己的“群众的共产主义”的主张,“既然是环境造就人,那就必须以合乎人性的方式去造就环境。”①“群众的共产主义”认为,只有通过无产阶级的革命行动才能推翻私有制,建立一个理想社会。“世俗社会主义的首要原理把单纯理论领域内的解放作为一种幻想加以摒弃,为了现实的自由,它除了要求有理想主义的‘意志’以外,还要求有很具体的、很物质的条件。‘群众’认为,甚至为了争得一些仅仅为从事‘理论’研究所需要的时间和资金,也必须进行物质的、实际的变革;这样的‘群众’在神圣的批判面前显得多么低下啊!”②马克思还通过对现代市民社会的本质分析,论证了“群众的共产主义”的现实必要性和必然性。正是因为市民社会是“非人性”的,所以才需要通过“群众的共产主义”从根本上改造它。值得注意的是,马克思此时对市民社会的分析已经不再局限于从“异化劳动”批判私有制,而是开始探讨工业和商业所造成的人与人的冲突。“自由工业和自由贸易……引起人反对人、个人反对个人的普遍斗争。”③更为重要的是,工业和商业的运动产生了现代无产阶级。虽然马克思还是从人道主义的立场上理解无产阶级的阶级状况的,但是已经更多地从私有财产的历史运动中理解无产阶级的主体力量,只有当私有财产运动产生了无产阶级,私有财产才会使自己走向灭亡。

《神圣家族》的“三大批判”统一于无产阶级的历史使命,从三个方面展现

① 《马克思恩格斯文集》第1卷,人民出版社2009年版,第335页。
② 《马克思恩格斯文集》第1卷,人民出版社2009年版,第297页。
③ 《马克思恩格斯文集》第1卷,人民出版社2009年版,第316页。

了“现实人道主义”的思想内涵。尽管《神圣家族》还没有把对私有制的批判建立在唯物史观的科学基础上，对资本主义的批判还有比较明显的道德谴责，但是它已经认识到历史的发源地在“粗糙的物质生产”，必须要通过实践来实现思想的要求，私有制的运动造成了无产阶级，无产阶级承担着消灭私有制的历史使命。这一系列重大的论断不仅把马克思与鲍威尔等人区别开来，也把马克思与费尔巴哈区别开来。正如赵家祥老师在谈到恩格斯对《神圣家族》的评论时说的：“‘开始’这两个字说得非常恰如其分。它一方面意味着刚刚起步，尚需继续前进；另一方面意味着为继续前进做好了准备，打下了基础。正是因为有这个‘开始’马克思才自觉地意识到他的哲学不仅与思辨唯心主义哲学是根本对立的，而且与费尔巴哈的旧唯物主义哲学也是有本质区别的。”①

4. 理论定位：“开始”“超出费尔巴哈而进一步发展费尔巴哈”

恩格斯曾经评价《神圣家族》说，马克思在这部著作中“开始”了“超出费尔巴哈而进一步发展费尔巴哈的工作”。这是恩格斯在《路德维希·费尔巴哈和德国古典哲学的终结》中提出的重要论断，他的原话是：“对抽象的人的崇拜，即费尔巴哈的新宗教的核心，必定会由关于现实的人及其历史发展的科学来代替。这个超出费尔巴哈而进一步发展费尔巴哈观点的工作，是由马克思于1845年在《神圣家族》中开始的。”②在这里，“这个超出费尔巴哈而进一步发展费尔巴哈的工作”是一个比较拗口的表述，其德语原文是：“Diese Fortenwicklung des Feuerbachschen Standpunkts über Feuerbach hinaus”。对照德语原文，可以发现，“这个超出费尔巴哈而进一步发展费尔巴哈的工作”也可直译为：“这种超出费尔巴哈而对费尔巴哈立场的进一步发展”。仔细审视

① 赵家祥：《澄清对恩格斯一段话的误解——与俞吾金同志商榷》，《教学与研究》2003年第9期。

② 《马克思恩格斯选集》第4卷，人民出版社2012年版，第247页。

这句话，它其实是一个悖论式的表述，"超出费尔巴哈而对费尔巴哈立场的进一步发展"意味着，在恩格斯看来，他和马克思在《神圣家族》中的哲学思想既超出了费尔巴哈，同时又是对费尔巴哈立场的进一步发展。在恩格斯看来，费尔巴哈并非一无是处，他的哲学立场中有一些是值得进一步发展的，通过进一步发展能够获得超出费尔巴哈哲学之外的内容。我们不禁要问，什么是费尔巴哈立场中值得进一步发展的东西呢?

第一，费尔巴哈"人本学唯物主义"从整体上说是一个具有发展潜力的理论体系。费尔巴哈不满意思辨唯心主义抽象地理解人，也不满意18世纪唯物主义机械地理解人，他提出，只有"人本学"(die Anthropologie)才是真理。费尔巴哈的"人本学"揭示了人的丰富性。这种丰富性尤其体现在他的人是"多名的人"的论断中。如费尔巴哈所言:"'人'这个名称的意义，一般只是指带有他的需要、感觉、心思的人，只是指作为个人的人，异于他的精神，一般地说，异于他的一般社会性质。"①费尔巴哈还曾提到人是肉体的人、感觉的人、思维的人、实践的人。这鲜明地体现出了费尔巴哈相对于法国唯物主义者的优越性。但是，作为唯物主义者，他们又共享着共同的方法论前提:他们都是通过经验观察来理解人的。人也因此而被仅仅理解为"感性对象"，而没有被理解为"感性的活动"。这反映了费尔巴哈的不彻底性。把费尔巴哈的原则贯彻到底是能够得出人是"感性的活动"这一观点的。例如，马克思指出，费尔巴哈的"人本学"所强调的"人"是"以自然为基础的现实的人"②。所谓"完成了的自然主义，等于人道主义"③，把自然主义的原则贯彻到底，是能够通向人道主义并发现人的主观能动性的。例如马克思在《1844年经济学哲学手稿》中就说，"人直接地是自然存在物。人作为自然存在物，而且作为有生命的自然存在物，一方面具有自然力、生命力，是能动的自然存在物;这些力量作为天赋

① 《费尔巴哈哲学著作选集》上卷，商务印书馆1984年版，第117页。
② 《马克思恩格斯文集》第1卷，人民出版社2009年版，第342页。
③ 《马克思恩格斯文集》第1卷，人民出版社2009年版，第185页。

和才能、作为欲望存在于人身上；另一方面，人作为自然的、肉体的、感性的、对象性的存在物，同动植物一样，是受动的、受制约的和受限制的存在物，就是说，他的欲望的对象是作为不依赖于他的对象而存在于他之外的；但是，这些对象是他的需要的对象；是表现和确证他的本质力量所不可缺少的、重要的对象。"①虽然马克思也与费尔巴哈一样从人是"自然存在物"出发，但是马克思却把握住了人是能动性和受动性的统一，既因为自然力而具有的能动性，又因为肉身性而具有的受动性。可见，费尔巴哈的问题并不在于他强调的是"以自然为基础的现实的人"，毕竟人不可能脱离开自然界而单纯生活在思想的以太中；他的问题在于没有正确地理解"以自然为基础的现实的人"，尤其是没能理解人与自然相互作用的"中介"在于感性活动或劳动。通过进一步发展费尔巴哈有可能超出费尔巴哈。

第二，费尔巴哈的"类哲学"蕴藏着远超费尔巴哈哲学体系的思想内容。马克思在 1844 年 8 月 11 日曾致信费尔巴哈对他表达敬意，并赞赏费尔巴哈的《未来哲学》和《信仰的本质》的意义"要超过目前德国的全部著作"。他还说，费尔巴哈在这两部著作中"给社会主义提供了哲学基础，而共产主义者也就立刻这样理解了您的著作。建立在人们的现实差别基础上的人与人的统一，从抽象的天上降到现实的地上的人类这一概念，如果不是社会这一概念，那是什么呢?"②马克思把费尔巴哈的"类"概念理解为"社会"是有依据的。费尔巴哈既强调"类"是"人的自然"，又强调"类"是"人与人的统一"。不仅如此，他还指出，"只有集体才构成人类"③。所以马克思说费尔巴哈的类概念是"建立在人们的现实差别基础上的人与人的统一"。但是费尔巴哈对人的社会性的理解是非常狭隘的，例如他说："人是由两个人生的——肉体的人是这样生的，精神的人也是这样生的：人与人的交往，乃是真理性和普遍性最基

① 《马克思恩格斯文集》第 1 卷，人民出版社 2009 年版，第 209 页。

② 《马克思恩格斯全集》第 47 卷，人民出版社 2004 年版，第 73—74 页。

③ ［德］费尔巴哈：《基督教的本质》，荣震华译，商务印书馆 1984 年版，第 215 页。

本的原则和标准。"①而马克思和恩格斯正是突破了费尔巴哈对"类"的狭隘理解,在"社会关系"中才回到了"现实的个人"的。

第三,费尔巴哈关于"实践"的观点是一个能够在进一步发展中炸开费尔巴哈哲学体系的概念。马克思和恩格斯在《德意志意识形态》中写道:"对实践的唯物主义者即共产主义者来说,全部问题都在于使现存世界革命化,实际地反对并改变现存的事物。如果在费尔巴哈那里有时也遇见类似的观点,那么它们始终不过是一些零星的猜测,而且对费尔巴哈的总的观点的影响微乎其微,以致只能把它们看做是具有发展能力的萌芽。"②如马克思和恩格斯所言,在费尔巴哈那里就已经有了关于"实践"的"零星的猜测"。尽管这个观点的"影响微乎其微",不足以消除费尔巴哈整体上诉诸感性直观带来的局限,但是费尔巴哈确实已经提出了这个概念。马克思和恩格斯的这个说法是完全符合客观事实的。比如,费尔巴哈曾提出:新哲学"本质上具有一种实践的倾向";他还说,"从理想到实在的过渡,只有在实践哲学中才有它的地位","理论所不能解决的疑难,实践会给你解决"。③ 但是这些关于"实践"的论断只是一些"零星的猜测",他的"感性直观"的方法是不可能进一步发展这些具有重大理论潜能的观点的。马克思则始终把"实践"作为根本原则,并以之为基础建立了"新唯物主义"。

"现实人道主义"是唯物史观创立过程中的一个重要阶段。把《神圣家族》同《1844 年经济学哲学手稿》《德意志意识形态》对照阅读可以发现,"现实人道主义"集中地体现了马克思思想发展的连续性。《1844 年经济学哲学手稿》在批判黑格尔的辩证法和整个哲学时已经提出了"现实的人"的概念。《神圣家族》的"现实人道主义"主题在拓展《1844 年经济学哲学手稿》的思辨唯心主义批判时,进一步把人理解为在一定的自然、社会和历史条件下活动并

---

① 《费尔巴哈哲学著作选集》上卷,商务印书馆 1984 年版,第 173 页。
② 《马克思恩格斯文集》第 1 卷,人民出版社 2009 年版,第 527 页。
③ 《费尔巴哈哲学著作选集》上卷,商务印书馆 1984 年版,第 186、108、248 页。

通过自己的活动改造自然、社会和历史以及创造自我的人，“开始”把人“作为在历史中行动的人来考察”，这种做法不仅具有超出唯心主义哲学的意义，而且已经“开始”超出费尔巴哈。正是因为马克思已经“开始”超出费尔巴哈，所以他在看到布·鲍威尔《文学总汇报》第10期上的《类与群众》以及施蒂纳的《唯一者及其所有物》、布·鲍威尔《维干德季刊》第3期上的《评路德维希·费尔巴哈》把自己作为“费尔巴哈主义者”时才迅速做出回应，形成了《德意志意识形态》“费尔巴哈”章的第一份大束手稿，即标注为罗马数字“II”的手稿。[①] 这束手稿在《德意志意识形态》的全部内容中写作最早，思想最丰富，不仅全面批判了鲍威尔、施蒂纳以及费尔巴哈，而且系统阐述了自己的新哲学世界观，为整部《德意志意识形态》的后续写作打下了理论基础。马克思和恩格斯之所以能够在《德意志意识形态》写作的最初阶段就提出这些思想，原因就在于他们在这之前就已经在持续的思想探索中离开了旧哲学的地基。《神圣家族》不仅超出了唯心主义，而且“开始”超出费尔巴哈。当然，“现实人道主义”也表明，《神圣家族》虽然开始摆脱“抽象的”人道主义，但是还部分地受费尔巴哈人本学异化论束缚，例如他还坚持用“自我异化”“非人性”来评判无产阶级的生存状况[②]，把货币制度评价为“现代社会非人性的最高表现”[③]。马克思在《神圣家族》中只是“开始”超出费尔巴哈，对费尔巴哈更详细的批判还有待在《关于费尔巴哈的提纲》中提纲挈领式地制定出来。

（二）站在“现已达到的成果”的肩膀上

在《神圣家族》的序言中，马克思说：“我们的阐述自然要取决于阐述的对象。批判的批判在各方面都低于德国的理论发展已经达到的水平。因此，如

---

① ［德］英格·陶伯特编：《MEGA：陶伯特版〈德意志意识形态·费尔巴哈〉》，李乾坤、毛亚斌、鲁婷婷等编译，南京大学出版社2014年版，第122—127页。

② 《马克思恩格斯文集》第1卷，人民出版社2009年版，第261—262页。

③ 《马克思恩格斯文集》第1卷，人民出版社2009年版，第308页。

果我们在这本书中不再对这一发展本身进行评论，那是因为我们所阐述的对象的本性使我们完全有理由这样做。更确切地说，是批判的批判使我们不得不用现已达到的成果本身来批驳它。”①马克思在这里告诉我们，鲍威尔的理论在“各方面都低于德国理论发展已经达到的水平”，他对鲍威尔的批判就是在“德国理论发展已经达到的水平”上进行的。马克思在这里所说的“德国理论发展已经达到的水平”首先指的是黑格尔哲学所达到的高度，鲍威尔远未达到这一高度，所以他能够提供的只是黑格尔哲学的“漫画”；其次还包括费尔巴哈的“人本学唯物主义”和恩格斯关于无产阶级科学的探索。费尔巴哈的“感性论”既有其缺陷，又有对黑格尔哲学的突破。就鲍威尔完全依附于黑格尔而言，他甚至没有达到费尔巴哈的水平。恩格斯对无产阶级科学的探索远超出鲍威尔“理论批判”的范围。有学者指出，费尔巴哈的唯物主义哲学和蒲鲁东的政治经济学批判是马克思批判鲍威尔哲学的理论基础。我们以为这种看法并不准确。蒲鲁东对政治经济学的批判虽然启发了马克思，但是他并不属于马克思所说的“德国理论发展”的序列，因为蒲鲁东虽然试图借用黑格尔的辩证法研究政治经济学，但是他做得非常蹩脚，并没有做到进一步发展德国理论。

1. 黑格尔奠定了马克思的理论高度

如马克思在《德意志意识形态》中指出的：“德国的批判，直至它最近所作的种种努力，都没有离开过哲学的基地。这个批判虽然没有研究过自己的一般哲学前提，但是它谈到的全部问题终究是在一定的哲学体系即黑格尔体系的基地上产生的。”②不仅青年黑格尔派，马克思也是在黑格尔哲学的基地上开始哲学探索的。马克思最后与青年黑格尔派走向决裂，这与马克思对黑格尔的独特理解不无关系。正是因为马克思从黑格尔哲学中找到了独特的思想

---

① 《马克思恩格斯文集》第1卷，人民出版社2009年版，第253—254页。

② 《马克思恩格斯文集》第1卷，人民出版社2009年版，第514页。

资源,他才能够发现青年黑格尔派的局限性,并在对青年黑格尔派的批判中最终跳出黑格尔哲学的地基。就对马克思的早期思想发展的影响而言,黑格尔的《法哲学原理》和《精神现象学》无疑影响最大。

马克思再次退回书斋阅读黑格尔的《法哲学原理》是有明确的问题意识的。他要解答自己在《莱茵报》时期遭遇到的"物质利益"难题。这个独特的问题意识不仅规定了马克思所关注的是黑格尔的《法哲学原理》,乃至其中的"国家法",而且最终也引导马克思从黑格尔的法哲学中发掘出国家与市民社会二元对立的独特思想。他指出:"黑格尔觉得市民社会和政治社会的分离是一种矛盾,这是他著作中比较深刻的地方。"①马克思认为黑格尔关于国家和市民社会相互分离的思想无疑把握住了现代社会的结构特征。但是马克思也指出,黑格尔所谓的家庭和市民社会向国家的过渡,"完全是在逻辑学中所实现的那种从本质领域到概念领域的过渡。"②马克思放弃了这种逻辑学的抽象,转而基于人类社会的历史考察了市民社会和国家关系。他认为,国家和市民社会相互分离并不是某个理念发展的结果,而是历史的结果。"只有法国大革命才完成了从政治等级到社会等级的转变过程……完成了政治生活同市民社会的分离。"③此外,马克思还颠倒了黑格尔思辨地建构起来的市民社会和政治国家的关系,指出市民社会是政治国家的基础。马克思对自己这一时期理论成果有这样的回顾:

"我的研究得出这样一个结果:法的关系正像国家的形式一样,既不能从它们本身来理解,也不能从所谓人类精神的一般发展来理解,相反,它们根源于物质的生活关系,这种物质的生活关系的总和,黑格尔按照18世纪的英国人和法国人的先例,概括为'市民社会',

---

① 《马克思恩格斯全集》第3卷,人民出版社2002年版,第94页。
② 《马克思恩格斯全集》第3卷,人民出版社2002年版,第13页。
③ 《马克思恩格斯全集》第3卷,人民出版社2002年版,第100页。

而对市民社会的解剖应该到政治经济学中去寻求。”①

纵观马克思早期的思想历程，从政治国家到市民社会的转变，在马克思思想历程中的作用再怎么估计都不算高。事实上，正是在政治国家与市民社会二元对立的思想基础之上，马克思提出了“政治解放”（政治国家从宗教中解放出来）与“人的解放”（人从宗教中解放出来）或“社会解放”（市民社会从商业中解放出来）的思想，并以此批判布鲁诺·鲍威尔，最终完成了与“德意志意识形态”的思想剥离。也正是在政治国家与市民社会二元对立的思想基础之上，马克思进一步探究现代社会的基本结构，并在这一思想框架内于《德意志意识形态》中首次系统阐述了自己的“历史观”。

马克思阅读黑格尔的《精神现象学》同样带有明确的问题意识：即如何理解共产主义作为“否定的否定的肯定”。正如我们在本书第一章对《1844年经济学哲学手稿》的有关讨论中指出的，马克思在阅读《精神现象学》时从中提取出了“劳动辩证法”这一具有重大理论潜能的新方向。马克思从黑格尔的《精神现象学》中领会到“劳动”作为“现实的人的活动”是人的“自我产生”的行动。在黑格尔的哲学体系中，精神、理念通过辩证的否定性环节实现了“自我产生”，这种“自我产生”恰恰是黑格尔思辨逻辑的精髓。但是马克思强调的是，黑格尔的思辨逻辑脱离尘世，把“现实的人和现实的人类”所走过的真实历史进程还原为精神、理念“自我产生”的过程，把前者理解为后者的产物，这是“从天国下降到人间”的做法。马克思把《精神现象学》中的“精神”置换为“现实的个人”，通过“劳动辩证法”将黑格尔的辩证法颠倒过来，从而回归到了现实的感性的人。从《精神现象学》中发掘出“劳动辩证法”不仅使马克思超出同时期的青年黑格尔派，也使马克思超出同时期的费尔巴哈。

---

① 《马克思恩格斯全集》第31卷，人民出版社1998年版，第412页。

2. 费尔巴哈的“感性论”和“人本学唯物主义”

对于《神圣家族》的写作而言，费尔巴哈是一个思想标尺，他以自身对黑格尔辩证法的突破，让马克思和恩格斯认识到布鲁诺·鲍威尔对黑格尔的依赖关系。正是因为费尔巴哈是黑格尔哲学解体之后唯一做出贡献的，这才凸显出布鲁诺·鲍威尔的哲学“在各方面”都低于“德国理论发展现已达到的成果”。

如马克思所言，费尔巴哈相对于黑格尔最大的突破就在于他以“直接的确定性”来反对“否定的否定”，亦即以“感性的直观”反对“思辨的抽象”。费尔巴哈曾提出：“哲学是关于存在物的知识。事物和本质是怎样的，就必须怎样来思想、来认识它们。这是哲学的最高规律、最高任务。”①他坚决反对黑格尔的抽象，“抽象就是假定自然以外的自然本质，人以外的人的本质，思维活动以外的思维本质。”②他主张按照事物“之所是”来认识事物，反对黑格尔把感性抽象为概念，从而以思辨的方式来把握具体的感性事物的做法。

相对于18世纪唯物主义的“感性论”，费尔巴哈的“感性论”最大的不同在于它是以“人”而非“自然”为中心的。费尔巴哈强调：“一切关于法律、关于意志、关于自由、关于没有人的、在人以外甚至在人之上的人格的思辨，都是一种没有统一性、没有必然性、没有实体、没有根据、没有实在性的思辨。人是自由的存在，人格的存在，法律的存在。只有人才是费希特的‘自我’的根据和基础，才是莱布尼茨的‘单子’的根据和基础，才是‘绝对’的根据和基础。”③如马克思所言，在黑格尔哲学解体之后，费尔巴哈之所以是唯一突破黑格尔体系的哲学家，就在于他“在理论领域体现了和人道主义相吻合的唯物主义”④，把“人”理解为一切理论抽象物的基础：“只有费尔巴哈才立足于黑格尔的观

---

① 《费尔巴哈哲学著作选集》上卷，商务印书馆1984年版，第108页。
② 《费尔巴哈哲学著作选集》上卷，商务印书馆1984年版，第104—105页。
③ 《费尔巴哈哲学著作选集》上卷，商务印书馆1984年版，第118页。
④ 《马克思恩格斯文集》第1卷，人民出版社2009年版，第342页。

点之上而结束和批判了黑格尔的体系,因为费尔巴哈消解了形而上学的绝对精神,使之变为'以自然为基础的现实的人'"①从马克思对费尔巴哈的热情赞扬中,不难发现费尔巴哈以"人"为核心的唯物主义对他的强烈影响。尽管马克思没有经历过真正意义上的"费尔巴哈阶段",但是无视费尔巴哈人本学唯物主义的"解放"作用也是不恰当的。

费尔巴哈把"人"作为其哲学的核心概念,其意图在于超越一切旧的唯物主义和唯心主义的对立。"唯物主义、唯心主义、生理学、心理学都不是真理;只有人本学是真理,只有感性、直观的观点是真理,因为只有这个观点给予我整体性和个别性。"②但是他的直观的方法并没有彻底摆脱旧唯物主义的窠臼。如马克思后来指出的:费尔巴哈相对于纯粹唯物主义的优点在于他把人也作为"感性对象",但是其缺陷也在于仅仅把人作为"感性对象",而没有把人理解为"感性活动"。需要指出的是,尽管费尔巴哈有其局限性,但是他把"以自然为基础的现实的人"理解为德国古典哲学一直以来强调的"精神""自我""自我意识"的基础,还是带来了巨大的"解放作用",为德国古典哲学的向前发展指明了"出路"。这一点也对马克思和恩格斯产生了深刻的影响,使他们能够更加清晰地认识到青年黑格尔派和黑格尔哲学的局限性,为他们全面批判青年黑格尔派打下了基础。

3. 恩格斯对无产阶级科学的探求

如我们上一章所言,英国的经历彻底地改变了恩格斯。英国作为当时资本主义生产关系最发达的国家,也为恩格斯研究政治经济学、资本主义的社会规律和无产阶级的历史使命提供了得天独厚的优势。恩格斯到英国之后完成的著作表明,他已经开始自觉地把历史理解为经济发展的结果,并从阶级斗争的角度理解历史。

---

① 《马克思恩格斯文集》第1卷,人民出版社2009年版,第327页。

② 《费尔巴哈哲学著作选集》上卷,商务印书馆1984年版,第205页。

首先,英国的经历确立了恩格斯工人阶级的立场。“英国工人阶级的状况日益恶化”是一个显而易见、人尽皆知的事实,经济的贫困造成了道德的堕落,面对工人们的违法行为,国家“不关心饥饿的滋味是苦是甜”,所做的只是“把这些人抛进监狱,或是放逐到罪犯流放地”。恩格斯已经认识到国家作为阶级统治的工具与无产阶级处于对立之中,并且他已经准确地预料到,宪章派的政治斗争不“可能——即使是很小的可能——获得成功”。① 可见,无产阶级革命的相关问题已经进入恩格斯的视野之中。

其次,恩格斯开始把政治经济学批判理解为创立工人阶级科学的前提。政治经济学是随着资本主义生产方式发展起来的,是为资本积累或者说是为资本家获取财富服务的。恩格斯的研究使他认识到,对这门资本主义科学的批判能够科学地阐明无产阶级的社会地位,是无产阶级科学创立的重要前提。他在《国民经济学批判大纲》中提出:“私有制……使人的生产和消灭也仅仅依存于需求……这一切都促使我们要用消灭私有制、消灭竞争和利益对立的办法来消灭这种人类堕落的现象。”②尽管这里还有费尔巴哈人本学历史观的痕迹,恩格斯的发现还是“全靠费尔巴哈的发现给它打下真正的基础”③,但是通过消灭私有制来解放工人阶级的观点已经远远超出了费尔巴哈的主张,是科学社会主义的重要组成部分。

再次,恩格斯的唯物主义思想确认了无产阶级革命的意义。在《英国状况·十八世纪》中,恩格斯已经开始把对历史的理解建立在经济因素的基础上。他提出:“英国自上一世纪中叶以来经历了一次比其他任何国家经历的变革意义更重大的变革……这种变革很可能会比法国的政治革命或德国的哲学革命在实践上更快地达到目的……社会革命才是真正的革命。”④恩格斯明

① 《马克思恩格斯全集》第3卷,人民出版社2002年版,第418页。
② 《马克思恩格斯全集》第3卷,人民出版社2002年版,第468页。
③ 《马克思恩格斯全集》第3卷,人民出版社2002年版,第220页。
④ 《马克思恩格斯全集》第3卷,人民出版社2002年版,第526页。

确把经济因素的变革作为整个社会的政治和哲学变革的基础,而无产阶级所带来的社会革命则是推动历史发展的最为强劲的力量。

恩格斯把政治经济学批判和唯物史观作为无产阶级的科学来发展,这极大地影响了马克思。在《德法年鉴》和《1844 年经济学哲学手稿》中,马克思都提出了无产阶级革命的问题,但是如何给无产阶级提供一门科学,在理论上指导无产阶级革命,马克思并没有清晰的认识。恩格斯的探索给马克思提供了一个方向。而恩格斯的相关研究之所以高于以鲍威尔为代表的德国批判家的理论,原因在于,德国理论家们把人的解放归结为理论的解放,放弃了围绕着经济利益的物质斗争。如马克思在《1844 年经济学哲学手稿》中已经指出的,这种理论上的共产主义并不能消灭现实中的私有财产。但是,鲍威尔等人的理论不仅在德国的思想界有广泛的市场,而且曾经深刻地影响了马克思和恩格斯。因此,这场理论批判又是马克思和恩格斯清算自己"哲学信仰"的斗争。

(三)批判"现实人道主义"的最危险敌人

《神圣家族》是马克思和恩格斯为批判《文学总汇报》前 8 期而创作的。这当然与第 8 期上发表了鲍威尔反对马克思的论文有关,但是更重要的是,《文学总汇报》中的思想主题,即"思辨唯心主义",而且是漫画式地发展了的思辨唯心主义,是马克思和恩格斯根本上反对的,这种思想被马克思和恩格斯列为最危险的敌人。

1.《文学总汇报》与《神圣家族》的创作

1844 年 8 月底,马克思与恩格斯再次见面。相比于第一次会面时的冷漠,这一次马克思和恩格斯发现二人在很多重大理论问题上表现出惊人的一致,"当我 1844 年夏天在巴黎拜访马克思时,我们在一切理论领域中都显出意见完全一致,从此就开始了我们共同的工作"①。他们都迫切地认识到,要想

① 《马克思恩格斯选集》第 4 卷,人民出版社 2012 年版,第 202—203 页。

改变工人群众的悲惨生活状态,必须为工人提供一种新的哲学世界观把他们组织成为强大的阶级。建立这种新的世界观,必须彻底打破德国思辨哲学一直以来谙熟的观念批判。由此,《神圣家族》的写作正式提上日程。

按照原定计划,马克思和恩格斯并没有想要把《神圣家族》写成一本庞大的著作。1844 年 8 月 11 日,马克思写信给费尔巴哈时说的是打算写一本"小册子"来批判《文学总汇报》。到了 1844 年 10 月,马克思已经开始为《神圣家族》寻找出版商的时候,该书也只有 10 个印张。在此之后,该书的篇幅迅速扩大,最终马克思把书稿增加到了 22 个印张。《神圣家族》最终成了对《文学总汇报》的全面批判。具体而言,《神圣家族》中涉及的有《文学总汇报》中的下列篇目:

第一章 "以订书匠的姿态出现的批判的批判或赖哈特先生所体现的批判的批判"批判的是,赖哈特发表在《文学总汇报》第一期第 17—29 页和第二期第 1—23 页上的文章,题为《关于赤贫化的论文》。

第二章 "体现为'Mühleigner'的批判的批判或茹尔·法赫尔先生所体现的批判的批判"针对的是,茹尔·法赫尔发表在《文学总汇报》第七期第 1—8 页和第八期第 28—38 页上的文章,题为《英国的迫切问题》。

第三章 "'批判的批判的彻底性'或荣(荣格尼茨?)先生所体现的批判的批判"针对的是,发表在《文学总汇报》第六期第 17—20 页上的"瑙威尔克先生和哲学系",该文署名作者为"E.J."。

第四章 "体现为认识的宁静的批判的批判或埃德加先生所体现的批判的批判"分为四节。第 1 节"弗洛拉·特莉斯坦的'工人联合会'"针对的是,发表在《文学总汇报》第五期第 18—23 页上的"《工人联合会》,弗洛拉·特莉斯坦女士著";第 2 节"贝罗论娼妓问题"针对的是,第五期第 25—35 页的"贝罗论娼妓";第 3 节"爱情"

针对的是,第二期第30—38页的“《葛德薇城堡》作者的小说”①;第4节“蒲鲁东”针对的是,第五期第37—52页的《蒲鲁东》。

第五章 “贩卖秘密的商人所体现的批判的批判或塞利加先生所体现的批判的批判”针对的是,《欧仁·苏:〈巴黎的秘密〉。塞利加的批判》一文的1—7节。《欧仁·苏:〈巴黎的秘密〉。塞利加的批判》是塞利加发表在《文学总汇报》第七期上的长篇文章,篇幅涵盖了第8—48页。

第六章 “绝对的批判的批判或布鲁诺先生所体现的批判的批判”分为三节。第1节题为“绝对批判的第一次征讨”,其中的(a)小节和(b)小节批判的是,《文学总汇报》第一期第1—17页上的“评讨论犹太人问题的最新著述”;(c)小节针对的是,《文学总汇报》第一期第29—31页“辛利克斯《政治讲演录·第一卷》”。第2节题为“绝对批判的第二次征讨”,其中的(a)小节批判的是,第五期第23—25页的“辛利克斯《政治讲演录·第二卷》”;(b)小节批判的是,第四期第11—19页的“评讨论犹太人问题的最新著述”。第3节题为“绝对批判的第3次征讨”,这一标题下有(a)(b)(c)(d)(e)(f)6个小节,这是对《文学总汇报》第八期第18—26页上的《目前什么是批判的对象?》从头到尾的详尽批判。马克思之所以花费如此大的精力批判这篇文章,是因为该文事实上既是纯粹批判哲学的总纲,又是布鲁诺·鲍威尔对马克思《论犹太人问题》的不点名反击。

第七章 “批判的批判的通信”是对《文学总汇报》上选登的读者来信的批判性分析。与现代的很多刊物刊载读者来信一样,《文

① 《葛德薇城堡》(*Godwie-Castle*)为德国女作家Henriette Wach von Paalzow(1788—1847年)在1838年匿名发表的3卷本小说。她之后以“葛德薇城堡的作者”蜚声文坛,在1839年、1843年和1844年还发表了《圣·浩奇》(*St.Roche*,3卷)、《托马斯·图尔瑙》(*Thomas Thurnau*,3卷)和《雅克布·范·德尔瑞斯》(*Jakob van der Rees*)。由于写作时间的缘故,埃德加在《文学总汇报》第2期(1844年1月)发表书评时没有读到第四部小说,他对前三部都有提及并做了引用。

学总汇报》也有选择地刊登了一些读者来信以与读者互动并表明自己的影响力。其中,第三期第6—21页刊登了采尔莱德的来信;第四期第22—29页刊登了弗莱什汉默尔的来信、第37—38页刊登了希采尔的来信;第五期第11—15页刊登了希采尔的来信;第六期第20—38页刊登了9封匿名来信,第49—50页刊登了采尔莱德的来信。

第八章 "批判的批判之周游世界和变服微行,或盖罗尔施坦公爵鲁道夫所体现的批判的批判"针对的是,《欧仁·苏:〈巴黎的秘密〉。塞利加的批判》一文的第8—17节。

第九章 题为"批判的末日的审判",马克思借用《文学总汇报》第五期第15页上希采尔的来信,讽刺"批判的批判"把自己视为历史创造者的荒诞。

不难发现,马克思和恩格斯几乎讨论了《文学总汇报》前8期上的所有重要文章。这是一个庞大的工程。在《神圣家族》的序言中,他们说明了为什么要花费如此大的精力面对一个在理论界和社会上都没有什么影响的报刊:"我们的阐述主要涉及布鲁诺·鲍威尔的《文学总汇报》(我们手边有该杂志的前八期),因为在该报中鲍威尔的批判,从而整个德国思辨的胡说达到了顶点。"①布鲁诺·鲍威尔在《文学总汇报》中为"纯粹批判"哲学拟定的纲领就是以群众为批判对象。所谓群众,在"纯粹批判"哲学的语境中,就是不具备"普遍的自我意识"的一般人,其范围涵盖了除团结在鲍威尔周围的理论批判家之外的所有人。由于不具备"普遍的自我意识",群众被束缚、局限在自己的特殊的自我意识之中,不仅对理论批判家从事的具有普遍性的事业并不关心,而且彼此之间无法建立其真正的社会关系,只能陷入互相压迫、彼此冲突的关系中。在马克思和恩格斯看来,这样的观点完全是"胡说"(Unsinn)。

---

① 《马克思恩格斯文集》第1卷,人民出版社2009年版,第253页。

为了揭穿理论批判家的这一套荒唐的逻辑，马克思和恩格斯在《神圣家族》的谋篇布局上采用反讽式的手法。这种反讽手法首先体现在各个章节的过渡上。《神圣家族》的章节安排以“批判的批判”（即布鲁诺·鲍威尔及其伙伴）与群众的关系为线索展开，展示了“批判的批判”把群众视为自己的对立面，把自己视为历史创造者的滑稽观点。群众在历史中的地位问题涉及的是如何理解人类社会历史的发展演变及其依靠力量，是一个至关重要的理论问题。为了突出群众历史地位问题的重要性，同时也是为了突出布鲁诺·鲍威尔的思辨哲学对这个问题的歪曲，马克思参照思辨唯心主义一贯使用的概念自我发展的逻辑进程，通过反讽手法建构了“批判的批判”自我发展的过程，以此揭露青年黑格尔派所信奉的思辨哲学的荒诞。大体说来，《神圣家族》中批判家（“批判的批判”的化身）和群众的关系经历了以下几个环节：

（1）批判家“下凡”到群众中间。《文学总汇报》上赖哈特的《关于赤贫化的论文》和法赫尔的《英国的迫切问题》表明，一贯研究意识哲学的批判家开始“下凡”（恩格斯语）到群众中间，研究群众的事情。

（2）批判家与群众的个别对立。荣格尼茨评判瑙威尔克和哲学系之间的斗争、埃德加对蒲鲁东《什么是财产?》的评介、塞利加对欧仁·苏的《巴黎的秘密》的批判表明了批判家一贯的思维绝技:用思辨的逻辑掩盖真实的历史。

（3）批判家与群众的绝对对立。马克思的《论犹太人问题》发表以后，鲍威尔在《文学总汇报》上发表三篇文章为《犹太人问题》辩护，其中第三篇《目前什么是批判的对象?》既回应了马克思的《论犹太人问题》，又阐述了“纯粹批判哲学”的纲领。鲍威尔认为群众是精神的对立物，是精神发展的敌人，必须把群众作为批判的对象。马克思则针锋相对地提出“群众史观”。

（4）群众承认与批判家的对立。《文学总汇报》精心选登了一些读者的来信，这些读者群众普遍认为批判家与自己认识世界的方式不同；其中，刊登于第 6 期上的匿名来信非常符合批判家心意地承认，批判家与自己的不同在于：他是自己的本质和自己本质的扬弃。

(5)批判家成为救世主。批判家把《巴黎的秘密》中周游世界、惩恶扬善的鲁道夫视为正义的化身和救世主。马克思则通过小说中人物的命运说明了鲁道夫的伪善和荒唐。

2.《文学总汇报》是"以漫画形式再现出来的思辨"

在《神圣家族》的序言中,马克思提出:"在鲍威尔的批判中,我们所反对的正是以漫画形式再现出来的思辨。我们认为这种思辨是基督教日耳曼原则的最完备的表现,这种原则通过把'批判'本身变为某种超验的力量来作自己的最后一次尝试。"①马克思把鲍威尔的批判视为以"漫画形式"再现出来的思辨。这就不能不引发我们进一步追问,"思辨哲学"有什么特点?鲍威尔的批判哲学何以是其"漫画形式"?

首先,就本质特征而言,思辨哲学关注的是知识自己组织为整体的运动。在《精神现象学》中,黑格尔曾经指出:"正是这些知识因素自己组织为整体的那种运动,就是逻辑学或思辨哲学。"②不难发现,黑格尔所谓的思辨是一种"知识因素自己组织为整体"的运动。要想理解黑格尔所说的"自己组织为整体的运动",必须回到黑格尔的方法论。在黑格尔的方法论中,存在着这样三个相互联系的环节:"逻辑思想就形式而论有三方面:(a)抽象的或知性的方面,(b)辩证的或否定的理性的方面,(c)思辨的或肯定理性的方面。"③知性是黑格尔方法的起点,知性的功能在于判断,所有的判断都是关于某一方面性质特点的判断,它总是对具有丰富属性的对象的一种抽象,而无法穷尽对象的

---

① 《马克思恩格斯文集》第1卷,人民出版社2009年版,第253页。

② [德]黑格尔:《精神现象学》,贺麟、王玖兴译,商务印书馆1979年版,第24页。邓晓芒的句读译本为:"它们在这种元素中自组织(sich organisiert)为一个整体的运动,就是逻辑学,或思辨(speculative)哲学。"参见[德]黑格尔:《精神现象学》,邓晓芒译,人民出版社2017年版,第24页。贺、王译本和邓译本都突出强调了"思辨哲学"是知识因素"自我组织"为整体的运动,这也是"思辨哲学"最重要的特征。

③ [德]黑格尔:《逻辑学》,梁志学译,人民出版社2002年版,第151—152页。

全部属性,因此它总是会受到理性思维的怀疑和挑战。在黑格尔的语境中,对知性做出的判断提出怀疑论的挑战,这是理性的辩证的或否定的方面。理性的另一方面是思辨或肯定的方面,它把上述对立作为知识自身的运动的一个环节包容在自身之内。如黑格尔所言:"抽象知性思维很少是固定的、终极的东西,以致它倒证明自己是它自身的不断扬弃,是它向它的对立面的转化,与此相反,理性东西本身恰恰在于把对立双方作为观念性环节包含到自身之内。"①黑格尔哲学的思辨方法,就是一个由"知性""辩证的否定的理性"和"思辨的肯定的理性"构成的三一体。按照思辨的方法,知性给出一定的知识断言;理性由于其超越性的本性总是试图超出特定的知识断言,使其陷入"二律背反";最后,"思辨的肯定的理性"把前两个环节的对立"作为观念性环节"包含在自身之内,由此得出一个新的知识断言,它会再次受到"辩证的或否定的理性"的挑战。如此往复,概念经历一系列的自我否定的辩证环节,最终在思辨的肯定性环节中经历自身的整个生命历程,达到"绝对知识"。在这整个过程中,"知识因素"把自己组织为整体,它所关注的是知识因素的自我组织。也就是说,黑格尔的思辨哲学仅仅关注概念自身的发展历程,现实历史的发展进程在黑格尔看来只是概念发展历程的脚注,处于次要的地位。思辨哲学所揭示的概念运动过程与现实的生活过程是脱离的。正如"思辨"这个词本身就具有脱离实际的含义一样,思辨哲学关注的仅仅是概念的自我运动,而非现实的生活过程。

其次,就定性上看,鲍威尔哲学之所以是"以漫画形式再现出来的德国思辨",是因为它片面地抓住了黑格尔哲学中的"自我意识"这一个方面。"漫画"本意是指一种片面夸大事物某一特征的创作手法。例如,我们常见的政治人物漫画一方面能够让我们看到该政治人物的典型特征,另一方面又让人啼笑皆非。"漫画"就是通过夸张一个事物的某一方面特征而达到想要的艺

① [德]黑格尔:《逻辑学》,梁志学译,人民出版社2002年版,第162页。

术效果。《神圣家族》使用的这个词来自《文学总汇报》,是埃德加·鲍威尔对帕尔佐夫女士的评价:“每当《葛德薇城堡》的作者想要刻画完全自然或完全坏的人物时,她此时所完成的只是漫画。”①埃德加用“漫画”这个词来说明帕尔佐夫女士的小说中的人物形象,这无疑是一种批评,亦即帕尔佐夫女士没有刻画出一个真实饱满的人物形象,都是在夸张人物某一个特征,这样创作出来的人物是一些干瘪的、脸谱化的、不真实的人物。马克思和恩格斯也是在这一含义上谈论鲍威尔哲学与德国思辨之间的关系的。鲍威尔的自我意识哲学之所以是德国思辨哲学的一幅漫画,原因也正在于他仅仅抓住了黑格尔体系中的一个方面并无限夸大,最终把黑格尔哲学扭曲到滑稽可笑的地步。马克思在《神圣家族》中指出:“施特劳斯和鲍威尔之间关于实体和自我意识的论争,是一场在黑格尔的思辨范围之内进行的论争。在黑格尔的体系中有三个要素:斯宾诺莎的实体,费希特的自我意识以及前两个要素在黑格尔那里的必然充满矛盾的统一,即绝对精神。第一个要素是形而上学地改了装的、同人分离的自然。第二个要素是形而上学地改了装的、同自然分离的精神。第三个要素是形而上学地改了装的以上两个要素的统一,即现实的人和现实的人类。”②马克思在这里点明了,布鲁诺·鲍威尔哲学之所以是以漫画形式再现出来的黑格尔思辨,这一切根源于他只是抓住了黑格尔体系中的“自我意识”这一个方面,并把“自我意识”夸大为一种超验的、创造历史的力量。如《神圣家族》的序言中所说的:“我们认为这种思辨是基督教日耳曼原则的最完备的表现,这种原则通过把‘批判’本身变为某种超验的力量来作自己的最后一次尝试。”③

再次,就具体表现看,鲍威尔哲学是“以漫画形式再现出来的思辨”,具体

① Edgar Bauer,“Die Romane der Verfasserin von Godwie Castle”,in *Allgemeine Literatur-Zeitung*,hrsg.von Bruno Bauer,Charlottenburg:Verlag von Egbert Bauer,Jan.1844(Nr.2),S.35.

② 《马克思恩格斯文集》第1卷,人民出版社2009年版,第341—342页。

③ 《马克思恩格斯文集》第1卷,人民出版社2009年版,第253页。

表现在两个方面。首先表现在他的“自我意识”概念是同自然相分离的人的漫画,不是现实的个人。在《神圣家族》中,马克思指出:“在鲍威尔那里,自我意识也是提高到自我意识水平的实体,或者说,是作为实体的自我意识,自我意识从人的属性变成了独立的主体。这是一幅讽刺人同自然分离的形而上学的神学漫画。”①黑格尔把人抽象为一定的思想观念,鲍威尔同样学到了这一技巧,把人抽象为自我意识。鲍威尔本意是要借助于自我意识的发展描述真实的人类历史,但是他描述的只是自己头脑中的人,“人的一切特性就这样秘密地变成了想象的‘无限的自我意识’的特性”②。如马克思所言:“批判的批判的主要秘密之一,就是‘观点’和用观点来评判观点。在它的眼中,每一个人跟每一种精神产品一样,都变成了观点。”③鲍威尔片面地发展了黑格尔哲学中自我意识的方面,最终他所描述的人是脱离自然的人,这种人不是真实的人,而是一种漫画化的人。其次表现在精神和群众的关系是黑格尔历史观的漫画式的完成。马克思指出:“布鲁诺先生所发现的‘精神’和‘群众’的关系,事实上不过是黑格尔历史观的批判的漫画式的完成,而黑格尔的历史观又不过是关于精神和物质、上帝和世界相对立的基督教日耳曼教条的思辨表现。”④由于布鲁诺·鲍威尔仅仅抓住了黑格尔哲学中的自我意识这个要素,“在一切领域中都贯彻自己同实体的对立,贯彻他的自我意识的哲学或精神的哲学”,因此“鲍威尔先生把整个其余世界都当做顽固不化的群众和物质加以摒弃”⑤。如此一来,推动历史向前发展的,就不是现实的个体的人,而是一定的思想观念。历史的发展成了一个与人相脱离的过程。

---

① 《马克思恩格斯文集》第1卷,人民出版社2009年版,第340页。注:“这是一幅讽刺人同自然分离的形而上学的神学漫画。”原文为“Es ist die metaphysisch-theologische Karikatur des Menschen in seiner Trennung von der Natur”,可直译为“它是同自然相分离的人的形而上学的—神学的漫画”。

② 《马克思恩格斯文集》第1卷,人民出版社2009年版,第340页。

③ 《马克思恩格斯文集》第1卷,人民出版社2009年版,第356页。

④ 《马克思恩格斯文集》第1卷,人民出版社2009年版,第291页。

⑤ 《马克思恩格斯文集》第1卷,人民出版社2009年版,第345页。

最后,就理论后果看,鲍威尔的"以漫画形式再现出来的德国思辨"是一种庸俗的、毫无内容的哲学思辨。关于其庸俗性,马克思是这样说的:"人为了历史能存在而存在,而历史则为了真理的论据能存在而存在。在这种批判的庸俗化的形式中重复着思辨的英明:人所以存在,历史所以存在,是为了使真理达到自我意识。"①在鲍威尔看来,普遍的自我意识是历史发展的最终真理,历史是这个真理不断自我实现的历史。真理是主体,人类个体只是真理的追随者。在《文学总汇报》第一期中,鲍威尔提出:"只有当人们依靠真理的论据始终追随真理的时候,……人们才完全地掌握了真理。"②不是人推动真理发展,而是真理引导着人前进。真理不再是被人发现和证明的,它是"一台自己证明自己的自动机器。人应该追随真理"③。思辨唯心主义把真理和历史设想为主体,从而不再关注历史活动中的真实主体:"因为'真理'和历史一样,是超凡脱俗的、脱离物质群众的主体,所以,它不是面向经验的人,而是面向'心灵的深处',为了'真正被认识',真理不去接触住在英国地下室深层或法国高高的屋顶阁楼里的人的粗糙的躯体,而是'完完全全'在人的唯心主义的肠道中'蠕动'"。④ 思辨哲学最终退回到人的心灵内部,不关注外在世界的如何发展变化,陷入了一种"犬儒主义"。

与黑格尔的思辨有丰富的历史作支撑不同,鲍威尔的批判从真实的人类历史中彻底抽象出来,没有任何现实的内容。正如马克思所说的:

> "不言而喻,如果说黑格尔的《现象学》尽管有其思辨的原罪,但还是在许多方面提供了真实地评述人的关系的要素,那么鲍威尔先生及其伙伴却相反,他们只是提供了一幅毫无内容的漫画,这幅漫画只是满足于从某种精神产物中或从现实的关系和运动中撷取一种规

① 《马克思恩格斯文集》第1卷,人民出版社2009年版,第284页。
② 《马克思恩格斯文集》第1卷,人民出版社2009年版,第283页。
③ 《马克思恩格斯文集》第1卷,人民出版社2009年版,第283页。
④ 《马克思恩格斯文集》第1卷,人民出版社2009年版,第285—286页。

定性，把这种规定性变为思想规定性，变为范畴，并用这个范畴充当产物、关系或运动的观点，以便能够以老成练达的姿态、扬扬得意的神气从抽象概念、普遍范畴、普遍自我意识的观点，傲然睨视这种规定性。”①

关于黑格尔的思辨哲学“在许多方面提供了真实地评述了人的关系的要素”，马克思和恩格斯又把黑格尔哲学的这一特征称为“实证唯心主义”，黑格尔虽然描绘的是精神的发展史，但是这个发展史是有实际的历史过程作支撑的。他们在《德意志意识形态》中指出：“黑格尔完成了实证唯心主义。在他看来，不仅整个物质世界变成了思想世界，而且整个历史变成了思想的历史。它并不满足于记述思想中的东西，他还试图描绘它们的生产活动。”②与黑格尔相反，鲍威尔则仅仅满足于从某种精神产物或现实关系中提取出一种规定性，然后把它变为“范畴”，以便自己能够从“普遍自我意识”的高度俯视和批判这种规定性。

马克思把鲍威尔哲学视为“漫画”的评判与把其视为“胡说”的含义是一致的。在《神圣家族》的序言中，马克思也指出：“在该报中鲍威尔的批判，从而整个德国思辨的胡说达到了顶点。”③马克思在《神圣家族》正文中再次指明了这里所谓的“胡说(Unsinn)”的真实含义：批判从未“脱离无对象的孤独状态而同某种现实的对象发生真正的社会关系，因为它的对象不过是它的想像的对象，是想像中的对象……从‘它把自己同一切隔绝开’这一个意义上来说，它同样正确地确定了自己的抽象的性质——作为绝对抽象的抽象的性质；而正是这种同一切、同一切思维、直观等等相隔绝的无，才是绝对的胡说。然而，这种和一切隔绝、和一切脱离的孤独并不能摆脱自己从中脱离出来的对

① 《马克思恩格斯文集》第1卷，人民出版社2009年版，第358—359页。
② 《马克思恩格斯文集》第1卷，人民出版社2009年版，第510页脚注。
③ 《马克思恩格斯文集》第1卷，人民出版社2009年版，第253页。

象,正像奥力金不能摆脱从他身上脱离的生殖器一样”①。不难发现,正如“胡说(Unsinn)”一词本身的组成要素(Un-Sinn)所标示的,马克思所说的“胡说”含义为“脱离—感官”或“不合—道理”,即与一切感官能够感知到的真实对象相脱离,完全在自己的头脑中空转。

3.《文学总汇报》的批判是同义反复的“批判的批判”

在《神圣家族》中,马克思和恩格斯把《文学总汇报》的批判称为“纯粹的批判”或“批判的批判”。这一称呼来自鲍威尔本人的说法,他说自己的批判是“完全纯粹的、完全决定性的、完全批判的批判”②。需要进一步追问的是,这一名称的含义是什么呢?

在《文学总汇报》中,鲍威尔把自己的哲学称作“纯粹的批判”。如我们上文指出的,所谓“纯粹的批判”就是打倒一切,证明一切客观的、超越性的东西都只不过是“自我意识”的创造物。经历“纯粹批判”的烈火之后,最后只剩下“自我意识”这个普遍者。用鲍威尔的原话说,纯粹批判就是“不提供任何独立的东西”的批判,在自我意识之外没有任何独立的东西,只有自我意识才是真正普遍的。在这一点上,马克思对鲍威尔哲学的诊断是极其精准的:“鲍威尔先生在一切领域中都贯彻自己同实体的对立,贯彻他的自我意识的哲学或精神的哲学,因此他在一切领域就不得不只同他自己头脑中的幻想打交道。批判是他手中的工具,他用这个工具把在无限的自我意识之外还维持着有限的物质存在的一切,都归入单纯的假象和纯粹的思想。”③如马克思和恩格斯后来在《德意志意识形态》中说的,在青年黑格尔派手里,“世界在越来越大的规模内被圣化了”④。鲍威尔把“普遍自我意识”之外的一切都归为“迷信”,

---

① 《马克思恩格斯全集》第2卷,人民出版社1957年版,第202页。
② 《马克思恩格斯文集》第1卷,人民出版社2009年版,第111页脚注。
③ 《马克思恩格斯文集》第1卷,人民出版社2009年版,第345页。
④ 《马克思恩格斯文集》第1卷,人民出版社2009年版,第515页。

圣麦克斯则更进一步把“普遍自我意识”也视为一尊压制“唯一者”的新神。

在马克思和恩格斯的称谓与鲍威尔本人的表述中，虽然都使用了“批判的批判”和“纯粹的批判”。但是，在使用习惯上还是有所不同。马克思和恩格斯更常用的是“批判的批判”，鲍威尔本人则更多使用“纯粹的批判”。表面上看起来，“批判的批判”和“纯粹的批判”是完全不同的，而且“批判的”也不如“纯粹的”那般高端，那般富有哲学味。那么，马克思和恩格斯是不是在名称上故意贬低鲍威尔哲学呢？并非如此。实际上，深入《神圣家族》的文本，我们很容易发现，马克思和恩格斯对“纯粹的批判”的理解是很精准的，他们更倾向于用“批判的批判”来表述鲍威尔哲学也是很贴切的，即他们突出的是这种哲学是一种同义反复，只是在与自己作战，在与自己头脑中的思想观念作战。马克思和恩格斯把鲍威尔的批判称为“批判的批判”是一种讽刺手法。就构词上来说，“批判的批判”是一个同义反复的词组，用“批判”的形容词修饰“批判”的名词。马克思用“批判的批判”来称谓鲍威尔的批判哲学，正是意在讽刺鲍威尔的批判是一种同语反复的文字游戏。把布鲁诺·鲍威尔的“纯粹批判”称作“批判的批判”，是为了突出团结在鲍威尔周围的这些《文学总汇报》撰稿人从事的是一种同义反复的、毫无内容的空洞理论批判。马克思曾经明确指出过，《文学总汇报》上的很多观点“其实只是一种词句上的同义反复”①。这种同义反复的批判不仅没有像它自身宣称那样“创造一切”，反倒是“没有贡献出语言学、历史学、哲学、政治经济学和法学方面的全新的发现。”②

恩格斯也有相同的认识。他在《神圣家族》第二章说道：“自满自足、自圆其说和自成一家的批判当然不会承认历史的真实的发展，因为这无异于承认卑贱的群众的全部群众的群众性，而事实上这里所涉及的正是要使群众摆脱这种群众性。”③在这里，恩格斯给鲍威尔的批判加上了如下修饰词：“自满自

① 《马克思恩格斯全集》第 2 卷，人民出版社 1957 年版，第 195 页。

② 《马克思恩格斯全集》第 2 卷，人民出版社 1957 年版，第 21、200 页。

③ 《马克思恩格斯全集》第 2 卷，人民出版社 1957 年版，第 13 页。

足”(sich selbst genügt)、“自圆其说”(in sich vollendet)和“自成一家”(in sich abgeschloßen)。参照德语原文来看,这三个修饰词的中文翻译并不贴切。更确切地说,“自满自足”的意思是“自足”,“自圆其说”的意思是“在自身中发展完善”,“自成一家”的意思是“封闭在自身之中”。恩格斯无疑把握住了纯粹批判的根本特征,所谓“自足”就是不依赖于任何前提,仅仅在自身之中就能够发展完善,从而是完全封闭在自身之中,与外在对象是隔绝的。这与马克思的看法是一致的,“批判高踞于抽象的孤独这个宝座上,甚至当它似乎在研究某种对象时,它实际上也并未脱离无对象的孤独状态而同某种现实的对象发生真正的社会关系,因为它的对象不过是它的想象的对象,是想象中的对象”,以及“批判的批判……认为它本身之外不存在任何内容”①。这些都直指鲍威尔“纯粹的批判”最本质的特征,它只是在用一个思想观念克服另一个思想观念,是思想内部的革命。

附录:《神圣家族》与《文学总汇报》之间的对应关系

《神圣家族》的章节	《文学总汇报》的篇目
弗·恩格斯和卡·马克思合著,《神圣家族,或对批判的批判所做的批判。驳布鲁诺·鲍威尔及其伙伴》。1845 年出版。	布鲁诺·鲍威尔主办,《文学总汇报》(月刊)。1843 年 12 月—1844 年 10 月,分 12 期出版,其中第 11、12 期为合订本。
序言	
第一章　以订书匠的姿态出现的批判的批判或赖哈特先生所体现的批判的批判(恩格斯)	《关于赤贫化的论文》(赖哈特),第一期第 17—29 页;第二期第 1—23 页。
第二章　体现为“Mühleigner”的批判的批判或茹尔·法赫尔先生所体现的批判的批判(恩格斯)	《英国的迫切问题》(茹尔·法赫尔),第七期第 1—8 页;第八期第 28—38 页。
第三章　“批判的批判的彻底性”或荣(荣格尼茨?)先生所体现的批判的批判(恩格斯)	《瑙威尔克先生和哲学系》(E.J.著),第六期第 17—20 页。
第四章　体现为认识的宁静的批判的批判或埃德加先生所体现的批判的批判	

① 《马克思恩格斯全集》第 2 卷,人民出版社 1957 年版,第 202、203 页。

续表

《神圣家族》的章节	《文学总汇报》的篇目
(1)弗洛拉·特莉斯坦的“工人联合会”(恩格斯)	《〈工人联合会〉弗洛拉·特莉斯坦女士著》,第五期第18—23页。
(2)贝罗论娼妓问题(恩格斯)	《贝罗论娼妓》,第五期第25—35页。
(3)爱情(马克思)	《“葛德薇城堡”作者的小说》,第二期第30—38页。①
(4)蒲鲁东(马克思)	《蒲鲁东》,第五期第37—52页。
第五章 贩卖秘密的商人所体现的批判的批判或塞利加先生所体现的批判的批判(马克思)	《欧仁·苏:〈巴黎的秘密〉。塞利加的批判》,第七期第8—48页。
(1)“文明中的野蛮的秘密”和“国家中的无法纪的秘密”	“文明中的野蛮的秘密”,第10—13页。“国家中的无法纪的秘密”,第13—16页。
(2)思辨结构的秘密	
(3)“有教养的社会的秘密”	“有教养的社会的秘密”,第16—20页。
(4)“正直和虔敬的秘密”	“正直和虔敬的秘密”,第20—23页。
(5)“秘密—讥讽”②	“秘密,讥讽”,第23—25页。
(6)“斑鸠”(丽果莱特)	“笑面虎”,第25—27页。
(7)“巴黎的秘密”的世界秩序	“巴黎的秘密的普遍世界秩序”,第27—30页。
第六章 绝对的批判的批判或布鲁诺先生所体现的批判的批判	
(1)绝对批判的第一次征讨(马克思)	
(a)“精神”和“群众”	《评讨论犹太人问题的最新论文》,第一期第1—17页。
(b)犹太人问题,第一号。问题的提法	
(c)辛利克斯,第一号。关于政治、社会主义和哲学的神秘暗示	《辛利克斯〈政治讲演录·第一卷〉》,第一期第29—31页。

① 《葛德薇城堡》(“Godwie-Castle”)为德国女作家Henriette Wach von Paalzow(1788—1847)在1838年匿名发表的3卷本小说。她之后以“葛德薇城堡的作者”蜚声文坛,在1839年、1843年和1844年还发表了《圣·浩奇》(“St. Roche”,3卷)、《托马斯·图尔瑙》(“Thomas Thurnau”,3卷)和《雅克布·范·德尔瑞斯》(“Jakob van der Rees”)。由于写作时间的缘故,埃德加在《文学总汇报》第2期(1844年1月)发表书评时没有读到第四部小说,他对前三部都有提及并做了引用。

② 马克思的原文是“Das Geheimnis ein Spott”,这也是塞利加的原文。在这里“秘密”是第一格的名词,“讥讽”是第一或四格名词,它们并列在一起,可以翻译为秘密变成了讥讽,或秘密是讥讽。

续表

《神圣家族》的章节	《文学总汇报》的篇目
(2)绝对批判的第二次征讨	
(a)辛利克斯,第二号。“批判”和“费尔巴哈”。对哲学的谴责(恩格斯)	《辛利克斯〈政治讲演录·第二卷〉》,第五期第23—25页。
(b)犹太人问题,第二号。关于社会主义、法学和政治学(民族性)的批判的发现(马克思)	《评讨论犹太人问题的最新论文》,第四期第11—19页。
(3)绝对批判的第三次征讨(马克思)	《目前什么是批判的对象?》,第八期第18—26页。
第七章　批判的批判的通讯	“读者来信”,共有:第三期第6—21页采尔莱德来信;第四期第22—29页弗莱什汉默尔来信、第37—38页希采尔来信;第五期第11—15页希采尔来信;第六期第20—38页九封匿名来信、第49—50页采尔莱德来信。
(1)批判的群众(马克思)	四期均有涉及。
(2)“非批判的群众”和“批判的批判”	第六期匿名来信。
(3)非批判的批判的群众或“批判”和“柏林学社”(马克思)	第六期匿名来信。
第八章　批判的批判之周游世界和变服微行,或盖罗尔施坦公爵鲁道夫所体现的批判的批判(马克思)①	《欧仁·苏:〈巴黎的秘密〉。塞利加的批判》,第七期第8—48页。
(1)屠夫批判地变成了狗,或“刺客”	“操刀鬼”,第35—36页。
(2)揭露批判的宗教的秘密,或玛丽花	“玛丽花”,第43—47页。
(3)揭露法纪的秘密	“校长”,第36—37页。
(4)“观点”的被揭露了的秘密	“鲁道夫——一切秘密本身的被揭露了的秘密”,第33—35页。
(5)揭露利用人的欲望的秘密,或克雷门斯·达尔维尔	“达尔维尔侯爵夫人”,第41—42页。
(6)揭露妇女解放的秘密,或路易莎·莫莱尔	“路易莎·莫莱尔”,第39页。
(7)揭露政治经济的秘密	“模范农场”,第39—41页。
(8)鲁道夫,“一切秘密本身的被揭露了的秘密”	“穆尔弗”,第31—32页。
第九章　批判的末日的审判(马克思)	“希采尔来信”,第五期第15页。
历史的结语	

① 与第五章直接批判塞利加不同,这一章多为马克思对《巴黎的秘密》的情节的重构,以一种间接的方式批判塞利加和欧仁·苏。

第三章　恩格斯对思辨唯心主义的批判

在《神圣家族》公开出版的文字中，恩格斯完成了前三章和第四、第六、第八章中的各一个小节。由于恩格斯写作的内容不足《神圣家族》的十分之一（全书 22 印张，恩格斯完成 1.5 印张），而且恩格斯在书中所做的又多是一些就事论事的分析，并没有太强的理论性，唯一带有较强理论性的内容就是对费尔巴哈的评论，而这一小节又被认为是《神圣家族》存在“费尔巴哈崇拜”的最重要证据。因此，如何评价恩格斯的思想水平就成了一个突出的问题。实际上，恩格斯写作的内容完全与马克思完成的部分处于同一思想水平上。他深刻地指出了，理论批判不能把世界从贫困中解救出来、历史和社会事件的发展完全不是按照思辨的逻辑展开的、鲍威尔及其伙伴完全是在用黑格尔的范畴制造公式、费尔巴哈是黑格尔之后唯一做出贡献的理论家等，这些批判和评论完全不输马克思的相关认识。恩格斯之所以没有大篇幅地讨论这些问题，根本原因在于，他认为不值得花费太多精力来应对这些被他和马克思“严正鄙视”的理论家们。

一、批判家对现实历史的无知

在《神圣家族》的前三章，恩格斯对思辨唯心主义的批判主要集中于批判鲍威尔及其伙伴无法理解现实的历史，更不能解决现实问题。他们只懂得用一套外在的概念框架来剪裁历史事实，往往得出让人“捧腹”的结论。

（一）理论批判不能“把世界从贫困中解救出来”

1843 年，法学和哲学博士文尼格尔在柏林海尔梅斯出版社出版了《政论论文集：一、不断加深的贫困的原因》①。卡尔·赖哈特在《文学总汇报》第 1 期（1843 年 12 月）第 17—29 页和第 2 期（1844 年 1 月）第 1—22 页对文尼格尔博士的这本小册子做了评论。在本书中，我们将重点关注恩格斯和赖哈特所代表的两种思路的差异。因此，我们的关键问题在于，掌握赖哈特讨论贫困问题的基本思路和观点，并理解恩格斯批判他的原因。

1. 赖哈特对文尼格尔的批判

文尼格尔先生是如何研究贫困问题的，我们可以从赖哈特转引的这段文字中看出端倪。在《政论论文集》中，文尼格尔博士有以下说法：“贫穷（Armut）的根源在于现代的总体状况：生活总是处在与家庭、国家和民族的各种复杂关系中，这种生活产生了贫困（Pauperismus）；在根据和方向上差别很大的现代趋势是它的成因。”②这段文字透露出，文尼格尔把贫困问题视为现代生活状况的结果。

在《文学总汇报》第 1 期上，卡尔·赖哈特重点关注的是《政论论文集》的

---

① Wöniger, *Publizistische Abhandlung*: 1. *Die Gründe des wachsenden Pauperismus*, Berlin bei Hermes, 1843.

② Karl Reichardt, "Schriften über den Pauperismus", in *Allgemeine Literatur-Zeitung*, hrsg. von Bruno Bauer, Charlottenburg: Verlag von Egbert Bauer, Dez. 1843 (Nr. 1), S. 28.

时代背景和该书的导论部分，他指责文尼格尔有关贫困问题的讨论“不够详尽和精确”①，没有深入到问题本身中去研究贫困问题的成因和解决出路。赖哈特说：“文尼格尔先生的论文过多地偏离了他的预定目标，他非常喜欢使用‘深究实事’以穷根问底这样的说法，不过这些引文还是很不明确，以至于读者在他的著作包含的一切美好反思中所能找到的只是抽象，只是特意要与那个确定的对象相隔绝。”②在《文学总汇报》第 2 期上，赖哈特还指责文尼格尔先生犯了自相矛盾的错误，即《政论论文集》本来是研究贫困问题的，这是一个激进理论家才会关心的话题，但是文尼格尔却反对激进主义者。赖哈特说，尽管文尼格尔先生的论文自相矛盾、乏善可陈，但是文尼格尔讨论的问题却具有重大意义，因为贫困是当前时代不得不面对的问题。“对我而言，一种巨大的兴趣从他的论文的标题中产生出来，因为这些标题触动了一个对象，在现时代，这个对象有权利要求有教养的世界关注它。”③尽管贫困问题是时代的重大问题，但是德国的理论家却很少关注这一问题：“在这个领域，德国文学和人民的最大多数一样贫穷。”④这更加凸显了现在研究这一问题的价值。

赖哈特批判文尼格尔讨论贫困问题的论文，他自己的目的是什么呢？赖哈特指出：

> “我希望每一个人都拥有最全面的自由，我希望每一个人关于他自己选作讨论对象的那些事情的思想能够服务于公众。而批判有自己的确定法则，即批评一个不以任何自主观点做基础的想法，——这样的想法讹误太多，以至于它一般而言只能适合作为想法。举个

① ［法］科尔纽：《马克思恩格斯传》第二卷，樊集译，生活 · 读书 · 新知三联书店 1965 年版，第 312 页。

② Karl Reichardt, “Schriften über den Pauperismus”, in *Allgemeine Literatur-Zeitung*, hrsg. von Bruno Bauer, Charlottenburg: Verlag von Egbert Bauer, Dez.1843 (Nr.1), S.25.

③ Karl Reichardt, “Schriften über den Pauperismus”, in *Allgemeine Literatur-Zeitung*, hrsg. von Bruno Bauer, Charlottenburg: Verlag von Egbert Bauer, Jan.1844 (Nr.2), S.1-2.

④ Karl Reichardt, “Schriften über den Pauperismus”, in *Allgemeine Literatur-Zeitung*, hrsg. von Bruno Bauer, Charlottenburg: Verlag von Egbert Bauer, Jan.1844 (Nr.2), S.2.

例子,如果我想说,困境只是一个规定:——人、民族和国家能够遭遇的一切不幸情形都只是天意的一种规定:那么,这是充斥讹误的,因为如此一来,日历中所有有名字的帝国最终都有可能会被愚弄,因为这些帝国必然会把他们的占有物视为天国对它的虔诚的恩典。"①

赖哈特的追求与一般的理论家并没有不同,他也是希望"每一个人都能拥有最全面的自由",他也想使自己的思想能够服务于公众。只不过他达成这一目标是有方法论规范的,他要按照"批判的法则"行事。所谓"批判的法则",就是对不以自主观点做基础的想法进行批判。什么样的想法是不以自主观点做基础的呢?赖哈特举了个例子,如果把一个民族或一个国家所遭遇的不幸都视为天意的规定,这就是缺少自主观点做基础想法,就是纯粹的讹误。与这种想法不同,那些从现实性中提取出来的观点才是自主的观点。赖哈特研究贫困问题,就是要对那些缺少现实根据的想法进行批判,提取出具有自主性的观点。

在整篇文章的最后一部分,赖哈特系统地总结了他本人的观点:

"有一个阶级所拥有的只是理性行动的意志,这个阶级生活于其中的关系或多或少使得这种意志的执行受到了限制或者变得无法执行了。在这种情况下,它只有获得救助,才能够为自己的物质福利而行动。因此,除了从物质的立场上(这个阶级早就具有物质的立场)把握这个阶级遭遇的所有变迁,批判家没有什么再必须做的了。在这里,批判家发现,在行动中每一种人格自由都是受限制的。除了君主和国君,没有人能够做他想要做的事。这就是教育(Erziehung),它指定了人在市民社会中的地位,指定了人在政治和宗教中必须相信的,在这里,每一种人格自由都被一种形式(这里说的形式可能是一种习俗形式,也可能是一种法律的形式)限制了。

① Karl Reichardt,"Schriften über den Pauperismus",in *Allgemeine Literatur-Zeitung*,hrsg.von Bruno Bauer,Charlottenburg:Verlag von Egbert Bauer,Jan.1844(Nr.2),S.2.

在这里必须研究，人在多大程度上允许享有行动的自由；使用这种自由时，哪些手段是禁止的，他通过这种手段能否以一种有尊严的方式实现他自己的幸福和普遍的幸福。"①

赖哈特的观点很明确，如果人的"意志自由"受到限制，他就不能为自己的"物质福利"行动，最终只能陷入赤贫。在赖哈特这里，"意志自由"不仅是"为物质福利而行动"的必要条件，而且从物质立场上的变迁直接能够看出人的"意志自由"的状况。但是一直以来，人们是不享有"人格自由"或"意志自由"的。这首先是由教育造成的。人们所受的教育已经预先规定了人们的社会地位，"指定了人在市民社会中的地位，指定了人在政治和宗教中必须相信的"，这种教育培养出来的人，是不具有人格自由的，也不能够为自己的物质利益而行动。"在那些教育机构中，教授给人们的是那些权威人士的利益"，②人们已经被教育得服从整个社会结构，为统治阶层物质利益行动。

赖哈特还批判了政治经济学的缺点：

"新的国家经济学说的巨大缺点几年之后便将为人们所揭露，但不是为那些现在便已是穷人的穷人所揭露，而是为一切现在正为自己的生产性的生存而斗争并且必然将成为横暴行为和卑鄙行为牺牲品的人所揭露。……拥有尘世幸福护身符的人，将推翻群众中的小商贩、工厂主、庄园主、手工业者和资本家，其目的是为了最终能够成为主人，并以自己奴隶的不幸为乐。"③

政治经济学的所有体系的结果都是把劳动者变成富有者的奴隶，并不会

① Karl Reichardt, "Schriften über den Pauperismus", in *Allgemeine Literatur-Zeitung*, hrsg. von Bruno Bauer, Charlottenburg: Verlag von Egbert Bauer, Jan. 1844 (Nr. 2), S. 19.

② Karl Reichardt, "Schriften über den Pauperismus", in *Allgemeine Literatur-Zeitung*, hrsg. von Bruno Bauer, Charlottenburg: Verlag von Egbert Bauer, Jan. 1844 (Nr. 2), S. 20.

③ Karl Reichardt, "Schriften über den Pauperismus", in *Allgemeine Literatur-Zeitung*, hrsg. von Bruno Bauer, Charlottenburg: Verlag von Egbert Bauer, Jan. 1844 (Nr. 2), S. 22. [法]科尔纽：《马克思恩格斯传》第二卷，樊集译，生活·读书·新知三联书店 1965 年版，第 312 页。

真正改善劳动者的赤贫状态。

赖哈特虽然指出过去的教育和政治经济学无法消除贫困，只能增加贫困，但是正如科尔纽指出的，赖哈特"在自己的批判中满足于尽可能遏止贫困不断增长这种虔诚的愿望"①。在文章的最后，赖哈特说道：

> "如果我们坦率地、公开地说出这种观点，那么不应该责备我们的恶意，因为我们自己无法反对历史原则的权威，尽管可以采取措施，使每个有才能的公民能够按照荣誉的原则养活自己和自己的家庭。我们要用我们的政治信念的第一条原则来结束这一章，这就是：'凡是人们充分享受到快乐的地方，那里的人就不应当因饥饿和贫困而受苦和死亡。'"②

最后这段文字鲜明地反映了赖哈特本人在面对贫困问题时的无力。他只能给穷苦人灌一剂"应然"的鸡汤，在"实然"上如何能够做到不因饥饿和贫困而受苦和死亡，他完全无计可施。甚至于在赖哈特看来，部分人陷入贫困是不可阻挡的历史法权，我们所能做的，只能是尽可能阻止贫困的蔓延，限制贫困的增长。

2. 恩格斯对赖哈特的批判

就文章的内容上来看，恩格斯指出赖哈特的文章"是不可理解的"，恩格斯批评赖哈特"胡言乱语，用外国话批判地胡言乱语"。在《神圣家族》第一章，恩格斯从赖哈特的文章中提炼出很多"不可理解"的观点。经过比对，我们发现这些观点并不是直接从赖哈特的文章中摘录出来的，而是恩格斯为了突出赖哈特的"不可理解"而总结提炼出来。尽管如此，这并不意味着恩格斯

---

① ［法］科尔纽：《马克思恩格斯传》第二卷，樊集译，生活·读书·新知三联书店 1965 年版，第 312 页。

② Karl Reichardt, "Schriften über den Pauperismus", in *Allgemeine Literatur-Zeitung*, hrsg. von Bruno Bauer, Charlottenburg: Verlag von Egbert Bauer, Jan. 1844 (Nr. 2), S. 23.［法］科尔纽：《马克思恩格斯传》第二卷，樊集译，生活·读书·新知三联书店 1965 年版，第 313 页。

为了批判赖哈特在故意诋毁赖哈特,实际上,从我们上面引用的赖哈特的文字,就已经能够看出赖哈特的讨论确实让人难以理解。

就总体思路上来看,恩格斯指出赖哈特"思路本身的勇敢",他批判的同样是赖哈特的文章超出了普通人的理解能力,其所以如此,是赖哈特本身没有能力研究贫困问题。恩格斯从赖哈特的文章中选出一些词汇,"勃律盖曼先生""1843 年""国家学说""每个正直的人""我们的社会主义者的伟大的谦逊""自然的奇迹""应该向德国提出的要求""超自然的奇迹""亚伯拉罕""菲拉德尔菲亚""甘露""面包师"等等。不难发现,这些词汇之间完全不存在逻辑关系,跳跃性非常大,但是赖哈特在一篇文章中却处理了这么多联系松散的内容。这些词汇表明了,赖哈特作为一个批判的批判家没有能力处理群众面临的世俗问题,由于他自己本人就没有搞清楚这个问题,评论别人的相关文章只能隔靴搔痒,完全不着边际。

就思想方法上来看,恩格斯指出赖哈特"用能够透视混乱的有机力量来武装自己的双眼"。"用能够透视混乱的有机力量来武装自己的双眼",本来是文尼格尔文中的一句话,赖哈特引用了这句话,恩格斯又转引了这句话。在马克思和恩格斯批判鲍威尔及其伙伴的语境中,"用能够透视混乱的有机力量来武装自己的双眼"所针对的恰恰是,鲍威尔及其伙伴所共同使用的"思辨的结构"。恩格斯转引赖哈特文中的这句话,意在用它表明,赖哈特是用思辨哲学这一"有机力量"武装了自己的双眼,是用这种有机力量来审视世界的。批判的批判家由于"用有机力量"武装了自己的双眼,以自己特有的逻辑作为理解事实的框架,把本来清楚的事实说的云遮雾罩。

在《神圣家族》中,恩格斯强调:"它懂得,假如踏上文学家道路的主体没有足够的力量把这条路弄直,那这条路就必然还是弯曲的;所以它也就很自然地把'数学演算'强加在作家的头上了。"[①]这段话是对《文学总汇报》上赖哈

① 《马克思恩格斯全集》第 2 卷,人民出版社 1957 年版,第 12 页。

特文章的讽刺。在《文学总汇报》中，赖哈特写道："如果踏上文学道路的主体没有勇气把这条道路弄直，或者说，这个障碍超过了他的力量，那么文学道路由于这个原因将必然一直都是弯曲的。他的数学演算（mathematische Operationen）的结果集中于这一点：作家为了把现成的文学作品与他自己的创作结果相比较，必然会利用现成的文学作品。以这种方式在体系中至多能得到'大体的正确性'。引用的原始文献几乎都被现实生活中充满错误的研究破坏了，因为，正如文尼格尔说的，这些研究并不试图从世界体系中而是直接从其作用范围中破译人民贫困的问题。"①在这里，赖哈特所说的"数学演算"针对的是，文尼格尔利用了赖哈特眼中的"通俗化的表现方法"解决贫困问题。"数学演算"最大的特点就是程式化，它利用公式从一个定理一步步推理到下一个定理，步步逼近结论，每一步都符合形式逻辑的基本定律。恩格斯借用"数学演算"这个词强调的是，赖哈特的"批判的批判"只是在按照"数学演算"的步骤或者说是按照"思辨的结构"讨论文尼格尔的文章，并没有触及事情本身。

就对待群众的态度来看，恩格斯最后指出："批判的批判之所以变成群众，并不是为了本身要成为群众，而是为了使群众摆脱自己的群众的群众性，也就是说，要把群众的通俗化的表现方法提升为批判的批判所使用的批判的语言。"②赖哈特作为"神圣家族"的一员，作为"纯粹批判"的信奉者，他讨论文尼格尔的论文并不是真的关心群众生活中的贫困问题，只是想把文尼格尔的"通俗化的表现方法"提升为不通俗的思辨哲学的语言。对于他而言，只有站在思辨哲学的主场上从人民精神的变迁中才能认识贫困并消除贫困。恩格斯说，批判的批判家"不顾自己的身分用外国话胡言乱语，从而给自我意识大

---

① Karl Reichardt, "Schriften über den Pauperismus", in *Allgemeine Literatur-Zeitung*, hrsg. von Bruno Bauer, Charlottenburg: Verlag von Egbert Bauer, Dez.1843(Nr.1), S.28-29.

② 《马克思恩格斯全集》第2卷，人民出版社1957年版，第12页。

效其劳，同时用这种行动把世界从贫困中解救了出来”①。赖哈特在《文学总汇报》中写的文章根本不能解决贫困问题，他之所以用思辨哲学的语言讨论问题，只是因为他信奉鲍威尔的“自我意识哲学”，期待用理论批判推动群众的自我意识发展到普遍性，由此把世界从贫困中解救出来。

附录：《关于赤贫化的论文》（节选）

卡尔·赖哈特　著

在《文学报》12 月号上，我已经就文尼格尔先生的政论论文集《不断增长的贫困的原因》发表了一篇文章，那篇文章完全不能赞同文尼格尔先生处理最重要的时代问题的方法。

我已经批评了他，指出他作为哲学和法学的双博士，对于那些只要他的立场想要成为符合理智的他就必须不加怀疑的关键点（Punkte）并不清楚，而且同时他与自己对于民族特点和国家经济的观念也处于完全的对立之中。

现在的社会关系造成的结果是，讨论当前社会关系的语言变得开放和独特。而且如果每一个人在思想的清晰性和思想的启示中必须再次辨认出激进主义的特征，那么必须说，把贫困变成自己讨论的对象，恰恰是激进主义才能胜任的工作。我更加惊奇的是，文尼格尔先生作为研究人民困境（Volksnot）的政治学家在任何情况下都在谩骂激进的态度，而激进的态度却从来没有试图通过谩骂某一个党派而使自己成为有效的，尽管文尼格尔先生本不想变得激进，他还是因为自己的对象而必然变得激进了。但是，由于顾虑，明确的恐惧阻止了他在公开的演讲中发展那些贫乏的认识，这些认识使他不可能理解人民困境的原因。他在各种对立之中迷失了，他谴责

① 《马克思恩格斯全集》第 2 卷，人民出版社 1957 年版，第 13 页。

激进人士,想成为自由主义者,而且通过一种由各种原理构成的奇怪混合物在他个人(Person)内部确立起了缺乏原理(Prinziplosigkeit)的一种真正模型。

文尼格尔博士通过他作为政论家的行动拥有了一个确定的名字。但是,就对事情而言,在我看来都是一样的。对我而言,一种巨大的兴趣从他的论文的标题中产生出来,因为这些标题触动了一个对象,在现时代,这个对象有权利要求有教养的世界关注它。

在这一个分支上,德国文学与人民本身的最大多数一样贫乏。

有少数文学作品,我更多把它们视为讨论当前人民困境的残片。在这些作品中,我发现文尼格尔博士的著作是最适合以之为起点,并且在我进一步讨论时以引用的方式来利用的。

我希望每一个人都拥有最全面的自由,我希望每一个人关于他自己选作讨论对象的那些事情的思想能够服务于公众。而批判有自己的确定法则,即批评一个不以任何自主观点做基础的意见,——这样的意见讹误太多,以至于它一般而言只能被视为意见。举个例子,如果我想说,困境只是一个规定:——人、民族和国家能够遭遇的一切不幸情形都只是天意的一种规定:那么,这是充斥讹误的,因为如此一来,日历中所有有名字的帝国最终都有可能会被愚弄,因为这些帝国必然会把他们的占有物视为天国对它的虔诚的恩典。——与此相对,从现实性中提取出来的观点将在每一个思想警察(Gedankenpolizei)的眼睛底下发生,而且如果它们还不是完全正确的,利益会帮着提升。

……

再说一遍。——工商业阶层的青年人由于在制造生活资料方面的过分按部就班的活动而总是具有善良意志。但是,他们很快就明白了,人们不需要他们,如果他们想要活下去,就只有损害自己的竞争者才能做到这一点。同时,正如雇主对自己的从前的工人所要求的那样,他们必须经常做报酬很低的工作,工作收入用于养活他们自己和他们的家属。由于进行了许多年的这种强迫的替换,工人的价格定的很低,以致完全合乎规律地形成一个反对价格进一步降低的反对派。……

如果我在我的研究中超出了当前人民困境的原因,超出了小市民的局限性,那么我根本无意于把一种并非所有艺术家、每一个小商贩用其理智的工具制造出来的观点或政治想法视为例外的东西。因为每一个有理性的人都应该知道,他在世界上必须做什么,在事情的进程中(其中,他的幸福和苦痛每天都在上演)应该关注什么。

在我看来,尤其值得注意的是方法,即用科学面对人在国家关系中的地位,因为科学在面对人的受限制的定在和行动范围时为了人的意志和行动而给人提供了自由的领域。正如批判想要借助思辨这个如此不成熟的果实来把自身的思想现实化一样,就算不需要整整一代人通过思辨的精神才能把握住批判并变得完全依赖于批判,批判也是很难把握的。

这里说的那个阶级所拥有的只是理性行动的意志。这个阶级生活于其中的关系或多或少使得这种意志的执行受到了限制或者变得无法执行了。在这种情况下,它只有获得救助,才能够为自己的物质福利而行动。因此,除了从这个阶级早就具有的物质立场上把握这个阶级所遭遇的所有变迁,批判家没有什么再必须做的了。在这里,批判家发现,在行动中每一种人格自由都是受限制的。除了君主和国君,没有人能够做他想要做的事。这就是教育(Erziehung),它指定了人在市民社会中的地位,指定了人在政治和宗教中必须相信的,在这里,每一种人格自由都被一种形式(这里说的形式可能是一种习俗形式,也可能是一种法律的形式)限制了。在这里必须研究，人在多大程度上允许享有行动的自由；使用这种自由时，哪些手段是禁止的，他通过这种手段能否以一种有尊严的方式实现他自己的幸福和普遍的幸福。

这个问题被置于了一个这样的基础（Fundament）之上，在这个基础上，归咎于自身的（selbstverschuldet）贫困是绝不允许形成的。

我们如其所是的那样观察事情，而不是如其能够成为的那样来观察事情：这就是我们的批判和自由主义者的批判的区别。

对于我们而言，重要的是，理解如此重要的事业，因此，在敢于为有关人的尊严（Menschenwürde）的知识贡献些许力量之前，每一个认为整个人类的利益比沉湎于某一个人或某一个小集团的可怜的自私自利是更高贵的事业的人，让自己在自己内在的观念世界中孕育或塑造一种男性的成熟的理智，确实是明智的。

这种知识并不是从那些完成了对人性进行教育的机构中产生的，在那些机构中，一种健全的判断被遏制了。首先是经验，或者更好地说是贫困，能够产生一种自主的判断，同时把人变成他应该成为的东西。

在那些教育机构中，教授给人们的是那些权威人士的利益。假如这些学说足够受欢迎，我们也不会提出任何理由反对这种关注一切人的利益的学说，并会密切注意这种利益的产生。如果现在这种说教的方法遇到了责难，那么这种责难并不是针对从前的方法（那时人们除了知道这种学说好之外就不知道别的更好的学说了），而是针对现在的方法（现在人们已经能够知道，这种方法没有任何用处，因为它已经变成了纯粹的金钱学说）。

在美好的旧时代，我们的老师试图通过圣经语言和美德学说教化（bilden）我们。因为任何一个人如果不过度关注公共生活的利益，那么他都会把公共生活视为一种不恰当的侵害，整个公共生活已经有了忠诚的外貌。因此，我们在宗教中看到了一个约定的国家市民等级（Staatsbürgertum）的唯一的基础。我们已经看到，并非每一个人都能够拥有相同的能力行善作恶，但是我们也看到了，那些剥夺了我们的自决权的绝不属于那个被纯粹的物质的思辨变得糟糕的阶级：——我们看到了不完善的东西，然而一种人们相信可以用来预定普遍最美好事物的确定的坚固性并不会被看错。它统治信仰和信念的程度有多深，可以从中世纪的封建精神对它的容忍中看出来。

当新时代现在自告奋勇为了整体的存在而忙于物质利益时，人们此时倾向于相信，人民作为服从的部分总是遵守智慧的节制，正如人民过去总是坚守臣民的忠诚一样。有一种优越性能够毫无疑问让人民的物质幸福也成为文明（Civilization），假如这种优越性已经普遍地传播开了，假如文明和物质幸福不再是排斥的，假如社会的最低等级和最高等级的群体能够同样舒适地获得使人进步的教养（Bildung），这种情形也许会发生。

此外，还有一些基本原则（人们靠着它能够形成优越性）是适用的，而且这些基本原则已经被非常快地理解了。

思辨是人们从文明中抽出的第一个概念。正如我已经说的，因此思辨在德语中又被称作欺骗和诈骗。

当这个标准现在被当作原理确立起来的时候，人们还不能把思辨的概念现实化；人们设立这个原理是无意识的，没有认识到它的后果。假如人们是有意识这么做的，那么人们就会知道反对宗教，因为宗教向思辨的概念提供了最刺眼的对立面。

人们无意识地引入了这个原则，或者人们把这个原则当作必然的了，并且知道从这种必然性中制造一种美德。

……

金钱的价格过高了,以至于可以不顾及内在的灵魂安宁和永生的庄严气氛。因此,如果这一个或另一个新教徒的传教士没有钱就不想给孩子施洗礼,如果没有钱孩子也不会在天主教教堂的养育所里被抚育,我们不必震惊,因为孩子在受洗礼时也能期待一份贵重的来自教父母的礼物。——但是,如果人民摒弃这种畸形的宗教基本原则,我们也不用震惊,它在十足的金钱思辨之下已经变成了真正的怪物。

……

新的国家经济学说的巨大缺点几年之后便将为人们所揭露,但不是为那些现在便已是穷人的穷人所揭露,而是为一切现在正为自己的生产性的生存而斗争并且必然将成为横暴行为和卑鄙行为牺牲品的人所揭露。人们相信这里讨论的是对几千个穷人的资助?人们相信,人们为了这个目的可以向基督的怜悯之心呼救吗?这种信念掩盖着的是发财致富和自私自利。这种信念支撑的是思辨的诡计。按照这种道德变革(Umwälzung)学说,还有哪个社会成员拥有从绝境中拯救出自己的手段和力量吗?因此,这种力量就是结果;一种在对同辈人的爱中中改过自新的经历。再说一遍,最大的恶并不是已经处于支配地位的贫困,在这里我们不能计算数据,德国或者普鲁士国家的穷人的关系就像1对25那样:钱越来越多地流进越来越少的人手中:最终拥有钱的人都想牢牢抓住它。拥有尘世幸福护身符的人,将推翻群众中的小商贩、工厂主、庄园主、手工业者和资本家,其目的是为了最终能够成为主人,并以自己奴隶的不幸为乐。

……

这就是当前的景象,这就是我们生活于其中的时代,在世界历史上从来没有先例。……

热心的读者不会看错我的立场，我把人置于国家关系中并研究观察了人的命运。在这种不幸的表现中，谈论的既不是单个的贫困，也不是整体的贫困，任何一个关注事情本身而不是关注它能够成为怎样的人都不会对这一点表示怀疑；任何一个知道评估产生了当前贫困状态的关系的人也不会对这一点表示怀疑。只要人类对自己没有反思，只要他们还不允许也不能对自己存在的目的提出任何问题，历史法权（它是从自身作用范围的内部产生出来的）就不会遭遇任何对现存的东西构成重大威胁并最终会推翻否定它的敌人。谁要是按照贫困的现有状况和毫无疑问地可能成为的状况充分地测定了贫困状态，谁就知道，不可能找出一种方法能够阻止这种道德变革。

如果我们坦率地、公开地说出这种观点，那么不应该责备我们的恶意，因为我们自己无法反对历史原则的权威，尽管可以采取措施，使每个有才能的公民能够按照荣誉的原则养活自己和自己的家庭。

我们要用我们的政治信念的第一条原则来结束这一章，这就是："凡是人们充分享受到快乐的地方，那里的人就不应当因饥饿和贫困而受苦和死亡。"（《文学总汇报》第 2 期，第 1—22 页。）

（二）真实的历史"完全不是遵照批判的判决产生的"

尤里乌斯·法赫尔（Julius Faucher）1820 年生于柏林，1878 年卒于罗马，1841 年在柏林大学获得哲学博士，1846 年与史密斯（J.Prince-Smith）一起组建了德国第一个自由贸易协会，是德国自由贸易派的重要代表人物。法赫尔在《文学总汇报》第 7 期第 1—18 页、第 8 期第 28—38 页和第 9 期第 30—32 页上连载发表了《英国的迫切问题》（*Englische Tagesfragen*），法赫尔所研究的英国问题正好是恩格斯重点关注并极为熟悉的。

1. 法赫尔对英国问题的报道

在《神圣家族》中，恩格斯主要是从《文学总汇报》第 7 期第 4 页开始批判法赫尔所报道的英国历史。在前三页的内容中，法赫尔按照批判理论家的惯常手法说了一些云遮雾绕的大道理。从第 4 页开始，法赫尔开始正式叙述他所理解的英国历史。在此只举一个例子，我们就能看到法赫尔是如何理解真实的历史的。他写道：

> 在移民到荒野之后，向着帝国中心的另一次移民开始了，尽管这次移民没有引发分裂，却造成了需要当代来解决的成问题的状况。土地的贫瘠、技术的自然条件以及天生的勤奋让兰开夏尔郡的人们在织造厂和其他行业的工厂中谋到了生计，同时，他们不仅满足了自己和自己邻居的需要，而且满足了整个帝国的需要，这让他们在这个郡县获得了一份不依赖于农业的收入，这份收入把人们从其他郡县吸引到了曼彻斯特、波尔顿、普雷斯顿等繁荣的工业城市。由约翰·凯完成的飞梭的发明、织布机的改进、骡机的使用、最终达到了利用水力的可能，这一切让这种工业蓬勃发展，以至于工厂每年生产的商品大大超出了大不列颠的需要，曼彻斯特和商埠利物浦之间的短路途让这两个城市建立起了商业联系，这种商业联系造成的结果是，纺织品在大陆上的运用。①

对于这一段，恩格斯在《神圣家族》中有详细的批判。恩格斯首先指出批判家歪曲了工厂和工厂城市的关系，本来是先有工厂才能有工厂城市，但是批判家认为“曼彻斯特、波尔顿和普累斯顿在谁都还没有想到工厂以前就已经是繁荣的工厂城市了”。关于各种纺织机之间的关系，恩格斯指出尤里乌斯·法赫尔也歪曲了真实的发展过程。关于利物浦和曼彻斯特之间的商业联

---

① Julius Faucher, “Englische Tagesfragen”, in *Allgemeine Literatur-Zeitung*, hrsg. von Bruno Bauer, Charlottenburg: Verlag von Egbert Bauer, Jun. 1844 (Nr. 7), S. 4.

系,这本来是工业发展的结果,尤里乌斯·法赫尔确认为是两地之间的近距离产生了两者的商业联系。在真实的历史中,赫尔是英国向大陆出口的重要口岸,在尤里乌斯·法赫尔那里,曼彻斯特成了这样的口岸。

2. 恩格斯对历史真实关系的澄清

在《神圣家族》第二章,恩格斯首先批判了尤里乌斯·法赫尔在历史观上的错误。恩格斯指出:"自满自足、自圆其说和自成一家的批判当然不会承认历史的真实的发展,因为这无异于承认卑贱的群众的全部群众的群众性,而事实上这里所涉及的正是要使群众摆脱这种群众性"①。尤里乌斯·法赫尔所代表的批判家不仅不承认历史的真实的发展,而且按照自己的思辨逻辑把历史"从它的群众性中解放出来",命令历史按照自己的心意向前发展。比如法赫尔提出:"最终,蒸汽在纺纱厂和纺织厂被用作动力,而且从此以后,英国在竞争中战胜其他国家就被决定了。"②恩格斯指出:"实际上,蒸汽机的发明早于上述一切发明,而在批判中,蒸汽机被当作整个建筑物的顶点(die Krone des Ganzen),因而在时间上是最晚的。"③恩格斯还通过曼彻斯特、博尔顿和普雷斯顿的真实历史,反驳了批判家颠倒工厂和工厂城市产生时间的错误观点;通过棉纺织业的真实发展历史,指出了批判的历史中把骡机视为珍妮纺纱机和水力纺纱机的"思辨的同一"的可笑。恩格斯用这些实际的例子证明了,"群众的,即所谓真正的历史是和'文学报'第7期第4页上的开始发表的批判的历史大不相同的。"④

恩格斯指出,批判家之所以按照思辨的逻辑构想历史,是因为他们完全不懂群众的真实的历史,只能根据自己的思辨逻辑想象历史。比如:"实际上,

---

① 《马克思恩格斯全集》第2卷,人民出版社1957年版,第13页。

② Julius Faucher, "Englische Tagesfragen", in *Allgemeine Literatur-Zeitung*, hrsg. von Bruno Bauer, Charlottenburg: Verlag von Egbert Bauer, Jun.1844(Nr.7), S.4.

③ 《马克思恩格斯全集》第2卷,人民出版社1957年版,第14页。

④ 《马克思恩格斯全集》第2卷,人民出版社1957年版,第13页。

利物浦和曼彻斯特之间的现代意义上的商务联系是英国商品出口的结果，在批判中，商务联系却成了这种出口的原因，而商务联系和出口这二者则是这两个城市成为近邻的结果。”①恩格斯指出的是批判家颠倒了现实历史进程中的原因和结果。不仅如此，在谈论英国工人的生活状况时，法赫尔一再证明自己并不了解英国的现实状况，比如：“英国的工厂里存在着所有的工资等级，从1.5先令到40先令，甚至更多一些，在批判中却只有一种工资——11先令。”②恩格斯指出，批判家所谓的“自由地处理自己的对象”，无非表明了批判家只能随心所欲地按照自己熟悉的逻辑篡改历史的真实进程。但是真实的情况是，“在批判的判决以前，历史完全不是遵照批判的判决产生的”。③

恩格斯还指出，群众的愚蠢是批判家自己制造出来的：“批判的批判自己制造出自己的对立物即群众的愚蠢”④。这一点在法赫尔对英国工人围绕十小时法案和废除谷物法的斗争中明显地表现了出来。在英国，工人争取改善工作条件的斗争久已有之。到了19世纪二三十年代，工人的政治改革的斗争（最终得到了著名的1832年改革法案）和反工厂奴隶制的运动声势不断增大，甚至于工厂都开始为改善工人工作条件发声了。这促使议会开始认真考虑立法提高工厂的工作条件。此时，安东尼·阿什利—库伯和麦克·桑德勒领衔的十小时法案运动引发了广泛的关注。1833年3月，阿什利提出了十小时法案，其目的在于缩短16岁以下的儿童工作时间。⑤ 1833年7月，阿什利的法案在众议院上没能通过。但是，它唤醒了政府的认识。1833年8月，政

① 《马克思恩格斯全集》第2卷，人民出版社1957年版，第14页。法赫尔的相关讨论在《文学总汇报》第7期上，参见Julius Faucher，“Englische Tagesfragen”，in *Allgemeine Literatur-Zeitung*，hrsg.von Bruno Bauer，Charlottenburg：Verlag von Egbert Bauer，Jun.1844（Nr.7），S.4。

② 《马克思恩格斯全集》第2卷，人民出版社1957年版，第14页。法赫尔的相关讨论在《文学总汇报》第7期上，参见Julius Faucher，“Englische Tagesfragen”，in *Allgemeine Literatur-Zeitung*，hrsg.von Bruno Bauer，Charlottenburg：Verlag von Egbert Bauer，Jun.1844（Nr.7），S.4。

③ 《马克思恩格斯全集》第2卷，人民出版社1957年版，第13页。

④ 《马克思恩格斯全集》第2卷，人民出版社1957年版，第16页。

⑤ 参见英国议会网站上关于“1833年工厂法案”词条的介绍，见http://www.parliament.uk/about/living-heritage/transformingsociety/livinglearning/19thcentury/overview/factoryact/。

府的《1833年工厂法案》在议会通过。新法案规定,工厂雇佣9岁以下的儿童是非法的,9—13岁的儿童每天工作时间不能多于8小时,13岁以上的儿童一天可以工作12小时。① 不难发现,阿什利主导的十小时法案运动并没有取得理想的结果。法赫尔为了证明批判家的睿智和群众的愚蠢,故意颠倒是非,歪曲詹姆斯·格莱安爵士的真实观点。格莱安爵士本人的观点是,"实行了十小时法案,机器就必然会按工作时间缩短的比例加快速度,在这样的情况下机器的磨损时间仍然正好是十二年。"法赫尔却把格莱安的观点歪曲为:"不管工厂的机器每天工作十小时或十二小时,工厂的机器大约可用十二年,所以十小时法案使资本家不可能通过机器的工作在十二年里再生产出投入这些机器的资本"。在歪曲了格莱安的观点之后,法赫尔再"证明他替格莱安爵士捏造出来的结论是错误的"。②

恩格斯指出,制造出群众的愚蠢并不是批判家的最终目的,他最终是要把群众从他的群众性中解救出来,批判家"承认卑贱的群众的全部群众的群众性,而事实上这里所涉及的正是要使群众摆脱这种群众性"③。恩格斯这里说的使群众摆脱其群众性,并不是说批判家试图使群众摆脱现实生活的困扰,而是说批判家使群众的历史按照思辨的逻辑的向前发展,以一种额外的逻辑来强迫历史朝着某理论家的(想象的)而非群众的(真实的)方向发展。恩格斯说,这种做法是"不顾自己的身分在实践和历史中胡言乱语(Unsinn)"④。

(三)批判不能命令事情"必然是这样而不是那样地发生"

《神圣家族》第三章批判的是恩斯特·荣格尼茨发表在《文学总汇报》第6期上的时评文章《瑙威尔克和哲学系》。在这篇文章中,恩斯特·荣格尼茨

---

① http://spartacus-educational.com/IRashley.htm。
② 《马克思恩格斯全集》第2卷,人民出版社1957年版,第16页。
③ 《马克思恩格斯全集》第2卷,人民出版社1957年版,第13页。
④ 《马克思恩格斯全集》第2卷,人民出版社1957年版,第13页。

对柏林大学的讲师卡尔·瑙威尔克先生被撤职一事发表了评论,谴责柏林大学"犹豫和动摇"①。

1. 瑙威尔克被褫夺教权事件始末

卡尔·瑙威尔克(Karl Ludwig Theodor Nauwerck)1810 年出生于萨勒姆/劳恩堡(Salem/Lauenburg),1891 年于极度贫困中在苏黎世(Zürich)附近的利斯巴赫(Riesbach)去世。瑙威尔克 1835 年通过教授资格论文答辩,在柏林大学教授神学和东方语文学,是青年黑格尔派的成员,曾与布鲁诺·鲍威尔和卡尔·马克思一起活跃于"博士俱乐部",还是"柏林自由人"的成员,是《哈勒德意志科学和艺术年鉴》《德意志科学和艺术年鉴》《雅典娜神殿》(Athenäum)《维干德季刊》和《莱茵报》的重要撰稿人。② "与其他政治盟友相似,瑙威尔克也希望消除一切社会不公:为受特权压迫的人提供更多机会、中间等级的政治、与贫困斗争。然而,其政治路径并没有导向'无产阶级专政',这把他和马克思区分开了。瑙威尔克有一句'格言':'国家是必要的恶,王子是多余的恶'。"③1843/1844 学年,瑙威尔克举办了"论国家的概念"的系列讲座,在学生中得到极大支持,最大的礼堂总是坐得满满的。在瑙威尔克"政治国家学说的最重要的体系"讲座中,学生们要求瑙威尔克做"人民的代言人和辩护人"。

瑙威尔克的激进立场及其在大学生中的声望引起了政府部门的不满,使他失去了政府的信任。弗里德里希-威廉四世曾因此对他的国家部长发出盛怒:"瑙威尔克,一个登记在案的革命者,是怎么在这里的这所大学成为讲师

① [法]科尔纽:《马克思恩格斯传》第二卷,樊集译,生活·读书·新知三联书店 1965 年版,第 313 页。

② 参见 Hermann - Peter Eberlein, "Bruno Bauer, Karl Marx, Friedrich Engels", in *Neues Deutschland*:*Sozialistische Zeitung*,05-09-2009。

③ 参见 Franz Raveaux Archiv 瑙威尔克词条,见 http://raveaux.bibliofil.de/index.php? option=com_content&view=article&id=128:nauwerck&catid=7:brigitta-raveaux&Itemid=11。

的？人们是怎么给他提供那个最大的讲坛的，那可是谢林和萨维尼的讲台？请你给我解答一下这个谜题！"①1843 年 12 月 10 日，"文化部长艾希霍恩向柏林大学哲学系索要瑙威尔克博士讲座的报道，哲学系做出的答复是，无可奉告，因为它不能向讲座课派窃听者，而且也找不到做这件事的人。"②1844 年 3 月 1 日，艾希霍恩下令禁止了瑙威尔克的讲座。"瑙威尔克博士不允许再在大学里开设他的政治学讲座了。由于院系不能禁止他这么做，文化部这么做了。"③这一禁令引发了强烈的社会反响："大量的大学生们由于得到瑙威尔克博士被褫夺教权的消息而聚集在他的住所前，随后赶来的人民让人数变得更加庞大，以此向他表达敬意。这是一场昏暗的、静默的风暴，安静得让人觉得可怕，而且其力量非常强大，以至于在一段时间内一切交通工具的通行都中断了。"④1844 年 3 月 9 日，"瑙威尔克先生在《福斯日报》(Vossische Zeitung) 上回应了文化部的指控，非常得体地表达了坚决的反对意见——他愿意完全离开大学。"⑤

2. 荣格尼茨对该事件的评论

同为"自由人"⑥的荣格尼茨在得知这一消息后，在《文学总汇报》上就这

---

① 参见 Franz Raveaux Archiv，瑙威尔克词条，见 http://raveaux.bibliofil.de/index.php? option=com_content&view=article&id=128:nauwerck&catid=7:brigitta-raveaux&Itemid=11。

② Karl August Varnhagen von Ense, Tagebücher von K.A.Varnhagen von Ense, Bd.2, Leipzig: Brockhaus, 1861, S.237-238.

③ Karl August Varnhagen von Ense, Tagebücher von K.A.Varnhagen von Ense, Bd.2, Leipzig: Brockhaus, 1861, S.265.

④ Karl August Varnhagen von Ense, Tagebücher von K.A.Varnhagen von Ense, Bd.2, Leipzig: Brockhaus, 1861, S.268-269.

⑤ Karl August Varnhagen von Ense, Tagebücher von K.A.Varnhagen von Ense, Bd.2, Leipzig: Brockhaus, 1861, S.272.

⑥ "自由人"是一个松散的柏林哲学家和文化人团体，他们在弗里德里希大街上的雅克布·希佩尔酒馆(Weinstube von Jacob Hippel)相聚。其中包括鲍威尔兄弟(Bruno und Edgar Bauer)，法赫尔(Julius Faucher)，布尔(Ludwig Buhl)，鲁滕堡(Adolf Rutenberg)，萨斯(Friedrich Sass)，梅因(Eduard Meyen)，古特夏尔(Rudolf Gottschall)，约旦(Wilhelm Jordan)，科本(Karl Friedrich Köppen)，圣保罗(Wilhelm Saint Paul)，塞利加(Franz Szeliga Zychlin von Zychlinski)和恩格斯(Friedrich Engels)等人。

一事件发表了评论。荣格尼茨在文中开篇写道:“院系鉴定意见的文献最近又增加了一份稿件,这份稿件之所以尤其引人注意,是因为它的出发点是哲学系而非神学系。”①他进一步指出,哲学与神学的区别在于,“神学是一门自始至终从内而外都受到众多前提和各个教会监理会限制的学科,与这个学科不同,哲学系在几年之前就已经享受着这样的赞誉,即它是不依赖于各种前提和外在影响而代表着自由的科学。”②神学系“内在的不自由是由其院系的本质决定的”,与其不同的是,哲学系由于其本质是哲学,并不存在这种不自由。现在,纯粹的批判哲学已经登场,它是在与神学的对立中产生的。“已经与神学相对立并且必然首先与神学相对立的批判,即批判一般(die Kritik überhaupt)而不只是对神学的批判,已经出现了,由此一来,它的斗争和结局也已经决定了过去的国家科学的命运。”③

荣格尼茨指出:“如果哲学系不愿意自己放弃自己,它就必须为瑙威尔克先生辩护。”④但是很明显,哲学系做的还很不够,它既没有深入分析瑙威尔克的观点,没有号召博学的教授们支持他,也没有在其他地方宣传瑙威尔克的观点。而为瑙威尔克辩护之所以非常重要,是因为:“对我们今天的各个院系来说,表明意见是一个无限严肃的任务,因为院系的教员害怕自己的任何一个行为都会被院系的不确定性出卖。”⑤

在哲学系的鉴定意见中有这样一句话:“瑙威尔克先生在那部我们共同参与的著作中是怎么做的,院系的教员就是多么不愿意以相似的方式写作,因

---

① J.Jungnitz, *Herr Rauwerck und die philosophische Facultät*, in *Allgemeine Literatur-Zeitung*, hrsg.von Bruno Bauer, Charlottenburg: Verlag von Egbert Bauer, Mai 1844(Nr.6), S.17.

② J.Jungnitz, *Herr Rauwerck und die philosophische Facultät*, in *Allgemeine Literatur-Zeitung*, hrsg.von Bruno Bauer, Charlottenburg: Verlag von Egbert Bauer, Mai 1844(Nr.6), S.17.

③ J.Jungnitz, Herr Rauwerck und die philosophische Facultät, in *Allgemeine Literatur-Zeitung*, hrsg.von Bruno Bauer, Charlottenburg: Verlag von Egbert Bauer, Mai 1844(Nr.6), S.17.

④ J.Jungnitz, Herr Rauwerck und die philosophische Facultät, in *Allgemeine Literatur-Zeitung*, hrsg.von Bruno Bauer, Charlottenburg: Verlag von Egbert Bauer, Mai 1844(Nr.6), S.18.

⑤ J.Jungnitz, Herr Rauwerck und die philosophische Facultät, in *Allgemeine Literatur-Zeitung*, hrsg.von Bruno Bauer, Charlottenburg: Verlag von Egbert Bauer, Mai 1844(Nr.6), S.18.

此院系认为已经证明了，——瑙威尔克博士的著作在院系看来没有表现出任何反抗国家的动机。"①荣格尼茨提醒我们说，在我们回答为什么教员不想要以瑙威尔克的方式写作这个问题之前，我们必须先问一下，为什么哲学系在瑙威尔克的著作中找不出他被撤职的根据。"讲师和作者虽然是一个人(Person)，但却是两个不同的存在物(Wesen)，院系不太重视这一点，因为院系只希望可以在他身上做出这种区分。"②院系这样做区分，原因在于"事情失败从来不是它所关心的，它更多地为摆脱了肩上的重担而高兴"，③只要文化部不再找哲学系的麻烦就万事大吉了。在哲学系的鉴定意见中，它除了复述瑙威尔克的观点之外，没有提出任何自己的看法。

如果说哲学系为瑙威尔克做了一点辩护的话，那么它所做的也只是指出瑙威尔克没有写出反动的革命的观点，他所做的只是重复了一些老的学说。荣格尼茨认为，这实在是对瑙威尔克最大的讽刺。因为瑙威尔克本人最为看重的，恰恰是他所提供的革命性的新观点，他为了捍卫这些观点，选择了主动辞职。最终的结果只能是，"哲学系像瑙威尔克先生一样没有解决自己的任务。"④

3. 恩格斯对荣格尼茨的批判

恩格斯对荣格尼茨的批判主要针对的是批判家思考问题的逻辑。恩格斯指出，批判"以罕有的彻底性(mit selter Gründlichkeit)"分析了瑙威尔克被褫夺教权的事情，批判家对哲学系剥夺瑙威尔克教权的事件做了深入的研究，找

① J.Jungnitz, Herr Rauwerck und die philosophische Facultät, in *Allgemeine Literatur-Zeitung*, hrsg.von Bruno Bauer, Charlottenburg: Verlag von Egbert Bauer, Mai 1844(Nr.6), S.18.

② J.Jungnitz, Herr Rauwerck und die philosophische Facultät, in *Allgemeine Literatur-Zeitung*, hrsg.von Bruno Bauer, Charlottenburg: Verlag von Egbert Bauer, Mai 1844(Nr.6), S.18.

③ J.Jungnitz, Herr Rauwerck und die philosophische Facultät, in *Allgemeine Literatur-Zeitung*, hrsg.von Bruno Bauer, Charlottenburg: Verlag von Egbert Bauer, Mai 1844(Nr.6), S.20.

④ J.Jungnitz, Herr Rauwerck und die philosophische Facultät, in *Allgemeine Literatur-Zeitung*, hrsg.von Bruno Bauer, Charlottenburg: Verlag von Egbert Bauer, Mai 1844(Nr.6), S.20.

到了它之所以发生的根据(Grund)。所谓"以罕见的彻底性"研究瑙威尔克被褫夺教权的事件,即是把整个事件放在神学与哲学的斗争中看待这个事件,最终还是为了在黑格尔所勾画的大的历史哲学图景中理解这一个具体的历史事件。

恩格斯进一步指出,荣格尼茨之所以能够找出事件发生的根据,就在于:"它运用黑格尔的逻辑来证明:为什么这一切正是这样发生,为什么无论什么神都无法反对这一点。"①批判的理论家完全依赖于黑格尔哲学,面对瑙威尔克被褫夺教权这样一件不需要什么理论水平就能轻易看透的事情,荣格尼茨还是要动用思辨的逻辑找出该事件发生的必然根据。这种做法充分显露了荣格尼茨对黑格尔思辨逻辑的依附性和教条主义。

附录:《瑙威尔克先生和哲学系》(全文)

恩斯特·荣格尼茨　著

院系鉴定意见的文献最近又增加了一份稿件,这份稿件之所以尤其引人注意,是因为它的出发点是哲学系而非神学系。各神学系已经通过它们的鉴定意见和独立投票给批判送来了一份很贴心又不得不面对的礼物(Hebopfer),因为它们表明了自己能够做出什么,在这件事情上,它们中间的那些声称自己支持受到质疑的教学自由却又对教学和写作自由、公共职位和科学独立性的概念混淆不清同时对一切院系特别是神学系的本质认识完全错误的院系尤其突出。

神学是一门自始至终从内而外都受到众多前提和各个教会监理会限制的学科,与这个学科不同,哲学系在几年之前还享受着这样的赞誉,即它是不依赖于各种前提和外在影响而代表着自由的科学。但是当批判与神学各前提内部的批判性尝试之间的斗争不断

① 《马克思恩格斯全集》第2卷,人民出版社1957年版,第20页。

发展时，哲学系对于第一院系的依赖性及其内在的不自由——这种不自由植根于其作为院系的本质之中——表现为，这种斗争同时也决定了思辨哲学的命运，因为这场斗争泄露了思辨哲学的神学本质。因此，哲学系已经可能不再与哲学的进步相冲突；只还剩下历史科学和国家科学，院系通过这门科学还可能与作为院系的自身陷于冲突，或者毋宁说，因为它对自身的自由有一些太过虚幻的概念，它还可能与国家陷于冲突之中。神学系与自己作为科学的、批判的神学代言人以及同时作为教会机构曾经陷入了冲突之中，上面提到的冲突没有这种冲突那样强硬和决绝。它也不能具有这种强硬和决绝，因为已经与神学相对立并且必然首先与神学相对立的批判，即批判一般（die Kritik überhaupt）而不只是对神学的批判，已经出现了，由此一来，它的斗争和结局也已经决定了过去的国家科学的命运。

因此，斗争，唯一可能的斗争，只能是批判已经评估过的那些原理之间的斗争；因此它不能决定任何东西。

在文化部把瑙威尔克的政论论文提交哲学系做决定时，哲学系本身因瑙威尔克先生受到攻击也遭到了攻击，因此哲学系才关心它的讲师，但是它关心的方式并不是像几个神学系相信的那样，是为了一般的批判神学的利益而必须保护现代的批判家，哲学系既不理解他的方法，也不赞同他的结论。不是它们相信的那样！哲学系在对瑙威尔克先生的著作的攻击中看到了对自己的攻击，因为他在自己的著作里从来没有脱离哲学系的各个前提，而且因此他与哲学系本身和哲学系的章程并不处于对立之中。正如对于讲师瑙威尔克先生而言在他那个立场上除了自愿离职别无选择一样，因为他反对那种知道要更明确地抓紧自身权利的权力之结果的不彻底性不能得到辩护。因此，院系也不能够再辩护它的那些过去的政治闲人的准则,不能把它说成历史和科学的必然要求。

因此,如果院系不愿意自己放弃自己,它就必须为瑙威尔克先生辩护。院系对他的观点做分析了吗?著名的博学之士、政治家与他保持一致了吗?瑙威尔克的短篇著作:在哥廷根博学的小册子中讨论自由国家宪法的文字不会被哥廷根著名的达尔曼讲席教授以最荣耀的态度提及吗?

因此,院系在它的鉴定意见中为瑙威尔克先生辩护——但是它是怎么为他辩护的呢?对我们今天的各个院系来说,表明意见是一个无限严肃的任务,因为院系的教员害怕自己的任何一个行为都会被院系的不确定性出卖。

在一种情形下,正如当前这样,如果院系的教员被迫为那些与政府规范相对立的观点辩护,那么,院系本质中的内在分裂将必然表现为,院系的教员和院系本身按照它们的概念就要分裂,其虚假性将表现为,教员作为个体在维护国家,而作为院系的教员在维护那些反对政府的观点,这两者同时都表达出来。

不言而喻的是,语言的连贯性因此将很遗憾地被扰乱,一个对立即将接着另一个对立产生出来。人们只注意一下下面这句话:"瑙威尔克先生在那部我们共同参与的著作中是怎么做的,院系的教员就是多么不愿意以相似的方式写作,因此院系认为已经证明了,——瑙威尔克博士的著作在院系看来没有表现出任何反抗国家的动机。"

在我们回答为什么教员不想要以瑙威尔克的方式写作这个问题之前,我们还必须先问一下,为什么院系在瑙威尔克的著作中找不出他被撤职的根据。

讲师和作者虽然是一个人(Person),但却是两个不同的存在物(Wesen),院系不太重视这一点,因为院系只希望可以在他身上做出这种区分,但是事实上却没有做出区分——在(布列斯劳,时间:1843年1月)公开发表的针对过去那位霍夫曼教授的判决中,透过青年教师这个概念,已经做过这个区分。一般而言,很难说,为什么院系已经看到没有必要明确写出反对瑙威尔克先生的意见,因为它本身不能对他的观点发表自己真正的看法,或者毋宁说,就算它应该说出自己的真正看法,鉴定意见的语句也必定这样不明不白。

每一句话都有一个从句,或者用一些限定思想的词让它变得如此丰富,以至于这句话要么等于什么都没说,要么唤醒了我们心中那种对最大不确定性的不适感觉。在每一句话那里证明,造成了混乱和模糊的源头在哪里,什么东西使得整个判断都不明确,这项工作又不值得我们花费那么大力气。

例如,"院系在瑙威尔克的著作里没有发现任何颠覆或革命的观点。"不错,但是如果这句话不包含限定语——只要限定语是不清不楚的,用哪个词(?)都是无关紧要的——这句话就会更加确定。因此,院系在瑙威尔克的著作里没有发现任何颠覆、革命的观点,这里颠覆、革命的观点是指,用坏手段完成好目标。因此事实上,院系这样做,除了简短地总结了瑙威尔克的著作,复述他的看法之外,它什么也没有说,什么也没有做。

院系想为它的教师辩护,但是它只有一个方法。它必须指出,瑙威尔克的观点并不是"新的、前所未闻的",也就是说它必须承认,新的、前所未见的观点是它的一个理由。

瑙威尔克的看法被说成是旧的、平常平庸的,人们已经看到这种态度是一种讽刺,就像瑙威尔克讽刺那些尴尬地对待他的观点的人一样。而且人们对于发现了瑙威尔克的观念平庸平常感到欣慰,直到证实了这个态度确实是讽刺,这个讽刺是对自己本身感到绝望的讽刺:"相同和相似的句子在老的著作和新的著作里会反复出现,它们在公共意见中以多种方式传播开来。国家一般会平静地基于自身的考虑而不过问个人意见的这些观念。”

“这种平庸、无害、无责是瑙威尔克著作的核心：现在哲学系之所以相信(!)这种观点，是因为哲学系作为科学机关(!)相信自己(!)有权利(!)观察事情的核心，必须证明，瑙威尔克的著作在它看来……”—，

哲学系的教员仍然愿意用瑙威尔克先生那样的方式从事写作；为什么不呢？

也许是因为，瑙威尔克先生参与写作的书是那些真正促进科学进步的人也参与其中的，所以讲师混进院系的社交就是不合适的？不是的！

也许只是表皮不适用，核心还是好的。是的！瑙威尔克著作里的某些句子的形式一旦脱离它的语境，就太过粗野、表达就太过暴烈尖酸——院系的教员这样说。院系本身补充说，这些句子在语境中只是消失了，而且它因此相信，根据每一个句子本身——教员又小声插话道，不论这句话想要多么激烈，不论这句话想要招来何种非难——来分析一句话是正当的。

院系这个科学机关在面对一句话时是多么冷漠啊！

它茫然无措，完全不知道自己想要什么以及能做什么，它左冲右突，让人哭笑不得。这里适用的，下一刻整个场景都会变得不适用。而哲学系完全不愿意再了解事情的核心，而把它交给了一个更高的法官，自己一心扑在了形式上。事情失败从来不是它所关心的，它更多地为摆脱了肩上的重担而高兴，摩拳擦掌，看起来非常享受。

“哲学系同时认为，从它的立场出发，必须要求，人们在考虑表达方式的时候不能对一个作家做太死板的规定，”在这里，语言逐渐

变得不那么尖锐,变得平淡无奇。“博学之士,尤其是哲学系(语言和修辞文化也属于哲学系的研究领域)的教员,无法忽略语言的进步。”“一般而言,人们对好战的文章都有某种(!)刻薄的理解,某些(!)洒脱本身(!)却消失了,——不论这些文章是背叛了精神而表现出这样的特征,还是说它们只是善意的。”因此,尽管哲学系本身忙于推动语言进步,“法学家和政治家关注的却是另一面,即内容。”

最终,整个鉴定意见只是一个文体练习,语言并非完全柔弱的,而是阳刚简洁的。

事实是,哲学系像瑙威尔克先生一样没有解决自己的任务。(《文学总汇报》第6期,第17—20页。)

二、绝对的批判依附于黑格尔哲学

在《神圣家族》的第四章和第六章中,恩格斯分别批判了“神圣家族”中的两位重要人物:埃德加·鲍威尔和布鲁诺·鲍威尔。尽管恩格斯在面对这两个人物时写作的内容依旧非常简短,但是恩格斯的批判触及了青年黑格尔派哲学的核心问题,即他们仅仅用黑格尔的范畴来制定公式,只能通过这种外在的公式来剪裁历史;他们颠倒了“现实的个人”与历史过程的关系,把历史理解为独立于人的活动的独立人格,人仅仅被理解为历史达到自己目的的工具。

(一)批判所做的“仅仅是用黑格尔的范畴制定公式”

弗洛拉·特莉斯坦(Flora Tristan)1803年4月生于巴黎,1844年11月卒于波尔多,是法国社会主义重要的理论家和活动家,同时是早期女性主义的代表人物,提出了“妇女权利的进步与工人阶级的进步直接相关”的观点。她留下一些著作,重要的有1838年《一个贱民的游历》(*Peregrinations of a Pariah*)、1840年《伦敦漫游》(*Promenades in London*)、1843年《工人联合会》

(*The Workers' Union*)。弗洛拉·特莉斯坦对早期工人阶级的生活境况充满同情,走上了社会主义的思想道路。她熟读圣西门以及圣西门主义者的著作,和傅立叶有一定的交往。她超出早期社会主义者地方在于首先提出了无产阶级女性的权利问题,把工人阶级的解放和女性权利联系起来。

1. 特莉斯坦女士的基本观点和埃德加的批判

在《工人联合会》中,弗洛拉·特莉斯坦提出,工人阶级为了自身权利已经进行了漫长的斗争,但是一无所获。原因在于,工人阶级的分散状况形成了内耗。因此,她建议工人联合起来行动。她指出,工人阶级的联合能够带来巨大的好处,"被分散,意味着软弱和失利,意味着被各种不幸踩在脚下!联合产生力量。你们有数量的优势,而数量就意味着胜利。"她提出,联合体的会费要为无产者的后代提供安全的生活环境和教育机会,为老弱病残的工人修建养老之地,并且这些设施也要同时为工厂主、金融家和上流人士服务,如此才能为这些设施的维系提供更好的保障。特莉斯坦女士强调,"为了完成工人阶级的解放,需要解放妇女"。缺少妇女解放,工人阶级的解放是不完整的,社会也无法成为一个整体,工人阶级本身也会被撕裂。她认为,社会一旦修复了妇女权利上的缺失,其他的社会问题都将迎刃而解;也就是说,妇女的解放能够为社会上的最大多数人带来最大的善。不难发现,特莉斯坦强调妇女解放的视角与现代女性主义的视角还有所不同,她所面对的是大革命之后的法国,尽管人人平等已经写入《人权宣言》,但是妇女的权利还远远没有得到整个社会的承认,她只能把自己的论证建立在女性权利的获得有利于男性的基础之上。1844 年,特莉斯坦女士曾经尝试着建立一个工人的联合会,无奈时不假年,最终无果而终。①

埃德加·鲍威尔在《文学总汇报》第 5 期第 18—23 页上对特莉斯坦女士

① 更多内容参见英文版维基百科弗洛拉·特里斯坦女士词条,见 https://en.wikipedia.org/wiki/Flora_Tristan#cite_note-1。

的《工人联合会》一书发表了书评文章。在该文一开篇，埃德加强调：

"现在，工人创造了一切，制造了一切，生产了一切，而且在任何时候，都没有任何权利，没有任何财产，简言之，一无所有。"阿道夫·博伊尔用这几句话赞扬了弗洛拉·特莉斯坦夫人那部畅销的著作。这些话夸张了，是错的：为了创造一切，就需要某种比工人的意识更加强有力的意识。上述论点只有像下面这样倒过来讲才是正确的：工人什么东西也没有制造，所以他们也就一无所有；他们之所以什么都没有制造，是因为他们的工作始终是为了满足他们自己的需要的某种单一的东西，是平凡的工作。①

不难发现，埃德加·鲍威尔所坚持的也是其兄长布鲁诺·鲍威尔的自我意识哲学。在这种哲学看来，世界历史唯一的意义就在于生成真正的普遍的自我意识，这种普遍的自我意识的生成以任何一种片面的排他性的自我意识的扬弃为条件。在自我意识哲学中，工人作为现代市民社会中的群众，他所关注的是自身的排他性的私人利益，而他之所以关注自身的私人利益，是因为他的精神还是受束缚的，还没有达到真正普遍的自我意识。用埃德加·鲍威尔的话说，是因为工人"需要某种比工人的意识更加强有力的意识"，也就是真正普遍的自我意识。在目前的阶段上，只有少数的理论批判家具备了这种自我意识，他们是历史新纪元的创造者。

2. 恩格斯对埃德加的批判

弗洛拉·特莉斯坦女士的《工人联合会》明确了无产阶级只有在联合中才能与现存的统治阶级斗争，才有可能在斗争中取得胜利，这一思想对于科学社会主义的创始人来说具有重大的启发意义，尤其是结合《共产党宣言》中的

---

① Edgar Bauer，"Union ouvriere.Par Mme.Flora Tristan."，in *Allgemeine Literatur-Zeitung*，hrsg. von Bruno Bauer，Charlottenburg：Verlag von Egbert Bauer，April 1844(Nr.5)，S.18.另可参见《马克思恩格斯全集》第2卷，人民出版社1957年版，第21页。

"全世界无产者,联合起来!"才能够更清楚地体会到它的价值。在支持特莉斯坦的同时,恩格斯反对埃德加·鲍威尔的观点。他指出,埃德加·鲍威尔的观点的实质是,"只有它自己的思想创造以及和任何现实都相矛盾的普遍性才是'某种东西',甚至就是'一切'"①这正是批判家的观点,只有他们的思想才是具有现实性的东西,才是存在的,其他一切都被归为异化,都被视为应该被消灭的。"工人之所以什么都没有创造,是因为他们所创造的仅仅是'单一的东西',即可以感触到的、非精神的和非批判的对象,这些对象中的任何一种都会使纯批判深恶痛绝。凡是现实的、活生生的东西都是非批判的、群众的,因此,它是'无',只有批判的批判的理想的、虚幻的创造才是'一切'。"②

在与埃德加·鲍威尔论辩时,恩格斯触及了青年黑格尔派的要点。恩格斯不同意埃德加所谓的"工人什么都没创造"的说法,他提出:"批判的批判什么都没有创造,工人才创造一切,甚至就以他们的精神创造来说,也会使得整个批判感到羞愧。英国和法国的工人就很好地证明了这一点。"③工人创造了一切,其中也包括精神上的创造。批判家关于未来社会的一切美好的想象,在英国和法国工人的实际斗争中早就已经提出来了。工人不仅提出了未来社会的思想,而且用实际的斗争展示了实现它的路径,而批判家的构想只是停留在书面上的构想而已。不是批判家的思想创造了一切,而是工人改造世界的实际活动创造了一切。恩格斯"工人创造一切"的思想在唯物史观和科学社会主义方面具有重要价值。

恩格斯在《神圣家族》中更深刻地指出了批判家持有这一理论的根源。"批判所做的,仅仅是'用现存事物的范畴来制定公式',也就是说用现存的黑格尔哲学和现存的社会意向来制定公式。公式除了公式便什么也没有。"④这

① 《马克思恩格斯全集》第2卷,人民出版社1957年版,第21页。
② 《马克思恩格斯全集》第2卷,人民出版社1957年版,第21页。
③ 《马克思恩格斯全集》第2卷,人民出版社1957年版,第22页。
④ 《马克思恩格斯全集》第2卷,人民出版社1957年版,第22页。

里贯穿着马克思和恩格斯此后一贯坚持的对青年黑格尔派的认识，把黑格尔的哲学范畴作为公式到处使用，但是又缺少黑格尔把真实的历史进程整合进理论发展过程中的能力，最终只能是对黑格尔哲学的拙劣的模仿。埃德加的这种做法，无限地放大了黑格尔哲学中的唯灵论。这种做法，就像漫画作者作画时抽象出对象的某一个突出特征来描摹对象一样，又被马克思和恩格斯称为以"漫画形式"再现出来的黑格尔哲学。它抽象掉了黑格尔哲学中丰富的现实内容，它所发展出来的只是"干瘪得令人厌恶的抽象的身体"①。

（二）绝对的批判从未逃出黑格尔的思维方式

在《神圣家族》中，马克思和恩格斯分别批判了鲍威尔对辛利克斯《政治讲演录》的第一号和第二号评论。在恩格斯的批判中，他重点指出了鲍威尔"从未逃出黑格尔的思维方式"的问题，并在反对鲍威尔把历史理解为独立的主体时提出历史是"追求着自己的目的的人的活动"的重要观点。

1. 恩格斯对鲍威尔的批判

鲍威尔对辛利克斯《政治讲演录》发表了两份评论文章中。在第一篇评论中，鲍威尔反对辛利克斯研究政治，认为真正有意义的研究对象是社会。"政治"无疑是辛利克斯《政治讲演录》的核心关键词，针对瑙威尔克提出"我们这个时代见闻广博的人尤其应该具有政治意义"，鲍威尔说，"凡是注意新时代发展、熟悉历史的人，就也知道，目前发生的政治运动具有和政治完全不同的意义——这些运动根本上说具有社会的意义，大家知道，在这类意义面前，所有的政治利益都成了毫无意义的东西。"在第二篇评论中，鲍威尔反对辛利克斯套用黑格尔哲学的概念术语，把辛利克斯定义为黑格尔的教条主义者。"还在几年之前，有些人就理解了如何处理黑格尔的体系的形式，即最后

---

① 《马克思恩格斯全集》第2卷，人民出版社1957年版，第22页。

的教条体系的形式,知道如何掌握困难的术语,这些人是真正进步的人。"言下之意,鲍威尔认为在黑格尔哲学之后只有自己做出了新的贡献,像辛利克斯之辈只是在炒黑格尔的冷饭。针对鲍威尔的相关观点,恩格斯做出了严正批判:

第一,批判鲍威尔从未逃出黑格尔派的考察方式。针对鲍威尔批判辛利克斯没有跳出黑格尔的体系,恩格斯指出:鲍威尔的"绝对批判""从未逃出黑格尔派考察方式的樊笼"。① 针对批判所坚持的"群众"与"精神"的对立,恩格斯指出:"当批判径直把群众称为'物质',而把'精神'当做真理性的东西同'物质'对立起来时,批判实现了超过它的第一次征讨的业绩的真正进步。这样一来,难道绝对的批判不就是真正基督教日耳曼的批判吗?"恩格斯还指出,批判"以令人厌恶的形式"把唯灵论和唯物主义的对立变成了基本教条,"并且让'基督教日耳曼精神'获得胜利"。② 鲍威尔的批判是基督教日耳曼原则的实现,这是马克思和恩格斯对鲍威尔的共同批判。所谓基督教日耳曼原则,就是他们在序言中指出的:"叫人活着的乃是灵,肉体是无益的"。以鲍威尔为代表的青年黑格尔派再次把精神作为人之为人的根本和历史发展的主体,完全无视现实的个体的人的活动。

第二,批判鲍威尔在黑格尔哲学的解体过程中没有任何贡献。恩格斯指出,鲍威尔的批判"没有为哲学的解体动过一个指头"③。恩格斯提道:"在认识到人是本质、是人的全部活动和全部状况的基础之后,唯有'批判'还能够发明出新的范畴来,并像它正在做的那样,重新把人本身变成一个范畴,变成一整套范畴的原则。"④

第三,批判鲍威尔把历史人格化。鲍威尔把自我意识理解为历史的主体,

① 《马克思恩格斯文集》第 1 卷,人民出版社 2009 年版,第 294 页。
② 《马克思恩格斯文集》第 1 卷,人民出版社 2009 年版,第 296 页。
③ 《马克思恩格斯文集》第 1 卷,人民出版社 2009 年版,第 295 页。
④ 《马克思恩格斯文集》第 1 卷,人民出版社 2009 年版,第 295 页。

针对这种看法,恩格斯指出:"历史什么事情也没有做,它'不拥有任何惊人的丰富性',它'没有进行任何战斗'! 其实,正是人,现实的、活生生的人在创造这一切,拥有这一切并且进行战斗。并不是'历史'把人当做手段来达到自己——仿佛历史是一个独具魅力的人(eine aparte Person)——的目的。历史不过是追求着自己目的的人的活动而已。"①对照德语原文,这里所说的"独具魅力的人"本意为"一种独立的人格"。把历史理解为一种独立的、能够自主活动的人格或主体,这是黑格尔派唯心主义哲学的共同看法。恩格斯与之针锋相对地提出了"历史是追求着自己目的的人的活动"的观点。

第四,批判鲍威尔根本没有解开任何奥秘。在《文学总汇报》中,鲍威尔提出:"批判解开了各门学科的奥秘",面对鲍威尔的这种观点,恩格斯质疑道:"难道批判解开哲学、法学、政治学、医学、国民经济学等等的'奥秘'了吗? 根本没有。"②

2. 如何看待恩格斯的费尔巴哈"崇拜"

在《神圣家族》中,恩格斯充分肯定了费尔巴哈的哲学贡献。他提出:

> "到底是谁揭露了'体系'的秘密呢? 是费尔巴哈。是谁摧毁了概念的辩证法即仅仅为哲学家们所熟悉的诸神的战争呢? 是费尔巴哈。是谁不是用'人的意义'(好像人除了是人之外还有什么其他的意义似的!)而是用'人'来代替包括'无限的自我意识'在内的破烂货呢? 是费尔巴哈,而且仅仅是费尔巴哈。他所做的事情比这还要多。他早已摧毁了现今正被'批判'滥用的那些范畴:'人的关系的现实丰富性、历史的惊人的内容、历史的斗争、群众和精神的斗争'等等。"③

① 《马克思恩格斯文集》第1卷,人民出版社2009年版,第295页。
② 《马克思恩格斯文集》第1卷,人民出版社2009年版,第296页。
③ 《马克思恩格斯文集》第1卷,人民出版社2009年版,第295页。

不仅如此,恩格斯还赞叹费尔巴哈"一劳永逸地克服"了唯灵论和唯物主义的对立①。不难发现,恩格斯对费尔巴哈做出了热情洋溢的赞美。该如何看待恩格斯对费尔巴哈的态度?

在过往关于《神圣家族》的研究中,马克思和恩格斯的"费尔巴哈崇拜"一直是一个焦点问题。学界围绕这一问题形成了持久的争论。有论者提出,马克思和恩格斯此时都有"费尔巴哈崇拜"的问题;也有论者提出,马克思此时并不崇拜费尔巴哈,是恩格斯崇拜费尔巴哈并认为马克思也崇拜费尔巴哈,还有论者认为马克思和恩格斯都不存在"费尔巴哈崇拜"。其实,把关注的焦点放在"费尔巴哈崇拜"上犯了方向性的错误,我们关注的焦点毋宁应该放在《神圣家族》的理论主题是什么以及费尔巴哈与这一主题是什么关系的问题上。只有这样提问,才能明白马克思和恩格斯在与鲍威尔及其伙伴论战时为什么要联合费尔巴哈。

首先,从《神圣家族》的主题来看,马克思和恩格斯写作是为了批判鲍威尔及其伙伴的思辨唯心主义。而在批判思辨唯心主义这一点上,费尔巴哈是马克思和恩格斯的先行者。马克思和恩格斯在《神圣家族》中所看重的,恰恰是费尔巴哈从黑格尔主义"抽象的人"回到"以自然为基础的现实的人"。比如马克思说费尔巴哈"为批判黑格尔的思辨以及全部形而上学拟定了博大恢宏、堪称典范的纲要"②,"费尔巴哈消解了形而上学的绝对精神,使之变为'以自然为基础的现实的人'"③。恩格斯也说道:"是费尔巴哈,而且仅仅是费尔巴哈"④用"人"本身代替了"无限的自我意识"。不难发现,马克思和恩格斯所共同看重的,是费尔巴哈用"以自然为基础的现实的人"代替黑格尔的"绝对精神"这个关于人的抽象。而批判鲍威尔等人的"抽象的人"正是《神圣

① 《马克思恩格斯文集》第1卷,人民出版社2009年版,第296页。
② 《马克思恩格斯文集》第1卷,人民出版社2009年版,第342页。
③ 《马克思恩格斯文集》第1卷,人民出版社2009年版,第342页。
④ 《马克思恩格斯文集》第1卷,人民出版社2009年版,第295页。

家族》的主题之所在。马克思和恩格斯批判思辨唯心主义就是因为它把“现实的人”抽象为了“精神”。而从“抽象的精神”回到“以自然为基础的现实的人”也是费尔巴哈最大的理论功绩。费尔巴哈强调:“抽象就是假定自然以外的自然本质,人以外的人的本质,思维活动以外的思维本质。黑格尔哲学使人与自己异化,从而在这种抽象活动的基础上建立起它的整个体系。它诚然将它分离开的东西重新等同起来,但是用的是一种本身又可以分离的间接方式。黑格尔哲学缺少直接的统一性、直接的确定性、直接的真理。”①费尔巴哈反对黑格尔从抽象概念出发,主张回到感性直观,回到“直接的确定性”。但是他所理解的直接的确定性不是 18 世纪唯物主义者所说的自然,而是“以自然为基础的现实的人”。他说:“旧哲学的出发点是这样一个命题:‘我是一个抽象的实体,一个仅仅思维的实体,肉体是不属于我的本质的’;新哲学则以另一个命题为出发点:‘我是一个实在的感觉的本质,肉体总体就是我的自我,我的实体本身’。”②费尔巴哈的“人本学唯物主义”把“以自然为基础的现实的人”作为哲学的最高对象,在对人的理解上超越了 18 世纪的唯物主义,也摆脱了黑格尔主义的唯心主义,对于马克思恩格斯而言,是一次重要的思想解放契机。正是通过费尔巴哈这个中介,马克思才认清了黑格尔思辨唯心主义在本质上是把精神神圣化了的神学。费尔巴哈因此成为马克思回到“现实的个人”的重要推动力量。当然,费尔巴哈所回到的只是“以自然为基础的现实的人”,还不是以社会关系为基础的“现实的人”。马克思和恩格斯此时相比于费尔巴哈已经往前更进了一步。

其次,从马克思和恩格斯本身的思想发展过程来看,费尔巴哈通过“主谓颠倒”的方法批判思辨哲学,也为马克思和恩格斯批判思辨哲学提供了重要的方法论。费尔巴哈指出黑格尔哲学与宗教一样,都是颠倒了主词(“现实的

---

① 《费尔巴哈哲学著作选集》上卷,荣震华、李金山等译,商务印书馆 1984 年版,第 104—105 页。

② 《费尔巴哈哲学著作选集》上卷,荣震华、李金山等译,商务印书馆 1984 年版,第 169 页。

人”）和谓词（“精神”）的关系，“我们只要经常将宾词当作主词……就能得到毫无掩饰的、纯粹的、显明的真理”。[①] 他指出，“精神”并不是主语，它只是“现实的人”的谓语。费尔巴哈“主谓颠倒”的方法为马克思和恩格斯批判黑格尔提供了重要的方法论。在《黑格尔法哲学批判》中，马克思就是通过颠倒主语和谓语批判黑格尔的思辨的叙述方法的。他说：“重要的是黑格尔在任何地方都把观念当作主体，而把本来意义上的现实的主体变成了谓语。”[②]费尔巴哈首创的“主谓颠倒”的方法恢复了人的主体地位，为马克思全面超越黑格尔哲学指明了方向。尽管费尔巴哈感性直观的方法并没有真正理解“现实的人”，但是他开辟的方向深刻地影响了马克思和恩格斯。以至于40多年后，恩格斯在提到费尔巴哈的思想解放作用时还激动地说：“这部书的解放作用，只有亲身体验过的人才能想象得到。那时大家都很兴奋：我们一时都成为费尔巴哈派了。马克思曾经怎样热烈地欢迎这种新观点，而这种新观点又是如何强烈地影响了他（尽管还有种种批判性的保留意见），这可以从《神圣家族》中看出来。”[③]

马克思和恩格斯在《神圣家族》中与费尔巴哈到底是何种关系，这是一个有争论的话题。但是，面对他们对费尔巴哈的赞美，我们首先要思考不应该是谁有“费尔巴哈崇拜”的问题，而是到底如何评价费尔巴哈在黑格尔哲学解体过程中的作用。与青年黑格尔派围绕黑格尔体系内部的“实体”和“自我意识”的互相攻讦不同，费尔巴哈的“人本学唯物主义”第一次突破了黑格尔的体系，确实起到了重要的思想解放作用。尽管马克思和恩格斯思想转变是一个极其复杂的过程，但是费尔巴哈是一个非常重要的环节。正是在费尔巴哈的基础上，马克思和恩格斯才完成了唯心主义向唯物主义的转变，为他们进一步的思想探索指明了根本的哲学方向。马克思和恩格斯承认费尔巴哈是在黑

① 《费尔巴哈哲学著作选集》上卷，荣震华、李金山等译，商务印书馆1984年版，第102页。
② 《马克思恩格斯全集》第3卷，人民出版社2002年版，第14页。
③ 《马克思恩格斯文集》第4卷，人民出版社2009年版，第275页。

格尔哲学之后唯一有所贡献的，这并没有拔高费尔巴哈，相对于鲍威尔及其伙伴，费尔巴哈确实是唯一突破了黑格尔体系的。当然，费尔巴哈的突破还是不彻底的，他直接走到黑格尔的对立面，忽略了黑格尔辩证法的伟大功绩，他所回到的"现实的人"也只能是作为"感性对象"的人，而没能发展人的主观能动性。马克思则在后续的探索中以"实践"为基础发展了人的主观能动性，最终超出了费尔巴哈。

附录1:《辛利克斯〈政治讲演录〉第1卷》(全文)

布鲁诺·鲍威尔　著

辛利克斯先生在《政治讲演录》第一卷中写道，"看起来，我们的时代似乎想要在政治上有更大的发展。因为我们这个时代见闻广博的人尤其应该具有政治意义等等——接下来还是一些废话——……但是很遗憾，他们是世界主义者，而世界主义者对政治并不感兴趣。他们知道整个世界的消息，只是不知道自家身边的消息。"

我们能够很轻易地教给辛利克斯先生一个更好的东西，甚至也许能够让他的那些废话完全丧失信誉。见闻广博的人——很明显，他说的是大学里的见闻广博的人，在他抱怨这些人的时候，在他看来，他们是整个世界上最崇高的存在，——见闻广博的人难道不应该有任何政治意义，难道他们不应该对政治感兴趣？谁能够比一个见闻广博的人有更强烈的求知欲来负责旧的国家报新达到的数量呢？

见闻广博的人是世界主义者吗？在十八世纪，他们是一些空想家——因为辛利克斯先生在接下来的讲演中熟悉地讲述了整个世界历史，就像一个伟大的统治者在自己宫殿的大厅散步，因此，他在自己著作的开头应该更谨慎地避免这样的错误——世界主义是一个只属于18世纪的现象：我们时代的见闻广博的人日常生活中勤奋地研究国内报刊的官方内容，他们和空想家有完全不同的兴趣，但空想家却坐上了属于见闻广博的人的教席。

但是，辛利克斯在批评他的同事时对他们很不公平，他说他们“知道整个世界的消息，只是不知道自家身边的消息。”与此相反，批判家完全有理由提出那个据说涉及到人类的文化和发展而我们的见闻广博的人似乎已经从专业上解决了的问题作为任务。辛利克斯从什么地方了解了我们的见闻广博的人的消息？自由的批判家在什么地方不是第一个正确地提出了那些人们过去一直徒劳地想要解决的问题的呢？

“看起来，我们的时代似乎想要在政治上有更大的发展？”这里的“看起来！”是一个很严重的证据。它是一个反驳见闻广博的人的很严重的论据，因为见闻广博的人批评他的同事，说这些人知道各个领域的消息，却唯独不知道身边的消息——它是一个反驳见闻广博的人的很严重的证据，因为见闻广博的人忽略了整个世界历史，并且扳着手指来数他按照自己的观点把世界历史简化成的那些形式！“看起来，似乎……”？这不是知道自家身边消息的人会说的话！“政治？”凡是注意现代的社会发展、熟悉历史的人，他也必定知道，目前发生的政治运动具有和政治完全不同的意义——这些运动根本上说具有社会的意义，大家知道，在这类意义面前，所有的政治利益都成了毫无意义的东西。

辛利克斯先生无论是在自己家里，或是在世界的其他任何地方，都不是什么见闻广博的人物——他什么东西都不可能理解，因为批判在过去四年里开始起的作用决非“政治的”、而是社会的，而他对批判还依旧一无所知。在当前这一卷，他一直写到复辟时期，他的世界历史哲学是一派胡言，他的写作方式已经被黑格尔学派的各种著作反复用到，这种写作方式让人疲惫不堪，人们甚至开始希望他的讲演录是最后一部让人疲惫的书。

辛利克斯问道,“什么造成了宗教改革?”他在第102页回答道,“首先,精神对自身的内在确定性和自由产生了宗教改革,内在的确定性和自由与任何表面情况都是不同的,寻找并发现<! >自身的<! >本质本身,在这本书中<! >表达了这一点<! >。”我指责这本研究和描述宗教改革原理的新作。

辛利克斯在第182页说,“弗里德里希二世没有任何特殊的东西,他否定了这些东西。”18世纪的批判研究得出了不同的结果;在辛利克斯先生认识到这些之前,他首先要研究冯·卡莫尔先生发表的对普遍法典的构思,并把冯·卡莫尔先生的发现作为指导。

“激情”这个词在一个真正的黑格尔派的书中是不可或缺的,这一点是显而易见的:但辛利克斯还是让这一点变得太讨厌了:对他而言,米拉波就是“革命的激情”(第200页),“革命的大英雄”(第201页)——因而米拉波是被宫廷收买的米拉波,保皇派米拉波!辛利克斯先生(同上)虚构并夸夸其谈地说,“巴士底狱被攻占,妇女按照凡尔赛的意志使用大炮……米拉波大声疾呼,全体人民都在主张人权……”一个见闻广博的人本该对历史了如指掌,本该了解人权辩论的历史进程,本该了解米拉波在讨论人权期间提出的反对意见,他却对十月议会的报道做了不同的处理。

在这些有关十月议会的哲学空谈之后,他接下来说道:“接下来产生了所谓的宪法”——“我们在这里看到绝对的王权不再是绝对的”——这就是接下来有关宪法所说的全部内容,法兰西人民为了完善这部宪法在十月议会之后又花了近两年时间,此后又过了一年时间直到8月10日才完成了它。但辛利克斯先生把这一切变得更加轻而易举:他接下来写道,“1792年8月10日举行了第一次公约<! >会议<! >,这部宪法也终结了。”当法兰西人民能够在9月

21 日这一天在过去的立法会议的大厅里会见会议成员时,他们非常高兴:辛利克斯先生把时间缩短了,因为他没有时间读监控记录,或者稍稍更仔细地查阅历史—记录,而是草草看了一下。——对于他而言,问题只在于,他有"政治意义"而不只是一个"博学的人"。

一个报告人如果同时也是批判家,他就会知道过去的博学对于一个情况意味着什么,因此为了彻底地揭露无知的虚荣,他也必须做他要做的事,如果这个报告人并不认为这是自己的任务,在一部广博的著作中也没有详尽地说明这一点,人们并不会抱怨他。他只是对政治的博大以及黑格尔哲学的博大政治做了检验。辛利克斯先生说,从大革命到拿破仑"自由不受法则约束了,人们也不想要任何权利,反而推崇专制,这是革命了不起的地方"。——但是,事实上"了不起的"是立法者的努力,在国内战争和欧洲战争期间,在监控的"恐怖"结果面前,任何言辞都太微弱了。但是,战争年代在黑格尔哲学看来还是太艰苦了。

如果注意到现代历史的真正的趋向,就不会再提政治的意义了;然而,如果见闻广博的人认识到他们事实上还知道某些正派的东西,那肯定是社会意义。

(《文学总汇报》第 1 期,第 29—31 页。辛利克斯:《政治讲演录》第 1 卷,哈勒:施韦茨希克和索恩,1843 年,共 332 页。)

附录 2:《辛利克斯〈政治讲演录〉第 2 卷》(全文)

布鲁诺·鲍威尔　著

时代变迁非常之快。凡是没有完成任何发展过程的东西都受到了损失,因此,即使它们想要改变,也不可能改变。假若扯得远一些,那它们就是企图改变新的原则——不! 新东西不可能被曲解为空谈,从新东西那里剽窃个别的思想方法是不可能的。在过去一些天崛起又没落的大量革命人士与新事物没有任何共同点，也不想与新事物有任何共同点；他们是群众的盟友和发言人，群众把自己那个时代空洞、枯燥的概念和套话作为自己事实上占据着真理的证明，他们这样做是想要结束真正的进步。

还在几年之前，有些人就理解了如何处理黑格尔的体系的形式，即最后的教条体系的形式，知道如何掌握困难的术语，这些人是真正进步的人。为什么？因为他们揭露了体系的秘密，在这个体系中，概念（概念发展是过去世界教化的目的）达到了最高程度的简化。概念的价值还从来没有达到黑格尔学派（他们知道把一组概念互相排列成行，认为自己是建构世界的大师，并互相吹捧对方是大师）争论中的高度——但是，对概念的公式研究也从来没有变成一项比在黑格尔学派这里更加不可靠的游戏。随后出现的彻底破产证明了该游戏的不可靠：玩游戏的人本身当他们试图胜过自己和对手的时候就已经有了如下致命的意识，即他们赋予它们的公式的价值只是一个想象的价值，即是说，游戏只是游戏而已。

就像从前在荷兰，人们曾赋予一颗洋葱上千的价值。到了付钱的那一天，没有任何人能付得起。如果严肃地对待“真理、自由和现实”等等而且单纯的公式也不再受到尊重，那么，到目前为止从一个人的手中流转到另一个人手中的马克也丧失了它的价值。

教条的概念被推崇为神圣的力量，因为眼睛还没有看到现实世界，因为人们还没有认识到人类关系的真正财富，没有认识到历史的非凡内容，没有认识人的意义。简单的概念取代了人的位置，概念辩证法是只有哲学才了解的诸神之战，因为哲学还没有看到历史的斗争，没有受到群众和精神的斗争（这场斗争是到目前为止整个历史的目标）的惩罚。

简单概念是那些经不起认真研究的概念的最后的避难所：辛利

克斯先生在讲座第一卷已经给出了证明,如果人们举例来说想要把革命还原为一个“简单概念”,人们就必须用到这些陈词滥调、一派胡言——如,“不正确”是一个表达,这个表达是不合时宜的,因为在这种情况下,它和事实的状况没有任何关系。当哲学家完成了他最后的义务,并且想要试着阐明哲学体系的细节(借助这些细节,一个有关革命的现实描述和评价就出现了,而且被列入“概念辩证法”之中),他完成了这个证明。

哲学家的使命就是要实现群众的衷心愿望。哲学家给了他们简单的概念和套语,知道群众对这些东西也感到恶心,纯粹的虚无为他们的贫乏找到了另一个表达。他们的代言人的胜利总是一瞬间的事——它现在已经结束了;消除构成整个过去历史的材料,这项任务很快就摆在了面前。

政治讲演录第二卷涉及的东西最主要的套话,因此我们只是用最主要的套语来书写现在的历史。

辛利克斯先生反对他所理解的现代批判,他说道,“新的、纯粹的活动是一个多么可怜的活动,所有实质的内容都是赤裸裸的。这样的活动虽然否认、消灭一切,但却不能看到、完成任何东西;因为它不具备任何能够调解自身的东西,因为它无法调解自己”(第308页。)

“按照教会的信仰,宗教启示出来的东西,(第280页)是精神本身的真理和自由。”

“如果人们没有把宗教和教会本身理解为自由的共同体,而是在知识中并不追求精神,反而坚持知识的单纯形式,坚持自我意识(第291页反对《自由的正义的事业》中提出的宗教启蒙时说道)从此以后,人们就自由了。”

按照政治演说家的说法,“真正的学说自由在于,使信仰与科学发展和知识处于流动的统一之中。”（第293页。）

“现在，激情是德国统一，这种观念的灵魂是民族精神。”（第169页）这种激情，例如“在科隆大教堂”那里，证明了自己。（同上。）

这种“追求统一的精神”起源于（第250页）“解放战争”。

一般而言，“我们的最近的记忆是自由战争”（第489页）。辛利克斯先生和与他有共同信仰的人由于睡着而错过了另一场战争。

“德国的统一”——他一边搓着惺忪睡眼，一边呼吁道——“为了整体、为了自由的自我确定性在公开的事业中做出牺牲是而且永远是我们的答案。”（同上。）——

在《自由的正义的事业》中已经解释了，批判是所有学科到现在一直忙着解决的那些任务的答案，批判解开了各门科学的奥秘，批判引起了冲突，在冲突的过程中，必然被那些学科排斥。需要认识到的是，——辛利克斯先生甚至让他的说法出版——人们在多大程度上在学科之内说出了新时代的利益，人们也就在多大程度上理解了如何评价这些利益：各个学科对此又做了些什么呢？它们把虚弱和无能变成了自己的事业。批判此前已经告诉了它们，它们必须这样做。

（《文学总汇报》第5期，第23—25页。辛利克斯：《政治讲演录》第2卷，哈勒，1843年，共489页。）

三、恩格斯在《神圣家族》中的思想高度

恩格斯在《神圣家族》中的字面上的贡献率并不高。在这部书22印张的篇幅中，恩格斯仅仅写作了不到2个印张，字面上的贡献不足十分之一。我们不免要问：恩格斯是一个能力匹配的合作者吗？如果是，如何看待恩格斯简短的文字？

必须指出的是,马克思和恩格斯原本的分工额度并没有如此悬殊。按照最初的计划,《神圣家族》的规模不会超过10个印张。1844年10月,马克思开始给《神圣家族》寻找出版商。1844年10月7日,马克思致信尤里乌斯·康培公司写道:"我和恩格斯写了一本反对布鲁诺·鲍威尔及其伙伴的小册子,篇幅大约为10个印张。"①这一文献信息告诉我们,马克思认为他自己已经基本完成预定的写作内容。否则,他不会急于找出版商谈论出版的事。此时,《神圣家族》只有10个印张。在马克思寻找出版商之前,恩格斯曾写信给马克思催促他尽快完成写作。这表明,马克思此时已经大大拖延了工期,这10个印张的内容是马克思拖延交稿时间之后才写出来的。按照原计划,马克思用不着写作如此长的时间,也用不着写作多到10个印张的内容。不仅如此,在最终出版时,马克思更是把《神圣家族》拓展到了22个印张。全书中大约有12个印张的内容是马克思一个人在1844年10月之后增加进去的。这就使得马克思承担的部分显得格外厚重,而恩格斯完成的部分显得更加薄弱了。

(一)恩格斯的思想水准与马克思一致

首先,恩格斯参与《神圣家族》本身就是一种信号。它表明马克思与恩格斯的互相认可。马克思认可恩格斯的思想水准,才会邀请他一起参与写作。恩格斯认可马克思的基本观点,才会参与该书写作。具体说来就是他们共同认可,为了捍卫"现实人道主义",必须对思辨唯心主义作彻底的批判。青年黑格尔派代表了德国唯心论哲学传统在当时的发展潮流,他们把"人"归结为"自我意识",选择性地忽视"现实的个体的人"的完整生活状态,这一做法深深地植根于德国的哲学传统之中,并且深入到德国人的骨髓之中。德国的共产主义思想从理论、精神出发的基本路径就渗透着德国唯心论传统的影响。

① 《马克思恩格斯全集》第47卷,人民出版社2004年版,第324页。

在德国要实现无产阶级的解放,必须揭露已经占据了“形形色色社会主义”理论家的头脑的唯心主义传统,让他们走出通过观念中的理论斗争就能实现解放的误区,而这一切只有在揭穿了思辨哲学的幻想之后才能实现。

其次,恩格斯完成的内容与《神圣家族》的主题贴切。《神圣家族》是马克思和恩格斯经过商讨之后开始写作的。恩格斯利用他在巴黎逗留的十天完成了预定的写作内容,在这十天中,恩格斯大多时间待在马克思的家里。也就是说,恩格斯《神圣家族》的写作过程贯穿着他与马克思的讨论。正因为如此,恩格斯写作的内容能够被马克思丝丝入扣地镶嵌进《神圣家族》的整体逻辑之中,而丝毫没有突兀感。不仅如此,恩格斯对鲍威尔伙伴的每一次批判都切中《神圣家族》的创作目的:“识破思辨哲学的幻想”①。

再次,恩格斯的写作风格与《神圣家族》整体保持了一致。《神圣家族》作为一部论战性的著作,马克思和恩格斯在该书中充分展示了他们作为辩手的天赋。对于他们的批判对象,恩格斯像马克思一样,选用了非常辛辣的笔触,把赖哈特、法赫尔、荣格尼茨和埃德加的观点刻画为黑格尔哲学的漫画。其突出特点是干瘪、抽象、毫无现实内容:“它是一个老太婆,而且将来仍然是一个老太婆;它是年老色衰、孀居无靠的黑格尔哲学。这个哲学搽胭抹粉,把她那干瘪得令人厌恶的抽象的身体打扮起来,在德国的各个角落如饥似渴地物色求婚者。”②

最后,恩格斯写作内容的思想水平与马克思持平。尽管恩格斯写作的内容简短,但这并没有影响其文本的思想水平。对照马克思所承担的部分,恩格斯对鲍威尔伙伴的批判与马克思是一样的。第一,他们都指责鲍威尔伙伴的理论是漫画化了的黑格尔理论,只是在用黑格尔的范畴制定公式,抽象掉了现实历史进程中的丰富内容。第二,恩格斯与马克思一样,指出群众的愚蠢是批判家自己创造出来的。批判家为了证明自己是历史进步的领路人,把群众置

① 《马克思恩格斯全集》第2卷,人民出版社1957年版,第7页。

② 《马克思恩格斯全集》第2卷,人民出版社1957年版,第22页。

于自己的对立面,把他们描绘成愚蠢的一群人。这群人由于缺少批判家的完满的意识,无法影响历史的发展进程。第三,他们都指明鲍威尔及其伙伴的哲学无法改变历史的发展进程。他们都指出了鲍威尔哲学所主张的革命只是思维领域内部的革命,并不能消灭现实生活中的贫困,也不能推动人的解放。第四,他们都主张"群众的共产主义"反对"唯灵论的共产主义"。所谓"唯灵论的共产主义"即仅仅通过思想上的变革,从思想中消灭私有财产就能带来共产主义。针对这种想法,马克思和恩格斯都明确主张必须有群众的共产主义的行动才能消灭资本主义私有制,才能实现人的解放。

(二)恩格斯写作内容简短的原因探析

第一,恩格斯认为《文学总汇报》无足轻重,不值得花费太大精力与之纠缠。1845 年 3 月,恩格斯写信给马克思,告知对方收到了《神圣家族》,并对马克思完成的部分赞不绝口。但是,恩格斯指出:"我们两人对《文学报》所采取的严正的鄙视态度,同我们竟然对它写了 22 印张这一点很不协调。"①恩格斯之所以写得如此精简,原因就是,他认为这些人的作品不值得长篇大论去讨论。事实上,最终的结局也如恩格斯所料,《神圣家族》还没有找到出版商,《文学总汇报》就寿终正寝,在 1844 年 10 月停刊了。停刊的原因很简单:《文学总汇报》表面上是要借助文学评论表达自己对时事的态度,实质上是青年黑格尔派用思辨逻辑剪裁事实,它最终成了青年黑格尔派自说自话的舞台,在理论界压根没有引起重视,更没有引发大范围讨论;更重要的是整个报刊对广大群众采取鄙夷的态度,尽管它讨论的也都是群众关心的热点问题和畅销书,但是用普通人能听得懂的语言说话对他们似乎是一件极其困难的事情(当然也是他们极度鄙视的事情),"思辨的结构"使他们行文云山雾罩、晦涩难懂,这样的杂志当然没有读者,最终只能停刊。

---

① 《马克思恩格斯全集》第 47 卷,人民出版社 2004 年版,第 350 页。

第二,恩格斯分工处理的人物本身就无足轻重,这决定了恩格斯用不着长篇大论。在《文学总汇报》的供稿人中,赖哈特、法赫尔和荣格尼茨本身的理论水平远不及鲍威尔兄弟和塞利加,尽管恩格斯也讨论了埃德加·鲍威尔的文章,但是这两篇文章本身就是一篇短文,"特莉斯坦女士的工人联合会"仅有5页,"贝罗论娼妓"一文虽有10页,但是埃德加并没有正面阐述自己的观点。相比较而言,埃德加的"蒲鲁东"一文有16页,该文不仅讨论的对象极其重要(马克思到《资本论》手稿时期还在与蒲鲁东论辩),而且埃德加本人的观点也更加鲜明。此外,马克思所批判的布鲁诺·鲍威尔和塞利加更是所有供稿人中最有才华的人物,并且这二人的文章讨论的都是"现象级"的问题:鲍威尔讨论的是在德国引发巨大震动的"犹太人问题",塞利加讨论的是在英法德引起广泛关注的《巴黎的秘密》。恩格斯在《神圣家族》中所批判的对象的地位,决定了恩格斯不会像马克思那样对批判对象做细致入微的剖析。

第三,恩格斯与鲍威尔兄弟及其伙伴没有那么深的思想渊源,不需要费尽力气与之完成思想切割。恩格斯早年在柏林大学做过旁听生,与青年黑格尔派有过一定的交往,并曾从属于"自由人"这个思想团体。尽管在此期间受到这个思想团体的影响,并一度因此与马克思会面时不欢而散。但是,毕竟恩格斯在"自由人"团体中活动的时间并不长,他在1842年就到英国曼彻斯特照顾自家企业了。工作中的现实遭遇对恩格斯早期的信条构成很大挑战。在写作《神圣家族》之前,他在对英国现实问题的研究中已经发生了重大思想转变,认识到经济事实才是历史发展的决定性力量,而不是德国哲学家口中的原则影响历史的进程。当恩格斯得出这种认识时,他已经大体上摆脱了青年黑格尔派的影响。总之,比起马克思来,恩格斯所受到的青年黑格尔派的影响小得多。恩格斯在新世界观形成的过程中,不需要像马克思那样与青年黑格尔派作痛苦的思想剥离。同时,恩格斯没有与青年黑格尔派的正面思想冲突。在《神圣家族》中,马克思与布鲁诺·鲍威尔的论战占了很大的篇幅。可以说,反驳布鲁诺·鲍威尔是马克思写作《神圣家族》的一项重要任务。当马克思的《论犹太人问题》发表之后，鲍威尔在《文学总汇报》上发表了《目前什么是批判的对象?》，不点名地批判了马克思。捍卫自己的《论犹太人问题》，就成了马克思不得不完成的任务。相对而言，恩格斯并不需要完成对特定对手的批判。

第四，恩格斯关注的焦点在于工人阶级的解放问题。同样是在 1845 年 3 月写给马克思的信中，恩格斯提出："对思辨和整个抽象本质所作的大部分批判根本不会为大多数读者所理解，也不会引起人们的普遍关注。"[①]在恩格斯看来，马克思花费了巨大的篇幅来讨论青年黑格尔派的思辨哲学，这样做出力不讨好，因为这些问题完全无法提起读者的兴趣。对于普通的德国人而言，他们关注的是那些能够给他们带来实实在在利益的斗争，而不是青年黑格尔派正在做的理论批判。由于在英国的工作经历，恩格斯已经把工人阶级作为消灭私有制的主体力量。在马克思写作《神圣家族》的同时，恩格斯正在全力写作《英国工人阶级的状况》，为欧洲工人阶级的觉醒贡献自己的力量。在恩格斯这里，尽管批判思辨唯心主义也非常重要，但是当务之急并不是批判，而是直接为工人阶级提供理论，推动其觉醒。

① 《马克思恩格斯全集》第 47 卷，人民出版社 2004 年版，第 350—351 页。

第四章　政治经济学批判与建构市民社会科学的初步尝试

在《文学总汇报》上，埃德加·鲍威尔发表了针对蒲鲁东的《什么是财产?》的评论文章《蒲鲁东》。在这篇文章中，埃德加压根不理解蒲鲁东所从事的政治经济学批判的科学意义，反倒是抓住蒲鲁东把平等绝对化的观点，把蒲鲁东变成了一个可笑的神学家。埃德加的做法引起了马克思的注意。在《1844年经济学哲学手稿》中，马克思就曾高度赞扬蒲鲁东对现代私有财产关系的批判，并在两处评论之后加上"（蒲鲁东）"的字样，提示需要进一步从客体角度理解私有财产和从平等批判私有财产的问题上反思蒲鲁东。放在一个更大的背景里来看，如何看待蒲鲁东以及蒲鲁东对政治经济学的批判，涉及的是如何看待现代市民社会科学问题。马克思和埃德加表面上是在争论如何看待一个法国理论家的贡献和局限，其实马克思背后是在追问如何通过政治经济学批判透视现代社会运行机制的问题。

一、作为市民社会科学的政治经济学批判

作为一个浸润着德国古典哲学成长起来的思想家，马克思一开始并没有认识到政治经济学批判的科学地位。他在遭遇到"物质利益难题"并退回书

斋研究黑格尔法哲学的过程中开始认识到，解剖现代市民社会必须诉诸政治经济学。之后在恩格斯的《国民经济学批判大纲》的影响下，马克思开始注意到政治经济学批判的科学价值，并终于在《1844 年经济学哲学手稿》开始了对政治经济学的批判。对于马克思而言，他一生孜孜以求的政治经济学批判具有市民社会科学的重要价值。

第一，政治经济学批判能够揭露政治经济学本身的自相矛盾。对于任何一种理论而言，逻辑上的连贯都是科学性的基本要求。如果一种理论在逻辑上是自相矛盾的，或者说经常陷入二律背反，那么它不可能是科学的。政治经济学就是一门经常自相矛盾的科学。比如，马克思的《1844 年经济学哲学手稿》指明了政治经济学在工人的要求上留下的五个自相矛盾。第一个自相矛盾是，它一方面说“劳动的全部产品属于劳动者”，另一方面又说“工人得到的是产品中最小的、万万不能缺少的部分”。第二个自相矛盾是，它一方面说一切都可以用劳动购买，另一方面又说“工人不但不能购买一切东西，而且不得不出卖自己和自己的人性”。第三个自相矛盾是，它一方面说“劳动是增加产品价值的唯一东西”，另一方面又说土地所有者和资本家处处高踞于工人之上。第四个自相矛盾是，它一方面说“劳动是唯一不变的物价”，另一方面又说劳动的价格最容易剧烈波动。第五个自相矛盾是，它一方面说工人的利益与社会利益是一致的，另一方面又说社会利益与工人的利益是对立的。这五个自相矛盾的正题都可以直接从斯密等政治经济学家的著作中找到，也是政治经济学相信自己能够促进包括工人在内的全体社会成员幸福的原因。而反题则可以从政治经济学家们的论证过程中推论出来。政治经济学的理论包含如此多的自相矛盾，根本配不上市民社会的科学这一称号。只有通过对政治经济学的批判才能建立起这样的科学。

第二，政治经济学批判能够揭露市民社会阶级关系的真相。政治经济学的一个重要贡献就在于它率先分析了现代文明社会中资本家、土地所有者和工人这三大阶级之间的关系。在政治经济学那里，现代文明社会的三大阶级按照他们各自在社会财富生产中的贡献领取自己的收入，整个社会是一个和谐的大家庭。亚当·斯密的“收入形式理论”就是这样理解三大阶级之间的关系的。马克思通过政治经济学批判认识到，资本主义社会的三大阶级是在相互斗争中获得自己的收入的，它们之间的关系并不和谐。《1844 年经济学哲学手稿》通过分栏写作的形式比较工资、利润和地租，就是要以最直观的形式把三者互相作用的关系展示出来，指出它们之间的关系并非政治经济学所描绘的“玫瑰色”，而是充满了对抗和冲突。马克思一开篇就提出，“工资决定于资本家和工人之间的敌对的斗争”①，资本是“对他人劳动产品的私有权”②，“土地所有者的权利来源于掠夺”③。对于任何一门科学而言，其真理性都在于理论要符合客观实际，而不能违反事实。政治经济学的阶级关系理论恰恰违背了资本主义社会阶级关系的客观现实，虚构了三大阶级和谐共生的假象。

第三，政治经济学批判能够揭露政治经济学的意识形态本质。政治经济学自认为是科学，是服务于全社会的利益的，马克思通过对政治经济学的批判指明了，它其实只不过是在维护资本家的利益。首先，马克思指出，政治经济学宣称自己的目标是整个社会的幸福，其理论的结果却是有产阶级的幸福和工人阶级的不幸。马克思在《1844 年经济学哲学手稿》中详细考察了工人在经济衰落、增长和繁荣三种主要社会状态中的生活水平。当社会财富衰落时，工人遭受的痛苦最大，因为他们会大量失业，面临生存危机。当社会财富增长时，工人一方面会由于工资提高而过度劳动进而会缩短工人的寿命，但是残忍的是，工人寿命缩短对整个工人阶级却是有利的，因为这样会产生对劳动的新需求；另一方面由于只有当大量劳动积累起来时社会财富才会增长，这只不过意味着工人受到了更多的剥削。即使在这种对工人最有利的社会状态里，工

① 《马克思恩格斯文集》第 1 卷，人民出版社 2009 年版，第 115 页。
② 《马克思恩格斯文集》第 1 卷，人民出版社 2009 年版，第 129 页。
③ 《马克思恩格斯文集》第 1 卷，人民出版社 2009 年版，第 142 页。

人的结局也是劳动过度或早死的悲惨结局。当社会财富达到顶点时，对工人的需要也达到饱和，以至于超出社会需要之外的工人注定会死亡。“在社会的衰落状态中，工人的贫困日益加剧；在增长的状态中，贫困具有错综复杂的形式；在达到完满的状态中，贫困持续不变。”①在政治经济学的理论中，无论经济如何发展，工人的贫困水平都没有受到根本影响，这种理论压根不关注工人阶级的利益，而是只服务于有产阶级的利益。其次，马克思还以政治经济学的竞争理论为例说明了政治经济学只关注资本家的利益。他注意到亚当·斯密在《国富论》中提出了关于竞争良好作用的观点，按照斯密的理解，竞争一方面有助于劳动力市场上工资的提高，另一方面有助于商品市场上价格的降低，从而起到有利于公众的作用。马克思指出，亚当·斯密这里的说法表明，政治经济学也承认资本家赚取垄断价格的行为与社会利益是冲突的。但是，竞争并不能像亚当·斯密所设想的那样起到限制资本家的作用，反而会引起资本的集中，进而使大部分资本家破产落入无产者，使小部分资本家能够赚取更多的垄断价格，进而更大地伤害社会的利益。由于在激烈的竞争中，大资本压垮了与之竞争的各种小资本，其结果是：“在这种竞争中，商品质量普遍低劣，伪造、假冒，无毒不有，正如在大城市中看到的，这是必然的结果。”②亚当·斯密的政治经济学之所以对资产阶级霸占社会财富的现象视而不见，是因为他本身就站在资本家阶级的立场上：“当它确定工资和资本利润之间的关系时，它把资本家的利益当做最终原因”③。政治经济学是服务于特定阶级的意识形态，压根不能称其为现代市民社会的科学。

第四，政治经济学批判能够揭露资本主义私有财产的秘密。政治经济学之所以在理论上陷入了自相矛盾，之所以会无视资本主义阶级关系的对抗性，根本原因就在于它从自然法和抽象人性论出发认为私有制是天然合理的，默

① 《马克思恩格斯文集》第1卷，人民出版社2009年版，第122页。

② 《马克思恩格斯文集》第1卷，人民出版社2009年版，第136页。

③ 《马克思恩格斯文集》第1卷，人民出版社2009年版，第155页。

认了私有财产的增长有利于一切阶级。马克思指出,“国民经济学从私有财产的事实出发。它没有给我们说明这个事实”①。马克思在《让·巴蒂斯特·萨伊〈论国民经济学〉一书摘要》中就提出了这一判断,他说:“私有财产是一个事实,国民经济学对此没有说明理由,但是,这个事实是国民经济学的基础”②。政治经济学没有说明私有财产这个事实有诸多表现,比如:“它把私有财产在现实中所经历的物质过程,放进一般的、抽象的公式,然后把这些公式当做规律。它不理解这些规律,就是说,它没有指明这些规律是怎样从私有财产的本质中产生出来的。”③政治经济学追求的是国民财富或私有财产的增殖,为了说明不同阶级的私有财产状况,亚当·斯密讨论了工人的工资、资本家的利润和土地所有者的地租分别受什么状况影响,并提出工资、利润和地租之和是一国国民总收入以及利润和地租是劳动工资的扣除之类的公式,认为这些公式反映了国民财富的发展状况。对于经济中到处都出现的贫困化、欺诈、竞争、对抗等现象,只能“用外部情况来说明”,而不理解它与“必然的发展过程”④的关系。只有通过对政治经济学的批判,才能说明私有财产的本质,这个本质就是“异化劳动”。私有财产运动及其整个制度体系决不像政治经济学所设想的那样是天然合理的、合乎人性的,反而是充满罪恶的。只有通过政治经济学批判才能看到这一点。

当然,《1844 年经济学哲学手稿》对于政治经济学的批判还是很初步的,在《神圣家族》中对于蒲鲁东著作的研究可以视为马克思政治经济学批判的延续。马克思早就对蒲鲁东的新著《什么是所有权?》有一定的了解。当埃德加在《文学总汇报》中把蒲鲁东的思想歪曲到可笑的程度,并把蒲鲁东作为神学家来批判,马克思在批判埃德加尔的过程中对蒲鲁东的认识也更加深刻,从

① 《马克思恩格斯文集》第 1 卷,人民出版社 2009 年版,第 155 页。

② 《马克思恩格斯文集》第 1 卷,人民出版社 2009 年版,第 783 页。

③ 《马克思恩格斯文集》第 1 卷,人民出版社 2009 年版,第 155 页。

④ 《马克思恩格斯文集》第 1 卷,人民出版社 2009 年版,第 155 页。

而连带着也批判了蒲鲁东。在马克思对于埃德加尔和蒲鲁东的批判中，政治经济学是核心议题，这一议题关系到如何科学地理解现代市民社会。

二、埃德加对政治经济学一窍不通

在《神圣家族》中，马克思对于埃德加的《蒲鲁东》一文给予高度关注。马克思高度重视这篇论文是因为，其中涉及了如何对待政治经济学批判的问题。埃德加作为“职业神学家”的一员，眼中只能看到神学的对象。他提出，蒲鲁东用“平等”来批判财产表明了蒲鲁东把“平等”绝对化了，“平等”在蒲鲁东那里成了上帝一样的神圣存在。对于埃德加这位批判家来说，自我意识之外是不允许存在任何“绝对的”“神圣的”客体的，所以他积极批判蒲鲁东的政治经济学批判。在马克思看来，这一切暴露了埃德加完全不理解蒲鲁东工作的意义，不理解政治经济学批判对于理解现代市民社会的科学价值。

（一）埃德加·鲍威尔对蒲鲁东的“神学化”解读

在《文学总汇报》第5期，埃德加·鲍威尔发表了长篇批判性评论文章《蒲鲁东》，向德国读者摘引、翻译、介绍《什么是财产?》，同时对其中的观点提出批判的意见。由于《什么是财产?》是一部用法语写作的新著，埃德加·鲍威尔在《蒲鲁东》一文中首先需要把这部著作介绍给德国的读者，因此他花了大量的篇幅来摘引翻译蒲鲁东的新书，这一部分占到全文内容的八成以上。在翻译的过程中，埃德加并没有认识到自己翻译的问题，他以为自己是在老老实实、原原本本地向德国读者介绍蒲鲁东。所以在这一部分内容之中，埃德加也没有对蒲鲁东提出批判。埃德加对蒲鲁东的批判出现在他摘录翻译《什么是财产?》的原文之后。埃德加·鲍威尔对蒲鲁东的批判表现在以下几个方面。

1. 批判蒲鲁东把公平概念绝对化

在《什么是财产?》中,蒲鲁东提出:“我不创立任何体系,我要求废除特权、消灭奴隶制、权利的公平和法律主宰一切。公平,并且仅仅是公平,这就是我的理论的要领。”①由此,埃德加批判蒲鲁东把公平概念绝对化。埃德加·鲍威尔在转述了蒲鲁东在法学领域内对所有权的批判之后,他接着说,“蒲鲁东发现了某种绝对的东西,发现了历史的永恒基础,发现了为人类指引方向的神,它就是公平,公平是人类社会的‘中央恒星’、‘中轴’”②。把公平概念绝对化并不是埃德加的目的,埃德加更进一步把蒲鲁东的公平同宗教中的神相提并论,指责蒲鲁东的思想是神学。“每一种宗教观念的特点都是把这样一种情况奉为信条:两个对立面中最后总有一个要成为胜利的和唯一真实的。教会过去一直忍受着异教徒和不信神的人的激烈反对,并一直在和他们抗争,教会即将胜利,恶魔终将失败,那时千年王国就出现了。”③值得一提的是,马克思后来在《德意志意识形态》中总结了思辨哲学把批判对象归结为宗教的一贯伎俩。他说,“宗教的统治被当成了前提。一切占统治地位的关系逐渐地都被宣布为宗教的关系,继而被转化为迷信——对法的迷信,对国家的迷信等等。”④埃德加·鲍威尔看到蒲鲁东把平等绝对化,就把蒲鲁东等同于他习惯批判的神学家,完全无视了蒲鲁东工作的价值。

2. 批判蒲鲁东片面地以贫穷反对财产

在《蒲鲁东》一文中,埃德加指责蒲鲁东片面地抓住贫穷的事实。他说:

---

① [法]蒲鲁东:《什么是财产?》,孙署冰译,商务印书馆1982年版,第40页。为了论证方便,译文参照《马克思恩格斯全集》作了修改,参见《马克思恩格斯全集》第2卷,人民出版社1957年版,第28页。

② Edgar Bauer,“Proudhon”,in *Allgemeine Literatur-Zeitung*,heft 5,S.40.

③ Edgar Bauer,“Proudhon”,in *Allgemeine Literatur-Zeitung*,heft 5,S.40.

④ 《马克思恩格斯文集》第1卷,人民出版社2009年版,第515页。

“贫穷困苦的事实使蒲鲁东片面地进行了一些思考;他认为这个事实是同平等相抵触的;这个事实使他有了自己的武器。于是,对于他而言,这个事实就成了绝对的、合理的,而所有权这个事实则成为不合理的了。”①在埃德加这里,私有制不仅造成了贫困,而且也创造了财富。他认为,蒲鲁东只是片面地抓住了私有制造成了贫穷这个事实,用这个事实来批判所有权。“蒲鲁东著作的很多地方都表明,他尤其关注社会的一个方面,即受压迫的贫穷人、‘无产者’,而且相信自己必须为他们写作。”②蒲鲁东把社会上存在着贫穷的人视为现代社会的弊病,并且把这种弊病归因于所有权(私有制),以此来反对私有制。在埃德加看来,这是一种片面的做法,把自己片面抓住的事实视为绝对的,无限夸大这个事实,用它反对所有权。

埃德加指出,正确的做法是把贫穷和富有作为一个整体来看待:“与此相反,批判把贫穷和所有权这两个事实合而为一;它认清了二者的内在联系,使它们成为一个整体,并且根据这个整体本身探询其存在的前提。”③所谓把贫穷和所有权这两个事实视为一个整体,也就是把当前贫富极端对立的社会状况视为一个整体,埃德加所要做的是,研究这个整体存在的前提。尽管埃德加在整篇文章中并没有明确说出是什么造成了当前贫富极端对立的社会整体状况,但是我们还是能够按照鲍威尔“纯粹批判”哲学的一般路径,找出青年黑格尔派会给出的原因:那就是当前社会中的人的自我意识还没有充分发展,还没有达到普遍的自我意识。由于人的精神还没有充分发展,人的普遍的自我意识还没有形成,还在受排他性的自我意识的束缚,所以才会存在每个人都为了自身利益最大化而忙碌的情景,由此造成了人和人之间的相互对立、彼此欺诈。鲍威尔的“纯粹批判”哲学就是要消灭这种排他性的自我意识,推动精神发展,以求建立一个人人平等的社会。

---

① Edgar Bauer,“Proudhon”,in *Allgemeine Literatur-Zeitung*,heft 5,S.40-41.

② Edgar Bauer,“Proudhon”,in *Allgemeine Literatur-Zeitung*,heft 5,S.40-41.

③ Edgar Bauer,“Proudhon”,in *Allgemeine Literatur-Zeitung*,heft 5,S.40-41.

3. 批判蒲鲁东反对所有权的证明

埃德加批判蒲鲁东反对所有权的论证过程。埃德加·鲍威尔非常精炼地转述了蒲鲁东的论证过程,他认为,蒲鲁东反对所有权的证明犯了自相矛盾的错误。第一个自相矛盾是,平等既是所有权的根据,又是反对所有权的根据。在分析所有权的起源时,蒲鲁东说:"社会性、正义、公道,这就是本能在它的三种不同程度上的确切的定义,这个本能使我们和同类交往,它的具体的表现是可以用下列公式来说明的:对自然财富和劳动产品有公平享受的权利。"①在蒲鲁东看来,所有权是从人追求平等的本能中产生的。但是,蒲鲁东反对所有权,又是以所有权有损平等为论据。"蒲鲁东也是很实际的,他发现了平等这个概念是证明财产的根据以后,就从这个概念出发来反对财产。"②

蒲鲁东的第二个自相矛盾表现在,劳动既是社会的,又是非社会的。蒲鲁东之所以认为劳动不能产生所有权,是因为"劳动就其特征而言是某种公共的东西,而不是孤立的、私人的东西"。也就是说,尽管是我自己通过劳动创造了一个物品,但是我的劳动是整个社会的产物,是社会性的,离开社会,我不可能创造这件物品,所以是社会创造了这件物品,而非我个人独自创造了它。但是,蒲鲁东又反对报酬和工资,而报酬和工资恰恰表明了人的劳动的社会性,也就是说,蒲鲁东又"消灭了劳动的这种社会性质"。此外,蒲鲁东一方面说劳动的目的是维持个人的生命,另一方面又说劳动是社会性的;一方面说工人在联合中会激发出个人所不具备的力量,另一方面又说工人只关心劳动所得与个人付出是否成比例。总之,蒲鲁东对劳动的界定充满了自相矛盾。

蒲鲁东的第三个自相矛盾表现在,他反对所有权的辩证法得出了互相对

---

① ［法］蒲鲁东:《什么是财产?》,孙署冰译,商务印书馆 1982 年版,第 256 页。

② Edgar Bauer,"Proudhon",in *Allgemeine Literatur-Zeitung*,heft 5,S.46.

立的结果。埃德加指出,蒲鲁东用劳动反驳所有权时用到的辩证法是无力的。这种辩证法造成的结果是,“他从劳动是财产的基础这条基本原则得出了两个相互对立的结果:1)劳动导致财产的公平,2)劳动破坏了财产。”①

蒲鲁东不仅有自相矛盾的错误,还有神秘主义的错误。埃德加·鲍威尔认定,蒲鲁东在处理劳动问题时,还犯下了神秘主义的错误。蒲鲁东在《什么是财产?》中提出,大自然可以创造出很多柏拉图和牛顿,但是它并没有这样做,而是不多不少恰好创造出了社会所需要的有才干的人。针对这一点,埃德加说:“他不应该得出这样的结论:具备社会性的社会并非只能创造这么多有才干的人,而且也是必须创造这么多有才干的人。”②

4.批判蒲鲁东在国民经济学的范围内批判国民经济学

埃德加在《蒲鲁东》一文中,分析了蒲鲁东著作中多次表现出来的自相矛盾,在埃德加看来,蒲鲁东之所以会犯自相矛盾的错误,是因为他是在国民经济学的范围内批判国民经济学。以劳动时间为例,蒲鲁东接受了国民经济学的一般观点,把劳动时间作为工人报酬高低的依据。但是在蒲鲁东那里,人的工作是社会性的工作,工资的高低是由社会决定的,劳动时间并不能决定一个人拿多少工资。埃德加指出:“如果他想保留工资的概念,如果他想把社会看做一个给我们工作并支付给我们工作报酬的组织,那么,他就更没有理由把时间当作报酬的度量,因为他不久前曾跟着胡果·格劳修斯提出了这样一种思想:在事物的重要性方面,时间是无关紧要的。”③在蒲鲁东那里出现了一个无解的矛盾:时间既能决定工资的高低,又不能决定工资的高低,之所以会出现这样的情况,是因为蒲鲁东所理解的时间是狭隘的时间,只是从工人工资度量衡的角度来看待时间,而没有跳出工资的范围来看待时间。所谓跳出工资的

---

① Edgar Bauer,“Proudhon”,in *Allgemeine Literatur-Zeitung*,heft 5,S.47.

② Edgar Bauer,“Proudhon”,in *Allgemeine Literatur-Zeitung*,heft 5,S.47.

③ Edgar Bauer,“Proudhon”,in *Allgemeine Literatur-Zeitung*,heft 5,S.47.

范围来看待时间,就是把劳动时间与人的自由发展联系起来考察。

在这里,埃德加已经触及了蒲鲁东国民经济学批判的最大问题,即蒲鲁东没有离开国民经济学的基地批判国民经济学。但是,正如马克思指出的,埃德加的批判还是很肤浅的。例如他指出:“为了强迫有才能的人接受上述尺度,蒲鲁东竟滥用自由交易这个概念,并断言社会和社会的单个成员本来就有权利拒绝有才能的人的产品。但是,这样一来,他又和自己的主张是对立的,他曾提出,社会人创造的工作同时也是属于社会的。”①在批判蒲鲁东自相矛盾的时候,埃德加没有注意到,蒲鲁东的这些论断并没有滥用“自由交易”的概念,无限夸大它的作用,而是遵守了国民经济学的基本常识,把所有的交易都建立在经济人假设之上,即所有的交易都是经济人出于自身利益最大化的考虑而自由缔结和约的行为。

5. 批判蒲鲁东的未来社会理论

埃德加批判了蒲鲁东关于未来理想社会的构想。首先,埃德加揭露了蒲鲁东革命理论的虚伪性。埃德加指出,在如何摆脱私有制上,蒲鲁东表面上是一个对所有权做出猛烈抨击的激进革命分子,事实上他是一个保守的调和派。蒲鲁东在《什么是财产?》中提出了很多夸张地口号,并且认定自己提出的知识足够社会摆脱仇恨的对立。埃德加说,表面上看起来,蒲鲁东获得了“认识的宁静”,事实上他只是达到了“忍耐的宁静”,蒲鲁东最后选择了“把他的原理与社会现实相调和”②。蒲鲁东表面上看起来主张革命,事实上却是不作为的保守分子。对于如何消灭私有财产,蒲鲁东选择了等待:“他写道,人们必须让私有财产的运动平静地运行,运动在获得公平的时候就达到了平静,私有财产阶段只是进入社会组织的一个过渡时期。”③

① Edgar Bauer,“Proudhon”,in *Allgemeine Literatur-Zeitung*,heft 5,S.47.

② Edgar Bauer,“Proudhon”,in *Allgemeine Literatur-Zeitung*,heft 5,S.49.

③ Edgar Bauer,“Proudhon”,in *Allgemeine Literatur-Zeitung*,heft 5,S.51.

其次,埃德加揭露了蒲鲁东未来社会理论的自相矛盾。蒲鲁东认为,未来社会是“一个绝对公平的体系”,它“比所有权更能保证资本的形成,更能维持一切人的积极性的体系”。埃德加提出,蒲鲁东认识到所有权是现存制度的灵魂,他要消灭这个灵魂。只有消灭了所有权,平等才能得到实现。但是蒲鲁东同时认为,在未来社会中不能消灭资本。他要求保留资本,只有资本之间的竞争才能促进人的积极性,充分发挥人的潜能,激发每一个人的创造性,推动社会发展。蒲鲁东既要消灭私有财产,又要保留资本之间的竞争,他犯了自相矛盾的错误。

(二)马克思对埃德加的批判

埃德加发表的《蒲鲁东》由于涉及的著作是《什么是财产?》,而这本著作曾被马克思认定是“法国社会主义者最优秀的著作”。在马克思到巴黎之后,随着对社会主义和共产主义了解的深入,马克思在《1844 年经济学哲学手稿》中开始系统思考私有制和共产主义的问题,而且这个问题长时间地吸引了马克思的注意。由于蒲鲁东的《什么是财产?》和埃德加·鲍威尔的《蒲鲁东》中涉及私有制、资本家和工人的对立(即有产和无产的对立)、思辨哲学的惯用手法等问题,马克思在《神圣家族》中花费了很大的笔墨来评判埃德加和蒲鲁东。在深入对比《什么是财产?》和《蒲鲁东》的基础之上,马克思提出,埃德加对蒲鲁东作了两方面的攻击:首先,埃德加的翻译赋予了蒲鲁东的著作“丑恶的特征”;其次,埃德加的批判性评注错失了蒲鲁东思想的精华。

1. 埃德加通过拙劣翻译“暗中攻击”蒲鲁东

马克思指责埃德加的法语水平很低,在摘抄和翻译蒲鲁东的著作时误解了蒲鲁东的思想。马克思把真实的蒲鲁东称为“非批判的蒲鲁东”“群众的蒲鲁东”或“真正的蒲鲁东”,把埃德加翻译的蒲鲁东称为“批判的蒲鲁东”。在《神圣家族》中,“批判的蒲鲁东”是埃德加·鲍威尔歪曲后的蒲鲁东,他持有的已经不是蒲鲁东本人的观点，而是埃德加·鲍威尔的观点。马克思说，埃德加通过“赋予特征的翻译”歪曲了蒲鲁东的思想，这是在“暗中攻击”蒲鲁东。埃德加通过翻译对蒲鲁东的歪曲体现在以下几处：

第一，埃德加通过翻译把蒲鲁东变成了温顺的群众。真实的蒲鲁东在《什么是财产?》中写道：“我不创立任何体系，我要求废除特权……公平，并且仅仅是公平，这就是我的立论的要领。”①埃德加把这句话翻译为：“我不想提供任何新东西的体系，除了废除特权、消灭奴役以外，我别无其他愿望……公平，除了公平而外别无其他——这就是我的主张。”②就文字所体现出来的态度上看，埃德加所翻译的蒲鲁东态度谦卑，“他不敢奢望提供新东西的体系，他的愿望很低，他甚至除了废除特权等等之外就别无其他愿望”。但是事实并非如此，如马克思所言，真正的蒲鲁东是有追求的，“他不追求任何抽象的科学的目的，而只是向社会提出一些直接实践的要求。”③通过这种语气上的转换，埃德加翻译的蒲鲁东从一个气宇轩昂的学者形象变成了一个唯唯诺诺的群众形象。不仅如此，在这一句翻译中，真正的蒲鲁东严谨的学者形象被毁了，埃德加说蒲鲁东不要求任何新东西的体系，这意味着，蒲鲁东要么是想提供旧东西的体系，或者是不成体系的新东西，这两方面都是不符合蒲鲁东的学者形象的。把蒲鲁东从一个严谨的学者变成一个卑微的群众之后，埃德加就能够把他本人的错误见解归于蒲鲁东（因为蒲鲁东是一无所知的群众），而把蒲鲁东本来发现的正确观点归于自己（因为自己是掌握科学理论的批判家）。不仅如此，他把蒲鲁东变成卑微的群众之后，蒲鲁东就成了纯粹批判哲学必须清算的对象，他就能利用鲍威尔的哲学批判蒲鲁东了。这样做，不仅能够揭露蒲鲁东的谬误，而且正是这种批判能够把蒲鲁东从错误的看法中解救出来，使

① 《马克思恩格斯全集》第2卷，人民出版社1957年版，第28页。

② Edgar Bauer，“Proudhon”，in *Allgemeine Literatur-Zeitung*，heft 5，S.37.

③ 《马克思恩格斯全集》第2卷，人民出版社1957年版，第28页。Edgar Bauer，“Proudhon”，in *Allgemeine Literatur-Zeitung*，heft 5，S.43.

他从群众变成一个批判的科学家。

第二,埃德加通过翻译把蒲鲁东变成了一个对真实历史一无所知的人,事实上,对历史一无所知的是埃德加本人。蒲鲁东本人的观点和埃德加的译文证明了这一点:

> 真正的蒲鲁东:“土地耕作为土地占有奠定了基础……光保证劳动者得到他的劳动果实而不同时保证他有生产工具是不够的。为了使弱者免受强者的侵害……人们认为必须在占有者之间划下固定的分界线。随着人口的增长,移民们的贪婪和私欲也一年比一年强烈。……于是,由于需要平等,土地就成了财产……毫无疑问,土地的划分在地理上从来就不是均等的……虽然如此,但原则仍然是这一个。平等以前把占有神圣化,现在则把财产神圣化了。”
>
> 批判的蒲鲁东:“土地耕作者彼此间分割土地。平等只是把占有神圣化;趁此机会,它把财产也神圣化了。”①

比较而言,蒲鲁东本人和埃德加对土地所有权的产生历史的理解大相径庭。蒲鲁东本人对问题的理解更加复杂,更加贴近历史的真实过程:涵盖了土地耕作、地块分界、固定分界线、移民的涌入、维护平等的原则、占有权变为所有权。相比较而言,埃德加就用一个“趁此机会”就完成了占有权向所有权的转变。

第三,批判埃德加歪曲了蒲鲁东关于土地所有权和价值价格的证明。这一次批判可以分为以下几个层次:

(1)埃德加歪曲蒲鲁东对所有权人的关于财产所有权声明的批判。所有权人(例如资本家)面对财产是盗窃的批判,他们提出自己也是劳动者。蒲鲁东对所有权人的这种声明提出了反驳:“你工作过!你难道从来没有强迫别人为你工作?他们为你工作,你不为他们工作,但他们为你工作而丧失了的东

① 《马克思恩格斯全集》第2卷,人民出版社1957年版,第46—47页。

西,你却能攫为己有,这究竟是怎么一回事?”埃德加却把蒲鲁东的这种反驳歪曲为:“按照这个所有者自己承认的东西,那些为他劳动的人所丧失的东西,不就是他据为己有的东西吗?”①经过埃德加的歪曲之后,似乎所有权人(例如资本家)自己承认自己无偿霸占了别人的劳动。如果事实真如埃德加所言,所有权人承认自己霸占了别人的财产,蒲鲁东也用不着费尽口舌与他们辩论了。

(2)埃德加歪曲了蒲鲁东对萨伊的批判。

萨伊本人:土地所有者的权利是由掠夺而来的。

> 真正的蒲鲁东:“萨伊把可能性当做权利。人们并不是问为什么土地比海洋和空气容易占有;人们想知道的是,人根据什么权利把这种财富攫为己有。”②

> 批判的蒲鲁东:“萨伊在他的政治经济学中提出,可以种植的地产本身就必然会被归到自然的占有者名下,因为获得它们比获得空气和水更无关紧要,因此,萨伊从这种更大的可能性中得出了一种权利,即由于排挤开了其他提出要求的人,就可以把土地变为财产了。”③

在真正的蒲鲁东看来,土地所有权并不能从掠夺中产生出来,掠夺只是为所有权人把土地作为自己的财产提供了可能性。真正的蒲鲁东指责萨伊的,正是萨伊把可能性当成了所有权本身。在批判的蒲鲁东那里,整个问题都变得不一样了,在批判的蒲鲁东看来,因为土地比空气和水更容易占有,这个事实“立即引申出把田野变为财产的权利”。

(3)埃德加歪曲了蒲鲁东关于土地所有权的证明

> 埃德加的翻译:沙尔·孔德说:我用我自己的劳动赋予物品的新

---

① 《马克思恩格斯全集》第2卷,人民出版社1957年版,第53页。

② 《马克思恩格斯全集》第2卷,人民出版社1957年版,第54页。

③ 埃德加·鲍威尔:《蒲鲁东》,转引自聂锦芳、李彬彬编:《马克思思想发展历程中的“犹太人问题”》,中国人民大学出版社2017年版,第293—294页。

价值就是我的财产。蒲鲁东却想以下述的说法来推翻他的这个论点:在这种情况下,一停止劳动,人也就应该不再是所有者了。产品所有权无论如何决不能产生对构成产品基础的材料的所有权。

蒲鲁东的文本:就算劳动者能占有他自己劳动的产品吧;可是我不懂为什么产品所有权必须产生对物质的所有权。在同一岸边捕鱼的渔夫中,捕鱼最多的渔夫难道就会因他捕鱼的本领高明而成为他捕鱼的那一地段的所有者吗?难道有猎人曾经因他猎术高明而获得对整个地区的野兽的所有权吗?农夫的情形也是如此。要把占有变为财产,除了要花费劳动外,还必须有另外一个条件;否则,只要人不再是一个劳动者,他也就立刻不再是一个所有者了。……因此,按照法律,财产是由时效造成的;劳动不过是占有赖以表现的一种显著的标志、一种物质的行为而已。……可见,通过劳动来占有物品的制度是和法律相抵触的。如果这种制度的拥护者硬说他们是用这种制度来解释法律,那末他们就会自相矛盾。①

在真正的蒲鲁东这里,就算承认劳动能够产生所有权,但是劳动所产生的只是劳动者对土地某一个季节的产品的所有权,而不是对土地本身的所有权。蒲鲁东对“土地现有的价值”和“土地由于继续耕作所能获得的价值”做了区分。也就是说,蒲鲁东对劳动的产品和劳动的物质前提做了区分,人的劳动并不创造土地,土地是开天辟地以来就有的东西,它是劳动得以进行的物质前提,劳动所能创造的只是土地的产品。从劳动中不能得出劳动者对土地的所有权。

(4)埃德加抹杀了蒲鲁东关于价值和价格的区分

真正的蒲鲁东:“诗人的稿酬应当和他的产品相等;可是这种产品的价值究竟是怎样的呢?”

---

① 《马克思恩格斯全集》第2卷,人民出版社1957年版,第57页。

批判的蒲鲁东："我付给荷马的稿酬应当和他所给予我的东西相等。可是怎样确定荷马所给予我们的东西的价值呢？"

与蒲鲁东相比，埃德加"荷马所给予我们的东西的价值"的表述，表明他并不清楚，"物品的价值和该物品所给予别人的东西是两件完全不同的事物"。荷马给我们写作诗篇，我们付给荷马稿酬，这是一种交换关系。在这种交换关系中，荷马给我们的是一种交换价值，我们付给荷马的是他的诗篇的价格。蒲鲁东认为，《伊利亚特》在价格上是无价的，能卖出无限多的钱，这是就其价格来说的。但是这个价格却没有人能买得起。最终荷马只能降低价格出售自己的诗作。尽管荷马降低自己的作品的售卖价格，这并没有降低其内在价值，并没有否认它是天才的作品，社会对这个天才的承认途径是，"社会使他摆脱了其他各种工作，使他有可能致力于科学"。

第四，批判埃德加歪曲了蒲鲁东对社会两大阶级的认识。在批判的批判那里，无产阶级和资产阶级都是群众。在群众那里，自我意识的发展层次还是有局限的，远没有达到普遍性，他们只关心自己的私人利益。而对于批判的批判来说，他们"最担心的是由于个人而忘记事业，这就是人类的事业"①。由于有这样一种先入之见，埃德加在面对蒲鲁东文中的无产阶级和有产阶级时，自然地歪曲了蒲鲁东关于无产阶级和资产阶级的论述。把蒲鲁东的无产阶级"没有德行"的观点歪曲为无产阶级"没有力量"，把蒲鲁东的工人"在工作中是敏捷的"观点变成了工人"可能是敏捷的"。在蒲鲁东那里，有产阶级分为"卑下的资产者"和"高贵的资产者"，埃德加统一把他们变为"愚蠢的市民"。埃德加对蒲鲁东的观点做这种歪曲，无非是想利用被歪曲后的蒲鲁东来证实批判的批判对群众的批判。马克思最后点明，"批判的批判通过翻译真正的蒲鲁东的著作创造了一个批判的蒲鲁东"②。也就是说，整个批判的蒲鲁东都是埃德加通过翻译创造出来的，并不是蒲鲁东本人的观点，

---

① 《马克思恩格斯全集》第2卷，人民出版社1957年版，第25页。

② 《马克思恩格斯全集》第2卷，人民出版社1957年版，第63页。

而是埃德加自己附会上去的。

2. 反对埃德加对蒲鲁东的错误批判

第一,埃德加忽略了蒲鲁东在国民经济学中的革命性贡献,把蒲鲁东的思想转变成了神学思想。国民经济学的整个理论大厦都建立在私有财产的基础之上,国民经济学家把私有财产关系视为"合乎人性的和合理的关系",但是这种看法与社会生活中的现实状况是矛盾的。因此,国民经济学家往往撇开私有财产关系中的人性因素,严格地从经济关系的角度来理解私有财产关系。与国民经济学家不同,"蒲鲁东则对国民经济学的基础即私有财产作了批判的考察,而且是第一次具有决定意义的、无所顾忌的和科学的考察。"①蒲鲁东对私有财产的批判结束了国民经济学家对待私有财产的"不自觉的状态",他所引发的革命"第一次使国民经济学有可能成为真正的科学"。但是,埃德加完全忽略了蒲鲁东的贡献。埃德加抓住蒲鲁东以公平反对所有权的做法,指责蒲鲁东把公平绝对化。埃德加把蒲鲁东把公平绝对化的做法与宗教信仰相类比:"每一种宗教观念的特点都是把这样的一种情况奉为信条:两个对立面中最后总有一个要成为胜利的和唯一真实的。"在埃德加这里,蒲鲁东把公平与不公平对立,与宗教观念中上帝与魔鬼的对立是一样的,他把蒲鲁东的公平思想变成宗教中的上帝观念。马克思指出,埃德加之所以要把蒲鲁东变成神学家,是因为青年黑格尔派的特长就在于神学批判。埃德加把蒲鲁东变成一个神学家之后,就能放开手脚批判蒲鲁东了:"由于他坚持对公平的信仰,所以他就成了神学的对象;而批判的批判由于职业的缘故就是神学的批判,现在就可以抓住蒲鲁东,从而在'宗教观念'上大做文章了。"②

第二,马克思批判埃德加错误地把批判的批判作为历史发展的动力。埃德加指责蒲鲁东只是在为一无所有的人、为无产阶级写作。埃德加说,"贫穷

---

① 《马克思恩格斯文集》第1卷,人民出版社2009年版,第256页。

② 《马克思恩格斯文集》第1卷,人民出版社2009年版,第258页。

困苦使蒲鲁东片面地进行了一些思考”，与蒲鲁东不同，埃德加要做的是，“把贫穷和财产这两个事实合二为一，……使它们成为一个整体”。马克思指出，埃德加向“整体本身”探询其存在的前提，这套做法是思辨唯心主义惯用的伎俩，即“用真正神学的方式在这个‘整体’之外寻求其存在的前提”。在批判的批判那里，所谓在贫穷和财产这个整体之外寻求其存在的前提，就是在人的精神发展历程中寻找其存在的前提，即把贫穷和财产这个整体归因于人的精神发展还没有达到普遍的自我意识，还会为了特殊的私利而斗争。

马克思指出，批判的批判在这样做的时候并没有研究贫穷和财产本身，而是在事情本身之外寻找事情的原因。“批判的思辨却避而不去研究这个形成整体的现实的运动，以便能够宣称，批判的批判作为认识的宁静是凌驾于对立的两个极端之上的，唯有它那创造‘整体本身’的活动才能消灭它所创造的抽象物”①。“批判的批判”满足于揭露现实中的对立是“普遍的自我意识”缺失造成的结果，如此一来，他们作为“普遍自我意识”的拥有者就超脱于现实的对立之上，不受其困扰。“批判的批判”达到“认识宁静”的方法是，它把自己宣告为“历史的唯一创造因素”，“历史上的种种对立从它那里产生，消灭这些对立的行动也从它那里产生”。② 由于历史上的一切冲突和斗争都是“普遍自我意识”的缺失造成的，都低于“批判的批判”，历史上纷繁芜杂的现象都无法扰乱埃德加的心绪，他由于超脱现实的斗争而达到认识的宁静。

在马克思看来，贫穷和富有这个整体“存在的前提正是包含在这两个方面的本性之中”。消灭贫穷和富有的对立，不能到它们对立的整体之外寻找答案，而必须到它们的对立之中寻找答案。因此，正确的做法就是研究这两个方面在整体中的地位：“问题在于它们二者在对立中所占有的特定地位。只说明它们是整体的两个方面是不够的”③。深入到贫穷和富有这两个方面之

① 《马克思恩格斯文集》第1卷，人民出版社2009年版，第260页。
② 《马克思恩格斯文集》第1卷，人民出版社2009年版，第262页。
③ 《马克思恩格斯文集》第1卷，人民出版社2009年版，第260页。

中,就会发现:在对立双方构成的整体中,有产阶级是"对立的肯定方面",无产阶级是"对立的否定方面"①。看清这二者的地位之后,就能够明白,消灭有产阶级和无产阶级之间的对立,不能依赖有产阶级,而只能依赖无产阶级。只有这样才能找到消灭贫穷和富有对立的依靠力量,像埃德加那样,到精神中寻找解决问题的答案,无异于缘木求鱼。

埃德加的思辨唯心主义的缺陷也是其他青年黑格尔派的共同缺陷。借着埃德加说"当希腊语和拉丁语所表达的思想领域被穷尽的时候,这两种语言就已经死亡了",马克思说,埃德加也没有做出什么新的贡献,"批判的批判没有用德语给我们提出任何一种思想"②。马克思的意思是,包括埃德加在内的整个青年黑格尔派都在用黑格尔的范畴和方法分析问题,没有任何新的创建。他们整天演说的都是一些脱离人间事实的呓语,对于我们理解真实世界的状况没有任何帮助。

第三,马克思批判埃德加具有青年黑格尔派思辨唯心主义的通病。在《蒲鲁东》一文中,埃德加写道:"蒲鲁东是为了那些一无所有的人的利益而写作的。拥有和一无所有,在他看来是两个绝对的范畴。"③马克思指出:"按照埃德加先生的看法,拥有和不拥有对蒲鲁东来说是两个绝对的范畴。批判的批判到处都只看到一些范畴。因此,按照埃德加先生的看法,拥有和不拥有,工资,薪饷,匮乏和需要,为满足需要而进行的劳动,都无非是一些范畴而已。"④思辨唯心主义总是围绕着范畴展开,认为扬弃了一个范畴就真正克服了它所指向的事物而忽视了事情本身的客观性。如马克思所言:"如果社会所必须摆脱的只是拥有和不拥有这两个范畴,那么为社会'克服'和'扬弃'这两个范畴,对任何一个甚至比埃德加先生更差劲的辩证论者说来,该是一件多

① 《马克思恩格斯文集》第1卷,人民出版社2009年版,第260页。
② 《马克思恩格斯文集》第1卷,人民出版社2009年版,第263页。
③ 《马克思恩格斯文集》第1卷,人民出版社2009年版,第267页。
④ 《马克思恩格斯文集》第1卷,人民出版社2009年版,第267页。

么轻而易举的事呵！”①事实是，消灭拥有和不拥有的对立，并不是一件简单的事情，并不是像埃德加所想的那样，对人的精神进行批判和改造就能消灭贫穷和富有的对立。这是一个非常艰辛的实践过程。马克思指出，稍微看一下社会现实，就能发现，“不拥有不只是一个范畴，而是最悲惨的现实”②。在现代社会中，如果一个人“不拥有”（即一无所有），他所面对的就是随时饿死的危险。“既然当今一无所有的人也就是极其卑微的人，既然他连一般的生存之路都已被切断，而合乎人道的生存之路就更无从谈起，……那么，蒲鲁东把不拥有看做最重要的思考对象，就是完全正确的；而且，正因为在蒲鲁东和所有的社会主义著作家以前很少有人考虑这个对象，所以这样做就更加正确。”③

第四，指出埃德加虽然指出了蒲鲁东是在国民经济学的范围内解决国民经济学的问题，但是在批判蒲鲁东时却暴露了自己本身对国民经济学一无所知。马克思举了两个例子。第一个例子是劳动时间和产品价值的关系。蒲鲁东曾指出时效不能作为所有权的来源，不能把占有变为所有权。同时，蒲鲁东又提出，劳动时间是劳动产品国民经济学上的价值的度量。埃德加以此指责蒲鲁东前后自相矛盾。马克思为埃德加的做法给出了原因：“他之所以能够做到这一点，是因为他把空闲的时间和充实的劳动时间等量齐观。如果蒲鲁东说时间不能把蚊子变为大象，批判的批判同样有理由得出结论说，既然如此，他就没有理由把劳动时间当做工资的尺度。”④第二个例子是劳动产品价格的决定因素。在当时法国，社会上信奉傅立叶主义和圣西门主义的人有一种奇怪的论调，他们自视为非常有才能的人，把自己的著作鼓吹到了极端重要的地步，要求读者付给他们过高的报酬。面对这种情况，蒲鲁东只是按照国民经济学家的惯例，以自由贸易来反驳他们的无理要求。既然他们认为自己的

---

① 《马克思恩格斯文集》第1卷，人民出版社2009年版，第267页。
② 《马克思恩格斯文集》第1卷，人民出版社2009年版，第267页。
③ 《马克思恩格斯文集》第1卷，人民出版社2009年版，第269页。
④ 《马克思恩格斯文集》第1卷，人民出版社2009年版，第267页。

作品极端重要，那么就大胆地放在市场上接受市场的检验。如果定价过高，卖不出去的话，他们为了维持自己的生计，必然会降低价格。如果定价过低，销售得非常好，他们为了自己的利益最大化，可以提高价格。总之价格最终将回归到合理的水平。不难发现，蒲鲁东并没有超出国民经济学的范围讨论劳动产品如何定价的问题，但是埃德加却认为“蒲鲁东滥用自由贸易这个概念”。

第五，揭露埃德加思辨唯心主义的真实面目，指出埃德加的思辨哲学对现实产生不了任何影响。蒲鲁东不了解剩余价值理论，因此在回答工人的工资之和为什么无法买回工人生产的所有产品，蒲鲁东的答案是，“虽然你们给一切个人力量支付了报酬，但是你们并没有给集体的力量支付报酬”。在蒲鲁东看来，集体的力量远大于个体力量之简单求和，因为100个人短时间内就能把方尖碑树立起来，但是单个的一个人花100天时间远不能完成这个任务。“埃德加先生把这个思想牵强附会成了工人无非是单个的被雇佣的人”。这句话表面上看起来并没有什么问题，但是当埃德加对这句话进一步解释时，我们就能发现这句话的问题：“当今工人的思维只顾及自己，也就是说，他只是为他个人而索取报酬。正是工人自己不考虑他在同其他力量合作中所产生的那种巨大的、不可估量的力量。”①埃德加所说的“只顾及自己”，如果用哲学的术语来表达的话，就是排他性。工人的思维只顾及自己，就是说工人的思维是排他性的，是片面的自我意识，还没有发展成为真正的普遍的自我意识。批判的批判就是要消除这种类型的自我意识。

马克思指出：“按照批判的批判的意见，一切祸害都只在工人们的‘思维’中。”把一切问题都归结为思维的问题和精神的问题，并不能解决工人现实生活中遭遇的不平等，并不能解决工人一无所有的窘迫生活状况。所以马克思说：“这些群众的共产主义的工人，例如在曼彻斯特和里昂的工场中做工的人，并不认为用‘纯粹的思维’就能够摆脱自己的企业主和他们自己实际的屈

① 《马克思恩格斯全集》第1卷，人民出版社1995年版，第273页。

辱地位。他们非常痛苦地感觉到存在和思维之间、意识和生活之间的差别。"①批判的批判只教导工人改变自己的思维,但是思维和存在之间并不能简单划等号,从改变思维到改变存在需要一系列中间环节。

3. 批判埃德加对爱情的理解

在《文学总汇报》第2期第30—38页,埃德加发表了《葛德薇城堡作者的小说》的论文。以作者的代表作而非直呼其名的方式称呼作者,这是当时德国一种流行的写作方式。这篇文章题目中的"葛德薇城堡作者"是当时德国著名女作家亨利特·帕尔佐夫女士。这篇文章是埃德加对帕尔佐夫女士的多部小说的评论文章。

埃德加的这篇小说评论之所以能引起马克思的注意,并不是因为它讨论的主题是爱情,而是它充分地展示了青年黑格尔派的思辨唯心主义的本性。

第一,马克思指出了批判的批判主谓颠倒的错误。在埃德加·鲍威尔这里:"爱情……是一个凶神。她像所有的神一样,要支配整个的人,直到人不仅将自己的灵魂、而且将自己的肉体的'自我'交给她时,她才感到满足。"②不难发现,埃德加·鲍威尔使用了宗教批判的逻辑来批判爱情。宗教与爱情的共同之处在于,它们都要求人全身心地投入其中,把自己的身体和灵魂都交托给上帝或爱的对象。当人这样做的时候,他做到了对信仰和爱情的忠诚,他拥有了真正的信仰和爱情。否则,信仰就是虚幻的、爱情就是虚假的。但是,当人把整个身心都交托给信仰和爱情的时候,他又丧失了自我。一旦丢了信仰和爱情,他就丢失了灵魂。为了信仰和爱情,他甚至心甘情愿地付出生命。

马克思指出,埃德加上述分析背后隐藏着主谓颠倒的逻辑,

"埃德加先生把爱情变成'神',而且是变成'凶神',所用的办法

---

① 《马克思恩格斯全集》第1卷,人民出版社1995年版,第273页。

② 《马克思恩格斯全集》第2卷,人民出版社1957年版,第23页。

是把爱人者、把人的爱情变成爱情的人，把‘爱情’作为特殊的本质和人分割开来，并使它本身成为独立存在的东西。通过这样一个简单的过程，通过谓语到主体的这一转变，就可以把人所固有的一切规定和表现都批判地改造成怪物和人类本质的自我异化。”①

按照惯常的理解，在人和爱情的关系中，人是主语，爱情是谓语。在爱情中是不是忠贞，是人的选择。也就是说，是人支配着爱情。但是在埃德加·鲍威尔这里，是爱情支配着人。无疑，他把爱情和人的位置颠倒，使爱情成了独立于人而存在主体。人全身心地投入爱情中，被埃德加说成爱情控制了人。爱情原本是人的产物，现在脱离了人的控制，反而控制着人。本来由人产生的东西反过来控制了人，这就是人的本质的自我异化。所以埃德加把爱情视为一种必须消灭的情感。

在指出其主谓颠倒的基础上，马克思指出了他把鲍威尔的批判哲学称为“批判的批判”原因。这个原因就在于：“批判的批判把作为谓语和人的活动的批判变成特殊的主体，变成针对自身的批判，因而也就变成批判的批判，即变成一个‘摩洛赫’；对他的崇拜就是使自己成为牺牲品，就是人本身特别是人的思考能力的自杀。”②批判从人的活动变成独立的主体，不是人从事批判，而是批判产生着人和历史。批判是人和历史发展的推动者。由于批判是一切发展的真实主体，因此批判的真实对象并不是人，而是作为真正主体的批判本身。批判所批判的是批判本身，这种批判被马克思称为“批判的批判”。

第二，马克思指明了埃德加反对爱情的根本原因。埃德加反对爱情，是因为它所承认的对象限制了自我意识的自由。在埃德加的思想中，

“没有比对象更可憎、更鄙俗、更群众的了，——打倒对象！绝对的主观性、纯粹的活动、‘纯’批判怎么能不把爱情看做鬼魅，看做撒但的现身呢！因为爱情第一次真正地教人相信自己身外的实物世

① 《马克思恩格斯全集》第2卷，人民出版社1957年版，第23—24页。

② 《马克思恩格斯全集》第2卷，人民出版社1957年版，第24页。

界,它不仅把人变成了对象,甚至把对象变成了人!"①

在布鲁诺·鲍威尔的自我意识哲学中,世界历史的根本目的在于形成"普遍的自我意识",整个历史就是一部自我意识发展的历史。自我意识在从有局限的、排他性的状态发展为"普遍的自我意识"的过程中,必须摆脱一切异己的有限的对象的束缚。爱情恰恰是要使自己完全地受一个特定对象的束缚,所以它是批判的批判必须要消灭的。

在《德意志意识形态》中,马克思恩格斯指出:德国唯心主义认为"世界是受观念支配的,思想和概念是决定性的原则,一定的思想是只有哲学家们才能理解的物质世界的奥秘。"②对于埃德加这位青年黑格尔派成员来说,思想不仅统治者世界,而且整个人类历史的发展都是思想观念的发展,他的整个工作都是试图通过批判观念来推动历史发展。在批判的批判中,可以感触到的客体是受内在的观念决定的,只有内在的观念改变对于历史的发展具有意义。因此,埃德加等人秉持的看法是,推动思想、观念的发展才是唯一重要的,要做到这一点,必须消灭对思想意识的发展构成局限的一切。"爱情把一个人变成另一个人的'客体'这样一个范畴还不放心,它甚至把他变成一定的、现实的客体,变成这个卑贱个人的、外在的、不仅是内在的、隐藏在脑子里面的、而且是可以感触得到的客体。"③爱情这样一种执着于特定对象的观念是意识走向普遍性的过程中必须冲破的,所以在谈到爱情问题时,埃德加表现出激烈的批判情绪。

第三,马克思指出"思辨结构的主要兴趣是'来自何处'和'走向何方'"。马克思对"来自何处"的解释是:"'来自何处'正是'概念的必然性、它的证明和演绎'(黑格尔)。"④马克思这里的引文源自黑格尔《法哲学原理》第2节:

① 《马克思恩格斯全集》第2卷,人民出版社1957年版,第24页。
② 《马克思恩格斯文集》第1卷,人民出版社2009年版,第510页脚注。
③ 《马克思恩格斯全集》第2卷,人民出版社1957年版,第24—25页。
④ 《马克思恩格斯全集》第2卷,人民出版社1957年版,第26页。

“对于哲学的认识而言，概念的必然性是主要的事情；生成运动的过程，作为结果来说，[是]概念的证明和演绎。”①关于思辨哲学的“走向何方”，马克思说：“‘走向何方’则是这样的一个规定，‘由于它，思辨的圆环上的每一环，像方法的生气蓬勃的内容一样，同时又是新的一环的发端’(黑格尔)。”②黑格尔在《法哲学原理》中同样有“哲学形成一个圆圈……是一个序列……是自我圆成的”这样的规定。③ 不难发现，马克思所批判思辨结构的主要兴趣是“来自何处”和“走向何方”，针对的就是黑格尔主义的思辨的唯心主义哲学，它把事物的发展归结为概念序列的展开过程，试图通过对概念序列的辩证的思辨的圆圈发展过程的揭示，说明事物的发展过程。

思辨唯心主义哲学的全部精力都用在了阐明概念的自我否定式的发展环节上，但是对于概念的辩证的发展环节摸得再透彻，也未必能够增进我们对于现实世界中事物发展进程的了解。正如马克思说的：“批判的批判不仅反对爱情，而且也反对一切有生命的东西、一切直接的东西、一切感性的经验，反对所有一切实际的经验，而关于这种经验，我们是决不会预先知道它‘来自何处’和‘走向何方’的。”④爱情是一种主观的体验，青年黑格尔派整体都致力于研究人的意识的发展，但是对于人的意识发展的研究并不能帮助这些人预先了解一对爱侣的爱情“来自何处”和“走向何方”。马克思借此指出的是，青年黑格尔派所醉心于其中的研究脱离现实的生活过程，既不能增进人们对现实生活过程的了解，又不能影响现实生活过程的发展，只不过是一种毫无意义的概念游戏。

4. 清算埃德加对于马克思思想转变的意义

第一，确认存在(Sein)和思维(Denken)之间、意识(Bewußtsein)和生活

---

① [德]黑格尔：《法哲学原理》，邓安庆译，人民出版社 2016 年版，第 20 页。

② 《马克思恩格斯全集》第 2 卷，人民出版社 1957 年版，第 26 页。

③ [德]黑格尔：《法哲学原理》，邓安庆译，人民出版社 2016 年版，第 20 页。

④ 《马克思恩格斯全集》第 2 卷，人民出版社 1957 年版，第 26 页。

(Leben)之间的差别(Unterschied)。确认存在和思维、意识和生活之间存在差别,在马克思的思想历程中是一个重大转变。①

在博士论文中,马克思明确支持存在和思维的统一性。他提出:

> “在这里康德的批判也无济于事。如果有人想象他有一百个塔勒,如果这个表象对他来说不是任意的、主观的,如果他相信这个表象,那么对他来说这一百个想象出来的塔勒就与一百个真正的塔勒具有同等价值。……与此相反,康德所举的例子反而会加强本体论的证明。真正的塔勒与想象中的众神具有同样的存在。难道一个真正的塔勒除了存在于人们的表象中,哪怕是人们的普遍的或者毋宁说是共同的表象中之外,还存在于别的什么地方吗?”②

康德反对关于上帝存在的本体论证明,其实就是反对从上帝的观念推导出上帝存在的证明过程。在这里,马克思接受了黑格尔的看法,反对康德的观点,也就是反对思维和存在异质性的观点。③

到了《神圣家族》中,通过对思辨唯心主义的批判以及对贫困和富有的对立关系的研究,马克思提出了存在和思维之间存在差别。这是马克思对黑格尔哲学和青年黑格尔派的一次重要批判。青年黑格尔派整个团体都致力于人的宗教信仰批判,他们期待通过对人的观念的改造,能够直接影响人的社会生活,改变现实生活中的存在。在进行政治批判的时候,他们同样把政治派别之间的斗争归因于意识的缺陷。正如马克思所说的,“照批判的批判的意见,一切祸害都只在工人们的‘思维’中”④,可以说,这个派别最大的特点就是把观念与存在画等号,认为改变了人的思想观念,用一种美好的思想代替他们不完

---

① 参见俞吾金:《论思维与存在的异质性——马克思哲学思想演化中的一个关节点》,中国南北哲学论坛暨哲学的当代意义学术研讨会,2005年,第3页。

② 《马克思恩格斯全集》第40卷,人民出版社1982年版,第284—285页。

③ 参见俞吾金:《论思维与存在的异质性——马克思哲学思想演化中的一个关节点》,中国南北哲学论坛暨哲学的当代意义学术研讨会,2005年,第3页。

④ 《马克思恩格斯文集》第1卷,人民出版社2009年版,第273页。

美的思想,社会生活就美好了,人就自由了。马克思在《神圣家族》中对这种看法做出了批判:

> “在曼彻斯特和里昂的工场中做工的人,并不认为用‘纯粹的思维’就能够摆脱自己的企业主和他们自己实际的屈辱地位。他们非常痛苦地感觉到存在和思维之间、意识和生活之间的差别。他们知道,财产、资本、金钱、雇佣劳动以及诸如此类的东西决不是想象中的幻影,而是工人自我异化的十分实际、十分具体的产物,因此,也必须用实际的和具体的方式来消灭它们,以便使人不仅能在思维中、在意识中,而且也能在群众的存在中、在生活中真正成其为人。”①

马克思在这里不仅拒绝了埃德加等青年黑格尔派的思维和存在同一的观点,提出思维和存在之间有差别,而且颠倒了他们关于思维和存在之间关系的看法。在青年黑格尔派看来,改变了思维,存在就会发生改变。马克思的看法相反,只有先改变了人的生活、改变了人现实生活中的存在,人们的思想和意识才会发生改变。

第二,提出哲学应该从思辨的天国下降到人类贫困的深渊。在《神圣家族》中,马克思把“哲学应该从思辨的天国下降到人类贫困的深渊”视为费尔巴哈的教导,这也是马克思接受下来的哲学发展方向。所谓哲学沉浸在思辨的天国,是说“当思辨在其他一切场合谈到人的时候,它指的都不是具体的东西,而是抽象的东西,即观念、精神等等”②。正如马克思和恩格斯后来在《德意志意识形态》提出的,这是德国唯心主义的通病,只不过青年黑格尔派把这个通病漫画式地夸张了:“所有的德国哲学批判家们都断言:观念、想法、概念迄今一直支配和决定着现实的人,现实世界是观念世界的产物。”③由于青年黑格尔派认为观念支配现实并且产生了现实,所以他们自然把关注的焦点

① 《马克思恩格斯文集》第1卷,人民出版社2009年版,第273页。

② 《马克思恩格斯文集》第1卷,人民出版社2009年版,第265页。

③ 《马克思恩格斯文集》第1卷,人民出版社2009年版,第510页脚注。

放在观念批判上，改变了人的观念，也就意味着改变了人生活的现实。上面已经指出，马克思通过对人类贫困和富有两极对立现象的研究，已经确认了思维和存在、意识和生活并不是同一的，而是存在着差异的。要想改变现实，必须通过实践着的人去改造现实。所以，马克思主张哲学应该从思辨的天国下降到人类贫困的深渊。可以说，对于人类现实生活过程的关注，对于人类苦难的关怀，是马克思哲学最深沉的底色。正是对人类命运的关切，推动他彻底清算自己的思想先贤，在艰难的探索中建立新哲学。也正是对人类苦难的关切，让他无法停留于建立一个宏大的哲学体系，而是要在实践中改造资本主义社会。

三、马克思对蒲鲁东的继承和批判

《什么是财产?》以其对资本主义私有制的无情批判迅速赢得了马克思和恩格斯的好感。早在1842年，马克思就已经接触到《什么是财产?》。他在《共产主义和奥格斯堡〈总汇报〉》一文中说，该书是“机智的著作”①。1843年9月，马克思致信卢格时，依旧认为它是“法国社会主义最优秀的著作”。恩格斯在读到该书之后也赞叹道：“作者在揭露私有权以及这一制度所引起的后果——竞争、道德沦丧和贫困——上，表现了非凡智慧和真正科学研究精神，这种把智慧和科学研究精神二者结合在一本书里的范例，是我从来没有见过的。”②

（一）马克思对《什么是财产?》的肯定

在《神圣家族》中，马克思高度评价了蒲鲁东在国民经济学中的贡献，肯定他为科学的政治经济学批判打下了基础，结束了国民经济学的内在矛盾，赞

① 《马克思恩格斯全集》第1卷，人民出版社1995年版，第295页。

② 《马克思恩格斯全集》第1卷，人民出版社1956年版，第583—584页。

同他对公平正义的追求。

1. 蒲鲁东为科学的政治经济学批判打下了基础

马克思指出蒲鲁东本人对国民经济学的批判为超越蒲鲁东打下了基础。蒲鲁东的《什么是财产?》的主旨是批判国民经济学,蒲鲁东为了批判国民经济学,对国民经济学的学说做了深入的研究,并且“根据国民经济学的观点”对国民经济学进行批判。蒲鲁东的这种做法符合科学的基本规范:“对任何科学的最初的批判都必然要拘泥于这个批判所反对的科学本身的种种前提”①。而且由于蒲鲁东是在国民经济学的范围内批判国民经济学,所以蒲鲁东的所有观点依旧处在国民经济学的范围内,对国民经济学进行批判就能超出蒲鲁东的著作,而对国民经济学的批判又是由蒲鲁东打下基础的:科学地超越蒲鲁东的著作的工作,“正是由于蒲鲁东本人做过的一切才有可能进行”②。

2. 蒲鲁东结束了国民经济学的内在矛盾

马克思肯定蒲鲁东对私有财产的批判结束了国民经济学的内在矛盾。“国民经济学的一切论述都以私有财产为前提。国民经济学把这个基本前提当做确定不移的事实,而不作任何进一步的考察”③。在国民经济学的理论中,由于工资、资本的利润和地租处在一种互利互惠的友好关系之中,所以私有财产的增殖意味着工人、资本家和土地所有者集体获利。正是基于这种“私有财产的运动仿佛为国民创造的财富”④的片面理解,国民经济学把私有财产作为天然合理的事实,把私有财产的增殖视为合乎人性的,蒲鲁东识破了其虚伪的一面。“蒲鲁东则对国民经济学的基础即私有财产作了批判的考

---

① 《马克思恩格斯文集》第1卷,人民出版社2009年版,第255页。

② 《马克思恩格斯文集》第1卷,人民出版社2009年版,第255页。

③ 《马克思恩格斯文集》第1卷,人民出版社2009年版,第255—256页。

④ 《马克思恩格斯文集》第1卷,人民出版社2009年版,第259页。

察,而且是第一次具有决定意义的、无所顾忌的和科学的考察。"①蒲鲁东做到这一点的方法就是直面现实,把私有财产增殖有利于所有人的虚假说辞和私有财产增殖造成的贫富极端对立的现实做一对比。并且蒲鲁东指出,整个国民经济的关系之所以是不符合人性的,其根本在于私有财产的存在,他"以总括全局的方式把私有财产本身描述为国民经济关系的扭曲者"。由于把国民经济关系被扭曲的罪魁祸首归因于私有财产本身,马克思指出:"从国民经济学观点出发对国民经济学进行批判时所能做的一切,他都已经做了。"②

3. 蒲鲁东对公平正义的追求具有积极价值

马克思肯定蒲鲁东对公平正义的追求。蒲鲁东明确提出自己的《什么是财产?》要为一无所有的人写作。为了做到这一点,蒲鲁东打出了公平的大旗,把公平作为反思所有权理论的核心概念。蒲鲁东认为所有权严重损害了社会成员之间的平等,从而对所有权制度提出彻底的否定。蒲鲁东追求在社会成员之间建立公平社会制度的尝试,显然是有利于无产阶级的。也正是由于这一点,蒲鲁东受到了埃德加的严厉批判,认为蒲鲁东片面地抓住了社会的一个方面,只见贫穷不见富有,没能把贫穷和富有作为一个整体来研究其存在的前提。马克思反驳了埃德加的荒谬观点,赞赏蒲鲁东为社会上一无所有的人写作的做法。在马克思看来,蒲鲁东消灭私有财产的要求,代表了无产阶级的利益,他的著作是"法国无产阶级的科学宣言"。

马克思对于蒲鲁东的无产阶级立场不仅有道德层面的赞赏,而且有理论上的支持。马克思指出,"在这种对立内[有产和无产的对立——引者注],私有者是保守的一方,无产者是破坏的一方。从前者产生保持对立的行动,从后者则产生消灭对立的行动。"③马克思的这个判断不仅符合辩证法的科学方

① 《马克思恩格斯文集》第1卷,人民出版社2009年版,第256页。

② 《马克思恩格斯文集》第1卷,人民出版社2009年版,第257页。

③ 《马克思恩格斯文集》第1卷,人民出版社2009年版,第261页。

法，而且符合当时的社会现实。有产者积极维护私有财产制度，无产者则在密谋着通过革命行动推翻私有财产制度。如马克思所说的，私有财产必然会走向灭亡，但是这个过程中，“只有当私有财产造成作为无产阶级的无产阶级……时，才能做到这一点”①。就此来看，蒲鲁东为无产阶级写作的基本立场是符合历史发展的趋势的，值得肯定。

（二）马克思对蒲鲁东的批判

马克思对《什么是财产?》的评价不仅有褒奖，而且有批判。这种评价上的转变要追溯到他到达巴黎之后。巴黎之行对于马克思的思想发展具有举足轻重的地位。第一，马克思开始近距离接触工人运动和共产主义学说。巴黎的工业水平远远领先于德国，到了巴黎之后，无产阶级团体及其运动迅速吸引了马克思的注意，马克思当时开始同“正义者同盟”建立联系。第二，马克思开始深入了解社会主义和共产主义学说，当时的巴黎是世界的政治中心，各种各样的政治思潮相互碰撞。通过与巴黎的社会主义者和共产主义者的接触，马克思扭转了对共产主义学说的刻板的、消极的印象，进而在《1844 年经济学哲学手稿》中把共产主义运动规定为扬弃私有财产的积极运动。第三，马克思开始研究国民经济学，在资本主义生产方式更为发达的巴黎，国民经济学是一门显学，这为马克思的国民经济学研究提供了便利。在《神圣家族》中，马克思在批判埃德加的过程中也批判了蒲鲁东。

1. 批判蒲鲁东的思辨原罪

蒲鲁东以公平来反对私有财产带有德国思辨哲学的色彩。蒲鲁东认为，人们是基于公平的愿望才建立所有权制度的，但是所有权造成的结果却是反对公平的，因此，蒲鲁东反对所有权。马克思说：“蒲鲁东在这里的做法和德

① 《马克思恩格斯文集》第 1 卷，人民出版社 2009 年版，第 261 页。

国批判家的做法是完全一样的，因为德国批判家发现了人是证明神的存在的根据以后，就从人这个观念出发振振有词地直接反对神的存在。”①蒲鲁东质疑所有权，颠覆了国民经济学的理论前提，固然有其理论上的贡献，但是他做到这一点的方式却并不值得称道。蒲鲁东并不是通过对国民经济学的深入研究来反驳所有权，这是他的局限之所在。因此，马克思说，通过对国民经济学的批判，“能够科学地超越”②蒲鲁东的著作。虽然马克思与埃德加一样指出蒲鲁东的公平概念是神学概念，但是马克思的不同在于，他认为超越蒲鲁东的科学方式是政治经济学批判而非神学批判。

2. 批判蒲鲁东的实用主义做法

蒲鲁东对于私有财产起源的说明带有实用的色彩。“蒲鲁东感到，在否定私有财产的同时，也需要历史地说明私有财产存在的理由。像所有这一类最初的论述一样，蒲鲁东的论述也带有实用的性质，这就是说，他假定过去的各代人都自觉地和深思熟虑地想要在自己的各种制度中实现他认为代表人的本质的平等。”③按照蒲鲁东的看法，人类之所以会创立私有财产制度，原因在于，在原始的共产主义之下，有才能的人要和没有才能的人平均分配产品，这对于有才能的人构成了剥削，带来了不公平。为了摆脱这种不公平，人类创立了私有财产制度，其本意在于公平，结果却与公平发生了冲突，引发了贫富对立，带来了更严重的社会不公。马克思说，这种看法并没有太深刻的理论依据，只是一种服务于自己论证过程的实用性的说明，无法真正说明私有财产的起源。

---

① 《马克思恩格斯文集》第 1 卷，人民出版社 2009 年版，第 265 页。

② 《马克思恩格斯文集》第 1 卷，人民出版社 2009 年版，第 255 页。

③ 《马克思恩格斯文集》第 1 卷，人民出版社 2009 年版，第 266 页。

3. 批判蒲鲁东没有超越政治经济学

蒲鲁东虽然把在政治经济学的范围内对政治经济学的一切批判都做了，但是蒲鲁东对所有权的批判并没有超出国民经济学的范围。所谓没有超出政治经济学的范围，最根本的就是蒲鲁东不主张消灭私有财产。这一点在蒲鲁东关于未来理想社会的构想中最为明显。“蒲鲁东想扬弃不拥有以及拥有的旧形式……想扬弃人的自我异化在国民经济学上的表现……但是，由于他对国民经济学的批判还受到国民经济学的前提的束缚，因此，蒲鲁东仍以国民经济学的占有(Besitz)形式来理解对象世界的重新获得(Wiederaneignung)”①。在马克思看来，蒲鲁东所追求的“公平的占有”是国民经济学的观念，这个观念本身就是“异化的”。马克思说，“蒲鲁东在国民经济学的异化范围内扬弃国民经济学的异化。”②马克思对蒲鲁东的这一评判延续了《1844年经济学哲学手稿》中的看法，马克思那时提出，蒲鲁东的社会革命的首要目标是“工资公平”，这一要求无非是给奴隶以更高的工资，并没有提高人的尊严，反倒把整个社会都理解成了一个大的资本家，它拥有并平均分配人创造的财富。③马克思说，按照蒲鲁东的构想，未来社会只能变成一个大的资本家，所有权在那时不仅没有消灭，反倒保存了下来。

（三）批判蒲鲁东对于马克思思想发展的意义

在马克思的思想发展历程中，蒲鲁东以其对私有制的严厉批判深深地影响了马克思。蒲鲁东的政治经济学批判工作为马克思批判进而超越政治经济

① 《马克思恩格斯文集》第1卷，人民出版社2009年版，第268页。

② 《马克思恩格斯文集》第1卷，人民出版社2009年版，第268页。

③ 参见《马克思恩格斯文集》第1卷，人民出版社2009年版，第124、167页。必须指出，就蒲鲁东把“社会”(公平原则得到实现的社会)理解成了一个大的所有者而言，马克思与埃德加的看法是一致的。埃德加在《蒲鲁东》一文中，也提出，蒲鲁东把“社会理解成了商业社会”，理解成了“工人的协会”。

学奠定了基础。尤为重要的是,马克思在反思蒲鲁东的局限性的时候,对生产关系的理解进一步加深,并对无产阶级的社会地位和历史使命有了更深刻的认识。

1. 为马克思批判进而超越政治经济学奠定了基础

蒲鲁东对私有财产所做的深刻批判把国民经济学从矛盾中拯救出来,使之成为科学。在《什么是财产?》一书中,"蒲鲁东则对国民经济学的基础即私有财产作了批判的考察,而且是第一次具有决定意义的、无所顾忌的和科学的考察。这就是蒲鲁东在科学上实现的巨大进步,这个进步在国民经济学中引起革命,并且第一次使国民经济学有可能成为真正的科学。"①在蒲鲁东之前,国民经济学家把私有财产视为天然合理和符合人性的,因为在他们看来,私有财产的增加意味着社会成员所占有的财富的增加。"在国民经济学中,工资最初表现为产品中劳动应得的那个合乎比例的份额。工资和资本的利润彼此处在最友好的、互惠的、仿佛最合乎人性的关系中。"但是,现实的情形是,私有财产的增殖并没有同等程度地使资本家和工人收益,资本家的财富越来越多,工人却始终处在贫困线上。"后来却发现,这二者是处在最敌对的、相反的关系中的"。② 这也就意味着,政治经济学不仅没有揭露社会现实,反而掩盖了真实的社会状况。在蒲鲁东之前,政治经济学是虚伪的、虚假的,并不符合科学该有的定义。国民经济学家们"总是不自觉地在这种矛盾中踉跄而行。"③蒲鲁东对私有财产的批判"永远结束了这种不自觉的状态",把私有财产合乎人性的假象与私有财产关系非人性的现实之间的矛盾揭露了出来。

蒲鲁东私有财产批判的贡献在于,他找到了现代社会非人性的根源是私有财产本身。"蒲鲁东始终不同于其他国民经济学家,他不是以限于局部的

---

① 《马克思恩格斯文集》第 1 卷,人民出版社 2009 年版,第 256 页。

② 《马克思恩格斯文集》第 1 卷,人民出版社 2009 年版,第 256 页。

③ 《马克思恩格斯文集》第 1 卷,人民出版社 2009 年版,第 257 页。

方式把私有财产的这种或那种形式描述为国民经济关系的扭曲者,而是以总括全局的方式把私有财产本身描述为国民经济关系的扭曲者。”①蒲鲁东指出,“财产是盗窃”,与设立它的公平理念在根本上是冲突的,是社会贫富极端对立的根源,当蒲鲁东提出这些观点的时候,他事实上就是“把私有财产本身描述为国民经济关系的扭曲者”。

共产主义学说和共产主义运动是对国民经济学的超越。国民经济学是一门关于私有财产如何增殖的工具学科,它无视私有财产违反人性的事实,为私有财产辩护,在根本上是私有制的意识形态。按照经济基础与上层建筑的辩证关系原理,在一个私有制的社会当中,政治经济学必然是意识形态的主流,政治经济学批判只能是支流。在《1844 年经济学哲学手稿》中,马克思就提出:“要扬弃私有财产的思想,有思想上的共产主义就完全够了。而要扬弃现实的私有财产,则必须有现实的共产主义行动。”②要超越政治经济学,一方面是在意识形态领域超越政治经济学,即发展出科学的共产主义和社会主义理论,另一方面是在经济基础层面对私有财产关系进行改造,即发动有科学理论作支撑的共产主义运动。马克思对蒲鲁东的批判,进一步坚定了他对共产主义的信念。蒲鲁东把“工人协会”作为消灭私有制之后的理想社会,在马克思看来,这表明蒲鲁东对政治经济学的批判还受政治经济学本身的束缚。所谓受政治经济学本身的束缚,就是受私有财产的意识形态束缚,受资产阶级立场的束缚。如马克思后来在《共产党宣言》中指出的,从根本上说,蒲鲁东是资产阶级的社会主义思想的代表人物。在马克思看来,最终要在意识形态领域超越政治经济学,根本还是要靠共产主义行动在经济基础层面消灭私有财产关系。

---

① 《马克思恩格斯文集》第 1 卷,人民出版社 2009 年版,第 257 页。

② 《马克思恩格斯文集》第 1 卷,人民出版社 2009 年版,第 231—232 页。

2. 接近生产关系的思想

在批判蒲鲁东的时候,马克思对现代资本主义生产方式的社会关系有了进一步的思考。他提出:“实物(Gegenstand)是为人的存在(Sein),是人的实物(gegenstandlich)存在,同时也就是人为他人的定在(Dasein),是他对他人的人的关系,是人对人的社会关系。”①马克思在这里提出了人与对象的关系实质是人与人的社会关系的思想。不仅人和对象之间的生产关系,而且人在生产之后对产品的关系,都是由人对人的社会关系决定的。如列宁所言:“这一段话极有特色,因为它表明马克思如何接近自己的整个‘体系’(如果可以这样说的话)的基本思想——即如何接近生产的社会关系这个思想。”②相比于《1844 年经济学哲学手稿》,马克思在《神圣家族》中更加接近了生产关系的概念。

人与对象的关系实质是人与人的社会关系,这一思想深刻地把握住了社会关系的决定性意义。一个人在社会关系中的地位,决定了他与对象之间有何种关系。在一切阶级社会中,奴隶主、封建主、资本家阶级都不直接参与改造对象的劳动活动中,他们与对象表面上看是漠不相关的,但是他们作为统治阶级的社会地位决定了他们是劳动产品的所有者。相应地,奴隶、农奴、工人阶级虽然参与劳动过程,是对象的创造者,但是他们却并不拥有劳动的产物。这一思想深刻地指明了人对人的社会关系的首要性,它决定着人与对象世界关系、人在生产过程中的地位以及人对产品的分配关系。这里的思想不仅预示着以后的生产关系思想,而且提醒我们,马克思的深刻性恰恰在于,在表面上看起来是人与物的关系的地方,马克思总是看到人与人的关系。

① 《马克思恩格斯全集》第 2 卷,人民出版社 1957 年版,第 52 页。

② 《列宁全集》第 55 卷,人民出版社 1990 年版,第 13 页。

3. 对无产阶级的认识进一步深化

早在《黑格尔法哲学批判》及其导言中，马克思就提出，无产阶级是实现人的解放所必须依赖的物质力量，哲学的任务是为其提供思想武器。在《神圣家族》中，马克思关于无产阶级的社会地位、历史使命和阶级意识的论述更进一步强调了这一思想。

首先，马克思阐述了无产阶级在私有制下异化的、非人的社会地位。马克思在《神圣家族》中提出，私有财产和无产阶级是矛盾的两个方面，并对他们的双方的地位做了如下分析：

> “有产阶级和无产阶级同样表现了人的自我异化。但是，有产阶级在这种自我异化中感到幸福，感到自己被确证，它认为异化是它自己的力量所在，并在异化中获得人的生存的外观。而无产阶级在异化中则感到自己是被消灭的，并在其中看到自己的无力和非人的生存的现实。”①

如马克思指出的，在私有财产和无产阶级的对立中，私有财产是对立的肯定方面，它为了维持自身的存在，保持了无产阶级这个对立面的存在；无产阶级是对立的否定方面，它必须消灭私有财产，才能消灭自身的异化。

私有财产在自己的运动中必然走向灭亡，但是消灭私有财产的不是理论上的批判，而是无产阶级的革命斗争。马克思提出：

> “私有财产在自己的国民经济运动中自己使自己走向瓦解，但是私有财产只有通过不以它为转移的、不自觉的、同它的意志相违背的、为事物的本性（die Natur der Sache）所决定的发展，只有当私有财产造成作为无产阶级的无产阶级（das Proletariat als Proletariat），造成意识到自己在精神上和肉体上贫困的那种贫困，造成意识到自

① 《马克思恩格斯文集》第1卷，人民出版社2009年版，第261页。

己的非人化从而自己消灭自己的那种非人化时，才能做到这一点。”①这一段话清晰地表明，马克思深受黑格尔辩证法的影响，但同时又不认可其唯心主义的辩证法。“私有财产在自己的国民经济运动中自己使自己走向瓦解”，在这句话中，马克思把私有财产理解为一种自我否定的存在，在辩证的运动中向前发展，但最终因自身的运动而走向灭亡。但是，私有财产的这个自己使自己走向灭亡的过程又不是在观念的范围内发生的，它不以有产者的意志为转移，必须要“符合事物的本性”，即私有财产运动是一种客观的经济运动。在马克思这里，“符合事物本性”的发展就是指私有财产运动必然会造成无产者的产生。马克思虽然还没有从生产力与生产关系辩证运动的层次理解私有财产运动，但是他已经注意到，要消灭私有财产，必须借助无产者的物质力量，而且无产者的革命行动也是“事物的本性”的一个环节，也要服从私有财产运动的客观规律。

需要指出的是，马克思在这里还没有在非常严格的意义上使用阶级概念。在上述引文中，“作为无产阶级的无产阶级”(das Proletariat als Proletariat，可译为“作为无产者的无产者”)中并不是明确的阶级概念，这里的无产阶级更多的是无产者构成的群体，无产者这一类人。在这一引文的上一段，马克思写道：“有产阶级(die besitzende Klasse)和无产阶级(die Klasse des Proletariats)同样表现了人的自我异化(menschliche Selbstentfremdung)”。② 在这句话中，马克思使用的是阶级概念。在《神圣家族》中，尽管马克思已经讨论了作为一个阶级的无产阶级的生活条件和使命，但是他更多地谈论的还是无产者，而且是在字面意义上把无产者和私有财产作为对立的双方。这表明，他在无产者和无产阶级这两个概念之间还没有做出明确的区分，他还没有形成明确的阶级分析法。中译文把“Proletariat”统一翻译为“无产阶级”掩盖了马克思此时的思维特征。这种概念使用方法与《共产党宣言》有很大差别，在《共产党宣

① 《马克思恩格斯文集》第1卷，人民出版社2009年版，第261页。

② 《马克思恩格斯文集》第1卷，人民出版社2009年版，第261页。

言》中,马克思就格外强调无产者在共产党人的领导下联合为一个自为的阶级,只有组织起来的自觉的阶级,才能够完成无产阶级革命的历史使命。

其次,马克思指出了无产阶级的历史使命。马克思说:“它(指无产者——引者注)的目标和它的历史使命已经在它自己的生活状况和现代资产阶级社会的整个组织中明显地、无可更改地预示出来了。”①在有产阶级和无产阶级的矛盾关系中,有产阶级是保守的,无产阶级是革命的、破坏的。只有无产阶级有意愿消灭二者的对立,消灭它的行动只能由无产阶级做出。“无产阶级执行着雇佣劳动由于为别人生产财富、为自己生产贫困而给自己做出的判决,它也执行着私有财产由于产生无产阶级而给自己做出的判决。”②无产阶级给自己和私有者下达的这份判决书就是,它要消灭自身的异化,同时也消灭有产者的异化,最终促成人的解放事业的实现。马克思指出:“无产阶级在获得胜利时,无论如何决不会因此成为社会的绝对方面,因为它只有消灭自己本身和自己的对立面才能获得胜利。到那时,无产阶级本身以及制约着它的对立面——私有财产都会消失。”③《共产党宣言》中马克思关于无产阶级要想解放自己必须解放整个社会的观点已经显露出来。

再次,马克思强调了无产阶级的阶级意识的重要性。在现代资产阶级社会的私有制中,无产阶级身上“一切属于人的东西”都被剥夺了,“在无产阶级的生活条件中集中表现了现代社会的一切生活条件所达到的非人性的顶点,……所以无产阶级能够而且必须自己解放自己”④。马克思提出:“问题不在于某个无产者或者甚至整个无产阶级暂时提出什么样的目标,问题在于无产阶级究竟是什么,无产阶级由于其身为无产阶级而不得不在历史上有什么作为。”⑤正是无产者对于自身“究竟是什么”“不得不在历史上有什么作为”

① 《马克思恩格斯文集》第1卷,人民出版社2009年版,第262页。

② 《马克思恩格斯文集》第1卷,人民出版社2009年版,第261页。

③ 《马克思恩格斯文集》第1卷,人民出版社2009年版,第261页。

④ 《马克思恩格斯文集》第1卷,人民出版社2009年版,第262页。

⑤ 《马克思恩格斯文集》第1卷,人民出版社2009年版,第262页。

的问题激活了无产者的自我意识,把无产者统一为一个自为的无产阶级,一个必须为了解放全人类而斗争的阶级。马克思主义的理论任务就是要通过揭示无产阶级"自己的生活状况和现代资产阶级社会的整个组织",推动无产阶级觉醒,成为其解放的"头脑",指导无产阶级的革命行动。

胡大平教授高度重视这一论断,认为这里提出的问题是"马克思主义的真正起点"。胡大平教授从马克思主义阶级立场和思想实质的维度看待《神圣家族》在马克思主义发展史上的地位,其观点是深刻的。他还指出,马克思这里的论证逻辑("费尔巴哈的人性论")和论证结果("共产主义的核心结论")之间存在张力,需要引入恩格斯才能弥合其中的张力。[①] 胡大平教授指出在恩格斯那里不存在这种张力,强调恩格斯对于马克思主义创立的特殊重要性,这一观点无疑是值得肯定的。因为《英国状况》系列论文和《英国工人阶级的状况》确实表明恩格斯在对无产阶级的认识上是走在马克思前面的。但是我们也认为,马克思这里关于无产阶级异化及其历史使命的论述却不全然以费尔巴哈的人性论为依据。毋庸置疑,《神圣家族》中的"有产阶级和无产阶级同样表现了人的自我异化"[②]这个论断的主导逻辑是费尔巴哈的人本学异化逻辑。[③] 但是放在上下文语境来看,即在这句话所处的整个"批判性的评注 2"中,主导逻辑却不是费尔巴哈的人本学异化逻辑,而是客观的经济分析以及这一基础上的共产主义革命理论。其中关于"私有财产在自己的国民经济运动中自己使自己走向瓦解"[④]表明了私有财产关系是一种"国民经济运动",它会"自己使自己瓦解",不以人的意志为转移,这是客观的经济分析。不仅如此,正是因为私有财产关系是客观的"国民经济关系",所以马克

① 参见胡大平:《回到恩格斯:文本、理论和解读政治学》,江苏人民出版社 2010 年版,第 178—180 页。

② 《马克思恩格斯文集》第 1 卷,人民出版社 2009 年版,第 261 页。

③ 参见张一兵:《回到马克思:经济学语境中的哲学话语(第三版)》,江苏人民出版社 2013 年版,第 302 页。

④ 《马克思恩格斯文集》第 1 卷,人民出版社 2009 年版,第 261 页。

思认为必须通过无产阶级革命的客观斗争“消灭现代社会的一切非人性的生活条件”①才能解放无产阶级。在这句话中,“生活条件”的“非人性”虽然包含着道德评价,但是“生活条件”本身是客观的,必须通过客观的斗争才能消除。当他基于这一点猛烈批判鲍威尔关于通过理论批判实现无产阶级解放的观点时,我们不可能认为马克思认同费尔巴哈人本学异化逻辑的道德批判。实际上,尽管马克思在“批判性的评注 2”中多次使用了“人的自我异化”“非人性”等充满道德评价色彩的词汇,但是因为他始终是在“无产阶级”和“有产阶级”的阶级关系即经济关系中分析异化问题的,比如有产阶级的“人的生存的外观”以及无产阶级的“非人的生存的现实”都是由它们二者之间的经济关系造成的,我们不能仅仅在费尔巴哈人本学异化逻辑的意义上理解这些词汇。尤其是整部《神圣家族》反对思辨唯心主义的其中一个内容就是反对鲍威尔及其伙伴从“自我异化”及其扬弃的逻辑出发探寻人的解放道路,针对这种“自我异化”及其扬弃的逻辑,马克思从《德法年鉴》开始就针对性地提出了“相互异化”或社会关系异化以及通过革命解决这种异化的道路,而费尔巴哈的人本学异化逻辑依旧是自我异化及其扬弃的逻辑。就整部著作而言,虽然细节上仍然随时涌出“人的自我异化”之类的表述,但是宏观思路已经是通过革命改造社会关系即消除“相互异化”的逻辑。② 综合而言,黄楠森等前辈撰写的《马克思主义哲学史》第 2 卷认为马克思在《神圣家族》中“已经脱离了人本主义的异化史观”③并不算言过其实。

---

① 《马克思恩格斯文集》第 2 卷,人民出版社 2009 年版,第 262 页。

② 参见李彬彬:《货币异化:人的自我异化与相互异化——重估〈论犹太人问题〉在马克思思想历程中的地位》,《学习与探索》2016 年第 6 期。

③ 黄楠森等编:《马克思主义哲学史》第 2 卷,北京出版社 1991 年版,第 267 页。

第五章　群众的崛起与现代的“平等”政治

在《神圣家族》与《文学总汇报》的论战中,“群众”是一个极其具有代表性的话题,它反映了知识精英对待普通群众的两种不同态度。群众是现代社会中最常见的人格现象,是由高度原子化、高度自我中心的个体构成的。当这些相互独立的个体汇聚在一起成为群众的一员时,他们又呈现出完全不同的心理和生活状态。群众最大的特点就在于其千人一面的“通用性”,其中的个体隐去自己的个性化特征成为匿名的、类似的“平均个体”(Durchschnitts-individuum)。群众的彼此之间差不多的生活过程和思想状况孕育了现代政治中自由、平等、人权的公民权利观念。当时的德国犹太人问题和法国大革命都是群众实现自身政治观念的活动。对这些活动的评判表明,鲍威尔始终把自我意识的自由作为政治权利平等的前提,而马克思则把“政治解放”和“人的解放”作为两个不同的历史阶段。人类走过的历史进程已经证明,马克思的相关思想是符合历史实际的。

一、知识精英如何面对群众

为了更好地理解马克思和鲍威尔对待群众的态度,我们首先要更加深刻地理解“群众”。现代社会中“群众”是“利己主义的个人”的集合，它是一个漫长的历史过程的产物，其间融合了基督教、文艺复兴和资本主义的社会成就。如赵汀阳教授指出的，基督教鼓励人们为了信徒这一新的身份而背弃自己曾经属于的家庭、共同体和社会，“打破了各种传统共同体和小社会，使任何人都可以获得一种通用身份（基督徒）”。这种通用身份为“群众”概念打下了一块基石：“背弃所属家庭、社会关系和共同体而后获得一种新身份，一种人人相同、人人平等、超越了自然个性的身份，一种以基督教信念为普遍精神的通用身份，这就是基督教发明的群众。”①基督教发明的“群众”还不是现代意义上的群众，它还依附于上帝，依附于神圣的共同体，还没有获得人格上的独立。基督教所首创的“群众”在融合了文艺复兴的“自我人”和现代资本主义的“经济人”之后成就了现代社会中的“群众”。“群众”是现代生活中最常见的人格类型，也是现代性问题研究中绕不开的话题。“群众”这种人格的最大特点就在于“均质化”。因此之故，“群众”成为现代性作家所批判的“常人”“沉沦状态”，成为“逃避自由”“逃避责任”的代名词。在《神圣家族》和《文学总汇报》有关“群众”的辩论中，其要害正在于知识精英如何看待这种现代社会中的通用人格。作为现代社会中的通用人格，知识精英本身也是群众的一分子。但是当知识精英自觉地把群众作为一个对象加以讨论的时候，知识精英又把自己与群众区隔开了。鲍威尔立足于唯心史观，认为整个世界历史的意义就在于自我意识的生成，推动自我意识生成的是团结在鲍威尔周围的那一部分理论批判家，他们是历史的推动者，他们之外的群众是历史发展的敌人。马克思和恩格斯认为，现代社会中的群众是划分为不同阶级的，直接从事生产劳动的无产阶级因为试图推翻现代的生产方式所以是历史发展的动力，处于统治地位的资产阶级试图维持既有的生产方式而成为历史进步的敌人，他们的生活过程及其相互之间的斗争是现代的政治和文化的基础，哲学家

① 赵汀阳：《制造个人》，《社会科学论坛（学术评论卷）》2009 年第 1 期。

的任务是为无产阶级提供科学的理论。

（一）批判家把群众视为历史和精神的敌人

对“群众”进行彻底的批判是布鲁诺·鲍威尔在《文学总汇报》时期的一个新动向。在写作《基督教真相》和《犹太人问题》时，鲍威尔对群众是冷漠的。他在前书中写道：“现在自我意识已经达到了自身自由的确定性，而且在决定性的时刻也会让不自由的人自由地做不自由的人。自我意识不会强迫他们变得自由。自我意识会用自由征服世界。在危机之后，历史就不是基督教的历史了，也不再是基督徒的历史了；但是历史会宽容地蔑视那些停留在文明世界的边缘的人，以及那些想要为自己维持自身的神灵的人。”①在后书的结尾处，鲍威尔写道：“理论现在已经完成了它自己的事，它看透了犹太教和基督教过去的对立，并解决了它们的对立，而且能够以宁静的心态信心满满地等待历史对变得不合时宜的对立做出最后的判断。”②其对群众的冷漠态度源于他的高傲：既然批判家已经正确地揭示了历史的真理，群众如果还不接受，那就活该被历史抛弃。这种态度到了《文学总汇报》时期出现了彻底的改变，他开始旗帜鲜明地批判群众，把群众作为批判的首要目标。这种转变源自他对群众的失望：按照他的预想，批判家献身于历史的进步，发现了历史的真理，群众应该热情地拥护批判家，但是面对批判家的教职被褫夺、书籍杂志被查禁，群众竟无动于衷，与反动的统治者同流合污，这让鲍威尔认识到不能再放任群众，否则批判将一事无成，鲍威尔由此开始了对群众的批判。

1. 鲍威尔的“群众”定义

在《文学总汇报》第 1 期一开篇，鲍威尔就开始了对“群众”的批判。鲍威

---

① Ernst Barnikol, *Das entdeckte Christentum im Vormärz*, Jena: Eugen Diederichs Verlags, 1927, S.164.

② Bruno Bauer, *Die Judenfrage*, Braunschweig: Druck und Verlag von Friedrich Otto, 1843, S. 115.注：本书下文所引布·鲍威尔的《犹太人问题》中译文均出自聂锦芳、李彬彬编：《马克思思想发展历程中的“犹太人问题”》，中国人民大学出版社 2017 年版，第 31—120 页。

尔写道:“那些在一切地方都一事无成的人是群众”。在鲍威尔笔下,群众是“生活失败的大众(eine Menge gescheiterter Existenzen)”或“在一切领域都一事无成的人”。就外延来看,群众包括批判家之外的所有人。它首先指的是社会上的无产者,在《文学总汇报》第10期的《类与群众》中,他再次写道:“群众在其作为无产者的规定性中是其对立面瓦解之后的映像和结果——只有当共同的等级利益已经消融于纯粹的利益、消融于竞争性的利益的无限性之中的时候,他们无机的群体才可能形成。”①除了底层的无产者之外,“群众”中也包括有产者,即“所谓的有教养的阶层(die sogenannte gebildete Welt)”。②在《文学总汇报》第1期上,鲍威尔说“群众这个词也包括这个所谓的有教养的世界”。在第8期的《目前什么是批判的对象?》中,鲍威尔再次提到群众“不仅可以在下层中找到”。

从鲍威尔的论述中可以发现,“群众”是不具备“普遍的自我意识”的人,这是群众与批判家最大的区别之所在。在鲍威尔这里,具有“普遍的自我意识”意味着超越了个别性和特殊性的限制,不与任何特殊的、党派性的利益合流,并能对其保持“批判”的立场。群众不具备“普遍的自我意识”,只顾及自己的私人利益,他们对历史发展和社会进步没有任何贡献。由此造成的结果是,群众成了“在一切地方都一事无成的人”。

鲍威尔提出,群众产生于封建主义的瓦解:

> “群众是革命的最有意义的成果——是从封建主义各种对立的中和中产生出来的沉淀物;群众是民族性的利己主义在革命战争中耗尽以后残留下来的迟钝东西;群众是被欺骗的大众,他们把政治启

① Bruno Bauer, “Die Gattung und die Masse”, in *Allgemeine Literatur-Zeitung*, hrsg. von Bruno Bauer, Charlottenburg: Verlag von Egbert Bauer, September 1844(Nr.10). S.42.

② Bruno Bauer, “Die neuesten Schriften über die Judenfrage”, in *Allgemeine Literatur-Zeitung*, hrsg. von Bruno Bauer, Charlottenburg: Verlag von Egbert Bauer, Dezember 1843(Nr.1). S.1-2.注:本书下文所引布·鲍威尔《评讨论犹太人问题的最新著述(1)》均出自聂锦芳、李彬彬编:《马克思思想发展历程中的“犹太人问题”》,中国人民大学出版社2017年版,第165—183页。

蒙的幻觉，一般地说也是整个18世纪启蒙的幻觉交给了一种没有边界的不满情绪。群众是试图把自身提升到上个世纪的传统之上的理论的天然敌人，这种理论发展得越多，它也会越多地把群众变成一群紧实的东西。”①

既然群众是封建主义瓦解之后的产物，那么不难得出结论，鲍威尔所说的“群众”就是市民社会中利己主义的人。市民社会的人以利己主义为行为原则，表面上看起来是自由的、享有人权、得到了解放。鲍威尔提出，这群人造成了“政治启蒙的幻觉”，甚至是“整个18世纪启蒙的幻觉”。

2. 群众是精神和历史发展的敌人

在《文学总汇报》第1期中，鲍威尔说：“精神现在知道，它必须要到哪里去寻找它唯一的敌人——就是要到群众的空话套话、自我欺骗和懦弱无能中去寻找。”②很显然，鲍威尔把群众视为精神的敌人。在他看来，真理是历史的主体，人类个体只有追随真理，才能随着真理的发展一起进步，但是群众是缺乏精神的大众，他们完全没有能力掌握真理：“但是只有当人们依靠真理的论据始终追随真理的时候——尤其在真理中断了发展轨迹而又应该开辟出一条新路的时期——人们才完全掌握了真理：因此，群众从来没有掌握一个本来能够被他们把握住的真理。”在鲍威尔看来，群众尽管构成了社会的大多数，但是他们对社会和世界历史的进步毫无贡献，甚至是历史停滞不前的罪魁祸首。鲍威尔不仅认为加入了群众的热情的著作是糟糕的著作，而且认为希望引起群众关注的行动必然以失败告终：“到现在为止，历史上的一切伟大的活动之所以一开始就是不合时宜的，而且没有取得富有影响的成效，正是因为群众对

---

① 布鲁诺·鲍威尔：《目前什么是批判的对象?》，转引自聂锦芳、李彬彬编：《马克思思想发展历程中的“犹太人问题”》，中国人民大学出版社2017年版，第203页。

② Bruno Bauer, “Die neuesten Schriften über die Judenfrage”, in *Allgemeine Literatur-Zeitung*, hrsg.von Bruno Bauer, Charlottenburg: Verlag von Egbert Bauer, Dezember 1843 (Nr.1).S.3.

这些活动表示关注和怀有热情。”①

鲍威尔提出这样的看法和他的亲身经历不无关系。鲍威尔曾经对群众比较冷漠,他认为理论家的任务是揭示真理和历史规律,群众如果不接受这些真理,那么他们活该遭受不自由。但是面对激进理论家被开除和激进报刊被查禁的遭遇,群众视若无睹。群众的冷漠进一步助长了保守派的反扑与攻击,最终团结在鲍威尔周围的激进派不仅丢失了理论阵地,而且丧失了社会影响。②所以从《德国年鉴》被查封之后,他在新创办的《文学总汇报》上开始明确批判群众,试图通过理论批判把群众改造为具有“普遍自我意识”的自由人格,成为新社会的主体。

鲍威尔之所以批判群众,是因为在他看来:群众自以为是的外表下掩藏着软弱无能的内心。他们认为自己注定要统治世界,因此在他们看来“为了证明真理而不懈努力的批判家是在做无用功”。③ 鲍威尔指出,“只有通过证明而贯通一个真理”,才算全面地、彻底地掌握了真理。以这个标准衡量,群众从来都没有掌握任何一个真理。因此,他们也没有勇气执行真理,没有能力贯彻真理。不仅如此,群众和历史的发展方向还是背道而驰的。“历史的任务”在于证明一些表面上看起来微不足道的真理。尽管到目前为止历史只证明了少数几个真理,但是为了证明它们,“历史尽了自己最大的努力”。在群众眼里,真理是“不言而喻的”,“不值得让历史明确地去证明它们”。鲍威尔提出,群众之所以看起来了解一些真理,并不是因为他们掌握了真理,而是因为“被历史揭开的真理”触碰到了他们。由于群众没有为发现真理做出过贡献,他们对于真理的力量也缺乏了解,因此群众一旦遇到打击,他们就会裹足不前,

---

① Bruno Bauer,“Die neuesten Schriften über die Judenfrage”,in *Allgemeine Literatur-Zeitung*, hrsg.von Bruno Bauer,Charlottenburg:Verlag von Égbert Bauer,Dezember 1843(Nr.1).S.3.

② 参见[波兰]兹维·罗森:《布鲁诺·鲍威尔和卡尔·马克思:鲍威尔对马克思思想的影响》,王谨译,中国人民大学出版社 1984 年版,第 268 页。

③ Bruno Bauer,“Die neuesten Schriften über die Judenfrage”,in *Allgemeine Literatur-Zeitung*, hrsg.von Bruno Bauer,Charlottenburg:Verlag von Egbert Bauer,Dezember 1843(Nr.1).S.2.

不愿为贯彻真理奉献任何力量，甚至会变身为“进步最大的敌人”。①

鲍威尔指出，尽管自由派人士自以为“人权”在手，就占领了道德高地，为了发动群众而对群众不吝溢美之词，但是历史上的失败教训已经表明：群众不仅不会为精神的事业流血牺牲，而且是精神顽固的敌人。经历了大革命和启蒙运动的洗礼，法国理论家对于如何组织群众已经建立起了一系列的理论。但是这些理论根本上都是失败的，“因为他们把真正的群众看作有用的材料。”例如，罗伯斯庇尔和圣茹斯特虽然提出了很好的思想，但是却没有得到人民群众的回应。

> “罗伯斯比尔和圣茹斯特关于要造就完全按照正义和美德的准则生活的‘自由人民’的伟大思想……只是靠恐怖才得以维持一段时间，这种思想是一种矛盾，人民大众中的卑劣而自私的要素对这种矛盾是以怯懦和阴险的方式做出反应的，人们不可能指望这些人采取别的方式。”

法国革命者关于“自由人民”的思想之所以是一种矛盾的思想，是因为人民本身是不自由的，只有在批判家对其作出全面的批判、祛除其局限性之后才能达到自由。法国的革命者只是提出了“自由人民”的口号，并没有致力于提高群众的教养水平。群众虽然经历了一系列的革命运动，他们依旧不足以承担建立新社会形式的重任。鲍威尔借机回应了批判他的人：

> “当德国的启蒙人士突然发觉他们 1842 年的希望落了空并且茫然不知所措的时候，关于现代法国诸体系的信息恰好传到了他们那里。现在他们可以大谈必须把下层人民阶级提高到更高的水平，他们以这种代价逃避这个问题：他们自己是不是就不属于群众，群众不仅包括最下层的群众。”②

在鲍威尔看来，那些批评他止步于政治解放的人其实是在重复法国启蒙

---

① Bruno Bauer, “Die neuesten Schriften über die Judenfrage”, in *Allgemeine Literatur-Zeitung*, hrsg. von Bruno Bauer, Charlottenburg: Verlag von Egbert Bauer, Dezember 1843 (Nr.1). S.2.

② Bruno Bauer, “Was ist jetzt der Gegenstand der Kritik?”, in *Allgemeine Literatur-Zeitung*, hrsg. von Bruno Bauer, Charlottenburg: Verlag von Egbert Bauer, Juli 1844 (Nr.8), S.25.

运动的老路。他们想要发动下层群众建立一个自由的社会。但是法国大革命的历史已经告诉我们,这条道路是走不通的。其根本原因在于:“精神的存在物不改变别的东西,就不能得到提高,它若不受到最坚决的抵抗,就决不可能有所改变。”①鉴于目前群众教养的水平,当务之急并不是发动下层群众,而是对他们进行批判,提高他们的教养。那些鼓动群众的人不仅没有提高群众的教养,反而由于没有认识到群众的惰性,没有把握到历史发展的本质,自己也堕落成了群众的一部分。

3. 批判家关注群众的精神进步

在《文学总汇报》时期,鲍威尔虽然对群众持尖锐的批判态度,但是与他之前对群众的冷漠态度相比,此时他的态度已经有了重大转变。因为此时,鲍威尔希望经过理论上的批判推动群众的精神进步,从而推动整个社会和历史的进步。鲍威尔本人也认识到自己把群众放在精神对立面的做法会遭到非议——即批判只是在侮辱它的论敌,而没有认真对待与自己论战的人。他是这样为自己辩白的:

> “如果批判没有使它的敌人获得自由,而只是侮辱它的敌人是奴隶,这就好比说它没有启蒙,只造成了愚昧,那么,它的努力还有什么用呢?答案很简单。如果批判不能使每个人都成为他想成为的那个样子,如果批判不能给每个人以心想事成的自由,而且不能不容置疑地向每个人指出适合其本性和意志的那种观点,它就不能成为创造时代的力量。”②

① Bruno Bauer,“Was ist jetzt der Gegenstand der Kritik?”,in *Allgemeine Literatur-Zeitung*, hrsg.von Bruno Bauer,Charlottenburg:Verlag von Egbert Bauer,Juli 1844(Nr.8),S.25-26.注:本书下文所引布・鲍威尔《目前什么是批判的对象?》均出自聂锦芳、李彬彬编:《马克思思想发展历程中的“犹太人问题”》,中国人民大学出版社 2017 年版,第 196—204 页。

② Bruno Bauer,“Die neuesten Schriften über die Judenfrage”,in *Allgemeine Literatur-Zeitung*, hrsg.von Bruno Bauer,Charlottenburg:Verlag von Egbert Bauer,März 1844(Nr.4).S.11-12.注:本书下文所引布・鲍威尔《评讨论犹太人问题的最新著述(2)》均出自聂锦芳、李彬彬编:《马克思思想发展历程中的“犹太人问题”》,中国人民大学出版社 2017 年版,第 184—195 页。

在鲍威尔看来，那样的非议并不足为惧。因为批判只有在激烈批判“群众”的过程中才能让群众认识到自身的局限性，从而下定决心摆脱这些束缚。“纯粹批判”的唯一目的就是揭露自由实现的障碍，而现实生活中自由的敌人无处不在，因此它不断为自己创造出敌人，在对敌人的批判中把自由的敌人提升到自由的水平上。鲍威尔认为，自己推动人类意识不断进步的过程是一种启蒙，只有这样才能让每个人自由。

鲍威尔对“犹太人问题”的批判以及与论敌的论争都是理论范围内的事，但这并不意味着鲍威尔的视野内没有实践问题。只不过他把实践问题再次还原为理论问题，因为在他看来，推动理论在实践中得到贯彻执行的同样是理论：“犹太人现在在理论领域内有多大程度的进展，他们就获得多大程度的解放；他们在多大程度上想要成为自由的人，他们就在多大程度上是自由的人了。你们如果在理论中有所进展，你们在实践中也会变得更强！如果有一个更高的自由概念，你们在自由中也会进步。”①

鲍威尔对理论和实践之间关系的看法是：“为了对理论下命令，理论必须发展！”②理论的执行并不单单是在实践中贯彻理论，为了贯彻理论，理论必须获得更高的发展。人们理论上的立场越高级，在实践中也就越坚定。通过这些论证，鲍威尔把实践领域内取得进步的原因再次归结为理论的发展。

（二）群众对知识精英的复杂态度

《神圣家族》第7章分析的是群众对于批判家的不同态度，它既是对批判家所坚持的敌视群众的立场的讽刺，也反映了德意志民族的民族性，是对德国民族性的批判。在《神圣家族》的篇章结构中，第7章“批判的批判的通信”显

---

① Bruno Bauer，“Die neuesten Schriften über die Judenfrage”，in *Allgemeine Literatur-Zeitung*，hrsg.von Bruno Bauer，Charlottenburg：Verlag von Egbert Bauer，März 1844（Nr.4）.S.15.另参见《马克思恩格斯文集》第1卷，人民出版社2009年版，第297页。

② Bruno Bauer，“Die neuesten Schriften über die Judenfrage”，in *Allgemeine Literatur-Zeitung*，hrsg.von Bruno Bauer，Charlottenburg：Verlag von Egbert Bauer，März 1844（Nr.4）.S.15.

得非常特殊，它所分析的是《文学总汇报》上的读者来信。《文学总汇报》共有4期刊登了“读者来信”，分别是：第3期第6—21页刊登了采尔莱德来信；第4期第22—29页刊登了弗莱什汉默尔来信、第37—38页刊登了希采尔来信；第5期第11—15页刊登了希采尔来信；第6期第20—38页刊登了九封匿名来信、第49—50页刊登了采尔莱德来信。这些信件反映了普通群众对待《文学总汇报》的态度。第一类是“批判的群众”，他们崇拜批判家，认为批判家是崇高的，自己是低贱的。第二类是“非批判的群众”，其中包括指责批判家一无是处的“冥顽不灵的群众”，积极向批判家靠拢的“‘软心肠的’和‘求救的’群众”，以及一只脚已经踏上批判的土地的“糊涂的群众”。第三类是力图成为批判家但又无法实现的“非批判的批判的群众”。如马克思所言，《文学总汇报》之所以刊载这些通信，是为了通过群众确认“它同群众的关系是现代的具有全世界历史意义的关系”。在整部《文学总汇报》中，批判家都在不遗余力地批判群众，把自己与群众的对立以及自己对群众的批判的改造视为关乎历史发展的重大问题。“但是，仅仅宣布自己为全世界的对立面，还不能使自己成为具有全世界历史意义的对立面。……要成为具有全世界历史意义的对立面，光由我宣布世界是我的对立面，那是不够的，还必须有另一方面，即必须世界宣布我是它的本质的对立面，把我看成这样并承认我是这样。”①

1.“批判的群众”崇拜批判的批判

如马克思所言：“批判的批判认为自己是绝对的主体。绝对的主体需要崇拜，而真正的崇拜则需要第三者，即信仰绝对主体的个人。”②因此，布鲁诺·鲍威尔在《文学总汇报》的读者来信中精心挑选出一些符合其心意的通信，以证明批判家得到了群众的崇拜。在《文学总汇报》的通信作者中，采尔莱德、弗莱什汉默尔、希采尔以及一些匿名作者对鲍威尔及其伙伴表现出极大的敬意。

① 《马克思恩格斯全集》第2卷，人民出版社1957年版，第183页。

② 《马克思恩格斯全集》第2卷，人民出版社1957年版，第184页。

这些通信作者对《文学总汇报》的崇拜首先体现在，他们认为自己向批判家汇报的消息是批判家早已经知道的消息。采尔莱德在信中写道：“您了解这件事吗？您是知道的；您已经第二次、第三次知道这件事了；当然，您已经听得很多，所以一切事情您都非常明白。”①弗莱什汉默尔写道：“只要我告诉您，您要是不想碰见身穿黑色长袍和斗篷的天主教青年牧师，您就别上街，那您就会完全理解到我的意思。”②不难发现，这些通信作者普遍认为批判家具有“绝对的理解力，甚至硬说它能够理解那些根本无从理解的事情”③。

这些通信作者对《文学总汇报》的崇拜还体现在，他们完全接受了批判家的看法，开始重复批判家的“名言”并痛恨“世俗的群众”。希采尔在《文学总汇报》第5期上写道：“群众较之批判的蠢笨无能、性情鄙劣、懦怯、冷酷、畏缩、狂暴、凶狠……本身的存在仅仅是为了通过自己的对抗而使批判变得更尖锐更机警的群众……批判摆脱了憎恨和类似的世俗的激情……群众仅仅满足于‘主张’、‘善良的愿望’、‘言辞’、‘信仰’。”马克思指出：“这位不幸的人以确实令人感动的勤勉精神和值得赞颂的记忆力背诵着批判的名言。……特别是当希采尔先生痛恨世俗的群众及其对批判的批判的态度的时候，他更显出他不愧为批判的群众的一员。”④

2.“非批判的群众”

《文学总汇报》上选登的读者来信并不都是鲍威尔的拥趸，也有其批判者。鲍威尔之所以选登这些读者来信，是因为“批判的记者们光是用批判的言语向神圣家族‘祈祷’并同时向群众念‘咒语’是不够的。为了证明群众和批判之间有真正的纷争，必须要有非批判的群众的记者，必须要有群众派往批判的批判的真正的使节”⑤。把马克思的这句话翻译成普通话就是，鲍威尔之

① 《马克思恩格斯全集》第2卷，人民出版社1957年版，第184页。
② 《马克思恩格斯全集》第2卷，人民出版社1957年版，第185页。
③ 《马克思恩格斯全集》第2卷，人民出版社1957年版，第185页。
④ 《马克思恩格斯全集》第2卷，人民出版社1957年版，第187页。
⑤ 《马克思恩格斯全集》第2卷，人民出版社1957年版，第188页。

所以选登自己批判者的来信，是为了通过群众自己的文字证明批判家和群众是绝对对立的。

《文学总汇报》第6期上的一封匿名来信体现了群众的真正特点，他对批判家没有表现出丝毫的崇拜，反而对其提出了忠告和指责。他在信中写道："只有在认识现实的基础上我们才能获得真正的进步。但是，我们从柏林学社的社员们那里得知，我们的认识不是对现实的认识，而是对某种非现实的认识。"①尽管这位通信作者是在批判"柏林学社"，但是批判家认识到对"柏林学社"的批判有可能危及自身，所以他给这位作者回信写道："您想把您来信中一开头就说到的那一派人看做您的敌人，那您就错了。你不如干脆承认，您就是批判本身的敌人。"②来信作者还质疑批判家对知识的理解，"我们首先需要的关于世界和人类的知识不是单凭思想的敏锐所能获得的；要获得这种知识，所有感官都必须协同动作，而且人的一切素质都必须作为必需的和不可缺少的工具来加以利用；否则，直观和认识必然总是有欠缺之处……甚至会导致道德的沦丧。"③针对那位通信作者的这些质疑，鲍威尔首先说自己"尊重自然科学和工业"，但同时也提出："自然界并不因为我们吃的和喝的都是自然界的一个个产品就成了唯一的现实"，他认为比研究自然科学和工业更加重要的是研究历史："难道您以为对历史现实的认识已经完结了吗？难道有哪一个历史时期已经被真正认识了？"④

《文学总汇报》第6期上的另一封匿名来信的是一位"不满意的群众"，对批判家给予了过高的期望，但是批判家并没有满足这种期待。他在信中写道："不过，我必须承认，贵报第一期完全不能令人感到满意。我们所期望的确实是另外的东西。"针对这种要求，鲍威尔回复道："说什么本报没有满足期望，这我早已预料到了，因为这些期望对我说来是很容易想象到的。人们实在是

① 《马克思恩格斯文集》第1卷，人民出版社2009年版，第348页。
② 《马克思恩格斯文集》第1卷，人民出版社2009年版，第349页。
③ 《马克思恩格斯文集》第1卷，人民出版社2009年版，第349页。
④ 《马克思恩格斯文集》第1卷，人民出版社2009年版，第350页。

太怠惰了，竟想要一下子就得到一切。得到一切？不可能！也许同时得到的既是一切又是虚无。那种不费力气就可得到的一切，那种不经过任何阐释就能理解的一切——那样的一切，只是有名无实的东西。”①

鲍威尔在《文学总汇报》中刊登读者来信并不是让这些普通读者来批判指责自己的，而是为了表明自己相对于群众的优越地位。有一位来信读者对批判表现出极大的尊敬，在批判家面前表现得非常虔诚：“因为我尊敬您，所以我希望博得您的垂青；因为我万分地感激您对我的培养，所以我爱戴您。”②恩格斯把这位来信读者称为“求救的”群众。恩格斯在“求救的”群众的来信中看到了批判家对群众的冷漠，对群众事业的冷漠，他指出了群众的共产主义的真实含义。他说道：“人民拥护共产主义，不过分裂为许多不同的派别。真正的运动和对这些各不相同的社会倾向的改造不仅没有日薄西山，而且只是在现在才真正开始。这一运动将不会像批判的批判所希望的那样以纯粹的、即抽象的理论为归宿，而将以实实在在的实践为归宿，这种实实在在的实践决不会为批判的那种绝对的范畴耗时费力。”③

还有一位来信读者虽然也对批判家提出了抱怨：“布鲁诺先生和他的朋友们不了解人类”，但是马上就纠正了自己的指责：“当然，您是对的，您的思想是真实的，这一点我看得像白天一样清楚。”④马克思说，这是“一位一脚踏上了批判的土地而另一脚依然还在尘世的记者”⑤。

3.“非批判的批判的群众”

“非批判的批判的群众”是马克思对“柏林学社”（Berliner Couleur）的称呼。“柏林学社”由柏林的前青年黑格尔派成员组成，麦克斯·施蒂纳就是其

---

① 《马克思恩格斯文集》第1卷，人民出版社2009年版，第351页。
② 《马克思恩格斯文集》第1卷，人民出版社2009年版，第352页。
③ 《马克思恩格斯文集》第1卷，人民出版社2009年版，第354页。
④ 《马克思恩格斯全集》第2卷，人民出版社1957年版，第196页。
⑤ 《马克思恩格斯全集》第2卷，人民出版社1957年版，第196页。

中的一位。“柏林学社”本身没有给《文学总汇报》写信，但是《文学总汇报》的读者群体中有人向鲍威尔汇报了“柏林学社”的情况。来信读者转述“柏林学社”的话说，他是唯一承认鲍威尔兄弟的人，但是他发现《文学总汇报》有各种各样的缺点。马克思把读者信件中提到的“柏林学社”称为“非批判的批判的群众”，或“既批判又非批判的群众”，他们“力图成为非群众，即批判的批判，同时又不能实现这种企图”。①

在回应“柏林学社”关于批判的批判“厌恶一切人”“对一切人都敬而远之”的质疑时，鲍威尔道出了批判家这样做的原因：“批判不组织党派，它不想有自己的党派，它是独特的，这就是说，它深入到自身的对象的时候，它是孤独的，它把自己同这种对象对立起来的时候，它是孤独的。它把自己同一切隔绝开。”②鲍威尔的这句表白的重要性在于，它事实上道出了批判家采取“绝对批判”的立场以及对一切现存事物进行彻底批判的原因。马克思对于鲍威尔的辩白有完全不同的看法：

> “批判的批判把现实的对立换成了本身和世界、神圣精神和世俗群众之间的想象中的对立，以为这样一来就能超越一切教条主义的对立，同样，批判的批判作为政党把自己同除它以外的全人类对立起来，把一切心思都集中在布鲁诺先生及其伙伴的人格上，于是滚到了政党观点之下，但是它仍然想象自己凌驾于一切党派之上。批判高踞于抽象的孤独这个宝座上，甚至当它似乎在研究某种对象时，它实际上也并未脱离无对象的孤独状态而同某种现实的对象发生真正的社会关系，因为它的对象不过是它的想像的对象，是想像中的对象——这种批判的自白的真实性已由我们的全部叙述所证明了。”③

马克思首先驳斥了批判家不结党的说法。如鲍威尔本人所言，批判家把

① 《马克思恩格斯全集》第 2 卷，人民出版社 1957 年版，第 198 页。
② 《马克思恩格斯全集》第 2 卷，人民出版社 1957 年版，第 201 页。
③ 《马克思恩格斯全集》第 2 卷，人民出版社 1957 年版，第 201—202 页。

自身与一切隔绝，不与任何现存事物结党，只有这样才能以不偏不倚的态度对整个现存的世界都采取批判的态度，只有这样消除现存事物的局限性，进而推动历史进步。马克思指出，批判家声称自己不结党，但是他们本身就构成了一个政党，他们把自己与全人类相对立，这本身就是一个党派。马克思还指出了批判的理论家与现实生活是隔绝的，他们所有的研究对象都只是自己“想象中的对象”。而与现实生活过程相隔绝，从一切现实中抽离出来，这正表达了“批判的批判”的抽象性质。“从‘它把自己同一切隔绝开’这一意义上来说，它同样正确地确定了自己的抽象的性质——作为绝对抽象的抽象的性质；而正是这种同一切、同一切思维、直观等等相隔绝的无，才是绝对的胡说。然而，这种和一切隔绝、和一切脱离的孤独并不能摆脱自己从中脱离出来的对象。”①在《神圣家族》的序言中，马克思就曾指责青年黑格尔派的观点是“胡说”，马克思使用“胡说”一词的德语原文是“Unsinn”，这个词从构词上看，由否定性前缀（Un）和词干（Sinn）构成，后者含义为“知觉”和“感官”或“意义”。从德文来看，“胡说”一词本身就有不切实际、脱离现实的含义。而不关注现实、与现实相隔绝，正是鲍威尔本人引以为傲的态度。把“知觉”和“感官”所得到的一切都视为无，这反映了批判家把思维视为实在的全部的看法。“正像绝对的思维认为自己是全部实在性一样，批判的批判也认为自己是全部实在性。因此它认为在它本身之外不存在任何内容，因此它不是对那些处于批判的主体之外的现实对象的批判，它本身就创造对象，它是绝对的主客体。”②

（三）马克思恩格斯群众创造历史的观点

在《神圣家族》中，马克思和恩格斯在群众问题上提出了和布鲁诺·鲍威尔完全不同的观点。他们认为，历史并不是一个独立的能动的人格，而只是群众追求自己目的的活动，群众在追求自己的目的时推动历史向前发展。在马

① 《马克思恩格斯全集》第2卷，人民出版社1957年版，第202页。
② 《马克思恩格斯全集》第2卷，人民出版社1957年版，第203页。

克思和恩格斯这里,历史不是鲍威尔及其伙伴所描绘的观念发展演变的历史,而是人的活动的历史。

1. 现代的群众是市民社会中的"现实的个体的人"

在《神圣家族》中,马克思和恩格斯并没有明确定义"群众"。但是从马克思和恩格斯的使用中可以发现,"群众"就是现实的个体的人的集合。例如,他提出,"历史的活动和思想就是'群众'的思想和活动"①,"现实的人类的活动无非是由人的个体构成的群众的活动"②。在这种场合下,马克思所说的群众无疑是人类个体的集合。马克思和鲍威尔的不同在于,他并没有把自己与群众分离开并对立起来,也没有把"精神"或"自我意识"的发展水平作为区分群众与非群众的标准。更为重要的是,马克思注意到现代社会中的群众是划分为不同阶级的,阶级的区分标准是财产状况,不同阶级因财产状况不同而具有不同的生活条件和精神状况,它们对现代社会的态度也不同。他关于无产者和有产者的讨论鲜明地体现了这一点。但是,必须注意到的是,马克思虽然认为群众既包括有产阶级也包括无产阶级,但是他认为推动历史进步要靠无产阶级,所以群众主要指的也是无产阶级。鲍威尔在《文学总汇报》中曾提出"群众这个'词'的意思也包含所谓有教养的人士"。马克思明确反对鲍威尔的这种界定:"对批判的定义来说,一个'也'或一个'所谓'就已经足够了。这样一来,群众也就不同于现实的群众,群众只是为了'批判'才作为'群众'而存在。"③这里的"所谓的有教养的人士"指的是社会的有产者、上流阶层和知识精英群体,除去这个群体,马克思所说的群众指的就是无产者:"在实践中,一开始就和这种共产主义批判[指傅立叶、欧文等人对资本主义的批判——引者注]相适应的,是广大群众的运动,而过去的历史发展是与这个运动相对立的。人们只有了解英法两国工

① 《马克思恩格斯文集》第1卷,人民出版社2009年版,第286页。

② 《马克思恩格斯文集》第1卷,人民出版社2009年版,第292页。

③ 《马克思恩格斯文集》第1卷,人民出版社2009年版,第290页。

人的钻研精神、求知欲望、道德毅力和对自己发展的孜孜不倦的追求,才能想象这个运动的合乎人道的崇高境界。”①很显然,在马克思这里,“现实的群众”指的是生活在社会底层的工人,其中并不包括“所谓的有教养的人士”。在马克思关于群众的看法中一以贯之的是马克思对“群众”作为社会中大多数人的理解。在《神圣家族》中,马克思已经提出历史的发源地在“粗糙的物质生产”的重要观点,相应地,推动历史发展的就是在各个历史时期从事物质生产的那部分人类个体。在现代资产阶级社会中,从事物质生产乃是现代的产业工人或无产者。

在群众的概念史上,马克思的独特贡献就在于,他指出群众是划分为不同阶级的,并对现代无产阶级做了深刻分析。在马克思这里,现代无产者是与资产阶级同时产生的,是现代社会缔造者,是其形成的重要前提条件。按照马克思的分析,现代无产者起源于劳动者和生产资料(尤其是土地)的分离。但是正如马克思晚年的《历史学笔记》所表明的,与生产资料相分离的劳动者并不必然发展为现代无产者。聂锦芳教授在其研究论文中指出:

> “‘历史学笔记’第一册中马克思对罗马帝国、意大利历史的详细梳理表明,罗马的城市繁荣和商业发展没有催生资本主义,被剥夺了小块土地的自由农民没有变成雇佣工人,意大利农奴制瓦解之后产生的资本主义萌芽没有确立资产阶级所有制的统治地位。这促使马克思进一步反思商业和货币流通的发展为什么不能产生资本积累?劳动者与土地的分离为什么没有产生自由劳动力?兴起的资本主义萌芽为什么会再度被小农生产方式吞噬?”②

马克思的整部《历史学笔记》所摘录的历史事实表明,现代无产者的产生,以及现代资本主义生产方式的发育和发展,绝不仅仅是经济因素的结果,而是在一系列政治文化条件具备之后的经济运动过程。在这些条件之中,西欧社会

---

① 《马克思恩格斯文集》第1卷,人民出版社2009年版,第290页。

② 聂锦芳:《马克思为什么没有完成〈资本论〉的定稿工作?》,《中华读书报》2017年9月9日。

的基督教文化中所孕育的现代个体观念占据着极其重要的位置。在漫长的中世纪里,基督教“因信称义”的观念孕育了形式上自由平等的人格。这种人格成为现代市民社会中最为普通的人格,为现代社会中的群众提供了人格基础。“群众代表着现代社会的一种典型通用人格,群众是现代工业、现代市场和大众文化所以可能的必要条件。假如没有‘所见略同’的群众,就不可能形成诱人蜂拥而上而卖遍全球的商品,而趣味标准化的产品又进一步强化了人们的群众性。”①马克思恩格斯在《德意志意识形态》中把这种群众性的个体称为“一般化的个人”或“平均的个体”。②

在现代社会中,现代无产者作为市民社会中的个体的人具有现代个体(individual)的一般特征。如马克思在《论犹太人问题》中所言,现代个体生活于其中的“市民社会”是“一切人反对一切人的战争”的领域,是“利己主义”的领域。如马克思和恩格斯在《共产党宣言》中曾经指出的,在这样的社会里,“一切封建的、宗法的和田园诗般的关系”都被破坏,“人和人之间除了赤裸裸的利害关系,除了冷酷无情的‘现金交易’,就再也没有任何别的联系了”。③ 不难发现,现代市民社会中的个体是以自身利益为中心的,如《神圣家族》所言,现代市民社会中的个体并不是单子,而是被利益联系在一起的人。对于现代的个体的人而言,人的各种情感都被“淹没在利己主义打算的冰水之中”,“人的尊严变成了交换价值”,人和人之间的关系变成了“纯粹的金钱关系”。④ 现代的无产者作为现代市民社会中的个体同样是一个“利己主义”的个体,他的全部活动都围绕着自身物质利益最大化而活动。

在现代社会中,马克思所说的现代无产者有其不同于一般“个体”的特殊性。现代的无产者由于缺少从事生产的必要生产资料,只能成为出卖劳动力

① 赵汀阳:《制造个人》,《社会科学论坛(学术评论卷)》2009 年第 1 期。

② 《马克思恩格斯文集》第 1 卷,人民出版社 2009 年版,第 573 页。

③ 《马克思恩格斯文集》第 2 卷,人民出版社 2009 年版,第 33—34 页。

④ 《马克思恩格斯文集》第 2 卷,人民出版社 2009 年版,第 34 页。

的劳动者，在资本家的工厂里靠出卖劳动力谋生。“现代的工人只有当他们找到工作的时候才能生存，而且只有当他们的劳动增殖资本的时候才能找到工作。”①这种地位造成的是现代无产者和有产者之间的对立关系。有产者在这种对立中得到了财富，无产者在这种对立中得到的是赤贫。所以马克思指出：“在这种对立内[有产和无产的对立——引者注]，私有者是保守的一方，无产者是破坏的一方。从前者产生保持对立的行动，从后者则产生消灭对立的行动。”②在现代资产阶级社会中，无产阶级身上“一切属于人的东西”都被剥夺了，“无产阶级能够而且必须自己解放自己”。③ 马克思指出：“无产阶级在获得胜利时，无论如何决不会因此成为社会的绝对方面，因为它只有消灭自己本身和自己的对立面才能获得胜利。到那时，无产阶级本身以及制约着它的对立面——私有财产都会消失。”④无产者在现代社会中的地位决定了他们对现代社会制度采取批判的、对抗的、革命的态度，只有通过他们的革命行动才能最终消灭现代的私有制，从而推动历史发展到更高的阶段。正是在这种意义上，马克思把群众尤其是其中的无产者作为历史发展的主体。

2. 物质利益是群众的首要关切

在《神圣家族》中，马克思提出了“‘思想’一旦离开‘利益’，就一定会使自己出丑”⑤的观点。这一观点意在说明，一种“思想”只有反映了社会上大多数群众的“利益”，才能取得实际成效。

> “任何在历史上能够实现的群众性的‘利益’，在最初出现于世界舞台时，在‘思想’或‘观念’中都会远远超出自己的现实界限，而同一般的人的利益混淆起来。这种错觉构成傅立叶所谓的每个历史

① 《马克思恩格斯文集》第2卷，人民出版社2009年版，第38页。
② 《马克思恩格斯文集》第1卷，人民出版社1995年版，第261页。
③ 《马克思恩格斯文集》第1卷，人民出版社2009年版，第262页。
④ 《马克思恩格斯文集》第1卷，人民出版社2009年版，第261页。
⑤ 《马克思恩格斯文集》第1卷，人民出版社2009年版，第286页。

时代的色调。资产阶级在1789年革命中的利益决不是‘不合时宜的’，它‘赢得了’一切，并且有过‘极有影响的成效’，尽管‘激情’已经烟消云散，尽管这种利益用来装饰自己摇篮的‘热情的’花朵也已经枯萎。这种利益是如此强大有力，以至胜利地征服了马拉的笔、恐怖主义者的断头台、拿破仑的剑，以及钉在十字架上的耶稣受难像和波旁王朝的纯血统。”①

这段引文的重要性在于，它不仅明确了“物质利益”的强大力量，而且预示着马克思在《德意志意识形态》中对“意识形态”的虚假性的批判。在《德意志意识形态》中，马克思和恩格斯写道：“每一个企图取代旧统治阶级的新阶级，为了达到自己的目的不得不把自己的利益说成是社会全体成员的共同利益，就是说，这在观念上的表达就是：赋予自己的思想以普遍性的形式，把它们描绘成唯一合乎理性的、有普遍意义的思想。”②

物质利益之所以成为群众的首要关切，正是因为群众生活于现代市民社会，他们与别人相联系的纽带就是物质利益。在《神圣家族》中，马克思提出了：

“因为一个个人的需要，对于另一个拥有满足这种需要的手段的利己主义的个人来说，并没有什么不言自明的意义，就是说，同这种需要的满足并没有任何直接的联系，所以每一个个人都必须建立这种联系，为此，每一个个人都同样要成为他人的需要和这种需要的对象之间的牵线者。可见，正是自然必然性、人的本质特性（不管它们是以怎样的异化形式表现出来）、利益把市民社会的成员联合起来。”③

因此，理论家的工作不应该像鲍威尔那样居高凌下地批判群众，而是研究群众之间的利益关系，探究真正能够提升群众利益的方案。这并不意味着群众没

① 《马克思恩格斯文集》第1卷，人民出版社2009年版，第286—287页。
② 《马克思恩格斯文集》第1卷，人民出版社2009年版，第552页。
③ 《马克思恩格斯文集》第1卷，人民出版社2009年版，第322页。

有劣根性，不需对其进行批判，而是说不能寄希望于单纯的道德批判和说教改造群众的精神，而是说要以科学的理论引领群众行动起来，只有改变了群众的生活过程，才能改变群众的思想观念，只有消除了现实生活中的奴役和压迫，才能在群众中普遍地确立起与新社会新生活相适应的思想观念。而只有到群众的生活过程中，才能制定出这样的理论。

3.“随着历史活动的深入必将是群众队伍的扩大”

在既有的研究中，《神圣家族》之所以受到重视，更多地不在于其“唯物史观”的思想成分，而在于其提出了“群众史观”的重要思想。在《神圣家族》中闪现“群众史观”的所有论述中，下面的论断，即“历史活动是群众的活动，随着历史活动的深入，必将是群众队伍的扩大”，[①]无疑是传播最为广泛的。但是老实说，这句话并不容易理解，尤其是“深入”一词极其晦涩，让人摸不着头脑。从字面上看，“深入”与“肤浅”是相对的，我们不禁要问，在马克思看来，什么样的历史活动是肤浅的，什么样的历史活动是深入的？

在《神圣家族》中，“历史活动是群众的活动，随着历史活动的深入，必将是群众队伍的扩大”（“Mit der Gründlichkeit der geschichtlichen Aktion wird also der Umfang der Masse zunehmen，deren Aktion sie ist.”可直译为：“群众（其行动就是历史的行动）的规模将与历史行动的彻底性一起增加。”）这句话中，问题的焦点变成了“历史行动的彻底性”。为了理解这里所谓的“彻底性”，我们还是要回到文本的上下文的语境中。在这句话的上一段中，马克思评论了法国大革命失败的原因：

> “如果说这场革命是不合时宜的，那么，并不是因为群众对革命‘怀有热情’和表示‘关注’，而是因为人数众多的、与资产阶级不同的那部分群众认为，在革命的原则中并没有体现他们的现实利益，并

---

① 《马克思恩格斯文集》第1卷，人民出版社2009年版，第287页。

没有体现他们自己的革命原则，而仅仅包含一种‘思想’，也就是仅仅包含一个激起暂时热情和掀起表面风潮的对象罢了。”①

马克思在这里明确了所谓“历史行动的彻底性”就是牢牢把握住并代表人数众多的群众的根本利益，有多少群众支持一项历史行动，关键在于代表了多少人的利益诉求。相对地，如果仅仅是提出一种不能代表群众利益“思想”，那么这种历史行动就只能“激起暂时的热情”和“掀起表面的风潮”，因此它也就成为肤浅的历史行动。

马克思坚决反对鲍威尔通过理论批判改造群众的观点。为了突出鲍威尔思辨唯心主义把“精神”与“群众”相互对立的“荒诞”，马克思和恩格斯把“精神”与“群众”的关系作为《神圣家族》谋篇布局的线索，用它串联着各章节之间形式上的过渡。不仅如此，马克思和恩格斯还在多个段落挖苦鲍威尔把“群众”与“精神”相对立的做法：“批判的批判虽然认为自己是多么地超出群众，但它仍然万分怜悯群众。所以批判爱群众，甚至将它的独生子赐给他们，叫一切信他的，不致灭亡，反得批判的永生。批判本身变成了群众，置身于我们中间，于是我们也看到了它的伟大——像天父的独生子一样的伟大。”②马克思和恩格斯之所以坚决反对单纯从精神层面改造群众，是因为他们明确地认识到，群众所受到的是现实的、实实在在的奴役：

“市民社会的利己主义的个人在他那非感性的观念和无生命的抽象中可以把自己夸耀为原子，即同任何东西毫无关系的、自满自足的、没有需要的、绝对充实的、极乐世界的存在物。而非极乐世界的感性的现实却决不理会他这种想象，他的每一种感觉都迫使他相信他身外的世界和个人的意义，甚至他那世俗的胃也每天都在提醒他：身外的世界并不是空虚的，而是真正使人充实的东西。”③

① 《马克思恩格斯文集》第1卷，人民出版社2009年版，第287页。
② 《马克思恩格斯全集》第2卷，人民出版社1957年版，第9页。
③ 《马克思恩格斯文集》第1卷，人民出版社2009年版，第321页。

在审视群众所遭遇的“异化”时，马克思和恩格斯此时的“唯物主义”方法论为他们提供了强大的思想武器，他们彻底摆脱了思辨唯心主义哲学家们从精神的角度来理解人的“异化”问题。面对客观地存在着的“异化”，仅仅通过几句“震撼世界的词句”压根不可能改善群众所处的“非人性的”境地。他们旗帜鲜明地反对“批判的共产主义”或“唯灵论的自由”，原因也在于此。在他们看来，只有通过群众物质性的改造世界的行动，群众的整个生活才能发生改变，进而群众的思想观念才能发生改变，摆脱有局限的思想意识。在马克思和恩格斯看来，离开了物质生活过程的改变，思想的改变就是一句空话。值得注意的是，马克思和恩格斯所高度强调的“群众的共产主义”，即通过现实的个体的人的实践活动改造世界的共产主义，已经把他们与费尔巴哈在历史观上的唯心主义区分开来，尽管其中关于“世俗的胃”的说法能够让人联想到费尔巴哈的类似说法。

4. 群众对批判家的认识反映了德国的民族性

在《神圣家族》中，恩格斯提出：

> “说‘批判’、‘认识’即精神活动能提供精神优势，其实只是一种词句上的同义反复；批判凭借无限的自我意识，使自己凌驾于各民族之上，期待着各民族跪在自己脚下乞求指点迷津，它正是通过这种漫画化的、基督教日耳曼的唯心主义，证明它依然深深地陷在德国民族性的泥坑里。”①

在这里，恩格斯把德国理论家的思辨唯心主义哲学视为“德国民族性”的反映。就此而言，马克思和恩格斯对思辨唯心主义的批判，也是对“德国民族性”的批判。

《文学总汇报》的来信读者反映了德国人的民族性。马克思在《神圣家

---

① 《马克思恩格斯文集》第1卷，人民出版社2009年版，第354—355页。

族》中总结了各种各样的对待批判家的态度，其中有崇拜敬仰批判家的"批判的群众"，有指责批判家的"冥顽不灵的群众"，有渴望向批判家靠拢的"软心肠的记者"，还有一位记者"已经不是群众的真正的成员，而是批判的批判的准备受坚信礼的徒弟"①，以及与批判家有着共同信念的"柏林学社"成员。在马克思和恩格斯眼中，这些读者来信中真正能够代表现实的群众的只有"冥顽不灵的群众"，其他的来信读者都认同批判家的工作。这一事实本身就表明，德国能够产生鲍威尔这样的纯粹理论领域的批判家有其"民族性"的土壤。德国人的这种民族性，与其历史发展状况或德国人的现实生活过程密切相关。在19世纪初的西欧各国家中，英国的资本主义经济走在时代前列，法国的政治革命领一时风骚，德国则靠其哲学而与世界历史的发展进程保持同步，当时资本主义的社会问题，在英国表现为经济问题，在法国表现为政治问题，在德国则表现为哲学问题。马克思曾经指出，德国人的"自我意识"是法国人的"平等"在哲学上的表达。德国人沉浸于思想观念领域，这是他们在以自己最擅长的方式解答具有世界历史意义的问题。

马克思的独特性在于，他并非没有注意到政治领域和观念领域的问题，而是说他深刻地洞察到，政治和观念领域的问题都根源于社会关系尤其是经济关系。当资本主义的生产方式在西欧各个国家发展起来的时候，整个政治制度乃至人们的思想观念都不可避免地会随着资本主义生产方式发生变化。如果说人的政治生活领域和思想观念领域出现了"异化"，那么这种"异化"的根源也是在经济生产领域。只有通过革命行动变革生产关系，建立更合理的生产关系和社会关系，才能从根本上消除人在政治生活和观念领域所遭受的"异化"。

① 《马克思恩格斯全集》第2卷，人民出版社1957年版，第197页。

二、平等诉求与“犹太人问题”的再次激荡

由于受到德国书报检查机构的查禁，马克思的《论犹太人问题》在《德法年鉴》上公开发表以后，并没有在德国引发太大的讨论。尤其是他所批判的布鲁诺·鲍威尔一直很平静。尽管布鲁诺·鲍威尔在《文学总汇报》第 1 期和第 4 期上都发表了为其《犹太人问题》辩护的文章，但是这两篇文章都明确标注了批判的对象，其中并不包括马克思。终于，在《文学总汇报》第 8 期上，布鲁诺·鲍威尔发表了《目前什么是批判的对象?》。这篇文章也没有点马克思的名，但是文章的内容明显是针对马克思的，因为鲍威尔反对“组织群众”进行革命的共产主义观点，这恰恰是马克思《德法年鉴》上两篇论文的重要议题。马克思立即意识到反击鲍威尔的机会出现了。他在读到该文后不久，于 1844 年 8 月写信给费尔巴哈表明他即将与鲍威尔再次论战。当恩格斯的出现使得《神圣家族》的写作正式提上日程之后，马克思进一步扩大了与鲍威尔论战的范围，马克思的批判对象同时指向了鲍威尔的三篇文章。在马克思冠以“犹太人问题，第一号”的论战中，马克思主要还是在辨析犹太人问题的正确提法。在马克思冠以“犹太人问题，第二号”的论战中，马克思讨论了社会主义、法和民族性的问题。在马克思冠以“犹太人问题，第三号”的论战中，马克思讨论是犹太人在现代市民社会中的地位及其解放的内容。

（一）关于“犹太人问题”第一号的争论

在《文学总汇报》第 1 期上，鲍威尔坚持认为，犹太人问题是宗教问题，是宗教压制了人性，致使犹太人和基督徒互相敌对，他们永远不可能获得平等，只能是压迫和被压迫。在“犹太人问题，第一号”中，马克思则重申了“犹太人问题”的内容是“政治解放”，鲍威尔在其论文中关注消灭宗教，恰恰错失了作为问题的内容的政治解放。

1. 鲍威尔重提"犹太人问题"的正确提法

在《文学总汇报》上，鲍威尔一开篇就讨论精神与群众的关系，并不是无的放矢。而是为了引出，他本人作为精神的代言人对"犹太人问题"的理解是正确的，而其他的知识分子作为"群众"对问题的理解是错误的。由于整个知识分子阶层在过去一千多年间都没有正确地提出问题，也没有正确地解决问题，犹太人的社会地位与一千多年前还是一样，社会在解决这个问题上没有取得任何进步。在鲍威尔作为精神的代言人正确地提出问题之后，犹太人问题的解决才是可能的，社会才可能出现进步。基于此，鲍威尔说，精神是历史进步的动力，群众是历史进步的绊脚石。鲍威尔在这篇文章中提出的"群众这个词的意思也包含所谓有教养的人士"的观点，为他把反对他的知识分子都归入群众做好了铺垫。他说，那些把"自由""人权"抓在手里反对自己的人其实是缺乏精神的群众。鲍威尔认为，自己必须与群众论战，批判群众的错误观点，揭露群众所犯的错误，使群众摆脱宗教、偏见、教条等特殊观念的束缚，达到"自我意识的普遍性"，从而实现犹太人的政治权利平等地位。通过重新提出"犹太人问题"，鲍威尔再次表明：犹太人问题的普遍意义在于触及了宗教对人性的压制。不从根本上解决这个问题，任何解决"犹太人问题"的方案都无法彻底解决这一问题。

由于《犹太人问题》的出版，鲍威尔"四面树敌"。玛尔卡德先生基于"基督教德意志原则"反对解放犹太人，他同时也反对鲍威尔提出消灭宗教从而解放犹太人的策略；希尔施先生基于犹太人的立场拥护犹太人的解放，他的理由是犹太人已经成了基督教国家的一个必要环节。鲍威尔的看法是，在以基督教为基础的国家中，犹太人是不可能获得解放的。基督徒虽然享有更多的权利，但是这些权利是以特权的形式存在的。在这种情况下，基督徒同样丧失了普遍的人性。玛尔卡德和希尔施表面上是针锋相对的两派，事实上都是拥护基督教国家的保守分子。面对这两种观点，鲍威尔说，真正具有价值的事情是揭露基督教国家的本质，“让基督教国家陷入为自己感到羞耻的状态”①。

以施特恩为代表的犹太教护教士提出犹太教可以融入现代的民族生活，从这种生活中可以再发展出新的存在。鲍威尔指出，这种看法是矛盾的。这是因为，宗教的特点就在于排他性，如果犹太教融入现代民族生活，它就等于放弃了自己的存在；施特恩却又不希望犹太教消灭，而是要求它在现代民族生活中获得新的存在。如果不消灭犹太教，由于它本性中的排他性力量，犹太人是不可能真诚地融入现代民族生活的。希尔施与施特恩不同，他提出，鲍威尔误解了犹太人的戒律，犹太人的戒律中并没有把其他人视为有罪的条款，犹太人只是排斥特定的饮食，而不是排斥人，他们并不需要重新融入社会就已经是社会的一员。鲍威尔指出，这种解释很牵强，因为犹太人不可能在坚持某些饮食不纯洁的同时认为食用这些饮食的人是纯洁的。犹太人就算只是奉行自己宗教的饮食戒律，他们最终还是会和其他人隔离开来。

面对法国犹太人的处境，霍尔德海姆也认识到了安息日戒律造成的冲突。和鲍威尔不同的是，他认为解决方法并不在于消灭宗教，而是要从神学上回答为什么巴黎的犹太人大公会会同意这样的立法。他认为，根本原因在于犹太人履行市民义务是宗教为他们规定的宗教义务。鲍威尔的看法是，就算这种看法符合犹太教的宗教戒律也没有什么值得庆幸的。这种做法把市民义务转变成宗教义务，国家表面上处于宗教共同体的监督之下，但是在国家的法律面前，宗教共同体还是需要做出让步。“当且仅当国家想要避免不愉快的冲突时”，犹太人的宗教共同体才有可能不需要做出让步。在国家的暴力机器面前，共同体还是处于劣势。鲍威尔还提出，像这样基于犹太教的神学立场并不能解决问题。如果要解决问题，需要从人的立场出发，讨论：是什么束缚了普遍的人性，如何打破这种束缚，只有搞清楚这些问题，人才能真正得到解放。

---

① Bruno Bauer, “Die neuesten Schriften über die Judenfrage”, in *Allgemeine Literatur-Zeitung*, hrsg. von Bruno Bauer, Charlottenburg: Verlag von Egbert Bauer, Dezember 1843 (Nr.1). S.8.

不难发现,鲍威尔在反对论敌时再一次明确地把犹太人的政治解放问题升格为消灭宗教的自由问题。在鲍威尔看来,如果不消灭宗教,所谓的政治解放并不成其为解放。因为法国的例子明确地告诉我们,国家在立法层面保证犹太人和基督徒的市民平权,但是在市民生活中,犹太人如果想要在法国生存,就必须遵循符合基督徒利益的法律条款。例如,法国的犹太人必须在基督徒的礼拜日休息,在自己的安息日则必须工作。如果不消灭宗教,理论领域的平等会一再被实践领域的特权推翻。只有消灭宗教,犹太人和基督徒同样以人的立场来看待对方,他们才能获得没有矛盾的平等。同时,鲍威尔依旧坚持基督教相对于犹太教的优越性,因为犹太教 2000 年来保持不变,基督教则在缓慢的教养中发展出了现代的批判,而且由于基督教的宗教表象包含着一个完美的人的形象,它必然会发展出批判。① 随着现代的批判的登场,宗教对人性的束缚被揭穿了。现代的批判证明,人所顶礼膜拜的只不过是自己的异化的形象。由于宗教信徒没有认识到这一点,他们俯身做上帝温柔的羔羊,正是在宗教的束缚下,人丧失了人性,对其他信仰的人挥舞起了长剑,设置了特权的屏障。只有消灭了宗教,让人认识到自身的真正的本质,才能消除人与人之间的藩篱,而这一切都依赖于现代的批判对宗教的批判。

第二个例证:莱茵州议员对"犹太人问题"一无所知。1843 年,莱茵州七名众议员联合提案,要求废除 1808 年的"犹太人法案",赋予犹太人更多的市民权利。在众议院举行的辩论中,各个等级的代表纷纷发言表明立场。这场辩论中提出的某些观点在普鲁士具有鲜明的代表性。② 因此,鲍威尔在反驳自己的论敌之余,有针对性地选择评论了这场辩论中的一些观点。

---

① Bruno Bauer,"Die neuesten Schriften über die Judenfrage",in *Allgemeine Literatur-Zeitung*, hrsg.von Bruno Bauer,Charlottenburg:Verlag von Egbert Bauer,Dezember 1843(Nr.1).S.10-11.

② 这场辩论的实况曾发表于《论德国的犹太人问题》(第二辑)。参见 *Zur Judenfrage in Deutschland*,*Vom Standpunkte Rechts und Gewissensfreiheit.*, im Verein mit mehrern Gelehrten hrsg.von Dr.Wilhelm Freund,Zweite Lieferung,Berlin:Verlag von Zeit und Comp.,1843,S.81-113。

概括说来,支持犹太人解放的原因有以下几种:第一,犹太人从罗马的统治下挣脱之后,就在莱茵省定居了,他们在这里生活超过了1500年,这里也是他们的家园,不应该附加给他们不平等的权利;第二,我们一方面信奉耶稣创立的宗教,一方面对耶稣母亲的民族施以压迫,这种做法在耶稣面前不好解释;第三,犹太教中的卑鄙精神是塔木德的解释者艾森门格附加给犹太教的,这个人本身就敌视犹太教,塔木德的原文并不包含卑鄙的精神;第四,基督徒应该通过对犹太人的宽容显示自己宗教的恩德。当然也有议员提出,要等到犹太人放弃了自己的信仰,皈依了基督教的时候,才能赋予他们平等的权利;或者实行折中措施,即推行“渐进的、逐步的解放”,按照犹太人“在教养中的进步”逐步解放犹太人。

这场辩论最后以54票赞成、19票反对通过了解放犹太人的提案。表面上犹太人的解放获得了进步,但是在鲍威尔看来,真正的问题并没有得到解决。因为议员们的意见充满了错误,他们甚至连自己面对的问题都不知道。鲍威尔在逐一批判议员的意见时,再一次表明犹太人面对的问题是宗教对人性的束缚,这是当代的普遍问题,“犹太人问题”只是这个普遍问题的一部分。只有随着人从宗教中解放出来,即随着时代的普遍问题得到解决,“犹太人问题”才能得到解决。

2. 马克思声援支持犹太人的理论家和政界人士

由于鲍威尔在《犹太人问题》中提出,犹太人只有放弃信仰才能得到解放。这种观点尤其遭到了犹太人的强烈反对。马克思在《神圣家族》中选取了三个犹太理论家:古斯塔夫·菲利普逊、萨缪尔·希尔施和加布里尔·里瑟尔,支持他们对鲍威尔的批判,从而表达对犹太人保持自身宗教信仰的前提下获得政治解放的支持。古斯塔夫·菲利普逊在其著作《布鲁诺·鲍威尔的犹太人问题》中对鲍威尔提出的批评意见是,鲍威尔思考的并不是在德国生活的犹太人的解放问题,而是在一个符合其哲学理想的国家如何解放犹太人;鲍威尔的哲学理想对于解决现实中的犹太人问题没有任何帮助。① 萨缪尔·希尔施对鲍威尔的批评主要指向两点:其一,指向鲍威尔的"基督教国家",鲍威尔认为基督教国家按照其自身的基督教信仰只能排斥其他信仰的人,希尔施的看法是,鲍威尔认识到基督教国家是不完备的国家,但却没有认识到以排他性为基础的国家也是不完备的基督教国家,完备的基督教国家应该普遍化的是信仰中好的方面,而不是坏的方面,即完备的基督教国家应该以包容的爱的原则,而不是排他的仇恨原则为基础。其二,希尔施批判了鲍威尔对犹太人在现代历史中的地位的看法,在鲍威尔看来犹太人一方面对历史的发展没有任何作用,是历史中的顽固的静止因素;另一方面又因为自己的民族特性而把自己从历史中排斥出去。希尔施指出,这种看法是自相矛盾的,因为一个完全静止的民族是不会做出排斥其他民族的动作的。在希尔施看来犹太民族之所以能够生存到现代,一定是因为他们具有和现代历史相匹配的精神原则,而且他们的生活一定对现代历史产生了某种影响,而不是像鲍威尔所说的没有任何影响。②

在《神圣家族》中,马克思声援这两个人对鲍威尔的批评意见。针对古斯塔夫·菲利普逊批评布鲁诺·鲍威尔构想了一个理想的国家,马克思说道:"布鲁诺先生把国家和人类、人权和人本身、政治解放和人类解放混为一谈,就必然会思索或者至少是想像一个特殊类型的国家,即国家的哲学理想。"③ 萨缪尔·希尔施提到犹太人在历史中必然起到了某种作用,鲍威尔对这种观

① "东方报"(Literatur des Orients)上有关古斯塔夫·菲利普逊的《鲍威尔的犹太人问题》的书评表明,古斯塔夫对鲍威尔的批评确实集中于批判其"理想"的国家观念,马克思对古斯塔夫的观点的概括符合其本意。参见 *Literatur des Orients: Berichte, Studien und Kritiken für jüdische Geschichte und Literatur*, Nr.17, 25.April, 1843, S.261-262。

② 参见 Dr.Samuel Hirsch, *Das Judentum, der christliche Staat und die moderne Kritik. Briefe zur Beleuchtung der Judenfrage von Bruno Bauer.* Leipzig: Verlag von Heinrich Hunger, 1843.S.23-25. *Literatur des Orients: Berichte, Studien und Kritiken für jüdische Geschichte und Literatur.*, Nr. 25, 20. Juni, 1843, S.385-388, Nr.27, 4.Juli, 1843, S.423-430。

③ 《马克思恩格斯全集》第 2 卷,人民出版社 1957 年版,第 111 页。

点轻蔑地回复说，眼中的刺对视力的形成也有某种作用。马克思针对鲍威尔的这种回应说，犹太教就像一根刺一样存活在基督教世界里，和基督教一起成长和发展，它对于现代世界的形成必然“有所贡献”；同时，马克思还挖苦鲍威尔，说他以一根刺来比喻犹太教压根无法“刺痛”希尔施。

在德国犹太人解放运动的历史上，莱茵州议会率先通过决议授予犹太人平等的市民权利，这可谓一件标志性的事件，它不仅标志着德皇弗里德里希-威廉四世的倒退政策已经丧失了群众基础，而且标志着犹太人的政治解放已经获得了多数基督徒的支持。在为《犹太人问题》所做的第一号辩论中，鲍威尔对莱茵州议会辩论中支持犹太人解放的议员做了嘲讽和批判，针对一名众议员在议会辩论中提出，“‘犹太人由于自己的习惯，而不是由于我们所谓的基督教的习惯，而显得古里古怪，这种状况’并不是反对他们解放的理由。”鲍威尔命令他规规矩矩地使用这个论据。① 针对另一名议员提出要渐进地解放犹太人，即先解放不再信仰犹太教的犹太人，到犹太人都改宗信仰之后再发布彻底解放犹太人的命令。鲍威尔补充这位议员的观点说，只有在犹太人和基督徒都不再信仰宗教时，犹太人才能得到解放。

马克思指出，这种看法表明鲍威尔在《犹太人问题，第一号》中“仍旧把取消宗教、把无神论看做市民的平等的必要条件”②。鲍威尔此时依旧把“政治解放”和“人的解放”混为一谈，而没有认识到自己著作的“失策”。在马克思看来，因为鲍威尔混淆了“政治解放”和“人的解放”，他在重新提出“犹太人问题”的时候，把“犹太人问题”作为“时代普遍问题”的一部分来对待，认为只有解决了“时代的普遍问题”才能解决“犹太人问题”。马克思认为这种提法错失了问题本身，这种错误在鲍威尔为《犹太人问题》所做的第一号辩护中依然存在：

---

① Bruno Bauer，“Die neuesten Schriften über die Judenfrage”，in *Allgemeine Literatur-Zeitung*，hrsg.von Bruno Bauer，Charlottenburg：Verlag von Egbert Bauer，Dezember 1843（Nr.1）.S.15.

② 《马克思恩格斯全集》第2卷，人民出版社1957年版，第113页。

“绝对批判的主要任务之一，首先就是给当代的一切问题以正确的提法。它恰好没有回答现实的问题，却提出一些毫不相干的问题。……它对‘当代的问题’的提法就是对这些问题的批判的曲解和歪曲。例如，它这样歪曲‘犹太人问题’，以致它自己竟用不着去研究作为这一问题内容的政治解放，反而可以满足于批判犹太宗教和描写基督教德意志国家。”①

马克思在这里再次明确了“犹太人问题”的内容是“政治解放”。但是，鲍威尔把“消灭宗教”作为“政治解放”的前提，鲍威尔在《犹太人问题》中注意力集中在了分析犹太教和基督教各自的特征及其相互关系上，在《现代犹太人和基督徒获得自由的能力》中分析了这两种宗教与自由的关系，反而没有认真讨论“政治解放”本身。鲍威尔在辩护文章和《犹太人问题》中有一个共同的论点，即：犹太人和基督徒之所以不平等，首先是由于犹太人坚持自己的宗教戒律，不愿意和基督徒享有平等的地位，其次是由于基督徒以及基督教国家基于自己的宗教信仰不愿意把平等的权利分配给犹太人，犹太人要求平等市民权利的“政治解放”必须以消灭宗教为前提。马克思指出：鲍威尔做的这一切都是在“批判犹太教和描写基督教德意志国家”，唯独没有讨论他应该认真处理的“政治解放”问题。

马克思再次强调了鲍威尔做这一切的方法是“思辨戏法的重演”。“思辨哲学，特别是黑格尔哲学认为：一切问题，要能够给以回答，就必须把它们从正常的人类理智的形式变为思辨理性的形式，并把现实的问题变为思辨的问题。”②鲍威尔为了能够解答“犹太人问题”，通过重新提出“犹太人问题”这一步骤把这个在现实的社会生活中争取政治权利的问题变成了一个自我意识或精神完善不完善的问题，变成了布鲁诺·鲍威尔最擅长的宗教批判的问题，这样一来，鲍威尔就能够按照自己最擅长的方式回答这个问题了。

---

① 《马克思恩格斯全集》第2卷，人民出版社1957年版，第114—115页。

② 《马克思恩格斯全集》第2卷，人民出版社1957年版，第115页。

（二）关于“犹太人问题”第二号的争论

1. 作为政治和社会问题的犹太人问题

在《文学总汇报》第1期为《犹太人问题》辩护的材料中，鲍威尔依旧坚持消灭宗教是达到犹太人和基督徒市民权利平等的“必要条件”，他之所以批评群众对“犹太人问题”理解浅薄，也正是因为在他看来群众没有把无神论视为市民权利平等的条件。鲍威尔在回应加布里尔·里瑟尔的指责时，开始反思这种立场。加布里尔·里瑟尔对鲍威尔设想的“国家”提出了批评：“既然他的（布鲁诺·鲍威尔的）国家赋予每一种宗教信仰以平等的权利、不偏袒任何一个，它就不应该只是像北美的国家一样处于基督教之外、和基督教的领域分离开、对基督教不闻不问，而是必须同时把基督教和犹太教作为某种它所仇恨的东西排斥、压制，它必须像反对犹太人和犹太教一样反对基督徒和基督教——按照我们这位作者的观点，这是由其本质的最内在的必然性推动的。”①面对这种指责，鲍威尔依旧试图为自己辩解：“但是，我只是完成了批判家的义务——我暂时不需要完成别的义务——我已经批判了犹太人和他生活于其中、并与其冲突的不同国家的关系，而且只需批判这种关系。”②批判家之所以只需要批判这种关系，因为面对“犹太人问题”，批判家的义务就在于通过批判说明犹太人和现代各种国家之间的关系，指出在维持宗教的前提下，实现市民权利平等的各种尝试都不可能达到目的。

不过面对里瑟尔的指责，鲍威尔承认《犹太人问题》有其局限性：“如果我在那本书里希望越出或者可以越出批判的范围，我本来应当谈的就不是国家，而是社会，因为社会并不排除任何人，只有那些不愿意参与社会发展的人才自己

① Bruno Bauer, “Die neuesten Schriften über die Judenfrage”, in *Allgemeine Literatur-Zeitung*, hrsg. von Bruno Bauer, Charlottenburg: Verlag von Egbert Bauer, März 1844 (Nr.4). S.15.

② Bruno Bauer, “Die neuesten Schriften über die Judenfrage”, in *Allgemeine Literatur-Zeitung*, hrsg. von Bruno Bauer, Charlottenburg: Verlag von Egbert Bauer, März 1844 (Nr.4). S.15.

把自己从社会中排除出去。"①应该说,鲍威尔承认仅仅谈论犹太人、犹太教和国家的关系是有局限的。这种局限性体现在,就算澄清了这种关系,也不能说明犹太人在国家中隔绝、分离的生存状况仅仅应该归咎于犹太人、犹太教,因为国家作为暴力机器可以通过强制手段把犹太人隔绝、分离出去。同时,正如里瑟尔在对鲍威尔的批判中所指出的,北美的国家是"处于基督教之外""和基督教的领域分离开"的。这也就意味着,北美国家并不会按照基督教的原则制定排斥犹太人的政策,不会动用暴力机器压迫犹太人。在这样的国家,仅仅考察犹太人和国家的关系就无法解释清楚犹太人在国家中为什么会形成独立的同业公会。为了说清楚这个问题,就要从社会层面着手。因为社会本身并没有暴力机器,如果一群人在社会中孤立了,这就只是这群人本身的问题:只是由于他们不愿意参与到社会发展当中,才自绝于社会。

在里瑟尔的批判面前,鲍威尔还承认:单单从"法(das Recht)"的角度无法全面把握"犹太人问题",因为:到目前为止,"情感和良心都干涉了法,常常补充它"。他提出,批判所准备的"世界形式"不单单是"法的形式",同时也是"社会的形式"。"关于这种世界形式至少可以说,谁对它的建立毫无贡献,谁就不能凭自己的良心和情感在其中生活,他在其中就不会有在家的感觉,也不能参与它的历史。"②犹太人对于现代社会形式的建构没有做出贡献,他们在现代社会无法自如地生活,渐渐与现代社会疏远了。

鲍威尔不仅承认《犹太人问题》的纰漏,而且对它作了修正补充。他在《文学总汇报》第4期为《犹太人问题》辩护时,已经不单单把犹太人问题作为一个犹太人和基督徒摆脱宗教的宗教问题,也不仅仅是基督教国家摆脱基督

① Bruno Bauer,"Die neuesten Schriften über die Judenfrage",in *Allgemeine Literatur-Zeitung*, hrsg.von Bruno Bauer,Charlottenburg:Verlag von Egbert Bauer,März 1844(Nr.4).S.15.另参见《马克思恩格斯文集》第1卷,人民出版社2009年版,第298页。

② Bruno Bauer,"Die neuesten Schriften über die Judenfrage",in *Allgemeine Literatur-Zeitung*, hrsg.von Bruno Bauer,Charlottenburg:Verlag von Egbert Bauer,März 1844(Nr.4).S.15.另参见《马克思恩格斯文集》第1卷,人民出版社2009年版,第300页。

教的政治问题,而且还是一个犹太人和市民社会之间有着何种关系的社会问题。但是,当鲍威尔把犹太人问题作为一个社会问题来看的时候,他所关注的并不是社会中人与人的经济关系,而是犹太人由于其教养水平、情感和良心而与现代世界形式之间的关系。如果犹太人在教养水平上达不到现代世界形式的水平,在情感和良心上无法认同、归属于现代社会,他们就不仅不会视其为家园,而且无法参与到它的历史事业中。之所以会出现这种状况,是因为现代的世界形式是批判的成果,犹太人由于其教养水平远低于现代世界形式所要求的教养水平,他们对这个世界形式的建构毫无贡献,在其中也找不到居家的感觉。

2. 犹太人的民族性

为了反驳里瑟尔等对手,鲍威尔把犹太人与社会隔绝的罪过归咎于犹太人的民族性。鲍威尔指出:像里瑟尔这样拥护犹太人解放的人从犹太人的立场出发讨论解放问题本身就是矛盾的,事实上,正是犹太人的民族性使得他们的解放变成了不可能的事业。在鲍威尔看来,民族性是一种局限性,它对于“普遍的自我意识”是一种制约。在维持民族性存在的情况下,犹太人是不可能获得解放的。在这里,首先需要明确的是:鲍威尔在这里讨论的“民族性”是指一个民族的宗教特性,他说,“守护神是民族性最崇高、最神圣的表达”,而“守护神不多不少恰恰是神权”。在鲍威尔看来,宗教在过去的一个世纪里是人教养自己最重要的手段,各个民族的宗教信仰决定了他们的教养水平,从而决定了他们所能够服务的事业。而一个民族的民族性恰恰是由这个民族所从事的事业规定的。

如果犹太人坚持自己的民族性,他就不会希望得到解放,基督徒也不会关心犹太人的解放;如果犹太人放弃自己的民族性,融入到其他民族之中,他们只不过是在用另一种局限性取代自己原来的局限性。鲍威尔认为,以加布里尔·里瑟尔为代表的拥护犹太人解放的人都是在维护犹太人的民族性的前提下谈论解放的。鲍威尔对这类人的观点做了如下批判：

“犹太人说，我们想做德国人。”鲍威尔认为犹太人的这种呼声是不真诚的，“如果犹太人要严肃地做德国人，如果他们对这个意图有清楚的想法，那么他们就必须说出：他们在全面、彻底的德国追求中想要参与到哪一种中。”① 然而，不论犹太人，还是拥护犹太人解放的人都没能指出犹太人要参与到德国的哪种事业当中。

拥护犹太人解放的人提出犹太教可以通过发展获得“德国形态”。鲍威尔对这种主张的看法是：“首先必须要问的是：宗教是否可以与自己的源头斩断关系，宗教是否能走出被赐福的国度的神圣边界，而且还依然保持自己是宗教。”还有人主张犹太教应该改变、应该有所发展，但是要“在犹太教的界限以内发展完善”。在鲍威尔看来，这种做法依然是要维持犹太教的存在，所谓“德国式的转变”只是一句空话。②

在揭露犹太人及其辩护人的虚假观点之后，鲍威尔提出：正是犹太人的民族性把他们和其他民族隔离开来，“你们只能和别人分离开来生活。”由于其民族性，犹太人只能组成“一个封闭的同业公会”，他们的事业和其他民族的事业是脱离的。在这个基督教教养基础上建立起来的现代世界中，犹太人不愿意融入其中，也不能融入其中。犹太人如果希望为人类的普遍事业服务，他们首先要消灭自己的民族性，其他民族也要消灭自己的民族性。只有当所有人都不再是某一个民族的成员，而是具有普遍人性的个体，他们彼此才能以人的立场对待对方。

3. 反对鲍威尔的“纯粹精神的社会主义”

马克思在《犹太人问题，第二号》中把鲍威尔关于人的自由解放的理论称

---

① Bruno Bauer, “Die neuesten Schriften über die Judenfrage”, in *Allgemeine Literatur-Zeitung*, hrsg. von Bruno Bauer, Charlottenburg: Verlag von Egbert Bauer, März 1844 (Nr.4). S.16-17.

② Bruno Bauer, “Die neuesten Schriften über die Judenfrage”, in *Allgemeine Literatur-Zeitung*, hrsg. von Bruno Bauer, Charlottenburg: Verlag von Egbert Bauer, März 1844 (Nr.4). S.17.

为“纯粹精神的社会主义”。所谓“纯粹精神的社会主义”也就是主张“单纯理论领域内的解放”。这也是鲍威尔在《文学总汇报》中的观点：“犹太人现在在理论领域内有多大程度的进展，他们就获得多大程度的解放；他们在多大程度上想要成为自由的人，他们就在多大程度上是自由的人了。”[①]鲍威尔坚持认为“犹太人问题”是宗教对人性的压制，他不遗余力地批判宗教，试图通过消灭宗教实现犹太人和基督徒的权利平等和“政治解放”。这一切都根源于他认为理论领域内的解放才是真正的解放，如果缺少市民的精神领域内的自由这一基础，政治领域中再美好的平等法案也无法落实。

鲍威尔的“绝对精神的社会主义”建立在他“唯灵论的自由”理论之上。马克思在《犹太人问题，第二号》中指出：“有人在向群众的、物质的犹太人传布基督教关于精神自由、理论自由的教义，那是一种唯灵论的自由，那种自由即使戴着锁链也把自己想象成是自由的，那种自由在‘观念’中是称心如意的，而只是由于一切群众性的存在而感到拘束。”[②]鲍威尔所主张的“自由”是一种“基督教的自由”，是一种“精神的自由”和“理论的自由”，这种自由认为只要人的精神是自由的，人在现实生活中自然也获得了自由，认为实现精神的自由必须通过在理论中彻底批判一切阻碍意识达到“普遍的自我意识”的要素。马克思指出，这是一种“唯灵论的自由”，脱离了人生活于其中的现实的物质基础。

4. 批判鲍威尔对政治学和法学的无知

在《犹太人问题，第二号》中，马克思通过支持加布里尔·里瑟尔这位有着广泛影响力的犹太理论家来批判鲍威尔。里瑟尔对鲍威尔的第一个批判是：鲍威尔的“批判的国家”不止会排斥犹太人，也会排斥基督徒。既然鲍威尔的“批判的国家”以普遍的人性为基础，而犹太人和基督徒却以狭隘的排他

① 转引自《马克思恩格斯文集》第1卷，人民出版社2009年版，第297页。

② 《马克思恩格斯文集》第1卷，人民出版社2009年版，第297页。

性为本质,那么犹太人和基督徒在“批判的国家”中都是敌对分子,这种国家必然会把犹太人和基督徒同时送上“绞刑架”。马克思表示,里瑟尔先生的批判“完全正确”。而这又是由于鲍威尔混淆了“政治解放”和“人的解放”造成的。由于他混淆了这两种解放,导致他把实现人的解放的“政治手段”和“人的手段”混淆在了一起。“既然鲍威尔已经把政治解放同人的解放混淆起来,那么他也就必然合乎逻辑地要把实现解放的政治手段同实现解放的人的手段混淆起来。”①鲍威尔认为,犹太人和基督徒享有平等地位需要消灭犹太教和基督教,不再信仰人的异化形象,转而信仰人本身。马克思认为,鲍威尔的这种主张是在要求通过实现解放的“人的手段”获得“政治解放”。“政治解放”是国家通过立法规定:享有什么样的政治权利并不以信仰、私有财产、等级、出身、职业等因素为前提。这是人通过政治的手段获得解放,是人以政治国家为中介获得的解放。通过“政治手段”获得的解放是一种间接的解放、有矛盾的解放。与此相对,通过“人的手段”获得的解放是人本身摆脱信仰、私有财产、等级、出身、职业等因素的限制,这是一种直接的、没有矛盾的、彻底的解放。

马克思反对鲍威尔对犹太人的民族性的批判。在《文学总汇报》第4期上,鲍威尔提道:“如果我在那本书里愿意或者可以越出批判的范围,我本来应当谈论的就不是国家,而是‘社会’,因为‘社会’并不排除任何人,只有那些不愿意参与社会发展的人才自己把自己从社会中排除出去。”②鲍威尔之所以在国家的做法和社会的做法上作出区分,是为了证明社会本来对一切人都是友好的,但是犹太人却遭到了排斥,这只能归罪于犹太人,归罪于犹太人的排他性的民族性,因为犹太人的民族性中带有无法根除的排他性,所以他们主动排斥了现代社会而使自己隔绝。马克思首先指出鲍威尔在这里暴露了自己的“教条主义”:鲍威尔一方面认为自己把“犹太人问题”理解为宗教对人性的压制、基督教国家对犹太人的迫害是唯一正确的理解;但是另一方面又认为犹太

① 《马克思恩格斯文集》第1卷,人民出版社2009年版,第298页。

② 转引自《马克思恩格斯文集》第1卷,人民出版社2009年版,第298页。

人问题还有别的理解的可能性。其次，马克思指出，就算鲍威尔放弃了自己的“教条主义”，他对“犹太人问题”的理解也是成问题的。在鲍威尔看来，假如他在《犹太人问题》中从社会的角度而不是从国家的角度来理解“犹太人问题”，能够把“犹太人问题”的讨论做得更深入，因为“‘社会’并不排除任何人，只有那些不愿意参与社会发展的人才自己把自己从社会中排除出去。”[①]也就是说，在鲍威尔看来，“国家会把那些不愿参与社会发展的人从国家中排除出去，而这些人却是自己把自己从社会中排除出去的”。[②] 马克思并不认可鲍威尔的这种区分，他指出，国家和社会都不排斥那些主动融入国家政治生活中的个体，但是对于那些排斥自己的个体，它们都是通过设置障碍的方式阻止其自如地生活于其中。“在排除异己方面，社会的做法跟国家的做法其实是一样的，只不过社会做得斯文一些罢了。社会不是把你一脚踢出门外，而是设法使你在这个社会里感到很不舒服，让你自己自愿地走出门外。实际上，国家的做法也没有什么两样，因为国家并不排除那些能遵守其一切要求和一切禁令、并顺应其发展的人。”[③]马克思指出，鲍威尔在国家与社会之间作出区分，是为了证明犹太人在并不主动排斥异己的社会中无法生存是由其民族性造成的，这只能表明鲍威尔对现代社会缺乏了解，或者如果鲍威尔了解现代社会那就是他虚伪地把责任归于犹太人。

里瑟尔对鲍威尔的第二个批判是，鲍威尔的批判没有“把法的范围以内的东西和法的范围以外的东西区分开来”[④]。里瑟尔这样批判鲍威尔是有道理的。鲍威尔曾经批判过法国解放犹太人的策略，他认为法律规定了犹太人和基督徒平等并不能从根本上解决“犹太人问题”，从根本上解决这个问题必须犹太人和基督徒都在内心接受自由平等的理念，否则，犹太人还是会在社会

---

① 转引自《马克思恩格斯文集》第1卷，人民出版社2009年版，第298页。
② 《马克思恩格斯文集》第1卷，人民出版社2009年版，第299页。
③ 《马克思恩格斯文集》第1卷，人民出版社2009年版，第299页。
④ 《马克思恩格斯文集》第1卷，人民出版社2009年版，第300页。

生活中受到基督徒的排斥。里瑟尔批判鲍威尔没有“把法的范围以内的东西和法的范围以外的东西区分开来”指的就是,鲍威尔没有认识到法律范围内规定犹太人和基督徒平等这就是犹太人的“政治解放”,做到这一步德国的犹太人问题就解决了,鲍威尔要求犹太人和基督徒在内心都接受自由平等的理念,那是更进一步推进“人的解放”需要完成的。马克思认可里瑟尔对鲍威尔的这一批判,并且指出鲍威尔对法的认识是肤浅的:“批判家只是忘记了,法本身也非常明确地把自身同‘情感和良心’区分开来;他忘记了,这种区分可以由法的片面本质和教条主义形式来说明,这种区分甚至成了法的主要教条之一;最后,他忘记了这种区分的实际实现就构成法的发展的顶峰,正像宗教同全部世俗内容的脱离使宗教成为抽象的、绝对的宗教一样。”①法本身把自身与“情感和良心”区分开来,这是法之所以为法的本质,是“法的主要教条”。任何一个完成了“政治解放”的国家在制定法律时,必然会使法摆脱个人情感和良心的干涉。只有摆脱了情感和良心的干涉,与情感和良心区分开来了,法才是真正发展完善的法。因此,这种区分构成了“法的发展的顶峰”。

5. 批判鲍威尔的创世哲学

布鲁诺·鲍威尔在《文学总汇报》第4期中提出,“批判准备了世界形式,甚至第一次准备了世界形式的思想。这种世界形式不单单是法的形式,而且是社会的形式”②。马克思首先指出了“不单单是法的形式,而且是社会的形式”的世界形式并不是鲍威尔的创造物,而是历史发展的产物,是现今正存在着的世界形式。在政治解放完成之后,法是公共领域的准则,它与情感和良心这些私人领域或市民社会的准则是有明确区别的。

其次,马克思指出了鲍威尔对社会持一种纯粹唯心主义的认识。谁对于

① 《马克思恩格斯文集》第1卷,人民出版社2009年版,第300页。

② 《马克思恩格斯文集》第1卷,人民出版社2009年版,第300页。

世界形式的建立毫无贡献，“谁在它那里不凭自己的良心和情感来生活，他就不会感到在它那里就像在自己家里一样”①。马克思指出，这表明“批判除了讲‘寓言教导’，除了谈道德教化以外，眼下就再也不可能透露什么东西了。”②鲍威尔通过情感和良心来决定一个人是否有资格在现代社会中生活，这是一种纯粹唯心主义的观点。按照这种观点来看，除了拥有“纯粹情感”和“纯粹良心”的批判家及其伙伴，别的任何人都没法在这个社会中生活，因为只有批判家才是这种世界形式的建立者，别的人对于它毫无贡献。也正是因为群众对于这种世界形式没有贡献，“群众将会以这种或那种方式从社会中被排除出去”③。

再次，马克思批判鲍威尔以上帝自居的态度。鲍威尔在《文学总汇报》中不仅宣布“各民族的未来—是—很—黑暗的”，而且提出“命运是我们的创造物”。马克思在《神圣家族》中指出，布鲁诺·鲍威尔是在以万能的上帝自居。“正如上帝把自己的意志赋予自己的创造物——人一样，批判也把自己的意志赋予自己的创造物——命运。所以创造命运的批判也像上帝一样是万能的。”④鲍威尔在《文学总汇报》中还提出，批判之所以能够成为划时代的力量，是因为批判“有本事使每个人成为自己希望成为的那种人”，“有本事毅然决然地向每个人指出适合其本性和意志的那种观点”。⑤ 马克思指责鲍威尔把批判的无所不能和“无所不知”运用在了“个人的自由、意志和天职”上了，他只知道个人有“想要成为某种东西的意志”，却没有追问个人有没有“可以成为某种东西的能力”⑥。

① 转引自《马克思恩格斯文集》第1卷，人民出版社2009年版，第300页。
② 《马克思恩格斯文集》第1卷，人民出版社2009年版，第301页。
③ 《马克思恩格斯文集》第1卷，人民出版社2009年版，第301页。
④ 《马克思恩格斯文集》第1卷，人民出版社2009年版，第302页。
⑤ 转引自《马克思恩格斯文集》第1卷，人民出版社2009年版，第302页。
⑥ 《马克思恩格斯文集》第1卷，人民出版社2009年版，第303页。

（三）关于“犹太人问题”第三号的争论

马克思所说的“犹太人问题”第三号指的是鲍威尔在《文学总汇报》上为《犹太人问题》辩护的第三篇文章《目前什么是批判的对象?》，该文是“纯粹批判”的纲领性文章，马克思高度重视，做了详细的分析和批判。

1. 鲍威尔为《犹太人问题》的“错误”辩护

鲍威尔坦承，“在《犹太人问题》中犯了同样的过失。”但是，这种过失并不能算是批判本身的过失，而是时代的限制造成了它犯错误。因为它之所以会犯错误，乃是受制于批判在1842年发展的水平。

鲍威尔对《犹太人问题》的辩护是富于策略的，他不仅解释了《犹太人问题》的各个章节都是针对什么问题创作的，而且借助法国革命的历史及其后果，反衬批判理论的局限性也是无可厚非的。鲍威尔首先对《犹太人问题》的思路作了说明：

> 自18世纪启蒙运动以来，犹太人问题一直悬而未决，这个问题应该首先获得一个正确的提法：——它既是宗教的、神学的问题，也是政治的问题。在考察和解决这两个问题时，批判既不抱着宗教的观点，也不抱着政治的观点。批判最终再一次正确地描述了那个根本错误，这个错误一度使得解决问题成了不可能的事，然而在此之后，为了时代的政治特征和敌人的政治前提却牺牲了批判。①

鲍威尔在这里告诉我们：《犹太人问题》之所以首先要给问题以正确的提法，是因为过去对“犹太人问题”的思考都走错了方向，正是这一原因导致一百多年来“犹太人问题”愈演愈烈、始终得不到解决。批判的理论不仅正确地提出问题，最终也解决了那个一直阻挠犹太人解放的根本性错误。这个错误

① Bruno Bauer, “Was ist jetzt der Gegenstand der Kritik?”, in *Allgemeine Literatur-Zeitung*, hrsg.von Bruno Bauer, Charlottenburg: Verlag von Egbert Bauer, Juli 1844(Nr.8), S.23.

就是：一直以来，从来没有一个理论家把消灭宗教作为解决“犹太人问题”的前提提出来。鲍威尔认识到《犹太人问题》也是有瑕疵的，他的解释是，这种瑕疵是时代留下的印迹，即“时代的政治特征”和“敌人的政治前提”造成的，其结果是：《犹太人问题》过多地讨论政治解放的问题，对于它已经提出的消灭宗教的问题论述太少。

接下来，鲍威尔从“宗教”和“政治”这两方面解释了《犹太人问题》的理论建树。从“犹太人问题”是“宗教问题”来看，批判理论和启蒙运动的做法是截然不同的。鲍威尔认为：启蒙运动宣扬人的自由、平等，反对专制和教会的压迫，这些主张固然无可厚非，但是它对待宗教的态度却是粗暴的、肤浅的。“启蒙认为，只要把宗教的对抗说成无关紧要的东西或者甚至全盘予以否定，就可以解决犹太人问题。”①批判理论与此相反，认真地研究了犹太教和基督教的“母女关系”，不仅考察了它们的对立，而且考察了它们的从属关系，在这个基础上才进一步思考这双方的命运。从“犹太人问题”是“政治问题”来看，批判理论和支持、反对犹太人解放的人都不同，不论犹太人解放的支持者还是反对者，其立足点都是特权，只不过一个是犹太人的特权、一个是基督徒的特权罢了。“尽管他们以为他们是在要求自由和要求承认自由人性，其实他们只是力争特权，别无他图。”②批判理论则直指特权制度的总根源：宗教信仰，明确提出了消灭宗教的主张。

事实上，批判理论所做的还不止这些，它还考察了法国解放犹太人时所面临的理论和实践的冲突：在理论上，犹太人是自由的群体；在实践中，犹太人不得不屈从于基督教的种种戒律，“理论的自由被实践所推翻”。鲍威尔承认：批判理论当时并没有更进一步指出，法国所暴露出来的矛盾——“自由的理

① Bruno Bauer, “Was ist jetzt der Gegenstand der Kritik?”, in *Allgemeine Literatur-Zeitung*, hrsg. von Bruno Bauer, Charlottenburg: Verlag von Egbert Bauer, Juli 1844 (Nr.8), S.23.

② Bruno Bauer, “Was ist jetzt der Gegenstand der Kritik?”, in *Allgemeine Literatur-Zeitung*, hrsg. von Bruno Bauer, Charlottenburg: Verlag von Egbert Bauer, Juli 1844 (Nr.8), S.23.

论和特权的实际效力之间的矛盾，特权的立法效力和公共状况之间的矛盾”——“就是这个范围内的普遍矛盾”。[①] 在《犹太人问题》中，鲍威尔已经指出法国解放犹太人的策略是有矛盾的。只不过，他当时认为这种矛盾仅仅是由法国的策略引起的，并没有把它视为犹太人解放必须面对的普遍矛盾，即没有把它看做借助于政治手段解放犹太人必然会引起的矛盾。既然“特权的实际效力”对“自由的理论”构成了一种限制，理论中的自由如果要获得现实性，就需要消灭特权。按照鲍威尔的看法，犹太人和基督徒的特权是从他们的宗教中产生的，只有消灭了宗教，他们才能获得现实的自由。

2. 揭露鲍威尔“绝对批判”的傲慢

在马克思的《论犹太人问题》发表之后，鲍威尔在《文学总汇报》第8期发表了《目前什么是批判的对象?》为自己的“犹太人问题”辩护。由于这篇文章是鲍威尔发表在《文学总汇报》上的第三篇辩护文章，马克思在清算这篇文章的错误观点时，把这篇文章称为《绝对批判的第三次征讨》。马克思在这一题目下重新分析了鲍威尔为“犹太人问题”辩护的纰漏。

鲍威尔是针对马克思的《论犹太人问题》为其“犹太人问题”辩护的。针对马克思关于混淆“政治解放”和“人的解放”的指责，鲍威尔承认自己的文章出了“纰漏”：“在《犹太人问题》中出了同样的‘纰漏’——把人的本质和政治本质混为一谈。”[②]但是鲍威尔认为指责《犹太人问题》中的“纰漏”为时已晚，现在重要的是理解鲍威尔当时为什么犯了那样的错误：“重要的是应当对批判甚至曾不得不……从事政治这一点加以说明。”[③]马克思指出，这暴露了鲍威尔的执迷不悟。鲍威尔之所以认为有必要说明批判为什么“‘甚至曾不得

---

① Bruno Bauer, “Was ist jetzt der Gegenstand der Kritik?”, in *Allgemeine Literatur-Zeitung*, hrsg. von Bruno Bauer, Charlottenburg: Verlag von Egbert Bauer, Juli 1844 (Nr.8), S.23.

② 转引自《马克思恩格斯文集》第1卷，人民出版社2009年版，第304页。

③ 转引自《马克思恩格斯文集》第1卷，人民出版社2009年版，第304页。

不’从事政治”，是因为鲍威尔把自身批判的“可靠性”“纯洁性”和“绝对性”视为“基本信条”，因此，“与这种信条相矛盾的事实当然会变成一堆谜，这些谜就像上帝的那些看来并不神圣的行动在神学家眼中那样深奥费解、意味深长、玄妙莫测。”①在马克思看来，这样的说明完全是鲍威尔的自作多情，是多此一举的要求。因为，任何人都是自己时代的产物，都不可避免地带有时代的烙印，批判家在两年前犯了错误，这恰恰证明鲍威尔是一个正常的人。如马克思所言：“如果把‘批判家’看做有限的个人，如果不把他和他所处的时代的界限分离开来，那就用不着再回答为什么‘批判家’甚至曾不得不在世界范围以内求得发展这一问题了，因为问题本身已经不复存在了。”②但是，鲍威尔却认为自己是超脱于时代的，自己的批判是绝对正确的，对于两年前的错误始终耿耿于怀，觉得有必要说明自己为什么犯了错误。

3. 指出鲍威尔神学批判的肤浅

马克思在批判《犹太人问题》时指出，鲍威尔虽然想要研究政治问题，但是每当鲍威尔涉足政治领域时，鲍威尔都是把政治问题归结为宗教问题，所有的讨论都是“真正神学的探讨和虚假政治的探讨”。马克思在评论《现代犹太人和基督徒获得自由的能力》时指出，鲍威尔把犹太人获得解放的可能性的问题变成了“纯粹宗教”的问题。面对马克思的批判，鲍威尔澄清道：他把“犹太人问题”既作为宗教的、神学的问题，也作为一个政治问题来讨论。在宗教和神学的层面上，鲍威尔说自己的贡献在于坚持把“纯粹的宗教对立”表述出来，这一点超出了“启蒙”。“犹太人问题是宗教问题。启蒙认为，只要把宗教的对立看做无关紧要的对立或者甚至予以否定，就可以解决犹太人问题。可是，批判却必须把这一纯粹的宗教对立表述出来。”③

---

① 《马克思恩格斯文集》第1卷，人民出版社2009年版，第305页。

② 《马克思恩格斯文集》第1卷，人民出版社2009年版，第305页。

③ 《马克思恩格斯文集》第1卷，人民出版社2009年版，第306页。

在《犹太人问题,第三号》中,马克思指出了鲍威尔宗教批判的肤浅,恰恰在鲍威尔认为自己做出了突破性的贡献的地方,鲍威尔暴露了自己的肤浅。在“宗教问题”的范围内,鲍威尔把消灭宗教作为“政治解放”的条件;分析了犹太人获得“自由”的能力,肯定了犹太人能够获得“解放”。在马克思看来,这些讨论表明这位神学家“根据表面现象作出判断,把宗教问题就看成宗教问题”[①]。而关键的问题倒是“什么是宗教问题”。[②] 宗教问题并不是单纯的宗教问题,宗教的存在表明社会生活出了问题,只有找出这个问题才能认清宗教,找到消灭宗教的方法:“在剥掉了犹太教的宗教外壳,使它只剩下经验的、世俗的、实际的内核之后,才能够指明那种可以消除这个内核的实际的、真正社会的方式。”[③]按照马克思的看法,鲍威尔就宗教谈论宗教的做法至少有以下三点失误:

首先,“鲍威尔先生只了解犹太教的宗教本质,但不了解这一宗教本质的世俗的现实的基础。”[④]鲍威尔在哲学史上的贡献就体现在宗教批判上,其宗教批判的理论基础是自我意识哲学,他把犹太教和基督教视为自我意识发展不同阶段上的产物。在《犹太人问题》中,鲍威尔对犹太教做了深入的批判性研究,批判的范围包括犹太教的宗教戒律、民族意识、戒律生活和伦理立场,但是不论鲍威尔批判的范围多么广泛,他都没有离开宗教的范围。鲍威尔在分析犹太人解放的条件时同样没有离开宗教的范围,他提出犹太人和基督徒只有消灭宗教“获得自由”,“犹太人问题”才能得到解决。马克思因此指责鲍威尔说,“鲍威尔先生不是用现实的犹太人去说明犹太人的宗教的秘密,而是用犹太人的宗教去说明现实的犹太人。”[⑤]

其次,“鲍威尔先生就没有意识到,现实的世俗的犹太精神,因而也连同

---

① 《马克思恩格斯文集》第1卷,人民出版社2009年版,第306—307页。

② 《马克思恩格斯文集》第1卷,人民出版社2009年版,第307页。

③ 《马克思恩格斯文集》第1卷,人民出版社2009年版,第307页。

④ 《马克思恩格斯文集》第1卷,人民出版社2009年版,第307页。

⑤ 《马克思恩格斯文集》第1卷,人民出版社2009年版,第307页。

宗教的犹太精神，是由现今的市民生活所不断地产生出来的，并且是在货币制度中最终形成的。”[①]在《论犹太人问题》中，马克思就提出：要以“现实的世俗的犹太人”为考察对象，“不是像鲍威尔那样，考察安息日的犹太人，而是考察日常的犹太人”[②]。马克思在这篇论文中已经把宗教的根源追溯到市民社会，指出市民社会的异化是宗教存在的根源，并提出了“人的自我异化的最高表现”是经商谋利及其前提，因为它的存在表明人的个人生活和类生活是分裂的，人与人陷入了互相敌对的状态。在《犹太人问题，第三号》中，马克思重复了这一看法，他提出，不能像鲍威尔那样“用犹太人的宗教去说明现实的犹太人”，而是要“用现实的犹太人去说明犹太人的宗教的秘密”。[③] 马克思指出，“现实的世俗的犹太精神（Judentum）”和“宗教的犹太精神（Judentum）”都是从“现今的市民生活”中产生出来的，“并且是在货币制度中最终形成的”[④]。可见，马克思把宗教存在的根源追溯到现代的市民生活，犹太人和基督徒之所以信仰宗教，是因为他们在市民生活中不自由，他们被异己的力量控制着，“货币制度”就是市民生活异己性的“最高表现”。

马克思反对鲍威尔关于犹太教与历史的关系的观点。由于鲍威尔从自我意识哲学出发理解宗教，鲍威尔在犹太教的宗教精神中发现的是还受自然局限、排斥别的族群的宗教仪式，这是一种很不完善的自我意识，而基督教则已经摆脱了自然和族群的束缚，是一种更为普遍的自我意识。在犹太教孕育了基督教之后，犹太教就丧失了历史的合法性。如马克思所言，鲍威尔在这里还是在“重复那种认为犹太教是违反历史而保存下来的陈旧的正统观点”[⑤]，这种观点并没有解释犹太教为什么在现代社会中具有强大的生命力。马克思则再一次重复了他在《论犹太人问题》中已经提出的观点：“《德法年鉴》曾经证

① 《马克思恩格斯文集》第 1 卷，人民出版社 2009 年版，第 307 页。
② 《马克思恩格斯文集》第 1 卷，人民出版社 2009 年版，第 49 页。
③ 《马克思恩格斯文集》第 1 卷，人民出版社 2009 年版，第 307 页。
④ 《马克思恩格斯文集》第 1 卷，人民出版社 2009 年版，第 307 页。
⑤ 《马克思恩格斯文集》第 1 卷，人民出版社 2009 年版，第 308 页。

明，犹太精神是通过历史、在历史中并且同历史一起保存下来和发展起来的"①。正是因为犹太教不仅不违反历史，而是与历史一起发展起来的，所以犹太教在现代社会中才有强大的生命力。马克思在后文更进一步明确了"通过历史、在历史中并且同历史一起保存下来和发展起来"的意思是，犹太教在现代社会中具有强大的生命力是政治解放的必然结果："通过废除国教来取消宗教的政治存在，正是这种宣告这些要素对国家的隶属关系已经消亡的做法，才能使这些要素保持最强有力的生命，这个生命从此便顺利无阻地服从于自身的规律，并且充分扩展其生存的空间。"②

马克思指出，犹太教在历史中的发展"不是在宗教学说中，而是只有在工商业的实践中才能看到"③。犹太教在现代社会之所以具有强大生命力，是因为现代社会的"工商业实践"为犹太教的存在提供了现实土壤。"《德法年鉴》不是用犹太人的宗教……来说明现代犹太人的生活，而是用那些在犹太人的宗教中得到幻想反映的市民社会的实际要素来说明犹太人宗教的顽强生命力"④。既然犹太人的宗教根源于"市民社会的实际要素"，那么犹太人的解放就要从"市民社会"着手，它是"彻头彻尾渗透着犹太精神的现代世界的普遍的实践任务"，"《德法年鉴》已经证明，消除犹太本质的任务实际上就是消除市民社会中的犹太精神的任务，就是消除现代生活实践中的非人性的任务，这种非人性的最高表现就是货币制度"⑤。由于马克思把市民生活理解为宗教的发源地，因此消灭宗教的任务就要通过消灭市民生活中的异化要素来实现，即通过消灭货币制度来实现。

再次，鲍威尔只是"名副其实的神学家，他并没有能够超越宗教的对立"⑥。

① 《马克思恩格斯文集》第1卷，人民出版社2009年版，第308页。
② 《马克思恩格斯文集》第1卷，人民出版社2009年版，第317页。
③ 《马克思恩格斯文集》第1卷，人民出版社2009年版，第308页。
④ 《马克思恩格斯文集》第1卷，人民出版社2009年版，第308页。
⑤ 《马克思恩格斯文集》第1卷，人民出版社2009年版，第308页。
⑥ 《马克思恩格斯文集》第1卷，人民出版社2009年版，第308页。

按照鲍威尔的宗教观点，犹太教是基督教的准备。在基督教产生之后，犹太教就失去了存在的价值。鲍威尔为了理解犹太人和基督徒在现代世界中的关系，没有研究现代世界的状况，而是退到犹太人和基督徒的宗教信仰中，把他们的现实关系归结为宗教关系的结果。马克思虽然也承认宗教因素是犹太人和基督徒关系的重要因素，但是他分别从“政治解放”和“人的解放”两个层面研究了宗教的影响。就“政治解放”而言，犹太人和基督徒的宗教信仰并不是问题本身，问题本身在于基督教国家的宗教基础。只要基督教国家在政治领域中不把政治权利与宗教信仰联系在一起，平等地对待犹太人和基督徒，犹太人就获得平等地位了。对于“人的解放”而言，它就是要消灭犹太人和基督徒的宗教信仰，但是宗教信仰的发源地在现代市民社会，只有完成了“消除现代生活实践中的非人性的任务”，才能够消灭宗教。但是，鲍威尔从“自我意识”哲学出发，把消灭宗教的问题转变成了现代犹太人和基督徒获得自由的能力的问题。按照鲍威尔的理解，消灭宗教必须具有精神上的条件，即只有当犹太人和基督徒都获得自由，即犹太人和基督徒都具备真正普遍的自我意识，他们才能认清、看破犹太教和基督教的宗教本质，从而摆脱宗教的束缚。所以马克思说，鲍威尔把犹太人和基督徒获得自由的能力“仅仅局限于他们理解并亲自从事神学‘批判’的能力”，“他所知道的唯一的斗争是反对自我意识的宗教局限性的斗争”①。消灭宗教的问题在马克思那里表现为消灭“货币制度”等现实生活的“非人性”的问题，而在鲍威尔那里表现为思维领域内的斗争。

4. 揭露鲍威尔政治批判的“幻想”

就“犹太人问题”的政治方面而言，鲍威尔提出：德国作为基督教国家不可能在政治上解放犹太人，犹太人在基督教德意志国家要求自由表明他们对这个国家还抱有“幻想”。马克思指出，鲍威尔对“德国政治制度”的“幻想”

① 《马克思恩格斯文集》第1卷，人民出版社2009年版，第309页。

并不比犹太人少。马克思这里的“幻想”说的是，鲍威尔歪曲了事实，“他把特权国家、基督教日耳曼国家设想成绝对的基督教国家。可是，《德法年鉴》已经向他证明，那种没有任何宗教特权的政治上完备的现代国家，也就是完备的基督教国家；因此，完备的基督教国家不仅能够解放犹太人，而且已经解放了他们，同时按这种国家的本质来说，也必定会解放他们。”①鲍威尔在《犹太人问题》中的总的看法是，除非犹太人和基督徒都放弃宗教信仰，转而信仰人性和自由，否则任何解放措施都是“镇痛剂”，无法从根本上解决“犹太人问题”。在鲍威尔眼里，法国的政治解放措施也是不足取的，因为法律上虽然规定了犹太人和基督徒的平等，但是在实际生活中，犹太人还是受到限制。鲍威尔实际上取消了法国在大革命以来取得的进步，把法国与德国等同起来了。在鲍威尔那里，只有一种基督教国家，即基督徒享有特权、犹太人遭受压迫的特权国家，鲍威尔把这种国家作为了绝对的基督教国家，除它之外没有别的基督教国家类型。马克思指出，基督教国家也有很多种，德国和法国是两种不同类型的基督教国家，在德国，所有的政治权利都是受宗教信仰限制的，只有信奉基督教的人才能享受到特定的权利。法国就不同了，法国已经解除了宗教信仰对政治权利的限制，马克思把这种国家称为“完备的基督教国家”。

马克思驳斥了鲍威尔对“自由”的虚幻理解。鲍威尔所说的“自由”是摆脱宗教束缚的自由，这种自由对应于马克思所说的“人的解放”。鲍威尔并非不了解犹太人所要求的只是“政治自由”（即不受限制地行使政治权利的自由，这种自由对应于马克思所说的“政治解放”），但是鲍威尔认为，法国和美国的例子证明“政治自由”本身就是一个矛盾，是无法实现的。法国承认犹太人是自由人，但是立法这种政治手段又在实践上否认了犹太人的自由，因为法律是按照法国大多数人，即基督徒的意志制定的，犹太人这个少数族裔的利益在法国同样是受到压制的。北美国家通过立法保证了人的政治权利不以宗教

① 《马克思恩格斯文集》第1卷，人民出版社2009年版，第310页。

为前提，但是由于政治手段并没有从人的生活中排除宗教，人还无法摆脱特权思想的束缚。因此，鲍威尔断定政治的解放方案并没有实现“自由”。马克思的看法是，鲍威尔犯了严重的错误，他混淆了两种自由：“政治自由”和“人的自由”。犹太人追求的是“政治解放”，他们要求的是政治生活中的自由，当国家通过政治手段把政治权利和宗教信仰分离开来的时候，犹太人就已经享有了政治自由。由于鲍威尔把“人的自由”作为“政治自由”的前提，他没有认识到人可以借助政治的中介摆脱宗教。这种解放尽管不是彻底的解放，但毕竟是一个进步。

鲍威尔误解了“承认自由的人性”的含义，他没有认识到他所要求的“自由的人性”是通过“人权”承认的“自由的人性”。马克思指出，“《德法年鉴》已经向鲍威尔先生阐明，这种‘自由的人性’和对它的‘承认’无非是对利己的市民个体的承认，也是对构成这些个体的生活状况的内容，即构成现代市民生活内容的那些精神要素和物质要素的失去控制的运动的承认”①。在现代的市民社会中，犹太人和基督徒可以不受任何阻碍地信奉自己的宗教，这一事实表明，“承认自由的人性”并不需要消灭宗教，毋宁说是承认人有信仰宗教的自由。如《德法年鉴》已经证明的，“承认自由的人性”这是现代政治国家的普遍做法，是人在政治解放完成之后普遍获得的权利。所以马克思提出，“犹太人在政治上获得解放和赋予犹太人以‘人权’，这是一种彼此相互制约的行为”②，也就是说，它们某一方达到的水平就是另一方达到的水平，任何一方没有完成也就意味着对方也就没有完成。在“政治解放”完成的国家，“自由的人性”就以人权的形式得到了承认。然而，在鲍威尔看来“政治解放”之所以不彻底，是因为宗教对“自由的人性”依旧是一种束缚，他进而提出消灭宗教，以承认“自由的人性”。马克思指出，当鲍威尔认为自己在讨论政治问题的时候，他其实是在讨论宗教问题：“在《犹太人问题》中，国家和宗教的对立成了

① 《马克思恩格斯文集》第1卷，人民出版社2009年版，第312页。

② 《马克思恩格斯文集》第1卷，人民出版社2009年版，第313页。

议论的主旨，以致对政治解放的批判变成了对犹太人的宗教的批判”①。这种批判造成的结果是，他并没有“对政治解放的本质进行批判的分析”，他对现代国家的原则一无所知。

在这里，马克思提出了“现代国家承认人权和古代国家承认奴隶制具有同样的意义”的思想。这是马克思对现代人权观念的重要批判。马克思指出：“现代国家的自然基础是市民社会以及市民社会中的人，即仅仅通过私人利益和无意识的自然必要性这一纽带同别人发生联系的独立的人，即为挣钱而干活的奴隶，自己的利己需要和别人的利己需要的奴隶。现代国家通过普遍人权承认了自己的这种自然基础本身。”②在现代市民社会中，人摆脱了封建时代的人身依附，无疑是一大进步，但是这个进步是有局限的，人并没有获得真正的人格独立性，人被自身的私人利益和自然必然性束缚着，成了“为挣钱而干活的奴隶”，因为只有靠着金钱，人才能满足自己的私人利益，暂时克服自然必然性对自己的制约。马克思在这里提出的人成了金钱的奴隶的思想无疑来自《德法年鉴》，但是这一思想也直接通向《1857—1858经济学手稿》中的“以物的依赖性为基础的人的独立性”。

鲍威尔的批判以“人的自由”为追求，但它并没能超出“政治的本质”。鲍威尔在《犹太人问题》中反对法国解放犹太人的策略，这事实上是鲍威尔对“政治解放”的批判。鲍威尔在《目前什么是批判的对象?》中再次强调了自己研究了“政治的本质”，到法国代议制中研究了“政治解放”的矛盾，即“理论和实践之间的矛盾”③(政治解放的理论和实践之间存在着矛盾)。鲍威尔还提道：“在法国议会辩论中被指出的矛盾……本来应该被看做这个领域的普遍矛盾。”④马克思指出，鲍威尔把法国解放犹太人时所暴露出的矛盾作为政治

① 《马克思恩格斯文集》第1卷，人民出版社2009年版，第311页。
② 《马克思恩格斯文集》第1卷，人民出版社2009年版，第312—313页。
③ 《马克思恩格斯文集》第1卷，人民出版社2009年版，第314页。
④ 《马克思恩格斯文集》第1卷，人民出版社2009年版，第314页。

解放的“普遍矛盾”，这表明他并没有超出“政治的本质”。马克思指出，法国本来就是一个政治解放不彻底的立宪君主制国家，就算鲍威尔把法国的矛盾视为普遍的矛盾，他消除这个矛盾之后得到的也只是“民主代议制”国家。解决法国的矛盾是“政治解放”本身的任务，只有在这些矛盾消灭的地方，“才存在着完备的现代国家”。马克思表明：不论是“自由的理论和特权的实际效力之间的矛盾”，还是“特权的法定效力和公共状况之间的矛盾”都是法国的政治解放不彻底带来的矛盾，这些矛盾随着政治国家和市民社会的分离都解决了，但是鲍威尔却认为这些矛盾的解决就是达到了自由或“人的本质”。“鲍威尔先生犯了一个极其严重的错误，他认为，由于把这个矛盾当做‘普遍的’矛盾来理解和批判，他便从政治的本质上升到了人的本质。其实他只是从局部的政治解放上升到了完全的政治解放，从立宪制国家上升到了民主代议制国家”①。马克思说鲍威尔把大革命时期的法国作为“政治解放”的样板（作为民主代议制国家）是错误的，是对“政治解放”的本质缺乏了解的表现，马克思的这种批判有其合理性。但是也需要注意的是，鲍威尔在批判政治解放的局限性时，批判的是“法国代议制”的矛盾（不限于“君主立宪制”的矛盾），亦即“理论和实践之间的矛盾”。试问，完成政治解放的国家，“自由的理论”和“特权的实际效力”不存在矛盾吗？法律中规定的自由平等在具体落实中不会走样吗？答案无疑是肯定的，这也是马克思在《犹太人问题，第二号》中提醒鲍威尔“把法的范围以内的东西和法的范围以外的东西区分开来”②的原因，法律关于自由平等的规定会受到法律以外的（诸如情感和良心）干涉，这恰恰是彻底的政治解放所遭遇的矛盾，马克思的“人的解放”正是要解决这一矛盾，鲍威尔的“自由”或“人的本质”也是要解决这一矛盾。

马克思反对鲍威尔对“特权”的理解。鲍威尔在《犹太人问题》中，“特权”的本质是排他性，每一种宗教都坚信自己具有独一无二的特权，因为每一

---

① 《马克思恩格斯文集》第1卷，人民出版社2009年版，第315页。

② 《马克思恩格斯文集》第1卷，人民出版社2009年版，第300页。

种宗教都认为自己是独一无二的真理，一旦信徒丧失了对这种特权的坚持，就证明他开始怀疑自己信仰的真理性，就不再是真正的基督徒，如果一种宗教放弃了自己的特权，它也就不存在了。在《目前什么是批判的对象?》中，鲍威尔再次提出了这种观点，“如果不存在享有特权的宗教，也就不会存在任何宗教。一旦抽掉宗教的排他力量，宗教也就不复存在了”①。不难发现，鲍威尔是从精神的层面理解特权的，或者说鲍威尔所说的特权是特权思想或排他性思想。但是从精神的层面消灭特权思想和在现实的生活中消灭特权制度，是不同的。鲍威尔要求消灭特权思想或排他性思想，他所追求的是实现“自由”或“人的本质”，也就是马克思所说的“人的解放”。而在现实生活中消灭“特权制度”，这是把政治从特权制度的束缚下解放出来，是“政治解放”的要求。马克思指出了鲍威尔理解上的错位。他说：“行业活动并不随着行业特权、行会特权和同业公会特权的取消而被取消，相反，只有在取消了这些特权之后，真正的工业才开始发展；……同样，只有在不存在任何享有特权的宗教的地方(请看实行共和制的北美各州)，宗教才实际上普遍地发展起来”。② 马克思确实有充分的理由指责鲍威尔从精神层面理解特权错失了现实生活中特权制度的真正本质。

马克思是从政治国家和市民社会二元对立的框架出发理解特权制度的。他指出：“发达的现代国家的基础，并不像批判所认为的那样是特权的社会，而是废除和取消了特权的社会，是使在政治上仍被特权束缚的生活要素获得自由的发达的市民社会。”③特权，顾名思义，是为某一特殊人群享有的权利。而政治解放则意味着，每一个人不论出身信仰财产教育状况如何都会受到国家的平等对待，特权没有存在的空间。虽然特权在完成了政治解放的国家里没有存在的空间，但是这并不意味着政治解放就是完美的。因为政治解放意

① 《马克思恩格斯文集》第1卷，人民出版社2009年版，第315页。
② 《马克思恩格斯文集》第1卷，人民出版社2009年版，第315—316页。
③ 《马克思恩格斯文集》第1卷，人民出版社2009年版，第316页。

味着,人的市民生活与国家的政治生活是独立的,政治生活中没有特权,市民生活中却有奴役。如马克思所说:“在现代世界,每一个人都既是奴隶制的成员,同时又是共同体的成员。这种市民社会的奴隶制在表面上看来是最大的自由,因为这种奴隶制看上去似乎是尽善尽美的个人独立,这种个人把自己的异化的生命要素如财产、工业、宗教等的既不再受普遍纽带束缚也不再受人束缚的不可遏止的运动,当做自己的自由,但是,这样的运动实际上是个人的十足的屈从性和非人性。在这里,法代替了特权。”①不难发现,马克思对现代市民社会也是持批判的态度的,但是他对市民社会的批判与鲍威尔的批判既有相通之处,也有重大差异。相通之处表现在:鲍威尔不满意于政治解放,是因为他认为“理论”(国家法律中规定的自由)与“实践”(现实生活中的不自由)是矛盾的,马克思认为政治生活是类生活,市民生活依旧是奴隶制;鲍威尔认为,“法的范围以内的东西”(法律规定人人生而自由平等)受到了“法的范围以外的东西”(尚未获得自由的人的情感和良心使得他不可能平等地对待每一个他者),马克思认为市民社会是一切个人对个人的战场。而他们的重大差异表现在,鲍威尔是从自我意识或精神的角度理解历史发展的,政治解放的这些矛盾和困境被归结为自我意识发展不充分的结果,所以鲍威尔追求的是通过理论批判提升人的精神;马克思则是从物质生产来理解历史的,市民社会的局限被归结为现代的“货币制度”,马克思要消灭“货币制度”及其存在的前提,从经济上改造社会。

三、如何看待法国大革命带来的“平等”政治权利

1789 年开始的法国大革命深刻地改变了人类的政治实践,同样也深深地

① 《马克思恩格斯文集》第 1 卷,人民出版社 2009 年版,第 316—317 页。

影响了人类的政治思想，直到今天依旧是研究政治问题的知识分子们无法回避的话题。简要地说，法国大革命有以下特点：第一，狂飙突进。1789 年巴黎群众攻打巴士底狱标志革命开始，一直持续到 1870 年法兰西第三共和国建立。在这期间，法国人经历了“第一共和国”“热月政变”“拿破仑称帝”“七月王朝”“第二共和国”等让人应接不暇的政治新事物。第二，血腥暴力。法国大革命最为著名的遗物里，除了《人权宣言》恐怕就数“断头台”了。断头台上先后有 1000 多颗人头落地，不仅有法国皇帝的脑袋，而且有革命党人的脑袋。第三，曲折反复。法国大革命是资产阶级革命，以“自由、平等、博爱”为旗号，但是作为革命的主体的“第三等级”主要是社会底层的群众，他们对于“自由、平等、博爱”有着最彻底的追求，但是这种追求不仅从来没有实现（甚至第三共和国也没有满足底层民众的要求），而且群众在热情洋溢地追求“自由、平等、博爱”时却又发动了对异己分子最疯狂的屠杀。这次声势浩大的政治革命深深地吸引着德国知识分子。马克思和鲍威尔对这次革命的评价反映了两种针锋相对的哲学思想在面对同一个政治事件时的差异。

（一）鲍威尔反思法国大革命和启蒙运动的命运

布鲁诺·鲍威尔高度关注“法国大革命”，先后以法国大革命为主题发表了三卷本的《18 世纪的政治、文化和启蒙历史》和《法国大革命以来的新时代历史回忆录》。① 他的《基督教真相》的副标题是“对 18 世纪的回忆兼论 19 世

① 鲍威尔 1844 年之前的主要著述：1838 年出版了《天启故事批判。按照旧约宗教原则的历史发展描述旧约宗教》（两卷本）；1839 年出版了批判虔信派人士亨斯滕贝格的《亨斯滕贝格博士先生。宗教意识批判。论戒律和福音对立的批判书信》；1840 年出版了《约翰福音批判》和《普鲁士福音派国家教会和科学》；1841 年出版了《符类福音作者的福音故事批判》（两卷本），《对黑格尔这位无神论者和反基督人士的末日审判的号角。一个最后通牒》（马克思前期曾部分参与）；1842 年出版了《从信仰的立场评判黑格尔的宗教和艺术学说》，《符类福音作者和约翰的福音故事批判》（第三卷），《自由的正义的事业和我自己的事业》；1843 年出版了《基督教真相。对 18 世纪的回忆兼论 19 世纪的危机》，《犹太人问题》，《18 世纪的政治、文化和启蒙历史》（第一卷），《法国大革命以来的新时代历史回忆录》。1844 年出版了和埃德加的通信集以及另外两本主题为《18 世纪的政治、文化和启蒙历史》的书。鲍威尔在 1835—1844 年间还发表了近 60 篇论文。

纪的危机”，也讨论了法国大革命的问题。综合来看，鲍威尔对法国大革命有以下看法。

法国大革命并不只是法国人的革命活动，它象征着人类对自由的追求。在鲍威尔看来，那是一个革命的时代，法国人在那个时代为了争取自由、摆脱宗教桎梏进行过流血斗争。法国人的斗争是人类追求自由的“象征”，它并不专属于法国人，而是象征着人对自由的追求。但是法国大革命依旧是有其历史局限的，它最终陷入了暴力斗争。“法国革命是一种还完全属于18世纪的实验。它想促成一种新的人的秩序——但是，它所产生的思想并没有超出革命想用暴力来推翻的那个秩序的范围。”①罗伯斯庇尔和圣茹斯特主导的“雅各宾专政”最终将自由的革命引向恐怖的统治，他们提出“要造就完全以正义和美德为生活准则的‘自由人民’”，但是这种伟大思想得以为继的基础却是“恐怖政策”。法国大革命以悲剧收场，它所追求的“自由”最终变成了“统治”。在罗伯斯庇尔和圣茹斯特被送上断头台之后，“政治启蒙和政治运动就迅速向着成为拿破仑的俘获物这个方向发展”。法国大革命的悲剧远不止于帝制复辟之类的悲剧，更重要的是，在打破旧制度之后，它压根没有建立起保障自由的新制度体系。面对法国大革命的悲剧结局，“卑劣而自私的人”只能以“怯懦和阴险的方式”来对付“伟大思想”和“恐怖政策”之间的矛盾，批判的理论家则要探究伟大的思想变成恐怖统治的原因。其原因就在于，它没能认识到人的自由的真正限制，从而没能提出一种实现人的自由的理论：

“因此在这场革命消除了人民生活内部的封建主义界限以后，革命就不得不满足民族的纯粹利己主义要求，甚至煽起这种利己主义；而另一方面，革命又不得不通过这种利己主义的必要补充，即承认一种最高的存在物通过在更高的层次上确认那必须把单个的自私

① Bruno Bauer, “Was ist jetzt der Gegenstand der Kritik?”, in *Allgemeine Literatur-Zeitung*, hrsg.von Bruno Bauer, Charlottenburg: Verlag von Egbert Bauer, Juli 1844(Nr.8), S.23-24.

的原子联合起来的普遍国家制度,来约束这种利己主义。"①

和马克思一样,鲍威尔显然认识到法国大革命的一个重要结果就是形成了现代国家和市民社会二元对立的格局。同时,他们都认为:这种格局不仅没有实现人的自由,反而对人的自由形成新的统治;而且他们也都认识到,新的统治形成的根源就在于人被单子化之后成了利己主义的个人。不同的是:在马克思看到利己主义需要的地方,鲍威尔关注的是利己主义的思想;马克思要消灭利己主义的经济活动和私有财产,鲍威尔则要培养一种普遍的自由的思想。

鲍威尔指出法国大革命和上个世纪的启蒙运动"有同样的结局",为了找到法国大革命失败的精神根源,鲍威尔进一步分析了上个世纪的启蒙运动。任何启蒙都是在一定的教养基础上出现、发展起来的,是对这种教养水平的突破。在鲍威尔看来,"在上个世纪处于统治地位的教养,从一开始就是精神的教养,现代的批判所面对的世界是一个纯粹表象的世界。"②在黑格尔主义的语境中,表象思维的对象即为宗教,"纯粹表象的世界"即基督教的教养所建构起来的世界。基督教中上帝的形象是人的自我意识的对象化,是以表象形式表达出来的精神。这种教养的局限性表现在:"对象是由一个异己的东西启示给表象意识的,并且在精神的这种思想里,表象不能认识到它自身、认识不到纯粹自我意识的本性。"③信仰的局限性为启蒙留下了契机。启蒙"把绝对精神的一切规定性亦即一切内容一般地都理解为一种有限性,理解为人的本质和人的表象,于是在它看来绝对本质就成了一种真空,任何规定、任何宾

① Bruno Bauer, "Was ist jetzt der Gegenstand der Kritik?", in *Allgemeine Literatur-Zeitung*, hrsg.von Bruno Bauer, Charlottenburg: Verlag von Egbert Bauer, Juli 1844(Nr.8), S.24.参见《马克思恩格斯文集》第1卷,人民出版社2009年版,第320页。

② Bruno Bauer, "Die neuesten Schriften über die Judenfrage", in *Allgemeine Literatur-Zeitung*, hrsg.von Bruno Bauer, Charlottenburg: Verlag von Egbert Bauer, März 1844(Nr.4).S.11.

③ [德]黑格尔:《精神现象学》下卷,贺麟、王玖兴译,商务印书馆1979年版,第243页。

词都附加不上去。”[1]从启蒙运动中“产生”出了“人的本质和人的地位”，这种本质和地位表现为：“人，就其直接性而言，作为一种自然的意识，他是自在的，好的，作为一种个别的意识，他是绝对的，而别的一切都是为他的，更确切地说，由于各个环节在人这种有自我意识的动物看来都有普遍性的意义，所以一切都是为了他的愉快和欢乐而存在的。”[2]

个别的自我意识把他的对象变为“有用”“为他”的对象，信仰的压制被推翻了，取而代之的是个别的自我意识的“自由”。但是，个别的自我意识在获得自由的同时，也把其他一切个别的自我意识都排斥在自身的行动之外，因此它的行动就不是“现实的普遍的自我意识的行动”。个别的自我意识的自由作为启蒙运动的结果，“既不能产生任何肯定性事业，也不能做出任何肯定性行动；它所能做的只是否定性行动；它只是制造毁灭的狂暴”。启蒙运动最终滑向“恐怖”的深渊。[3] 启蒙运动对信仰的批判没能使个别的自我意识认识到自身中的精神，从而没有让个别的自我意识获得真正的自由。所以鲍威尔说，基督教建立起来的教养“被整整一个世纪的启蒙损坏了”。[4]

18 世纪的启蒙运动之所以颠覆了基督教的教养却又没能建立起新的教养，这是因为那时的启蒙运动是斯宾诺莎主义的延续。“18 世纪，斯宾诺莎主义占据统治地位——不仅在他那以物质为实体的法国后嗣学说中，而且也在赋予物质以精神名称的自然神论中占统治地位。”[5]所谓“以物质为实体的法国后嗣学说”也就是法国的唯物主义。鲍威尔把法国启蒙运动中的哲学流派区分为：唯物主义派别和自然神论派别。这两个派别都可以追溯到斯宾诺莎

① ［德］黑格尔：《精神现象学》下卷，贺麟、王玖兴译，商务印书馆 1979 年版，第 95 页。

② ［德］黑格尔：《精神现象学》下卷，贺麟、王玖兴译，商务印书馆 1979 年版，第 97 页。

③ ［德］黑格尔：《精神现象学》下卷，贺麟、王玖兴译，商务印书馆 1979 年版，第 117—119 页。

④ Bruno Bauer, “Die neuesten Schriften über die Judenfrage”, in *Allgemeine Literatur-Zeitung*, hrsg.von Bruno Bauer, Charlottenburg: Verlag von Egbert Bauer, März 1844(Nr.4).S.11.

⑤ Bruno Bauer, “Was ist jetzt der Gegenstand der Kritik?”, in *Allgemeine Literatur-Zeitung*, hrsg.von Bruno Bauer, Charlottenburg: Verlag von Egbert Bauer, Juli 1844(Nr.8), S.23-24.

主义:“法国的斯宾诺莎学派和自然神论的信徒只不过是在斯宾诺莎体系的真谛这个问题上互相争辩的两个流派。”①不论唯物主义还是自然神论都是斯宾诺莎主义的后续发展,它们都假定“实体”是绝对的东西,这压制了精神、自我意识的自由。按照鲍威尔对思想史的理解,斯宾诺莎的德国学生进一步发展了他的理论,因为相比于前两个派别,“浪漫派”恢复了自我的地位(例如费希特的“自我”概念),“这一启蒙的简单命运就是:它在浪漫派中灭亡了。”②基于对启蒙运动的哲学根源的分析,鲍威尔说:“现代的批判终于澄清了斯宾诺莎主义。”斯宾诺莎的后嗣学说之所以会失败,就是因为他们不加批判地假定了“实体”,现代的批判吸取了这个教训,它不再假定任何超越性的“实体”,把自我意识置于最崇高的地位。

(二)马克思对法国大革命的分析

鲍威尔认为思想是推动历史发展的动力,他对法国革命的分析再次表明这一点:“法国革命是一种还完全属于 18 世纪的实验。它想促成一种新的人的秩序——但是,它所产生的思想并没有超出革命想用暴力来推翻那个秩序的范围。”③法国大革命之所以最终失败了,是因为它不是在一种超出旧世界限制的思想的指引下进行的。马克思则认为,思想只能从一定的社会环境中,永远无法摆脱一定的利益基础。只有当一种思想符合大众的利益,它才会获得大众的支持,从而取得成功的效果。因此,鲍威尔所谓的思想没有超出旧秩序的范围根本不是法国大革命的思想没有取得成功的原因。这场革命之所以失败,根本原因倒是在于,革命所宣扬的思想没有体现群众的现实利益。基于

① Bruno Bauer,“Was ist jetzt der Gegenstand der Kritik?”,in *Allgemeine Literatur-Zeitung*, hrsg.von Bruno Bauer,Charlottenburg:Verlag von Egbert Bauer,Juli 1844(Nr.8),S.23-24.

② Bruno Bauer,“Was ist jetzt der Gegenstand der Kritik?”,in *Allgemeine Literatur-Zeitung*, hrsg.von Bruno Bauer,Charlottenburg:Verlag von Egbert Bauer,Juli 1844(Nr.8),S.23-24.

③ Bruno Bauer,“Was ist jetzt der Gegenstand der Kritik?”,in *Allgemeine Literatur-Zeitung*, hrsg.von Bruon Bauer,Charlottenburg:Verlag von Egbert Bauer,Juli 1844(Nr.8),S.24.

此,马克思提出:“思想本身根本不能实现什么东西。思想要得到实现,就要有使用实践力量的人。”①

针对鲍威尔所说的国家制度在更高的层次上把市民社会“单个的自私的原子”联合起来,马克思提出,市民社会的个体并不是原子,而是有欲望和需要的利己主义的个人;把个人联系起来的并不是政治生活,而是利益和现实的市民生活;市民生活并不是由国家维系的,国家倒是由市民社会维系的。马克思在这里再一次分析了政治国家和市民社会的二元对立以及这一基础上的人的解放的现实道路。

随着政治解放的完成,市民社会中的政治要素从市民社会中独立出来,作为政治国家和市民社会相对立。在市民社会中,人从过去的依附关系下解放出来,成为一个独立的个体。同时,每一个人为了满足自己的需要,又必须和他人建立联系,“每一个个人都同样要成为他人的需要和这种需要的对象之间的牵线者”②,市民社会的人被特殊性的私人利益联系起来。马克思通过这种方式表明,对于现实的个体的人来说,他们现实的纽带在市民社会,而非在政治国家之中。在政治国家和市民社会相互独立之后,从个人利己主义的需要中产生出来的商业获得了充分发展的机会。然而,商业并没能同等地满足每个人的需要,以它为代表的私有财产运动造成了富有和贫穷的极端对立。这充分地展现了市民生活的非人性。在市民社会中,货币是每一个个人顶礼膜拜的神,它成了现代生活“非人性的最高表现”③。马克思提出,消灭现代生活实践的非人性需要消灭货币制度及其存在的前提,即消灭私有财产。

马克思曾经提出,消灭私有财产、实现共产主义既不是抽象地否定私有财产运动中所产生的所有文化和文明,退回到蛮荒时代,也不是贪财欲和平均主义,而是在私有财产运动创造的全部物质财富和精神财富的基础上对人的自

① 《马克思恩格斯文集》第1卷,人民出版社2009年版,第320页。
② 《马克思恩格斯文集》第1卷,人民出版社2009年版,第322页。
③ 《马克思恩格斯文集》第1卷,人民出版社2009年版,第308页。

我异化的扬弃。[1] 马克思同时指出，共产主义运动所依靠的力量是现代社会造成的生活于贫困之中的无产阶级。为了认识现代社会私有财产运动的内在机制，同时为了认识无产阶级在现代社会中的真实地位，马克思在《神圣家族》中延续了《黑格尔法哲学批判》以来的市民社会批判，尽管这一批判还带有人道主义的色彩，但是经济关系的分析也在加强。

① 参见《马克思恩格斯文集》第1卷，人民出版社2009年版，第183—185页。

第六章　现代社会的“秘密”及其破解之道

在过去有关《神圣家族》的研究中，弗·梅林提出了一个极具代表性的观点，即“在《神圣家族》中，除了不断涌出生命之流的许多清新的源泉以外，也可以遇到一些荒芜的不毛之地。论述可敬的塞利加的了不起的智慧的长长的两章就是这样的，这两章对读者的耐性简直是一个严重的考验”①。在梅林看来，马克思为了评判塞利加的文章而写了长长的两章内容，这种做法完全是不可理解的。梅林的这一观点影响至深，现在的众多研究者对这两章避而不谈的做法恰恰暗合了梅林的结论。这种观点不足为取。事实上，马克思之所以不惜一再拖延交稿日期，费尽心力完成篇幅巨大的这两个章节，是因为欧仁·苏的小说《巴黎的秘密》深刻地描写了西欧浪漫之都巴黎的社会问题，而这些社会问题在资本主义社会具有共性。塞利加运用“思辨唯心主义”的技法不仅完全无助于理解欧仁·苏揭露的现代资本主义社会问题，而且塞利加所推崇的欧仁·苏的小资产阶级改良理想也完全无助于解决这些社会问题。必须把“巴黎的秘密”提升到现代资本主义社会秘密的层次上，才能理解马克思花费巨大精力讨论这部小说的苦心所在。

---

① ［德］弗·梅林：《马克思传》，樊集译，生活·读书·新知三联书店 1965 年版，第 135 页。

一、《巴黎的秘密》情节提要

欧仁·苏(Eugène Sue,1804—1857)是法国19世纪著名的小说家。他幼时习医,曾一度继承其父的医师职业,后对文学创作产生强烈兴趣。由于从父亲那里继承了一大笔遗产,衣食无忧,他1829年便定居巴黎专攻写作,一生留下43部小说。他的作品情节引人入胜,人物栩栩如生,广受读者好评。《巴黎的秘密》(*Les mystère de Paris*)是他的一部代表作。这部小说从1842年6月19日到1843年10月15日分11个部分166节在法国《辩论报》(*Le Journal des débats*)上连载发表,一时间"洛阳纸贵"。①

《巴黎的秘密》围绕着鲁道夫公爵和"玛丽花"这一对父女骨肉相认的坎坷经历展开。"玛丽花"本是盖罗尔施坦公爵鲁道夫和苏格兰没落贵族后裔萨拉·塞顿的孩子。鲁道夫作为王位继承人,自幼接受了全面的教育。穆尔弗传他一身武艺,波利多里授他权术智谋。这为他在巴黎逗留期间惩恶扬善的义举奠定了基础。萨拉生得妩媚妖娆却心如蛇蝎。她为了坐上皇后宝座机关算尽。在达尔维尔老侯爵的引荐下,她进入盖罗尔施坦大公国,并最终和王子秘密结婚,生下"玛丽花"。老公爵从国家大计着眼,反对这门亲事,并威胁要把萨拉捆在耻辱柱上示众。这激怒了年轻的王子,使他几乎犯下弑父大罪。事情败露以后,鲁道夫从萨拉和她兄长的通信中发现萨拉只是想利用自己登上皇后的宝座。为了赎罪,他离开家乡开始了惩恶扬善的旅行。在鲁道夫外出期间,萨拉被老公爵驱逐出境。她把六岁的女儿随附十五万法郎托付给美名远扬实则道德败坏的雅克·弗兰,然后嫁给了麦克格莱哥尔伯爵。雅克·弗兰为了侵吞这笔巨款把"玛丽花"转交给"猫头鹰",并谎称女童已死。这个

① http://fr.wikisource.org/wiki/Auteur:Eug% C3% A8ne_Sue,《巴黎的秘密》这部小说在1981年、1982年由成钰亭等人译成中文并分上下两卷在云南人民出版社出版,为了推动国内的马克思主义研究事业,老一辈的学者付出了艰辛的努力,树立了很好的榜样。

小姑娘炼狱般的生活开始了。

十年之后的一个大雨之夜，鲁道夫在塔皮弗朗(Le tapis-franc)碰到“刺客(操刀鬼)”正在欺负“玛丽花”。他巧施援手制服“刺客”，救出“玛丽花”，并带着这两个人到“白兔酒馆”吃宵夜。在这里“玛丽花”第一次向别人讲述了自己有记忆以来的身世。她只记得自己六七岁就跟着一个外号叫“猫头鹰”的独眼老太婆。由于并非亲生，“玛丽花”受尽“猫头鹰”的各种虐待折磨。在一次偷吃了大麦糖之后，“猫头鹰”用钳子硬生生地拔掉了“玛丽花”的一颗牙，并威胁说以后每天拔掉一只，直至拔光把她扔到水里喂鱼。由于害怕，“玛丽花”逃走了。她被警察逮捕，背着“无业游民”的罪名在监狱一直待到16岁。在牢狱之中，她有充饥的饭食、蔽体的衣物、温暖的被窝，不用挨打受虐、工作有工钱、可以自由地唱歌，还结识了朋友“笑面虎”。她认为牢狱简直就是天堂。出狱之后，她忘记了自己的苦难，开始郊游和行善，这很快耗尽了她狱中的积蓄。在走投无路的时候，老鸨奥格雷斯找上了她。鲁道夫营救她时，她刚到这个花柳巷一个半月。“玛丽花”让人心碎的善良感动了鲁道夫。他从奥格雷斯那里赎回“玛丽花”，把她交到若尔日太太手里。后者经营着鲁道夫创办的“模范农场”，这个农场为在黑暗中保持人性光辉的人提供避难和生养的场所。

“刺客”小时候的生活并不比“玛丽花”好。他生得贫贱却良知未泯，宁肯挨饿也从不偷窃。屠宰场的工作让他嗜血成性，他觉得危险就放弃这份工作，选择了入伍。他因在军营中杀害了三名战友被判处死刑，又因有过善行，被改判为15年徒刑。他尽管认为牢狱生活已经抵消了孽债，却无法摆脱罪恶感的折磨。自杀未遂的他选择活下来，依靠在码头做苦工营生。鲁道夫说他有心肝和骨气，这句小小的夸奖改变了他的一生。他从此以后唯鲁道夫马首是瞻，直至为后者献出生命。

萨拉在婚变之后对鲁道夫一直怀恨在心。她的心智完全被欲望和嫉恨所控制，她要毁灭鲁道夫珍爱的一切。当她得知鲁道夫把“玛丽花”安置在模范农场时,便决意陷害“玛丽花”。她委托被鲁道夫施以“瞎眼”刑罚的“校长(教书先生)”和“猫头鹰”去劫持“玛丽花”。在施行犯罪计划期间,“校长”在模范农场借宿了一晚。农场中的生活感染了他,他当晚梦到了自己的罪孽和刑罚。这一晚让怙恶不悛的“校长”有所悔悟。在他和“猫头鹰”劫持了“玛丽花”之后,“猫头鹰”丧心病狂地要毁掉“玛丽花”美丽的容颜。“校长”出手相救,逼迫“猫头鹰”把“玛丽花”送进圣扎拉监狱这个最安全的地方。“猫头鹰”对“校长”的善心非常不满,把他骗到地窖里用铁链锁了起来。“校长”对“猫头鹰”的虐待怀恨在心,他后来终于找到机会杀死“猫头鹰”。他自己也被关进疯人院,在那里了却残生。

萨拉尽管对鲁道夫切齿痛恨,但是她的“皇后梦”从未熄灭。她守寡之后,这种欲望更加强烈。她发现鲁道夫垂青于克雷门斯·达尔维尔,便怂恿军官罗贝尔勾引后者。如不是鲁道夫及时施救,达尔维尔侯爵夫人就犯下了通奸大罪。克雷门斯本是诺曼底多尔比尼伯爵的千金。老伯爵被罗兰夫人的美色迷惑,聘后者做克雷门斯的家庭教师。罗兰夫人毒死女主人,喧宾夺主。她把克雷门斯许配给患有羊癫疯的达尔维尔侯爵,报复她对自己的不敬。克雷门斯的婚姻生活甚是不幸,一个孩子还因羊癫疯早夭。达尔维尔侯爵认识到自己是克雷门斯不幸的根源。他用一场有预谋的意外,华丽地结束了自己的生命,把自由还给了克雷门斯。在罗兰夫人又准备陷害多尔比尼伯爵的时候,鲁道夫协同克雷门斯揭穿了她的阴谋,把罗兰夫人逐出家门。

陷害情敌不成,萨拉又生一计。她委托“猫头鹰”找一个姑娘假扮自己和鲁道夫的孩子,希望再次骗取鲁道夫的婚姻。当她从“猫头鹰”口中得知“玛丽花”就是自己亲生的孩子时,她喜极而泣。让她欢喜、哭泣的不是骨肉重逢,而是头顶的凤冠。萨拉没料到的是,“猫头鹰”暗施冷箭,竟重伤了她。

想陷害“玛丽花”的不只萨拉一人。雅克·弗兰得知“玛丽花”还活着,担心她的存在会影响自己的声誉,便拜托一位贵人保举“玛丽花”出狱,并试图利用水贼一家溺死“玛丽花”。“玛丽花”被刚出狱的好友“母狼”救起。为了让“玛丽花”获得合法的地位，鲁道夫和奄奄一息的萨拉举行了婚礼。但是鲁道夫认为萨拉不配做一个母亲。在萨拉临死的一刻，他没有让这对母女团圆。

雅克·弗兰不仅陷害“玛丽花”，还强暴宝石匠的女儿路易莎·莫莱尔，害她犯下溺婴之罪，锒铛入狱。若尔日太太的儿子热尔门由于想营救路易莎也被他送进大牢。鲁道夫知道此人城府极深，为了逼他就范，一直以来都在和他斗智斗勇。他先是逼迫雅克·弗兰创办“贫民银行”，后又派遣混血美女塞西莉色诱他。雅克·弗兰最终人财两空，毒火攻心而死。塞西莉本是种植园农奴，她和大卫相爱，却被奴隶主强暴。绝处逢生，她本该珍惜和大卫的美好生活，却又经不住灯红酒绿的诱惑，因背叛大卫被关进监狱。大卫认为塞西莉诱惑雅克·弗兰也算是“将功补过”。

鲁道夫的这次巴黎之行收获巨大。他不仅通过慈善活动救助了穷困潦倒的人，而且利用权术和力量制服了不少流氓恶霸。他不仅与失散多年的女儿“玛丽花”骨肉重逢，而且和倾慕已久的达尔维尔侯爵夫人喜结同心。离开巴黎之前，喜事临门的鲁道夫奖励了一批有良知的穷苦人：“母狼”和马夏尔夫妇，“笑面虎”和热尔门夫妇以及他忠实的仆人“刺客”。马夏尔本是水贼的儿子，但他生性豪爽，不齿于家人杀人越货的行当。在母亲、二弟走上断头台的时候，他带领着小弟、妹妹和“母狼”一起远走鲁道夫赏赐的阿尔及利亚农场。热尔门是“校长”和若尔日太太的儿子。他先是在父亲的带领下闯荡江湖，后又被卖给人贩子。但他积极进取，凭才学到雅克·弗兰手下做活，不幸遭陷害入狱。坎坷的经历并没有磨灭他对美好生活的向往，他最终如愿以偿，和“笑面虎”一起过上了宽裕的日子。“刺客”本是生性豪迈之人，鲁道夫一句“你是有心肝和骨气的”便收服了他。他从那以后为鲁道夫效尽犬马之劳。鲁道夫因忌惮他知晓“玛丽花”的往事不愿带他回国，赏给他一个远在阿尔及利亚的庄园。“刺客”感念鲁道夫的知遇之恩，不愿离去。他在群氓围攻鲁道夫父女之际挺身而出，不幸中刀身亡。

回国后，“玛丽花”成了深受众人爱戴的阿梅莉郡主，并和表兄亨利相爱。

但是巴黎的生活在她脑海里一直挥洒不去。她最终皈依了天主,在向天主自虐的忏悔中安抚心中的创伤。她本想平淡地与青灯相伴一生,却又被推举为修道院院长。这种尊荣更唤起她的罪恶感。然而在父亲的威严和众目睽睽之下,甚至连向天主忏悔都成了她的奢望。她郁郁寡欢,唯有以死来捍卫心中纯洁的信念。

《巴黎的秘密》之所以取得了巨大的成功,秘密就在于人物形象丰富饱满。鲁道夫、克雷门斯、萨拉兄妹、雅克·弗兰、"玛丽花""刺客""教书先生""猫头鹰"以及其他众多小角色,每一个都有自己的七情六欲。他们的爱恨纠葛铺陈了全书起伏跌宕的情节。欧仁·苏通过对上述人物的刻画,描写了19世纪前期巴黎街头贵族、小市民和黑社会的生活状况,表达了他的社会理想,对社会公平正义提出了自己的思考。这部作品让他赢得了空想社会主义者和青年黑格尔派的广泛赞誉。青年恩格斯在读到该书时也赞不绝口,他在1844年2月写给《新道德世界》的通讯《大陆上的运动》中写道:

> "欧仁·苏的著名小说《巴黎的秘密》给舆论界特别是德国的舆论界留下了一个强烈的印象;这本书以令人信服的笔触描写了大城市的'下层等级'所承受的困苦窘迫和道德破坏,这样的笔触不能不使社会关注所有穷人的状况。……乔治·桑、欧仁·苏、博兹(注:狄更斯),确实是时代的标志。"①

恩格斯的评论反映了《巴黎的秘密》在当时西欧的强大影响力。

二、塞利加利用"思辨的结构"分析《巴黎的秘密》

"塞利加—维什努"是弗兰茨·齐赫林·冯·齐赫林斯基的笔名。作为青年黑格尔派的一员,他是《文学总汇报》主要撰稿人之一。《巴黎的秘密》在

① 《马克思恩格斯全集》第3卷,人民出版社2002年版,第556页。笔者在这里无意探讨马克思、恩格斯对待《巴黎的秘密》的差异。

《辩论报》上的连载使他兴奋不已，他惊呼这是一部难得的艺术作品。小说的作者欧仁·苏也被他尊崇为“批判的批判家”。他评论这一小说的文章《欧仁·苏：〈巴黎的秘密〉。塞利加的批判》发表于《文学总汇报》第7期，全文共有18小节。① 在文中，塞利加一方面认为《巴黎的秘密》是揭露现代社会中的秘密的“史诗”，另一方面又指出欧仁·苏在小说的创作中尽管揭露了这些秘密，但却并不了解这些秘密在史诗中是以怎样的逻辑顺序发展的。塞利加在自己的评论中就是要指明这部史诗的逻辑环节。正如我们将要看到的，与整个青年黑格尔派的思辨哲学信仰相一致，塞利加对《巴黎的秘密》的解释也以“思辨的结构”为基本框架。

（一）塞利加对《巴黎的秘密》的整体评价

在塞利加评判《巴黎的秘密》一开始，他首先研究了当前普遍的审美意识。他说：

> “欧仁·苏在《巴黎的秘密》中声明，‘这部著作在艺术方面毫无疑问是有缺陷的’，然而他补充说道，他‘绝对不会允许这本书在道德方面也成为一本有缺陷的著作’，就算这本书只有一个结果，即某些贫穷的家庭把这本书激发出来的思想视为支持，那也是值得骄傲的。”②

与欧仁·苏过于自谦的看法不同，塞利加是要为小说做辩护，“批判的义务是，反驳作者的声明从而为该著作辩护，同时基于同样的理由也反驳该作者。不只是反对这位作者，而是也反对当前普遍的审美意识。正是由于这种审美意识，欧仁·苏才被误导做出了那种不公正的判断。”③不难发现，塞利加

① 这18小节分别是：1. 文明中的野蛮的秘密；2. 国家中无法纪的秘密；3. 有教养的社会的秘密；4. 虔诚和正直的秘密；5. 秘密变成一个讥讽；6. 笑面虎；7.《巴黎的秘密》的一般世界秩序；8.《巴黎的秘密》的史诗般的事件；9. 穆尔弗；10. 鲁道夫，一切秘密本身的被揭露了的秘密；11. 屠夫（操刀鬼）；12. 教书先生（校长）；13. 弗兰；14. 路易莎·莫莱尔；15. 模范农场；16. 达尔维尔侯爵夫人；17. 玛丽花；18. 结语。

② Szeliga, “Eugen Sue, die Geheimnisse vom Paris, Kritik von Szeliga.”, in *Allgemeine Literatur-Zeitung*, hrsg.von Bruno Bauer, Charlottenburg: Verlag von Egbert Bauer, Juni 1844(Nr.7).S.8.

③ Szeliga, “Eugen Sue, die Geheimnisse vom Paris, Kritik von Szeliga.”, in *Allgemeine Literatur-Zeitung*, hrsg.von Bruno Bauer, Charlottenburg: Verlag von Egbert Bauer, Juni 1844(Nr.7).S.8.

之所以花如此多的精力研究《巴黎的秘密》，是因为在他看来，小说的作者由于受到当前审美意识的局限而没有理解小说的重要意义。塞利加指出，《巴黎的秘密》在艺术上不仅没有缺陷，反倒推动了艺术的发展。他质问道，如果读者们嘲笑欧仁·苏，嘲笑他在《巴黎的秘密》中没有实现审美上的自由，而是使审美服务于道德，那么欧仁·苏是不是应该接受这种批判呢？塞利加的答案是：

> 欧仁·苏不应该把自己交给批判。不论欧仁·苏说没说过，他都是批判家。艺术通过《巴黎的秘密》获得了新的进步，即艺术从此以后的基础是按照世界本来的样子看待世界，并没有生造一幅任意的世界图景（愿望和希望会给它涂上明亮轻快的色彩，而如果厌烦和担心操纵了画笔的话，它又会被涂上模糊暗淡的色彩）。我的任务是，更详细地证明《巴黎的秘密》做到了这一点。①

塞利加认为，《巴黎的秘密》的最重要的功绩在于，它提供了一种新的艺术典范，即"艺术从此以后的基础是按照世界本来的样子看待世界"，它把世界的真实状况呈现在读者面前，并没有做任何粉饰太平、掩盖秘密的描述。塞利加坦言，这个发现并不肤浅，"正如一般而言18世纪造成、准备了我们当今的处境，莱辛当时事实上也已经——《智者纳坦》——说明了，如果批判家愿意的话，他能够成为诗人；因此，批判也支配着艺术。"②所谓"批判也支配着艺术"，说的是艺术的价值在于它的批判功能，即对当前世界的批判和揭露。《巴黎的秘密》对现代社会的不人道、不公正作出了深刻的揭露，对现代的世界状况做出了深入的批判，其作者欧仁·苏是一位"批判家"。

基于《巴黎的秘密》把艺术带到了一个新的层次上，塞利加把这部小说视为"史诗"。塞利加用一大段文字界定了什么是史诗，以及什么样的作品才能称

---

① Szeliga, "Eugen Sue, die Geheimnisse vom Paris, Kritik von Szeliga.", in *Allgemeine Literatur-Zeitung*, hrsg.von Bruno Bauer, Charlottenburg: Verlag von Egbert Bauer, Juni 1844 (Nr.7).S.10.

② Szeliga, "Eugen Sue, die Geheimnisse vom Paris, Kritik von Szeliga.", in *Allgemeine Literatur-Zeitung*, hrsg.von Bruno Bauer, Charlottenburg: Verlag von Egbert Bauer, Juni 1844 (Nr.7).S.10.

为史诗。“史诗——如果它不应再只是浪漫派的自由创造，我们的那些蹩脚的小说就是这样的——在历史中辨认出它的原型（Vorbild）。”在青年黑格尔派的思想语境中，历史是一个有着丰富内涵的概念，它是“精神”和“自我意识”自我实现的历程。在塞利加这里，历史是“人性”得到发展并自我实现的历程。

> “史诗创造这样一种思想：现在本身是无，它甚至不仅仅是过去和未来的永恒的分界线，而是把永生性和易逝性割裂开来且又一直处于弥合中的裂缝，是它的充满生命力的身体。这就是《巴黎的秘密》的意义。这些秘密也是欧洲的秘密。这种主张的正确性和谬误性将必然会从接下来对巴黎的单个秘密的研究中显示出来”。①

撇开塞利加晦涩的表述方式，我们还是能够把握到他的意图的。在他看来，《巴黎的秘密》是一部史诗，它的目的并不仅仅在于描述一些事件、勾画一些场景、创作一段剧情，其目的在于解释清楚当前整个世界状态，通过对现在的批判，为我们走出当前世界状态的迷宫指明道路。《巴黎的秘密》之所以有资格被称为“史诗”，就在于它揭露了“人类社会的秘密”。由此，塞利加转入了对《巴黎的秘密》中各种秘密的批判性分析。

（二）重新探讨《巴黎的秘密》中的各种秘密

塞利加花费了很大的篇幅来讨论《巴黎的秘密》所揭露的各种“秘密”。欧仁·苏的小说题目为“Les Mystères de Paris”，塞利加把它翻译为“Die Geheimnisse vom Paris”，其中秘密（Mystères / Geheimnisse）一词为复数。在评论文章中，塞利加充分发挥了欧仁·苏小说题目中的这个复数的“秘密”，从小说中抽象出多个秘密。这些秘密具体包括：“文明中的野蛮的秘密”，“国家中的无法纪的秘密”，“有教养的社会的秘密”，“虔诚和正直的秘密”，“秘密变成一个笑料”等内容。

---

① Szeliga, “Eugen Sue, die Geheimnisse vom Paris, Kritik von Szeliga.”, in *Allgemeine Literatur-Zeitung*, hrsg.von Bruno Bauer, Charlottenburg: Verlag von Egbert Bauer, Juni 1844 (Nr.7).S.10.

“秘密”，顾名思义，这个词与“公开”是对立的，表示被隐藏起来、不能轻易看透的东西。在塞利加这里，“秘密”一词也没有什么神秘的含义，它与公开的、显而易见的东西是对立的，说的是被表面现象掩盖着或者隐藏在表面现象背后的东西。塞利加之所以热情讴歌欧仁·苏的《巴黎的秘密》，原因在于，他认为欧仁·苏揭露了现代的“整个世界状态”的秘密，或者说，揭露了现代社会的秘密。表面上看起来，现代社会——即1840年代的西欧资本主义社会——光鲜亮丽：高度文明、充满法纪、富有教养、信仰上虔诚、道德上正直，但是事实上，在这些光鲜亮丽的外表背后，却是罪犯横行、贫富对立、沉醉于感性享乐、虚伪和伪善流行。一句话，欧仁·苏的《巴黎的秘密》撕下了现代社会的“遮羞布”，揭露了其光鲜外表下的“秘密”。

塞利加认为，虽然《巴黎的秘密》已经达到了如此之高的艺术成就，但是它的作者欧仁·苏却对这一切浑然不知，反而受制于现代的审美意识，对自己的小说做出了不公平的评价。塞利加就是要纠正欧仁·苏的错误认识，把小说的真正价值发掘出来。事实上，塞利加所重新明确揭露的《巴黎的秘密》中的秘密，并没有太高的思想价值和理论意义。塞利加对《巴黎的秘密》的评论之所以能够引起马克思的高度重视，之所以能够引起马克思花费巨大的篇幅讨论其评论文章，关键还是其思辨结构的“秘密”，这个隐秘的结构规定了塞利加讨论《巴黎的秘密》中的“秘密”时的先后次序、起承转合、逻辑结构和内容选择。

1. 文明中野蛮的秘密

塞利加研究的第一个秘密是“文明中野蛮的秘密”，他认为，文明中存在野蛮是《巴黎的秘密》揭露的第一个秘密。他之所以首先研究这个秘密，是因为《巴黎的秘密》的第一个场景就是叫“塔皮弗朗”的小酒馆，它是巴黎老街区一个贼窝，“释放的劳役犯、盗窃犯、杀人犯在这里大批出现”①。除此以外，欧

① ［法］欧仁·苏：《巴黎的秘密》上卷，成钰亭译，云南人民出版社1981年版，第3页。

仁·苏还描写了罪犯经常聚集的很多别的秘密巢穴。不过,塞利加说:

> 但是,我们借助欧仁·苏才对它们的定在(Dasein)获得了出乎意料的认识的那些秘密,并非犯罪和恶习的这些巢穴和藏身之所——犯罪和恶习并非那么胆小和怯懦,以至于它们要完全躲藏起来,躲到他们被隐藏起来的存在(Existenz)的秘密背后,让我们无法找到它们。

他指出,在很多时候,犯罪和恶习都是明目张胆,只有在交往最密集的地方,才最放肆。既然作奸犯科的人并不必然需要一个躲藏起来的秘密巢穴,甚至于在光天化日之下表现得更为大胆放肆,那么,犯罪的巢穴就不是一个秘密。正如塞利加所言,“秘密并不是犯罪的巢穴,而是犯罪行为和罪犯本人”①。欧仁·苏在小说中描写了“黑社会里的杀人犯、苦役犯、强盗、窃贼、抢劫犯、窝主、水贼、贩私犯等一大帮人,他们满口黑话,行踪诡秘……对于上流社会和普通劳动人民来说,这是一个充满神秘、残忍和恐怖的世界”。② 在塞利加看来,在一个文明的世界中,为什么存在着如此多根深蒂固的罪恶,这是一个无法解释的秘密。

针对这些罪恶的现象,塞利加写道:

> “我们吃惊地问:在这个美好的、井然有序的、文明化了的基督教世界里,这些陌生的、无感情的、残酷的、恶的、不可理解的存在(Wesen)何以可能?我们不信任这种非人的(entmenscht)人(Menschen)的人类(Menschheit)。但是我们也对解决这个谜题——即从地球上消灭这个地狱——感到绝望。”③

塞利加指出,针对“文明中的野蛮何以可能”的问题,科学、生活、宗教和国家为它伤透了脑筋,但是,它们全都把这个问题推诿到了一边,任由这一骇

① Szeliga,“Eugen Sue, die Geheimnisse vom Paris, Kritik von Szeliga.”, in *Allgemeine Literatur-Zeitung*, hrsg.von Bruno Bauer, Charlottenburg: Verlag von Egbert Bauer, Juni 1844(Nr.7).S.11.

② [法]欧仁·苏:《巴黎的秘密》(译者前言),成钰亭译,云南人民出版社1981年版,第7页。

③ Szeliga,“Eugen Sue, die Geheimnisse vom Paris, Kritik von Szeliga.”, in *Allgemeine Literatur-Zeitung*, hrsg.von Bruno Bauer, Charlottenburg: Verlag von Egbert Bauer, Juni 1844(Nr.7).S.11.

人的事实保持原状。“爱的宗教开除了野蛮的教籍,国家通过严密的法律和恐怖的牢狱防备它,科学、艺术和生活除了享受它自己不受打扰的自由什么也不愿意做。”①不论是宗教和法律,还是科学和艺术,对这个问题都不管不问,导致现代社会中的野蛮现象有增无减。塞利加提出,基督教虽然有一整套罪恶理论,但是在基督教中,罪恶只具有历史的价值(historischer Wert),耶稣基督虽然发现这个世界是罪恶的,但是他用自己的流血牺牲洗清这个世界的罪恶,“基督已经从世界中带走了罪恶,那么,罪恶本身也就被消除了。”②尽管基督教宣称已经洗清了尘世的罪恶,但是这个世界却依旧充满了罪恶,这正是一个让人震惊的秘密。塞利加认为,尽管文明年复一年地征讨野蛮,但是野蛮始终有增无减,其中的秘密就在于:

> “各个国家徒劳地把自己局限于减少犯罪——之所以说徒劳,是因为所有文明的基础是,宗教在你们不信仰的时候就没有爱,而且也不允许有爱。虽然教会说它的仆人把杀人犯引领到了向善的路上;但是它借此也只能希望保护那震慑心灵的绝对力量的外观(Schein),实际上却对恶棍的冥顽不化感到绝望。”③

整个西欧的现代文明是建立在基督教的基础之上的,基督教的教义确定了现代文明的底色。基督教描绘了一幅信仰者得救永生、不信者堕入地狱的图画,这是西欧社会摆脱野蛮走向文明在信仰层面的重要动因。但是在这个基督教具有统治地位的西欧文明社会里,犯罪却十分猖獗,文明遭遇严峻挑战。在这里,塞利加把文明中存在野蛮的秘密归结为基督教的“爱”的局限性和排他性,即基督教的“爱”只是上帝对信徒的爱,只是基督徒对基督徒的爱,这种爱对于

---

① Szeliga, “Eugen Sue, die Geheimnisse vom Paris, Kritik von Szeliga.”, in *Allgemeine Literatur-Zeitung*, hrsg.von Bruno Bauer, Charlottenburg: Verlag von Egbert Bauer, Juni 1844(Nr.7).S.11.

② Szeliga, “Eugen Sue, die Geheimnisse vom Paris, Kritik von Szeliga.”, in *Allgemeine Literatur-Zeitung*, hrsg.von Bruno Bauer, Charlottenburg: Verlag von Egbert Bauer, Juni 1844(Nr.7).S.12.

③ Szeliga, “Eugen Sue, die Geheimnisse vom Paris, Kritik von Szeliga.”, in *Allgemeine Literatur-Zeitung*, hrsg.von Bruno Bauer, Charlottenburg: Verlag von Egbert Bauer, Juni 1844(Nr.7).S.12-13.

其他信仰的人祭出了火刑柱，是一种有局限性和排他性的爱。这种有局限性的爱限制了文明的普遍化发展，把社会的一部分人排除在文明之外，任由其变得野蛮。

文明中存在野蛮的秘密只是《巴黎的秘密》中的诸多秘密中的一个。在指明《巴黎的秘密》揭穿了这个秘密之后，塞利加所面对的问题是，接下来要研究哪个秘密了。在这一问题上，塞利加展现出了他作为青年黑格尔派一员的理论旨趣，他是基于思辨哲学的基本结构来选择下一个要揭示的秘密的。

> 现在，如果野蛮对于文明或者毋宁说对于基督教这一现在文化的唯一基础来说是一个无法解决的谜，这个谜是《巴黎的秘密》中的情节、人物和对全新的未来的看法于其上建立起来的诸多基础中的一个，那么必须同时要研究的是，产生了我们现在的世界状况的各种不同因素（Faktoren）是否是类似的，现在，基督教的结果——法（Recht）——在我们面前的这部史诗中也已经发现了一个相应的代表来为这部诗歌的更加理想化部分提供基础。①

在谈到“法”的时候，塞利加对这个概念加了一个注释。他说，“法是基督教的结果。基督教把主体性（Subjektivitaet）提升为本质。法（Recht）是主体性的自我享乐（Selbstgenuß）。——当然了，详细阐释这句话需要一整部著作。”塞利加把“文明”和“法”都视为基督教孕育的现代成果，在探讨了文明的状况之后，塞利加接下来讨论的是“法”的状况。

2. 国家中无法纪的秘密

塞利加接下来研究了《巴黎的秘密》中揭露的现代的法的状况。他指出，《巴黎的秘密》揭露了“国家中的无法权（Rechtlosigkeit）”的秘密。在德语中，

---

① Szeliga，“Eugen Sue，die Geheimnisse vom Paris，Kritik von Szeliga.”，in *Allgemeine Literatur-Zeitung*，hrsg.von Bruno Bauer，Charlottenburg：Verlag von Egbert Bauer，Juni 1844（Nr.7）.S.13.

“Recht”是一个含义非常丰富的概念。其第一种含义是“法”，与相应的词组合可表示不同的部门法，如商法、民事法等；第二种含义是“公正、正义”，其对立面是“不公正（Unrecht）”；第三种含义是“权利”；第四种含义是“正确”。在国家的政治生活领域使用“Recht”时，其含义为可以是“法”“公正”和“权利”的任一种。塞利加用“Rechtlosigkeit”表达的是，《巴黎的秘密》中的下层人在国家的政治生活中没有权利、不受法律保护、在贫困和堕落中挣扎的现象，也可以把它翻译为“法的缺失”“公正的缺失”和“权利的缺失”。

> 我们在国家（Staat）和法（Recht）中如何生活，对我们来说同样是一个秘密。我们不加考虑地接受了国家的现实性是法（Recht）的真理。在法律（Gesetz）和法官面前，所有的人不论高低贫富都一律平等。这一原理在国家的信条中占着首要的地位。但是如果其对立面显而易见地胁迫着我们，那么我们又感到自己不能——或者毋宁说国家感到自己不能——从根本上把握这种现象。国家无法承认这种现象，我们卑躬屈膝地屈服于这种隐秘的灾难。

“国家的现实性”被我们视为“法的真理”。在现代的国家中，经历过基督教的教化历史，人人生而平等的理念已经被写入法条，成为时代的信条。但是不幸的是，触目可及的却是“其对立面”。在塞利加看来，《巴黎的秘密》的伟大之处，就在于它揭露了现代国家中存在的这种秘密。

> 虽然我们看到了由于急剧增加的贫穷而出现的普遍的恐惧，虽然我们一再听到例如妇女、犹太人、出版业坚决要求解放；但是，那些恐惧和这些狂热的本质原因不仅总是躲避理论，而且总是躲避实践，同时既不能纠正，也不能研究。这一类现象似乎隐秘地透露了我们的法的状况（Rechtszustände）的组织内部的深刻伤痕，但是这些微弱的声音很快就被那些伴随我们成长的基本原理和教条盖过了。①

① Szeliga，“Eugen Sue，die Geheimnisse vom Paris，Kritik von Szeliga.”，in *Allgemeine Literatur-Zeitung*，hrsg.von Bruno Bauer，Charlottenburg：Verlag von Egbert Bauer，Juni 1844（Nr.7）.S.14.

在塞利加看来,“国家中的无权利”之所以是一个秘密,首先是因为虽然我们能够感觉到国家中无权利的现象的存在,但是在理论上和实践中,都缺少解释它、纠正它的能力;其次,是因为这些现象与现代国家明文规定的法律条文是对立的,尽管它表明现代国家的“法的状况”已经伤痕累累,但是我们已经接受的对法的信仰和信赖却没有被丝毫撼动,反而遮蔽了我们的双眼,使我们对其视而不见。

更为重要的是,我们对于现代国家的无权利虽然充满了不满,但是对于未来该如何改造现代国家一无所知,这对于我们而言是一个更大的“秘密”:“在历史的国家和法中,我们对过去的遗产感到不幸和失望;但是,对于我们希望和期待的幸福,我们只有对另一个国家和更好的法的空想。我们希望的东西,对我们而言是秘密,因为,我们之所有(was wir haben)和我们之所是(was wir sind)对我们而言是秘密。”①塞利加以小说人物宝石匠莫莱尔的例子说明,现代国家无权利最突出地表现为贫穷和富有的尖锐对立,这与法律面前人人平等的现代法的精神处于尖锐的冲突之中。他指出,“贫穷和富有从来都无法形成一个统一体”②,如果同一个人同时经历贫穷和富有,他就会被撕碎。“当富人对什么是贫穷没有认识的时候,虽然这种不平等没有把自己的矛头直接对准法(Recht)的那个最高的基本原则”,“但是,法的隐秘的受创伤地位却被间接地碰到了”。“此时,无权利(Rechtlosigkeit)的秘密以更加显眼的方式发挥出了作用”。③

为了引出下一个秘密,塞利加对过渡做了如下处理:

> 因此,隐秘的不公正(Unrecht)就出现在了公开的法(Recht)当

① Szeliga, “Eugen Sue, die Geheimnisse vom Paris, Kritik von Szeliga.”, in *Allgemeine Literatur-Zeitung*, hrsg.von Bruno Bauer, Charlottenburg: Verlag von Egbert Bauer, Juni 1844(Nr.7).S.14.

② Szeliga, “Eugen Sue, die Geheimnisse vom Paris, Kritik von Szeliga.”, in *Allgemeine Literatur-Zeitung*, hrsg.von Bruno Bauer, Charlottenburg: Verlag von Egbert Bauer, Juni 1844(Nr.7).S.14.

③ Szeliga, “Eugen Sue, die Geheimnisse vom Paris, Kritik von Szeliga.”, in *Allgemeine Literatur-Zeitung*, hrsg.von Bruno Bauer, Charlottenburg: Verlag von Egbert Bauer, Juni 1844(Nr.7).S.15.

> 中,因此,我们总是习惯于与法(Recht)联系在一起的那种通透的明晰性也由于一种富有意义的东西而被搅混了;如果野蛮和无法纪传播得越来越深远,那么,与之相对,文明和法必然变得越来越封闭和排外;那么,下面这个自然的问题就出现了,积极东西(das Positive)的秘密是什么,即法本身和文明本身的秘密是什么?如果史诗愿意真的给出一幅我们整个世界状态(der ganze Weltzustand)的图像,即对我们的整个世界状态(der ganze Weltzustand)作出批判的话,我们的史诗将必然以艺术家的方式对这个问题做出回答。①

在这里,塞利加明确了野蛮和无权利之所以是"秘密",是因为它们作为"消极的"东西是与"积极的"东西对立的。现代世界宣称自己是一个文明的和有法纪的世界,《巴黎的秘密》揭示了处于其对立面的野蛮和无法纪才是现代的"世界状态",揭示了现代世界的秘密。塞利加认为,文明社会中存在野蛮、现代国家中没有法纪是不可理解的秘密。它之所以是一种秘密,就在于"野蛮"和"无权利"同"文明"和"国家"的基本信条是对立的,通过文明、国家本身的信条,我们根本无法理解为什么会存在罪犯、不平等等现象。

3. 有教养的社会的秘密

塞利加引出下一个秘密的引言尤其值得关注,他说:

> 秘密总力图用新的转变来逃避考察。以前,它一直作为一种绝对猜不透的、完全不可捉摸的、否定的东西同真实的、实在的、肯定的东西相对立,现在,它又作为后者的不可见的内容而渗入了后者。但是这样一来,秘密也就放弃了被认识的绝对不可能性。只有外壳被打碎了,内核才会显露出来。显然,秘密会选择非常坚固的外壳作为

① Szeliga,"Eugen Sue, die Geheimnisse vom Paris, Kritik von Szeliga.", in *Allgemeine Literatur-Zeitung*, hrsg. von Bruno Bauer, Charlottenburg: Verlag von Egbert Bauer, Juni 1844(Nr.7). S.15-16.

它的藏身之所,这是可以预见的。而且事实上,这个外壳也好像是不可能穿透的,有教养的社会靠着这种不可穿透性抗拒揭露其自身本质和说明其最深层次的生活原则的每一种努力。秘密轻巧地、随便地、卖弄风情地表现为犯罪行为中的无耻和贫穷中的畏缩怯懦,并且在它那稳固的不可把握性中对所有醉心于它的人或胆敢严肃地探究美好未知事物内容的人都开了一个直言不讳的玩笑。——尽管如此,挖出内核的新的尝试在这里毕竟还是不可缺少的。

在这里可以参照黑格尔《逻辑学》中的“存在论”和“本质论”来理解塞利加向下一个秘密的过渡。在塞利加看来,以“野蛮”和“无法纪”为表现形态的“秘密”是一种与“肯定的东西”对立的“否定的东西”,秘密作为对立的一方,对于另一方而言是不可捉摸的秘密。这对应于黑格尔《逻辑学》中“有”“无”之间的对立关系。对应于《逻辑学》从“存在论”向“本质论”转变,“秘密”也从直接的对立转变到内在的“本质”。本质是被看起来不可穿透的外壳包裹着的,就像有教养的社会用坚不可摧的外壳包裹自己的本质一样。

为了挖出“有教养的社会的秘密”,塞利加首先界定了“教养”。

“就像如果要时髦,衣服就需要剪裁,胡子就需要修剪一样,教养(Bildung)是形式,又不仅仅是形式;而是人的共同生活和活动的那些最重要的特性(Eigenschaften)融入其中的形式,它们融入这个形式是为了成为有造型的形象(Gebilde)。出生的高贵、教育(Erziehung)的优越、特定等级的荣誉、财富的幸运、认知(Wissen)的可靠,它们一起熔铸为一个壮观的铸件,其众所周知的名字是:一般的教养。这是教养或教养的理念,这是教养的理念在那些把自己视为事实上有教养的(gebildet)人面前表现出来的样子。这是他们对教养的幻想。”①

① Szeliga,“Eugen Sue, die Geheimnisse vom Paris, Kritik von Szeliga.”, in *Allgemeine Literatur-Zeitung*, hrsg.von Bruno Bauer, Charlottenburg: Verlag von Egbert Bauer, Juni 1844(Nr.7).S.16.

不难发现，塞利加认为，那些光鲜靓丽的外表只具有教养的形式，出身、教育、等级、财富、认知都不足以支撑起教养。他质问道，“内容与这个精美的形式是相称的吗?”这些内容配得上教养二字吗？他的答案是，“假如内容与形式是完全一致的，内容就是显而易见的，它压根不需要隐藏起来。”①塞利加以自问自答的方式提出，我们称之为普遍教养的东西并非就是“普遍的、永恒的、理想的东西的形式”，也不是“追求、拓展和享受普遍幸福的形式”。那么，什么是有教养的社会的秘密呢?

塞利加用小说中“有教养的社会”中的人物形象回答了其中的秘密。在《巴黎的秘密》中，圣雷米公爵夫人、达尔维尔侯爵夫人和萨拉伯爵夫人都是“绝代美人”(die schöneste unten den schönen)，是“有教养的社会”中的杰出代表。她们的情节为我们理解“有教养的社会”的秘密提供了线索。萨拉作为上流社会的出色代表，她所努力的只不过是“个人的利己主义的利益”，而不是“普遍的人的追求”，而后者才是我们有资格叫作“美好、教养和杰出”的东西。② 达尔维尔侯爵夫人和圣雷米公爵夫人“没有从婚姻生活中找到爱的对象，因此就到婚姻生活以外去寻找爱的对象。婚姻生活中的爱对她说来依然是一个秘密，她为内心的强烈的冲动所驱使，力图把这秘密揭穿”③。对于达尔维尔侯爵夫人这样有教养的人来说，她们并非为爱而结婚，在婚姻中也体会不到爱，她们并不理解爱情的秘密，只能受“内心的强烈的冲动”所驱使而追寻爱。因此，塞利加说，爱的秘密是“情欲的威力(die Gewalt der Sinnlichkeit)”，它驱使着上流社会的人去寻找爱。“诚然，我们不想承认情欲的威力，但是正因为我们要把它从自身清除出去，正因为我们不承认它是我们自己的本性，它

① Szeliga, "Eugen Sue, die Geheimnisse vom Paris, Kritik von Szeliga.", in *Allgemeine Literatur-Zeitung*, hrsg.von Bruno Bauer, Charlottenburg: Verlag von Egbert Bauer, Juni 1844(Nr.7).S.16.

② Szeliga, "Eugen Sue, die Geheimnisse vom Paris, Kritik von Szeliga.", in *Allgemeine Literatur-Zeitung*, hrsg.von Bruno Bauer, Charlottenburg: Verlag von Egbert Bauer, Juni 1844(Nr.7).S.17.

③ Szeliga, "Eugen Sue, die Geheimnisse vom Paris, Kritik von Szeliga.", in *Allgemeine Literatur-Zeitung*, hrsg.von Bruno Bauer, Charlottenburg: Verlag von Egbert Bauer, Juni 1844(Nr.7).S.18.

对于我们才有如此巨大的威力。”①

塞利加认为,“情欲”就是“有教养的社会的秘密”。“情欲”不应该被狭隘地理解为“神经的颤动、血管中的热流”,而是要在广义上理解为“精神力量的一种表现(Schein)”,要从“支配欲、虚荣心、求名欲”的层次上来理解“情欲”。“情欲”是“有教养的社会的秘密”,表面上看起来光鲜亮丽的有教养的社会或上流社会,在本质上不外乎“情欲的力量”驱使下的社会交际而已,出入各种高档场合的上流人物不外乎在围绕着“支配欲、虚荣心、求名欲”奔波。塞利加指出,有教养的社会的社交活动是极其不自然的或反自然的,“事实上,社交的声调和节奏的秘密,即何时抬起或低下目光,如何鞠躬下跪才是正式的,如何说话才是亲切的,这些都是最不自然的(Unnatur),其秘密是一种回复到本性(Natur)的渴望”②。这一点在塞西莉身上体现得尤其明显。塞西莉是个混血儿,曾是种植园里的奴隶。她芳华绝代,“见到塞西莉相貌的人,永远也忘不了”。在种植园做女奴期间,她曾经靠着自己的天性,抵挡住奴隶主的威逼利诱,维持了与恋人纯洁的爱情。到了欧洲接触到上流社会的生活,“受到文明的影响以后,她那种坏本能发展起来”,成了引诱罪犯的荡妇。③“对她这样一个没有教养的、只受自己的本性支配的、在奴隶中生长起来的女奴说来,这种本性是生命的唯一泉源。她突然被送入宫廷,在那里的风俗习惯的强制下,她很快就学会识破这些风俗习惯的秘密:学会了使用本性——即她的本性——的力量,胜利地超越了最有经验的荡妇。”④“塞西莉是有教养的社

① Szeliga, “Eugen Sue, die Geheimnisse vom Paris, Kritik von Szeliga.”, in *Allgemeine Literatur-Zeitung*, hrsg. von Bruno Bauer, Charlottenburg: Verlag von Egbert Bauer, Juni 1844(Nr.7). S.18-19.

② Szeliga, “Eugen Sue, die Geheimnisse vom Paris, Kritik von Szeliga.”, in *Allgemeine Literatur-Zeitung*, hrsg. von Bruno Bauer, Charlottenburg: Verlag von Egbert Bauer, Juni 1844(Nr.7). S.19.

③ [法]欧仁·苏:《巴黎的秘密》下卷,成钰亭译,云南人民出版社 1981 年版,第 358 页。

④ Szeliga, “Eugen Sue, die Geheimnisse vom Paris, Kritik von Szeliga.”, in *Allgemeine Literatur-Zeitung*, hrsg. von Bruno Bauer, Charlottenburg: Verlag von Egbert Bauer, Juni 1844(Nr.7). S.19-20.

会的被揭露了的秘密。被轻视的感觉(Sinne)最后终于冲破堤坝,以完全无节制的状态奔放出来。但是,这种无节制的状态已经是躲在堤坝背后的愿望。被锁链锁住的东西,永远都是要甩开锁链的力量和原则。"①当塞西莉是一个没有受到文明教养的女奴的时候,她本性中的善良质朴坚毅使她能够抵挡各种诱惑。但是,当她到了欧洲并接受了上流社会的教养之后,现代文明中的丑恶侵蚀了她的天性,她变成了一个荡妇。塞利加说,塞西莉就表现了现代有教养的社会的秘密。

4. 虔诚和正直的秘密

"有教养的社会的秘密"尽管已经是可以被认识的,但是上流社会有其自身的圈子,这个圈子外面的人根本无法知晓"有教养的社会"有着怎样的秘密。

> "秘密作为有教养的社会的秘密,固然是从对立躲藏到内部去了。然而,这个巨大的世界还有它可以用来保护圣地的特殊集团。它对这种最神圣的事物来说好像是唱诗班。但是对于在门庭里的人说来,唱诗班本身就是秘密。因此,这种特殊的教养之于人民,正如贫穷之于富有、粗野之于有教养的人一样,是一个谜。"②

在塞利加的语境中,并不是所有的等级都是有教养的,有教养的社会专指社会的上流等级。但是"秘密"要想进一步发展,就不能局限于一个群体,而信仰和道德正好对所有人敞开大门。这就是塞利加接下来要研究的秘密。

> 教养还不能而且也不想把所有的等级和所有的差别都拉到自己的圈子里面来。只有基督教和道德才能在地球上建立至大无外的王

---

① Szeliga, "Eugen Sue, die Geheimnisse vom Paris, Kritik von Szeliga.", in *Allgemeine Literatur-Zeitung*, hrsg.von Bruno Bauer, Charlottenburg: Verlag von Egbert Bauer, Juni 1844(Nr.7).S.20.

② Szeliga, "Eugen Sue, die Geheimnisse vom Paris, Kritik von Szeliga.", in *Allgemeine Literatur-Zeitung*, hrsg.von Bruno Bauer, Charlottenburg: Verlag von Egbert Bauer, Juni 1844(Nr.7).S.20.

国。基督教并不是此岸世界的王国,而是此岸世界之上的王国。基督是上帝之子,是人的救世主。反过来说,道德的统治是此岸世界的一个王国,但却不是此岸世界之上的王国。这个王国的人民自主性存在于良知中,存在于我们的尘世的、人的良知中,但是人民本身是一个在我们这里尚未被发现的理想。基督教的法则(Gesetz)在信仰的心灵里是上帝的法则,道德的法则把自己交给理智。基督教是普遍的君主制,道德的王国是普遍的共和国。虔诚的人害怕愤怒,指望上帝的尺度,正直的人是一个为自己立法(Recht)的人。因此,基督教与道德是绝对分离的,基督教处于彼岸世界,道德处于此岸世界。①

不难发现,塞利加所说的虔诚和正直,分别对应于信仰和道德。塞利加要研究虔诚和正直的秘密,实际上是要研究信仰和道德的秘密。如果说教养只是上流社会的特权,只有上流社会才能接受现代的文明教养,那么虔诚和正直则是每一个人都可以接触到的。如塞利加所言,基督教和道德在地球上建立了至大无外的王国。

为了揭穿虔诚和正直的秘密,塞利加选择了小说中的公证人雅克·弗兰。“不论是富人还是穷人,不论是贵族还是贱民,整个世界都说雅克·弗兰是一个虔诚和正直的人。他有这样的名声理由充分、无可置疑。”②正是由于雅克·弗兰是一个出了名的虔诚和正直的人,他能够把路易莎·莫莱尔灌醉并玷污,在莫莱尔怀孕之后,他担心事情败露,先是逼迫莫莱尔堕胎,而后闷死莫莱尔,谎称她难产而死,莫莱尔及其家人反倒百口莫辩,因为没有任何人会相信他们的话。甚至于正义的使者鲁道夫也没有揭穿他的虔诚和正直,反倒正是利用他的虔诚和正直的名声,逼他立遗嘱建立贫民银行,最终使他气血攻心而死。

---

① Szeliga, “Eugen Sue, die Geheimnisse vom Paris, Kritik von Szeliga.”, in *Allgemeine Literatur-Zeitung*, hrsg. von Bruno Bauer, Charlottenburg: Verlag von Egbert Bauer, Juni 1844(Nr.7).S.20.

② Szeliga, “Eugen Sue, die Geheimnisse vom Paris, Kritik von Szeliga.”, in *Allgemeine Literatur-Zeitung*, hrsg. von Bruno Bauer, Charlottenburg: Verlag von Egbert Bauer, Juni 1844(Nr.7).S.22.

对于这样一个道德败坏的人，塞利加的评论是：

“他的虔诚和正直的名声一直跟随着他，直到他进入坟墓。他把他那没有被揭开的罪行的秘密——至少没有被公开揭开——带进了坟墓。在那里，他的罪行将像他的骨灰一样被忘记。他所遗留下来的，是他的善行，他创造的永恒的东西，是他的福音：贫民银行。没有随他的过去一起消失的，是他的伪善：他的遗嘱是表面上的虔诚和正直。雅克·弗兰是一个彻底的伪善者，死亡本身都没能撕下他的面具。”①

不难发现，在塞利加看来，《巴黎的秘密》所揭露的“虔诚和正直的秘密”不是别的，正是伪善。现代人用虔诚的信仰和正直的道德掩盖的是他们“伪善”的真实面孔。如果说公证人雅克·弗兰还要有意识地压制自己的伪善才能表现出虔诚和正直，那么对于小说中的罗兰夫人来说，伪善已经深入骨髓，成了她的本能。雅克·弗兰和罗兰夫人是在有意识地或发自本能地表演“伪善”，表现虔诚和正直隐藏起来的秘密是什么。与这些带着伪善的面具表演秘密的人不同，世界上还有很多人热衷于打探、窥视别人的秘密，并在嘲笑别人的虚伪、伪善时得到满足。

5. 秘密变成讥讽

欧仁·苏在小说中对道德和宗教的作用有过非常多的描写，塞利加分别把它们表述为“正直”和“虔敬”这两种“个人的特质”。

现在，秘密已经变成了公共财产（Gemeingut），成了全世界和每一个人的秘密。或者它是我的艺术或我的本能，或者我能够在市场上像买商品一样地买到它。因此，秘密也就绝对不会再是被掩盖的

① Szeliga, “Eugen Sue, die Geheimnisse vom Paris, Kritik von Szeliga.”, in *Allgemeine Literatur-Zeitung*, hrsg. von Bruno Bauer, Charlottenburg: Verlag von Egbert Bauer, Juni 1844(Nr.7). S.22-23.

和不可捉摸的，而是一种自己掩盖自己的东西，或者更好一些，是被我掩盖、被我弄得不可捉摸的东西。在关着的门后面，今后将孕育、酿造并形成秘密。但是，因此也就有了偷听、看穿和探索秘密的可能性。如果你有害怕见光想要隐藏起来的东西，那么这种东西就给你提供了一种恶毒的兴致，即看见别人的秘密被揭开面具。你对于别人并不比你过得好而感觉到幸灾乐祸的狂喜，并以嘲讽和讥笑他还希望比你过得好来惩罚他。每一个人都希望比别人好，因为他不仅在掩盖自己行善的动机，而且极力想把自己作恶的事实用重重的浓雾包藏起来。这种幸灾乐祸是卑鄙的日常流言蜚语的源头，在这些流言蜚语中，邻居自以为通过传播他们到处打听到有关他们自身的怕光怕水的事情的结果就获得了内心的安慰。①

正如塞利加已经指出的，“只有基督教和道德才能在地球上建立至大无外的王国”。虔诚和正直以及作为它们的秘密的伪善，是“全世界和每一个人的秘密”。“因此，秘密也就绝对不会再是被掩盖的和不可捉摸的，而是一种自己掩盖自己的东西，或者更好一些，是被我掩盖、被我弄得不可捉摸的东西。”秘密作为被人掩盖起来的秘密，就为“偷听、看穿和探索秘密”提供了可能性。如塞利加所言，每个有秘密的人都愿意刺探别人的秘密，并在对别人秘密的嘲讽和讥笑中获得自我满足感。由此，秘密转变为讥讽。

在制造秘密和刺探秘密上，塞利加借用了黑格尔的“主奴辩证法”：“如果每一个人由于这样的原因都有想要深入别人的秘密的癖好，那么，只有少数人能够满足自己的兴致。在这方面，仆人的地位是最有利的了。”②塞利加对比了两类仆人在讽刺上的差别。其一是圣雷米公爵家的仆人，他们虽然毫无感

---

① Szeliga, “Eugen Sue, die Geheimnisse vom Paris, Kritik von Szeliga.”, in *Allgemeine Literatur-Zeitung*, hrsg.von Bruno Bauer, Charlottenburg: Verlag von Egbert Bauer, Juni 1844(Nr.7).S.23.

② Szeliga, “Eugen Sue, die Geheimnisse vom Paris, Kritik von Szeliga.”, in *Allgemeine Literatur-Zeitung*, hrsg.von Bruno Bauer, Charlottenburg: Verlag von Egbert Bauer, Juni 1844(Nr.7).S.23.

情地毁灭了自己的主人,代表了那种“把仆人变成了他的主人的主人”的命运的讽刺,但是他们是谋求私利的,对于滑稽的讽刺(die komische Ironie)来说,是有局限的、不充分的。原因在于,“滑稽的讽刺丝毫不是利己主义的(egoistisch),它满足于单纯的讽刺(die blosse Verspottung)”①。其二是看门人阿尔弗雷德·皮普勒和阿娜斯塔西亚·皮普勒,“看门人的地位能够维持关系上的独立性,使他有可能把屋内的秘密变成自由的、没有利害关系的、当然也是严酷而辛辣的讥讽的对象。”②在《巴黎的秘密》中,阿尔弗雷德·皮普勒和阿娜斯塔西亚·皮普勒是圣殿街上的看门人,他们最容易掌握别人的秘密,连神通广大的鲁道夫都需要通过他们了解其他人的秘密。在《巴黎的秘密》中,皮普勒太太总是能够刺探到别人的秘密,并用这些秘密来讨好鲁道夫先生,而皮普勒先生因为生性笨拙,却总是被别人嘲笑。借助于《巴黎的秘密》中所描述的二人的境况,塞利加说:“阿娜斯塔西亚·皮普勒的任务是,用某种方式开启反秘密的小型战斗。如果说阿娜斯塔西亚用讽刺攻击秘密,那么使阿尔弗雷德遭到失败的秘密就是人家对他的讥讽和嘲笑。”③

塞利加最后总结道:“战胜这位孩子气的老年人是秘密的最有决定意义的失败。一个更加机灵和勇敢的人并不会上讥讽的圈套。因此,如果说阿娜斯塔西亚嘲笑秘密,那么在阿尔弗雷德那里,秘密的自我嘲讽就显露出来了。在他那里,秘密的幽默(Humor)发展起来。”④借助于皮普勒夫妻的人物形象,塞利加完成了秘密的一次新的发展:从人们窥探别人的秘密和嘲笑别人的秘密,发展到秘密嘲笑自己,变成为“幽默”。在幽默面前,人们自然要笑出声

① Szeliga, “Eugen Sue, die Geheimnisse vom Paris, Kritik von Szeliga.”, in *Allgemeine Literatur-Zeitung*, hrsg. von Bruno Bauer, Charlottenburg: Verlag von Egbert Bauer, Juni 1844(Nr.7).S.24.

② Szeliga, “Eugen Sue, die Geheimnisse vom Paris, Kritik von Szeliga.”, in *Allgemeine Literatur-Zeitung*, hrsg. von Bruno Bauer, Charlottenburg: Verlag von Egbert Bauer, Juni 1844(Nr.7).S.24.

③ Szeliga, “Eugen Sue, die Geheimnisse vom Paris, Kritik von Szeliga.”, in *Allgemeine Literatur-Zeitung*, hrsg. von Bruno Bauer, Charlottenburg: Verlag von Egbert Bauer, Juni 1844(Nr.7).S.24.

④ Szeliga, “Eugen Sue, die Geheimnisse vom Paris, Kritik von Szeliga.”, in *Allgemeine Literatur-Zeitung*, hrsg. von Bruno Bauer, Charlottenburg: Verlag von Egbert Bauer, Juni 1844(Nr.7).S.24.

来,塞利加由此转到下一节“笑面虎”。在小说中,这是一位天真烂漫、无忧无虑的姑娘,她没有任何秘密需要掩盖。

6. 笑面虎

接下来塞利加转向了另一个人物:“还有一件事情要做。从皮普勒和卡布里昂的例子中,我们已经看到,秘密在它自己的渐次的发展中必然会被迫降到纯滑稽戏的地步。问题只在于,个体(das Individuum)不再演出这种愚蠢的喜剧。笑面虎在这一步上做得不能再纯朴了。”①在发展成为“嘲笑和讥讽”之后,秘密事实上已经成了一种“纯滑稽戏”。在人们茶余饭后对“秘密”的讨论中,表演秘密成了一件很滑稽、愚蠢的事情。所以塞利加说,秘密在战胜了像阿尔弗雷德那样的孩子气的人之后,事实上是秘密自身的具有决定性意义的失败。秘密之所以遭受到失败,是因为再高超的秘密手法也有被识破成为笑料的时候,所以干脆不再表演秘密,秘密从此失去了生存空间。在《巴黎的秘密》中,笑面虎就是一个从来不表演秘密,不演出“这种愚蠢的喜剧”的人物。

塞利加在后文中多次评论笑面虎这个人物,他说,“笑面虎本身就是自由的、自我满足的开放性”,②开放性与秘密是一对对立的范畴,笑面虎是开放性,这意味着秘密在她这里没有存在的必要和存在的空间。塞利加还说,“笑面虎没有任何秘密”。但是,秘密的生命历程发展到笑面虎这里还没有终结:“笑面虎站在秘密的最外围的边界上。她自己还没有意识到自己的崇高的伦理价值,因此她对自己说来也还是个秘密。”③

---

① Szeliga, “Eugen Sue, die Geheimnisse vom Paris, Kritik von Szeliga.”, in *Allgemeine Literatur-Zeitung*, hrsg.von Bruno Bauer, Charlottenburg: Verlag von Egbert Bauer, Juni 1844(Nr.7).S.25.

② Szeliga, “Eugen Sue, die Geheimnisse vom Paris, Kritik von Szeliga.”, in *Allgemeine Literatur-Zeitung*, hrsg.von Bruno Bauer, Charlottenburg: Verlag von Egbert Bauer, Juni 1844(Nr.7).S.32.

③ Szeliga, “Eugen Sue, die Geheimnisse vom Paris, Kritik von Szeliga.”, in *Allgemeine Literatur-Zeitung*, hrsg.von Bruno Bauer, Charlottenburg: Verlag von Egbert Bauer, Juni 1844(Nr.7).S.32.

7.《巴黎的秘密》中一般的世界状态

在塞利加看来,《巴黎的秘密》揭露了很多种秘密,这些秘密的价值在于“它们自身组成许多环节的有机的次序”,“这些环节的总和就是秘密”。① 毫无疑问,塞利加要再次揭穿这个作为各种秘密总和的秘密。塞利加说,“虽然,在我们的史诗中,秘密并不表现为这种自知的次序。但是,我们在这里碰到的也不是逻辑的、公开的、自由的批判机体(Organismus),而是一种隐秘的植物定在(Pflanzendasein)”。② 塞利加认为,在《巴黎的秘密》中,各种各样的秘密并没有按照前后相继的逻辑次序出现,但是这并不是《巴黎的秘密》的失误。因为,在《巴黎的秘密》中,秘密不是以青年黑格尔派所熟悉的“批判机体”出现的,而是一种“植物定在”。既然“巴黎的秘密”是一种“植物定在”,那么,什么是“植物定在”呢?

> 植物在它所长出的每一个新的分枝中重复着它的整个的和全部的机体,因此,植物不仅仅能从种子中长出来,而是也能从插条中长出来。构成植物生命的本质的那些构成部分全新地、整个地出现在每一个枝条、每一个叶片中。单个秘密彼此之间的地位与一株高大植物的枝和叶的那些秘密也是相似的。③

在塞利加看来,《巴黎的秘密》所揭露的各种“秘密”并不存在高低之分,它们都是从“当前的整个世界状况”中发育出来的,是当前世界状况造成的结果。每一种“秘密”都是当前世界状况的整体造成的,都反映着当前的世界状

---

① Szeliga, “Eugen Sue, die Geheimnisse vom Paris, Kritik von Szeliga.”, in *Allgemeine Literatur-Zeitung*, hrsg. von Bruno Bauer, Charlottenburg: Verlag von Egbert Bauer, Juni 1844 (Nr.7). S.27.

② Szeliga, “Eugen Sue, die Geheimnisse vom Paris, Kritik von Szeliga.”, in *Allgemeine Literatur-Zeitung*, hrsg. von Bruno Bauer, Charlottenburg: Verlag von Egbert Bauer, Juni 1844 (Nr.7). S.27-28.

③ Szeliga, “Eugen Sue, die Geheimnisse vom Paris, Kritik von Szeliga.”, in *Allgemeine Literatur-Zeitung*, hrsg. von Bruno Bauer, Charlottenburg: Verlag von Egbert Bauer, Juni 1844 (Nr.7). S.28.

态。在塞利加看来,《巴黎的秘密》先后揭示了现代世界的“野蛮”“无法纪”“情欲的力量”“伪善”等秘密,它们都是对现代世界的秘密的揭露。

塞利加接下来对《巴黎的秘密》中的各种“秘密”构成的“植物定在”做了进一步的阐发:

> 犯罪同时就是无法纪的(rechtlos):社会惩罚罪犯,但是社会并不为罪犯提供公正(Recht),使他能够基于这种法提出过一种更好的生活并变成有教养的人的要求。社会反倒是长久地容忍“无知和贫穷”,这“使得贫穷的阶级遭受了可怕的人的和社会的屈辱”。①

需要指出的是,虽然我们把“rechtlos”和“Rechtlosigkeit”翻译为“无法纪”,但是“rechtlos”有着更为丰富的含义,它还具有“缺少法律保护的”“不公正的”“不正确”等含义。塞利加虽然在玩弄语词,但其中对当时社会的批判也值得肯定。塞利加在这里对“无法纪(rechtlos)”作了进一步的说明,它说的是,“社会惩罚罪犯,但是社会并不为罪犯提供法”。在一个人犯了罪以后,社会对他作出严厉的惩罚,但是社会却从来没有作出足够的预防犯罪的措施。这正是欧仁·苏在《巴黎的秘密》中厉声斥责的社会状况:品德高尚的人在苦难中艰难生活而看不到一丝改善生活的希望。罪犯的子嗣因为得不到足够的救济只能重蹈父辈杀人越货的勾当。他在小说中多次大声疾呼,“最后,我再说一遍,永远要说,这是惩罚的利刀,但是奖赏的花冠在哪里?在处罚的同时要有奖赏,然后教训才是完全的,而且是有成果的。”②在欧仁·苏看来,罪犯缺少足够的法律保护和社会奖赏是罪犯代代相传的原因所在,塞利加把这一点作为欧仁·苏所揭示的现代国家的一个重要秘密。

在讨论有教养的社会的秘密时,塞利加曾经指出,上流社会灯红酒绿的交

---

① Szeliga, “Eugen Sue, die Geheimnisse vom Paris, Kritik von Szeliga.”, in *Allgemeine Literatur-Zeitung*, hrsg.von Bruno Bauer, Charlottenburg: Verlag von Egbert Bauer, Juni 1844(Nr.7).S.28.

② [法]欧仁·苏:《巴黎的秘密》下卷,成钰亭、孟安、沈祖诒译,云南人民出版社1982年版,第738页。

际，不过是在“情欲的力量”的驱使下做出的有悖人的天性的行为。塞利加把这个秘密也纳入了秘密的“植物定在”当中：“犯罪是个体的、有血有肉的、无知的人的外在的犯法行为。他们是受各种感性的欲望（sinnliche Triebe）控制的人。”①

在讨论虔诚和正直的秘密时，塞利加借助《巴黎的秘密》中最虔诚和正直的公证人雅克·弗兰的故事表明，所谓的虔诚和正直不过是一种伪善。“犯罪行为也虚伪。它也想使自己具有非常野蛮的假象，但是人性的闪光在最蜕变的天性中也依旧是有生命力的，并且能够感受到它的温暖。”②

塞利加接下来的讨论并没有完全沿着从前的模式进行。在前面，塞利加提出，因为每个人都有“比别人好”的愿望，这种愿望推动人们去探究别人的秘密，并把这些秘密作为“讥讽”的对象。秘密由此成了“讥讽”的对象、单纯的“滑稽戏”。在这里，犯罪由于没能遮蔽人性的光辉，反倒是在人性的光辉面前变得暗淡，由此，犯罪行为把自己变成了“笑料”。“最终，犯罪行为必然会认识到自己的无能，它并没有像它所认为的那样嘲笑上帝和法律，而是把自己变成了一个笑料。”③

只有在这种对“滑稽戏”的“讽刺”中，人才能够学会“不再演出这种愚蠢的喜剧”。秘密至此完成了历史教化的任务，实现了自身。“秘密本身用自嘲来判决自己。秘密发展完善并在发展完善的同时摧毁了自己。”④

---

① Szeliga, "Eugen Sue, die Geheimnisse vom Paris, Kritik von Szeliga.", in *Allgemeine Literatur-Zeitung*, hrsg.von Bruno Bauer, Charlottenburg: Verlag von Egbert Bauer, Juni 1844(Nr.7).S.28.

② Szeliga, "Eugen Sue, die Geheimnisse vom Paris, Kritik von Szeliga.", in *Allgemeine Literatur-Zeitung*, hrsg.von Bruno Bauer, Charlottenburg: Verlag von Egbert Bauer, Juni 1844(Nr.7). S.28-29.

③ Szeliga, "Eugen Sue, die Geheimnisse vom Paris, Kritik von Szeliga.", in *Allgemeine Literatur-Zeitung*, hrsg.von Bruno Bauer, Charlottenburg: Verlag von Egbert Bauer, Juni 1844(Nr.7).S.29.

④ Szeliga, "Eugen Sue, die Geheimnisse vom Paris, Kritik von Szeliga.", in *Allgemeine Literatur-Zeitung*, hrsg.von Bruno Bauer, Charlottenburg: Verlag von Egbert Bauer, Juni 1844(Nr.7).S.30.

8.《巴黎的秘密》的史诗事件

在塞利加这里，所谓的“史诗事件”是鲁道夫惩恶扬善的行动，是他周游巴黎期间完成的各种事件。正是在这些事件中，鲁道夫带领我们领略了巴黎这个文明之都的各种丑恶现象，揭露了现代社会中的各种秘密。鲁道夫既是各种秘密相继登场的介绍人，又是揭露各种秘密的关键人物。而鲁道夫之所以决定周游巴黎、惩恶扬善，是因为他怀有深深的负罪感，他曾经在自己的父亲拒绝他与萨拉·塞顿的婚姻之后对他的父亲拔出了宝剑，差点儿在 1 月 13 日这一天犯下弑父、弑君的大罪。他深知自己罪恶深重，所以坚定地踏上了惩恶扬善、维持社会公正的艰辛历程。“假如鲁道夫人格上没有背负着沉重的债务，那么鲁道夫就会变得苍白无力，成为没有现实性和人格特性的单纯观念。这就是 1 月 13 日的重要意义，在这一天，鲁道夫把剑指向他的父亲。”①

塞利加接下来说道，鲁道夫由于弑父意图而背负罪恶感，为了赎罪他开始了惩恶扬善的旅行。正是他的行动串联起了小说中的各个人物及其命运。由此，塞利加转入下一小节，开始讨论“穆尔弗”等人在史诗事件中的作用。

9. 逐一分析主要人物在鲁道夫揭露秘密的过程中的作用

在欧仁·苏的小说中，穆尔弗是鲁道夫的师傅和卫士，他陪伴着鲁道夫在巴黎惩恶扬善，时刻提醒鲁道夫不要忘记他在 1 月 13 日对他的父亲拔出过宝剑，提醒他要通过惩恶扬善来补赎他几乎弑父的罪过，并把鲁道夫惩恶扬善的行动理解为具有重要世界历史意义的行动。

> “穆尔弗是笑面虎的完全的对立物。笑面虎本身就是自由的、自我满足的开放性；穆尔弗服务于鲁道夫，提醒鲁道夫在自己内心中

---

① Szeliga, “Eugen Sue, die Geheimnisse vom Paris, Kritik von Szeliga.”, in *Allgemeine Literatur-Zeitung*, hrsg. von Bruno Bauer, Charlottenburg: Verlag von Egbert Bauer, Juni 1844 (Nr.7). S.30–31.

对自己保持清醒和纯粹。笑面虎没有任何秘密，穆尔弗对什么都不容忍。作为鲁道夫的老师，他把鲁道夫崇高天性的被隐藏的萌芽发展壮大。作为鲁道夫的朋友，他全身心地献身于鲁道夫的赎罪行为。”①

塞利加接下来用八个小节逐条研究了鲁道夫、操刀鬼、校长、弗兰、路易莎·莫莱尔、模范农场、达尔维尔侯爵夫人和玛丽花，他们在鲁道夫揭露世界秘密的史诗事件中都占据了一席之地，是鲁道夫揭露世界状况的秘密的重要窗口。尤其是在最后一小节讨论小说中最重要的主人公玛丽花时，塞利加的写作风格更加鲜明：“我的发展的进程要求，玛丽花只有在发展的结尾才能找到她的位置。”②塞利加如何安排各个人物在鲁道夫揭露秘密的行程中的位置是由塞利加的“发展进程”决定的。塞利加继续写道：

“玛丽花（Marienblume）背负着时代的罪过，并被它压抑，但她却没有造成一点罪过。鲁道夫偿还了时代的罪过，因为他必须把自己从一个严重的罪过中解放出来。按照逻辑的次序，鲁道夫必然是玛丽花的儿子。但是这是一个新的秘密，即现在（Gegenwart）从其腹中孕育出的常常不是未来（Zukunft），而是早已衰逝的过去（Vergangenheit）。但是，这个孩子没有未来，她那年轻的定在（Dasein）中背负着死亡的内核，在她被允许展示出她全盛时期令人惊奇的壮美之后，她像雏菊（Marienblume）一样死了。”③

塞利加的逻辑更加神奇，鲁道夫作为父亲则成了玛丽花的儿子。这是典型的儿子生父亲的思辨逻辑。在全文的结尾，塞利加并没有忘记照应篇首所

---

① Szeliga, “Eugen Sue, die Geheimnisse vom Paris, Kritik von Szeliga.”, in *Allgemeine Literatur-Zeitung*, hrsg.von Bruno Bauer, Charlottenburg: Verlag von Egbert Bauer, Juni 1844(Nr.7).S.32.

② Szeliga, “Eugen Sue, die Geheimnisse vom Paris, Kritik von Szeliga.”, in *Allgemeine Literatur-Zeitung*, hrsg.von Bruno Bauer, Charlottenburg: Verlag von Egbert Bauer, Juni 1844(Nr.7).S.43.

③ Szeliga, “Eugen Sue, die Geheimnisse vom Paris, Kritik von Szeliga.”, in *Allgemeine Literatur-Zeitung*, hrsg.von Bruno Bauer, Charlottenburg: Verlag von Egbert Bauer, Juni 1844(Nr.7).S.44.

讨论的“当前普遍的审美意识”:“《巴黎的秘密》恰恰是对当前世界秩序的鲜活批判,而且作为这种有血有肉的批判,它是一部史诗,上述证明对我而言是不是成功,我必须对此做出深思熟虑的判断。”①不难发现,塞利加之所以高度赞扬《巴黎的秘密》,是因为这部小说以辛辣的言辞直白地控诉了当时“世界状况”中的丑陋的、罪恶的现象。塞利加认为,这揭露了他们时代的秘密,像欧仁·苏这样的小说家是真正的批判家,应该被高度肯定。但是这种白描的艺术手法,并不符合当时在德国乃至西欧社会流行的浪漫主义艺术观。连欧仁·苏本人都由于受这种流行的审美意识的束缚,而不敢过高地评价自己的小说。塞利加认为,欧仁·苏的做法并不可取,反倒是应该高度评价《巴黎的秘密》,鼓励艺术创作多以现实为基础,揭露现实中的不公正和不合理,而不是“粉饰太平”、掩盖秘密。

三、马克思对“思辨结构的秘密”的揭露

塞利加评论《巴黎的秘密》的文章写得洋洋洒洒,从第 8 页到第 48 页,占据了《文学总汇报》第 7 期的大部分篇幅。马克思高度重视塞利加的这篇评论文章,在《神圣家族》中用了整整两章来讨论塞利加的评论文章。在这两章中,马克思详细地讨论了支撑着塞利加的评论文章的“思辨的结构”,进一步深化了马克思对青年黑格尔派共同的思维方式的批判。

(一)揭露塞利加的思辨的绝技

马克思指出,塞利加把《巴黎的秘密》中所描述的现代社会中触目可及的公开的关系视为秘密,他“把现实的平凡的东西变成了秘密”,“他的本领不是

① Szeliga, “ Eugen Sue, die Geheimnisse vom Paris, Kritik von Szeliga.”, in *Allgemeine Literatur-Zeitung*, hrsg. von Bruno Bauer, Charlottenburg: Verlag von Egbert Bauer, Juni 1844(Nr.7).S.45.

要揭露被掩盖的东西，而是要掩盖已经被揭露的东西”。① 塞利加从小说中辨认出“文明中的野蛮的秘密”，“国家中的无法纪的秘密”，“有教养的社会的秘密”，“正直和虔敬的秘密”，“秘密—一个讽刺”，“秘密的实现”和“秘密的揭露”等多个秘密环节，并把这些“秘密”依次安排到前后相继的发展阶段上。这种看起来很美满的思维绝技却并没有揭示任何不为人知的秘密，只不过是把欧仁·苏的小说中已经非常露骨地描述过的秘密，再按照自己的理解重新表述一遍罢了。甚至于在很多场合，塞利加的表述比小说中的描写更加难以理解，他不仅没有让人们更清晰地把握住秘密，反倒是把本来很明了的事情搞得云遮雾绕。为了揭穿塞利加的思维绝技，马克思剥茧抽丝，从塞利加繁复的文字中看到了塞利加所建构起来的秘密的生命环节。

“文明中的野蛮的秘密”和“国家中的无法纪的秘密”是秘密发展的第一个阶段。在这个阶段上，“野蛮”和“无法纪”是“一种绝对猜不透的、完全不可捉摸的、否定的东西”，它同“文明”和“国家”这些“真实的、实在的、肯定的东西相对立”。也就是说，秘密的根源和它的显现是对立的，通过文明、国家本身我们根本无法理解为什么会存在罪犯、不平等等现象。

“有教养的社会的秘密”是秘密发展的第二个阶段，与第一种秘密不同，它和自己的表现不再是“对立”的关系，而是“表里”关系，上流社会的生活所掩盖的不过是“情欲”二字。教养压抑了人的天性，在有教养的社会中，人们对于回归到天性充满了渴求。此时，“秘密也就消除了被认识的绝对不可能性”，这里的秘密是可以认识的了。

秘密在第三个阶段上是“正直和虔敬的秘密”。这时秘密不再为某个集团所独享，而是成了“整个世界的公共财产”。“有教养的社会的秘密”尽管已经是可以被认识的，但是上流社会有其自身的圈子，这个圈子外面的人根本无法知晓“有教养的社会”有着怎样的秘密。而“正直和虔敬的秘密”则是每个

① 《马克思恩格斯全集》第2卷，人民出版社1957年版，第69页。

人在心灵、灵魂深处都可以体验到的。

在此之前，秘密是掩藏在纷繁复杂的生活现象背后的，它构成了生活现象的本质。但是，一旦秘密成了人所共知的东西，成了“全世界的公共财产”，秘密之为秘密就在于它是“一种自己掩盖自己的东西，或者更好一些，是被我掩盖、被我弄得不可捉摸的东西”。[①] 正像马克思所说的，通过这种思辨的过程，“绝对的秘密这样从本质转化为概念，从它本身是被掩盖着的东西的客体阶段转化为它自己掩盖自己的主体阶段，或者更好一些，转化为‘我’掩盖‘它’的阶段”。[②] 在塞利加看来，秘密之所以能够自己掩盖自己，是因为创造秘密的人在社会生活中掩盖了自己的动机。我之所以掩盖自己、创造秘密，原因就在于，“每一个人都希望比别人好，因为他不仅在掩盖自己行善的动机，而且极力想把自己作恶的事实用重重的浓雾包藏起来。”[③]由于每一个人都希望比别人好，人们在社会生活中极力掩饰自己，秘密就这样产生了。在这第四个阶段上，秘密从一个抽象的范畴进入了现实生活，它降生了。

“比别人好”这种愿望又推动人们去探究别人的秘密，并把这些秘密作为“讥讽”的对象。秘密成了“讥讽”的对象、单纯的“滑稽戏”。秘密向着这个阶段的发展是一次“具有决定意义的失败”。但是也只有这种失败，只有在这种对“滑稽戏”的“讽刺”中，人才能够学会“不再演出这种愚蠢的喜剧”。秘密的真正意义也就展现了出来，即教人不再演滑稽戏。秘密至此完成、实现了自身。正如塞利加说的：“秘密本身用自嘲来判决自己。秘密在自己的发展结束时消灭自己，从而促使任何坚强的人进行独立的检查。”[④]

塞利加先生最后指出；“从我们的叙述中可以得出结论：前面研究过的一些单个的秘密，并不是与其他秘密无关而本身就有价值的，它们也并不是什么

---

① 《马克思恩格斯全集》第 2 卷，人民出版社 1957 年版，第 91 页。

② 《马克思恩格斯全集》第 2 卷，人民出版社 1957 年版，第 91—92 页。

③ 《马克思恩格斯全集》第 2 卷，人民出版社 1957 年版，第 92 页。

④ 《马克思恩格斯全集》第 2 卷，人民出版社 1957 年版，第 98 页。

了不起的闲谈中的珍闻。这些秘密的价值就在于它们自身组成许多环节的有机的连贯性,而这些环节的总和就是秘密。”①在小说中,鲁道夫穿梭于各色人等之间,活动在各种社交场合,一切秘密都围绕着他展开。他是所有秘密的集合,也正是他揭露了所有的秘密。

马克思指出,塞利加对秘密的生命历程的建构,不过是黑格尔思辨哲学的拙劣“漫画”而已。在塞利加的理解中,《巴黎的秘密》所揭露的那些秘密并没有表现为“批判的机体”,但是,《巴黎的秘密》中的秘密是一种“植物定在”,这些秘密之间的关系如同植物的根与茎、枝与叶之间的关系一样,在每一个分枝当中都包含着植物的整个生命机体。尽管如此,塞利加同时也认为,这些秘密的价值在于它们一起构成的有机次序。所以,为了揭露这个秘密,他把各种秘密排列为一个整齐的发展序列,秘密在这个序列中环环相扣。但是马克思说,这个生命历程可以纳入黑格尔的“存在论”——“本质论”——“概念论”的逻辑结构。之所以说塞利加是黑格尔的思辨逻辑的漫画式的表达,是因为:“黑格尔常常在思辨的叙述中作出把握住事物本身的、真实的叙述”,塞利加则不然,“他不在任何地方渗入现实的内容”②。与黑格尔提供了事物的真实的、丰富的内容相比,塞利加所描绘的只是一副没有内容的干瘪漫画。

(二)思辨的结构无法识破现实的秘密

在《神圣家族》中,马克思通过一个类比说明了塞利加所谓的揭露、制服世界秩序之“秘密”的滑稽逻辑:

> “题目:试说明人是怎样成为动物的主宰的。
>
> 思辨的解答:假定我们有六种动物,譬如说有狮子、鲨鱼、蛇、牛、马和哈巴狗。我们从这六种动物中抽象出‘一般动物’这个范畴。把“一般动物”想像为独立的存在物。把狮子、鲨鱼、蛇等等看做‘一

① 《马克思恩格斯全集》第2卷,人民出版社1957年版,第97—98页。

② 《马克思恩格斯全集》第2卷,人民出版社1957年版,第76页。

般动物’的化装或体现。我们既可以把我们想像的东西，即我们抽象的‘动物’变成某种现实的存在物，同样也就可以把现实的动物变成我们抽象的创造物，即我们想像的创造物。我们看见‘一般动物’体现为狮子，就会把人撕得粉碎；体现为鲨鱼，就会把人吞下去；体现为蛇，就会用毒液伤人；体现为牛，就会用角觝人，体现为马，就会用蹄子踢人；但是，如果‘一般动物’体现为哈巴狗，就只会对人吠叫，并把和人的搏斗完全变成搏斗的外观。从哈巴狗的例子中，我们已经看到，‘一般动物’在它自己的渐次的发展中必然会被迫降到表演纯滑稽戏的地步。如果小孩子或孩子气的人看见哈巴狗就逃跑，那末现在所要做的只不过是使个人不再演出这种愚蠢的喜剧。某甲在这一步做得不能再纯朴了，他向哈巴狗挥动了自己的竹杖。从这里，你可以看出‘一般的人’如何通过某甲和哈巴狗而成为‘一般动物’的主宰，从而也就成了现实的各种动物的主宰；这个人如何制服了体现为哈巴狗的动物，从而也就制服了作为动物的狮子。”①

如上一节所言，塞利加对欧仁·苏的“秘密”做了抽象的处理。他先是从小说中抽象出“秘密”这个范畴，然后把“秘密”概念变成各种“秘密”的实体，进而把“秘密”概念变成形而上学的主体，由它衍生出世界上所有的秘密。正如马克思说的，这个过程和从各种各样的动物中抽象出“一般动物”，然后由“一般动物”过渡到现实的动物没有任何区别。在欧仁·苏的小说中，身为看门人的皮普勒和卡布里昂能够利用自己的身份刺探租客的秘密，并把秘密变成讽刺的对象。在皮普勒和卡布里昂这里，租客的秘密变成了看门人眼中的滑稽戏。秘密从被层层迷雾包裹的不可认识的对象，变成了人们口耳相传的滑稽戏。这就好“动物”这个抽象概念在自身的自我区分的生命历程中把自己表现为从狮子到哈巴狗的发展历程。秘密本来像狮子一样，并不是那么容

① 《马克思恩格斯全集》第2卷，人民出版社1957年版，第96页。

易制服的。但是在思辨哲学的逻辑中,这一切都无关紧要。到了皮普勒太太这里,秘密变成了"滑稽剧",并没有什么高深的东西阻止人去窥探。更为重要的是,在秘密变成滑稽剧之后,表演秘密的人吃一堑、长一智,从被别人嘲笑的经历中学到了不再表演滑稽剧。在欧仁·苏的小说中,"笑面虎"就是这样一位天真无邪、淳朴烂漫的姑娘,她从来不掩藏任何秘密,秘密在她这里完全找不到存在的空间。在"笑面虎"这里,秘密被制服了。这就好比一个人压根不可能制服狮子、鲨鱼一样,但是他只需要一个棍子就能制服一条哈巴狗,由于哈巴狗是动物群体的一员,制服了哈巴狗也就意味着制服了包括狮子鲨鱼在内的所有动物。人因此成了动物的主宰。借助这样一个滑稽的类比,马克思表明的是,塞利加所运用"思辨唯心主义"的技法无法看破任何秘密,这正如"笑面虎"不表演秘密并不意味着现实中的人都不表演秘密、都制服了生活中的秘密一样,也正如一个人用棍子制服了哈巴狗并不意味着他制服了整个动物世界一样。

四、欧仁·苏的小资产阶级社会理想

《巴黎的秘密》不仅是欧仁·苏的文学代表作,而且表达了欧仁·苏的社会理想。作为一名小说家,欧仁·苏并不是全神贯注于小说的写作,而是在谈到关键性的社会问题时总要岔开话题,提醒读者多思考一下当下社会的出路。但是欧仁·苏对社会公平正义并没有系统的思考,也没有概念层面上的提炼,他通过小说中人物的命运,表达了对当时社会状况的忧思,提出了实现公平正义的思考。他的思想可以简要地概括为四个字:"赏善罚恶"。这一思想奠基于他对人性的理解,包含着他对宗教、道德、奖赏、刑罚等一系列规范和制度对于实现社会公平正义的作用的思考。通盘考虑欧仁·苏对于社会公平正义问题的思考,不难发现它只是一种浪漫主义想象,是一种小资产阶级的社会改良理想。塞利加对这些想法大加赞赏,而这恰恰是马克思的共产主义思想所坚决反对的。

（一）欧仁·苏的人性善假设

欧仁·苏在思考社会公平正义的问题时有一个基本的人性论假设。他的看法是，人性本善。作奸犯科、有损社会公平正义的人，只不过是因为他们的善良天性在当前的社会中被玷污了而已。他说，“社会也许会了解到罪恶是个意外的疾病，不是器官的疾病；罪恶几乎总是本能受到破坏，在他们的本质里往往有好的倾向，但由于执政者的无知、自私和粗心大意而受到曲解，受到损害”①。欧仁·苏的人性本善的思想反映在他所刻画一系列人物形象身上。例如，她在描写小说主角“玛丽花”时写道：

> “从小就和卑劣、恶毒、犯罪的人混在一起，从狱里出来就又走进奥格雷斯的巢穴，另一种残酷的监狱；从未出过监狱的庭院，后来又是旧市区隐藏匪徒的街道，这个不幸的少女，到此时为止，不是一直生活在不知善良的愚昧中，对自然的崇高情操和无限的美好，不是都完全不懂吗？而现在天底下，尘世间所有令人仰慕的东西一下子都同时呈现在她惊奇的灵魂面前了……看到这一伟大的景象，她的思想开扩了，智力发展了，高贵的本能惊醒了。”②

他还诉诸经验观察指出，人的善良天性会被社会环境败坏，“凡是贫困和愚昧的丑恶地区，都是繁殖生病的人和衰弱心灵的地方。要使这些聚集病人的地方弄清洁，必须施以教育，引导其爱好劳动，平均他们的工资，公道的奖赏，这些生病的面容、变黄的灵魂，马上就会恢复到好的方面去，成为健康的人，成为有灵魂的生命”③。改善社会环境，有助于激发人的善良天性，减少犯罪问题。

---

① ［法］欧仁·苏：《巴黎的秘密》下卷，成钰亭、孟安、沈祖诒译，云南人民出版社 1982 年版，第 391 页。

② ［法］欧仁·苏：《巴黎的秘密》上卷，成钰亭译，云南人民出版社 1981 年版，第 353 页。

③ ［法］欧仁·苏：《巴黎的秘密》下卷，成钰亭、孟安、沈祖诒译，云南人民出版社 1982 年版，第 392 页。

欧仁·苏认为,公正是恩威并重、赏罚并举。他说:“公正是一手拿剑,一手拿冠,一个惩处恶者,另一个奖励善者。”①欧仁·苏对于现代社会中暴力威吓手段的刑罚极为不满,强烈要求在“断头台”的对立面,设立一个“善行台”。社会公平正义,既需要“罪恶的公正”,以暴力机器惩罚罪犯,也需要“道德的公正”,奖励社会上的道德楷模。实现公正,必须在惩罚和奖励的平衡中实现社会的公平正义,不可偏废其一。

(二)在个人层面,强化道德和宗教教育,引导人弃恶行善

欧仁·苏认为,实现社会公平正义,个人是基础。对于个人而言,道德和宗教能够防止人作恶,引导人向善。他借助于“操刀鬼”和“玛丽花”这两个人物,表达了道德和宗教感召人的力量。

1.道德是贫贱生活中自我救赎

“操刀鬼”的人生经历验证了道德的力量。他自幼生活贫贱,经常出入罪犯麇集的污秽场所,毫无道德感可言。“操刀鬼”在巴黎算得上是最贫贱的人了,他从小就被父母抛弃,在巴黎街头流浪,是“巴黎马路上的孤儿”。从小时候起,他就跟着一个捡破烂的老头子一起流浪,受冻挨饿被打。在听到玛丽花被人收养、遭受虐待、拔掉牙齿的故事后,他还羡慕玛丽花至少被人收留了。从10到12岁开始,他就在屠宰场工作。宰杀牲口的报酬是一块死马腿,因为活马宰杀之后都被送到肉贩子那里当做牛羊肉和野味贩卖了。因为居无定所,拿到这块死马肉后,他只能“像一只狼回到窝里一样”,把肉带到石灰窑里,借助烧石灰师傅的炭火把肉烤熟。“操刀鬼”逐渐爱上了屠宰场的工作,经常像发疯了一样宰杀动物。终于因为有一次杀红了眼,被屠宰场赶了出来。后因厌倦采石场的工作,他选择了入伍,这时他已经19岁了。他回忆说,“在

① [法]欧仁·苏:《巴黎的秘密》上卷,成钰亭译,云南人民出版社1981年版,第767页。

19 岁以前,我就不记得睡过那种叫做床的东西”,罗浮宫的石头、石灰窑、采石场都是他的“公馆”。在屠宰场的工作使“操刀鬼”爱上了杀戮,但是到了兵营之后,并没有战争可打,“操刀鬼”被分配在伙食房工作。“不打仗,只有军法”的死板军旅生活让“操刀鬼”窒息,在一次与长官的冲突中,他杀害了三名战友。因为有过英勇的救人经历,能言善辩的辩护律师最终说服法庭,判处“操刀鬼”15 年徒刑,而非死刑。但是“操刀鬼”坚信“杀人者偿命”是“天经地义”的道理,他受不了梦魇的折磨,选择自杀。自杀未遂之后,他心安理得地活了下来。服完 15 年的徒刑,“操刀鬼”认为自己已经还清了债务,在码头上干苦力工作维持生计。对于这样一个人来说,道德为何物,他压根不知道。

鲁道夫唤醒了操刀鬼的道德感。尽管生活艰辛,但是“操刀鬼”有自己做人的底线,他从来不偷盗,靠着做苦力维持生活。他说:“做正经人,就得挨饿,做贼,在狱里有饭吃!……而且还吃得挺好!……不是的,我不偷是因为……因为……因为我思想里想不到偷……”①“操刀鬼”的这句自白让鲁道夫这个文明世界的权贵深受感动,他严肃地对“操刀鬼”说,“你还是个有心肝和骨气的……”。“操刀鬼”是个莽夫,并不理解这句话的意思,在他的追问下,鲁道夫告诉他:“宁受穷挨饿也不做贼……这就是有心肝、有骨气”②。鲁道夫一句赞赏的话点醒了“操刀鬼”。他事后多次对鲁道夫说,“咱们之间是生死之交……鲁道夫师傅……自从您说我是个有心肝有骨气的人以后”,并且表达了自己对待鲁道夫愿意像“看家狗对自己的主人一样顺从”③。在鲁道夫启发了“操刀鬼”的道德意识之后,“操刀鬼”进步神速,很快在他身上就能看到文明世界的影子了。更重要的是,他从此唯鲁道夫马首是瞻,心甘情愿地把鲁道夫“扬善罚恶”的事业作为自己生活的中心。

“操刀鬼”为了营救鲁道夫父女不幸中刀,为鲁道夫的事业和他自己心中

---

① ［法］欧仁·苏:《巴黎的秘密》上卷,成钰亭译,云南人民出版社 1981 年版,第 42 页。
② ［法］欧仁·苏:《巴黎的秘密》上卷,成钰亭译,云南人民出版社 1981 年版,第 43 页。
③ ［法］欧仁·苏:《巴黎的秘密》上卷,成钰亭译,云南人民出版社 1981 年版,第 80 页。

的道德律献出了生命。在“操刀鬼”获得了鲁道夫的赏识之后，他第一次感受到了自己生存的人格尊严和存在的价值，把鲁道夫视为自己的主人。他有时为鲁道夫冲锋在前，有时又在隐蔽处护卫鲁道夫。在鲁道夫遭到“教书先生”暗算，面临生命危险的时候，“操刀鬼”及时出现，救了鲁道夫一命。不仅如此，他还把全部的生活都献给了鲁道夫的事业。鲁道夫念其护主有功，分配给他一座阿尔及利亚的庄园。但是，“操刀鬼”已经离不开鲁道夫了，他希望跟随鲁道夫到他的公国。鲁道夫因忌惮“操刀鬼”了解玛丽花的身世，拒绝了他。“操刀鬼”依旧不愿意放弃追随鲁道夫，在鲁道夫和玛丽花乘马车准备离开巴黎的时候，他依旧暗中护驾。在鲁道夫父女遇到危险的千钧一发之际，“操刀鬼”挺身而出，用自己的生命挽救了鲁道夫父女的生命。他临死前，依旧为自己能够献身于鲁道夫而无所遗憾：“象我这样最卑贱的人对您地位这样高的人……有时也会有用处……”①。

在欧仁·苏的小说中，“操刀鬼”的牺牲具有双重的重要意义：第一层意义是，鲁道夫是惩恶扬善实现社会公平正义的使者，“操刀鬼”为鲁道夫献出生命，也就是在为惩恶扬善的伟大事业献身。第二层意义是，“操刀鬼”的牺牲是其自身道德的注脚。鲁道夫唤醒了“操刀鬼”的道德意识，使之成为一个有道德的生物，成为一个真正的人，“操刀鬼”对鲁道夫献出生命，是在以生命报答那个赐给了他生命的人。欧仁·苏通过“操刀鬼”这个堕落生物在道德中自我救赎的人物形象意在表明，尽管每一个人心中都有道德感，但是并不是每一个人都能理解道德行为的意义并自觉地按照道德的准绳做事。只有在适当的点化之下，人们才能理解道德的意义；而且只要遇到适当的点化，任何人都能理解道德的意义并自觉践行。就连无恶不作的“教书先生”在“模范农场”的感召之下，都对自己的罪恶有了忌惮。

---

① ［法］欧仁·苏：《巴黎的秘密》下卷，成钰亭、孟安、沈祖诒译，云南人民出版社 1982 年版，第 757 页。

2. 宗教是堕落灵魂的神恩拯救

“玛丽花”的一生证明了宗教能够拯救堕落的灵魂。“玛丽花”出身显赫却惨遭抛弃，在悲惨的生活中堕入红尘。“玛丽花”是鲁道夫大公非婚生的女儿，由于父母婚变惨遭抛弃。后被一个叫“猫头鹰”的狠毒老太婆收留，由于不堪虐待，她开始流浪，终因“无业游民”的罪名被监禁到16岁。在监狱里，“玛丽花”积极乐观，认真工作，攒下了一笔收入。出狱后，她忘记了曾经的苦难，很快花完了积蓄。在走投无路的情况下，走进了当地的红灯区。尽管有如此不幸的人生经历，但是“玛丽花”有让人心碎的善良，“接近过她的人都会受到她心灵无比优美、温存的影响”①。她在奥格雷斯手下艰难求生的时候，养了一枝月季花，这枝月季花长得很孱弱。“玛丽花”念及月季在阴暗的旧市区见不到太阳，恳求奥格雷斯允许她带着花朵出去散步，让这朵花晒晒太阳。后来，月季花还是死了，她为这枝花流下了伤心的眼泪。她说，“我是感激它的……感激那棵小月季的，它如此可爱地为我开花……虽然……虽然……我是个这样的人……”②不难发现，“玛丽花”此时已经对自己在红灯区的堕落生活产生了深深的罪恶感，但是这个时候，因为从来没有接受过宗教的教育，她并不理解自己的罪恶可以依靠对上帝的爱获得救赎。她只是凭借自己善良的天性顽强地生活。“我曾经不止一次地透过河岸的栏杆凝视着塞纳河……可是，过后我又转过来看着花，看着太阳……并且自言自语地说：河始终会在这里，可是我还没有满十七岁呵……我的苦是受够了，但是至少我从来没有害过什么人”。③ “玛丽花”的善良深深地感动了鲁道夫，让他想起了自己遗失的孩子，出于怜悯之心，她赎回了“玛丽花”的自由身，并把她送

① ［法］欧仁·苏：《巴黎的秘密》下卷，成钰亭、孟安、沈祖诒译，云南人民出版社1982年版，第647页。

② ［法］欧仁·苏：《巴黎的秘密》上卷，成钰亭译，云南人民出版社1981年版，第75页。

③ ［法］欧仁·苏：《巴黎的秘密》上卷，成钰亭译，云南人民出版社1981年版，第75页。

到“模范农场”。

在“模范农场”的宗教教育,使“玛丽花”认识到了上帝是自己唯一可以依赖的救世主。在鲁道夫设立的农场里,“玛丽花”勤奋地学习教士交给她的功课,她慢慢地认识到,她过去对鲁道夫的感激超过了对天主的感恩,是一个错误。①

“当鲁道夫先生把我带出巴黎最古老的地方的时候,我已经朦胧地意识到我的地位的卑下……但我从您和若尔日太太那里所得到的教诲、劝导和榜样,使我能够领悟到……我过去与其说是不幸,还不如说是有罪……[在克拉腊小姐来此之后],我第一次感到有些污点是任何东西也洗刷不掉的。”②

教士告诉她,“你必须抛弃从自己的生活中撕掉这可悲的一页的任何希望,但是你应该期望全能的上帝的无限仁慈。在这里,在尘世上,可怜的孩子,你应得的一份是眼泪、忏悔、赎罪;但有一天在那里……在天堂中,你将得到赦免和永恒的福佑!”③教士的教导,逐步把“玛丽花”引导到承认自己有罪的方向上,而这种罪过只有上帝才能救赎。“玛丽花”对于自己的人生感到绝望,显然,她并不愿意任由罪恶感束缚自己,她哭泣地说道,“既然善与恶意识的觉醒对于我是这样可怕,那末为什么不让我由不幸的命运去摆布呢!”“可怜可怜我吧,天呀!……我还这样年轻……我多么不幸啊!”④面对“玛丽花”的自暴自弃,教士鼓励她说,良心受到谴责是一种幸福,

“主使你受到良心的谴责,这种谴责虽然充满了痛苦,但却是与人为善的。它证明你的灵魂有宗教的感受性!……天主一时把你放在邪路上,是为了以后让你能得到忏悔的荣誉和赎罪所应有的永恒

---

① [法]欧仁·苏:《巴黎的秘密》上卷,成钰亭译,云南人民出版社 1981 年版,第 348 页。

② [法]欧仁·苏:《巴黎的秘密》上卷,成钰亭译,云南人民出版社 1981 年版,第 349—350 页。

③ [法]欧仁·苏:《巴黎的秘密》上卷,成钰亭译,云南人民出版社 1981 年版,第 352 页。

④ [法]欧仁·苏:《巴黎的秘密》上卷,成钰亭译,云南人民出版社 1981 年版,第 352 页。

的奖励！……孩子，你要拿出勇气来！”①

从此以后，对于过去生活的忏悔一直如影随形地跟着“玛丽花”，“永远左右着她，折磨着她的生活。”②

“玛丽花”在回到鲁道夫的大公国之后，由于深刻的忏悔意识郁郁而终。“玛丽花”最终与鲁道夫骨肉相认，回到大公国，成了尊贵的阿梅莉郡主。“玛丽花”因为自己虔诚的宗教情感赢得了公国上下的普遍爱戴，但是过去的堕落生活一直折磨着她。她告诉鲁道夫，“我地位越提高……我越受到我过去堕落境遇的深深打击。每次有人向我表示尊敬，我都感到有亵渎之罪……让德高望重的有圣职的公主们体贴我、赞扬我……这不算亵渎宗教和大不敬吗！”③由于对过去堕落生活的深刻忏悔，阿梅莉郡主决绝地放弃了与其表兄亨利的爱情，选择了在修道院与青灯相伴的苦修生活。“玛丽花”本想平静地生活下去，却又被推选为修道院院长，不堪折磨的她最终只有“把灵魂还给上帝”！④

“玛丽花”的一生是不幸的，追根溯源是她生活在一个污秽的社会中，是污浊的社会毒害了一个善良的灵魂。尽管欧仁·苏对“玛丽花”的死充满惋惜和敬意，但是欧仁·苏对于这一悲剧也有自己的看法：“社会引起邪恶但无力补救”⑤。“玛丽花”堕入烟花巷，并不是自己愿意，但是整个社会对于行走在堕落边缘的人缺少必要的关心和帮助，“由于社会残酷的冷漠”，“玛丽花”只能靠出卖肉体维持生活，她是“社会的受害者”⑥。

---

① [法]欧仁·苏：《巴黎的秘密》上卷，成钰亭译，云南人民出版社1981年版，第354页。

② [法]欧仁·苏：《巴黎的秘密》上卷，成钰亭译，云南人民出版社1981年版，第781页。

③ [法]欧仁·苏：《巴黎的秘密》下卷，成钰亭、孟安、沈祖诒译，云南人民出版社1982年版，第804页。

④ [法]欧仁·苏：《巴黎的秘密》下卷，成钰亭、孟安、沈祖诒译，云南人民出版社1982年版，第836页。

⑤ [法]欧仁·苏：《巴黎的秘密》下卷，成钰亭、孟安、沈祖诒译，云南人民出版社1982年版，第821页。

⑥ [法]欧仁·苏：《巴黎的秘密》下卷，成钰亭、孟安、沈祖诒译，云南人民出版社1982年版，第803页。

（三）在国家和社会层面，赏罚并举，除恶扬善

按照欧仁·苏的公正理论，实现社会的公正必须惩罚和奖励并重。对于惩罚来说，断头台是要从肉体上消灭罪犯，它无法达到惩罚目的，比直接杀头更残酷的惩罚，是把罪犯的双眼弄瞎，使其丧失犯罪能力，在无依无靠中忏悔自己的罪行。对于奖励来说，启发人行善是很重要的，但是更重要的是让行善的人获得实实在在的“光荣的高贵的馈赠”。欧仁·苏所说的馈赠，既包括在物质上给予善良的人以支持，也包括把他们树立为社会的道德标杆，让他们获得精神上的奖励。

1. 废除死刑

欧仁·苏反对死刑。首先，死刑在社会上起不到榜样作用。死刑意味着从肉体上消灭一个人，是一件非常重大的社会事件，“在社会方面、宗教方面、人道方面，这种法律上为了大家的利益而杀人的行为，应当和大家都有关系”。但是，在实际的操作中，死刑根本起不到它的社会作用。以西班牙为例，那里的死刑程序可以说是非常严肃的：(1)在行刑前，死刑犯要在点着蜡烛的停尸房里待上三天，强迫他一直看着他的棺材，其目的在于恐吓最顽固的犯人；(2)这三天里，神父们为他做祈祷，教堂日夜敲着丧钟，其目的在于警示社会；(3)处刑的那一天，整个社区的人都要戴孝，在教堂的钟声里，犯人被带到断头台；其目的在于引起群众的有益的恐惧；(4)行刑前，神父募捐钱物用来做弥撒，弥撒是为了安慰罪犯的灵魂，募捐是为了引发群众思考。欧仁·苏对于这个程序提出了质疑，就算他能使整个城市震惊、悲伤和感动，整个事件“究竟能做什么榜样?”①它

① ［法］欧仁·苏:《巴黎的秘密》下卷，成钰亭、孟安、沈祖诒译，云南人民出版社 1982 年版，第 738 页。

只不过是“以人为祭品的野蛮行为”[①]罢了。其次，死刑对于判处死刑的犯人本身也没有作用。被判死刑的人不外乎三类：第一类是“大胆地恬不知耻地蔑视死刑”；第二类是“已经吓得半死，像已死去的人”；第三类是“真正悔过的人”。对于第一类人来说，“死刑是不够的”；对于第二类精神已死的人，“死刑是无用的”；对于真正悔过的人，死刑是“过分的”[②]。欧仁·苏指出，“社会处死杀人犯不是为了让他痛苦，不是为了执行以牙还牙的法律……处死他是为了让他不能再为害……处死他是作为榜样，来防止再有杀人犯”[③]。如果以此为标准衡量死刑，那么它既过于野蛮，又不够吓人，完全起不到效果。

2. 以“瞎眼”和“单独监禁”代替死刑

欧仁·苏主张以“瞎眼”和“单独监禁”代替死刑。他认为，对罪人恶极的犯人，应当并处“瞎眼”和“单独监禁”的处罚。欧仁·苏对这种刑罚措施的辩护词是，“我们认为，对于某些罪行，如杀害父母罪或其他重罪，把犯人弄瞎，并永远单独监禁，会使他无法为害，并且处罚的办法比处死要可怕千倍，同时给他悔过和赎罪的时间”[④]。对于罪大恶极的犯人来说，如果处以“瞎眼”和“单独监禁”，他们将无法逃走，只能在监狱中反思自己的罪过，这是罪犯最害怕的结局。他说，“有很多这样不可救药的人情愿被处极刑而不愿关在单人牢房里，其结果无疑是需要废除极刑，使他们得不到这最后的可怕选择”[⑤]。

---

① [法]欧仁·苏：《巴黎的秘密》下卷，成钰亭、孟安、沈祖诒译，云南人民出版社1982年版，第737页。

② [法]欧仁·苏：《巴黎的秘密》下卷，成钰亭、孟安、沈祖诒译，云南人民出版社1982年版，第738页。

③ [法]欧仁·苏：《巴黎的秘密》下卷，成钰亭、孟安、沈祖诒译，云南人民出版社1982年版，第738—739页。

④ [法]欧仁·苏：《巴黎的秘密》下卷，成钰亭、孟安、沈祖诒译，云南人民出版社1982年版，第739页。

⑤ [法]欧仁·苏：《巴黎的秘密》下卷，成钰亭、孟安、沈祖诒译，云南人民出版社1982年版，第739页。

欧仁·苏主张,对稍轻一点的罪犯,处以"瞎眼"的刑罚,使其永远丧失犯罪的能力。在小说中,欧仁·苏刻画了一个无恶不作的坏人"教书先生",他因杀人被关进大牢,后成功越狱。为了躲避警察的逮捕,他用硝镪水把自己毁容。对于这个人而言,他完全不在乎死,"断头台不过是个流血的舞台",他可以在台上表演一番自己的残忍。鲁道夫制服他以后,在为他选择刑罚时对他说:"让人看见一个判死刑的人对铡刀开玩笑,蔑视刽子手,嘲笑吹灭造物主放在我们身上的神圣火光,这都不好……救人灵魂是件神圣的事"①。既然死刑无法起到救人灵魂的作用,那么只有对他选择别的刑罚,鲁道夫刺瞎了他的双眼。只有这样做,才既能使他无法作恶,又能给他足够的补赎和忏悔的时间。"教书先生"在瞎眼之后的反应,印证了欧仁·苏的刑法理论,他在瞎眼之后,认为自己的状态生不如死,请求鲁道夫杀了他。② 可见,瞎眼确实是比死刑更残酷。另外,眼瞎了以后,因为无法和外界联系,他开始回忆自己的罪行,对歹徒心生厌恶。可见,他的"精神上的眼睛"已经张开,灵魂受到了洗礼。③

欧仁·苏认为,对一般的罪犯,要处以"单独监禁",取消目前的"集体监狱",预防犯罪的传染。

> "多少世纪才认识到,把坏人聚集在一起,加倍地增强了他们的堕落,就这样使他们成为无法救治的人了!总而言之,多少世纪才认识到只有一种药能一直威胁社会本身的疾病!那就是孤独!……我们坚决地、强烈地、绝对地、恳切地请求对罪犯实行单身关押制度。"④

他还描绘了"集体监狱"对于罪犯的影响,他说:"经验证明了他只消在狱

---

① [法]欧仁·苏:《巴黎的秘密》上卷,成钰亭译,云南人民出版社 1981 年版,第 170 页。

② [法]欧仁·苏:《巴黎的秘密》上卷,成钰亭译,云南人民出版社 1981 年版,第 173 页。

③ [法]欧仁·苏:《巴黎的秘密》下卷,成钰亭、孟安、沈祖诒译,云南人民出版社 1982 年版,第 712 页。

④ [法]欧仁·苏:《巴黎的秘密》下卷,成钰亭、孟安、沈祖诒译,云南人民出版社 1982 年版,第 391 页。

中过三四天牢房的集体生活，就感到不大悲伤、不大羞耻了！他们这种丑恶的集体生活，使人感到惊骇，在那里，习惯得最快、沾染得最快。”①欧仁·苏注意到，在监狱的集体生活里，囚犯很容易传染到恶劣的影响，带来可怕的后果。“如果他立刻迁移到单人独住的房间，这个恶棍在第一次重压的打击下，面对他所犯的罪行，面对他所害怕的刑罚，这个罪犯感觉到的即使不是后悔，至少是使他无法分心的恐怖。”②“单独监禁”制度能够斩断犯罪行为和技巧的传播，让罪犯孤独地面对自己曾经犯下的罪过，在对自己罪过的忏悔中恢复自己的善良天性。

3. 奖励善行

欧仁·苏呼吁，对于行善的人，要给予“光荣的高贵的馈赠”，既要在物质上支持，也要在精神上奖励。“在处罚的同时要有奖赏，然后教训才是完全的，而且是有成果的。如果人民头一天看到万恶的罪犯的血染红了断头台，而在这死亡的第二天又看到奖赏，颂扬一个伟大善良的人，他们就会一方面对罪犯处决有所畏惧而渴望得到对善行的人的颂扬。恐惧本身只能很勉强地防止犯罪，而永远不会导致人去行善”③。为了发现善行的人，国家要像审理罪犯的陪审庭一样，组织审理善行的陪审庭，发现社会上的善行人。给予善行人的奖励有多种多样，既包括精神性的奖励，即在“善行台”上授予其花冠；也包括物质上奖励，让他们得到实实在在好处，起到社会示范效应。

（1）利用慈善事业帮助不幸的人免于堕落

鲁道夫和克雷门斯常常利用慈善活动救助在不幸中依旧能保持人性的人。

---

① ［法］欧仁·苏：《巴黎的秘密》下卷，成钰亭、孟安、沈祖诒译，云南人民出版社 1982 年版，第 392 页。

② ［法］欧仁·苏：《巴黎的秘密》下卷，成钰亭、孟安、沈祖诒译，云南人民出版社 1982 年版，第 393 页。

③ ［法］欧仁·苏：《巴黎的秘密》下卷，成钰亭、孟安、沈祖诒译，云南人民出版社 1982 年版，第 738 页。

鲁道夫当初把“玛丽花”救出烟花巷，就是因为被她的善良感动。在周游巴黎期间，他经常慷慨地向那些穷苦的人赠予财物。鲁道夫坦陈：“我要救济诚实的不幸者，我也想了解为贫困所折磨，使其变得愚蠢、使其堕落的阶层，我知道及时施与的救济、几句慷慨的话常常足以由深渊中救出一个悲惨的人。”①

克雷门斯同样是一个热心慈善的人，他经常走访贫穷人，尤其是到圣扎拉监狱探望那里的犯人。这座监狱是“专门收容女窃盗和娼妓的圣扎拉监狱，每天受到因仁慈、名气、社会地位受到尊重的妇女的访问。这些因财产丰富而地位高超、或在高等社会中算得有些名气的妇女，每周在圣扎拉不幸的犯人身边度过很长的时间。她们在这些堕落的灵魂中，窥探有没有向好处憧憬、对过去的罪过追悔的人，她们鼓励好的倾向，使悔改开花结果，用职责、荣誉、道德这几个字眼的魔力，有时会把受抛弃、受侮辱、受轻视的女人从堕落的处境中拉出来”②。

在欧仁·苏看来，社会上有非常多的在贫困中保持人性光辉的例子，鲁道夫和克雷门斯的援助尽管具有重要意义，也不过是杯水车薪，他向读者大声疾呼：“有多少正直的工人……二十年在贫苦和各种诱惑中，勤劳、正直、艰苦，难道他们就不值得社会，不要说去奖励他们，单单去看看他们，不要说放在人类的光荣上，至少在他们英勇坚持的艰苦道路上支持他们一下？”③

(2)建立“模范农场”，奖励道德榜样

建立“模范农场”的初衷是为了褒奖在苦难生活中依旧维持高贵人格的榜样。在《巴黎的秘密》中，“模范农场”的建立者是鲁道夫，他建立这个农场的目的并不是为了发财，因为“他和别人不同，他有自己发财的方法”④。鲁道夫建立这座农场，主要是为了给善良的穷苦人以希望。对于社会的底层人来

① ［法］欧仁·苏：《巴黎的秘密》下卷，成钰亭、孟安、沈祖诒译，云南人民出版社 1982 年版，第 595 页。

② ［法］欧仁·苏：《巴黎的秘密》上卷，成钰亭译，云南人民出版社 1981 年版，第 718 页。

③ ［法］欧仁·苏：《巴黎的秘密》上卷，成钰亭译，云南人民出版社 1981 年版，第 768 页。

④ ［法］欧仁·苏：《巴黎的秘密》上卷，成钰亭译，云南人民出版社 1981 年版，第 362 页。

说,他们日夜操劳,但是生活状况不会有丝毫改善。如果没有与上层社会作比较,那么这样的生活还是可以容忍的;一旦他们走出自己的社区,见到上流社会的生活状况,他们对于自己的命运就会感到绝望,陷入自怨自艾、甚至自暴自弃的状态中,生活变得“连一点阳光也没有”。最后,大多数的底层人都会说,既然无论我多么努力的工作都无法改变生活的状态,何不得过且过?“反正老老实实地做好人就是了,恶要受罚,咱们别作恶,善也没报,咱们也别行善。”①鲁道夫发现,这种不善不恶、不好不坏的人是绝大多数,正是这些人需要被特殊关注,因为“从这种什么都不做的状态到为非作歹,道路更近”。“我们要做到他们有好处、勤奋、理智、爱劳动、有学识、忠实于职责……要向他们证明做好人就会在物质方面收获更多……大家都有好处……为了让好的劝导对他们有好处,在世上就要让他们尝到一点甜头,以便等待天上的福气……”②

“模范农场”的工作人员是经过严格选拔产生的,他们享受优厚的待遇。“模范农场”仅仅雇佣了 6 个农夫和 6 个农妇。这些人是鲁道夫根据村长、本地教会和别的材料,在当地选出来的最好的人。男的负责种田,每人每年 150 埃居;女的管牛奶和农场,每人每年 60 埃居。此外,他们还可以平均分配农场总收入的五分之一。不仅如此,他们的日常饮食也是“好极了”:一大份火腿、一份羊肉、一份牛肉,还有凉拌菜、干酪、土豆和苹果酒等等。“他们的待遇很好,生活富裕,使人羡慕,因此,在布克伐尔农场受雇种地,是本地勤劳农民的目标。”③为了起到示范的效果,鲁道夫规定,在农场工作的时间是两年,之后就要让位给新来的人。原来雇员退出五年之后,可以再次申请来“模范农场”工作。由于“模范农场”的工人都是“地方上最诚实、最勤恳的人中选出来的”,所以这些人离开“模范农场”之后,很容易再找到工作。所以在这个农场工作,“男的开朗雄壮,女的殷勤健康,女孩子轻巧愉快,所有的脸都温和舒

① ［法］欧仁·苏:《巴黎的秘密》上卷,成钰亭译,云南人民出版社 1981 年版,第 379 页。
② ［法］欧仁·苏:《巴黎的秘密》上卷,成钰亭译,云南人民出版社 1981 年版,第 379 页。
③ ［法］欧仁·苏:《巴黎的秘密》上卷,成钰亭译,云南人民出版社 1981 年版,第 362 页。

畅,平静称心。”

模范农场起到了非常好的示范效果。由于只有最好的人才有资格在“模范农场”工作,它起到了一种道德标杆的作用。农场本身是一个大的熔炉,能够在这里工作的人个个都是值得崇敬的道德楷模,他们互相学习,相得益彰。得到在农场工作机会的人,会更加倍地努力工作,一方面是为了报答鲁道夫的信任,一方面是为了回馈这个工作岗位带来的好处,再不济,也是为了自己实实在在的利益,因为生产搞得越好,可供工人们平均分配的五分之一的农场总收入就越多。农场里有一个教堂,虔诚的教士用基督的教导指引这里工作的人。当然,就连用餐也是一个充满仪式感的重要教育场合。农场用餐有严格的规矩,他们的饮食之所以比当地的富人还好,因为他们的工作也是一般雇工的一倍。用餐时,最上座的是沙特林老爹,他是“一个好农民的典型”。在所有落座之后,大家要齐声诵读饭前祷文,并按照宗教的古老习俗,由沙特林老爹用刀子在面包上画一个十字,切下一块,这是献给圣母、也是献给贫穷人的一份;然后同样虔敬地倒了一杯酒,把它与面包一起放在餐桌中央。没有得到在农场工作机会的人,看到善良的、勤恳的人过上了好的生活,也希望自己下一次能得到这样的工作机会。“最后,好人总是越来越多”①。鲁道夫创立“模范农场”的目的特别在于“改造人”,“他用引起人正直、勤奋、颖悟的方法,达到了他的目的”②。欧仁·苏借助鲁道夫的忠实侍卫穆尔弗的口对“模范农场”做出了评价:“您所建立的模范农场,为奖赏、教育和鼓励善良的农民,对这个国家来说,是个莫大的善举。”③

(3)开设“失业者银行”,鼓励贫民勤劳致富

“失业者银行”并不是鲁道夫用自己的钱建立的,而是他惩罚贪财好色的公证人雅克·弗兰的一种手段,所有的本金都是雅克·弗兰提供的。银行是

---

① [法]欧仁·苏:《巴黎的秘密》上卷,成钰亭译,云南人民出版社 1981 年版,第 380 页。
② [法]欧仁·苏:《巴黎的秘密》上卷,成钰亭译,云南人民出版社 1981 年版,第 362 页。
③ [法]欧仁·苏:《巴黎的秘密》上卷,成钰亭译,云南人民出版社 1981 年版,第 105 页。

谨遵基督的爱的原则设立的,首要服务的是“正直、勤劳、有家庭负担的工人”,避免工人在失业期间陷入绝境。银行第一年的本金是由雅克·弗兰提供的12000法郎,全额用于为巴黎第七区的工人提供20—40法郎不等的贷款。银行并不对失业者做无偿的施舍,而是提供无息贷款。贷款只针对那些获得雇主颁发品行良好证明的工人,他们贷款不需要抵押,只要借贷者本人连同两个保证人发誓会偿还就可以了。还款从借贷人找到工作时开始算起,每月还六分之一或十二分之一。如果借贷者逾期不还款,借贷者和两个保证人今后就不能再借款了。之所以开设这个银行,是因为在欧仁·苏看来,施舍会使人失去尊严,馈赠会使人懒惰,只有这种无息贷款能够“颂扬工人天生就有的荣誉感和廉洁性”①。欧仁·苏高度赞扬这种小额无息贷款,“无息借三四十法郎,等到有工作时再分十二期偿还……对于正直的工人,这就是得救,是希望,是生命”,它对于失业的贫苦工人来说具有重要意义,“可以搭救一个家庭的生活,有时甚至搭救家庭的荣誉”②。

五、马克思对欧仁·苏改良理想和文艺观念的批判

马克思不仅高度重视塞利加使用“思辨的结构”对《巴黎的秘密》所做的书评,而且高度重视小说本身。因为马克思看到这部小说反映了在西欧有着广泛影响的改良主义社会救治方案,而这种方案是共产主义必须坚决反对的。不仅如此,马克思还认识到小说中随处散发着虚伪的人道主义文艺理念,这种理念使得文艺创作丧失了其应有的社会批判功能。马克思对欧仁·苏的批

① [法]欧仁·苏:《巴黎的秘密》下卷,成钰亭、孟安、沈祖诒译,云南人民出版社1982年版,第564页。

② [法]欧仁·苏:《巴黎的秘密》下卷,成钰亭、孟安、沈祖诒译,云南人民出版社1982年版,第565页。

判,既有对其改良主义理想的共产主义批判,也有对其文艺理念的现实主义批判。

(一)马克思对欧仁·苏社会改良主义的批判

面对好评如潮的《巴黎的秘密》,马克思之所以花费大量笔墨谈论小说的情节和塞利加对它的评论,原因就在于,马克思认识到:小说中透露出来的通过"改良主义"的方案实现社会公平正义的思想是无效的。马克思条分缕析地指出,欧仁·苏在小说中给出的实现社会公正的方案根本没有说服力,他只不过是一个"温情的小市民的社会幻想家"①。在马克思看来,"欧仁·苏先生所有的小说都是为了投合读者又害怕又好奇的心理。"②他也正是凭借这一点伎俩才赢得读者的青睐。

自工人阶级作为一支独立的政治力量登上历史舞台以来,"形形色色的社会庸医"就在不遗余力地向工人队伍兜售自己的主张,试图掌握这支强大的社会力量实现自己的政治图谋,其中尤属改良主义隐秘性最强,影响最深,危害也最大。为了肃清改良主义对工人运动的影响,马克思和恩格斯在一生的理论创作中与改良主义进行了长期坚决的斗争。在马克思和恩格斯批判改良主义的大量光辉篇章中,我们一般高度重视的是《共产党宣言》《哥达纲领批判》和《反杜林论》等。其实,在他们合作的第一部著作《神圣家族》中也包含着对改良主义的非常精彩的批判。他们对改良主义弊端的揭露,集中表现在他们与欧仁·苏《巴黎的秘密》的论战之中。《巴黎的秘密》出版之后引发了全社会持续的热情讨论,这一现象表明改良主义在当时西欧有着根深蒂固的影响,对于已经确立起唯物主义和共产主义世界观的马克思和恩格斯而言,他们很清楚改良主义思想泛滥对工人运动是一件极具危害的事情,为了揭露改良主义的虚伪性,他们在《神圣家族》中用了接近全书三分之一的篇幅批判

① 《马克思恩格斯全集》第7卷,人民出版社1959年版,第115页。

② 《马克思恩格斯全集》第2卷,人民出版社1957年版,第71页。

《巴黎的秘密》。然而，过去有关《神圣家族》的研究中几乎都忽略了其中对改良主义的深刻批判及其思想史价值，例如，弗·梅林认为：“论述可敬的塞利加的了不起的智慧的长长的两章……对读者的耐性简直是一个严重的考验。”[①]无独有偶，戴维·麦克莱伦也认为《神圣家族》的这两章是在做“无谓的细微的分析”[②]。这两种看法都不足为取。事实上，马克思之所以不惜一再拖延交稿日期，费尽心力完成篇幅巨大的这两个章节，是因为他深刻地认识到了欧仁·苏宣扬的社会救治方案是一种广泛存在的改良主义，对工人运动的危害极大，必须与之斗争。只有从与改良主义斗争的高度来看《神圣家族》这两章中的批判，才能理解马克思花费巨大精力讨论这部小说的苦心所在。

1. 欧仁·苏所代表的改良主义社会救治方案

欧仁·苏的《巴黎的秘密》描写了 19 世纪前期巴黎街头贵族、小市民、边缘底层人和犯罪团伙的生活状况，向读者全景展示了资本主义大都市的生活，提出了他救治社会弊病的方案。由于小说的情节跌宕起伏、扣人心弦，而且其中的改良主义方案充满了诱惑性，在当时引发了巴黎市民的广泛关注，并持续影响到英国和德国的工人和知识阶层，就连自视甚高的青年黑格尔派都把这部小说尊为“史诗”。深入分析《巴黎的秘密》中的社会救治方案，不难发现其改良主义的思想底色。

第一，在世界观上宣扬抽象的人性论，试图通过宗教、道德和教育引导人弃恶向善。欧仁·苏认为人性本善。犯罪作恶以及各种有损社会公平正义的人，只不过是因为他们的善良天性在当前的社会中被玷污了而已。他说：“社会也许会了解到罪恶是个意外的疾病，不是器官的疾病；罪恶几乎总是本能受到破坏，在他们的本质里往往有好的倾向，但由于执政者的无知、自私和粗心

---

① ［德］弗兰茨·梅林：《马克思传》，樊集、持平译，人民出版社 1965 年版，第 135 页。

② ［英］戴维·麦克莱伦：《卡尔·马克思传》，王珍译，中国人民大学出版社 2005 年版，第 116 页。

大意而受到曲解，受到损害。”[①]把社会上形形色色的犯罪行为归结为一种“意外的疾病”，认为它是由道德缺陷引起的，这反映了改良主义一贯的避重就轻的做法，他们虽然不满意于资本主义的社会状况，但是并不认为问题在于从根本上改造资本主义社会，就算承认社会出了问题，也认为只是局部和小范围出了问题，只需要适度改良即可。由于坚持人性本善的观点，他主张要以宗教、道德和教育把堕落灵魂中被掩盖的善激发出来，从而建立一个美好的社会。在他的小说中，有一批作恶多端的罪犯，这些人在刑罚面前没有屈服，却在宗教和道德的感召下悔罪甚至向善。他还主张在贫困地区加强教育，阻断贫困和罪犯的代际传递。他说：“凡是贫困和愚昧的丑恶地区，都是繁殖生病的人和衰弱心灵的地方。要使这些聚集病人的地方弄清洁，必须施以教育，引导其爱好劳动，平均他们的工资，公道的奖赏，这些生病的面容、变黄的灵魂，马上就会恢复到好的方面去，成为健康的人，成为有灵魂的人。”[②]

第二，在社会发展动力上回避社会基本矛盾和阶级斗争，寄希望于统治阶级完善资本主义制度。欧仁·苏认识到社会是各种人们遭遇各种不幸的根源，例如他反复指出是污秽的社会毒害了善良的灵魂，把他们推向犯罪或堕落的深渊。[③] 不过他不仅没有对社会的阶级矛盾作出分析，反而模糊了阶级差别，把上流社会描写为一个关心底层人民疾苦的慈善家群体，他们经常举办各种慈善事业救济底层人。他并不主张通过革命彻底改造社会，而是寄希望于统治阶级完善资本主义社会。在欧仁·苏的小说中，鲁道夫公爵就是这样一位“救世主”。他对作恶多端的坏人施以刑罚，使他们不敢为非作歹，对保持善良的穷人施以奖励巩固他们的善良天性。在欧仁·苏笔下，鲁道夫利用慈

① [法]欧仁·苏：《巴黎的秘密》下卷，成钰亭、孟安、沈祖诒译，云南人民出版社 1982 年版，第 391 页。

② [法]欧仁·苏：《巴黎的秘密》下卷，成钰亭、孟安、沈祖诒译，云南人民出版社 1982 年版，第 392 页。

③ [法]欧仁·苏：《巴黎的秘密》下卷，成钰亭、孟安、沈祖诒译，云南人民出版社 1982 年版，第 803 页。

善事业帮助不幸的人免于堕落，建立“模范农场”奖励道德榜样，开设“失业者银行”鼓励贫民勤劳致富。欧仁·苏认识到资本主义社会普遍存在的贫困是一种顽疾，想要通过“失业者银行”解决社会贫困。在他看来，施舍会使人失去尊严，馈赠会使人懒惰，只有这种无息贷款能够“颂扬工人天生就有的荣誉感和廉洁性”①。鲁道夫的这些做法集中反映了欧仁·苏对统治阶级的幻想，把他们当成了改善工人地位的“大慈善家”。

第三，在社会救治方案上宣扬超阶级的正义论，主张完善法制和社会救济方案建成普遍正义的社会。欧仁·苏提出，“公正是一手拿剑，一手拿冠，一个惩处恶者，另一个奖励善者。”②欧仁·苏认为，实现社会公正既需要“罪恶的公正”，以暴力机器惩罚罪犯；也需要“道德的公正”，奖励社会上的道德楷模。他对当时社会的刑罚制度非常不满，认为它只是惩罚，没有奖励，由于人民得不到正面引导，罪犯成了无法根除的社会问题。因此，他主张改变社会的刑罚制度，实行“双重裁判”，赏善和罚恶并举。他主张废除死刑，把“弄瞎眼”和“单独监禁”作为新刑罚措施。欧仁·苏说，“社会处死杀人犯不是为了让他痛苦，不是为了执行以牙还牙的法律……处死他是为了让他不能再为害……处死他是作为榜样，来防止再有杀人犯”③。以此为标准衡量死刑，它既过于野蛮，又不够吓人，完全起不到刑罚的效果。他认为，对罪大恶极的犯人，应当并处“弄瞎眼”和“单独监禁”的处罚。这样既能防止罪犯逃跑，又能够使其孤独面对自己的罪过。对于本性败坏的罪犯，要施以“瞎眼”的惩罚，使其无法作恶。对于本性不坏的罪犯要施以“单独监禁”，防止其他罪犯的罪恶传染给他。

在奖励善行上，要给予“光荣的高贵的馈赠”，既要在物质上支持，也要在

---

① ［法］欧仁·苏：《巴黎的秘密》下卷，成钰亭、孟安、沈祖诒译，云南人民出版社 1981 年版，第 564 页。

② ［法］欧仁·苏：《巴黎的秘密》上卷，成钰亭译，云南人民出版社 1981 年版，第 767 页。

③ ［法］欧仁·苏：《巴黎的秘密》下卷，成钰亭、孟安、沈祖诒译，云南人民出版社 1981 年版，第 739 页。

精神上奖励。“在处罚的同时要有奖赏，然后教训才是完全的，而且是有成果的。如果人民头一天看到万恶的罪犯的血染红了断头台，而在这死亡的第二天又看到奖赏，颂扬一个伟大善良的人，他们就会一方面对罪犯处决有所畏惧而渴望得到对善行人的颂扬。恐惧本身只能很勉强地防止犯罪，而永远不会导致人去行善”①。为了发现善行的人，国家要像审理罪犯的陪审庭一样，组织审理善行的陪审庭。给予善行人的奖励有多种多样，既包括精神性的奖励，在“善行台”上授予其花冠；也包括物质上奖励，让他们得到实实在在好处。欧仁·苏想要通过这种赏善罚恶的公正理论建立一个超阶级的普遍正义的社会。

2. 马克思对改良主义方案的批判

《巴黎的秘密》引起了马克思极大的注意，这一点从《神圣家族》的篇章分配中可见一斑。《神圣家族》收录于《马克思恩格斯全集》中文第一版第二卷，正文共计262页，讨论《巴黎的秘密》的第五章和第八章共计91页，占全书内容的三分之一以上。在一部揭露思辨哲学秘密的著作中，给予一部流行小说如此多的笔墨，在后人看来似乎是很难理解的，因此有了梅林关于这两章是“荒芜不毛之地”的说法。但是，他并没有理解马克思这样做的意图。《巴黎的秘密》一经出版就引发广泛讨论，反映出欧仁·苏及其改良主义思想在社会上的影响力，这是一种不可忽视的社会思潮，对工人阶级有着极坏的影响。对于已经确立起了共产主义世界观的马克思和恩格斯而言，是一种必须加以反对的社会思潮。为了批判欧仁·苏的社会改良方案，马克思既没有采取德国哲学家们思辨的叙述方式，也没有针锋相对地陈述自己的主张，而是选择了一条迂回的道路：他进入小说之中，分析小说中人物的命运。由于这些人物都是小说作者为了隐秘地宣扬自己的改良主义方案而创作的，这样做不仅没有

① ［法］欧仁·苏：《巴黎的秘密》下卷，成钰亭、孟安、沈祖诒译，云南人民出版社1981年版，第738页。

回避批判的焦点，反而更有利于揭露欧仁·苏的社会救治方案的矛盾与伪善。

首先，马克思批判了改良主义的抽象人性论，指出并不存在天然善恶的人性，人的本质是由他的社会行为决定的。他说：“玛丽所理解的善与恶不是善与恶的抽象道德概念。她之所以善良，是因为她不曾害过任何人，她总是合乎人性地对待非人的环境。……她的境遇是不善的，因为它给她一种反常的强制，因为它不是她的人的本能的表露，不是她的人的愿望的实现，因为它令人痛苦和毫无乐趣。”①马克思在这里明确反对欧仁·苏所鼓吹的善恶的抽象道德概念，指出不仅不存在抽象的人性论，而且善与恶也要放在具体的生活境遇中来理解。既然人的本质是由其生活的社会境遇决定的，那么，希望宗教、道德、教育唤醒人性中的天然善就是没有根据的。

事实上，在马克思看来，宗教、道德、教育都是要把人改造为符合社会需要的意识形态工具。马克思以“刺客操刀鬼”和“玛丽花”的生命为例指出，宗教和道德的作用只不过是把一个个鲜活的生命变成了统治阶级的亡魂。在接受鲁道夫的道德教化之后，“刺客”像狗一样忠实地服务于这位贵族，直至为他献出生命。欧仁·苏通过“刺客”这个角色意在表明，哪怕一句小小的赞美都可以发挥比铡刀更大的威力，只有道德教化才是培养光辉人性、建立公序良俗的途径。马克思则指出，欧仁·苏笔下的道德是伪善的道德说教，泯灭了人的天性，使人接受既有的社会秩序，屈从于权力的统治。马克思还借助于“玛丽花”分析了宗教奴役人的精神过程。为了突出“玛丽花”本来的形象，马克思说他对小说的情节做了“细密的观察”。这个过程表现为：第一步，宗教首先要把自然界变为上帝的创造物，把人“对于大自然美的纯真的喜爱变成了宗教崇拜”；第二步，宗教还要把人的本质的一切人性表现变成罪孽深重的，把人的“自然的和精神的力量以及各种自然的赋与都化为灰烬”，以便能够接受“超自然的赋与”；第三步，把尘世中此岸的“一切自然的、人类的关系化为对

① 《马克思恩格斯全集》第2卷，人民出版社1957年版，第217页。

上帝的彼岸关系”；第四步，“把人身上一切合乎人性的东西一概看做与人相左的东西，而把人身上一切违反人性的东西一概看做人的真正的所有”；第五步，“从外面损伤了她的现代社会的污浊在她眼中成了她的内在本质”，每一个人都要因为现代社会的罪恶而跪在上帝面前忏悔。① 马克思对宗教的批判直接指向作为宗教土壤的现代社会。他指出，改良主义的宗教改造计划不仅没有拯救“玛丽花”，反而逼迫她一步步从普通的“烟花女子”变为“罪女”“修女”“死尸”。只有从根本上改造社会，人才不会寄希望于上帝拯救自己。

其次，马克思分析了改良主义寄希望于统治阶级解决社会问题的虚伪性。马克思指出，鲁道夫作为欧仁·苏社会理想的执行者只是“伪善的救世主”。鲁道夫为了赎罪开始惩恶扬善的旅行，他宣称，“一方面，我要救济诚实的不幸者，我也想了解为贫困所折磨，使其变得愚蠢、使其堕落的阶层，我知道及时施与的救济、几句慷慨的话常常足以由深渊中救出一个悲惨的人”②。正像马克思说的，鲁道夫在旅途中能够赏善罚恶是因为他是一位王公贵族，他的一切权力都来自他有一个取之不尽的“福尔土纳特的钱袋”，这个钱袋里装的是盖罗尔施坦公国的民脂民膏。“如果他不像吸血鬼一样吸尽他那小小的德意志公国的膏血，他就不能过这样的生活。”③鲁道夫为了赎自己的罪，不惜榨干整个公国的民生。他的所有善行都建立在对本国人民残暴的剥削和压迫之上。

再次，马克思批判了改良主义基于超阶级的正义论根本无法建立所谓的正义社会，其一切努力都只是在维护现存的制度。马克思指出：“主人公鲁道夫给我们揭示了一种用赏善罚恶的方法来维护社会的新理论。从非批判的观点来看，这种理论无非是现代社会的理论而已。在现代社会中，赏善罚恶的事情难道还少吗？”④欧仁·苏为自己设计的赏善罚恶制度沾沾自喜，自诩为“乌

① 《马克思恩格斯全集》第2卷，人民出版社1957年版，第218—225页。

② ［法］欧仁·苏：《巴黎的秘密》下卷，成钰亭、孟安、沈祖诒译，云南人民出版社1981年版，第595页。

③ 《马克思恩格斯全集》第2卷，人民出版社1957年版，第258页。

④ 《马克思恩格斯全集》第2卷，人民出版社1957年版，第239页。

托邦”。马克思则指出，“欧仁·苏又完全忘记了他自己提及的那些每年在巴黎颁发的‘德行奖’”，现代社会并不缺少“欧仁·苏所要求的蔷薇花冠”。[①]欧仁·苏所设计的奖赏裁判是他“依样画葫芦”参照现行刑事裁判设计的，这表明他对现行法律制度是“完全支持”的，他只不过是资产阶级统治者的代言人而已。欧仁·苏企图通过“弄瞎眼”和“单人牢房制”把罪恶囚禁在罪犯心中，激发罪犯的道德和宗教情感，是一种不伦不类的世俗惩罚和宗教忏悔的混合物。马克思说，这种做法只能培养现代人的奴性，而无法解决现代社会的问题。

马克思还批判了其改良主义的其他制度设计。由于改良主义者否认阶级之间的剥削关系，他们试图通过各种措施安抚被剥削受压迫的阶级，进而达到维持其统治地位的目的。在欧仁·苏笔下，“慈善事业”“贫民银行”和“模范农场”就是这样的具体改善底层人生活的举措。马克思通过对这些制度的分析指出，这些措施不仅无法真正改变底层人的生活，反而让统治阶级的剥削更加隐秘而维护了统治阶级的地位。欧仁·苏提出，“慈善事业”不仅可以挽救在贫穷中挣扎的人们，也可以挽救上层社会中骄奢淫逸的灵魂。马克思敏锐地看到，欧仁·苏所幻想的慈善事业只不过是有钱人的消遣而已。“人的贫穷、使人不得不接受施舍的那种极度窘迫的境遇，都应供金钱贵族和知识贵族娱乐，应当做为满足他们的自私欲、供他们摆架子和消遣的对象。”[②]在小说中，一位纨绔子弟邀请舞伴晚餐时的对话彻底暴露了“慈善事业”的这种秘密，“呵！夫人，为救济这些穷波兰人，只跳几次舞还不能算尽到心了呀……做善人就做到底吧！……现在我们去吃一顿为这些穷人义卖的晚餐吧！”[③]在马克思看来，这正说明了“慈善事业也早就已经当做消遣来举办了”[④]。它只不过是上流社会穷奢极欲的另一种途径罢了，“慈善事业”不仅没有解决资本

---

① 《马克思恩格斯全集》第 2 卷，人民出版社 1957 年版，第 242 页。
② 《马克思恩格斯全集》第 2 卷，人民出版社 1957 年版，第 247 页。
③ 《马克思恩格斯全集》第 2 卷，人民出版社 1957 年版，第 248 页。
④ 《马克思恩格斯全集》第 2 卷，人民出版社 1957 年版，第 248 页。

主义社会的阶级对立,反而让资产阶级更加心安理得地享受剥削带来的利益。

马克思揭露了上流社会开办的“贫民银行”不仅不符合经济规律,而且无助于改善底层人的生活。欧仁·苏认为,开办“贫民银行”可以为失业的工人提供最低生活保障,保证他们渡过难关,不致在失业期间缺衣少食而死。马克思基于对“贫民银行”运行法则的考察指出,“贫民银行”原本是为失业工人提供生活保障的,但是它所提供的贷款不够工人购买当月所需面包的四分之一,工人还是会饿死。与对底层人贷款的吝啬相比,“贫民银行”却给经理人提供10000法郎的年薪,比巴黎其他银行的平均水平几乎多出两倍。这充分表明了,“贫民银行”并不是为了贫民的利益设立的,反倒是经理人捞钱的好地方。马克思指出:“贫民银行”“建立在这样一种幻想之上:只要改变一下劳动报酬的分配办法,就可以使工人生活一整年。”①这种银行并没有改变资本家对工人的剥削关系,它不仅无法把工人从贫困中解救出来,而且会因为过高的运营费用而使贫民银行本身入不敷出、最终倒闭。马克思说:“批判的贫民银行不同于群众的储蓄银行的,就是工人失掉利息,银行失掉资本。”②

马克思批判了欧仁·苏“模范农场”的改良主义措施。“模范农场”是引导人向善的制度安排,其住户都是能够在污泥中保持人性光辉的人物。为了奖励这些人,“模范农场”不仅让他们享受上等的免费膳食和住宿,而且给他们优厚的工资。这里的工人男工每年450法郎的工资,女工每年180法郎的工资。与他们的高收入相对,法国每年的全部收入按人数平均下来为93法郎。足见这里的工资远远超出了法国工人的平均工资水平。马克思敏锐地指出,“模范农场”根本无法依靠自身而维持运转,因为再丰富的自然资源也支撑不起如此大的消费。它之所以能够建立起来,是因为它背后有一个公爵做金主,源源不断地把自己公国的财富输入这个农场。而这个模范农场也注定会像欧文的“和谐新村”一样走向瓦解。

① 《马克思恩格斯全集》第2卷,人民出版社1957年版,第252页。

② 《马克思恩格斯全集》第2卷,人民出版社1957年版,第253页。

马克思对欧仁·苏《巴黎的秘密》的批判是对社会改良主义的集中批判，他认为必须从根本上推翻资本主义生产关系，才能实现社会的公平正义。马克思一方面承认欧仁·苏难能可贵地指出了资本主义时代的一些问题，欧仁·苏目睹资本主义早期丛生芜杂的社会问题，以一种抽象的人性论和超阶级的正义论为基础对其展开批判，这表明了他是资产阶级内部的开明分子。另一方面，马克思也指出其改良主义措施的虚伪性。欧仁·苏提出加强道德、宗教和教育，设立赏善罚恶制度，“慈善活动”“贫民银行”“模范农场”等办法补救资本主义的时代问题。马克思对这些措施逐一分析，指出了欧仁·苏的这些想法不仅无助于解决社会问题，反而充满了内在矛盾。提高工资、失业救济等措施都是在巩固资本主义的剥削关系，而道德感召和宗教教育更是让人换一个思路接受社会加于自己的苦难，把逆来顺受、自我折磨看作美德。这些都无法改变人的现实生活状况。在马克思看来，其种种措施实行下来，反倒巩固了资本主义制度。改良主义的矛盾和伪善，都根源于它不愿意改变资本主义的生产方式。

马克思对欧仁·苏口诛笔伐还是根源于理论上的分歧。欧仁·苏的小说并非一无是处，他对社会弊病的揭露以及他提出的救治方案也并非没有道理。例如，欧仁·苏提出实行单人牢房，斩断罪恶的蔓延，给罪犯更多的时间反省自己的过去；同时奖励先进，给罪犯树立榜样，让罪犯重拾对美好生活的向往；对于罪大恶极的人也不是简单地处决，而是使其“盲目”，一方面解除他们作恶的能力，给他们留出忏悔的余地，另一方面用他们树立反面教材。但是总体上看，其改良主义的方案是不彻底的，尤其是他还只是从道德、宗教、社会具体制度层面提出改良主义举措，并不能真正改善社会。在马克思看来，是私有制玷污了人性的光辉，道德把在这种制度面前忍气吞声看作美德，宗教教导人把社会的污秽看作自己的罪恶，它们是虚伪的。欧仁·苏所有的救世方案都是在不触动资本主义制度的前提下提出的，而打破这个资本主义制度却正是马克思一生的追求。

（二）马克思对《巴黎的秘密》的现实主义文艺批判

马克思对《巴黎的秘密》的评论看起来小题大做了，但是正是通过事无巨细的分析，马克思不仅批判了欧仁·苏的改良主义社会救治方案，而且在此过程中对欧仁·苏的文艺创作完成了现实主义的批判。马克思在《神圣家族》中并没有采取塞利加思辨的叙述方式，因为这种做法不仅没有揭露“巴黎的秘密”，反而只是在通过抬高欧仁·苏而抬高自己，显示思辨的英明，根本算不上文艺批判。马克思的文艺批判直面小说本身，不再用改良主义的理想伪饰小说中人物的悲惨经历，而是在现实生活的基础上客观重现了他们的苦难。在欧仁·苏笔下，鲁道夫是拯救世界的伟大英雄。他感化野蛮人、救助贫病者、惩治杀人犯、奖赏有德者，动用道德、宗教、法纪和经济的力量，实践着欧仁·苏通过惩恶赏善来确保社会公正的理想。马克思在《神圣家族》中逐一分析了鲁道夫奖励、惩罚的那些人物的命运，指出鲁道夫的做法不仅没有拯救他们，反而在戕害他们，以此指出欧仁·苏的文艺创作只是在粉饰太平，丧失了文艺应有的社会批判功能。通过对《巴黎的秘密》的批判，马克思演示了一种现实主义的文艺批判方案。

1.“刺客”——道德的“看家狗”

在欧仁·苏笔下，“刺客”出身卑贱，自幼无父无母。他小时候跟一个整天虐待他的、捡破烂的老头子过着流浪的生活。他从十多岁就开始在屠宰场做屠夫，在他十九岁服兵役以前从未体验过睡在床上的滋味。当兵期间，他在伙房做炊事兵。因为和战友的小摩擦，他把班长和另外两个士兵像牛马一样宰杀了。由于从军期间有过救人的义举，他的死刑被免除，在监狱里服了十五年的徒刑。尽管他认为十五年的徒刑已经抵偿了自己的罪责，但是杀人的噩梦还是一直陪伴着他。在一次次自杀未遂的情况下，他心安理得地活了下来，并在圣保罗码头谋到一份搬运工的职业。不论寒暑，他一天十二到十五个小时泡在水里，挣得十五个苏糊口。尽管有恃强凌弱的恶习，但他宁肯两天挨饿也从来不偷窃。鲁道夫告诉他，宁肯受穷挨饿也不做贼，他是有心肝和骨气的。这个一直被视为癞皮狗的硬汉被这句赞赏的话语感动了。这个夸奖激起了他的道德感，这个文明世界里的野蛮穷人从此成了一个“有道德的人”。鲁道夫先是靠着一顿拳头制服了这个野蛮人，接着又用一句夸奖收服了他。“刺客”自此时刻不忘效忠鲁道夫，直至为他献出生命。

欧仁·苏通过“刺客”这个角色意在表明，断头台的威吓并不能挽救堕落边缘的生命。相比而言，鲁道夫一句小小的赞美都可以发挥比铡刀更大的威力。因为它能教人懂得忠诚、荣誉、尊严，把一个野蛮人变成“有道德的生物”。欧仁·苏透过“刺客”的口一再说：“‘有心肝，有骨气。’我越想越奇怪……这句话真不平常，有道理。真如同在地里种下两粒麦种，将来长成麦穗一样。”[①]“你有心肝和骨气”这两句话“使我变为一个正派的人”。[②] 这表明在欧仁·苏看来，道德才是人之为人的根本。只有道德教化才是培养光辉人性、建立公序良俗的途径。

为了检验欧仁·苏的观点，马克思把“刺客”遭遇鲁道夫之后的人生划分为六个阶段。这六个阶段是鲁道夫对“刺客”进行道德的、批判的改造的六个阶段。这六个阶段分别对应于小说的第一部第9、16、18—20章，第四部第6、17章。这些章节都是“刺客”出现、活动的主要章节。马克思通过逐一分析这些章节指出，欧仁·苏笔下的道德是伪善的道德说教。

第一个阶段：鲁道夫在驯服“刺客”之初，就教导他“练习伪善、背信、狡黠和伪装”。因为鲁道夫为了惩罚“校长”，他指派“刺客”用谎言去骗取“校长”行窃，以便捉住“校长”，惩罚这个恶人。他还教导“刺客”，出于善良动机的行为不是下流的勾当。鲁道夫一面用道德的美言感化“刺客”，一面又用诡辩引

---

① ［法］欧仁·苏：《巴黎的秘密》上卷，成钰亭译，云南人民出版社1981年版，第187页。

② ［法］欧仁·苏：《巴黎的秘密》下卷，成钰亭、孟安、沈祖诒译，云南人民出版社1982年版，第538页。

诱他做不仁不义的事。

第二个阶段:鲁道夫陷害"校长"不成,反而被"校长"关进涨水的地窖。千钧一发的生死关头,暗中保护鲁道夫的"刺客"挺身而出,救出鲁道夫。鲁道夫认为这是道德的力量。可是,由于道德的种子在他心中生根发芽,他开始意识到自己的卑贱,在鲁道夫家连坐在地板上的勇气都没有了。为了表示谦卑,他对鲁道夫总是以"殿下(Monseigneur)"相称。如果一时口误说出了"先生(Monsieur)",他总是不忘道歉。在鲁道夫向他表示谢意之时,他说出了自己的心里话:"我对您就像看家狗对自己的主人一样顺从。"①马克思指出,这表明有道德的"刺客"已经完全丧失了独立人格,从一个充满生命力的人变成了一条看家狗。

第三个阶段:一则出于对救命之恩的感激,二则出于对戆直天性的喜爱,鲁道夫慷慨地奖赏了"刺客"。由于这笔赏赐,"刺客"过上了体面的生活,他学会了小市民的举止和风度。鲁道夫派他到阿尔及利亚去经营一块地产,说他可以给不信神的世界提供一个悔过自新的榜样。可见,由于道德,"刺客"成了天主的仆人。

第四个阶段:"刺客"过上了体面的生活,也学会了体面的生存法则。他压抑了自身直来直去的天性,变得世故,懂得了明哲保身的道理。他甚至对自己敬重的鲁道夫滥用私刑的事,都闭口不提,因为这种违法的做法或许会给他找来麻烦。

第五个阶段:鲁道夫派"刺客"去往阿尔及利亚经营农场,可是他一离开鲁道夫就像看家狗离开主人一样无所适从。他偷偷地回到了鲁道夫身边。鲁道夫恰在用人之际,就派他到去保护狱中的热尔门。他在狱中告诉热尔门,鲁道夫和他就像上帝和神甫的关系一样,对鲁道夫的爱是他生活的唯一内容。他还说现在已经敢于称呼鲁道夫"先生"了。正像塞利加所说的,欧仁·苏在

① [法]欧仁·苏:《巴黎的秘密》上卷,成钰亭译,云南人民出版社 1981 年版,第 157 页。

这里是想表明"刺客"在道德的感召下所表现出来的进步:他已经学会思考如何最出色地完成鲁道夫的任务,而且在心中有了神圣的宗教情感,并且敢于以平等的姿态面对鲁道夫。这是一次"可贵的觉醒和振奋!"但是马克思指出,在这种文明的外表之下掩盖着"刺客"天性越来越深刻的丧失。他生活中的一切都以鲁道夫为中心,完全没有了自己的个性;对鲁道夫的宗教情感只是印证了他的独立性的丧失;尽管他敢于称呼鲁道夫为先生,在思想中却无时无刻不跪拜在这位"上帝"面前。

第六个阶段:鲁道夫看到"刺客"的进步,答应带他回德国,把他一直留在身边。可是在鲁道夫与"玛丽花"相认之后,他改变了自己的承诺,坚持送他去阿尔及利亚。"刺客"非常沮丧,但他不愿离开主人,就暗中跟踪鲁道夫。恰巧赶上"骷髅架"对鲁道夫父女行凶,"刺客"及时赶到,化解了鲁道夫的危险,却献出了自己的生命。他带着满足离开了人世,因为他做出了他能想得到的最伟大的事情——为主人献身。欧仁·苏把"刺客"的死看作"上帝的旨意",因为他和鲁道夫终于"了清宿债"。

欧仁·苏借助"刺客"这个角色本来是要表明鲁道夫用道德的力量感化世人所取得的丰功伟绩。他不仅培养了一个野蛮人的忠诚、尊严,使他脱胎换骨成了一个真正的人,而且把这个人改造成了上帝拯救世人的典范。但是马克思通过对"刺客"一生的分析指出,鲁道夫用满口的仁义道德来掩盖自己鸡鸣狗盗的行为方式,他用道德奴役"刺客",把他作为自己事业上的一颗棋子。鲁道夫"兔死狗烹"的伎俩把他的自私自利显露无遗。不幸的是,道德扼杀了"刺客"的天性,愚忠最后葬送了他的性命。

2."玛丽花"——宗教的亡魂

马克思把"玛丽花"的人生分为四个阶段。在鲁道夫的改造下,她从普通的烟花"女子"一步步变为"罪女""修女""死尸"。

第一个阶段:"玛丽花"的一生是不幸的。她出身豪门,却惨遭抛弃。先是受尽“猫头鹰”的凌辱，后又在牢狱之中生活八年。出狱之后，她没有积极找工作，郊游和善行耗尽了她的积蓄。她走投无路，落入奥格雷斯手中。“尽管她处在极端屈辱的境遇中，她仍然保持着人类的高尚心灵、人性的落拓不羁和人性的优美。这些品质感动了她周围的人，使她成为罪犯圈子中的一朵含有诗意的花，并获得了玛丽花这个名字。”①为了突出“玛丽花”本来的形象，马克思对小说的情节做了“细密的观察”。小说清楚地交代了“玛丽花”在非人的境遇中合乎人性地成长的情节，这是一个纤弱却充满活力、贫寒但富于爱心、生性灵巧而又积极乐观的姑娘。她不畏强权、敢于抗争，自由而坚强地生活在污泥中。

第二个阶段：鲁道夫出于怜悯从奥格雷斯手中赎出“玛丽花”，把她带到“模范农场”，让若尔日太太照料她的饮食起居，让拉波特教士启迪她的宗教情感。如果说“玛丽花”以前还把堕入红尘看作命运的不幸，她还勇敢地面对未来，想着“做过的事情就让它过去吧”。“模范农场”的生活则唤起了她心中的罪恶感，她开始相信在污泥中待过一天，一生都有洗不掉的污点。拉波特教士和若尔日太太让她认识到自己罪孽极其深重。经过教士的启迪，她开始自责，不应该想念尘世的恩人比天国的恩人多一点。她觉醒自己得救，不能靠鲁道夫的救助，而要靠上帝的怜悯。马克思指出，此时在“玛丽花”的心中，“想象中的救星”代替了现实生活的救星，“她已经为宗教的伪善所支配”。这种宗教情感唤起了一个红尘女子的罪恶感，她成了一个罪恶深重的罪人。

第三个阶段：鲁道夫和“玛丽花”父女相认之后，他们回到盖罗尔施坦大公国。“玛丽花”认定自己之所以没有得救，是因为她对尘世生活的眷恋——她爱着他表哥——使她不配同上帝交往。而她若想得救，就必须皈依上帝，了却一切尘缘。她坚决地进入修道院，过上了苦修的生活。

① 《马克思恩格斯全集》第 2 卷，人民出版社 1957 年版，第 215 页。

第四个阶段:在修道院中,“玛丽花”通过折磨肉体的苦修获得心灵上的安抚。她的这种举动竟获得了修道院的赞赏,她被推选为新一届的修道院院长。这让“玛丽花”惶恐不安,她担心自己的罪孽会亵渎圣灵。她本可在众人面前讲出自己有罪的过去,从而解除心灵上的重负。鲁道夫碍于情面,阻止了她。她在巨大的心理重压之下溘然长逝。

毫无疑问,欧仁·苏也是以极大的同情来刻画“玛丽花”这个人物的。对于她最终惨死在修道院中,欧仁·苏通过鲁道夫这个角色表现出了极大的悲伤。然而,对于“玛丽花”的死,他更多地归因于这个小女孩多愁善感的天性和营养不良的身体,他不愿意也没胆量把“玛丽花”的死归因于宗教的残害。他在小说中多次赞扬了宗教对于保持人性的纯洁、高尚所具有的积极作用,并且反复描写恶棍丧失宗教情感的狰狞面目。他寄希望于宗教引导人弃恶从善,建立一个美丽新世界。

马克思则不然,他从“玛丽花”的一生看到的是宗教把一个天性刚毅的女子变成了匍匐在上帝脚下的罪人,把一个鲜活灵动的生命压抑成僵硬冰冷的死尸。“玛丽花理解对于无法补赎的过去,哭是不够的,只有行善和启发别人行善,才能得到恢复。”①就是这样一个生性善良的姑娘,由于接受了宗教的救赎,竟变成了一个罪孽深重的罪人,她只有折磨、摧残自己的肉体才能找到心灵的安慰。马克思透过“玛丽花”这个角色猛烈地轰击宗教,远不是与欧仁·苏针锋相对、单纯地否定宗教的积极意义这么简单。马克思在《神圣家族》中细致地描述了宗教控制、奴役人的过程:宗教首先要把自然界变为上帝的创造物,把人对自然界的喜爱变成对宗教力量的赞叹;宗教还要把人的本质的一切人性表现变成罪孽深重的,把人的自然的和精神的力量都化为灰烬,以便人能接受上帝的赐福;那么,尘世中此岸的一切自然的、人类的关系都由于上帝的赐福而变成对上帝的彼岸的关系;由此一来,人身上一切合乎人性的关系都是

① ［法］欧仁·苏:《巴黎的秘密》上卷,成钰亭译,云南人民出版社 1981 年版,第 745 页。

上帝赐福的,一切违反人性的东西都是自己造就的。最后的结果是:玷污人的现代社会成了人的内在本质,每一个人都要因为污浊的现代社会而跪在上帝面前忏悔。可见,马克思对宗教的批判直接指向滋生宗教的现代社会。现代社会才是人间一切苦难的根源,只有打破这个社会,人才能合乎人性地生存,拯救世人的全能上帝才能从人的头脑中排除。

3.“校长”——法纪的牺牲品

如何实现社会公正无疑是小说的一个核心,除了道德与宗教教化人弃恶行善以外,法纪无疑是保证社会公正的一大法宝。欧仁·苏对此也有很多思考。他认为把罪犯关进监狱、推上断头台,并不能解决社会问题。这只是一种恐吓、威胁,并不能告诉人们如何正确行为处事。社会这样做是在逃避责任,它培养、造就了作恶多端的罪犯,却只想通过囚禁、凌辱和刑罚来压制问题。这根本无益于社会问题的解决。

欧仁·苏通过“水贼”一家的遭遇表达了对社会一味采取刑罚措施的忧思。“水贼”一家的主人老马夏尔和他的父亲一样,因犯下不可饶恕的罪过,在断头台上被砍下了脑袋。他留下寡妻、四个儿子和两个女儿。因为最有力的男丁被砍掉脑袋,这家人无依无靠,寡妻只能教唆孩子干不见天日的工作维持生计。孩子长大成人,犯罪的种子也在他们心中生根发芽,他们最终和父辈的命运一样走向断头台和铁窗。就这样这家人一代又一代地重复着杀人越货的勾当。欧仁·苏通过这家人的遭遇旨在揭露社会通过刑罚威吓、惩治罪犯并不能真正消除社会的毒瘤,而只能让这些弊病无可救药地遗传下去。在这一家人走上断头台的时候,欧仁·苏发出了强烈的质疑,“这是惩罚的利刀,但是奖赏的花冠在哪里?在处罚的同时要有奖赏,然后教训才是完全的,而且是有成果的。如果人民头一天看到万恶的罪犯的血染红了断头台,而在这死亡的第二天又看到奖赏,颂扬一个伟大善良的人,他们就会一方面对罪犯处决有所畏惧而渴望得到对善行人的颂扬。恐惧本身只能勉强地防止犯罪,而永远不会导致人去行善。”①与此形成鲜明对比的是，鲁道夫和克雷门斯用极少的慈善经费就激励了生活在水深火热之中的穷人保持良好的天性。

欧仁·苏敏锐地看到：“有些人在罪恶中生活、衰老、僵化，对正确处罚他们的社会或人，认为再去犯罪是一种报复。”②对于这种罪大恶极的罪犯，欧仁·苏并不主张姑息，因为惩罚罪恶是实现公正必不可少的组成部分。然而，他对传统的刑罚却提出了强烈的质疑。他提出，应该以“单独监禁”代替群体监禁，以“盲目”代替“死刑”。因为新的刑罚既能防止犯罪的传播，又能解除罪犯的作恶能力。

“校长”就是欧仁·苏的新刑罚理论的实验品。他因杀人被判刑入狱。成功越狱后，他不仅没有吸取刑罚的教训，反而变本加厉地作恶。他为了摆脱警察的拘捕用硝镪水腐烂自己的面容，和“猫头鹰”狼狈为奸，到处兴风作浪。鲁道夫为了惩罚他的罪行，让医师大卫弄瞎了他的眼睛。这在一定程度上限制了他的作案能力。但是，猫头鹰背后的怂恿再次点燃了他犯罪的欲望。这个从来没有在暴力面前屈服的横匪倒是在“模范农场”的恬静生活面前产生了畏惧。他为自己的罪孽和刑罚感到后怕，甚至在噩梦中惊醒。从此以后，他收敛了许多。这导致他和“猫头鹰”反目成仇。他最后杀死“猫头鹰”，被关进单人监狱。此后，他开始真正反省自己的罪行，决意装疯卖傻留在比塞特监狱，不再为祸人间。他妻儿来监狱行善时无意间对他的怜悯词句让他潸然泪下。欧仁·苏似乎是在以这个举动来表现他的悔悟。

欧仁·苏对社会公正的思考是非常值得玩味的，他在小说中多次呼吁在断头台的对面建立一个善行台。社会不应该只有惩罚罪恶的公正，还应该有奖赏善行的公正。一味的恐怖主义威胁并不能引领人们走上正途，奖赏善行

---

① ［法］欧仁·苏：《巴黎的秘密》下卷，成钰亭、孟安、沈祖诒译，云南人民出版社 1982 年版，第 738 页。

② ［法］欧仁·苏：《巴黎的秘密》下卷，成钰亭、孟安、沈祖诒译，云南人民出版社 1982 年版，第 91 页。

所树立的行为标杆才能发挥这种作用。小说中鲁道夫、克雷门斯的慈善活动正是在实践欧仁·苏奖赏善行的社会理念。他在小说中还一再把读者引领到监狱中,极力渲染那里的污秽、肮脏、堕落,希望引起社会对多人牢房的警醒。他认为单人牢房的孤独感更能洗涤罪犯的灵魂。

马克思一针见血地指出,欧仁·苏苦苦追求的"赏善罚恶"早已为现代社会所采纳。现代社会不仅有完备的暴力机构来行使惩罚罪恶的职能,奖赏善行的做法在现代社会中同样屡见不鲜。例如,巴黎每年都在颁发"德行奖",包括鼓励高尚行为的"蒙提昂奖金"和奖励贞德的"罗节奖";各类报刊文章整日都在宣扬商业的丰功伟绩;党政机关报一直在鼓吹党员的业绩。然而,这些做法并没有改善现代社会的状况。可见,通过赏善罚恶实现公正的理论本身就是一个幻想。欧仁·苏所谓的"单人牢房"和"盲目"的刑罚无非是要把罪犯封闭在自己的心灵之中,企图通过这种方式激发罪犯心中的道德和宗教情感,从而使其悔悟。马克思的答案是,这种做法只能培养现代人的奴性,它同样不是解决社会问题的根本出路。

4. 克雷门斯——慈善事业的消遣功能

克雷门斯本是多尔比尼伯爵的千金小姐,美艳的罗兰夫人是她不幸的根源。罗兰夫人是一个蛇蝎美人,她害死克雷门斯的母亲,控制克雷门斯的父亲。她费尽周折促成了克雷门斯和患有羊癫疯的达尔维尔侯爵的婚姻。这场有预谋的婚姻不仅毒害了克雷门斯,还毒害了她的孩子。萨拉看穿克雷门斯对婚姻的失望情绪,又嫉恨鲁道夫对克雷门斯的迷恋。她就一面教唆克雷门斯和军官罗贝尔私会,一面告知达尔维尔侯爵克雷门斯出轨的丑事。她本想达尔维尔捉奸在床,从而毁掉克雷门斯的声誉,却不料鲁道夫半路杀出,救了达尔维尔侯爵夫人。鲁道夫为了挽救克雷门斯,一方面在她面前展现魅力,让她不再对别人有非分之想,因为他出于和达尔维尔侯爵的友谊,能够控制和克雷门斯交往的尺度;另一方面又向她推荐了救济穷人这个慈善事业,希望以此填补她空虚的心灵。但是，达尔维尔夫人在小说中并未因为慈善的义举就变得高尚，她见到“玛丽花”娇媚的容颜及其对鲁道夫的爱时，她还是忍不住内心的嫉妒，暴露出了对穷人的高傲与蔑视。正像马克思说的，“鲁道夫至多只能教会一个不幸的女人跟不幸的人们演笨拙的笑剧而已。”

欧仁·苏通过达尔维尔侯爵夫人这个人物形象意在表明慈善事业不仅可以挽救在贫穷的深渊中挣扎的人们，也可以挽救上层社会中骄奢淫逸的灵魂。马克思敏锐地看到欧仁·苏的慈善事业只不过是有钱人的消遣而已。“人的贫穷、使人不得不接受施舍的那种极度窘迫的境遇，都应供金钱贵族和知识贵族娱乐，应当作为满足他们的自私欲、供他们摆架子和消遣的对象。”①在小说中，一位纨绔子弟邀请舞伴晚餐时的对话彻底暴露了慈善事业的这种秘密，“呵！夫人，为救济这些穷波兰人，只跳几次舞还不能算尽到心了呀……做善人就做到底吧！……现在我们去吃一顿为这些穷人义卖的晚餐吧！”②在马克思看来，这正说明了“慈善事业也早就已经当做消遣来举办了。”③它只不过是上流社会穷奢极欲的另一种途径罢了。

5. 莫莱尔——妇女地位的真实写照

路易莎是宝石匠莫莱尔的女儿，由于家庭贫寒，母亲病重，她到雅克·弗兰家里做女佣。雅克·弗兰贪恋路易莎的美色，对她威逼利诱，路易莎宁死不从。雅克·弗兰对路易莎下了迷药，奸污了她。在路易莎怀孕以后，雅克·弗兰把自己的责任推脱得一干二净。路易莎在惊吓中产下一名死婴。雅克·弗兰勾结法警，状告路易莎杀害婴儿，把她关进大牢。欧仁·苏通过路易莎这个角色是要揭开雅克·弗兰的虚伪面纱，唤醒社会关爱妇女，不要把她们逼上弃婴的绝路。为了解决妇女的问题，欧仁·苏鼓吹立法严惩诱奸者。马克思对

---

① 《马克思恩格斯全集》第 2 卷，人民出版社 1957 年版，第 247 页。
② 《马克思恩格斯全集》第 2 卷，人民出版社 1957 年版，第 248 页。
③ 《马克思恩格斯全集》第 2 卷，人民出版社 1957 年版，第 248 页。

欧仁·苏的不满在于，他看到这种道德立法本身是软弱无力的，它根本就“未能了解妇女在现代社会中的一般状况的非人性”。关于妇女解放的问题早在傅立叶的著作中就有更为鲜明、深刻的描写。然而，欧仁·苏只不过是故伎重演，丝毫没有推进妇女解放这项事业。

6.“贫民银行”——幻想的经济关系

为了救济贫病者，鲁道夫逼迫雅克·弗兰开办了“贫民银行”，并为它制定了详细的规章日程。章程规定雅克·弗兰要拿出12000法郎作为银行的启动资金，他要把这些钱无息借贷给居住在第七区已婚的失业工人，每个工人可以得到20—40法郎不等的贷款。失业工人借贷时需要提供最后的雇主提供的品行良好证书，签署履行还贷的诺言，提供还贷期限和两个保证人的签字。借贷人从找到工作时起，每月偿还1/6或1/12的贷款。不偿还贷款的人以及他的保证人在失业后将无法贷款。如果贷款能够及时偿还，银行以后还会加大扶贫的力度。由于典当铺的利率太高，银行还设立25000法郎的无息典当基金，为暂时遇到困难的工人提供不超过10法郎的无息抵押借贷。

欧仁·苏试图通过这间银行为失业的工人提供最低生活保障，保证他们渡过难关，不致在失业期间缺衣少食而死。同时，这间银行是以基督的教导“我们彼此应当互爱”为信条的，开办它的目的是要在工人中间培养对天父的爱，对诺言的信守。还有，开办银行与“乏味的赠予”不同，它不会培养人的懒惰，反而可以“弘扬工人天生就有的荣誉感和廉洁性”。

马克思对贫民银行的运行法则进行了详细的考察。他指出，按照平均标准计算，一个四口的失业工人家庭4个月得到30法郎的借贷，扣除房租，每人每天的生活费为3个生丁。与此相对，在监狱中，一个囚犯的一天饮食也需要30多个生丁。通过这些细致的计算，马克思指出：“可见，工人和他的家庭从批判的银行所得的全部现金，如果撇开其他一切需要不计，只够买不及他本人需要量的四分之一的面包，所以工人就只得饿死，否则他就得采取这家贫民银行所图谋防止的那些手段,即典当、乞讨、偷窃和卖淫。”①得到贫民银行救助的工人还是无法避免挨饿的窘境。

与工人的窘困生活形成对比的是银行管理层的优厚待遇。贫民银行原本是为失业工人提供生活保障的,但是欧仁·苏却给经理人提供10000法郎的年薪,这个数额的年薪比巴黎其他银行的平均水平几乎多出两倍。这充分地表明了,欧仁·苏所设想的贫民银行并不是为了贫民的利益而设立的银行,反倒是经理人捞钱的好地方。对工人和管理者态度差别背后隐藏的是欧仁·苏小资产阶级改良主义的政治主张。马克思指出:欧仁·苏所描写的贫民银行“建立在这样一种幻想之上:只要改变一下劳动报酬的分配办法,就可以使工人生活一整年。”②其结果不仅无法把工人从贫困中解救出来,而且会因为过高的运营费用而使贫民银行本身入不敷出、最终倒闭。由此,我们不难发现欧仁·苏的虚伪:“批判的贫民银行不同于群众的储蓄银行的,就是工人失掉利息,银行失掉资本。”③

7.“模范农场”——幻想的“和谐新村”

鲁道夫除了逼迫雅克·弗兰开办“贫民银行”之外,还自己掏腰包在巴黎郊区组建了“模范农场”。这个农场中住户都是能够在污泥中保持人性光辉的人物,他们是鲁道夫在惩恶扬善的旅行中发现的。鲁道夫为了奖励这些人,不仅让他们享受上等的免费膳食和住宿,而且给他们优厚的工资。这里的工人男工每年450法郎的工资,女工每年180法郎的工资。与他们的高收入相对,法国每年的全部收入按人数平均下来为93法郎。足见这里的工资远远超出了法国工人工资的平均水平。鲁道夫为了供养这些品德良好的人,也是付出代价的,“把农场总收入的五分之一给了工人”。马克思指出,总收入的五

① 《马克思恩格斯全集》第2卷,人民出版社1957年版,第252页。
② 《马克思恩格斯全集》第2卷,人民出版社1957年版,第252页。
③ 《马克思恩格斯全集》第2卷,人民出版社1957年版,第253页。

分之一恰恰是法国大地主的平均地租。这也就意味着，鲁道夫把他自己的地租全部无偿拿出来供养工人了。我们很容易就能看穿欧仁·苏刻画的这个模范农场在思想史上的原型。正像马克思说的："布克伐尔的模范农场不过是幻想的空中楼阁而已；它的潜在基金不是布克伐尔土地的天然富源，而是鲁道夫所拥有的神奇的福尔土纳特的钱袋。"①马克思一语中的指出，欧仁·苏所设想的"模范农场"根本无法依靠自身而维持运转，因为再丰富的自然资源也支撑不起如此大的消费。它之所以能够运转，是因为它背后有一个公爵做金主，源源不断地把自己公国的财富输入这个农场。

8. 鲁道夫——伪善的救世主

鲁道夫在小说中俨然一副救世主的姿态。他足智多谋、武艺超群、宅心仁厚、乐善好施。他为自己被情欲蒙蔽双眼的行为忏悔，决定周游世界，惩奸除恶、赏善励德。他慷慨激昂地宣称，"一方面，我要救济诚实的不幸者，我也想了解为贫困所折磨，使其变得愚蠢、使其堕落的阶层，我知道及时施与的救济、几句慷慨的话常常足以由深渊中救出一个悲惨的人……"②在小说中，鲁道夫出手阔绰。为了激励穷人的操守，他动辄成千上万的金路易，甚至为自己信赖的人加官封侯。但是，支撑着他慷慨奖励别人的，是他所拥有的权力和金钱。正是由于手中的权力和金钱，他才得以在各种场合如鱼得水，他的赏善罚恶、拯救世界的大业才得以顺利进行。然而，正像马克思说的，鲁道夫一切权力的秘密都来自他有一个取之不尽的"福尔土纳特的钱袋"，这个钱袋里装的是盖罗尔施坦公国的民脂民膏。"如果他不像吸血鬼一样吸尽他那小小的德意志公国的膏血，他就不能过这样的生活。"③鲁道夫为了赎自

① 《马克思恩格斯全集》第 2 卷，人民出版社 1957 年版，第 255 页。

② ［法］欧仁·苏：《巴黎的秘密》下卷，成钰亭、孟安、沈祖诒译，云南人民出版社 1982 年版，第 595 页。

③ 《马克思恩格斯全集》第 2 卷，人民出版社 1957 年版，第 258 页。

己的罪,不惜搭上整个公国的民生。他的所有善行都是建立在剥削、压迫的残暴之上的。

他的伪善不止于此,他为了抓住“校长”的把柄,诱使他偷盗;他为了给穆尔弗复仇,滥用私刑惩罚“校长”;他厌恶萨拉,是因为这个女人害死了他的女儿;他要杀死雅克·弗兰,同样是因为他害死了自己的女儿;然而他却用道德的幌子堂而皇之地把这一切行为的自私动机掩盖起来。如果鲁道夫是一个救世主,他也是最蹩脚的伪善救世主。他一面掩盖自己的自私自利,一面又将它们昭彰天下!

附录:《欧仁·苏:〈巴黎的秘密〉。塞利加的批判》(节选)

塞利加　著

欧仁·苏在《巴黎的秘密》中声明,“这部著作在艺术方面毫无疑问是有缺陷的”,然而他补充说道,他“绝对不会允许这本书在道德方面也成为一本有缺陷的著作”,就算这本书只有一个结果,即某些贫穷的家庭把这本书激发出来的思想视为支持,那也是值得骄傲的。

批判的义务是,反驳作者的声明从而为该著作辩护,同时基于同样的理由也反驳该作者。不只是反对这位作者,而是也反对当前普遍的审美意识。正是由于这种意识,欧仁·苏才被误导对自己做出了那种不公正的判断。

上个世纪的狂飙突进把艺术从道德的桎梏下解放出来了。美挣脱了善,用自己的双脚着地,而且从此踏进了自己的领地。艺术自由了。

自由在上个世纪开始转变为时代的信条,并且直到今日在一切重要领域都依然是信条。现在,自由越来越坚定,越来越深入到细节,以至于它现在摔了跟斗,内部四分五裂。

在政治中,自由取得了什么呢?当自由使自己同样成为最贫穷和最悲惨的人的神的时候,波旁王室必须给它让路,他们在自由中才是有生命力的,因此他们与人民打成一片。自由——人民主权——为路易·菲利普加冕。但是现在人民成了资产者的奴隶。

科学的自由怎么样呢?科学把自由变成了一种宗教,即"自由的宗教"。因此,它忘记了,它经常造成的是,"我在宗教中对待我的神是谦卑的、依附性的、不自由的。"科学的自由把科学变成了自由的女仆。

艺术是自由的。它只承认自己的法则。它有自己的本性、自己的宗教、自己的合法性、自己的真理和自己的爱。这一点不仅在考尔巴赫和科尼利厄斯的绘画上能够看到,在蒂克或者每一部新小说和剧本中都能读到。拉斐尔和莎士比亚这些浪漫主义艺术的最高典范本身也证明了这一点。例如天使以及飞翔的婴儿之类的油画创造了自己本身的本性,脱离了沉重的尘世本性。在莎士比亚的剧本中,最高的公正如何总是战胜不完善的尘世的公正,现在可能尤其没有受到足够的强调和称颂。

但是如果艺术是自由的,那么它为什么还要致力于研究自然和公正,或者在我们这个时代,甚至于完全投身于研究爱?为什么它没有发明某种全新的、绝对还从来没有出现过的东西。野蛮的民族比我们距离自由的艺术近得多,我们发现了这些民族处于自由的阶段;在人们在现实世界找到任意一个与他们的想象的构造物相似的存在之前,人们至少必须做些研究。时至今日,辨认出典范、模板和样本,这并不困难。尽管如此,现在艺术是自由的,这意味着,它仍然有完全特殊的东西,这是它添加进去的。它把被迫的联系,亦即它称之为隐秘的联系,冒充为自由。

人们只需要注意这一点,即艺术从来都不是自由的。它在古典古代服务于国家,在中世纪服务于教会;如果批判本身没有发现,它在这种服务中就是奴隶——它是由于那些处于支配地位的东西才变得足够引人注意的。如果自由诗人和自由艺术家漂泊地在放逐中生活,这是完全合理的。

因此,艺术既没有摆脱政治、科学和生活,也没有改过自新,过去没有将来也不会改过自新。

政治、科学和艺术越是认为彼此分道扬镳,越是认为它们每一个都已经赢得了自己的疆域,那么为了能够真正地按照兴趣和好恶在自己的领域内活动,它们又会由于自由的重负而跌跌撞撞地聚合到一起。

而我们当前的审美和艺术品位也是站立不稳。

欧仁·苏以那个我们引用的声明向当前的审美和艺术品位表达了敬意。但是,批判却不可以听任这一切不受任何指责,更不能不反对作者本人而反对庞大的读者人群(他从他们心中偷走了这些人对他的著作的判断)。

你们嘲笑道,欧仁·苏应该服务于批判吗?不,他不应该服务于批判。不论他说没说过,他本人都是批判家。艺术通过《巴黎的秘密》获得了新的进步,即艺术从此以后的基础是按照世界本来的样子看待世界,并没有生造一幅任意的世界图像,即要么被愿望和希望涂上明亮轻快的色彩,要么如果是厌烦和担心操纵了画笔的话,又会被涂上模糊暗淡的色彩。

我的任务是,更详细地证明《巴黎的秘密》做到了这一点。

这种发现将不再是肤浅的。正如一般而言18世纪造成、准备了我们当今的处境,莱辛当时事实上也已经——《智者纳坦》——说明了,如果批判家愿意的话,他能够成为诗人;因此,批判也统治着艺术。

人类已经经历了历史,创造了历史,而且为此已经被历史形成、

推动。尽管如此,“人类的历史,即已经产生出人类思想并把建立人的社会作为自己任务的历史,只是到了我们纪元的十八世纪才开始”,而且批判必须把人类的秘密从事件(das Geschehen)的废墟中发掘到光天化日之下。

史诗——如果不应再只是浪漫派的自由创造,我们的那些蹩脚的小说就是这样的——在历史中发现了它的原型。它为自己设定的任务是,揭露人类社会的秘密,因此也在当前面前揭露当前。因此,史诗并非单纯地描述一件被诸片面特征之间的冲突限制住的事件,而是构成了把当前束缚于其中、所有人和每个人都或多或少地参与到其中的整个世界状态的基础;构成了我们在其中四处奔走、试图借助引线从其中逃脱的迷宫的基础;构成了客观性的更加宽广的开放领域的基础(客观性包围了我们,客观性只有借助于自己的丰富性而不是借助故意的隐藏游戏避开我们的理解)。史诗让现在控告自身。史诗创造这样一种思想:现在本身是无,它甚至不仅仅是过去和未来的永恒的分界线,而是把永生性和易逝性割裂开来的一直处于弥合中裂缝,是它的活生生的身体。

这就是《巴黎的秘密》的意义。它们也是欧洲的秘密。这种主张的正确性和谬误性将必然会从接下来对巴黎的单个秘密的研究中显示出来。

文明中野蛮的秘密

“在流氓和杀人犯的语言里,一间小酒馆就是最常见的客栈。”

“这种客栈的房东大多数情况下曾经都是受过刑罚的人,或者是被一个蹲过牢狱老妇所拥有,房客是社会的渣滓、释放的罪犯、流氓、小偷和杀人犯。”

这是巴黎的秘密的第一个场景。

随后,在两个大章节中又描述了圣拉扎和拉霍斯监狱。

水贼岛同样是犯罪的巢穴,读者看到这里的一切只会毛骨悚然。

读者不可避免地会发现,最低贱的恶习还有其他的隐身之处。

但是,我们借助欧仁·苏才对它们的存在(Dasein)已经获得了出乎意料的认识的那些秘密,并非犯罪和恶习的这些巢穴和藏身之所——犯罪和恶习并非那么胆小和怯懦,以至于它们要完全躲藏起来,躲到他们被隐藏起来的实存(Existenz)的秘密背后,让我们无法找到它们;它们如此胆大妄为,以至于它们并不是仅仅有胆量出现在交往最活跃的地方,而是它们在那里才是无拘无束的;他们讥讽那些敌视他们的法,小偷和杀人犯在距离法院和法庭非常近的地方庆祝他们的休闲时光(他们在恐怖的犯罪行为之后休息,享用犯罪行为的荣誉、插科打诨)——因此,秘密并不是犯罪的巢穴,而是犯罪行为和罪犯本人。

与其说是带着厌恶,不如说更多地是带着惊恐,我们避开了猫头鹰的不可思议的恶毒淫欲;避开了沉迷于杀人的屠夫那令人费解的疯狂;避开了校长在不见底的恶的泥沼中沉沦;避开了面对上帝和人、面对世界秩序和法则时执拗和骄傲的军官;避开了夸口要造就一个地狱的小可怜虫小瘸腿;避开了危急贫病者和他们的靠山,避开了白兔酒家的女店主,避开了所有那些使我们的感觉受到伤害的东西。我们吃惊地问:在这个美好的、井然有序的、文明化了的基督教世界里,这些陌生的、无感情的、残酷的、恶的、不可理解的存在(Wesen)何以可能?我们不信任这种非人的(entmenscht)人(Menschen)的人类(Menschheit)。但是我们也对解决这个谜题——即从地球上消灭这个地狱——感到绝望。如果我们还爱惜我们的钱袋和生命的话,我们就会对一个没有做过研究、而只善于为它让道的秘密沉默。

事实上,科学和生活,宗教和国家一直为这个问题伤脑筋:文明中的野蛮何以可能?或者毋宁说是,它们全都把这个问题推到了一边,让这种骇人存在的事实保持原状,要么公开地对它宣战,要么与它处于让人恐怖的和平的平静中,这种和平是通过武装斗争获得的。爱的宗教开除了它的教籍,国家通过严密的法律和恐怖的牢狱防备它,科学、艺术和生活除了享受它自己不受打扰的自由什么也不愿意做。

虽然宗教具有有关罪恶的理论,但是这一点对于它而言只有历史价值,基督找到了一个需要拯救的有罪的堕落的世界。它不能严肃对待它,因为基督已经从世界中带走了罪恶,罪恶本身也已经被消除了。……尽管如此,犯罪和罪犯还是存在——真是一个无法解释的、令人震惊的秘密!你不能把罪恶的行为与罪恶的不可能性协调一致,或者如果说你会被完全外在的、与你没有丝毫关系的东西触动,那么这是完全不能理解的。

或者,假如你能够看透、把握住这种秘密,你就必须承认这个秘密为秘密,并把它作为一个秘密来理解。对你而言,这些非人化的人不应该重新成为人?难道你不是必然会在你自己高于自然的崇高中发现这种可怕的不自然的根源,在你的过度文明中发现这种野蛮化的原因?难道你还能够继续在橹舰上服役,让死刑执行、施行仅仅是处罚的短期处罚?难道你不会首先思考最普遍的改善(不只是罪犯的改善,而尤其是改善社会的状况——它是从一代传递到下一代的遗产,而且每一代都会增加他的流传下来的遗产份额,也是最可怕的野蛮化的有毒缘由)?

假如这种野蛮化对你而言不是秘密,你必定会这样、应该会这样、能够这样而且将要这样做。但是这个秘密对你而言正好是秘密，而且你必然、应该、可能不想要任何东西。

但是，秘密是一种可怕的、你只能忍受的力量——保护人和惩罚人的法律只是社会的消极状态的结果，与社会之消极状态的有威胁性的野蛮的力量相对立的结果，对这种力量而言，没有什么是神圣的。尘世的和天国的法律遇到了一个个罪犯、一种种罪行，在这些罪犯和罪行之中又出现了新的犯罪，新的罪行又无耻地恢复了。产生了它们的母体是秘密，这个隐秘的源头不能被阻塞。

因此，文明年复一年征讨野蛮的结果，也只不过是从相关的表格中推断出的，在此之后，证实了这个结果绝对是不合算的、不令人满意的，一年一年下来，比文化的增长更不合算、更不让人满意。

这种可怕的野蛮化是使欧洲不寒而栗的一个大秘密，是我们的史诗即《巴黎的秘密》的其中一个秘密。各个国家徒劳地把自己局限于减少犯罪——之所以说徒劳，是因为所有文明的基础是，宗教在你们不信仰的时候就没有爱，而且也不允许有爱。虽然教会说它的仆人把杀人犯引领到了向善的路上；但是它借此也只能希望保护那震慑心灵的绝对力量的外观（Schein），实际上却对恶棍的冥顽不化感到绝望。在这个世界里死刑的执行，以及在彼岸世界永远受处罚的恐怖景象——马夏尔母亲对上帝以及对人的令人恐惧的巨大的蔑视把一个变成微微掀起的铡刀，把另一个变成神甫无效的恫吓——对于大众来说，其效果并非对罪犯执行血腥报复（它同时被证明为是地狱恐怖处罚的一个还软弱的开端），相反，这种报复的无能和最野蛮的不信仰才是其效果，这种效果在正义的行动之后直接表现在最无节制的放纵和新的犯罪中。

在这里，重要的不可能是，该杂志让《巴黎的秘密》的这些让我们头发倒竖的人物和场景个别地发生。毋宁说要注意的是，作者所做的并不是把我们引导到犯罪的巢穴,向我们揭示他们的秘密语言,让我们认识新的让人震惊的恶,而是要让我们注意到作恶的动机的秘密,要让我们注意到像浓重的岩浆喷发一样毁灭性地涌出恶习、罪行和犯罪的隐秘源头的秘密,注意到其整个破坏性的侵蚀社会地基的力量。

如果现在,野蛮对于文明或者毋宁说对于基督教这一现代文化的唯一基础来说是一个无法解决的谜,这个谜是《巴黎的秘密》中的情节、人物和对全新的未来的看法于其上建立起来的诸基础中的一个,因此,必须同时要研究的是,产生了我们现在的世界状况的各种不同因素(Faktoren)是否是类似的,现在,基督教的结果即法(Recht)在我们面前的这部史诗中也已经发现了一个相应的代表来为这部诗歌的更加理想化部分提供基础。

国家中无法纪的秘密

我们在国家和法中如何生活,对我们来说同样是一个秘密。我们不加考虑地接受了国家的现实性是法的真理。

在法律和法官面前,所有的人不论高低贫富都一律平等。这一原理在国家的信条中占着首要的地位。但是如果其对立面显而易见地胁迫着我们,那么我们又感到自己不能——或者毋宁说国家感到自己不能——从根本上把握这种现象。国家不可能承认这种现象,我们卑躬屈膝地屈服于这种隐秘的灾难。

虽然我们看到了由于急剧增加的贫穷而出现的普遍的恐惧,虽然我们一再听到例如妇女、犹太人、出版业坚决要求解放;但是,那些恐惧和这些狂热的本质原因不仅总是躲避理论,而且总是躲避实践，同时既不能对它加以纠正，也不能加以研究。这一类的现象中似乎隐秘地透露了我们的法的状况(Rechtszustände)的组织内部的深刻伤痕，但是这些微弱的声音很快就被那些伴随我们成长的基本原理和教条盖过了。作为人，我们经常说，我们为这样或那样不幸的灾难而伤悲，觉得自己感同身受；但是，法律和法必定有自己的进程。因此，我们承认，还存在另外一种甚至更高的公正比在国家中适用的法。但是，承认这一点也是违背我们意愿的，我们不知道它本身何以已经是对法律可靠性的革命性态度。尽管如此，放弃那些我们在相同的情形下称作同情心的力量的东西，还是完全不可能的。

在历史的国家和法中，我们对过去的遗产感到不幸和失望；但是，对于我们希望和期待的幸福，我们只有对另一个国家和更好的法的空想。我们希望的东西，对我们而言是秘密，因为，我们之所有和我们之所是对我们而言是秘密。我们感到不幸，我们恐惧，而且无批判地放弃了这种感觉。这部史诗做出了批判。如何从批判那里对所有现存之物做出破坏性的攻击，而又不同时建立起任何东西，如何从批判那里只是产生出被人渴望的更好的东西——没有经受过拆毁之质疑的更好东西只不过是梦而已——我稍后在鲁道夫那里再加以发展。在这里，我首先讨论的只是那些必然会衰落的东西的安排有联系。

宝石匠莫莱尔在最苦难的贫穷中受苦受难，他以自己有些幼稚的诚实、无意识而又非常清楚地说出了秘密。他说：“但愿富人也知道这一点！但愿富人也知道这一点！”“不幸的是，他们不知道贫穷是什么。”

或者毋宁说：他们如何才能够知道什么是贫穷？他们怎么样才有可能知道什么是贫穷？富有和贫穷是隐秘的对立面。“我贫穷，而且在绝望中受煎熬，”宝石匠莫莱尔说道，“因此我会这样说，惩罚人作恶，这是非常好的，如果有人阻止别人作恶，那就更好了。——你活到50岁，都是诚实的，但是极端的困境、饥饿迫使他作恶，这不是多出一个坏人吗？如果能早想到——想这些有什么用？现在世界就是它本来的样子。——我贫穷，而且在绝望中受煎熬，因此我会这样说；如果我富有了，我也许会谈论节日和娱乐。”

富有和贫穷从来不能形成一个统一体。如果命运把同一个人和同一个人的人生卷入由那个对立面形成的可怕的漩涡中，那么它甚至会被粗暴地撕扯得支离破碎。克莱尔和她的母亲费特蒙男爵的夫人曾经就很富有。

……

当富人对什么是贫穷不了解的时候，或者当穷人的尸体被用来增进科学的时候，虽然这种不平等没有把自己的矛头直接对准法的那个最高的基本原则，但是，法的隐秘的受创伤地位却被间接地碰到了。

此时，无法纪的秘密也以更加显眼的方式发挥出了作用。

……

因此，隐秘的不公正(Unrecht)就出现在了公开的法(Recht)当中，因此，我们总是习惯于与法(Recht)联系在一起的那种通透的明晰性也由于一种富有意义的东西而被搅浑了；如果野蛮和无法纪传播得越来越深远，那么，与之相对，文明和法必然变得越来越封闭和排外；那么，下面这个自然的问题就出现了，积极东西(das Positive)的秘密是什么，即法本身和文明本身的秘密是什么？因为，在任何情况下，只有对于不可能的东西而言，秘密才是秘密，否则，不可能的东西就不是不可能的，不是野蛮化的、粗陋的、受压迫的和无法纪的了。如果史诗真的愿意给出一幅我们整个世界状态的图像，即对

我们的整个世界状态作出批判的话,我们的史诗将必然以艺术家的方式对这个问题做出回答。

有教养的社会的秘密

秘密总力图用新的转变来逃避考察。以前,它一直作为一种绝对猜不透的、完全不可捉摸的、否定的东西同真实的、实在的、肯定的东西相对立,现在,它又作为后者的不可见的内容而渗入了后者。但是这样一来,秘密也就放弃了被认识的绝对不可能性。只有外壳被打碎了,内核才会显露出来。显然,秘密会选择非常坚固的外壳作为它的藏身之所,这是可以预见的。而且事实上,这个外壳也好像是不可能穿透的,有教养的社会靠着这种不可穿透性抗拒揭露其自身本质和说明其最深层次的生活原则的每一种努力。秘密轻巧地、随便的、卖弄风情地表现为犯罪行为中的无耻,贫穷中的畏缩和怯懦。秘密在它那稳固的不可把握性中对所有醉心于它的人都开了一个直言不讳的玩笑。——尽管如此,挖出内核的新的尝试在这里毕竟还是不可缺少的。

就像人咳嗽和吐唾沫一样,就像人鞠躬和下跪一样,就像如果要时髦,衣服就需要剪裁,胡子就需要修剪一样,教养是形式,又不仅仅是形式;而是说,教养是人的共同生活和相互作用的那些最重要的特征为了成为生动的形象而融合于其中的形式。出生的高贵、教育的优越、特定等级的荣誉、财富的幸运、知识的稳固熔铸为一个壮观的铸件,其众所周知的名字是:普遍的教养。这是教养或教养的理念,这是教养的理念在那些把自己视为事实上有教养的人面前表现出来的样子。这是他们对教养的幻想。

内容与这种精美的形式相称吗？它是普遍理性吗？普遍理性把社交消遣变成了聚光灯，通过这些聚光灯，人性的问题及其通过历史发展到完善的问题被置于明亮清澈的灯光之下。它是纯粹的无所不包的人类之爱吗？普遍的人类之爱把社交变成一个和谐的整体，在这个整体中，指明地位，受到强调的不是名望和出身，不是财富和傲慢，而只是爱的节律和尺度。在普遍交往中活动的自由是克服一切局限的意志的一个结果吗？这种意志只承认理性和爱，对它们的估价也是高于一切，而且把它们提高到王冠上。我们称之为普遍教养的东西是普遍的、永恒的、理想的东西的形式，是追求、拓展和享受普遍幸福的形式吗？

《巴黎的秘密》依然没有对这些答案作出回应。

但是，可以逆料，这些问题的答案都是否定的，一般而言谈到的正是，有教养的社会的秘密。假如内容与形式——在这里形式就是教养——完全一致的话，那么它必须直接地清晰地照射进来，就处在表面上，压根不需要任何隐藏。

公使的舞会就是进入这个大世界中的最适合的导引。这里出现了魔术般的奇迹，在黑夜里阳光普照，在寒冬里显出春天的葱绿和夏天的繁茂。我们立即产生了这样一种心情：我们相信人们心中有神明存在的奇迹，尤其是当美妙和优雅使我们完全相信理想已经近在咫尺的时候。

达尔维尔、萨拉·麦克·格莱格尔伯爵夫人，都是绝代佳人，进入了这个圈子。她们陷入了热烈的谈话。我们偷听她们（她们是一些看起来只能是被创造出来的存在物[Wesen]），为了增进幸福和快乐，我们怎样才能吸引较少的追求者，我们怎样才能为可爱的孩子们祝福，怎样才能使丈夫得到最大的幸福。我们听着……我们惊奇于那些把我们变成了偷听者的前提，我们不敢相信自己的耳朵。——麦克·格莱格尔伯爵夫人怂恿达尔维尔富人不忠于她的丈夫；麦克·格莱格尔伯爵夫人是说情人，介绍给达尔维尔富人一个年轻英俊的男子，这个人只是不幸，因为他的幽会请求没有得到同意。……

我们发现，伯爵夫人一心只想获得个人的利己主义的利益，而不是普遍的人的追求（这才是我们对美好、教养和杰出地位的期待），我们绝不能指望她的出嫁会给盖罗尔施坦公爵的臣民带来幸福。

萨拉虽然是这个光彩夺目的圈子中的出类拔萃的人物之一，但是，她在这个圈子中未必是一个例外。

……

事实上，达尔维尔伯爵夫人以及卢雷米公爵夫人得不到内心的满足。她们没有从婚姻生活中找到爱的对象，因此就到婚姻生活以外去寻找爱的对象。婚姻生活中的爱情对她们说来依然是一个秘密，她们为内心的强烈的冲动所驱使，力图把这秘密揭穿。因此，她们就沉醉于秘密的爱情。尽管在婚姻中爱应该是内核和永恒的内容，但是有教养的世界在爱中只愿意看见纯粹的种族繁衍的一种最外在的纽带和途径，这些没有爱情的婚姻的牺牲品，会不自主地把爱本身降低为一种外在的东西、降低为所谓的关系，而把浪漫的东西——即秘密——当做爱的内在的、令人振奋的、本质的东西。

爱情的“秘密”到底是什么呢？不是万绿丛中的林荫小道，不是月明之夜的自然的朦胧，也不是华贵的窗帘和帷幔造成的人工的朦胧。不是那竖琴和风琴的柔和而又令人着迷的乐声，不是禁物的诱惑力。所有这一切不过是一种秘密的东西；爱情中的秘密是令人激动、陶醉、着迷的那种东西，是情欲的威力。诚然，我们不想承认情欲的威力，但是正因为我们要把它从自身清除出去，正因为我们不承认它是我们自己的本性，它对于我们才有如此巨大的威力。假如我们承认它是我们自己的本性，那么当它力图牺牲理性、真正的爱情和意志力以表现自己时，我们立刻就可以克制它。情欲如此无条件地控制着我们，因为我们在其中感受到了一种甜蜜的魔力，我们让自己被它压迫。

因此，只要爱情不再是结婚的本质、一般伦理的本质，情欲就成为爱情、道德和有教养的社会的秘密。这里的情欲不应该仅作狭义的理解，即理解为神经的颤动、血管中的热流，而且还要作更广义的理解，即理解为它提高到精神力量的外观，提高到支配欲、虚荣心、求名欲。

卢雷米公爵夫人、麦克格莱哥尔伯爵夫人代表了情欲和有教养的社会的秘密这两层意思。

欧仁·苏一写到上流社会就要描写舞会，这件事对这种理解事物的方法来说不可能是无关紧要的，而且从这方面来看也不可能是纯粹偶然的。跳舞是作为秘密的情欲的最普遍的表现。只有结成配偶才能得到的两性的直接接触即拥抱，在跳舞中是容许的。因为跳舞虽然从外表看起来能够得到快感，而且实际上也是这样，但终究不能看做情欲的接触和拥抱。因为，如果真的把跳舞看做情欲的接触和情欲的拥抱，那就不能理解，为什么社会单单对跳舞表示宽容，而一切类似的现象——如果这些现象在其他地方同样无所顾忌地表现出来——社会反而会给加上一个严重的罪名，认为这是不可原谅地伤风败俗和不识廉耻的行为，而冠以恶名并无情地加以取缔。

……

事实上，社交的声调和节奏的秘密，目光在何时抬起和下垂，如何鞠躬和下跪才是正式的，说话如何才是亲切的，空洞的话必须要变得贫乏，即这种极不自然的事物的秘密，是一种回归本性的渴望。

因此，像塞西莉这样的现象给有教养的社会一种像电一样的影响，并获得极不平常的成就。对她这样一个没有教养的、只受自己的本性支配的、在奴隶中生长起来的女奴说来，这种本性是生命的唯一泉源。她突然被送入宫廷，在那里的风俗习惯的强制下，她很快就学会识破这些风俗习惯的秘密：学会了使用本性（即她的本性）的力量，胜利地超越了最有经验的荡妇。在这个它绝对能够控制的领域，她的力量——她的本性的力量——是一种谜一样的魅力，塞西莉必然会走入歧途，但是在以前，当她还是奴隶的时候，正是这种本性使她拒绝了主人的一切卑鄙的要求，始终忠实于自己的爱情。

塞西莉是有教养的社会的被揭露了的秘密。被轻视的感觉最后终于冲破堤坝，而不可抑制地奔放出来。但是，这种不可抑制的状态已经是躲在堤坝背后的愿望。被锁链锁住的东西，永远都是要甩开锁链的力量和原则。

虔诚和正直的秘密

秘密作为有教养的社会的秘密，固然是从对立躲藏到内部去了。然而，这个巨大的世界还有它可以用来保护圣地的特殊集团。上流社会对这种至圣所说来好像是小礼拜堂。但是对于在门庭前逗留的人说来，小礼拜堂本身就是秘密。因此，这种特殊的教养之于人民，正如贫穷之于富有、粗野之于有教养的人一样，是一个谜。

教养还不能而且也不想把所有的等级和所有的差别都拉到自己的圈子里面来。只有基督教和道德才能在地球上建立包罗万象的王国。基督教并不是此岸世界的王国，而是此岸世界之上的王国。基督是上帝之子，是人的救世主。反过来说，道德的统治是此岸世界的一个王国，但却不是此岸世界之上的王国。这个王国的人民自主性存在于良知中，存在于我们的尘世的、人的良知中，但是人民本身是一个在我们这里尚未被发现的理想。基督教的法则(Gesetz)在信仰的心灵里是上帝的法则，道德的法则把自己交给理智。基督教是普遍的君主制，道德的王国是普遍的共和国。虔诚的人害怕愤怒，指望上帝的尺度，正直的人是一个为自己立法(Recht)的人。因此，基督教与道德是绝对分离的，基督教处于彼岸世界，道德处于此岸世界。

现在已经认识到了单纯概念的这种对立，也还只能把它视为领地保护人发起的佯攻。在天国里，概念希望基督教和道德是不可调和的对立；今天，新教和有生命力的道德握手言和：该是基督教用生命和行动证明的时候了；回归到上帝和自己内心的宁静的、隐居的平静不够了。

公证人弗兰经常出入拍卖会，常常看起来就充满精神。

他住在一个昏暗的房子里，轻视华丽和雅致，生活极其节约，同时不关心健康状况，这都是他无私和恪守道德准则的证据。

……

一句话，雅克·弗兰就是那种富人和穷人、上层人和底层人，一句话整个世界都称为虔诚和正直的人。他的声望是如此稳固，以至于他让不幸的路易莎·莫莱尔喝下了迷魂汤，她在睡梦中被霸占了、被玷污了，当她在他身旁醒来已经成了他的猎物，她慌乱中想要躲避，他拦住她并能够带着惊讶的表情问她：你想起什么了？我不是得到你的同意才出现在这里的吗？——我利用你睡觉的时间霸占了你？我？你开玩笑吧！——谁会相信你的谎言？你真的疯了吗？你会向你的父亲说些什么呢？说你乐意我陪你？这由你决定；你会看到，他会怎样对待你。——你愿意这么无耻地去谈论暴力？你想要给你的谎言找一个证据？——他已经有了证据。

……他的虔诚和正直的名声一直跟随着他，直到他进入坟墓。

相反，他把他那没有被揭开的罪行的秘密——至少没有被公开揭开——带进了坟墓。在那里，他的罪行将像他的骨灰一样被忘记。他所遗留下来的，是他的善行，他创造的永恒的东西，是他的福音——贫民银行——没有随他的过去一起消失的，是他的伪善：他的遗嘱是表面上的虔诚和正直。

雅克·弗兰是一个彻底的伪善者，死亡本身都没能撕下他的面具。为了能够在以后的很多年里都继续扮演这个角色，时间的素材和营养借给局限性足够的艺术和技巧。

罗兰夫人，第二任奥尔比基尼伯爵夫人，达尔维尔女士的继母，证明了这一点。

如果说，伪善对公证人说来完全是有意的，而对罗兰夫人说来是一种类似本能的东西，那么，在这两者之间存在着一群人，这些人不可能深入秘密，但总是下意识地竭力在这样做。同时把这个世界的上等人和下等人引到江湖医生布拉达曼蒂（波利多里神甫）的阴森森的住所中去的，也并不是迷信。不，他们是到那里去寻找秘密，以便向世界证明自己无罪。死亡的少女不想变成被蔑视的母亲——江湖医生布拉达曼蒂知道一种药剂。这是谋杀；但是谋杀犯不想成为谋杀犯，而是想成为受人尊敬、爱戴和称颂的人——布拉达曼蒂有一剂毒药。

秘密一个讥讽

现在，秘密已经变成了公共财产（Gemeingut），成了全世界和每一个人的秘密。或者它是我的艺术或我的本能，或者我能够在市场上像买商品一样地买到它。因此，秘密也就绝对不会再是被掩盖的和不可捉摸的，而是一种自己掩盖自己的东西，或者更好一些，是被我掩盖、被我弄得不可捉摸的东西。在关着的门后面，今后将孕育、酿造并形成秘密。但是，因此也就有了偷听、看穿和探索秘密的可能性。

如果你有害怕见光想要隐藏起来的东西，那么这种东西就给你提供了一种恶毒的兴致，即看见别人的秘密被揭开面具。你对于别人并不比你过得好而感觉到幸灾乐祸的狂喜，并以嘲讽和讥笑他还希望比你过得好来惩罚他。每一个人都希望比别人好，因为他不仅在掩盖自己行善的动机，而且极力想把自己作恶的事实用重重的浓雾包藏起来。

这种幸灾乐祸是卑鄙的日常流言蜚语的源头，在这些流言蜚语中，邻居自以为通过传播他们到处打听到有关他们自身的怕光怕水的事情的结果就获得了内心的安慰。

如果每一个人由于这样的原因都有想要深入别人的秘密的癖好，那么，只有少数人能够满足自己的兴致。在这方面，仆人的地位是最有利的了。他们在便服中总是会发现自己的优越性。当他们能够纯粹的享受那些被完全揭露而又不会被任何人利用或做坏事的秘密时，尽管他们并非不足够感兴趣，裸露的弱点也确实太过于向他们暴露自身了。圣雷米公爵的侍从、马车夫、仆人毫无感情地毁灭了他们的主人，他们代表了命运的辛辣讽刺，命运把仆人变成了他的主人的主人， 然而，在他的仆人的力量和仁慈中的这些东西，远不足以成为滑稽的讽刺——讽刺丝毫不是利己主义的，因此它满足于单纯的讽刺。可是，看门人的处境使他能比较独立，使他有可能把屋内的秘密变成自由的、没有利害关系的（虽然是严酷而辛辣的)、讥讽的对象。阿娜斯塔西亚·皮普勒,看门人的夫人,正如她不知疲倦地嘲笑那个恋爱的、常常被骗的指挥官卡尔·罗伯特那样,正如在她给那个她穿着华丽的大花睡裙给那个带着绣花的希腊便帽的男人指路之前,她和她的朋友,卖牡蛎的妇人,透过面纱观看不幸妇女的脸而得到消遣一样,正如她大笑着喊道:“今天一切如常。我希望有更多的乐子!”阿娜斯塔西亚·皮普勒的任务是,用某种方式开始反秘密的小型战斗。

她的丈夫看门人阿尔弗勒德·皮普勒和她是同行,但是运气不佳。如果说阿娜斯塔西亚用讽刺攻击秘密,那么使阿尔弗雷德遭到失败的秘密就是人家对他的讥讽和嘲笑,他不再相信滑稽剧,而是向警察求救来抓他的死敌卡布里昂的可怕的共犯。卡布里昂对他做了什么呢?他给了他那光秃秃、很尊贵的头一个吻——一个现象。他知道以一种秘密的方式在这两位皮普勒的圣洁禁欲的婚床上画上了他憎恶的图画。

……

战胜这位孩子气的老年人是秘密的最有决定意义的失败。一个稍微机灵和勇敢一些的人就不会上嘲笑的圈套。

因此,如果说阿娜斯塔西亚嘲笑秘密,那么在阿尔弗雷德那里,秘密的自我嘲讽就显露出来了。在他那里,秘密的幽默发展起来。

笑　面　虎

还有一件事情要做。从皮普勒和卡布里昂的例子中,我们已经看到,秘密在它自己的渐次的发展中必然会被迫降到纯滑稽戏的地步。问题只在于,个人(das Individuum)不再演出这种愚蠢的喜剧。

笑面虎在这一步上做得不能再纯朴了。

……

巴黎的秘密的普遍世界状况

这一秘密的世界也就是现在普遍的世界状况,《巴黎的秘密》的个人的活动就在其中进行、休息、产生、向前发展,并力求重新塑造它。

在我转过话题来谈史诗事件在哲学上的再现之前,我在现在的位置必须把上面所做的零零碎碎的构图合成一幅完整的图画。

首先,从我们的叙述中可以得出结论:前面研究过的一些单个的秘密,并不是与其他秘密无关而本身就有价值的,它们也并不是什么了不起的闲谈中的珍闻。这些秘密的价值就在于它们自身组成许多环节的有机的连贯性,而这些环节的总和就是秘密。

虽然,在我们的史诗中,秘密并不表现为这种自知的连贯性,但是我们在这里碰到的问题并不是逻辑的、公开的、自由的批判机体,而是一种隐秘的植物的存在。植物在它所长出的每一个新的分枝中重复它的整个的和全部的机体,因此,植物不仅仅能从种子中长出来,而是也能从插条中长出来。构成植物生命的本质的那些构成部分全新地、整个地出现在每一个枝条、每一个叶片中。单个秘密彼此之间的地位与一株高大植物的枝叶的那些秘密也是相似的。

因此,犯罪同时就是无法纪的(rechtlos):社会惩罚罪犯,但是社会并不为罪犯提供公正(Recht)以使罪犯能够基于公正(Recht)提出过一种更好的生活并变成有教养的人的要求。社会反倒是长久地容忍"无知和贫穷",这"使得贫穷的阶级遭受了可怕的人的和社会的屈辱"。

社会不相信犯罪的人能够悔改的可能性。

在拉霍斯讲故事的那个人曾因为扒窃钱包被关押在梅里恩，从梅里恩出来之后，他做出了一个值得称赞的、坚决的决定，通过经营一个有尊严的手艺为自己挣得面包。除了到铅白矿厂工作，他别无去处，可以预见，他将由于铅绞痛而在几年之内死去。这是一个什么样的决定！预见到了疼痛和死亡却还想要成为一个受人尊重的人，而他只需要做一次扒窃（而扒窃不需要任何勇气），就能够再次被关进监狱过上无忧无虑的生活。——这是一个怎样的决定！社会如何才能让公正出现在他身上？他去过铅厂的所在地。但是那里一片肃静，因为在几年之内所有的工人都会死去。他现在去所有厂主那里找工作。但是大家都说：“过去的服刑犯竟想要进步！小偷！伪造货币者！”看到他的人都会捂紧自己的口袋——只是为了不致挨饿，他踏上了前往巴黎的道路，因为他希望在那里找到工作。

更进一步说，犯罪是个体的、有血有肉的、无知的人——在他的感性的欲望控制下的人——的外在的犯法行为。操刀鬼代表了这一面。之前，作一名屠马人和屠夫的副手对他来说就已经是一种杀戮的物质享受，在他被鲁道夫转化之后，这种杀人的勇气再次觉醒。

犯罪也会作假。它想要给自己一个非常野蛮的表象，但是人性的闪光在最蜕变的天性中也依旧是有生命力的，并且能够感受到它的温暖。圣拉扎监狱的护士长从长年理智的观察中得出一个结论：那些被关押的“少女总体来说比她努力表现出来的样子更不坏。”例如，有一个很难控制的人物，她的名字叫母狼，她的性格是如此的急躁鲁莽和残忍，在所有狱友面前粗鲁地冒犯护士长；但是，在她被关禁闭独自一人睡着以后，两颗老大的泪珠在这个少女的脸颊上滚过，她说道：“原谅我吧！原谅我吧！阿尔芒太太！”在接下来的时日里，她在狱友中间再次变得粗俗，并激烈地反对这位阿尔芒太太。——由于玛丽花带给她的说不清的影响,母狼后来阻止了她的整个团伙欺负一个不幸的怀有身孕的少女。接下来,母狼开始谴责自己是胆小鬼,而且相信自己受到了蔑视,因为她的情人马夏尔在她的胳膊上刺下了“去死吧胆小鬼”,这几个字让她反悔。他大声说道:“当她说,您把我们从恶人变成好人时,我本来会掐死她的,因为她——让我们羞愧的是——说对了。”她把“犯罪行为令人毛骨悚然的伪善”称为耻辱。

拉霍斯里的恐怖的骷髅架吹嘘自己说:“我杀一个人赚6法郎,不为别的,完全是因为声誉。人们相信,我只杀了两个人,但是假如死人能说话,将会有5个人证明,我是怎么工作的。”—

欧仁·苏写道:“这个强盗在吹牛”。他还说:

“这些嗜杀成性的好吹牛的人是冷酷无情的罪犯的一个典型特征。”

“一个监狱指导员说:如果那些不幸的人自我吹嘘的所谓杀人行为真的发生了的话,那么会有十倍的人被杀掉了。”

最终,犯罪必然会认识到自己的无能,它并没有像它所认为的那样嘲笑上帝和法律,而是把自己变成了一个笑料。罪犯通过这种行为激怒上帝的和尘世的秩序;尽管如此,“圣拉扎监狱的犯人在看到圣母像和她们制作的贡品时会感到害羞和恐惧。”流氓和杀人犯也需要一个神圣的部门作为他们复原休养时间的秘密保护伞和护身符。

弗兰的伪善和表面上的神圣性自在地说来同样变成了笑料。……

秘密本身用自嘲来判决自己。秘密发展完善并在发展完善的同时摧毁了自己。因此,弗兰感到自己被完全否定了,因为他的伪善、他的生命的艺术和声望超出了所有的预期,他被迫看到:“当他因无力的愤怒而颤抖时,他得到了一位受人尊敬的教徒的公正赞颂,而他一直被这个教徒欺骗了。”

诸秘密本身要求侯爵自己围绕着王位和王冠转。这些秘密交错和分离都充满生命力,它们是从我们的整个状况和关系中生长出来并把它覆盖掉的一种剧毒植物。鲁道夫把他的理性交到了卑鄙的波利多里的手里;把他的心交给了一个不体面的人萨拉·塞顿;把剑指向他的父亲,并且必然会在贫穷、堕落和卑污中再次发现他那被认为已死的女儿,侯爵的女儿!——由此,秘密在其最终结果中消灭了自己,从而促使有力的角色进行独立的检查。我们想要赢得面对秘密的自信和勇气,有一个单纯的少女,笑面虎,没有蛮力,只有自己本性的力量,幸运地往前生活,快活自由地呼吸,没有任何东西压迫她的胸怀、占据她的大脑。

巴黎的秘密的史诗事件

《巴黎的秘密》的世界秩序,正如史诗所认为的,本身就是秘密。它处决了自身,并把自身消融于自身之中。但是,世界并没有随着《巴黎的秘密》的世界秩序同时也消亡,自动让自己担负起悔罪责任的人必然会出场,把希望的大厦最终不再是建立在沙子之上,而是真正的奠基于根基之上的人必须出场。这就是敢于无情地批判的人。

鲁道夫在我们的史诗中就正是这样的人。

他积极的悔罪是《巴黎的秘密》的个人的史诗般的情节的核心。他,盖罗尔斯坦公国的侯位继承人,是秘密的化身和首席公仆,是人性的国家的首席公仆。

假如鲁道夫人格上没有背负着沉重的债务,那么鲁道夫就会变得苍白无力,成为没有现实性和人格特性的单纯观念。这就是1月

13日的重要意义，在这一天，鲁道夫把剑指向他的父亲。

老国王已经在侯爵领地安息了，鲁道夫也戴上了王冠，但是对犯罪行为的记忆却不会安息。与回忆联系在一起的是一个孩子的存在，鲁道夫从她卑鄙的母亲麦克格莱格尔伯爵的第二任夫人那里得到了自己人生的债务。鲁道夫得到了自己孩子的死讯，有关这个孩子被她的母亲忽视了的猜测，在他的心里插下了一颗新刺，这颗刺把1月13日的旧伤口再次撕开了。鲁道夫出于敬畏来建立他的臣民的幸福；这个儿子不敢把1月13日从他的思想中清除出去。鲁道夫的最忠诚的老师、最正直的朋友、最诚心的仆人穆尔弗同时也是1月13日的那个不祥行为的见证人，他总是提醒这个可怜人的弑父意图。

穆　尔　弗

“穆尔弗同时就意味着1月13日的永世难忘的罪过和通过无比爱戴鲁道夫这个人物并为他作自我牺牲来永远赎补这个罪过。”

朋友在真正的朋友身上再次发现了自己本身，穆尔弗给他的价值赋予了最富足和最尊贵的意义。鲁道夫也能够做到这种尊贵的忠诚、有力和稳固，但是在他对萨拉的爱中，他并非没有意识到自己丧失了它们，直至他最终在1月13日决裂产生了，他的天性的这些起源、他的生命的这个目标对于他而言是纯粹地在穆尔弗身上保持了下来。

穆尔弗是对鲁道夫的奉献，因为他向他献出了他的人类的力量。穆尔弗献身于拯救人类，因为他首先是鲁道夫的教育者，然后是鲁道夫的朋友。鲁道夫和拯救人类、鲁道夫和实现人类本质的完美，这对于穆尔弗来说是统一的、不可分割的整体，他献身于这个统一的整体不是出于那种愚蠢如狗的奴隶般的忠顺，而是有充分的自觉和自主的。

……

穆尔弗是爱笑的姑娘的完全的对立物。笑面虎本身就是自由的、自我满足的开放性；穆尔弗服务于鲁道夫，提醒鲁道夫在自己内心中对自己清醒和纯粹。笑面虎没有任何秘密，穆尔弗对什么都不容忍。作为鲁道夫的老师，他发展了鲁道夫的崇高天性的被隐藏的萌芽，这个内核后来就变得具有精神和肉身了。作为鲁道夫的朋友，他全身心地献身于鲁道夫的赎罪行为。

笑面虎靠近秘密的最外围的边界。她自己还没有意识到自己的崇高的伦理价值，因此她对自己说来也还是个秘密。穆尔弗对于他所追求的东西是完全纯粹的。穆尔弗揭开了秘密的秘幕，但这只是为了鲁道夫。他帮助了摧毁秘密的力量的工作。但是对于这场斗争必然能够成功，他没有坚定的信念。他也能够相信，把自己混在罪犯中间，对于他的主宰者和朋友鲁道夫而言是一个不威严的开端。

笑面虎和穆尔弗触碰到了对方。她从秘密的阴暗的幕后走出来，他——他的力量献给了慈善的、变革世界的行动——踏进了秘密的阴暗区域，这个区域对于他来说还是一团迷雾，尽管他立即就帮助驱散了雾气。

鲁道夫——一切秘密的被揭露了的秘密

鲁道夫对他的父亲举起了宝剑。

鲁道夫领会了纯批判的思想。而对于他和全人类来说，这个思想比人类在自己的历史上所获得的全部经验，比鲁道夫即使在良师指导下所能从这一历史中汲取的一切知识，都更有益处……

批判的力量是，鲁道夫所努力追求的，他作为任务提出来的，“赏善罚恶，帮助受苦的人，治愈创伤，以求从堕落中拯救某些灵魂”。

……

鲁道夫借以使自己的周游世界流芳千古的公正裁判，实际上正是对社会秘密的揭露。

【在接下来的段落里，塞利加先后以“操刀鬼”“校长”“弗兰”“路易莎·莫莱尔”“模范农场”“达尔维尔伯爵夫人”为题用6个小节探讨了小说中的6个人物或事物在鲁道夫揭露“秘密”的旅程中的地位。

对于“操刀鬼”，塞利加有“鲁道夫把这个‘刺客’还给了人类，这是他的一桩多么大的功绩呵”的感叹。

提到“校长”时，塞利加说“令人生畏的‘校长’突然承认了诚实和正直的力量；他向‘刺客’说：是的，我相信你，你是从来没有偷过东西的。‘校长’不能有‘刺客’那样快的和幸运的转变。”

提到“路易莎·莫莱尔”时，塞利加写道：“鲁道夫就是这样想的。现在把这些思想和你关于妇女解放的幻想比较一下吧。在这些思想中你几乎可以用手触摸到解放事业，而你一开始就过于讲求实际，所以你经常因你的努力落空而遭到失败。”

在写到“模范农场”时，塞利加说：“从第一眼就可以看出，这整个计划不是乌托邦。鲁道夫事实上通过他的模范农场教化(bilden)了许多勇敢的人。尽管并非只有穷人和下层人中才有需要教化和完善的人。”

在写到“达尔维尔伯爵夫人”时，塞利加写道：“鲁道夫给她指出了慈善事业的消遣的一面，这种思想证明了那经历过深刻考验的鲁道夫的智慧所独有的人类知识。”

以上节选文字出自《神圣家族》中马克思的引文。在这些文字之外，塞利加在每一节都有长篇论述，在此不再一一翻译。】

玛　丽　花

我的发展的进程要求，玛丽花只有在发展的结尾才能找到她的位置。

假如我让对那控制着鲁道夫并且通过他表现为特定的史诗行动的主要思想的解释跟随着客观世界状态的展开；假如我在有些场合没有把我后来所能够解释和证明的鲁道夫的活动作用到的那些人物作为那种世界状态的秘密的承担者和仆人，而是把完全不同的人物作为秘密的承担者和仆人，——那么，这种解释就会变成错误的猜测，欧仁·苏也会把对客观基础的描述与那些唯有联系这个基础才能为人所理解的当事的个人力量的发展分开，正如把伟大的席勒·华伦施坦的处境与华伦施坦的死分开，能更好地服务于戏剧而不是史诗一样。

假如世界状况和史诗事件只是互相交错成一个五光十色的混合体，时而表现一段世界秩序，时而表现为一幕行动，那么，世界状况和史诗事件在艺术上就还没有结合为一个真正统一的整体。如果要形成真正的统一体，就必须使两种因素——这个受局限的世界的秘密，以及鲁道夫借以洞察和揭露秘密的那种明确、公开和肯定——在一个人身上互相冲突。

在我们的史诗中，这是玛丽花的任务。

……

玛丽花承载着时代的罪,并被它压抑,但她却没有造成一点罪。鲁道夫偿还了时代的罪,因为他必须把自己从一个严重的罪中解放出来。

按照逻辑的次序,鲁道夫必然是玛丽花的儿子。但是这是一个新的秘密,即现在从其腹中所孕育出的常常不是未来,而是早已衰逝的过去。但是,这个孩子没有未来,他那年轻的定在中承载着死亡的内核,在她被允许展示出她全盛时期令人惊奇的壮丽之后,他像雏菊一样死了。玛丽花凋谢了,沉入泥土。但是,鲁道夫深深地扎根于现在的地基上,将再次振作起来:他也不是个例,孩子离去,父亲活了下来。父亲为孩子们开辟了道路,而且孩子们所完成的都是建立在父亲的肩膀上的。一个孩子如果不也成为父亲或母亲,而是保持着童贞进入坟墓,就只不过是一次伤感的离别,这次离别把人类天性的永恒进步的短暂性纳入了新的且总是新的世代之中。

这个孩子本质上是一个女儿。在这个孩子那里,肉身受难的原则被提升为无限的激情。如果玛丽花没有把爱交付给她的高贵的表兄,那么,一方面,她之所以拒绝[她表兄的爱]是源于她的悲伤的回忆,由于有这种悲伤的回忆,她甚至不能付出一丝一毫的爱;另一方面,为了完全符合她在我们的史诗中所体现的观念,玛丽花决不被允许成为母亲。变成母亲的女性放弃了她的消极性,她属于未来,然而,玛丽花依然担负着的任务仿佛是描绘过去在它自己彻底消逝之前所流出的最后一滴辛酸的眼泪。

……

结　语

《巴黎的秘密》恰恰是对当前世界秩序的充满生命力的批判,而且作为这种有血有肉的批判,它是一部史诗,上述证明对我而言是不是成功，我必须对此做出深思熟虑的判断。如果说我已经解决了自己的任务，那么对于艺术——审美不能制定规则，而是只愿意把握艺术作品——来说，更进一步的结论依然是这样的：

艺术首先不再必须是不得不把单一性这个范畴作为其最高的教条和首先及最后的标准置于最高的位置。对于浪漫派的艺术而言，不丧失自己以及不与自己分离，是一个不可或缺的需要。在最高的层级上，其表象的对象是永恒和完满的东西自身。但是它所了解的并不比短暂的和不完满的东西更好，它所了解的只是尘世。而在尘世中，人必须要累得满头大汗才能挣到自己的面包，妇女必须要在痛苦中才能分娩婴孩。但是，它所了解的这些东西必定是那些对它而言是一个预感、渴望、希望、信仰亦即是其理想的东西的代表和符号。它必须费尽力气不停地把它所希望表现的与它还只能表现的这双方聚合在一起，因为这双方本身不是结合在一起的。因此，浪漫派谈了很多统一性，又没有达到统一性。事实上在理论中也从来没有达到统一性。此外，浪漫派已经通过他们从在自身中达到宁静的单纯的美中推导和发展出崇高和滑稽事物，推导和发展出从自身中流露出来、从某一方面看使自身都相形见绌的美的那种方式证明了这一点。

艺术，像《巴黎的秘密》那样希望以现实的世界观为基础的艺术，直接就是统一性，因此也就不再需要教条，也不允许再承认教条。（《文学总汇报》第七期，第8—48页。）

第七章　“新唯物主义”的孕育与共产主义的哲学奠基

马克思在《神圣家族》中详细分析了法国唯物主义的发展线索，指出法国唯物主义分为两派，一派“汇入了真正的自然科学”，一派“汇入社会主义和共产主义”。对照18世纪法国唯物主义对17世纪形而上学的胜利，马克思提出，克服黑格尔形而上学的将是“为思辨本身的活动所完善化并和人道主义相吻合的唯物主义”，这一论断表明了马克思主义“新唯物主义”在孕育过程中所吸取的思想养料，是理解“新唯物主义”不可或缺的钥匙。不仅如此，由于马克思确认了法国比较有科学根据的共产主义者正是以唯物主义为逻辑基础的，他又是在自己正在孕育中的“新唯物主义”的基础上为其共产主义进行哲学奠基的。

一、思辨哲学对法国唯物主义的评价

鲍威尔对法国唯物主义的批判是马克思考察唯物主义发展史的直接动因。在《基督教真相》和《文学总汇报》中，鲍威尔对法国唯物主义和费尔巴哈的唯物主义提出了批判。鲍威尔立足于“自我意识哲学”，批判了“法国唯物主义”的“物质”概念和费尔巴哈的“类本质”和“共产主义”思想。鲍威尔指出,法国唯物主义把“物质”理解为世界统一性的基础无法把世界的运动理解为“自为的运动”,费尔巴哈的“类本质”概念在人的“自我意识”之上建构了一个新的超越性的存在,构成对人的新的统治。尽管鲍威尔是从唯心主义哲学出发批判法国唯物主义和费尔巴哈的,但是他的相关批判提示了马克思,引起他进一步研究唯物主义的发展史。

(一)布鲁诺·鲍威尔对唯物主义的批判

布鲁诺·鲍威尔对18世纪的法国唯物主义持批判的态度,主张用自我意识哲学取代唯物主义。他认为,唯物主义在存在与精神的关系中把存在视为第一性的,是不足取的。在他看来,“如果实体不进一步发展为概念和自我意识,那它就会演变为‘浪漫主义’。”[①]所以,鲍威尔提出“唯物主义的真理即自我意识的哲学”的观点。[②] 鲍威尔把自我意识哲学视为唯物主义的真理,也就是说,他认为自我意识哲学是一种比唯物主义发展更为完善、更为充分的哲学。亦即,自我意识是充分发展了的物质、存在、实体,是物质、存在和实体的真理。“实际上,自我意识设定世界,设定差别,并且在它自己所创造的东西中创造它自身,因为它重新扬弃了它的创造物和它本身之间的差别,并且只有在创造中和在运动中才是它本身。”[③]在鲍威尔看来,法国唯物主义置于第一性的物质、存在、实体,只不过是自我意识的产物,是自我意识设定的。

布鲁诺·鲍威尔进一步指出了法国唯物主义在对意识的理解上犯了错误。“法国唯物主义者依然犯了错误,即他们没有把他们体系中的各个要素联合为真正的统一体,或者说,他们的各个单个命题的真理性还没有得到发展。法国唯物主义者的确曾把自我意识的运动看做普遍本质即物质的运动,

---

① 《马克思恩格斯文集》第1卷,人民出版社2009年版,第336页。

② Bauer,Bruno:“Das entdeckte Christentum”,in *Das entdeckte Christentum im Vormärz*,herausgegeben von Ernst Barnikol,Jena:Eugen Diederichs Verlag,1927.S.113.

③ Bauer,Bruno:“Das entdeckte Christentum”,in *Das entdeckte Christentum im Vormärz*,herausgegeben von Ernst Barnikol,Jena:Eugen Diederichs Verlag,1927.S.113.

但是他们还未能看出，宇宙的运动只有作为自我意识的运动，才真正变成了自为的运动，才达到了与本身的统一。法国唯物主义者首先还是从物质的表面印象（der äußerliche Eindruck der Materie）来理解自我意识的运动——当然也是从物质的同质性来理解自我意识的运动，因此自我意识最开始与物质就是一种存在。"①在鲍威尔这里，法国唯物主义的错误突出表现为对自我意识的理解上，它把自我意识理解为"物质的运动"，从"物质的表面印象"来理解自我意识，也就是把自我意识理解为物质的刺激引发的印象，把意识的活动还原为了物质的运动，"从物质的同质性来理解自我意识的运动"，把自我意识降低到了物质的水平，错失了"自我意识"的高贵性。

在鲍威尔看来，法国唯物主义者不仅把意识活动还原为物质运动，而且把人理解为了自然物。"一般而言，他们的错误是，他们只是从人类学上对待人，把人视为规定了的即被自然规定了的主体，而且——至少在自然的体系内部——忽视了它作为民族精神的更高的规定，忽视了它在历史、艺术和科学中的自由的自我规定——但是，这个错误是可以理解的和毋庸置疑的，它是与基督教体系的第一次全面的和整体的对立，在基督教的体系中，人只是孤立的单个的主体，都是以同样的方式与民族精神相隔绝，而且被夺走了一切自由的自我规定。"②法国唯物主义只是把人理解为被自然规定了主体，忽视了人在历史、艺术和科学中的自由的自我规定。在鲍威尔这里，法国唯物主义和基督教是一组对立的体系，但是它们都不是真理，它们的真理是自我意识哲学，只有自我意识哲学才真正理解了人的自由的规定性。

（二）费尔巴哈对传统唯物主义的超越

费尔巴哈哲学同样关注思维与存在的关系问题，但是费尔巴哈既反对法

① Bauer, Bruno: "Das entdeckte Christentum", in *Das entdeckte Christentum im Vormärz*, herausgegeben von Ernst Barnikol, Jena: Eugen Diederichs Verlag, 1927. S. 114-115.

② Bauer, Bruno: "Das entdeckte Christentum", in *Das entdeckte Christentum im Vormärz*, herausgegeben von Ernst Barnikol, Jena: Eugen Diederichs Verlag, 1927. S. 115.

国唯物主义,也反对德国的唯心主义,他试图通过“人本学”扬弃这二者之间的对立。他说:“唯物主义、唯心主义、生理学、心理学都不是真理,只有人本学是真理。”①对于费尔巴哈而言,不论是唯物主义,还是唯心主义,都是片面的,只抓住了问题的一个方面。他扬弃这二者之间对立的途径是“感性的人”。他说:“思维与存在的统一,只有在将人理解为这个统一的基础和主体的时候才有意义,才是真理。”②这个命题首先表明了费尔巴哈大大超出了18世纪法国的唯物主义者。他没有从物质这一方面来理解思维和存在的统一性,而是把人理解为思维与存在统一的基础。费尔巴哈非常尖锐地批判了法国唯物主义的受动性观点:“自我在对象中的实在性,同时也是对象在自我中的实在性。要知道,如果一切都被归结为客体的印象,像冷酷的唯物主义和经验主义所假定的那样,那末畜类也可以成为物理学家,甚至必须成为物理学家了。”③费尔巴哈对人的感性认识的理解远远超出了法国唯物主义,在他看来,在感觉、意识活动中,人不仅仅接受外界的刺激:“人只是通过感觉而成为认识自己的对象——他是作为感觉对象而成为自己的对象”。④ 这是人能成为物理学家,而畜类不能成为物理学家的原因之所在。费尔巴哈认为,人在感觉中成为自己的对象,“主体和对象的同一性”的真理在“人对人的感性直观之中”,这相对于马克思从实践的观点来理解相关问题还有差距,但其相对于旧唯物主义的贡献也是很明显的。

其次,费尔巴哈把人理解为思维和存在统一的基础,这决定了他必然也反对德国的唯心论立场。在他看来,唯心论把思维与存在统一的基础规定为精神,把物质视为精神的异化形态,同样是只抓住了思维与存在对立的一个极端。费尔巴哈是这样评价黑格尔哲学的:“黑格尔哲学是思维与存在的矛盾

① 《费尔巴哈哲学著作选集》上卷,商务印书馆1984年版,第205页。

② 《费尔巴哈哲学著作选集》上卷,商务印书馆1984年版,第124页。

③ 《费尔巴哈哲学著作选集》上卷,商务印书馆1984年版,第89页。

④ 《费尔巴哈哲学著作选集》上卷,商务印书馆1984年版,第172页。

的扬弃,这个矛盾特别是康德就已经提出来了,他看得很清楚!只不过这种矛盾的扬弃是在矛盾范围以内——是在一种要素的范围以内,是在思维的范围以内。”①与法国唯物主义相比,黑格尔主义只不过是走到了另一个极端而已。黑格尔的唯心主义同样否认了人的主体地位,把精神理解为意识发展过程的主体,人的知识形态只是精神发展历程的注释。

指出费尔巴哈恢复了人的地位,并不是在过分夸大费尔巴哈。在经历过康德和整个德国唯心主义哲学的教化之后,我们再把费尔巴哈的唯物主义理解为传统的经验论和感觉论,是对费尔巴哈的误解。在《关于费尔巴哈的提纲》中,马克思批判费尔巴哈的是,费尔巴哈对“对象、现实、感性,只是从客体的或直观的形式去理解,而不是把它们当做感性的人的活动”②。直观作为费尔巴哈的方法论,其缺陷在于他是从静态的而非历史的观点上看待人与人、人与对象之间的关系,自然是理想化的、静态的、始终如一的自然,人也是理想化的、静态的、始终如一的人。当他发现现实生活中的人与理想化的人不符合时,他没有从社会关系的历史变化中来理解人的改变,也没有想到改变社会关系以使人成为理想的人,而是诉诸道德批判和爱的教育。这正是马克思说的:“当费尔巴哈是一个唯物主义者的时候,历史在他的视野之外;当他去探讨历史的时候,他不是一个唯物主义者。”③

(三)布鲁诺·鲍威尔对费尔巴哈的批判

在黑格尔的哲学大厦解体之后,德国理论家们在如何进一步推动德国理论发展的问题上经常论战。鲍威尔和费尔巴哈对彼此也都有批评性意见。鲍威尔的批判不仅指向费尔巴哈的“类本质”概念,而且指向以之为基础的社会主义思想。

---

① 《费尔巴哈哲学著作选集》上卷,商务印书馆 1984 年版,第 124 页。
② 《马克思恩格斯文集》第 1 卷,人民出版社 2009 年版,第 499 页。
③ 《马克思恩格斯文集》第 1 卷,人民出版社 2009 年版,第 530 页。

1. 对费尔巴哈“类哲学”的批判

鲍威尔批判费尔巴哈的“类本质”概念，认为这是一种超越于人之上的礼拜的对象。在《类与群众》一文中，鲍威尔批判了费尔巴哈的类本质的观点。他首先引述了费尔巴哈的“类本质”学说，然后对这一学说做出了批判：

> “什么是人的本质，什么是‘人之中真正的人性’？‘理性、意志和心’。‘理性、爱、意志力是人的本质的完善性，是绝对的本质完善性，最高的力，人作为人的绝对本质，人的定在的基础。它是属神的、绝对的力量，是构成性的力量，这种力量是他的本质，而这本质既不为他拥有，也不是他所创造的。’但是毋宁说，这种力量是它的软弱。这种不是由他创造的本质——这种本质撤销了他的创造性的力量，或者毋宁说，这种本质是它没有任何创造性的力量来完成他的最高的即他本身的人的事业的前提——毋宁说表达了他的无力。因此，真正的人的东西在他那里倒成了一种他无法实现的限制，对他来说成了独立的东西或教条化的他的完善性，它最高只能成为礼拜或信仰的对象，而礼拜和信仰又使绝对的不完善性成了必要的，这是彼岸的王对他的诅咒。费尔巴哈已经让自己置身于那种他想要批判的关系中了。在实体的形式中，那种关系变得更加稳固了。因为，尽管他已经把那种关系转变为人的本质的关系，他还是仅仅把它变得更加困难了。”①

鲍威尔的自我意识哲学力图在批判中使每一个个体的人放弃自己的偏狭的立场，获得“普遍的自我意识”，成为一个具有自主性的个体。为此，他要求摧毁一切超越于自我意识、超越于批判之上的绝对之物，把它们改造为自我意识的创造物。连黑格尔的绝对精神都没有逃脱鲍威尔的批判。费尔巴哈的“类本

① Bauer, Bruno: “Die Gattung und die Masse”, in *Allgemeine Literatur-Zeitung*, hg. v. Bruno Bauer, Charlottenburg: Verlag von Egbert Bauer, September 1844(Nr.10).S.42-48.

质”对于鲍威尔而言也是一种超越之物。鲍威尔指出，费尔巴哈把类本质看做一种“绝对的力量”，“既不为他拥有，也不是他所创造的”本质，这种本质实际上成了一种独立于人的东西，成了礼拜和信仰的对象。类本质不仅没有证明人的完善性，反而证明了人的无力。

鲍威尔还指出，费尔巴哈认为“每一种本质本身就是自足的”，这意味着他不会把“类本质”置于批判的视角下，而是总是在维护“类本质”。鲍威尔指出，这是一种“自我陶醉”：“这种自我陶醉必然会导向听天由命、麻木不仁以及屈从于特定的局限性，而且每一个单个的人都被配给了这种局限性。只有解体的苦痛被压制，群众的野蛮冲动被外在地束缚住，历史误入其中的对立被掩盖，只有如此，类才能够被恢复。”①鲍威尔的态度很明确，认为类是一种自足的本质，这会导致人的自我陶醉。而自我陶醉又会导致人听天由命、麻木不仁以及屈服于某种局限性。费尔巴哈主张类本质的复归，但是只有当人感觉不到类属性解体的痛苦，群众的冲动被简单地压制住，历史上的对立被掩盖时，才能有类本质的复归。

2. 对费尔巴哈的社会主义思想要素的批判

鲍威尔对共产主义同样持激烈的批判态度。他说：

“共产主义观点的起点就是一个比其他曾经引领过人类前进的一切教条都更加排他性的教条，——这个教条就是，‘工人生产了一切，因此对一切都有权利’。按照这种观点，只有有机体的一部分受到了损害，整个其他的体系——除了受损害的那一部分——都处于最完善的健康状态：因此，这种治疗方案符合那种古怪的病理学的观点：对受损害的部分实施截除手术，把整个其他的有机体与之隔断，这样一来，那受损的部分就被治愈了。这种激进的方法就是，不包含

① Bauer, Bruno: “Die Gattung und die Masse”, in *Allgemeine Literatur-Zeitung*, hg. v. Bruno Bauer, Charlottenburg: Verlag von Egbert Bauer, September 1844(Nr.10).S.42-48.

在作为有用的劳动者的群众之中的一切都被否定了,而且由于被否定了,它们也被取代了。”①

在鲍威尔看来,共产主义的整个思想都是以一个教条为基础的,这个教条就是:“工人生产了一切,因此对一切都有权利。”由于工人的劳动被认为是社会的基础,所以社会上的非劳动阶层就被视为社会的毒瘤,必须被消灭。鲍威尔指出,这种观点就像医学上的截肢手术,认为有机体的其他部分都是好的,把受损的那一部分截除,以为这样就能治愈有机体的疾病,事实上带来的却是一个残缺不全的有机体。鲍威尔指出,共产主义的激进方案,其结果是把劳动者之外的一切社会阶层都消灭。

鲍威尔进一步指出,共产主义消灭国家的主张带来的不是个性的解放,而是更大的极权统治。

“取代国家的绝不是非国家,取代政府的绝不是无政府,单一性、兄弟之爱、自由和平等取代了被截除的差异——但是这只能发生在一瞬间,作为空想出现,因为这种粗暴的否定被迫再次同样粗暴地消灭自身,并暴露了这种治愈方法是不成功的。自由的兄弟们构成的群众只能通过这种‘决定了涉及营养、着装、住所、婚姻、家庭和工作的一切问题’的宪法来保障它的自由和平等,——简言之,通过一种没有给自由留下任何空间的宪法来保障它的自由。”

在国家这样一种政治组织形式被消灭之后,要想把单子化的群众组织起来并能够保障其自由,只能诉诸一种无所不包的法律,通过一种规定了人的饮食、着装、居所、婚姻和工作的一切的法律来保障人的自由。很显然,这样的法律没有给自由留下任何空间。

共产主义设想了完美的千年王国,但是实际的情形却是残酷的。

“因为这个社会是由没有任何意志的存在物构成的,所以,在这

① Bauer, Bruno: “Die Gattung und die Masse”, in *Allgemeine Literatur-Zeitung*, hg. v. Bruno Bauer, Charlottenburg: Verlag von Egbert Bauer, September 1844(Nr.10).S.42-48.

个社会中‘没有任何犯罪和诉讼’。社会的统一性不再受到破坏，因为在这个社会中只有一个教条，而且这个教条作为整个真理的表达以同样的方式控制了所有的弟兄们。”

共产主义社会中没有罪犯和诉讼，是因为人的自由意志被消灭了。社会达到了大同，实现了统一，是因为所有的人都遵守同样的教条。在鲍威尔看来，共产主义所设想的千年王国，是把人都变成了一个模式，否认了人的特殊性。

共产主义思想建立在类本质的概念之上，这其实是在单个人之上凌驾一个超级结构。“因为‘真理是不可分的，只有它可以引导人的理性，人们必须以一种合适的方式整个地、在一切地方宣告真理’。这种新的兄弟共同体的幸福最终会完全被类概念中所包含的对立的思想消灭。”①但是在不提升个体的精神发展等级的前提下，仅仅通过类本质的概念来建设共产主义是一种空想，它无法解决有差别的个体之间的对立。按照费尔巴哈的看法，一个人不论其社会地位、教育水平、经济能力如何，都具有类本质。这是费尔巴哈的爱的哲学的基础。但是，这些个体的人之间却是对立的。鲍威尔认为，费尔巴哈所设想的“新的兄弟共同体”将在这些对立面前瓦解。在鲍威尔看来，共产主义所谓的“劳动者的大范围的联合，以及诸多原子所屈从的专制宪法的排他性的教条”，只有通过排斥“精神”才可能存在。共产主义没有认识到提升人的精神发展等级，使群众获得普遍的自我意识才是最根本的。

鲍威尔立足于自我意识哲学批判费尔巴哈的类本质和共产主义思想，也是对马克思的共产主义的批判。在鲍威尔做出这些批判之后，马克思不能不反思费尔巴哈的局限性。鲍威尔的思想当中有合理性的因素，例如他强调普遍的自我意识的重要性，其实是强调精神教养在历史发展中的作用，强调精神的创造性，突出其对于未来社会形成的重要性，强调普遍性的精神同样是共产主义的精神基础。尤其是鲍威尔反对凌驾于个体之上的超级结构是一种很深

① Bauer, Bruno: “Die Gattung und die Masse”, in *Allgemeine Literatur-Zeitung*, hg. v. Bruno Bauer, Charlottenburg: Verlag von Egbert Bauer, September 1844 (Nr.10). S.42-48.

刻的思想。他强调,每一个个体的人通过精神的教养达到普遍的自我意识,从而结成新的社会共同体,这背后有他个人的担心。在精神的发展还达不到相应层次的时候建设共产主义,必须面对特殊利益的冲突,为了控制这些冲突只能建立一个新的超级结构,这对个体形成了新的压制。不得不说,鲍威尔的自我意识哲学有其深刻的人文关怀。但是鲍威尔的失误在于,他把精神、知识分子与普通的群众尖锐对立起来,对群众持尖锐的批判态度,不认为群众在社会发展中有丝毫的进步作用。这又是典型的知识分子的自大。马克思的看法则是单纯的理论批判并不能推动精神进步,固为精神的根源在社会生活,只有通过群众的革命行动改造了社会之后,才能改变精神。

由于原始文献的缺失,在既有的关于马克思在《神圣家族》之后短时间内明确批判费尔巴哈的研究中,我们过于重视的是施蒂纳的《唯一者及其所有物》,甚至是赫斯的《论德国的社会主义运动》和《晚近的哲学家》,都忽视了鲍威尔《文学总汇报》上的《类与群众》,这是一个巨大的缺憾。当然我们也认为,不论施蒂纳、赫斯,还是鲍威尔都是“外因”,马克思批判和超越费尔巴哈的内在根据和动力还是他在《1844 年经济学哲学手稿》中综合黑格尔的“活动”原则和费尔巴哈的“对象性”原则而制定的“对象性活动”概念。马克思超越费尔巴哈依靠的是黑格尔,他先是借助费尔巴哈批判黑格尔,又借助黑格尔超越了费尔巴哈。

附录:《类与群众》(全文)

布鲁诺·鲍威尔 著

为了拥有某种伟大的东西,人们最近拥戴群众为领导。

人们希望群众提升自己;似乎群众能够奇迹般地提升到这么高一样!似乎群众能够从自身的要素中、从群众性中、从大众的无机形式中超脱出来一样!这与犹太人在两年前的情况一样,那时人们也声称,犹太人不用再费任何周折就能够把自由的馈赠握在手中,因为人们与犹太人一样共同怀有同一个偏见。人们让群众免受批判,因为他们希望自己本身也能免受批判;人们把群众用作反对精神的中介;为了能够使旧的利己主义得到一次新的美化,人们把群众变成了礼拜的对象。

人们说,群众没有偏见——毋宁说,他们的偏见是最深重的,因为归属于群众的那些原子没有大的运动圆圈(那些上层的、处于领导地位的大众的各个原子主义的点就在其中流浪),只有在这个运动圆圈中,才能赢得全局视野(Übersicht)、鉴别力(Vergleichungskraft)以及纠正自己错误的能力,同时意识到自己是利己主义的。

群众在其作为无产者的规定性中是其对立面瓦解之后的映像和结果——只有当共同的等级利益已经消融于纯粹的利益、消融于竞争性的利益的无限性之中的时候,他们无机的群体才可能形成。因此,到处都是单一化占据统治地位:但是,如果从上层看,群众必须违反自己的意志而迁就一个更大的社会运动圆圈,迁就于各种各样的联合,这些联合把单一化了的劳动结合为一种体系,并且赋予群众思想和思辨的外观,那么从下层看,群众在感性上被局限于一种特殊的、固定的活动和操作,而且他们丧失了获得精神的任何可能性。纯粹手工劳动的奴隶对普遍竞争的精神奴隶压根没有任何认知,他对于它的压迫只有基本的感受,而不能解释和澄清它——如果他没有能够感受到一种东西,没有能够形成对它的意识,那么,他也没有能力与之斗争。

那么现在,精神——精神在为了更高的利益而斗争从而得到发展,它最终也许有可能将会发现一种秩序蓝图,在其中,一切利益将得到满足,而且不再需要更多的牺牲品献祭给它的利己主义的单一化——必须使大众确信他的观念的真理性,精神必须使群众避免斗争,它将平静地、确定地把群众提升到普遍劳动的立场上,而且群众也将让自己轻易地、乐意地从受限制的、永恒重复的手工劳动的锁链中解放出来。

那么,如果离开斗争,那种观念——不论它是什么——从一开始就不可能形成,如果它只能从与更广泛的、精神性的利益群体的摩擦中产生,从一种必然引发巨大冲突的摩擦中产生,那么,群众还应该让自己在没有反抗其真理性的情况下就确信那种观念吗?斗争只应该出现在上层,而纯粹的和平是下层的?在上层,冲突的意识竭尽全力地保持了精神,而且确实也只有在上才冲突的意识才能受到挑战,难道只有在上层事情才能解决?而在下层,它从一开始就会被视为已经确定了的,并被称作受欢迎的?毋宁说,在下层,斗争很难被开启,而且斗争又不是不必要的,不是不可能的——恰恰因为人们并不知道而且也不能知道在各个党派瓦解之后才出现的斗争的新转向,简言之,因为人们从“党派的高处”堕落进了群众之中,而且下面这一点也不允许得到承认,即如果真理只是被提供给人们的,人们也将无法接受真理,——所以,人们才没有想到要与群众进行斗争。

同时,斗争很久以来就开始了;人们很久以来,在无意之间,就已经接受它了,而且大众——人们希望承认大众是由没有偏见的美德的殉道士组成的共同体——将接受那本应属于他的立场。作为毫无精神的处境(它的虚弱的、混乱的形态反映了这个处境)的结果,大众事实上也会用这种无精神的状态反对发展。由于受自身的不知所措、懒惰、畏惧的奴役,以及受制于那个他把自己的需要和劳动都与之捆绑在一起的点的局限,他当前很难接受一种普遍的观念——但是那些他在党派崩溃之后赢得的同盟者们又将使他的畏惧变得更大,激发他的懒惰,并开动他对精神的仇恨。只有在类过去一直用它来表达自己的那些明确差异变得苍白无力之后,这样的群众才是一个能够接近的现象。群众是类解体为诸多单个原子的大众,是各种特定限制的消失,这些特定的限制在过去虽然把个体分隔开,但是又把他们联合在一起并使他们发生各种各样的关系;群众是单纯的基础材料,是有机形态解体之后的沉淀物。如果人们试图,再次承认类,再次强化并从而也联合起这些软弱的、在他们的疲乏状态中已经变得空洞无物、不受约束的诸多个体,那么在类中为他们指出一种更高的、所有人共有的力量,会怎么样呢?难道群众不会再次放弃类,而不再复原类?

当法国人创造了诸多体系来组织群众的时候,此时德国的批判所采取的方向是,试图再次恢复类的所有荣耀——这是费尔巴哈已经采纳的方向。

这种批判的出发点是,宗教——他想要澄清其"本质"——已经动摇了类概念,而它把单个人的幸福作为那种在世界创造之前就已经以永恒决议的形式被决定了的秩序的目的。与此相反,人必须重新服从它的"尺度、法则和规范"。这种"绝对的尺度"就是类的尺度。"我在类的尺度中思考,我所想到的,就与人一般能够想到的一样,而且如果一个人想要正常地、合乎规律地、因而真正地思考的话,就必须想到这些东西"。"跟类之本质一致的,就是真的"。"人所能够和应当超越的,只不过是自己的个体性的界限,而不是自己的类的各种法则和积极的本质规定;除了人的本性的本质之外,人不能把任何别的本质当作绝对的本质来思考、表象、感觉、信仰、意愿、喜爱和尊崇"那么,什么是人的本质,什么是"人之中真正的人性"?"理性、意志和心"。"理性、爱、意志力是人的本质的完善性,是绝对的本质完善性,最高的力,人作为人的绝对本质,人的定在的基础。它是属神的、绝对的力量,是构成性的力量,这种力量是他的本质,而这本质既不为他拥有,也不是他所创造的。"

但是毋宁说，这种力量是它的软弱。这种不是由他创造的本质——这种本质撤销了他的创造性的力量，或者毋宁说，这种本质是它没有任何创造性的力量来完成他的最高的即他本身的人的事业的前提——毋宁说表达了他的无力。因此，真正的人的东西在他那里倒成了一种他无法实现的限制，对他来说成了独立的东西或教条化的他的完善性，它最高只能成为礼拜或信仰的对象，而礼拜和信仰又使绝对的不完善性成了必要的，这是彼岸的王对他的诅咒。费尔巴哈已经让自己置身于那种他想要批判的关系中了。在实体的形式中，那种关系变得更加稳固了。因为，尽管他已经把那种关系转变为人的本质的关系，他还是仅仅把它变得更加困难了。

也就是说，如果，正如费尔巴哈把下面这一点确定为公理：“每一种本质本身就是自足的，也就是说，没有哪种本质能够否定自身的本质性，没有哪种本质本身就是有局限的本质，毋宁说，每一种本质自在自为地说都是无限的”，也就是说，人的本质对人而言是一种他不可以也一点都不能够使之屈服于批判的武器（Madu）。只是因为他像履带一样本身就是自足和无限的，也就是说，无法触及自己的界限的，或者，换句话说，只是因为他的界限把他围得太稳固了，以至于他的思想在围墙内部和外部都被消灭了，他才是无限的和自足的。在自己的本质中看到了自己的无限性，这种人的自我陶醉，却是一种从他的影响和行动中抽走的无限性，是一种不拥有他同时他也不拥有的无限性，这种自我陶醉必然会导向听天由命、麻木不仁以及屈从于特定的局限性，而且每一个单个的人都被配给了这种局限性。只有解体的苦痛被压制，群众的野蛮冲动被外在地束缚住，历史误入其中的对立被掩盖，只有如此，类才能够被恢复。本质不能治愈破坏——作为替代，本质只是用自己遮盖伤口。这是徒劳的。绝望把遮盖伤口的东西撕开了。利己主义不愿意使自己满足，而那些现成的治愈力量不愿意让自己在死亡的遮盖物之下被窒息。

费尔巴哈所促进的是一种艺术作品，一种假象，它只能持存一眨眼的工夫，而且只能作为人格的高超技巧出现，但是，在打动现实性的热烈激情面前就会消失。

群众使自己表面上看起来具有明确的区别，难道这不恰恰属于类的概念吗？为那些最终产生了一切单个人的普遍斗争的力量和天赋划分层次，难道这不是类的权力吗？无数的胚芽在出生时被窒息了，同时大量的个体只赢得了一种已经枯萎了的存在，难道这不是类的无力吗？软弱的人和残障的人的觉醒的意识难道不已经是对类的怀疑吗？特定差别的消失难道不是类被创造出来的信号吗？最终被批判地考察的历史，难道没有证明他在多大程度上把类思考为这样的吗？批判难道没有证明已经在这历史中体现出来的本质是一种规定性吗(这种规定性绝没有包含人，这一点与履带并不相像，履带将这些匍匐爬行的物都卷进了一个唯一的和最高的世界)？

相反，费尔巴哈说的是："屈服吧！听天由命吧！"即使他用的是别的词。

他说："不论是谁在自己的等级中、在自己的艺术中成了卓越的，不论是谁，正如人们在生活中说的，完成了他的岗位工作，并且全身心地奉献给了自己的职业，那么，他就也会把自己的职业思考为最崇高和最美好的职业。他怎么能够在自己的精神中否认、在自己的思想中贬低自己通过行动庆祝的东西，而同时自己又带着同等的欢喜为自己的力量举行圣礼呢？如果我还是必须否认贬低它，那么我们的行动就是一种不幸的行动，因为我与自己发生了分裂。工作就是服务。如果对象在我的精神中没有崇高的地位，我怎么能够服务于这个对象呢？"费尔巴哈接着说，但是，特定的工作必须有崇高的地位，因为它同时既是工作，又是为了类的存在。"因此，哪个人在类意识中是作为一个现实而生活的，他就把自己的存在当作为了他者的存在，把他的公开的、公用的存在视为为了存在（这存在与自己本质的存在是同一的）的存在。”但是，工人已经视之为最崇高和最美好的特定职业，是他的界限，这界限阻碍了他对类的其他共同劳动形成看法，并使与其他人的成就做比较变得更加困难。更进一步说，如果劳动是服务——而且日常的劳动丧失了斗争和统治的特征，那么，它不会变成奴隶制吗？不会变成受感性和单一需求压制的奴隶制吗？不会变成最受局限的机械主义的奴隶制吗？对于这种最低种类的机械主义来说，关于类的思想应该是一种安慰，但是，难道不正是类使劳动成为必要的吗？不正是类窒息了更广泛的统一性和更高级的普遍性的思想吗？相反，对受限制的劳动领域（在这些领域里，奴隶的最好的力量被驱逐到一个更高的生活范围）进行比较的力量难道不会——如果被正确地使用，这种比较难道不会——引向对造成了这种分裂的类本质的批判吗？

不幸的感觉和瓦解的感觉难道应该再次被劳动的烈火湮灭、清除？

有很多广为人知的昆虫，它们与营养了它们并构成了它们的世界的叶子的颜色和形态都非常相近，以至于几乎不能把它们与叶子区别开。傅立叶曾经想要用这样的树叶昆虫（按照费尔巴哈的说法，工人们为了克服那些分裂的感觉必须要变成这样的树叶昆虫）在世界上定居。毋庸置疑，正如人们在别处说的，类的家务事在进行的过程中已经造成了许多牺牲品，因为家务事并不是完全有意识地进行的。劳动是必要的，但是劳动过去都被隔绝了，而劳动在这种孤立中必然被消耗殆尽；需要与生产之间的平衡过去并没有达到过，因为这种平衡遭遇了同样的情形，这些情形在本性上，例如说，决定了为了供养一个物种有多少颗种子应该避免受到成千种破坏。

因此,支持“组织劳动”的那一伙人说道,政府必须作为生产的最高理事出现。他们说,要授予它更大的权力,借助于这种权力,它才能靠自己智慧和总体观点的力量使那些由类的不同种之间的根本斗争所引发的东西变好。他们说,要交给它一种方法,使它可以通过一个能够吞噬其他资本的资本来消灭各个小的、孤立的资本之间的竞争。

这个建议是从绝望中产生的,这种绝望也不再相信类在当前的危机中具有任何力量,能够从各种竞争力量的斗争中产生自由呼吸的人。这种观点并不希望独立性的最后的残留物在一个这样的领域中联合起来,在这个领域中,只有思想、意愿和组织力才有一席之地,因此,这个领域应该在劳动社会的巨大平面之上形成一些孤立的突起。

按照这种观点,对于那些站在费尔巴哈的立场上的人来说,理性、意志和特点依旧是彼岸的力量。它们构成了一个既不拥有这种本质也没有形成这种本质而是纯粹地单纯由这种本质构成的社会的本质。类本质保留下来了,只是变得更加狭隘了,因为类的普遍力量已经组织成了一个主管机构,这个主管机构必定会以最严厉的形式处罚劳动奴隶,阻止他关注超出分配给他劳动额度之外的任何事情。

这种建议对精神和自我意识没有任何了解——完全没有任何了解,因为问题并不在于,为那种工业主管部门分配一种特权,即指令性的智慧和消灭竞争所必须的狡计。

但是,保留下来的单个的和孤立的劳动是无限的大多数、即整个人类(除了那依旧从事着各种单一劳动的汇总和分配的工业主管部门之外的整个人类)的规定性吗?难道关键并不在于消灭劳动的压制性的和单一化的力量吗?只有资本和劳动之间的竞争需要被打破吗？难道精神就没有参与竞争的力量吗？如果精神在类的这种危机中会慢慢死去，难道劳动所受到的越来越大的压力不会越来越多地唤醒精神吗？

启蒙的幻象所引发的虚弱，使得一个不受限制地下达命令的工业主管部门（这个工业主管部门包含了一切思想和意愿）接受培训称为十分必要甚至是必须的了。由批判所产生的被启蒙了的固执的人（这些人已经看透了整个世界，因此也完全肯定自己要统治这个世界）又陷入了虚幻的自我感觉，同时，批判也引起了反抗，这反抗必然会变得普遍并波及一切领域，因为那些已经被启蒙但又被批判所困扰的人增强了批判。竞争导致资本的单方面的集中，这些资本最终必然会屈服于一种唯一的资本。除了自己的感性存在之外不承认任何更高的东西的群众会犹豫自己是否要依附于保障他的职业和生活的资本吗？

随后，竞争被简化了——自我意识将明确地反对它自身的对立面，即特权，把充分发展了的反抗变成纯粹的反抗。因此，事情有了新的、纯粹的转变。法国共产主义提出的另外一假设导向的是同一个目标。如果那个工业主管部门形成的起点是这样一个前提，即在竞争中互相斗争和完全使人不安的群众没有力量再帮助自己，那么，共产主义观点的起点就是一个比其他曾经引领过人类前进的一切教条都更加排他性的教条，——这个教条就是，“工人生产了一切，因此对一切都有权利”。按照这种观点，只有有机体的一部分受到了损害，整个其他的体系——除了受损害的那一部分——都处于最完善的健康状态：因此，这种治疗方案符合那种古怪的病理学的观点：对受损害的部分实施截除手术，把整个其他的有机体与之隔断，这样一来，那受损的部分就被治愈了。这种激进的方法就是，不包含在作为有用的劳动者的群众之中的一切都被否定了，而且由于被否定了，它们也被取代了。取代国家的绝不是非国家，取代政府的绝不是无政府，单一性、兄弟之爱、自由和平等取代了被截除的差异——但是这只能发生在一瞬间，作为空想出现，因为这种粗暴的否定被迫再次同样粗暴地消灭自身，并暴露了这种治愈方法是不成功的。自由的兄弟们构成的群众只能通过这种"决定了涉及营养、着装、住所、婚姻、家庭和工作的一切问题"的宪法来保障它的自由和平等，——简言之，通过一种没有给自由留下任何空间的宪法来保障它的自由。因为这个社会是由没有任何意志的存在物构成的，所以，在这个社会中"没有任何犯罪和诉讼"。社会的统一性不再受到破坏，因为在这个社会中只有一个教条，而且这个教条作为整个真理的表达以同样的方式控制了所有的弟兄们。因为"真理是不可分的，只有它可以引导人的理性，人们必须以一种合适的方式整个地、在一切地方宣告真理"。这种新的兄弟共同体的幸福最终会完全被类概念中所包含的对立的思想消灭。劳动者的大范围的联合，以及诸多原子所屈从的专制宪法的排他性的教条，在这样一个命题中徒劳地宽慰自己："对于人而言，不论是观念、品味、倾向，还是技巧，没有任何东西是天生的，因为否则的话，人们就必须接受存在着不同的人的类的观点"——它无法掩盖的是，只有通过对精神的排斥，它的存在才是可能的，因此它预设了类的差异，必须承认这些也违背它的意志。类的对立——明确的对立打破了统一性——在无差别的群众的王国中维持下来了，而类则在这样的群众中沉沦了——这种对立保持自己为一种压迫性的力量、必要的补充和不能否认类的本质的那些群众的规定性。

因此，所有这些尝试以大众反对精神和自我意识的一场无法避免的斗争而告终，这场斗争的意义仅仅在于，批判的事业在这场斗争中被确定为反对类。（《文学总汇报》第10期，第42—48页。）

二、马克思对唯物主义发展史的反思和推进

马克思在《神圣家族》中系统反思了法国唯物主义的发展史，指出了唯物主义与社会主义和共产主义存在天然联系。通过对法国唯物主义反对形而上学的斗争的研究，马克思提出了“新唯物主义”是一种“为思辨本身的活动所完善化并和人道主义相吻合的唯物主义”。这是一个值得高度重视的思想，标志着马克思明确了进一步发展唯物主义的思想方向，即“新唯物主义”必须是一个综合了思辨哲学的积极成就并能真正实现人道主义要求的唯物主义。尽管完成这种综合的思想基点要到《关于费尔巴哈的提纲》中才明确下来，但是提出这一方向，为马克思和恩格斯进一步的探索打好了基础。

（一）法国机械唯物主义及其在自然科学上的成就

在《神圣家族》中，马克思详尽地研究了唯物主义的发展史。他提出：“法国唯物主义有两个派别：一派起源于笛卡儿，一派起源于洛克。”起源于笛卡儿的派别在医学领域有着广泛影响，经过勒鲁瓦，形成了以拉美特利为中心、以卡巴尼斯为最高峰的机械唯物主义派别。这一派的理论成为真正自然科学的财产。

法国机械唯物主义有两个源头。其科学源头在牛顿力学。牛顿力学的巨大成功，吸引了法国人的注意，经过伏尔泰的介绍，法国人也开始尝试以牛顿力学为样板建构自己的哲学体系。其哲学源头在笛卡儿哲学。笛卡儿不仅以“我思故我在”这个哲学命题开启了现代形而上学，而且在数学、物理学等领域亦有建树。他在物理学的范围内，提出了和唯理论的形而上学完全不同的命题：“物质是唯一的实体，是存在和认识的唯一根据。”①笛卡儿提出的与形

① 《马克思恩格斯文集》第1卷，人民出版社2009年版，第328页。

而上学泾渭分明的物理学理论为机械唯物主义发展铺平了道路,例如:参照笛卡儿"动物是机器"的命题,拉美特利提出了"人是机器",勒鲁瓦甚至更进一步把笛卡儿的命题发展为"思想是机械运动"。

机械唯物主义对形而上学的批判首先表现在:它清除了理性主义哲学的神学残余。笛卡儿通过怀疑的方法把"思维"确立为知识的起点,但是他在知识论和存在论上依旧没能摆脱"上帝"这个最终根据。斯宾诺莎同样有"泛神论"的理论观点。理性主义哲学家的"上帝"概念降低了他们一直推崇的人的地位和尊严。当唯物主义者把人以至整个世界理解为物理的机械运动的时候,"创造论"的观点就丧失了它的效力。形而上学从此"在理论上威信扫地"。另一方面,机械唯物主义把哲学思维的方向从思维领域转向世俗的生活。由于人是由原子构成的机械装置,人的思维和行动都是由原子间的联系推动的,有关善恶、道德的理论开始转而关注人的自然条件。这最终导致"形而上学在实践上"也"威信扫地"。①

机械唯物主义的另一大功绩表现在它推动了自然科学的发展。伴随着机械唯物主义的发展,实证科学纷纷独立,获得自己"独立的活动范围"。包括勒鲁瓦、拉美特利、卡巴尼斯在内的机械唯物主义代表人物都是医生并非出于偶然。随着机械唯物主义把人视为"机器",人作为上帝造物的神圣形象才被打破,人开始成为包括解剖学在内的经验研究方法的对象。

马克思所言:"科学是经验的科学,科学就在于把理性方法运用于感性材料。归纳、分析、比较、观察和实验是理性方法的主要条件。"②当这种科学的方法应用于人这个对象身上,以医学为代表人的科学繁荣发展的同时,人被放在了"显微镜"下,和其他事物一样成了"感性对象"的一员,人被理解为"感性对象"而没有同时把人理解为"感性活动"。同时,机械唯物主义的决定论不可避免地要抹杀人的能动性,例如人的行为和机器的运转曾被等同看待。可

① 《马克思恩格斯文集》第1卷,人民出版社2009年版,第329页。

② 《马克思恩格斯文集》第1卷,人民出版社2009年版,第331页。

以说,机械唯物主义发展了人的科学,但这是以降低人的地位为代价的。如马克思所言,机械唯物主义最终变得“敌视人了”。

(二)社会主义与法国人道主义的唯物主义在实践上的发展

法国的人道主义的唯物主义在理论上起源于洛克。在反专制、反神权的革命人士看来,以笛卡儿物理学为基础发展起来的机械唯物主义观点并不是最理想的思想武器,其中的决定论的观点成了革命行动的绊脚石。与此种观点形成对照的是洛克的经验论。洛克一方面主张人的知识起源于经验,另一方面还提出了社会是人为了实现自己的利益而组成的。“洛克的唯物主义经验论具有双重含义:既有重要的认识论意义,又有重要的政治内涵。”①经过孔狄业克的译介,洛克的观念被爱尔维修等唯物主义者继承下来。爱尔维修基于洛克的“感觉论”提出了“人是环境的产物”和“意见影响环境”的观点,其实是提出了人和环境相互作用的思想。这一理论主张潜在地契合于无产阶级革命的诉求。

在《神圣家族》中,马克思明确提出了“唯物主义的社会主义倾向”②这一命题,他提出:“并不需要多么敏锐的洞察力就可以看出,唯物主义关于人性本善和人们天资平等,关于经验、习惯、教育的万能,关于外部环境对人的影响,关于工业的重大意义,关于享乐的合理性等等学说,同共产主义和社会主义有着必然的联系。”③马克思并不是凭空在唯物主义和社会主义之间建立联系,他指出,上述观点“甚至在最老的法国唯物主义者的著作中也可以几乎一字不差地找到”。接下来,马克思列举了一系列重要的法国空想社会主义者,指出他们的社会主义是以唯物主义为基础的:“傅立叶是直接从法国唯物主

① 杨耕:《重新审视唯物主义的历史形态和历史唯物主义的理论空间——重读〈神圣家族〉》,《学术研究》2001 年第 1 期。

② 《马克思恩格斯文集》第 1 卷,人民出版社 2009 年版,第 335 页。

③ 《马克思恩格斯文集》第 1 卷,人民出版社 2009 年版,第 334 页。

义者的学说出发的。巴贝夫主义者是粗陋的、不文明的唯物主义者,但是成熟的共产主义也是直接起源于法国唯物主义的。"①傅立叶把资本主义社会的现实和资产阶级思想家的言辞进行了讽刺、幽默的对比,他"揭露了资产阶级世界在物质上和道德上的贫困",批判了资本主义社会中的婚姻关系和道德状况。在英国,罗伯特·欧文"接受了唯物主义启蒙学者的学说:人的性格是先天组织和人在自己的一生中,特别是在发育时期所处的环境这两个方面的产物"②。为了赋予人以尊严,他组织了一个2500人的模范农场。

法国的社会主义者把唯物主义作为自己的思想基础,这也注定了其不彻底性。一方面,受制于法国唯物主义的经验主义认识论,当时的社会主义者对资本主义的批判是以资本主义社会造成的能够直观到的苦难现象为立足点的,他们没能洞察资本主义社会生产关系的深层本质。因此,他们对资本主义的批判只能做道德层面的谴责,对于未来社会的组织原则也没有明确清晰的认识。另一方面,法国唯物主义还不是彻底的唯物主义,他们的自然观是唯物主义的,历史观却是唯心主义的。马克思在《关于费尔巴哈的提纲》中提出:"关于环境和教育起改变作用的唯物主义学说忘记了:环境是由人来改变的,而教育者本人一定是受教育的。因此,这种学说必然会把社会分成两部分,其中一部分凌驾于社会之上。"③所谓"关于环境和教育起改变作用的唯物主义学说"主要就是指法国唯物主义学说。法国的唯物主义者认为,环境和教育改变了人,但是环境和教育的改变只能依靠少数天才和英雄人物。他们虽然深刻地认识到资本主义的社会环境是人的尊严遭到蔑视的根源,对资本主义做出严厉批判,但是在如何改造资本主义的问题上,由于历史观上的唯心主义,他们依旧把社会上少数英雄人物视为历史发展的动力,反对无产阶级群众的革命。因此,法国的社会主义所制定的社会理想还带有空想的性质。

---

① 《马克思恩格斯文集》第1卷,人民出版社2009年版,第335页。

② 参见《马克思恩格斯选集》第3卷,人民出版社2012年版,第649页。

③ 《马克思恩格斯文集》第1卷,人民出版社2009年版,第500页。

（三）费尔巴哈与人道主义的唯物主义在理论上的发展

在《神圣家族》中，马克思提出了一个重要论断：“费尔巴哈在理论领域体现了和人道主义相吻合的唯物主义，而法国和英国的社会主义和共产主义则在实践领域体现了这种和人道主义相吻合的唯物主义。”①这个判断明确地告诉我们，马克思在《神圣家族》中对待费尔巴哈的态度决不仅仅是肯定，其中也有批判。

费尔巴哈的贡献在于他在理论上发展了人道主义的唯物主义。马克思和恩格斯注意到，费尔巴哈并不在于一个单纯的唯物主义者，他的理论贡献主要在于他的人道主义或人本学，因为“以自然为基础的现实的人”是费尔巴哈唯物主义的出发点，也是费尔巴哈跳出唯物主义和唯心主义的二元对立重新思考德国哲学出路的尝试。费尔巴哈立足于“以自然为基础的现实的人”揭示了人的丰富性，相对于法国唯物主义来说具有重要的进步。不仅如此，这一立足点还使得费尔巴哈成为在黑格尔之后唯一突破思辨哲学体系的。马克思在《神圣家族》中高度肯定了费尔巴哈的哲学贡献。他认为，在黑格尔的后嗣学说中，费尔巴哈不仅独树一帜，开启了唯物主义的方向，而且也是唯一真正做出贡献的。“只有费尔巴哈才立足于黑格尔的观点之上而结束和批判了黑格尔的体系，因为费尔巴哈消解了形而上学的绝对精神，使之变为‘以自然为基础的现实的人’；费尔巴哈完成了对宗教的批判，因为他同时也为批判黑格尔的思辨以及全部形而上学拟定了博大恢宏、堪称典范的纲要。”②费尔巴哈不仅反对抽象的唯心主义，而且反对法国唯物主义，力图在人本学的基础上超越二者的对立。这一思路深刻地影响了马克思。马克思在《黑格尔法哲学批判》就曾提出过：“任何极端都是它自己的另一极端。抽象唯灵论是抽象唯物

① 《马克思恩格斯文集》第1卷，人民出版社2009年版，第327页。

② 《马克思恩格斯文集》第1卷，人民出版社2009年版，第342页。

主义;抽象唯物主义是物质的抽象唯灵论。”①但是费尔巴哈的问题在于,他只是在理论上发展了这种人道主义的唯物主义,最终由于直观方法的局限,他在哲学上并没有跳出传统唯物主义的窠臼。②

费尔巴哈的不足在于他仅仅在理论领域发展了人道主义的唯物主义。费尔巴哈的“人本学唯物主义”是一种蛰居式的唯物主义,它无法为革命的实践的共产主义提供理论基础。如我们所知,他的理论最终成了德国“真正的社会主义”的理论基础。波兰学者兹维·罗森曾指出了马克思对待费尔巴哈的矛盾之处,他一方面推崇费尔巴哈,认为费尔巴哈“给社会主义提供了哲学基础”,另一方面又对他本人与费尔巴哈的理论差别心知肚明。为了证明马克思了解他自己与费尔巴哈的差别,兹维·罗森举的例子是马克思在《德意志意识形态》中对费尔巴哈的明确批判。③ 可见,包括兹维·罗森在内的研究马克思与费尔巴哈关系的学者都没有注意到《神圣家族》中这一评价的两面性。我们以为,决不能仅仅在褒扬的意义上理解“费尔巴哈在理论领域体现了和人道主义相吻合的唯物主义”,这个论断同样指出了费尔巴哈的重大理论缺陷,而且是马克思一直都牢记在心的重大理论缺陷,即“他强调自然过多而强调政治太少”。④ 彼时对马克思而言,政治是唯一能够把哲学的理念落实在现实生活中的路径,而费尔巴哈恰恰在政治问题上态度极为消极。“费尔巴哈的思想仅仅是观念的,更确切地说是空论,它不想进行激烈变革,而只能成为一种限制性因素。”⑤

局限于《神圣家族》的理论主题是批判鲍威尔及其伙伴,马克思并没有对

---

① 《马克思恩格斯全集》第3卷,人民出版社2002年版,第111页。

② 参见俞吾金:《重新理解马克思哲学和费尔巴哈哲学的关系》,《马克思主义与现实》1996年第2期。

③ [波兰]兹维·罗森:《布鲁诺·鲍威尔和卡尔·马克思:鲍威尔对马克思思想的影响》,王谨译,中国人民大学出版社1984年版,第263—264页。

④ 《马克思恩格斯全集》第47卷,人民出版社2004年版,第53页。

⑤ [波兰]兹维·罗森:《布鲁诺·鲍威尔和卡尔·马克思:鲍威尔对马克思思想的影响》,王谨译,中国人民大学出版社1984年版,第264页。

费尔巴哈做进一步的评论。但不能因此否认马克思在《神圣家族》中已经看到了费尔巴哈的局限性。1844年11月,当马克思还在写作《神圣家族》的时候,恩格斯在和马克思的通信中谈到了费尔巴哈。恩格斯说道:

> “施蒂纳屏弃费尔巴哈的‘人’,屏弃起码是《基督教的本质》里的‘人’,是正确的。费尔巴哈的‘人’是从上帝引申出来的,费尔巴哈是从上帝进到‘人’的,这样,他的‘人’无疑还戴着抽象概念的神学光环。进到‘人’的真正途径是与此完全相反的。我们必须从我,从经验的、有血有肉的个人出发,不是为了像施蒂纳那样陷在里面,而是为了从那里上升到‘人’。只要‘人’不是以经验的人为基础,那么他始终是一个虚幻的形象。”①

尽管马克思写给恩格斯的回信并没有留存下来,但是不难发现,马克思在《神圣家族》完稿之前已经对费尔巴哈有了很深刻的批判性认识。恩格斯在1845年1月再次回信给马克思时,他表示“完全同意”马克思对施蒂纳的批判,“赫斯动摇一阵之后”,也同意马克思的看法。② 恩格斯这封回信的重要性在于,不能简单判定马克思对费尔巴哈的批判是由施蒂纳的《唯一者及其所有物》引发的,因为一方面马克思对施蒂纳也是持批判态度的,他并不认可施蒂纳对费尔巴哈的批判,他对费尔巴哈的局限有不同于施蒂纳的理解。另一方面,马克思批判和超越费尔巴哈的中介是黑格尔辩证法所发展的“活动”原则,他超越费尔巴哈的标志性概念是“对象性活动”,施蒂纳对这一概念的形成毫无影响。事实上,在《神圣家族》时期,马克思对鲍威尔、费尔巴哈、施蒂纳的不足已经有了比较明确的认识。所以,面对鲍威尔在《维干德季刊》上把马克思、恩格斯、赫斯统统归为费尔巴哈的门徒,在马克思的主导下,他们三人合作《德意志意识形态》,对包括费尔巴哈、鲍威尔、施蒂纳在内的“现代德国哲学”以及社会主义学说做了彻底的批判。

---

① 《马克思恩格斯全集》第47卷,人民出版社2004年版,第329—330页。

② 《马克思恩格斯全集》第47卷,人民出版社2004年版,第334页。

三、"为思辨本身的活动所完善化并和人道主义相吻合的唯物主义"

在《神圣家族》考察唯物主义发展史的时候,马克思提出:黑格尔主义的形而上学"将永远屈服于现在为思辨本身的活动所完善化并和人道主义相吻合的唯物主义"①。这是一个标志着马克思"新唯物主义"发展方向的重大理论判断。这是马克思在考察法国唯物主义的两条发展线索时提出的重点论断,表明了马克思清楚自己应当从哲学史中吸取智慧,来解决黑格尔主义的思辨形而上学分化解体后的哲学重建工作。对照18世纪法国唯物主义对17世纪形而上学富于成果的批判,马克思认识到在黑格尔之后的哲学富于成果发展必然要通过唯物主义来完成,马克思也明白,面对黑格尔哲学的解体,简单地退回到传统唯物主义是远远不够的。新唯物主义必须吸纳思辨哲学的伟大成就。

(一)"为思辨本身的活动所完善化"的唯物主义

从大学时代起,马克思就深受黑格尔哲学思想的影响,尽管随着研究的深入,马克思对黑格尔哲学的批判越来越激烈,但是他从来没有忽略黑格尔的哲学洞见中所包含的积极思想成果,以至于在写作《资本论》的时候,马克思"公开承认我是这位大思想家的学生"②。黑格尔的辩证法对马克思影响深远。对于青年时代的马克思而言,黑格尔辩证法最重要的功绩就是,它把人的自我产生看作一个过程,看作劳动的结果。马克思从三个方面继承了黑格尔的这一哲学洞见。

第一,马克思从黑格尔的思辨哲学中拯救出辩证法。在马克思看来,黑格

① 《马克思恩格斯文集》第1卷,人民出版社2009年版,第327页。

② 《资本论》第1卷,人民出版社2004年版,第22页。

尔辩证法的精髓在于它是“作为推动原则和创造原则的否定性”。在《1844 年经济学哲学手稿》中，通过考察“黑格尔的辩证法及其整个哲学”，马克思从黑格尔的思辨逻辑中辨认出了辩证法这个合理因素。他说，“黑格尔的《现象学》及其最后成果——辩证法，作为推动原则和创造原则的否定性——的伟大之处首先在于，黑格尔把人的自我产生看做一个过程，把对象化看做非对象化，看做外化和这种外化的扬弃”①。马克思把黑格尔的辩证法理解为“作为推动原则和创造原则的否定性”抓住了辩证法的真精神。黑格尔的思辨哲学方法论包含三个环节：第一个环节是肯定性的知性的环节；第二个环节是否定性的理性的环节，即辩证法；第三个环节是肯定性的理性环节，又称思辨的环节。在黑格尔的方法论中，辩证法必须建立在抽象的知性所取得的肯定性知识的基础之上，否则辩证法就会变成“单纯的否定”，“辩证的东西同自为的知性分开来看，尤其是在科学的概念中加以指正时，构成了怀疑主义；怀疑主义作为辩证东西的结果包含着单纯的否定。”②离开了知性所提供的确定性的知识，辩证法就成了为了否定而否定，得不出任何肯定性的结果。可以说，“知性”“辩证法”和“思辨”这三个环节环环相扣，构成了“正—反—合”的思辨哲学方法。

第二，马克思把辩证法的主体从黑格尔的“绝对精神”置换为“现实的人”。在《神圣家族》中，马克思提出：“在黑格尔的体系中有三个要素：斯宾诺莎的实体，费希特的自我意识以及前两个要素在黑格尔那里的必然充满矛盾的统一，即绝对精神。第一个要素是形而上学地改了装的、同人分离的自然。第二个要素是形而上学地改了装的、脱离自然的精神。第三个要素是形而上学地改了装的以上两个要素的统一，即现实的人和现实的人类。”③在马克思眼中，“绝对精神”实际上是被黑格尔用思辨的方法加工过的“现实的人和现

① 《马克思恩格斯文集》第 1 卷，人民出版社 2009 年版，第 205 页。

② ［德］黑格尔：《哲学科学全书纲要》，薛华译，上海人民出版社 2002 年版，第 17 页。

③ 《马克思恩格斯全集》第 2 卷，人民出版社 1957 年版，第 177 页。

实的人类”。马克思之所以能够把“绝对精神”置换为“现实的人”,原因在于他对黑格尔的思辨哲学方法有着深入的理解。他指出,思辨哲学家总是从现实的苹果、梨、扁桃等事物中抽象出“果实”这个一般概念,再宣布果实这个一般概念是“活生生的、自相区别的、能动的本质”,从这个概念中能够产生出各种各样的水果。在这个过程中,“果实”作为一般概念完成了从“实体”向“主体”的转变,主体通过自身的运动,创造出大千世界中的水果品种。“这种办法,用思辨的话来说,就是把实体了解为主体,了解为内在的过程,了解为绝对的人格。这种了解方式就是黑格尔方法的基本特征。”①实体转变为主体、主体再通过自相区别转变为形形色色的水果,这个过程都是在辩证法的推动下完成的。在这个过程中,辩证法完全是在服务于概念的自我否定,是在服务于黑格尔本人的思维绝技,对现实的人及其生活的世界产生不了任何影响。马克思把黑格尔的“绝对精神”置换为“现实的人”,把黑格尔主义的思辨哲学从思想的天国拉回到了现实的世界。

第三,马克思从“劳动辩证法”入手来理解“现实的人”。在批判黑格尔的思辨逻辑和整个哲学体系的过程中,黑格尔的辩证法的伟大之处给马克思留下了深刻的印象。马克思说,黑格尔“抓住了劳动的本质,把对象性的人、现实的因而是真正的人理解为人自己的劳动的结果。”②马克思从黑格尔的《精神现象学》中领会到“劳动”作为“现实的人的活动”是人的“自我产生”的行动。在黑格尔的哲学体系中,精神、理念通过辩证的否定性环节实现了“自我产生”,这种“自我产生”恰恰是黑格尔思辨逻辑的精髓。但是马克思强调的是,黑格尔的思辨逻辑脱离尘世,把“现实的人和现实的人类”所走过的真实历史进程还原为精神、理念“自我产生”的过程,把前者理解为后者的产物,这是“从天国下降到人间”的做法,是“头足倒置”的。马克思把《精神现象学》中的“精神”置换为“现实的个人”,通过“劳动辩证法”将黑格尔的辩证法颠

① 《马克思恩格斯全集》第2卷,人民出版社1957年版,第76页。

② 《马克思恩格斯文集》第1卷,人民出版社2009年版,第205页。

倒过来,从而把人类的历史理解为人在劳动过程中自我诞生的过程。在《1844年经济学哲学手稿》中,马克思关于“人的本质”“异化劳动”和“异化劳动的扬弃”的讨论都是在“劳动辩证法”的框架下展开的,通过回到工人阶级、资本家和土地所有者在劳动过程中的真实遭遇,马克思把哲学关注的焦点问题拉回到现代资本主义的社会现实当中。借助于绝对精神的辩证发展历程,黑格尔的唯心主义哲学把“能动的方面”“抽象地发展了”。借助于“劳动辩证法”,马克思对人的“自我产生”过程以及人的主体性的理解拉回到人的现实生活过程当中,赋予其具体的社会和历史内涵。

(二)“和人道主义相吻合”的唯物主义

作为一种哲学的和伦理的立场,“人道主义”突出强调人的价值和能动性,从古希腊以来就是西方思想史上一支具有重要影响的思潮。它大体上包含三个维度的含义,首先,人道主义自古以来就具有道德伦理上的含义,即对人充满仁爱之心,关心并改善人的现实境遇。其次,人道主义具有反神学的含义,现代语境中的“人道主义”是随着文艺复兴和宗教启蒙而兴起的,它最初意味着对上帝作为至高无上的存在的否定,转而把人确立为最高的存在,人并不是被某个最高的存在创造出来的,人注定要通过自己的思想和行为来创造自己。再次,在历史观上,“人道主义”反对结构主义的立场,认为人作为具有能动性的生命能够成为创造历史的主体。历史观上的人道主义认为历史是人的思想和行为的产物,因而断定人的本质、思想和行为对于理解人类历史是必不可少的。人道主义的历史观并不等于费尔巴哈人本学异化论的历史观,在黑格尔哲学解体后,鲍威尔、费尔巴哈、施蒂纳和马克思都试图建立一种以真正的人类个体为出发点的历史观,在历史观上都是人道主义的,但是前三位都陷入了对人的抽象理解,只有马克思才制定了以“现实的个体”为出发点的历史观。

第一,马克思新哲学的“人道主义”具有道德的内容,即新唯物主义要关心人的处境,并以改善人的现实生活为追求。在《1844年经济学哲学手稿》中,马克思对私有制条件下工人阶级的悲惨生活表现出极大地同情,他用“异化劳动”理论详细地说明了人所受到的剥夺、压迫和戕害,并表达了通过扬弃私有财产的共产主义运动来解决这种社会问题的决心。就马克思新哲学的“人道主义”立场中包含着道德的内容而言,马克思与费尔巴哈和青年黑格尔派的立场是一致的。费尔巴哈和青年黑格尔派同样对当时的社会现实提出严厉的批判。

第二,马克思新哲学的“人道主义”具有反宗教的内容。在《1844年经济学哲学手稿》中,马克思提出,“无神论是对神的否定,并且正是通过这种否定而设定人的存在;但是,社会主义作为社会主义已经不再需要这样的中介;它是从把人和自然界看做本质这种理论上和实践上的感性意识开始的。”①也就是说,在马克思所构想的社会主义阶段,宗教已经不再存在,无神论作为对神的否定在整个社会生活中也成为多余的了。反神学的人道主义也是马克思与费尔巴哈和青年黑格尔派共同的特征。在《〈黑格尔法哲学批判〉导言》中,马克思写道,“就德国来说,对宗教的批判基本上已经结束;而对宗教的批判是其他一切批判的前提。”②这表明,马克思充分肯定了布鲁诺·鲍威尔和费尔巴哈所完成的宗教批判工作。

第三,在历史观上,马克思新哲学的人道主义承认“现实的个体的人”是推动历史发展的主体。他在《神圣家族》中提出,1789年的法国革命之所以走向了失败,“并不是因为群众对革命‘怀有热情’和表示‘关注’,而是因为人数众多的、与资产阶级不同的那部分群众认为,在革命的原则中并没有体现他们的现实利益”③,由此,马克思得出了一个重要的结论,即“历史活动是群众的活动,随着历史活动的深入,必将是群众队伍的扩大”④。马克思新哲学在历史观上坚持人道主义,他把历史理解为“现实的个体的人”所创造的,反对黑

① 《马克思恩格斯文集》第1卷,人民出版社2009年版,第197页。
② 《马克思恩格斯文集》第1卷,人民出版社2009年版,第3页。
③ 《马克思恩格斯文集》第1卷,人民出版社2009年版,第287页。
④ 《马克思恩格斯文集》第1卷,人民出版社2009年版,第287页。

格尔把人类历史视为绝对精神自我实现的历程,更反对布鲁诺·鲍威尔把人类历史理解为自我意识发展的历史。因此,马克思在《神圣家族》中一开篇就提出:“现实人道主义在德国没有比唯灵论或者说思辨唯心主义更危险的敌人了。思辨唯心主义用‘自我意识’即‘精神’代替现实的个体的人,并且用福音书作者的话教诲说:‘叫人活着的乃是灵,肉体是无益的。’”①在马克思看来,布鲁诺·鲍威尔所创立的“自我意识哲学”是“以漫画形式再现出来的思辨”,尽管这种哲学“在各方面都低于德国的理论发展已经达到的水平”,但是为了揭露其思辨哲学的本质,必须用德国理论发展“现已达到的成果本身来批驳它”。

马克思在《神圣家族》中一方面高度评价了路德维希·费尔巴哈的人道主义哲学,认为费尔巴哈结束了黑格尔的体系,把费尔巴哈作为批判鲍威尔的盟友来看待。另一方面,马克思与费尔巴哈对“人道主义”的理解却并不完全一致。首先,他们对作为历史活动主体的“现实的人”的理解不同。在马克思看来,历史活动的主体是“群众”,而群众是由特定历史条件下的现实的个人构成的。马克思说,“与资产阶级不同的那部分群众”是1789年革命成败的决定性力量,这一方面表明他把无产阶级视为群众的主要力量,另一方面又注意到群众是划分为不同阶级的,而不同的阶级与历史进步的关系是不同的,要具体地加以分析。在费尔巴哈那里,“现实的人”是“一般的人”,其本质特征是具有“类本质”,用费尔巴哈的“现实的人”来衡量,资产者和无产者并没有本质上的区别。其次,他们对于“现实的人”所经受的异化的理解不同。马克思认为,“现实的人”所受到的最严重的异化是劳动异化,这种异化是由私有财产制度和现代资本主义社会造成的。费尔巴哈则认为最严重的异化是“宗教的异化”,上帝对人的控制是人的类本质发生异化的结果。第三,他们对消灭异化的途径的理解不同。马克思试图通过“武器的批判”即无产阶级的革命建立一个新的社会,费尔巴哈则诉诸“批判的武器”对宗教的本质进行批判。

① 《马克思恩格斯文集》第1卷,人民出版社2009年版,第253页。

（三）为"群众的共产主义"奠基的唯物主义

在考察法国共产主义和唯物主义的关系时，马克思提出："比较有科学根据的法国共产主义者德萨米、盖伊等人，像欧文一样，也把唯物主义学说当做现实的人道主义学说和共产主义的逻辑基础加以发展。"①在马克思看来，以唯物主义为逻辑基础能够发展出比较有科学根据的共产主义思想。马克思在《神圣家族》中针对唯灵论的共产主义提出了"群众的共产主义"，这种"群众的共产主义"的哲学基础就是这种唯物主义。

第一，马克思"群众的共产主义"与英法的共产主义一样以唯物主义为基础。从《德法年鉴》时期起，马克思就反对通过理论批判实现"人的解放"的观点，主张用"武器的批判"代替"批判的武器"，通过无产阶级的革命行动实现共产主义，这已经把共产主义建立在了唯物主义的基础上。在《神圣家族》中，这一思想更加明确了。布鲁诺·鲍威尔虽然也以人的自由为最高追求，但是他坚持认为人类不自由的原因是其"自我意识"有局限，因此他致力于通过理论批判消除"自我意识"的局限性，推动人们形成"普遍的自我意识"，认为这样就能够实现人的自由。马克思把这种理论称为"纯粹精神的社会主义"或"绝对的社会主义"，他针锋相对地提出，鲍威尔所追求的只是"唯灵论的自由"，要想拥有"现实的自由"，必须有"很具体的、很物质的条件"。② 正是因为思辨唯心主义教导工人说一切祸害都只存在于头脑之中，只要消除了头脑中坏的观念，不需要通过革命斗争，就能实现自己的自由，马克思和恩格斯才把它视为"现实人道主义"最危险的敌人。这些同思辨唯心主义针锋相对的观点表明，马克思和恩格斯明显是把共产主义置于唯物主义的基础上，反对通过唯灵论的方式实现人的自由。《神圣家族》对唯物主义和共产主义之间关系的研究，让马克思和恩格斯进一步明确了唯物主义不仅能够为共产主义提

① 《马克思恩格斯文集》第1卷，人民出版社2009年版，第335页。

② 《马克思恩格斯文集》第1卷，人民出版社2009年版，第297页。

供理论基础,而且能够把共产主义置于现实的基础上。

第二,马克思的“群众的共产主义”有着明显不同于德萨米这位“比较有科学根据”的共产主义者的理论。法国的社会主义和共产主义运动声势浩大,但是由于其唯物主义哲学基础的缺陷,他们虽然对资本主义社会作出了激烈的批判,但是并不能深入到资本主义社会的经济关系中研究无产阶级解放的条件。以德萨米为例,他对于资本主义社会关系作出了激烈批判:“富人之所以能安享财富,不用劳动,是因为穷人完成了本该他们完成的劳动。”①当他试图说明无产阶级革命的合理性时,他依据的是无产阶级的自然需要,而没有看到无产阶级和资产阶级社会关系的剥削性质及其背后的经济必然性。他在爱尔维修“人是环境的产物”的唯物主义基础上制定了无产阶级革命理论,主张通过革命改造社会环境。但是他也像爱尔维修一样认为社会环境主要是由法律决定的,主张要依据“根本法”(永恒不变的法律)和“哲学”(即理性)②来完成改变环境的革命,在历史观上又表现出了唯心主义。马克思则不同,他虽然也从道德层面谴责资本主义社会中无产阶级生存状况的“非人性”和“异化”,但是他明确提出私有财产将由于自己国民经济的客观规律而使自己走向灭亡,也就是说他已经开始在按照客观的经济必然性来理解资本主义的命运。这使得马克思超出了德萨米的唯心主义的历史观。

第三,作为“群众的共产主义”哲学基础的唯物主义不是一般的唯物主义,而是“为思辨本身的活动所完善化”的唯物主义。马克思之所以能够超出法国比较先进的共产主义者,是因为他把共产主义建立在了更为科学的唯物主义哲学基础上。吸收思辨哲学的积极成果,站在唯心主义的肩膀上而非对立面思考问题,是马克思的唯物主义具有更大科学性的原因之一。黑格尔思辨哲学的其中一个重大成就在于它把人理解为能动的自我实现的主体,这一思想是一切旧唯物主义都不曾达到的。由于不能把人本身以及他所处的自然

---

① [法]德萨米:《公有法典》,黄建华、姜亚洲译,商务印书馆 1982 年版,第 79 页。
② [法]德萨米:《公有法典》,黄建华、姜亚洲译,商务印书馆 1982 年版,第 103—104 页。

界和社会关系理解为人自己活动的结果，在寻求改变人自身及其环境的方案时必然会诉诸某种人之上的根据，陷入唯心主义在所难免。马克思则在思辨哲学的基础上把“现实的个体的人”理解为自己的“对象性活动”的结果，人在“对象性活动”中改造自然界和人类社会，在这个过程中创造了自己的生活条件，也改变了自己。正是由于这一点，马克思才能深入到“对象性活动”所建构起来的社会关系中理解人，把改变人、解放人的路径真正建立在唯物主义的基础上。《1844年经济学哲学手稿》已经开始通过人自身的“对象性活动”理解人的“自我产生”过程，这为马克思以后唯物主义地理解人及其社会历史打下了基础。《神圣家族》着重强调“实践”尤其是无产阶级革命“实践”对于变革社会的重要性，在分析无产阶级革命时，马克思不仅强调无产阶级组织为自为阶级的必要性，而且指出无产阶级只有通过革命消灭无产阶级自身的“非人性的生活条件”和现代资产阶级社会的整个组织等客观条件，才能解放自身。这些观点都具有在新唯物主义的基础上发展共产主义理论的含义。

综　论　思想史视域中的《神圣家族》

在马克思主义的形成过程中,《神圣家族》是一个重要的思想节点。它是继马克思批判黑格尔的《法哲学原理》和鲍威尔的《犹太人问题》之后对青年黑格尔派和黑格尔主义的一次全面清算。尤其是,在马克思刚刚完成的《1844 年经济学哲学手稿》和从英国归来的恩格斯带来的"英国原则"的重要思想基础之上,《神圣家族》成为马克思主义创立过程中的重要界碑。尽管"唯物史观"思想在该书中尚未得到深入阐发,只是处于其形成"前夜",但是其中对于思辨唯心主义的清算以及其中所蕴含的新哲学思想仍然能够表明马克思和恩格斯的思想达到了新的发展阶段。

一、《神圣家族》中的思想清算和转变

对于德国"思辨唯心主义"的批判或对于"德意志意识形态"的批判,是马克思早期思想中一个极为重要的课题。关于这一批判与唯物史观的建构之间的关系,俞吾金先生提出了一个极富洞察力的看法:"德意志意识形态批判和唯物史观构建是同一个过程的两个方面"。[①] 对照《德意志意识形态》这一文

① 参见俞吾金:《意识形态论》,人民出版社 2009 年版,第 165 页;汪行福:《意识形态批判与唯物史观》,《复旦学报(社会科学版)》2012 年第 5 期。

本来看,这一判断不仅完全正确而且给我们分析这一文本指出了一个重要的思路。因为马克思在这里提出了“意识在任何时候都只能是被意识到了的存在,而人们的存在就是他们的现实生活过程”①,这一命题集中体现了马克思对意识形态的“破”和唯物史观的“立”是一个交织在一起的过程,唯物史观恰恰是在颠覆了德意志意识形态思想传统之后的理论建构。对照《德意志意识形态》,反观《神圣家族》,我们能够看到一个非常值得进一步深思的问题:在后一文本中,对德意志意识形态的批判基本上已经完成,唯物史观的核心思想也基本上具备了,但是其问题在于,德意志意识形态批判和唯物史观的建构在这一文本中显得有些脱节,似乎是两种互不搭界的理论活动。这一点恰恰标注了《神圣家族》在马克思主义发展史上的地位:唯物史观尚未被自觉地理解为德意志意识形态批判(或颠倒颠覆),或者说,唯物史观尚未被自觉地理解为德意志意识形态之后具有全新意义的新世界观。到了《德意志意识形态》,对德国思辨唯心主义的批判和唯物史观的建构才达到内在贯通,唯物史观的哲学意义才被马克思和恩格斯自觉地认识到。

(一)《神圣家族》对思辨唯心主义的清算

《神圣家族》是一部直接以围绕在布鲁诺·鲍威尔周围的青年黑格尔派为批判对象的著作,这是马克思在唯物史观创立前夜对德意志意识形态的一次全面清算。不仅如此,这部著作的重要性还在于,它首先深化了对德意志意识形态的批判,指出德意志意识形态所共有的“思辨结构的秘密”。其次,它把对德意志意识形态的批判扩大到对宗教神学和一切形而上学的批判,指出德意志意识形态与一切宗教神学和形而上学有着共同的思维模式。基于此,我们完全可以说,在德国唯心主义批判的基础上建立起来的唯物史观是对西方的哲学和思想传统的一次革命,其革命性变革的意义就在于,它颠覆了西方

---

① 《马克思恩格斯文集》第1卷,人民出版社2009年版,第525页。

两千多年以来把理念世界视为感性世界的根据、把尘俗历史视为精神历史的验证的柏拉图主义传统。

1. 思辨结构的秘密

在《精神现象学》中，黑格尔曾经指出："正是这些知识因素自己组织为整体的那种运动，就是逻辑学或思辨哲学。"①不难发现，黑格尔所谓的思辨是一种"知识因素自己组织为整体"的运动。在黑格尔那里，"知识因素"把自己组织为整体的过程是通过概念辩证法完成的，"知识"这个概念本身包含着意识和对象、思维和存在这两个既相互关联又相互区分的要素，这一对对立面在对立中达到统一（最终在"绝对知识"中消除对立达到统一）的过程，各种形态的知识被前后相继地组织为一个整体。这表明，黑格尔的思辨哲学仅仅关注概念自身的发展历程，现实历史的发展进程在黑格尔这里只是概念发展历程的脚注，处于次要的地位。这一做法被黑格尔的弟子们无限放大了，黑格尔本来有着丰富历史内容的体系变成了他们手中丈量历史的超级结构，概念成为决定历史发展进程的主宰，而历史的真实发展进程成了一个任由概念打扮的"小姑娘"。

马克思在批判塞利加对《巴黎的秘密》的批判时揭露了思辨结构的秘密。他说，塞利加先生"对《巴黎的秘密》所作的批判性叙述的秘密，就是思辨结构即黑格尔结构的秘密"②。马克思借助苹果、梨子、草莓和果实之间的个别和一般的关系展示了这种运用思辨结构把握现实问题的思维绝技：苹果、梨子、草莓被统称为果实，相对于形形色色的有核有肉的果实，果实是一个抽象概念，思辨哲学家把从具体的果实中抽象出来的概念作为具体的果实的实体，他们把具体的果实视为果实这个概念存在的样态。这样一来，感性的差别就成了无关紧要的，共同的本质才是它们存在的根据。马克思指出，这种思维的绝

① ［德］黑格尔：《精神现象学》，贺麟、王玖兴译，商务印书馆1979年版，第24页。

② 《马克思恩格斯文集》第1卷，人民出版社2009年版，第276页。

技对于认识世界没有任何意义,“用这种方法是得不到内容特别丰富的规定的”。马克思以矿物学家的例子(“如果有一位矿物学家,他的全部学问仅限于说一切矿物实际上都是矿物,那么,这位矿物学家不过是他自己想像中的矿物学家而已”①)表明,这种思辨的抽象过程只是“哲学家”自娱自乐的产物,它对于知识的积累没有任何推动意义。

除了从个别到一般的抽象过程,在思辨的结构中还有从一般到个别的具体化过程。不过这个从一般到个别的过程只是用神秘主义的手法完成的:果实这个概念作为实体“并不是僵死的、无差别的、静止的本质,而是活生生的、自相区别的、能动的本质”。也就是说,“果实”这个实体把自己确定为苹果、梨子、扁桃等水果,

> “把苹果、梨、扁桃彼此区别开来的差别,正是‘果品’的自我差别,这些差别使各种特殊的果实正好成为‘果品’的生活过程中的千差万别的环节。这样,‘果品’就不再是无内容的、无差别的统一体,而是作为总和、作为各种果实的‘总体’的统一体,这些果实构成一个‘被有机地划分为各个环节的系列’。”②

这个过程即是黑格尔所确立起来的思维方式:把“实体”理解为“主体”,理解为“绝对的人格”。果实不再是从物质的土地里成长出来的,而是果品这个“绝对主体的化身”,果实不再是自然的生产物,而是思辨的大脑的创作物。

在这个具体化的过程中,“果品”所扮演的角色和黑格尔的绝对精神、鲍威尔的自我意识、塞利加所批判地发现的秘密是一样的,它们都是“绝对主体”。以塞利加为例,他从研究对象《巴黎的秘密》中抽象出的“秘密”这个实体,它是那部史诗般的著作中所有秘密存在的根据,“伯爵夫人、侯爵夫人、浪漫女子、看门人、公证人、江湖医生、桃色事件、舞会”都是“秘密”这个主体的生命表现,在塞利加笔下,它们被整齐地排列在“秘密”自我活动的不同层级

① 《马克思恩格斯全集》第2卷,人民出版社1957年版,第72页。

② 《马克思恩格斯文集》第1卷,人民出版社2009年版,第278页。

上，它们构成了秘密的生命过程中的有机环节。以鲍威尔为例，他研究宗教故事时发现所有的故事都是创作者自我意识的表达，因此，他从这些故事中抽象出“自我意识”这个概念。古希腊的宗教、古罗马的宗教、犹太教、基督教的约翰福音以及符类福音都是“自我意识”的产物，它们代表了“自我意识”发展的不同等级，构成了“自我意识”生命过程的有机环节。

马克思对思辨哲学的批判，首先是对其存在论的批判。如马克思所言：

> “思辨哲学家最感兴趣的就是，把现实的、普通的果实的存在制造出来，然后以神秘的口吻说：有苹果、梨、扁桃、葡萄干。但是我们在思辨的世界里重新找到的这些苹果、梨、扁桃和葡萄干最多不过是虚幻的苹果、虚幻的梨、虚幻的扁桃和虚幻的葡萄干，因为它们是‘果品’这种抽象的理智本质的生命的各个环节，因而就是抽象的理智本质本身。在思辨中使人们感到高兴的，就是重新获得了各种现实的果实，但这些果实已经是具有更高的神秘意义的果实，它们是从你的脑子的以太中，而不是从物质的土地中生长出来的，它们是‘果品’的化身，是绝对主体的化身。”①

运用思辨结构认识世界的哲学家，首先需要从具体事物中抽象出一般的概念，他们把抽象作为一种认识方式本身并没有什么不妥，但是为了完成思辨的思维绝技，这个一般概念被提升为实体，提升为具体事物存在的根据，千差万别的具体事物都是这一个实体的生命表现。真实存在的东西被颠倒为多种多样的外观，在理智中存在的概念被说成唯一的真实存在。如马克思所言，这种思维绝技需要“以虚假的自由方式从自身中先验地造出自己的对象”。

其次，马克思对思辨哲学的批判还指向其认识论，为了完成思辨哲学的各个环节，思辨哲学家“不得不把对象的最偶然的和最个性化的规定臆造成绝对必然的和普遍的规定”，他们“想用诡辩来摆脱对对象的合理的、自然的依

---

① 《马克思恩格斯文集》第1卷，人民出版社2009年版，第278—279页。

存关系，却偏偏陷入了对对象的最不合理和最不自然的从属关系”①。在马克思看来，思辨哲学无视研究对象的真实本质，虚构了一个华丽美观的宏大体系，在这个体系中，真实存在的具体事物是无关紧要的，它们只是被提升为主体的实体的生命表现。这些具体的事物并不是认识、知识的真正对象，因为思辨哲学的认识论研究的只是主体如何完成自己的生命历程。不过就算哲学家在头脑中把这个主体的生命历程安排得一清二楚，这种做法对于认识丰富多彩的世界也毫无帮助。

2.“批判的批判的总秘密就是重弹思辨的老调”

在《神圣家族》中，马克思指出，“批判的批判的总秘密就是重弹思辨的老调”②。马克思说的“思辨的老调”指的是黑格尔哲学。“黑格尔在《现象学》中用自我意识来代替人，因此，最纷繁复杂的人的现实在这里只表现为自我意识的一种特定形式，只表现为自我意识的一种规定性。”③如马克思所说，黑格尔的做法是鲍威尔的“勇气”的“秘密”。“它之所以用绝对知识来代替[全部人的现实]，是因为自我意识只知道它自己，并且不再受任何对象世界的约束。”④正是因为黑格尔在《精神现象学》中把人抽象为“精神”，鲍威尔才把整个世界历史的意义归结为普遍自我意识的形成。

思辨哲学以辩证法这种革命的方法建立起的哲学是一个保守的体系，只是头脑中的狂风暴雨，对现实的生活世界没有任何影响。马克思指出：

> “在黑格尔的《现象学》中，人的自我意识的各种异化形式所具有的物质的、感性的、对象性的基础被置之不理，而全部破坏性工作的结果就是最保守的哲学，因为这种破坏性工作一旦把对象世界、感

---

① 《马克思恩格斯文集》第1卷，人民出版社2009年版，第281页。
② 《马克思恩格斯文集》第1卷，人民出版社2009年版，第356页。
③ 《马克思恩格斯文集》第1卷，人民出版社2009年版，第357页。
④ 《马克思恩格斯文集》第1卷，人民出版社2009年版，第357页。

性现实的世界变成‘思想的东西’,变成自我意识的单纯规定性,一旦有可能把那变成了以太般的东西的敌人消融于‘纯粹思维的以太’之中,它就自以为征服了这个世界了。”①

对于《精神现象学》来说,在绝对知识的形成历程中,唯一重要的就是旧意识形式的瓦解和新意识形式的确立,所有的一切都发生在意识、思维和精神的范围内,纷繁复杂的历史事实只是各种意识形式的注释,被黑格尔用来证明某种意识形式所具有的内涵和界限。

黑格尔《精神现象学》最大的特点就是把精神、自我意识作为主体,现实的有血有肉的人只不过是自我意识的载体。意识本是人的一种属性,在黑格尔的思辨哲学中,它成了主体和主语,现实的人及其实践活动的结果是其谓语和脚注。马克思指出,这是一种颠倒的哲学:“黑格尔把世界头足倒置,因此,他也就能够在头脑中消灭一切界限;可是即便如此,对于坏的感性来说,对于现实的人来说,这些界限当然还是继续存在。”②由于把整个历史理解为精神的教养历史,精神的发展就是历史发展的唯一决定因素和衡量尺度。精神为了达到更高级的形态仅仅在思想的范围内冲破较低级的形态就可以了,精神不同形态之间的演变发展过程在头脑之内就能完成。但是,就算在思想中达到了更高级的精神形态,在现实生活中也无法消灭思想的较低级的客观对象,“坏的感性”“还是继续存在”。精神的改变并不能直接带来现实生活过程中的客观环境的改变。

鲍威尔的“批判的批判”从黑格尔哲学中学到了这一颠倒的技巧。“批判的批判的主要秘密之一,就是‘观点’和用观点来评判观点。在它的眼中,每一个人跟每一种精神产品一样,都变成了观点”。③ 鲍威尔在《神学意识的痛苦和欢乐》中写道:“科学…… 只为那些有勇气上升为自我意识的普遍性的

① 《马克思恩格斯文集》第1卷,人民出版社2009年版,第357页。

② 《马克思恩格斯文集》第1卷,人民出版社2009年版,第358页。

③ 《马克思恩格斯文集》第1卷,人民出版社2009年版,第356页。

人,即那些决不想停留在这些界限[即“某种特定观点的界限”——引者注]以内的人辩护。”①对于鲍威尔而言,整个世界历史的意义都在于普遍的自我意识的生成。科学之为科学,就在于它已经经历了普遍自我意识的整个生成历史。在鲍威尔的语境中,坚持某种特定的观点意味着排他性、片面性,是无法形成普遍的自我意识的,这不是科学的立场。科学虽然不局限于特定的观点,但是如果指出某一个特定观点的虚假,或者说消除其界限,能够为普遍自我意识的形成做出贡献的话,那么科学是“不会错过机会”的。科学唯一需要关心的事业就是推动人形成具有普遍性的自我意识。只有人的“自我意识”提升了,甚至达到了普遍性,历史才会有进步。

3.“历史和真理一样成了特殊的人物(Person),即形而上学的主体”

在鲍威尔哲学中,真理是主体,人类个体只是真理的追随者。在《文学总汇报》第一期中,鲍威尔提出:“只有当人们依靠真理的论据始终追随真理的时候,……人们才完全地掌握了真理。”②不难发现,在鲍威尔这里,不是人推动真理发展,而是真理引导着人前进。真理不再是被人发现、证明的,而是“一台自己证明自己的自动机器”。由于只有靠着真理,社会才能向前发展,在鲍威尔这里,“人应该追随真理”③。

在鲍威尔那里,与在黑格尔哲学中一样,历史是真理不断自我实现的历史。黑格尔《精神现象学》的历史性是通过精神的辩证的思辨的自我教化的历程体现出来的。鲍威尔继承了黑格尔的基本思想,把历史理解为自我意识的发展史,整个世界历史的意义都在于“普遍自我意识”的形成。马克思指出,这是一种目的论的历史观:“正像在从前的目的论者看来,植物所以存在,是为了给动物充饥的;动物所以存在,是为了给人类充饥的;同样,历史所以存

① 《马克思恩格斯文集》第1卷,人民出版社2009年版,第356—357页。

② 《马克思恩格斯文集》第1卷,人民出版社2009年版,第283页。

③ 《马克思恩格斯文集》第1卷,人民出版社2009年版,第283页。

在,也是为了给理论的充饥(即证明)这种消费行为服务的。人为了历史能存在而存在,历史则为了真理的论据能存在而存在。在这种批判的庸俗化的形式中重复着思辨的英明:人所以存在,历史所以存在,是为了使真理达到自我意识。"①

马克思哲学把"思辨唯心主义"定义为"现实人道主义"最危险的敌人有两方面的原因。第一个方面的原因是,思辨唯心主义在理论上颠倒了人和精神的关系。马克思指出,在思辨唯心主义哲学那里,"历史也和真理一样变成了特殊的人物(Person),即形而上学的主体,而现实的人类个体倒仅仅是这一形而上学的主体的体现者。"②历史和真理被思考为具有人格的人物,成了具有能动性和独立性的主体,而现实的活动着的个体则被视为"精神"单纯的体现者,是没有人格的,也缺少能动性和独立性。马克思主义的独特之处在于,它不仅批判了唯心主义把历史、真理自我意识主体化,而且指出了它这样做的物质生活过程根源,即由于人类所面临的物质生活条件是由前人创造的,是一种不依赖于它并预先规定了它的生活的力量,所以哲学家们想象出一种作为主体的实体。"生产力、资金和社会交往形式的总和,是哲学家们想象为'实体'和'人的本质'的东西的现实基础。"③由于思辨唯心主义把真理和历史设想为主体,它也不再关注历史活动中的真实主体:"真理不去接触住在英国地下室深层或法国高高的屋顶阁楼里的人的粗糙的躯体,而是'完完全全'在人的唯心主义的肠道中'蠕动'。"④思辨唯心主义成了一种脱离现实的概念游戏。第二个方面的原因是,思辨唯心主义在实践上取消了群众进行实际斗争的必要性,群众之所以不自由是因为其自我意识未达到普遍性,他们只需要改造自己的自我意识就能获得自由。在《神圣家族》中,马克思指出群众受到的

① 《马克思恩格斯文集》第1卷,人民出版社2009年版,第284页。
② 《马克思恩格斯文集》第1卷,人民出版社2009年版,第284页。
③ 《马克思恩格斯文集》第1卷,人民出版社2009年版,第545页。
④ 《马克思恩格斯文集》第1卷,人民出版社2009年版,第285—286页。

束缚是客观的、现实的束缚，只有通过群众实际的斗争才能推动历史发展，因此历史的主体是群众："历史活动是群众的活动，随着历史活动的深入，必将是群众队伍的扩大"。① 既然群众是历史活动的主体，那么哲学就应该面向群众所遭遇的现实问题，解决这些问题推动历史发展。鲍威尔及其伙伴则不这么认为，在他们看来，由于"精神"或"自我意识"是主体，群众缺乏"精神"，只是哲学家所发现的"真理"的追随者，那么哲学的主题就不是面向群众，而是面向"精神"或"自我意识"，探究其自我实现的历史进程。当哲学家发现真理之后，群众只需接受它就能获得自由。如果无产阶级接受了这种观点，放弃了实际的斗争，他们永远不可能获得自由了。这种哲学对无产阶级极其有害。

始终把"现实的个体的人"作为历史的主体，是马克思哲学最鲜明的特点。不论是在思辨唯心主义（或者说德意志意识形态）批判，还是在资本主义批判中，马克思始终以"现实的个体的人"为出发点，以人的自由解放为最高目的。例如，在《神圣家族》中，马克思批判思辨唯心主义，就是因为它是人的自由解放的最大敌人。在《共产党宣言》中，马克思用一句话概括了他对资本主义社会的批判，"在资产阶级社会里，资本具有独立性和个性，而活动着的个人却没有独立性和个性。"②资本主义生产方式的问题就在于，人类的个体没有了人格和自由，资本夺走了人的人格和自由，成了独立的主体。在资本主义社会中，人在资本增殖的过程中被客体化了，资本则在自我增殖的过程中被主体化了，人丧失了自己的人格和自由。为现实的个体的人争取自由和解放，这正是马克思的"现实人道主义"的最重要的任务。

4. 存在和思维、实践和理论之间存在着"思辨的神秘的同一"

人具有灵与肉的二重性，肉体做出的机械运动改造着世界，精神做出的意识活动指挥着人改造世界的活动。唯心主义坚持存在和思维、实践和理论之

① 《马克思恩格斯文集》第1卷，人民出版社2009年版，第287页。
② 《马克思恩格斯选集》第1卷，人民出版社2012年版，第415页。

间的同一性,这在现实人的本性中有其根据。但是其问题在于,它坚持思维的第一性,认为思维决定存在,思维改变了,存在立即就改变了,否认二者之间需要物质性的中介。

存在和思维、实践和理论之间存在着"思辨的神秘的同一",这是思辨唯心主义的一个重要特点。关于思维和存在、理论和实践之间存在着同一性的看法是黑格尔哲学的一大特色。黑格尔不满意康德批判哲学的"物自体"概念,认为这是其哲学不彻底性的明证。他指出:"自在之物这个概念,是在抽去对象展示给意识的一切东西,抽去对象的一切感觉规定和一切特定思想的限度内表示对象的。很容易看出,这里所剩的东西是完全抽象、极其空洞的东西,它仅仅还是作为彼岸世界得到规定的,是表象、感觉和特定思维等等的否定东西。"①在黑格尔看来,自在之物作为表象、感觉和特定思维的否定的东西,本身恰恰是思维的产物,并且是已经达到纯粹抽象阶段的思维的产物。黑格尔进一步指出,所谓达到纯粹抽象阶段的思维,指的是空洞的自我。"这种空洞的自我是把它自己的这种空洞的同一性作为对象的"。在黑格尔这里,康德所谓的自在之物是由自我设定的,是与自我相同一的。所以,黑格尔认为:"实际上决没有什么事情比认识自在之物更容易的了。"②黑格尔把康德的哲学称为主观唯心论,把他自己的哲学称为绝对唯心论:"照康德哲学来说,我们所认识的事物仅仅对我们是现象,而这些事物中的自在东西始终是我们无法达到的彼岸。这种主观唯心论认为,构成我们意识的内容的东西是一种仅仅属于我们的、仅仅由我们设定的东西,素朴意识对这种主观唯心论感到恼火是有道理的。实际上真正的关系是:我们所直接认识的事物不仅对于我们,而且就其自身来说也是单纯的现象,这些有限事物固有的命运是它们存在的根据不在他们自身,而在普遍的神圣的理念中。这种关于事物的观点同样也应被称为唯心论,然而与批判哲学的那种主观唯心论不同,应被称为绝对唯心

① [德]黑格尔:《逻辑学》,梁志学译,人民出版社 2002 年版,第 109 页。

② [德]黑格尔:《逻辑学》,梁志学译,人民出版社 2002 年版,第 109 页。

论。……这种绝对唯心论构成了一切宗教意识的基础，因为连宗教意识也把一切现存事物的总体，把整个现实存在的世界看作是由上帝创造和统治的。"①不难发现，黑格尔的绝对唯心论消除了康德哲学为存在所保留的不可知内容，把整个现实存在看作由绝对精神创造和统治的。在黑格尔看来，"没有什么对象能够逃避被思维'这只强劲的胃'消化的命运。易言之，世界上根本就没有不可知的对象。在同一哲学的背景下，思维与存在的同质性上升为主流性的话题。"②在黑格尔这里，思维与存在之间存在的思辨的同一性，是以取消存在的独立性，把存在视为思维的产物而非自身的发展结果为前提的。

黑格尔关于思维和存在同一性的思想被以布鲁诺·鲍威尔为首的青年黑格尔派继承下来。布鲁诺·鲍威尔自我意识哲学的基本信念是，只有人真正具备了"普遍的自我意识"，在现实的社会生活中才会放弃特权和压迫，建立自由平等的社会关系。否则，如果没有"普遍的自我意识"作支撑，纵然有了以自由、平等、博爱为基本精神的法律文件，社会生活中依旧会充满特权和压迫。布鲁诺·鲍威尔之所以猛烈地批判宗教，是因为宗教的自我意识是一种有局限的、排他性的自我意识，如果受宗教自我意识的束缚，人与人之间不可能建立平等的关系。"鲍威尔的主要观点是——尤其是在《号角》中——破坏超越性的东西，亦即，祛除宗教的客观性特征，把它视为人的自我意识的创造物。……为了破坏宗教的超越性的客体，鲍威尔破坏了客观性本身。对于鲍威尔而言，任何对象都没有超出思想，思想是不受限制的，辩证法是内在的；在这个意义上，处于统治地位的是同一性，而非黑格尔大全的静止体系中的否定。"③布鲁诺·鲍威尔之所以猛烈地批判群众，是因为群众——无论是有产

① ［德］黑格尔：《逻辑学》，梁志学译，人民出版社2002年版，第111页。

② 俞吾金：《论思维与存在的异质性——马克思哲学思想演化中的一个关节点》，《第二届中国南北哲学论坛暨"哲学的当代意义"学术研讨会论文集》，2005年10月。

③ Elmar Treptow, *Theorie und Praxis bei Hegel und den Junghegelianern, Habilationsschrift, von der Philosophischen Fakultät der Ludwig-Maximilians-Universität München angenommen im Jahr* 1971, S.131-132.

者，还是无产者——是现代市民社会中的利己主义个体，他们也受到排他性的自我意识的束缚，这样的人是不可能推动历史发展的，也不可能成为新社会的主体。鲍威尔认为消除了宗教对人的奴役、消除了群众的狭隘的自我意识，人就获得了自由。这一思想根源于他的存在和思维的同一性思想，思想改变了，存在也就改变了。不仅如此，鲍威尔还认为实践和理论之间具有同一性。他在《文学总汇报》中提出："犹太人现在在理论领域内有多大程度的进展，他们就获得多大程度的解放；他们在多大程度上想要成为自由的人，他们就在多大程度上是自由的人了。"①理论的进展直接带来实践的推进，二者之间并不需要一个中介，这就是鲍威尔对实践和理论同一性的看法。如马克思所指出的："批判在克服了斯宾诺莎主义以后转向了黑格尔唯心主义，从'实体'转向了另一个形而上学的怪物，即'主体'、'作为过程的实体'、'无限的自我意识'，'完善的'和'纯粹的'批判的最后结果就是以思辨的黑格尔的形式恢复基督教的创世说。"②在鲍威尔这里，思想与存在、理论与实践之间的关系，就像上帝与世界的关系一样——"上帝说要有光，于是就有了光"——是直接同一的。

在《神圣家族》中，马克思指出：

> "批判的批判家——职业的神学家——无论如何也不可能想到，竟然有这样一个世界，在那里意识和存在是不同的，而当我只是扬弃了这个世界的思想存在，即这个世界作为范畴、作为观点的存在的时候，也就是说，当我改变了我自己的主观意识而并没有用真正对象性的方式改变对象性现实……这个世界仍然还像往昔一样继续存在。因此，存在和思维的思辨的神秘的同一，在批判那里作为实践和理论的同样神秘的同一重复着。"③

① 《马克思恩格斯文集》第1卷，人民出版社2009年版，第297页。
② 《马克思恩格斯文集》第1卷，人民出版社2009年版，第339页。
③ 《马克思恩格斯文集》第1卷，人民出版社2009年版，第358页。

马克思明确地对青年黑格尔派把思维和存在相同一的观点提出质疑。毫无疑问，人改造世界的行动是在思想的指导下进行的，但是如果省略了人改造世界的行动这一中介活动，把现实存在的改变直接归因于观念的改变，未免又夸大了精神的作用。鲍威尔与一切唯心主义者一样，把自我意识作为人之为人的本质特征，个体的自我意识达到什么样的程度，他对自己以及自己在世界中的位置也有相应的不同理解。如果个体的自我意识存在着差别，那么世界在他们面前所呈现出来的形态也会有所差别。“在鲍威尔先生及其伙伴看来，所有人不是持批判的观点，就是持群众的观点。……鲍威尔及其伙伴都是把现实的人变成了抽象的观点。”①鲍威尔把现实的人从丰富的社会关系中抽象出来，仅仅关注自我意识这一个规定性，自我意识的提升就意味着人的本质的发展。如马克思所发现的，这种观点无疑忽视了现实的人所具有的丰富的社会关系，他所理解的人只是抽象的、干瘪的、空洞的人。

5. 思辨哲学把现实的斗争变成观念的斗争

《神圣家族》中围绕“犹太人问题”的论战使马克思更进一步认清了思辨唯心主义的秘密。在《文学总汇报》上，布鲁诺·鲍威尔再次强调，犹太人问题的根源在于宗教对人性的压制。由于宗教这种有局限的自我意识的限制，基督徒不可能赋予犹太人平等的政治权利，犹太人也不愿意和基督徒享有平等权利。在鲍威尔看来，解决犹太人问题的唯一出路就在消灭宗教。在《文学总汇报》中，鲍威尔批判了那些质疑他的人没有把握住犹太人问题的根本，这些人使得犹太人问题的解决成为了不可能的。鲍威尔承认，犹太人问题不仅仅是个宗教问题，而且是个政治问题和社会问题，但是政治问题和社会问题的解决必须以宗教问题的解决为前提，即政治权利的平等和和谐共处的社会生活必须以犹太人和基督徒都放弃宗教信仰成为自由的人为前提。不难发

① 《马克思恩格斯文集》第1卷，人民出版社2009年版，第359页。

现,鲍威尔和马克思一样所追求的都不仅仅是"政治解放",而是"人的解放"。但是,鲍威尔始终把人的精神摆脱宗教观念的束缚作为"人的解放"的前提,这是思辨唯心主义哲学把"现实的个体的人"抽象为精神、观念和自我意识的必然结果。即马克思指出的,鲍威尔"把存在于我身外的现实的、客观的链条转变成纯观念的、纯主观的、只存在于我身内的链条,因而也就把一切外在的感性的斗争都转变成纯粹的思想斗争"①。

与布鲁诺·鲍威尔通过观念批判消灭宗教的路径不同,马克思提出:"因为群众的这些实际的自我外化以外在的方式存在于现实世界中,所以群众必须同时以外在的方式同他们进行斗争。"②也就是说,在马克思看来,消灭宗教这种自我意识的自我外化,必须消灭宗教在现实世界中的根基,必须通过物质的方式改造现代市民社会。

在与鲍威尔的争论中,马克思还提出:"思想永远不能超出旧世界秩序的范围,在任何情况下,思想所能超出的只是旧世界秩序的思想范围。思想本身根本不能实现什么东西。思想要得到实现,就要有使用实践力量的人。"③马克思在这里不仅预示了《德意志意识形态》中的"不是意识决定生活,而是生活决定意识"的思想,而且预示了《关于费尔巴哈的提纲》中的实践观。与鲍威尔的相关争论是马克思走向唯物史观的重要环节。

以上我们总结了《神圣家族》对思辨唯心主义的批判。需要指出的是,在《神圣家族》中,马克思对思辨唯心主义的批判并没有仅仅理解为对青年黑格尔派或黑格尔主义的批判,而是进一步把它扩大为对宗教信仰和一切形而上学的批判。德意志意识形态、宗教信仰和一切形而上学的共同点在于,把彼岸的、超感性的世界理解为此岸的、感性的世界的根据。宗教信仰具有这种特点,一切形而上学也具有这一特点。"形而上学"(metaphysics)是亚里士多德

① 《马克思恩格斯文集》第1卷,人民出版社2009年版,第288页。
② 《马克思恩格斯文集》第1卷,人民出版社2009年版,第288页。
③ 《马克思恩格斯文集》第1卷,人民出版社2009年版,第320页。

的一部以“存在者之为存在者”（being qua being）为主题的手稿的中译名，安德罗尼克在编辑出版这些手稿时把它命名为“物理学之后”（ta meta ta physika）。这种研究“存在者之为存在者”的学问就是哲学史上的“第一哲学”或“形而上学”。亚里士多德把研究“存在者之为存在者”的学问称为“第一哲学”，这一点受到了他老师柏拉图的影响：“形而上学发端于柏拉图的思想。柏拉图把存在者之为存在者，亦即存在者之存在，把握为理念。”①由此，柏拉图主义或者唯心主义成了西方形而上学的主流。开始于柏拉图的这一思想传统历经新柏拉图主义、中世纪神学、唯理论一直延续到德国古典哲学。其基本信条就是，现存的、可感的世界是不可靠的，其存在的根据是理念的、观念的世界。② 在《神圣家族》“对法国唯物主义的批判的战斗”一节中，马克思所批判的形而上学首先是指从笛卡儿到莱布尼茨的17世纪形而上学，“这些哲学学说本质上关心的是，在感性经验的彼岸假定超越的本质之物和‘真正的’哲学的第一原则——如不朽、上帝、自由等，它们避开所有那些借助于感官经验而进行的科学的检查，而只为纯粹的思辨理性所通达。”③18世纪的法国唯物主义的兴起标志着17世纪形而上学的衰败，在马克思看来，理论发展的这一进程可以从“当时法国生活的实践形态来解释”，“这种生活所关注的是直接的现实，是世俗的享乐和世俗的利益，是尘俗的世界”。与这种“唯物主义的实践”相适应的必然是“唯物主义的理论”④。马克思意识到在他所生活的以物质利益为轴心的时代，唯物主义的理论不仅有其诞生的条件，而且必将完成对黑格尔的形而上学体系的批判。马克思高度赞扬法国人和英国人的共产主义是“对现存社会的生动的现实的批判”，“是那些作为社会积极成员的个人所

① ［德］海德格尔：《尼采》下卷，孙周兴译，商务印书馆2002年版，第904页。

② ［德］哈贝马斯：《后形而上学思想》，曹卫东、付德根译，译林出版社2001年版，第28页。

③ ［德］汉斯—马丁·格拉赫：《马克思与海德格尔的形而上学批判》，朱刚译，《求是学刊》2005年第6期。

④ 《马克思恩格斯文集》第1卷，人民出版社2009年版，第329页。

进行的现实的人的活动”，是改变世界的“实践的、明确的实际措施”，[①]这是马克思对英法共产主义思想的评价，也是他本人理论发展的方向。

（二）《神圣家族》向着马克思主义的转变

马克思早期思想发展的一个重要特点就是在批判中建构自己的思想。《神圣家族》一方面清算了思辨唯心主义，另一方面也在积极地从正面建构自己的新思想，马克思主义的思想内容正处于快速增长之中。作为马克思主义创立过程中的一部标志性著作，《神圣家族》在新思想的基本原则和内容方面都作出了富有意义的准备。大体说来，主要包含以下几个方面。

1. 以“现实人道主义”为总原则

在《神圣家族》中，“现实人道主义”是统摄、总领性的概念。大体说来，“现实人道主义”有历史观和价值观两个紧密相关的方面。其一，它把“现实的人”而非“抽象的人”作为理论的出发点。马克思和恩格斯反对“思辨唯心主义”的原因就在于后者用“‘自我意识’即‘精神’代替现实的个体的人”[②]。而“现实人道主义”则是把“现实的个体的人”理解为整个新世界观的出发点。其二，它在“现实”中而非在“观念”中寻求“人道主义”价值的实现路径。马克思和恩格斯之所以把“思辨唯心主义”视为最危险的敌人，就是因为后者宣扬一种“唯灵论的自由”，而“现实人道主义”则认为“现实的自由”需要“很具体、很物质的条件”[③]。

马克思主义与人道主义的关系问题一直是一个争讼不已的话题，阿尔都塞对这一问题作出过一个影响深远的回答，他基于“认识论断裂”的观点提

① 《马克思恩格斯文集》第1卷，人民出版社2009年版，第355页。

② 《马克思恩格斯文集》第1卷，人民出版社2009年版，第253页。

③ 《马克思恩格斯文集》第1卷，人民出版社2009年版，第297页。

出,《神圣家族》中“现实人道主义”的含混性歧义性恰恰是在思想发展的“断裂期”①才会提出的概念。阿尔都塞关于马克思主义与人道主义之间存在着“认识论断裂”的判断突出了马克思主义创立过程是一场伟大的思想革命,在马克思主义受到社会民主党人攻击的特定历史阶段发挥了“保卫马克思”的作用,但是,阿尔都塞“认识论断裂”说存在着重大的理论缺陷,他过度强调了马克思主义与旧哲学的“断裂”,而没有充分估计到其中的传承和连续性,他过度强调了马克思主义历史科学的客观性方面,而忽略了其中人的主观能动性的方面,引发的争论比解决的问题更多。

“现实人道主义”概念表明,马克思主义具有鲜明的价值色彩,它以人为出发点,以“人的解放”为最高目的。把“人”作为哲学的出发点,把“人”的自由作为哲学的最高目的,这是从康德以来德国哲学的基本特点,也是马克思恩格斯和青年黑格尔派的共同信念。当费尔巴哈和鲍威尔分别以“以自然为基础的现实的人”和“自我意识”代替黑格尔的“绝对精神”,他们都是试图建立一种以“人”为中心的哲学。马克思和恩格斯在新哲学的探索过程中接纳了其思想先贤从“人”出发建立新哲学的见解,但是他们也逐步认识到黑格尔、鲍威尔和费尔巴哈等人都是以“抽象的人”为出发点的,他们决意建立一种以“现实的个体的人”为出发点、服务于“现实的个体的人”的现实自由的新哲学。这样一种价值追求并非起始于《神圣家族》,亦非终结于《神圣家族》,《神圣家族》的“现实人道主义”概念使得马克思主义的这一价值追求更加鲜明。

“现实人道主义”概念表明,把“人”从马克思主义的理论体系中排除出去是对马克思主义的根本歪曲。在阿尔都塞看来,马克思主义是一个由社会结构及其矛盾运动构成的理论体系,在这个理论体系中,人、人的本质、人道主义是没有位置的。因为建立在人性(或人的本质)这一“总问题”上的理论无一例外都是唯心主义,马克思主义的历史唯物主义之所以是“科学”,就是因为

① [法]阿尔都塞:《保卫马克思》,顾良译,商务印书馆2006年版,第242页。

排除了“人”。[①] 唯物史观强调历史的规律性,强调历史发展是社会基本矛盾推动下向前发展的“自然史的过程”[②],但是不能因此夸大历史规律的客观性而否认人在历史进程中的主体性。历史有客观性的一面,因为人不能随心所欲地创造历史,“而是在直接碰到的、既定的、从过去承继下来的条件下创造”[③]。但是,片面夸大历史的客观性也是不对的。德意志意识形态家们恰恰是在这一点上误入歧途,他们看到历史进程客观性的一面,就把历史理解为主体,把人理解为历史的工具,于是历史便具有了“某种特殊目的”,成了某种独立的“人物”[④]。然而这些哲学家们想象出来的“实体”和“人的本质”不过是历史发展过程中既成东西(例如“生产力”、“资金”和“社会交往形式的总和”等)在观念上的反应。这些东西是既定的,是每一个人都必须接受的,表现为一种无法反抗的力量,德意志意识形态家们把它们命名为超越于现实的个人之上的“实体”或“人的本质”。马克思和恩格斯明确地反对过度强调历史进程的客观性,指出:“历史不过是追求着自己目的的人的活动而已。”[⑤]唯物史观的科学性并不是通过把历史抽象为一个与人脱离的客观过程而建立起来的,其科学性在于历史的客观性与人的主体性之间的平衡。它既强调每一代都面对不以自己意志为转移的客观条件,同时又强调每一代人都在一定历史前提的基础上能动地创造着自己的历史:“人们不能自己选择自己的生产力……后来的每一代人都得到前一代人已经取得的生产力并当做原料来为自己新的生产服务,由于这一简单的事实,就形成人们的历史中的联系,就形成人类的历史”[⑥]。当阿尔都塞把人从马克思主义的历史科学中排除出去,并宣称历史是一个“无主体的过程”时,他片面夸大了马克思主义中的客观方面,

---

① [法]路易・阿尔都塞:《保卫马克思》,商务印书馆 2007 年版,第 223 页。

② 《马克思恩格斯文集》第 4 卷,人民出版社 2009 年版,第 10 页。

③ 《马克思恩格斯文集》第 2 卷,人民出版社 2009 年版,第 470—471 页。

④ 《马克思恩格斯文集》第 1 卷,人民出版社 2009 年版,第 540 页。

⑤ 《马克思恩格斯文集》第 1 卷,人民出版社 2009 年版,第 295 页。

⑥ 《马克思恩格斯文集》第 10 卷,人民出版社 2009 年版,第 43 页。

是对马克思主义的歪曲。阿尔都塞义正辞言地批判社会民主党人以德国哲学的“意识形态”歪曲马克思主义的做法，但是当他把历史理解为一个“无主体的过程”，把人作为这个过程的无意识的承担者的时候，他恰恰对马克思主义作了“德意志意识形态”式的解读。马克思在《资本论》中确实说过，“我的观点是把经济的社会形态的发展理解为一种自然史的过程”，并且提出人只不过“是经济范畴的人格化，是一定的阶级关系和利益的承担者”。[①] 但是在同一时期的《1861—1863 年经济学手稿》中，他也指出：人既是前提，也是结果，“人只有作为自己本身的产物和结果才成为前提。”[②]片面夸大马克思在《资本论》及其手稿中的历史客观性思想也是对唯物史观的歪曲，不符合马克思的本意。

《神圣家族》时期，马克思的“现实人道主义”表现为，他深刻地注意到了历史的发源地在“物质生产”之中，私有财产有自己客观的国民经济运动。这些都表明了历史过程有不以人的意志为转移的客观规律，人只能服从这些规律。但是，他同时也明确主张通过无产阶级群众的革命行动改造社会，“它的目标和它的历史使命已经在它自己的生活状况和现代资产阶级社会的整个组织中明显地、无可更改地预示出来了。”[③]在他看来，只有通过消除这种生活状况和整个组织的革命行动才能实现无产阶级的解放。这一思想不仅是通向“唯物史观”的重要一步，也把“人道主义”置于了现实的地基上。

2. 以“现实的个体的人”为出发点

在《神圣家族》中，马克思开宗明义提出：“思辨唯心主义”是“现实人道主义”最危险的敌人。其危险性表现在：以鲍威尔为代表的思辨唯心主义哲学家用“自我意识”代替“现实的个体的人”。

① 《马克思恩格斯文集》第 5 卷，人民出版社 2009 年版，第 10 页。
② 《马克思恩格斯全集》第 35 卷，人民出版社 2013 年版，第 350—351 页。
③ 《马克思恩格斯文集》第 1 卷，人民出版社 2009 年版，第 262 页。

与思辨形而上学的做法不同，马克思把“现实的个体的人”作为哲学的出发点。在对人的理解上，马克思受到了费尔巴哈的影响。例如他承认：“人直接地是自然存在物。”①人这种自然存在物，和任何动植物都一样，有肉体、是感性的、对象性的存在物。他是受动的，不仅受自己的制约，也受自己对象的制约。当然，人也并非单纯受动的，他还拥有自然力，可以靠着自身的能动性满足自己的需要。费尔巴哈强调人是自然存在物具有反宗教神学和黑格尔形而上学的双重意义。但是，费尔巴哈基于直观的原则只是把人理解为一种“感性的对象”，而没有把人也理解为“感性活动”，理解为自身活动的产物。他不理解实践活动是人的自然属性以及人与自然的关系的基础，这样一来，人的本质就是某种人所固有的、把人联系在一起的抽象东西，而不是在人的实践活动中生成的。人的对象性的、物质的活动只是被视为人的自然力量的延伸，而非人的本质的表现。相反，理论的活动倒是被视为表现人的本质的活动。费尔巴哈对“以自然为基础的现实的人”的理解还是抽象的，甚至在某些方面陷入庸俗。

“新唯物主义”摆脱了费尔巴哈直观唯物主义的局限，而它之所以能做到这一点，就在于它吸收了思辨哲学的积极成果。在批判黑格尔的思辨逻辑和整个哲学体系的过程中，黑格尔的辩证法给马克思留下了深刻的影响。他说，黑格尔辩证法的伟大之处首先在于，“黑格尔把人的自我产生看做一个过程，把对象化看做失去对象，看做外化和这种外化的扬弃；因而，他抓住了劳动的本质，把对象性的人、现实的因而是真正的人理解为人自己的劳动的结果。”②在马克思看来，黑格尔的《精神现象学》的最大的功绩在于它充分发展了辩证法的思想，正是借助这种方法，黑格尔把精神的“劳动”理解为人的“自我产生”的行动。马克思吸收了黑格尔的这一思想成果，不过他专注的是人的对象性的改造物质世界的劳动。在劳动中，人把自身本质力量外化，创造出一个

---

① 《马克思恩格斯文集》第1卷，人民出版社2009年版，第209页。

② 《马克思恩格斯文集》第1卷，人民出版社2009年版，第205页。

确证自己存在的对象世界。同时,人在改造对象世界的过程中,还创造了自己的社会关系。人本身以及人的社会都是自己劳动的产物。

在辩证法的基础上,马克思还吸收了黑格尔的历史性的原则。这也是费尔巴哈的哲学所不具备的,费尔巴哈基于直观所把握到的对象只能是当下直接的存在,他不理解这些对象是历史性的人的活动的产物。马克思后来嘲笑费尔巴哈现在在曼彻斯特只能看见机器和工厂,在 100 年前只能看见脚踏纺车,他通过直观是看不到这两者的联系的,也看不到"樱桃树"在整个商业活动中移植栽培的历史。[①] 在辩证法和历史性原则的基础之上,马克思所看到的"人"已经不再是"抽象的人",而是一定社会关系中、历史阶段上的"现实的具体的个人"。在马克思生活的那个时代,"现实的具体的个人"是现代市民社会中的真实的个人,他们是被私有财产和货币异化控制的人,马克思对私有财产和货币异化的批判,反映了他对"现实的个体的人"的关注和关怀。

3. 以群众为历史主体的群众史观

在鲍威尔的《犹太人问题》出版之后,不少理论家基于犹太人或者基督徒的立场反驳鲍威尔的激进立场。在鲍威尔看来这些人没有认识到犹太人问题的普遍意义。鲍威尔把那些尚未认识到犹太人问题普遍意义的知识分子视为群众的一部分。这些人尽管属于有教养的阶层,但是他们的教养尚未完全祛除他们的排他性,他们还不具备普遍的自我意识。此外,群众还包括缺乏教养的阶层,他们还完全受排他性的利己主义因素的束缚。这些人作为群众有一个共同点:由于不具备普遍的自我意识,他们没有能力为自我意识的普遍性事业行动起来。鲍威尔说,他之所以为自己的立场做辩护,并不仅仅是为了辩护,更重要的是批判这些人,让他们摆脱自己的立场,成为推动历史发展的积极力量。

---

① 参见《马克思恩格斯文集》第 1 卷,人民出版社 2009 年版,第 528—529 页。

在马克思看来，鲍威尔之所以能够把群众摆在精神的对立面，是他的思辨唯心主义教条使然。这种思辨唯心主义的教条首先表现在：鲍威尔不仅把精神视为绝对合理的，而且把群众和精神视为相互外在的，同时他还把群众和精神"变成固定不变的本质"永远对立起来。鲍威尔教条主义地把群众和精神对立起来，他并没有研究群众的精神，只是简单地把精神的"懦弱无能"归罪于群众。鲍威尔的教条主义还表现在他对待进步的态度上：他以精神的发展来衡量人类事业的进步，历史之所以出现了停滞或倒退，是因为存在着进步的敌人，这些人阻挠了历史的发展。由于这个敌人不可能是具有普遍自我意识的批判家，而只能是群众。因此马克思说，鲍威尔只是在"用这一想象的对立物来给群众下定义"。①

马克思认为，鲍威尔所说的"精神"和"群众"的关系只不过是"黑格尔历史观的批判的漫画式的完成"②。黑格尔把人类历史视为精神的发展史，"人类只是这种精神的无意识或有意识的承担者，即群众。"鲍威尔在这一点上继承了黑格尔的看法，但是他同时也把黑格尔的观点极端化了。在黑格尔的体系中，为了保证哲学的真理性，哲学家只能描述概念在辩证法的否定性力量的推动下所经历的自我发展过程，哲学家在这个过程中不能加入自身的主观想法，如此才能保证哲学体系的科学性。这造成了黑格尔体系的两个"不彻底性"：第一，他把哲学视为绝对精神的定在，同时又不承认哲学家是绝对精神；第二，"他只是在表面上让精神作为绝对精神去创造历史"，因为绝对精神创造历史的行动只发生在哲学家随后出现的意识中。鲍威尔把绝对精神创造历史的行动贯彻到底，消除了这两种"不彻底性"：一方面，"他宣布批判就是绝对精神，而他自己就是批判"。另一方面，在鲍威尔那里，精神并不是事后通过哲学家才意识到自己是创造历史的力量，批判本身就是创造历史的力量。黑格尔有关精神和群众的关系的看法被鲍威尔转变成了"鲍威尔及其伙伴同

① 《马克思恩格斯文集》第1卷，人民出版社2009年版，第290页。
② 《马克思恩格斯文集》第1卷，人民出版社2009年版，第291页。

群众的关系”。黑格尔保证哲学思想真理性的审慎态度被抛弃了，其精神是世界的本原的思想被夸大为精神乃至哲学家创造历史的观点，按照马克思的说法，黑格尔的哲学观点就这样被鲍威尔变成了一幅漫画。

马克思指出，鲍威尔反对群众，其实是在反对整个历史，因为“历史的活动和思想就是‘群众’的思想和活动”①。马克思群众史观最大的特点在于，他反对笼统地把群众视为一个整体，因为群众是划分为不同阶级的，而不同的阶级与历史进步的关系是不同的，理论家的任务是与进步的阶级相结合，推动历史发展。与鲍威尔认为历史上的活动之所以会失败是因为引起了群众的热情相反，马克思认为，群众漠不关心的活动才会失败。真实有效的思想必须切实地考虑群众的“现实利益”和“革命原则”，只有这样，一个思想才能产生现实的效果，改变世界的思想观念才能走向成功。

4. 历史的诞生地在粗糙的物质生产

在《神圣家族》中，马克思提出历史的诞生地在粗糙的物质生产。马克思批判了思辨哲学家们的如下观点：

> “难道批判的批判以为，只要它把人对自然界的理论关系和实践关系，把自然科学和工业排除在历史运动之外，它就能达到，哪怕只是初步达到对历史现实的认识吗？难道批判的批判以为，它不把比如说某一历史时期的工业，即生活本身的直接的生产方式认识清楚，它就能真正地认清这个历史时期吗？……正像批判的批判把思维和感觉、灵魂和肉体、自身和世界分开一样，它也把历史同自然科学和工业分开，认为历史的诞生地不是地上的粗糙的物质生产，而是天上的迷蒙的云兴雾聚之处。”②

这一段话的内容非常丰富，对于理解马克思和恩格斯走向唯物史观的过程具

---

① 《马克思恩格斯文集》第1卷，人民出版社2009年版，第286页。

② 《马克思恩格斯文集》第1卷，人民出版社2009年版，第350—351页。

有标志性意义。它鲜明地体现了唯物史观的思想在生长之中。

首先,马克思指出,要想认识“历史现实(die geschichtliche Wirklichkeit)”,必须研究“人对自然界的理论关系和实践关系”,必须研究“自然科学和工业”。“自然科学和工业”是马克思在《1844 年经济学哲学手稿》中就关注到了的,他反对古典政治经济学仅仅从“有用性”的角度来理解工业及其产品。他提出过“工业的历史和工业的已经生成的对象性的存在,是一本打开了的关于人的本质力量的书”的观点,给予工业这种人类实践活动高度的重视。

其次,马克思提出,生活的生产方式是理解市民社会的钥匙。在上述引文中,“生活本身的直接的生产方式(die unmittelbare Produktionsweise des Lebens selbst)”①被马克思赋予了理解历史的钥匙的地位。在批判蒲鲁东的时候,马克思提出了,人与对象的关系表达了人与人的社会观系:“对象作为为了人的存在,作为人的对象性存在,同时也就是人为了他人的定在,是他同他人的人的关系,是人同人的社会关系。”②“人与对象的关系”表达的是“人同人的社会关系”。这也就意味着,人和物的关系与人同人的社会关系具有同样的内涵。对于马克思而言,只有搞清楚了人和人的社会关系,才能搞清楚人和物的对象性关系到底是怎样的。在马克思这里,通过“生活本身的直接的生产方式”才能理解历史的变迁,这是马克思之后进一步发展的唯物史观的重要思想。

再次,马克思明确地把“地上的粗糙的物质生产(die grob-*materielle* Produktion auf der Erde)”作为“历史的诞生地(die Geburtsstätte der Geschichte)”。③历史不是诞生于“天上的迷蒙的云兴雾聚之处”,而是诞生于“地上粗糙的物质生产”,这一命题典型地表明了马克思对思辨唯心主义的批判和唯物史观

① Marx Engels Werke, Bd.2., Berlin: Dietz Verlag, 1962, S.159.

② 《马克思恩格斯文集》第 1 卷,人民出版社 2009 年版,第 268 页。

③ Marx Engels Werke, Bd.2., Berlin: Dietz Verlag, 1962, S.159.

的建构。所谓“天上”，指的就是青年黑格尔派和黑格尔主义共同坚持的“观念、想法、概念迄今一直支配和决定着现实的人”以及“现实世界是观念世界的产物”①的观点。

最后需要指出的是，这里包含着即将在《关于费尔巴哈的提纲》和《德意志意识形态》中被充分阐发的“实践”“自然科学”“工业”“历史运动”“历史现实”“生产方式”“物质生产”等重要概念。这些重要概念的提出是马克思在批判思辨唯心主义的过程中提出来的。这一点提醒我们，绝对不能简单地把马克思主义庸俗化，把它理解为低于其思想高度的粗陋唯物主义。当马克思提出他思想中的这一系列核心概念时，他是站在德国古典哲学这一人类思想史上的高峰之上的。这一事实注定了马克思所理解的这些概念都是“为思辨本身的活动所完善化”了的。简言之，在这些概念中，马克思看到了用“现实的个体的人”取代“精神”的可能，把前者理解为一种新的哲学的出发点的可能。《神圣家族》中有诸多这样的章节，它们提醒我们，马克思和恩格斯提出“唯物史观”的过程是一个快速但又有步骤的过程。

5. 以无产阶级革命为途径的共产主义思想

马克思和恩格斯针对鲍威尔及其伙伴的“绝对的社会主义”，提出了“群众的世俗的共产主义和社会主义”。马克思和恩格斯指出：“世俗社会主义的首要原理把单纯理论领域内的解放作为一种幻想加以摒弃，为了现实的自由，它除了要求有理想主义的‘意志’以外，还要求有很具体的、很物质的条件。”②马克思和恩格斯坚决反对鲍威尔等人的思辨唯心主义，由于这些人把“现实的个体的人”抽象为了“自我意识”“思想”“观念”等单纯精神性存在，对于这些人而言，只要一个人的意识获得了自由，这个人就成了自由的人，只要所有人都获得了“普遍的自我意识”，全人类的解放就获得了实现。马克思

① 《马克思恩格斯文集》第1卷，人民出版社2009年版，第511页脚注。

② 《马克思恩格斯文集》第1卷，人民出版社2009年版，第297页。

和恩格斯指出，这是“现实人道主义”的“最危险敌人”。因为按照这种观点，无产阶级不需要再进行实际的斗争了，只要坐在书斋里读鲍威尔等人的著作，“学完《符类福音作者的福音故事考证》、《耶稣传》，等等”①，认识到自己的“自我意识”具有最高的神性，不再受任何特殊的有局限的思想观念束缚，那么自己就自由了，共产主义就实现了。鲍威尔等人的这种思想对于共产主义运动是极其危险的，因为无产阶级不能把自己的革命局限在头脑当中，“必须进行物质的、实际的变革”②才能争取到实际的权利。马克思和恩格斯在《神圣家族》中已经详细地分析了无产阶级在现代社会中的革命性，把改造世界的希望寄托在无产阶级身上，只有通过无产阶级的革命行动，才能有现实的共产主义。

（三）《神圣家族》在马克思主义创立中的地位

当马克思和恩格斯在《神圣家族》中清算思辨唯心主义、锻造“新唯物主义”、推动无产阶级觉醒、制定“群众的共产主义”时，这表明他们已经开始自觉地拟定着自己的新思想。通过深入分析这一文本，不难发现，马克思主义创立所需的主要素材在《神圣家族》中已经齐备，新思想正在锻造之中，即将最终定型。

第一，在《神圣家族》中，马克思主义的主要素材已经齐备。首先，在哲学上，该著作作了诸多富有成效的探索。尤其是《神圣家族》提出了“为思辨本身的活动所完善化并和人道主义相吻合的唯物主义”的主张，这个命题以构成部件的形式表明了马克思主义的新哲学同一切旧哲学的联系和区别。其次，在市民社会的认识上，该著作也在逼近马克思主义的水平。《神圣家族》通过考察蒲鲁东的政治经济学批判进一步发展了自己的政治经济学批判，更加接近对市民社会的科学理解，尽管其中还有人本学异化逻辑的痕迹，

① 《马克思恩格斯文集》第1卷，人民出版社2009年版，第48页。

② 《马克思恩格斯文集》第1卷，人民出版社2009年版，第297页。

但是对国民经济运动客观规律的理解更加深刻了，而且明确强调了物质生产的基础性地位。再次，在共产主义理论上，马克思自觉地以正在生长中的“新唯物主义”为共产主义奠基，重点阐述了群众史观和“群众的共产主义”的思想，这都是马克思主义的重要思想要素。尤其是其中关于无产阶级历史使命的思考，表明了马克思和恩格斯已经明确把握住了自己新思想体系的阶级立场和根本属性，成为我们理解马克思主义思想特质不可忽视的关键点，更加突显了《神圣家族》在马克思主义创立中的地位。

第二，《神圣家族》表明，马克思主义还在孕育之中。首先，因为还在孕育之中，所以马克思对自己整个思想的哲学基础还没有达到凝练的认识，需要一个复杂的表述才能澄清自己这个哲学基础的特点，而不像《关于费尔巴哈的提纲》那样言简意赅地把它称为“新唯物主义”。其次，因为还在孕育之中，马克思和恩格斯一方面在如何对待思辨哲学上已明显不同于费尔巴哈，另一方面又盛赞费尔巴哈对思辨哲学的批判。再次，因为还在孕育之中，各种素材还没有熔铸为一个整体性的构件，所以《神圣家族》虽然充满了新思想体系的素材，但是也有不同乃至异质观点之间的碰撞乃至冲突。比如，《神圣家族》一方面着重强调了国民经济运动的客观规律，另一方面也有关于“人的自我异化”“人的生存的外观”“非人性的顶点”等大量充满道德评判色彩的论述。以至于如何判定《神圣家族》的思想性质成了国内外学者争论不休的话题。① 我们认为，马克思早期思想的发展过程并不是遵循一条线性的路径发展的，其中也有曲折反复。这些随处可见的看似自相矛盾的观点，恰恰是表明了马克思主义的创立是一个艰辛的思想探索历程。当然，我们在研究《神圣家族》时，一方面要关注到其中的思想冲突，另一方面也要把握这一文本向着马克思

---

① 不仅国内学者意见不统一，国外学者的争论甚至更激烈。例如，科尔纽和拉宾认为《神圣家族》比之前的文本更多地摆脱了费尔巴哈；山之内靖则认为《神圣家族》比《德法年鉴》更多地受费尔巴哈影响。参见［日］山之内靖：《受苦者的目光：早期马克思的复兴》，彭曦、汪丽影译，北京师范大学出版社 2011 年版，第 198 页脚注。

主义生长的主流。

第三，《神圣家族》表明，马克思主义即将定型。《神圣家族》已经涌现出了新思想体系的大量观点，其主要缺陷在于这些思想观点还没有被整体化。之所以还没有完成整体化，是因为马克思和恩格斯还没有从一个统一的元概念出发把这些思想要素整合在一起。我们已经知道，这个元概念就是《关于费尔巴哈的提纲》中的"实践"或"感性的人的活动"，我们还知道"对象性活动"概念在《1844 年经济学哲学手稿》中就已经制定出来了。《神圣家族》是二者之间的一个重要中间环节，它不仅已经大量使用"实践"（Praxis）概念，全书有 20 次之多，而且在很多地方已经提出了同《关于费尔巴哈的提纲》和《德意志意识形态》具有相同或类似内涵的重要观点。这些观点表明马克思主义已经呼之欲出了。尤其是当《神圣家族》不仅以唯物主义命名自己的哲学而且指出这种唯物主义是综合了思辨哲学和人道主义的唯物主义时，它事实上不仅已经超出思辨哲学，而且也超出了费尔巴哈的"人本学"。所以，当《神圣家族》被鲍威尔等人称为费尔巴哈的后继者时，马克思能够迅速做出回击。而且他对费尔巴哈的批判完全不同于施蒂纳和鲍威尔等人对费尔巴哈的神学批判，马克思超越费尔巴哈的道路是自己独立的思想探索的结果。他是站在思辨哲学的成就之上反思费尔巴哈的缺陷的，而施蒂纳和鲍威尔则是站在思辨哲学之中来批判费尔巴哈，所以马克思最终创立了一种扬弃了旧哲学的"新唯物主义"，而施蒂纳和鲍威尔则始终停留在黑格尔哲学的地基上。

我们认为，《神圣家族》是马克思主义创立过程中各种思想要素的一次全方位集中演练。马克思主义是在一个复杂的舆论场中创立的，这个舆论场之所以复杂，是因为它所面对的资本主义的问题及其替代方案的课题是高度复杂的。马克思和恩格斯受到这个舆论场中各种思想倾向的影响，既有对先贤的传承也有与他们的决裂，既有旧思想的清算也有新思想的锻造，所以，在马克思主义创立过程中难免有曲折反复。从《博士论文》到《神圣家族》，其中的文本经常可以看到各种思想倾向的混合乃至冲突。《神圣家族》不仅是这些思想倾向集中激荡、交锋、验证、补足之地，而且也是马克思和恩格斯运用新思想要素清算前人的尝试。经此番论辩之后，清算思辨唯心主义的任务总算基本完成，马克思主义的创立进入快车道。马克思和恩格斯在短时间内不仅明确了新哲学的元概念，而且在此基础上把各种思想要素迅速整合为一个理论整体。之后的思想快速进展，就以《神圣家族》的思想清算和演练为基础。

二、《神圣家族》的未竟事业

在马克思早期的思想发展历程中，《神圣家族》是一个必不可少的环节。但是这一著作并没有完成其早期思想批判的所有任务，关于新思想的建构当然也远没有完成。

（一）未能完成意识形态的前提批判

毫无疑问，马克思和恩格斯在《神圣家族》中对思辨唯心主义的批判是全面的、彻底的。但是，与《德意志意识形态》比较来看，《神圣家族》对思辨唯心主义的批判还有一项任务没有完成：那就是没能说明思辨唯心主义（德意志意识形态）的前提。之所以会有这种结果，是因为马克思和恩格斯在《神圣家族》中还只是把唯物史观作为思辨唯心主义颠倒之后的结果，还没有自觉地用唯物史观来分析思辨唯心主义的起源。

在《德意志意识形态》中，马克思和恩格斯再次总结了德意志意识形态共同的思想关注，“从施特劳斯到施蒂纳的整个德国哲学批判都局限于对宗教观念的批判”①。之所以局限于宗教批判，是因为他们都认为“宗教、概念、普遍的东西统治着现存世界”②。马克思和恩格斯提出：“既然青年黑格尔派认为，观念、思想、概念，总之，被他们变为某种独立东西的意识的一切产物，是人

① 《马克思恩格斯选集》第1卷，人民出版社2012年版，第144页。

② 《马克思恩格斯选集》第1卷，人民出版社2012年版，第144—145页。

们的真正枷锁，就像老年黑格尔派把它们看做是人类社会的真正镣铐一样，那么不言而喻，青年黑格尔派只要同意识的这些幻想进行斗争就行了。”①马克思指出，青年黑格尔派的哲学工作局限于观念批判的领域，“他们只是用词句来反对这些词句；既然他们仅仅反对这个世界的词句，那么他们就绝对不是反对现实的现存世界。”青年黑格尔派不仅没有反对现实的现存世界，反而是在用用一套逻辑来解释现存世界的发展，把它解释为“自我意识”“类本质”和“独自性”等发展的历史。他们改变意识的要求，就是要求“用另一种方式来解释存在的东西”。② 需要指出的是，马克思和恩格斯在《德意志意识形态》中并没有局限于对以青年黑格尔派为代表的德意志意识形态进行批评，而是把他们的批判扩大到对整个德国唯心论的批判。在马克思起草的《德意志意识形态》“底稿”中，他指出，把“所有的德国哲学批判家们都断言：观念、想法、概念迄今一直支配和决定着现实的人，现实世界是观念世界的产物”③。不仅如此，马克思和恩格斯还更进一步地揭露了全部唯心主义哲学共同的思想基础。“德国唯心主义和其他一切民族的意识形态没有任何特殊的区别。后者也同样认为世界是受观念支配的，思想和概念是决定性的本原，一定的思想是只有哲学家们才能理解的物质世界的奥秘。”④

马克思和恩格斯在《德意志意识形态》中分析了意识形态家们证明“观念统治世界”的“全部戏法”。其具体过程分为三个步骤：第一步，把思想与个人分割开，“从而承认思想或幻想在历史上的统治”；第二步，使独立出来的思想具有某种秩序，因此把它们说成“概念的自我规定”，这也掩盖了把思想联系起来的经验基础；第三步，使思想化身为历史上代表“概念”的人物，把这些人

---

① 《马克思恩格斯选集》第1卷，人民出版社2012年版，第145页。

② 《马克思恩格斯文集》第1卷，人民出版社2009年版，第516页。

③ 《马克思恩格斯文集》第1卷，人民出版社2009年版，第510页脚注；或广松涉：《文献学语境中的〈德意志意识形态〉》，彭曦译，张一兵校，南京大学出版社2006年版，第3页。

④ 《马克思恩格斯文集》第1卷，第510页脚注；或广松涉：《文献学语境中的〈德意志意识形态〉》，彭曦译，张一兵校，南京大学出版社2006年版，第3页。

说成历史的制造者。马克思和恩格斯说,在这样三步之后,“就把一切唯物主义的因素从历史上消除了,就可以任由自己的思辨之马自由奔驰了。”①这种“观念统治世界”的哲学思想之所以是一种“戏法”,正是因为观念是人的观念,“实体”“人的本质”等居于统治地位的观念只不过是不依赖于人并预先规定了人的生产生活条件——“生产力、资金和社会交往形式的总和”——在观念上的反映。然而这种“戏法”颠倒了思想观念和现实生活过程的关系。

马克思和恩格斯指出,包括德意志意识形态在内的一切意识形态之所以是颠倒的,是因为现实生活本身是颠倒的。马克思和恩格斯提出,“意识在任何时候都只能是被意识到了的存在,而人们的存在就是他们的现实生活过程。如果在全部意识形态中,人们和他们的关系就像在照相机中一样是倒立成像的,那么这种现象也是从人们生活的历史过程中产生的”②。马克思在这里揭露了意识形态虚假性的社会历史根源。“他们认为,只有从社会生活本身‘颠倒性’中才能找到意识形态作为颠倒意识的起源。青年黑格尔派和德国社会主义者之所以把抽象的观念颠倒为历史的决定性因素,是因为他们生活的德国处于‘时代错乱’的现状之中,在当时的德国,思想观念领先于现实的关系。因此,青年黑格尔派把观念视为引领、规定现实发展方向的力量,他们认为只要对旧观念进行批判,消灭思想观念中的束缚,德国人的解放事业就能达到一个新的高度。但是,马克思恩格斯指出,由于他们只是局限在思想观念的范围内,没有意识到这些观念是从特定的社会关系中产生的,没有对束缚人、压迫人的社会经济关系提出质疑和批判,最终成了‘最大的保守派’。”③马克思最终亮明了他的路径:“意识的一切形式和产物不是可以通过精神的批判来消灭的……只有通过实际地推翻这一切唯心主义谬论所由产生的现实的社会关系,才能把它们消灭;历史的动力以及宗教、哲学和任何其他理论的动力是革

① 《马克思恩格斯文集》第1卷,人民出版社2009年版,第554页。
② 《马克思恩格斯文集》第1卷,人民出版社2009年版,第525页。
③ 李彬彬:《马克思恩格斯意识形态概念再析》,《哲学动态》2015年第6期。

命，而不是批判。”①这也就意味着，颠覆德意志意识形态，并不是简单的理论批判就能完成的，必须立足于社会关系中的革命，即消灭现代市民社会中普遍与特殊的二元对立关系，德意志意识形态以抽象理念统摄具体现实的理论才能被消灭。

在《德意志意识形态》中，马克思和恩格斯自觉地提出了他们的新哲学与包括德意志意识形态在内的一切意识形态和形而上学的关系。他们指出：

> “德国哲学从天国降到人间；和它完全相反，这里我们是从人间升到天国。……我们的出发点是从事实际活动的人，而且从他们的现实生活过程中还可以描绘出这一生活过程在意识形态上的反射和反响的发展。甚至人们头脑中的模糊幻象也是他们的可以通过经验来确认的、与物质前提相联系的物质生活过程的必然升华物。因此，道德、宗教、形而上学和其他意识形态，以及与它们相适应的意识形式便不再保留独立性的外观了。它们没有历史，没有发展，而发展着自己的物质生产和物质交往的人们，在改变自己的这个现实的同时也改变着自己的思维和思维的产物。”②

这段话标志性地说明了马克思和恩格斯厘清了他们的唯物主义世界观与德意志意识形态乃至一切意识形态的关系，二者并不是漠不相关的，毋宁说，马克思和恩格斯自觉地认识到他们所完成的是像康德一样的“哥白尼革命”：意识形态认为思想观念决定了人的生活，马克思恩格斯提出现实生活决定了人的思想观念。在这里，他们所谓的从人间升到天国，就是从现实的有生命的个人出发，“从他们的现实生活过程中”可以描绘出“这一生活过程在意识形态上的反射和反响的发展”。马克思指出，由于思想观念是现实生活过程的反映，包括道德、宗教、形而上学在内的一切意识形态“便不再保留独立性的外观

---

①　《马克思恩格斯文集》第1卷，人民出版社2009年版，第544页。

②　《马克思恩格斯文集》第1卷，人民出版社2009年版，第525页。

了”。打碎意识形态具有独立性的外观，否定意识形态具有历史，这是对德意志意识形态共同点的最大攻击。我们知道，黑格尔的《精神现象学》又被称为“意识的经验科学”，它所展现的是精神达到绝对知识所经历的历史，人类求知的现实历史成了精神自我发展历史的外在体现。马克思指出：“黑格尔完成了实证唯心主义。在他看来，不仅整个物质世界变成了思想世界，而且整个历史变成了思想的历史。”①在黑格尔看来，一部人类历史无外乎精神达到绝对知识的历史，粗糙的物质生产领域根本没有历史可言。马克思针锋相对地指出，意识没有历史，它是随着人们现实生活过程的改变而改变的。马克思得出结论，“不是意识决定生活，而是生活决定意识”。借此他颠倒了德意志意识形态，这一颠倒意味着马克思翻转了整个西方形而上学。这就是唯物史观之于整个西方形而上学传统的革命性意义。“这种历史观和唯心主义历史观不同，它不是在每个时代中寻找某种范畴，而是始终站在现实历史的基础上，不是从观念出发来解释实践，而是从物质实践出发来解释各种观念形态。”②

正如俞吾金教授指出的：“与前人和同时代的人比较起来，马克思批判理论的全部特性在于，它是一种意识形态批判理论，而这种理论的优点和特点在于，它表现为元批判，即用历史唯物主义的基本原理先行地对前提加以澄明的批判方式。”③当然在《德意志意识形态》时期，马克思并没有完全破解德意志意识形态的颠倒的世界观与现代资本主义生产方式之间的内在关联。随着对资本主义社会研究的深入，马克思逐步破解了这一谜题。在《资本论》第 3 卷中，马克思提出：“资本主义生产方式的神秘化，社会关系的物化，物质的生产关系和它们的历史社会规定性直接融合已经完成：这是一个着了魔的、颠倒的、倒立着的世界。”④资本主义生产方式本身就是被神秘化的、颠倒的和倒立

---

① 《马克思恩格斯文集》第 1 卷，人民出版社 2009 年版，第 510 页脚注；或广松涉：《文献学语境中的〈德意志意识形态〉》，彭曦译，张一兵校，南京大学出版社 2006 年版，第 3 页。

② 《马克思恩格斯文集》第 1 卷，人民出版社 2009 年版，第 544 页。

③ 俞吾金：《意识形态论》，人民出版社 2009 年版，第 165 页。

④ 《资本论》第 3 卷，人民出版社 2004 年版，第 940 页。

的。在这个倒立的物质生产过程的基础上，产生出了倒立的意识形态。马克思曾经指出过，德国的自我意识是法国的平等观念的哲学表达。联系马克思对资本主义生产过程本身所具有的颠倒特点的揭示，德国的自我意识哲学作为一种颠倒的哲学，也是资本主义生产过程在思想观念中的表现。到这里，我们也就能更加深刻地理解，为什么马克思说德意志意识形态的理论家们满口"震撼世界的词句"，但却是最大的"保守派"。其停留于观念批判的做法并不能真正改变人的现实生活过程。而这与马克思和恩格斯的共产主义主张是对立的，因为"对实践的唯物主义者即共产主义者来说，全部问题都在于使现存世界革命化，实际地反对并改变现存的事物"①。

在更大的思想史视野里来看，马克思对德意志意识形态的批判是对一般意识形态和整个西方形而上学的颠倒和颠覆，正是在这个意义上，唯物史观实现了西方思想传统上的一次革命性变革。海德格尔曾指出："形而上学就是柏拉图主义。尼采把他自己的哲学标示为颠倒了的柏拉图主义。随着这一已经由卡尔·马克思完成了的对形而上学的颠倒，哲学达到了最极端的可能性，哲学进入其终结阶段了。"②暂且不论海德格尔关于马克思与虚无主义关系的评判，仅就马克思与西方形而上学传统的思想关系而言，海德格尔的判断无疑是正确的，他准确地把握住了马克思所带来的变革：马克思"完成了"对柏拉图主义的西方形而上学传统的颠倒。马克思把西方形而上学传统中的思维和存在、理念和现实、精神和历史的关系颠倒过来，提出"意识（das Bewusstsein）在任何时候都只能是被意识到了的存在（das bewusste Sein），而人们的存在就是他们的现实生活过程"③。不是意识决定人们的现实生活过程，而是人们置身于其中的现实生活过程决定了人们的意识。哲学关注的焦点从精神的天国下降到物质生产的尘俗世界。马克思不仅颠倒了西方形而上学，还为颠覆传

① 《马克思恩格斯文集》第1卷，人民出版社2009年版，第527页。

② 孙周兴选编：《海德格尔选集》，生活·读书·新知三联书店1996年版，第1244页。

③ 《马克思恩格斯文集》第1卷，人民出版社2009年版，第525页。

统形而上学指出路径:只有“从市民社会出发”才能“阐明意识的所有各种不同的理论产物和形式”,只有从社会关系入手才能消灭一切唯心主义谬论。就此而言,马克思的唯物史观对于德意志意识形态乃至西方形而上学传统都是一种“元批判”,是对其存在前提的批判,在对作为其前提的社会基础的革命要求中蕴含着对传统形而上学的彻底颠覆。

(二)未能完成对费尔巴哈的清算

就批判对象上而言,《神圣家族》没有开始清算费尔巴哈,这意味着马克思和恩格斯还没有与费尔巴哈划清界限。毫无疑问,《神圣家族》中“费尔巴哈在理论领域体现了和人道主义相吻合的唯物主义”一语包含着对费尔巴哈的批判,即费尔巴哈仅仅是在理论领域内做出了突破性的贡献,在实践领域中费尔巴哈没有任何贡献。但是就其实质而论,对费尔巴哈的这一批判并没有超出马克思读到费尔巴哈的第一印象:“他强调自然过多而强调政治太少”①,也就是说,在《神圣家族》中,马克思还没有充分思考费尔巴哈的理论局限,没有把自己的理论与费尔巴哈区分开来。这一区分之所以重要,是因为费尔巴哈的局限性,或费尔巴哈所没有触及也没有回答的问题开辟了“通向唯物主义世界观的道路”。正如马克思在《德意志意识形态》中指出的:

> “由于费尔巴哈揭露了宗教世界是世俗世界的幻想(世俗世界在费尔巴哈那里仍然不过是些词句),在德国理论面前就自然而然产生了一个费尔巴哈所没有回答的问题:人们是怎样把这些幻想‘塞进自己头脑’的?这个问题甚至为德国理论家开辟了通向唯物主义世界观的道路,这种世界观没有前提是绝对不行的,它根据经验去研究现实的物质前提,因而最先是真正批判的世界观。”②

如安启念教授指出的,这里的“唯物主义世界观”就是指马克思的新世界

① 《马克思恩格斯全集》第47卷,人民出版社2004年版,第53页。
② 《马克思恩格斯全集》第3卷,人民出版社1960年版,第261—262页。

观,即唯物史观。[①] 而这种新世界观的形成,就起源于马克思对费尔巴哈所没有回答的问题(即人们是怎样把这些幻想"塞进自己头脑"的?)的追问。简单地说,这一问题的答案就是《关于费尔巴哈的提纲》的第七条:"因此,费尔巴哈没有看到,'宗教感情'本身是社会的产物,而他所分析的抽象的个人,是属于一定的社会形式的。"[②]不难发现,马克思认为"宗教感情"是社会关系的产物。这一思想在《德意志意识形态》中被进一步表述为:"不是意识决定生活,而是生活决定意识。"[③]这既是对思辨唯心主义的颠倒,也是马克思本人对意识起源问题的回答。这一答案背后的含义是:"发展着自己的物质生产和物质交往的人们,在改变自己的这个现实的同时也改变着自己的思维和思维的产物。"[④]也就是说,精神、思想、观念并不像黑格尔所设想的那样是一个独立的主体,而是人的现实的生活过程的产物,随着人的现实生活过程的改变,人的思想观念也在发生改变。而在《神圣家族》中,马克思并未自觉地与费尔巴哈划清界限,费尔巴哈所没有回答的问题也尚未被马克思关注到。尽管马克思说没有批判费尔巴哈是由《神圣家族》的主题决定的,但是批判费尔巴哈所敞开的整个理论空间对马克思也还是封闭的,而打开这个空间让马克思的新哲学达到了新的高度。

(三)未能找到唯物史观的逻辑起点

马克思的唯物史观是对包括"德意志意识形态"在内的传统形而上学的颠覆。这种新唯物主义不能被简单地理解为与唯心主义相对立的另一种唯物主义,而是传统唯心主义和唯物主义的综合。用马克思自己的话说,他的唯物

---

① 安启念:《从〈德意志意识形态〉看马克思的唯物史观思想》,《天津社会科学》2017 年第 6 期。

② 《马克思恩格斯文集》第 1 卷,人民出版社 2009 年版,第 505 页。

③ 《马克思恩格斯文集》第 1 卷,人民出版社 2009 年版,第 525 页。

④ 《马克思恩格斯文集》第 1 卷,人民出版社 2009 年版,第 525 页。

主义是“为思辨本身的活动所完善化并和人道主义相吻合的唯物主义”。超越传统唯物主义和唯心主义争论的想法最早在《黑格尔法哲学批判》中就已经出现：“抽象唯灵论是抽象唯物主义；抽象的唯物主义是物质的抽象的唯灵论。”①在马克思之前，费尔巴哈就曾经试图用“人本学”来综合唯物主义和唯心主义。他提出：“唯物主义、唯心主义、生理学、心理学都不是真理；只有人本学是真理，只有感性、直观的观点是真理，因为只有这个观点给予我们整体性和个别性。”②在《神圣家族》中，费尔巴哈借助于“人本学”超越传统“唯物主义”和“唯心主义”的做法深得马克思和恩格斯的好感：“只有费尔巴哈才立足于黑格尔的观点之上而结束和批判了黑格尔的体系，因为费尔巴哈消解了形而上学的绝对精神，使之变为‘以自然为基础的现实的人’；费尔巴哈完成了对宗教的批判，因为他同时也为批判黑格尔的思辨以及全部形而上学拟定了博大恢宏、堪称典范的纲要。”③在马克思看来，费尔巴哈的意义就在于，他找到了黑格尔“绝对精神”的秘密在于“以自然为基础的现实的人”。马克思高度赞扬费尔巴哈的“人”，认为这个以“人”为基础的新哲学完成了对于整个传统形而上学和宗教信仰的批判的“纲要”。马克思对费尔巴哈的赞扬不可谓不高，以至于马克思晚年还承认书中有“对费尔巴哈的迷信”。

问题在于，马克思在《神圣家族》中为什么“迷信”费尔巴哈？我们认为，一个重要的原因在于，马克思此时也在思考如何超越传统唯心主义和唯物主义之争。在马克思本人还没有找到一个很好的逻辑起点的时候，费尔巴哈的做法对马克思具有重要的借鉴意义。在《神圣家族》中，马克思此时也是试图从“人”出发来超越旧哲学。在该著作中，马克思和恩格斯虽然也提出了“历史的发源地在粗糙的物质生产”和“历史是追求着自己的目的的人的活动”的观点，但是马克思还没能在物质生产这个新的逻辑起点上从整体上梳理出历史发展的脉络，

① 《马克思恩格斯全集》第3卷，人民出版社2002年版，第111页。
② 《费尔巴哈哲学著作选集》上卷，商务印书馆1984年版，第205页。
③ 《马克思恩格斯文集》第1卷，人民出版社2009年版，第342页。

也没有认识到从物质生产入手能够发展出一种超越和颠覆德意志意识形态和旧唯物主义的新哲学。这是《神圣家族》相对于《德意志意识形态》的最大短板。

到了《德意志意识形态》，马克思对费尔巴哈的局限有了非常深刻的认识。费尔巴哈宣称“只有感性、直观的观点是真理”，马克思就从费尔巴哈的感性和直观入手批判费尔巴哈。马克思指出，费尔巴哈的直观最大的问题就在于非历史性、与历史脱节，“费尔巴哈在曼彻斯特只看见一些工厂和机器，而100年以前在那里只能看见脚踏纺车和织布机；或者，他在罗马的坎帕尼亚只发现一些牧场和沼泽，而在奥古斯都时代在那里只能发现罗马富豪的葡萄园和别墅”①。费尔巴哈自然观的问题就在于，他基于感性直观简单地确认了自然是一种不以人的意志为转移的客观存在，而没有在实践活动的基础上理解人与自然的交互作用，他从来没有把感性世界理解为构成这一世界的个人的全部活生生的感性活动。② 同样地，费尔巴哈虽然重视“类”或“社会”对人的重要性，他不能理解社会在本质上是实践的。直观的观点更是使得他不能在唯物主义的基础上理解历史。

马克思和恩格斯超越旧唯物主义和唯心主义的关键点就在实践。旧唯物主义的“直观”抹杀了人的主观能动性，唯心主义则只是抽象地发展了人的能动性。在现实的社会和历史语境中具体地理解人的主观能动性，只能通过实践活动。实践活动不仅改变了自然界，创造人生存和发展所必需的物质条件，是社会存在和代际更替的基础，而且实践活动还产生了人的感觉、意识和思想：“不仅五官感觉，而且连所谓精神感觉、实践感觉（意志、爱等等），一句话，人的感觉、感觉的人性，都是由于它的对象的存在，由于人化的自然界，才产生出来的。五官感觉的形成是迄今为止全部世界历史的产物。”③在这个意义上，实践活动也改变了人自身：“环境的改变和人的活动或自我改变的一致，

① 《马克思恩格斯文集》第1卷，人民出版社2009年版，第529页。

② 《马克思恩格斯文集》第1卷，人民出版社2009年版，第530页。

③ 《马克思恩格斯文集》第1卷，人民出版社2009年版，第191页。

只能被看做是并合理地理解为革命的实践。”①

三、《神圣家族》的后续评价

《神圣家族》发表之后，引发了强烈的反响。按照沃尔夫冈·门克的统计，有多位评论者先后对该书发表评论，在这些人中间，作为批判对象的布鲁诺·鲍威尔格外引人注目，他在《维干德季刊》第3期上的文章中完全不认可马克思和恩格斯的批判。此外，《维干德季刊》第二期上发表的古斯塔夫·尤里乌斯的评论也格外重要，该文直指《神圣家族》的费尔巴哈崇拜，是马克思和恩格斯进一步思考与费尔巴哈关系的重要触动因素。我们在本节还回顾了马克思和恩格斯以及其他读者对该书的态度。

（一）布鲁诺·鲍威尔对《神圣家族》的批评

《费尔巴哈的特征》是鲍威尔批判费尔巴哈以及费尔巴哈的伙伴的文章，这篇文章分为以下几节：“费尔巴哈的前提”（第86—88页）、“费尔巴哈的神秘主义”（第88—91页）、“费尔巴哈的黑格尔主义特征”（第92—102）、“费尔巴哈的唯物主义”（第102—116页）、“费尔巴哈的宗教”（第116—123页）、“费尔巴哈与唯一者”（第123—146页）。其中，“费尔巴哈与唯一者”这一节的副标题为“费尔巴哈的诸后果和它们反对批判与唯一者的斗争”，这一节以评施蒂纳和费尔巴哈之间的争论开始（第123—138页），以论费尔巴哈的三位“教条主义伙伴”——恩格斯和马克思（第138—143页）以及赫斯（第143—146页）——结束。就整篇文章的布局而言，鲍威尔给予恩格斯和马克思的《神圣家族》的注意力非常有限。不过，在这有限的篇章里，鲍威尔既对“批判和批判家”做了正面辩护，又揭露了恩格斯和马克思的“教条主义”。大

① 《马克思恩格斯文集》第1卷，人民出版社2009年版，第500页。

体上看，鲍威尔从以下三个方面回应了恩格斯和马克思：

1. 批判和批判家工作的意义

鲍威尔批判《神圣家族》的段落是在评判施蒂纳和费尔巴哈的斗争之后写的。他总结这场斗争时说，费尔巴哈和施蒂纳的对立是“圣人和凡人”“共产主义者和利己主义者”的对立，但是他们都是“教条主义者”。施蒂纳“抽象的利己主义”并没能摆脱“思想的痛苦”和“宗教的梦魇”，倒是费尔巴哈做出了一些进步。[①] 当然，鲍威尔指的是费尔巴哈在神学批判领域内做出了一些贡献。但是，他话锋一转，把矛头指向了恩格斯和马克思：他们“不配也不能理解批判”。[②]

鲍威尔详细介绍了马克思所不理解的批判有些什么样的特征、做了哪些工作。首先，批判是发展着的。自我意识发展成为普遍的自我意识，需要借助批判消除自我意识自身及其对象的实体性要素。在这个过程中，批判的作用是自我意识本身的自我教养。随着自我意识向着普遍的自我意识发展，批判所要克服的实体性要素也是不同的，批判必须保持自身的发展，才能推动自我意识的发展。因此，鲍威尔说批判是处在发展之中的批判。

其次，批判是反对超验东西的斗争，它最终证明这些东西都是自我意识的产物。超验的东西表现为自我意识无法通过知识把握的对象，对于自我意识而言，它是信仰的对象。批判家对宗教的批判已经表明，信仰的对象是自我意识创造出来、但与自我意识相异化的东西。批判家证明了，所谓的超验的东西无非是自我意识本身的产物，在这种观点提出来以后，自我意识才能真正恢复自己的普遍性地位。批判消解超验东西的工作是普遍的自我意识形成过程中的必要环节。

---

① Bruno Bauer, “Charakteristik Ludwig Feuerbachs”, in *Wigands Vierteljahrsschrift*, Band 3, Leipzig: Verlag von Otto Wigand, Oktober, 1845, S.138.

② Bruno Bauer, “Charakteristik Ludwig Feuerbachs”, in *Wigands Vierteljahrsschrift*, Band 3, Leipzig: Verlag von Otto Wigand, Oktober, 1845, S.138.

第三,批判和批判家推动了历史的发展和进步,是创造性的和能动的本源。鲍威尔的历史概念起源于他对自我意识发展史的认识。在他看来,世界历史的意义无非在于自我意识的生成和发展,历史是自我意识不断实现自身普遍性的过程。在这个过程中,批判消灭了自身和对象中的实体性要素,同时消解了信仰中的超验之物,它推动着自我意识向前发展。因此,鲍威尔把批判视为创造历史的力量。在为自己做了辩护之后,鲍威尔说道:"如果遵守费尔巴哈教条的人想起来反对批判,他是不允许也不能知晓这一切的。他必然会歪曲批判,他必然会把批判变成结晶的形态,他必然会把它变成石块,把批判从流动的形式中拉出来"。①

鲍威尔指责自己的对手不理解自己,指责恩格斯和马克思没有看到批判是一个发展的过程,把批判变成了"结晶的形态"。这种错误尤其体现在恩格斯和马克思把《文学总汇报》视为"整个批判"上,他们这样一来就斩断了批判的发展。他说,恩格斯和马克思在断章取义时歪曲了批判家的本意,他们批判的只是自己脑袋中的批判,并没有抓住批判本身的要领。

2. 重申《文学总汇报》的主旨

和为《犹太人问题》所做的辩护一样,鲍威尔再一次提出:《文学总汇报》是属于1842年的批判,其任务是解释并说明1842年的自由主义和激进主义。在鲍威尔看来,撇开自由主义和激进主义具体主张上的差异——前者主张的是单子化的个体自由,后者强调通过革命实现共产主义和社会主义——这两种主张有一个共同点,即对群众的过度信任。鲍威尔从自己的亲身经历中认识到群众对于进步事业的冷漠,他得出结论:"群众是精神的敌人。"批判在《文学总汇报》中不仅已经表明了这一观点,而且证明那些反对批判的知识分子、亦即反对鲍威尔的知识分子也是群众。在批判做完了这一切之后,《文学

① Bruno Bauer,"*Charakteristik Ludwig Feuerbachs*",in *Wigands Vierteljahrsschrift*,Band 3,Leipzig:Verlag von Otto Wigand,Oktober,1845,S.139.

总汇报》的任务就完成了，它这时“必然会消失”。

鲍威尔说，《文学总汇报》中的批判只是批判的一个发展阶段。恩格斯和马克思的错误表现在：首先，他们只了解这一个阶段上的批判，错误地把它视为整个批判；其次，他们对这一个阶段上的批判的认识也是错误的。鲍威尔辩解道，纵然《文学总汇报》的批判会自行消失，“恩格斯和马克思还是把它称为整个批判、唯一的批判，从而斩断了批判的任何进步，使批判脱离其背景并替代了批判，把文学报变成一副带有神圣光晕、适于‘神圣家族’同时起源于‘神圣家族’的漫画。”①

与恩格斯和马克思在《神圣家族》中批判鲍威尔是黑格尔主义的教条主义者一样，鲍威尔也批判恩格斯和马克思是费尔巴哈理论的教条主义者。他指责恩格斯和马克思之所以把他刻画成一个教条主义者，是为了用自己的教条反对他们所描绘的教条主义的鲍威尔。

3. 马克思恩格斯的自相矛盾和教条主义

针对《神圣家族》在“序言”中把“思辨唯心主义”视为“现实人道主义”最危险的敌人，鲍威尔说：恩格斯和马克思只是在不停地发出一些“噪音”，压根没有实际的内容。恩格斯和马克思为了找个敌人战斗，而给自己创造了一个敌人。然而，“他们唯独无法战胜自己的创造物。他们只能尽力用一些骂人的话把自己的创造物压制在战场上——除此以外，别无其他。”②

鲍威尔分别举了恩格斯和马克思的一个例子来说明恩格斯和马克思对自己对手的不尊重。他首先分析了恩格斯，针对埃德加·鲍威尔的说法：“工人什么都没有创作”，恩格斯针锋相对地提出：“批判什么都没有创作，工人才创作了

---

① Bruno Bauer, "Charakteristik Ludwig Feuerbachs", in *Wigands Vierteljahrsschrift*, Band 3, Leipzig: Verlag von Otto Wigand, Oktober, 1845, S.140.

② Bruno Bauer, "*Charakteristik Ludwig Feuerbachs*", in *Wigands Vierteljahrsschrift*, Band 3, Leipzig: Verlag von Otto Wigand, Oktober, 1845, S.141.

一切”。鲍威尔指责恩格斯犯了自相矛盾的错误,他反问道:“如果这个批判家‘什么都没有创造’,他怎么会是‘现实的人道主义’‘最危险的’敌人?”①

鲍威尔还分析了马克思,针对埃德加·鲍威尔把爱情视为一个凶神,说它最终要控制人的一切。“爱情的礼拜是苦恼,这种礼拜的顶点是使自己成为牺牲品,即自杀。”马克思提出,埃德加否定了真实的爱,爱情第一次教人认识了对象世界,甚至把人也视为一个对象。马克思说,这一点是纯粹的批判所不能接受的。因此,埃德加把爱情变成神学的对象,用神学来批判爱情,而在神学中,神和魔鬼是没什么区别的。爱情就这样被变成了一个魔鬼。鲍威尔指出,马克思压根不想理解自己的对手在表达什么,只是因为对手触怒了他的教条——“费尔巴哈的爱的宗教”——他就对对手大打出手。马克思用一套骗局使我们相信批判家做了荒唐可笑的事情,最终的结果只能表明马克思自己是荒唐可笑的。他说,在“娱乐”了众人之后,马克思自己像个“小丑”一样留在“世界舞台”上。

布鲁诺·鲍威尔指出,马克思不仅不理解埃德加·鲍威尔,对待布鲁诺·鲍威尔也是简单粗暴。在鲍威尔看来,马克思只是在污蔑对手的名声,马克思只能通过这种把对手污名化的方式来阻止人们了解批判的真实含义。鲍威尔指出,批判作为自我意识教养自身的手段不仅创造了普遍的自我意识这个最终的产物,在创造出这个最终产物之前,不完善的、不够发达的自我意识同样是批判的产物。也就是说,批判把群众的局限性当作自己发展过程中的一个必然产物,而不是像马克思说的,批判把所有的局限性都加在群众头上,仿佛只有自己是纯粹的、绝对的。

鲍威尔说,在恩格斯和马克思捏造是非的做法面前,批判家只能“一声不吭”,批判也只有“服服帖帖”。但这并不是批判家的失败,而是恩格斯和马克思自编自演的“剧目”。恩格斯和马克思不仅没有胜利,反而把自己扮演成了

① Bruno Bauer, “*Charakteristik Ludwig Feuerbachs*”, in *Wigands Vierteljahrsschrift*, Band 3, Leipzig: Verlag von Otto Wigand, Oktober, 1845, S.141.

“喜剧演员”，在哗众取宠。

附录：《评路德维希·费尔巴哈》（全文）①

布鲁诺·鲍威尔/著　李彬彬/译

费尔巴哈的前提

黑格尔把斯宾诺莎的实体和费希特的自我合而为一了。二者的统一，这两个对立领域的结合，这两个不允许平静而且在冲突中不会被对方压制的方面之间的震动，其中一个超过、压制另一个，另一个超过、压制前一个，这些构成了黑格尔哲学的独特的兴趣、开创纪元的东西和本质性的东西，但同时也是它的弱点②、有限性和虚无性。尽管对于斯宾诺莎而言，实体“就是那在自身之中的东西，就是通过自身被思考和理解的东西，也就是说，为了形成它的概念，不需要另一个事物的概念”，就是整个现实性；尽管费希特设定了绝对的自我，精神的所有活动以及宇宙的多样性都是绝对自我从自身中发展出来的：但是，按照黑格尔的观点，一切问题的关键在于：“不仅把真理理解和表述为实体，同时也理解和表述为主体”。他一方面要严肃地消灭（Aufhebung）有限的东西，“因为只有从有限性的发酵

① 布鲁诺·鲍威尔所作的《评路德维希·费尔巴哈》（Charakteristik Ludwig Feuerbachs）发表于《维干德季刊》1845年第3期第86—146页。本文是鲍威尔对费尔巴哈哲学的全面评论，并对《神圣家族》做出了反批评的回答，还评论了施蒂纳和费尔巴哈的论战以及赫斯的《最后的哲学家》，具有重要的思想史价值。马克思和恩格斯高度关注这篇文章，在《德意志意识形态》第一卷“圣布鲁诺”章对该文作出了全面的评论。马克思的评论文章分为四个部分，第一部分“‘征讨’费尔巴哈”针对的是该文前五部分。第二三四部分“圣布鲁诺对费尔巴哈和施蒂纳之间的斗争的思考”“圣布鲁诺反对‘神圣家族’的作者”“与‘莫·赫斯’的诀别”重点评论了该文的最后一部分。在这些评论中，我们能够清楚地看到马克思是如何运用新的哲学世界观批判他的思想先贤的。该译文中的脚注全部由译者所加。

② 《马克思恩格斯全集》第3卷，人民出版社1960年版，第92页。

中，当有限性发酵为泡沫时，精神才发出芳香”①；他首先要求，自我在其个别性中“事实上现实地放弃自己”②“被规定为与普遍者对立的特殊者，被规定为依附于这种实体的偶然者，被规定为一个环节，一个区别——它不是自为存在的，而是已经放弃了自身，并且知道自己是有限的。”③但是另一方面，“绝对精神”又只是精神的概念，它“在存在着的唯一精神王国中，在历史中那个漫长的精神历程中”理解自己并发展自己，——“宗教、政治史、法制、艺术与科学以及哲学”都只是“思想的作品”，——过去历史之劳动的目的只是“认识自我意识是世界和历史的唯一力量”，——“差不多2500年来精神的劳动的成果”只不过是“为了使自己客观化、为了认识自己：

认识自己的心灵是那样费力的事情。④”——

绝对者是至善至上的，对人而言是整体，是真理，是人的尺度、人的本质、人的实体和人的目的；但是另一方面人又是实体、是自我意识，而自我意识是它自身行动的结果、是它自身的创造性的产物，是它的行为的存在，它的存在得益于自己在历史上的奋斗，但是因此也必然会把绝对者变成一个受限制的绝对者；这是一个矛盾。——黑格尔的体系在这个矛盾中彷徨不知所措，却始终无法摆脱它，这个矛盾必须解决和消灭。但是，只有使自我意识和绝对精神之间的关系的问题不是以不彻底性或幻想家的手法掩盖起来，而

① 参见［德］黑格尔：《宗教哲学讲演录》第2卷，燕宏远、张松、郭成译，见《黑格尔著作集》第17卷，人民出版社2015年版，第236页。译文有改动。

② 参见［德］黑格尔：《宗教哲学讲演录》第1卷，燕宏远、张国良译，见《黑格尔著作集》第16卷，人民出版社2015年版，第136页。

③ 参见［德］黑格尔：《宗教哲学讲演录》第1卷，燕宏远、张国良译，见《黑格尔著作集》第16卷，人民出版社2015年版，第139页。

④ ［德］黑格尔：《哲学史讲演录》第4卷，贺麟、王太庆译，商务印书馆1978年版，第373页。“认识自己的心灵是那样费力的事情”原文为拉丁文：“Tante molis erat, se ipsam cognoscere mentem”。

是使这个问题的提出永远成为不可能，他才能做到这一点。而这一点可能从两方面来做到。或者是自我意识必须重新销毁于实体的火焰中，也就是说必须确立并保存纯粹的实体性关系；或者必须指明“人格就是自己的属性和自己的本质的创造者”，指明“人格的一般概念本来就要对自己加以限制，然后又消除人格由于自己的普遍本质而加给自己的这种限制，因为正是这个本质只是人格的内在的自我区别的结果，只是人格的活动的结果。”①——

费尔巴哈的神秘主义

费尔巴哈代表了其中的一个方面，他有这个方面的所有结果，他代表了热情、偏执、激烈以及我们在中世纪的神秘主义者那里才能看到的狂热方面。他的福音的箴言也是神秘主义。和世界化相对立的脱离世界，和实证主义相对立的泛神论，和抽象的知性区分相对立的粗略浏览所有差别的沉思，把所有有限的差别消融在绝对本质的单一性之中，把主体变成上帝，无世界主义（Akosmismus）——这就是青年费尔巴哈的特征，《对死和不死的思考》的内容与线索。“上帝是爱。但是爱并不是平静的，而是完全活动的，爱是折磨、牺牲、煎熬，爱是火焰；爱是对个体的愤怒，是自我存在。”“上帝为了自己本身献祭了一切造物自然的自私自利的持存；他是把一切都变得虚弱而且把一切都消融在自身之中的爱。”因此，上帝是唯一真实和实在的、在流动的事物中是唯一固定的，是永远与自己的波澜交织在一起的海洋，是吸收所有偶然事物的实体，是整个世界的抽象否定，是在自身之内消灭了一切我和事物的虚无，是“一切过往的最后根据”。——因此，上帝另一方面是沉思、抽象的简化、是精神的虚

① 《马克思恩格斯全集》第3卷，人民出版社1960年版，第92页。

弱化和空心化，是产生一个已经变得缺少一切感性直观和所有理智区别的与人近似的形态，是对我的否定和我的死亡，是人的最崇高的和最后的任务。“你作为个体能够达到的最崇高的东西，你能够达成的最后的和最极致的东西，是对上帝的直观和沉浸在上帝之中。”“自然的死亡，以及你的主动地献身于上帝和自觉沉浸于上帝之中有一个共同的根源，其源头在于最初地、本质性地、前意识地和超意识地沉浸于和融入上帝之中。”“因此，你恰恰应该通过考察自然死亡，考察这种神秘的自然行为，而被触动并记住，在还有生命的时候变得神秘，变成神秘主义者；因为你必然地在某一度成为一位神秘主义者；志愿地和有意识地、自由地做人们最后必然被迫要做的人，这确实是有理性的人的事情。你也应该考虑到，上帝是最伟大的神秘论者，因为你总是只能为了你自己而思考他。”——因此，只有当这样的个体(das Individuum als solches)变成神秘主义者的时候，只有当他达到对上帝的直观的时候，或者直接与上帝合一的时候，当他上升到上帝的爱中并把自己扬弃在上帝的爱中的时候，即当他不再是一个个体，当他把所有的特殊性和规定性以至他自己本身都否定了的时候，他才会停下来。“真正的泛神论者只知道爱是什么，他只能爱；在泛神论以外，一切都是利己主义、自身热情、虚荣、贪婪、贪财、偶像崇拜。”——上帝和造物之间的所有差别都湮灭了。上帝是一切之中的一切。上帝是“一和大全”。上帝是生命的根据和原因、开始和发展，也是死亡的根据、开始和终结。“你是非神，这对你非常有利。承认死亡并不单纯是你的定在的现实的和真正的终结，而且也是你的定在的真正的和现实的开始和根据，这对你也同等有利。因为只有在死亡的条件下，你才可能存在；尽管死亡后来才出现，但事实上它不是后来的，而毋宁是在先的，是你的定在预设的条件，是在你的定在之前的条件；正如你通过死亡摆脱定在,你也是只有通过死亡才进入定在。难道终点不总是事物的真正起点吗?难道感性的终点不只是真正起点的表现?难道对于你而言一个事物的概念不是只有与它的终点一起才能产生吗?不是只有在它停止存在的地方你才能进入它的本质吗?人的精子是人的真正起点,难道人即精子的真正原则和起点就不是精子的终点?"——他就只是这样澄清并阐明有限性的实存的。"如果你承认终点同时也是起点,并且一般而言,死亡与定在也不是分离的,那么,你将发现如下问题不再是无法克服的困难:即有限性的无限根据何以可能?既然绝对的存在物是绝对的爱,是一切存在物的独立的统一性。那么,从绝对的存在物中如何能够产生出有条件的、特殊的、被决定的东西?""就时间与本质是不同的而言,在时间中前后相继的一切,在本质中都是齐一的。但是,在时间中产生和消亡本身就是同时的,时间中的同时性与本质中的齐一性是等同的。在本质中,一切东西——例如不同的东西、特殊的东西、有限的东西——都是齐一的,因此,本质是否定的统一性,只是被思考为同一存在,因此,所谓本质,就是被思考为否定的同一存在,而且是必然被思考为否定的同一存在——因为没有否定就没有统一性——作为否定,本质就是时间,同一存在就是相继存在,恰恰因为本质是作为相继存在的同一存在,本质是产生,同时也是消亡;因为在时间性的东西中,产生和消亡对于感官而言是分离的,但是在时间本身之中,它们是不分离的。就像否定(Verneinen)与否认(Verneinung)的区别一样,时间也把自己与本质区分开了;由于本质在否定着,因此本质就是时间;因为否定在否认着,所以它是设定和创造,也就是说,它设定了特殊的东西、有限的东西、有区别的东西,这些东西在本质中是无限的,在这种统一性中也是无限的,一般而言,它把在本质中同一的一切东西设定为多,设定为互斥的东西,把特殊的东西设定为特殊的东西，把有限的东西设定为有限的东西。但是，把有限的东西设定为有限的东西，只不过是说，把被否定的东西设定为被否定的东西；因此，本质，即作为否定之行为的否认，就是时间。在本质中，设定和扬弃是同一的。”

——看看吧！这种神秘的世界观！有一种精神想要在神秘主义内部赢得摆脱神秘主义的自由、真正从各个方面突破神秘主义，它就是这种精神的世界观。这种精神到处散布它的火星和微光，但却只是灼烧着喷射出来，它把光点投进了黑暗，但却没能照亮黑暗，用白昼的光亮才能驱走黑夜的阴影。费尔巴哈的追求是，用意识的光亮穿透他那个时代的宗教观点像云雾一样笼罩着的昏暗地区，给人们以关于精神即关于无限的属神的精神的知识，他把这精神表述为绝对的行动性和自发性，表述为自动的、自我创造和自我促进的生命，表述为一切的泉眼和源头。但是他不能以清晰的、简单的思想形式表述这一切，而只能以彩绘的、斑斓的、神秘的表象形式，以情感生活和感性的形式来做到这一点。费尔巴哈在他的著作《对死和不死的思考》中是一切时代的最大神秘主义者，他在一个发光发热的空想圈子中、在一个有魔力的、巫术的情感花园中散布自己精神的无限丰富性，但是他此时却找不到安宁，而是以自己本质的深沉消除了情感和空想的边界，把它推向思想的光亮。因此，他虽然只是一个神秘主义者，却也能变成一个哲学家。——

费尔巴哈的黑格尔主义

在1820年代末和1830年代初的时候，一直以来无声的、安静的、隐秘的、阴险的针对黑格尔体系的反对意见公开爆发了。有人把黑格尔归为一种不负责任的非宗教性，同时指控他的泛神论、从而也指控他的无神论，指控他要消灭所有宗教。另一方面，对黑格尔体系中的无规定性和对立的感觉在哲学中变得很有吸引力了，为了维持黑格尔体系的辩证发展从而推翻这个体系本身，所谓的实证哲学家们开始征讨黑格尔。这些实证主义者把黑格尔的对立变成了不折不扣的对立、变成了一个无序的错误和骚乱、变成了一个胡言乱语的迷宫并迷失在了这个迷宫中。那个时候，费尔巴哈是黑格尔的第一个也是唯一一个能够成功击败这些实证主义者的不彻底性的学生。——“直接在自身中开始并以自身为起点的宗教哲学不是哲学的结果，哲学不会分裂为不同器官的体系，它既没有让特殊的东西、确定的东西、现实的东西作为一种仅仅尘世的东西处于自身之外，也没有否定这些东西。或者说，当这种宗教哲学把这些特殊的、确定的、现实的东西接受在自身之内，当它只是用宗教图像来理解它们，而不是就这些东西的特殊规定、不是通过它们自身而理解它们时，这种哲学就没有提升到对自己本身的意识，就不是以思维为对象，也没有把思维作为本质，不是在简单的思想形式中，而是在隐藏着的、感性的属性中或者说在有感觉和想象的灵魂的各种规定中理解对象，因此，这种哲学也没有把自己提升为形而上学的观念，没有靠着形而上学的观念把自己提升到意识、统一性、清晰性和自主性的最高点，这样的哲学就不是哲学，而是神秘主义。”费尔巴哈在《对死和不死的思考》中就是靠着这些话表明自身和自己的立场的特征的，同样也是靠这些话，他已经放弃了自己的立场，并且在向着哲学亦即黑格尔哲学过渡。——黑格尔哲学中那个真正能够继续发展、进一步演进的东西，击穿了黑格尔哲学而且其力量危险到足以点燃旧世界的那道思想闪电，同实体进行生死斗争的自我意识，那个时候都还没有得到理解。在黑格尔那里并非超越性的一切东西以及没有被置于天国中的一切东西，人们都努力地用它们来巩固实体，并用思想的全部力量保卫实体。黑格尔的学生就是黑格尔的敌人,曾经理解他的人对他的理解是错误的。费尔巴哈也是这类人,他那个时候被赞赏和推崇为黑格尔的最卓越的学生,他与实证主义者作斗争,以实体的形式亦即以犀利的思想为黑格尔的体系辩护。在这种犀利的思想面前,他的敌人思想的混乱性凝固了。他首先是在《对反黑格尔者的批判》中说明了关于逻辑学同形而上学之同一性的理念,黑格尔那时的敌人在这一理念中只是看到了"有魔力的光彩,这种光彩很轻易地就迷住了本来在力争上游的青年人"。他说:"如果世界的法则不也是我们思维的法则,而是在我们思维的法则中,世界的法则自然不再以法则的形式存在,而是把自己提升为精神之自由的自我规定,反过来说,如果我们思维的一般形式和本质形式不同时也是事物本身的一般形式和本质形式;那么,一般而言,就不可能有任何真正的知识,不可能有任何形而上学,那么,世界就有一个绝对的断裂,一个绝对的真空,一种绝对的胡言乱语,而且这种绝对的胡言乱语,这种实存的荒谬,这个腐烂的片段就是我们的精神本身,那么,我们的理性本身就只不过是作为理性本身的绝对理性。"但是,我们得出这种看法的理由是什么?我们把心窝、脖子或者甚至肚脐、或者毋宁说直到耳朵以上都埋到大洋的洪流中了吗?在我们这里,与它的连续性被打断了吗?我们的精神或我们自身,或者人们愿意怎样称呼它都行,是一种在世界之外而本身又在虚无中活动的虚无吗?我们头脑中的编织物与宇宙的伟大织物没有任何内在关联吗?精神本身不是宇宙的已经表现出来的最深刻的深渊吗?我们在外部世界中不就是在我们自身吗?我们在自己的内部世界中不同时就是在现实世界中吗?如果有人也把思维仅仅理解为一种力量,一种特殊的力量,那么,它也是一种真实的、积极的力量,一种内在于人的实体性的力量,只有通过这种力量人才是其所是,缺少了这种力量,人就不再是人,相应地也就不再存在——因为人类(das Menschsein)是人的存在(das Sein des Menschen)——这种力量构成了人的存在本身,人的存在本质上是依赖于这种力量的。但是现在,我们的存在是一种相对于世界、自然、客观性(或者随便人们怎么称呼和理解它)的偶然存在吗?或者毋宁说,不是一种必然包含在它们的存在和本质中的存在吗?因此,思维作为我们的一种构成了我们的存在的力量不也是一种相对于客观性的存在和本质非偶然的力量吗?它不是存在中的存在吗?它是一种超人间的力量吗?或者毋宁说,不是内在于世界本身的力量之中、天生就在世界本身的力量之中的力量吗?——在费尔巴哈这样巩固黑格尔体系的基础之后,他进一步继续规定了绝对理念。"按照黑格尔的观点,真正第一性的东西不可能位于科学的开端。第一性的东西必须证明自己是第一性的;但是为了能够认识到一个东西的真理性必须把它追溯到并关联于某一个根据,只有当一个东西表明自己是一切东西的根据时,它才能证明自己是这样的第一性东西。因此,只有在科学的结果中,才澄清了第一性的东西真正说来是什么。我在最后达到的东西,我不再能够超出其外的东西,我不再能够还原为一个更高级东西的东西、不再能够还原为其根据的东西,这种最后的东西、这种无法消除的东西,才是真正第一性的东西。为了最终在意识的光亮中到达其自身,绝对观念并没有像一只蝴蝶经过蛹和毛虫的变形那样经历本质和存在的各种形态。只有哲学家才在逻辑的结尾提高到对理念的意识。理念并不是为了自身而产生的,而只是为了他才产生出来,或者说,它只是为了他才产生出来,如此一来,他才在第一眼直观到它的时候就认识到它是永恒的而非产生出来的。它一开始只是避开了他的目光,因此他被其光亮的壮丽和全能越来越深刻地控制。理念本身是它自身的历程和结果,但是这个永恒的历程只存在于科学解释的历程中,在这个历程中，开端和结尾、前面和后面并不是如此互斥的，以至于只有在结果中、在结尾处才能认识到真正的原则。绝对理念没有在（实际上的）逻辑中达到其自身，（实际上的）上帝也没有通过自然和历史的历程而达到自身，因此，上帝是没有意识的——是绝对荒谬的，因为意识概念排除了一切现实的产生——随后在人身上才缓慢达到意识。正如绝对理念是存在和本质的基础一样，上帝的意识毋宁是绝对第一性的，自然和人类（Menschheit）就是从中产生出来的。当人认识到上帝时，上帝在人身上认识到自己，但是上帝在人身上达到的这种自我认识只是一种重复认识，是其原初的独立于人的自我知识的复制：对于我们来说，上帝在我们关于上帝的表象中是在场的，这种表象只是上帝对其自身的那些表象的表象，上帝在这些表象中本身是在场的。”——在费尔巴哈那里，黑格尔的实体战胜了自我意识。

保卫黑格尔不受宗教徒攻击也是留给费尔巴哈的任务，他在这里也像在前一次远征中一样是从前线返回家园的胜利者。——哲学本身永远无法摆脱宗教，把自己同宗教相对立，微笑着注视着宗教向科学的每一次跳跃，并避开了神学对它的一切攻击。哲学总不外是还原为自己的最一般的形式、最合理的表达方式的神学①，只不过是宗教的忠诚的女伴、女侍。同宗教结成联盟的哲学本身，总是致力于个体的绝对依赖性，并且真的实现了这种依赖性，这是因为哲学要求并力争做到使单一生活消融于普遍生活，偶性消融于实体，人消融于绝对精神之中。② 因此，黑格尔的体系也是“绝对哲学”，是宗教；问题只在于，用一只灵巧的手拉紧同宗教表象和虔敬

① 《马克思恩格斯全集》第3卷，人民出版社1960年版，第95页。有改动。

② 《马克思恩格斯全集》第3卷，人民出版社1960年版，第95页。

的从容生活达到和谐的琴弦,把黑格尔的宗教范畴变成神学家的信仰,并明确它们之间的联系,在它们之间建立起友好的联结。费尔巴哈的计划是,划下这条线,证明宗教和哲学的统一性。在基督身上,λογος 变成了 σὰρξ,即变成了肉身。普遍的理性,即人类的普遍的和纯粹的本质,因而也是神圣的且与上帝的本质等同的人类本质,变成了具体的本质和现实性。这种普遍的和纯粹的因而与上帝等同的人类本质包罗了一切民族和一切人,消除了它们之间特殊的以及一般说来有限的和自然的差别和对立。对于人本身而言,在基督身上,人类的这种本质不是以观念的方式,不是通过思维的路径,而是直接地具有了确定性,并变成了直观。这不论对于哪个人哪种精神都是一样的。因此,基督不是别的,正是人关于自己的本质和神的本质相统一的意识,这种意识在它变为世界历史的意识时,必然作为一个直接的事实显现出来,它聚集在一个人身上,然后体现在一个个个体之中,并使自己以新的世界时代的缔造者的身份与那仍然停留在民族差别的旧矛盾的黑暗之中的世界相对立。①"靠着基督以及在基督身上,人同人类的纯粹的普遍的本质,由此人的本质同上帝的本质,以及人同人的本质都达到了没有民族性或其他特殊性区别的统一,这种统一性靠着基督以及在基督身上达到了直接的确定性,成了可以直观到的东西。这种直观变成了一种新的宗教的内容和基础。通俗地讲,这种新宗教的本质要素是对基督作为人类的救主的信仰,是对那一位作为一切民族和人类的共同的父亲的上帝的信仰,是人对人的爱。""肉体与精神的区别在其创造者的纯粹的与理念等同的本质中被克服了。随着基督教进入现象和有限性之中,随着基督教中包含的各种要素在历史中达到了一定程度的

① 《费尔巴哈哲学史著作选》第1卷,涂纪亮译,商务印书馆1978年版,第7页。

发展,肉体与精神之间的区别也被规定为了对立,规定为了精神与物质、超感性与感性的分裂,在这种有限的对立中,超感性被规定为本质性的,感性被规定为非本质性的,而且必然被规定为这样的,基督教本身在其尘世现象中变成了一种反宇宙的和否定的宗教,变成了一种与自然、人、生活、世界本身相脱离的宗教,变成了不是与世界的空虚内容,而是与世界的积极内容相脱离的宗教,变成了一种不仅不承认自己的真正本质而且否认自己真正本质的宗教。"①——这种精神产生了经院哲学,因为经院哲学是从外界权威中、从纯粹肯定性的教会信仰中解放出来的手段。这种精神在艺术中产生了美独立于现实的观念,并鲜明地向人指出艺术的神妙的创作力。这种精神复活了被否定性的宗教精神严加斥责并打入地狱的古代多神教徒,促使基督徒承认他们是自己最亲密的亲属;经过长期的、令人痛苦的离别之后,基督教徒终于重新找到他们,承认他们,张开双臂拥抱他们。这种精神产生了自由的市民生活,树立了实践的生活观点,开展了适应目前需要、使生活更加美好、更加崇高、使人的自我意识日益提高和扩大的创造发明活动。在封建公侯反对教会专横统治的战争中,它使国家及其首脑夺得了绝对的独立、自主和自给自足,国家成为精神的唯一代表。以独立自主和个人自由的感觉这种形式显现在个人心中的正是这种精神,而不是别的精神,它使个人意识到或感觉到自己具有一种天赋的、神圣的本性,因此也给予他一种不承认任何外界的、束缚良心的权力的力量,使他自己能够决定和确定对他有约束力的真理权力应当是怎样的。我说,正是这种精神而不是别的精神产生了信教,因此应当把新教看作只不过是这种精神的个别的、局部的表现。② "只有在新教中,

① 《费尔巴哈哲学史著作选》第1卷,涂纪亮译,商务印书馆1978年版,第7页。有改动。

② 《费尔巴哈哲学史著作选》第1卷,涂纪亮译,商务印书馆1978年版,第15—16页。

基督教的 λόγος 才变成 σὰρξ，λόγος 在从前是 ενδιὰθετος、隐蔽的、抽象的彼岸的，现在成了 προφοριΧὸς、世界精神，这就是说，在新教中，基督教失去了它的否定的、抽象的性质，开始被理解为与人相同，与人自己的本质、意志和精神相一致的，开始被理解为人的精神和本性所具有的一些不受限制的、并非否定的本质需要。”①

通过这种阐释，思想、哲学被证明是基督教尤其是新教的本质原理，由此也表明了宗教与哲学的统一不是单纯想象的统一，而是真实的统一。但是还没有证明哲学与神学的统一。一般的神学与哲学之间的和平只能是一种武装的和平。哲学要求的首先是思想并且就是思想，而神学家自古以来都保留了思想懒惰的特权，因此，神学家从来不想与哲学为伍。“因为荒谬，所以相信。”也就是说，因为我这样更好，而且不需要绞尽脑汁，因此我相信——这是神学的箴言，它与这句箴言一起降生，他把这句箴言视为不会失去的遗产继承份额，会一直把它带进坟墓。因此，费尔巴哈作为哲学与宗教之间的一致与和谐的保护者必然迫不得已接受与神学和反对神学的战斗，必然反对神学。——“注意！要反对没有被科学精神克服的神学，反对没有摆脱自身的封闭性并进入一般生命洪流之中的神学，这种神学以垄断为基础的神学，专门提出了反对其余科学的非分要求，把自己本身视为神的最爱的孩子，简言之，要反对正统的神学。”——费尔巴哈还不知道，一切神学和哲学都以垄断为基础，一切神学和哲学都是正统，他也以神学反对宗教和哲学，因为基督教必然变成哲学和神学，因此基督教不再存在于神学之外。他不知道这些，是因为他不可能也不配知道这些，没有摆脱自己的立场。他

① 《费尔巴哈哲学史著作选》第 1 卷，涂纪亮译，商务印书馆 1978 年版，第 17 页。

不知道这些，是因为他与他的敌人站在相同的地基上。并且他想排除正统神学，是为了用哲学——一种新神学！——取代正统的神学。因此，他只发动了反对一种现存的神学、所谓的正统神学的斗争，并以雷霆万钧之势对它说："神学的范畴是关系，哲学的范畴是实体性。哲学是作为一切对象的对象那个对象仅仅与自身发生直接的关系，而后才与人发生间接的关系，神性却使这个对象直接与人发生关系。在神学中，太阳绕着地球运行，在哲学中，地球围绕着太阳运行。因此，一切哲学、甚至莱布尼茨的哲学，与神学相比并且相对于神学来说，必然被看做是斯宾诺莎主义、泛神论。"①——"神学以上帝的意志，哲学以上帝的理性，作为自己的最高对象，甚至作为自己的基础本身，作为自己的原则；因为，哲学不顾其他一切次要的目的和利益，首先仅仅以认识作为自己的目的。当我作为理论的存在物而不是作为实践的存在物时，我就与他物发生另一种关系，我就是另一个样子。"②——神学与哲学的区别贯穿了整个基督教的历史。"基督教世界的典型的内在的对立在天主教时代尤其是精神与肉体的对立。新教虽然把人彻底地从天主教的教堂墓地重新带进了市民和人的生活中。但是，正如新教把自己实现为了教会，新教只是从他的实践的方面而不是从他的理论的或理智的方面解放人、解救人的：他不承认也无法满足更高的要求，不承认也无法满足追求知识的权利、理性的要求。在这里，他依旧束缚在古老的野蛮之中，提出了与理性相对立的信仰条款，并认为它是真的而坚持它。"但是，"理性只不过是精神的天性(die geistige Natur)，因为对于它而言，信仰学说是无法理解的秘密。如果你摒弃了理性，为什么不也摒弃天性呢？天性只不过是身体的理性，而且因为一般说来，

---

① 《费尔巴哈哲学史著作选》第2卷，涂纪亮译，商务印书馆1979年版，第105页。
② 《费尔巴哈哲学史著作选》第2卷，涂纪亮译，商务印书馆1979年版，第112页。

基督教的美德，不婚的美德是一种过于崇高且因此也令人反感的秘密，所以天性也反对独身。"——"这些问题以及类似的问题也敲击着神学家们紧闭的脑门，正统的新教徒在他那狭隘的胸怀里总是带着他最恶劣的敌意四处游荡：他任何时候都不可能是安全的，理性总是像一个恶魔一样在他耳边低语着可怕的问题：怎么了？你的信仰大概是一个单纯的妄想吧？而且就算还没有达到这种可怕的'大概（Vielleicht）'，那么，在信仰回答'是'而理性回答'否'，以及在理性回答'否'信仰却回答'是'的时候，至少和平、统一是不存在的。如果和平也是存在的，那么也不是真理的和平、理性的和平，而是无思想的和平，或者是懒惰的和平，或者甚至是顽固的和平，又或者是无意识的自我蒙蔽乃至最狡猾的自我欺骗的和平。"——"与此相反，哲学是关于平静精神的科学，是关于逻辑的形而上学原则的科学，是关于规定了自然和人类的各种法则的科学，但是这些法则是永恒的，不变的法则。就像它们一度是异教徒世界的摄政王那样，它们今天还同样统治着基督教的世界。"因此，如果"神学的根基是奇迹，是意志，是庇护无知（Asylum ignorantiae）"，那么与此相反，哲学的根基是"理性，是规律和必然性之母，是科学的原则。"——

尽管在《现代哲学史》中新教被说成新时代的原则，迄今为止所有的生命和科学都是从这个原则产生的，而且永远都必然是从这个原则产生的，因为新教的原则只是人、人的本质、意志、精神，尽管费尔巴哈在这本书里为了新教而要求思维，并因此把现代的神学和哲学相等同，并使它们在继续发展中融为一体：但是当他在《莱布尼茨》和《贝尔》中想要比较神学和哲学并刻画二者的特征时，他的结论却是，这二者无法达到和谐。新教不再是那种产生了经院哲学、使艺术变得独立、恢复古时异教徒的权利、创造一种自由的、资产阶级的生活、赐给与等级制相对的君主以力量的精神，毋宁说它是那种精神的一种特殊的表现：相反，新教和这种作为新时代的创造者、保护者、统治者的精神是对立的，新教是特殊主义的，它缺乏科学、缺乏精神、无知、堕落。因此，费尔巴哈接下来不再在正统的神学家和脱离自身的封闭状态而卷入普遍生活的洪流之中的神学家之间做出区分，相反，所谓的正统学说、这些特定的正统学说被都视为神学——不是所有的神学都被视为正统学说——神学由此被隔绝和排除在外了。它被逐出科学的、理论的王国，被赶进实践、意志的国度。——早先看起来支持、维护了宗教和哲学之间的和平的东西，即反对以垄断为基础的神学，现在变成了宗教本身的不幸。宗教成了战争的先兆，军备已经开始。——

但是因此，思辨哲学在它自身和宗教之间营造出来的“表面上的和睦”也被证明是假象。费尔巴哈“用一部非同寻常的著作伤害了普通的专业哲学家”：他为了解释自己的观点写作了《基督教的本质》。——

费尔巴哈的宗教

“我的宗教哲学完全不是黑格尔宗教哲学的阐释，毋宁说，它只是从与黑格尔宗教哲学的对立中产生的，只有从这种对立中才能得到理解和评判。”“黑格尔属于新哲学的旧约”“黑格尔的哲学尤其是他的宗教哲学，是思辨和宗教的斗争，在这场斗争中，有时是宗教战胜思辨，有时是思辨战胜宗教。”“在黑格尔那里具有次要的、主观的和形式的含义的东西，在我这里有着首要的、客观的和本质的含义。黑格尔把宗教与哲学等同，我则强调它们的特殊区别；黑格尔只是在思想中观察宗教，我则在其现实本质中观察宗教；黑格尔发现宗教的精华只在教条的纲要中，我则发现宗教的精华在简单的诫命条例中；黑格尔把主观的东西客观化，我则把客观的东西主观化；黑格尔把宗教描述为对一个他者的意识，我则把宗教描述为对人自身本质的意识；因此，黑格尔把宗教的本质设定在信仰中，我则把宗教的本质设定在爱中，因为爱不是别的，只是人的宗教上的自我意识，只不过是人对自己本身的宗教关系；黑格尔任意而为，我遵循必然性；黑格尔区分开了其实是分离开了宗教的内容、对象与宗教的形式和机体，我则把宗教的形式和内容、机体或对象相等同；黑格尔从无限的东西出发，我则从有限的东西出发；黑格尔把有限的东西设定在无限的东西中，因为他还把绝对者、无限者的旧的形而上学立足点作为自己的出发点，因此他在无限者中说明限制、规定、有限性的必然性，我把无限的东西设定在有限者中；黑格尔把派生的旧事物扬弃在旧事物中。”“就像斯宾诺莎哲学是神学的唯物主义一样，黑格尔的哲学是颠倒的——神学的唯心主义。它把我的本质设定在我之外，把我的本质与我相分离，对象化为实体、上帝，但是由此一来，再次——因此也是间接地、颠倒地——说出了我的神性，就像斯宾诺莎把物质变成属性、变成属神的实体的形式一样，黑格尔的哲学把我变成了属性，或者说变成了属神的实体的形式：人关于神的意识是神的自我意识。也就是说：本质属于神，知识属于人。但是在黑格尔这里，神的本质不是别的，只是抽离了我、抽离了思维者的思维的本质或思维。黑格尔的哲学是离开主体来思考思维，思考主观本质，因此把主观本质表象为一个有别于主体的本质；把思维变成了属神的、绝对的本质。”——因此，按照费尔巴哈的观点，黑格尔哲学的根本错误是它仍然假定了一种和人的本质不同的绝对本质。由于这种罪过，黑格尔属于新哲学的旧约。那么关于拯救的福音呢？只有在这种超验的东西被永远推翻的地方才能发现它。

"历史的必然转折点就是这样公开地告白或承认,对神的意识不是别的,只是对类的意识,人所能够和应当超越的是自己的个体性之界限,而不是自己所属的类之规律和积极的本质规定,除了人的自然的本质以外,人不能把任何别的本质作为绝对的本质来思考、拟想、表象、感觉、信仰、意愿、爱或尊崇。"①——"人意识到的人的本质究竟是什么呢?或者,在人里面形成类、即形成本来的人性的东西究竟是什么呢?就是理性、意志、心。一个完善的人,必定具备思维力、意志力和心力。在人里面而又超乎个人之上的属神的三位一体,就是理性、爱和意志的统一。理性、意志、爱或心是属神的、绝对的权力,这种权力是人所不能违抗的。"②——但是,"人的本质""本质"一般而言不是某种无法达到的、无法把握的、无法触及的、神圣的、超越的、独立的东西吗?费尔巴哈以他的人的类(Menschengattung)超出绝对者了吗?或者说,因为他的人的类是一个更加严格的、更无法打穿的监牢,因为人本身在这里被封锁在他自身的被置于天国的本质里,因此,他的人类就像绝对者一样是被神圣化的天国吗?甚至是一个更邪恶的天国吗?他不怀念,例如基督教和黑格尔吗?不怀念理性、意志和爱的被现实化的统一吗?他不是正像彼岸的基督徒一样看待这个理念、这种渴望的吗?如果理性、意志和爱拥有人,如果它们和人是隔绝的而且是高于人的,如果它们使人赞叹、使人狂热、像主人(das Herr)的精神一样高于他、给他涂上圣油,因此如果他并不拥有它们、并没有创造它们、使用并用尽它们,那么理性、意志和爱不就是上帝吗?因为人把他的根基和力量、意志和本质都放到自身之外,使它们飘进空气、化为泡影,人不就变成了一种没有本质的、没有根基的、没有力量的、没有能量的、没有意

① 参见[德]费尔巴哈:《基督教的本质》,荣震华译,商务印书馆1984年版,第349页。

② [德]费尔巴哈:《基督教的本质》,荣震华译,商务印书馆1984年版,第31页。

志的、宗教的、忧心忡忡、提心吊胆、摇摆不定、犹豫不决的创造物了吗？——不就变成了一台由“类”推动、驱动的机器了吗？——如果类应该是真理的尺度，如果只有“和类的本质相协调一致的才是真的”，真理不就变成了固定的、僵硬的东西了吗？真理不就成了不变的、现存的东西了吗？不就成了谎言和非真理了吗？或者说，因为真理的尺度是个别的个体，他把自己置于与类的这种关系中，那么，费尔巴哈就压根不会接受真理有任何尺度吗？或者真理就消失了？或者说，他期待或者看见在未来人是否真的没能超出他的类？他从历史中学习到了，人并不会让自己被类包围，也不会让自己被类束缚吗？他是从哪里了解人的本质的？从历史中吗？但是历史还没终结，也没完成。因此，他只有在历史的终点、在审判日、在世界法庭才能指明人的本质。但是，假如人类有一个审判日，有一个终点的话，那么类就不是绝对的、不是决定性的了！——费尔巴哈从个体、从基督教的失去人性的人中，所造成的不是人，不是真正的、现实的、有人格的人，而是不成人的人，是奴隶。个体必然隶属于类，必然为它服役。① 服役就是奴隶制。——费尔巴哈所说的类就是黑格尔的绝对②、谢林的同一、费希特的自我、康德的物自体、莱布尼茨的单子、斯宾诺莎的实体、基督教的上帝——就是宗教、哲学。费尔巴哈的类在任何地方都是不存在的③，而只存在于情感的天堂里，存在于幻想的璀璨云端。是的，如果费尔巴哈和他的哲学体系还想存在的话，类就不可能变成现实，也不可能表现出来。假如类变成了现实，假如费尔巴哈所说的类的人（Gattungsmensch）在某一个个体身上达到了实存，那么，人类的审判日、人的完成和终结就出现了，

① 《马克思恩格斯全集》第3卷，人民出版社1960年版，第96页。
② 《马克思恩格斯全集》第3卷，人民出版社1960年版，第96页。
③ 《马克思恩格斯全集》第3卷，人民出版社1960年版，第96页。

那么，真理、自由和爱就不再拥有人，而是人本身拥有它们了，那么，类也就不再是完善的、绝对的了，因为在一个个体中，个体总是有局限、受限制的。也就是说，费尔巴哈的体系也就被否定了。——费尔巴哈并没有带来一种新的福音，——世界并不需要这种新的福音，因为世界上已经有福音了——他摆脱了黑格尔，并且撰写了《基督教的本质》，这些都没有把黑格尔驱逐到旧世界里，毋宁说，他靠着那些做法建起了一个旧世界，而且因为他总是把旧世界化为越来越大的抽象，束缚在越来越狭小的形式和公式里，而且帮着抹去了实体以及类的所有明确的差别、抹去了它们的每一种规定性、每一种形式和形态，他又完成了这个旧世界，即埋葬了旧世界。——

————

宗　　教

“宗教——至少是基督教——，就是人对自身的关系，或者，说的更确切一些，就是人对自己的本质的关系，不过他是把自己的本质当作一个另外的本质来对待的。属神的本质不是别的，正就是属人的本质，或者，说得更好一些，正就是人的本质，而这个本质，突破了个体的、现实的、属肉体的人的局限，被对象化为一个另外的、不同于它的、独自的本质，并作为这样的本质而受到仰望和敬拜。因而属神的本质之一切规定，都是属人的本质之规定。”①“人使自己的本质对象化，然后，又使自己成为这个对象化了的、转化成为主体、人格的本质的对象。这就是宗教之秘密。人把自己看做对象；不过是作为一个对象的对象，即另一个存在者的对象。”②“宗教是人对他自己的本质的关系——这里面就包含了宗教真理性以及道

① ［德］费尔巴哈:《基督教的本质》，荣震华译，商务印书馆 1984 年版，第 44 页。
② ［德］费尔巴哈:《基督教的本质》，荣震华译，商务印书馆 1984 年版，第 63 页。

德上的拯救力。但是,这里所说的他的本质,却并不被当作它自己所固有的本质来看待,而是被当作一个另外的、跟他区别开来的、甚至正跟他相对立的存在者;这里面就包含着宗教之不真,宗教之限制、宗教之与理性及德性相矛盾,就包含了宗教狂热之祸根。"①"这种对把上帝视为一个不同本质的做法植根于宗教本身的源头之中,以其本质立场为基础。宗教之基本立场,是实践的立场,在这里,也即主观的立场。宗教的目的,是人的安适、得救、福乐;人对上帝的关系,不外就是人对自己的得救的关系:上帝是被实现了的灵魂得救,或者说,上帝是实现人的得救、福乐的无限权力。"②或者说:"上帝作为宗教的对象是心或情感的客观本质。""宗教的基础是情感和幻想。""个体性的自我感觉、作为类的人、是人对存在者的爱";与此相反,理性是"一般的人,是类的自我感觉,是对类的爱";"心代表个人,理性代表事实。"或者说:"与自然共振的情感是心,与自然对立的心是情感。""心是确定的感觉,情感是不确定的感觉,心只关联于现实的对象,后者也关联于梦幻的对象。情感是梦幻的心。"一般而言,情感是"我的依赖格、第四格的我——自己影响自己的自我,自己对自己的影响就像另一个存在物对我的影响一样——是消极的自我。"因此,情感也是利己主义的原则。"心只有在他者身上才获得满足,情感在自身获得满足";"心是哲学的情感,即理性主义的、向世界开放的、光明正大的情感;情感是神秘的、晦暗的、害怕世界的心灵;心是人的自然权利,情感是任意的、积极的权利。""心是普遍的情感,情感是基督徒的心。"——因此,按照费尔巴哈的观点,因为宗教是一种情感的、实践的赘生物和制成品,所以宗教是绝对的利己主义。"实践的直观是一种不洁的、为利己主义所玷污的直

① [德]费尔巴哈:《基督教的本质》,荣震华译,商务印书馆1984年版,第261—262页。
② [德]费尔巴哈:《基督教的本质》,荣震华译,商务印书馆1984年版,第247页。

观”,而且“正因如此,所以,宗教把自然与人类之真正的普遍的本质——这个本质是宗教所不能看到的,只有理论的眼睛才看得到——设想成为另一种、奇迹式的、超自然的存在者。”①“神学的秘密是人本学。”这是新的福音,通过传布这种新福音就能把黑格尔推回到旧的福音书中吗?这是一场新的革命吗?与其相比,黑格尔只是把派生的旧事物扬弃在旧事物之中了吗?黑格尔把人的本质置于我之外,那么,费尔巴哈呢?——费尔巴哈指出宗教的起源在情感中,那么,黑格尔呢?——让我们听听黑格尔怎么说。“宗教关系的这两个方面之间的联系,普遍性这个极端与在其个别性中的意识或按其直接性来说的主体这个极端之间的关系,就是自我本身。自我(思维者、使自我提升者、能动的普遍者)与自我(直接的主体)是同一个自我;此外,这双方之间——即完全有限的意识和存在与无限的意识和存在之间——如此尖锐对立的关系,在宗教中是为我而存在的。我在思维中把自己提升为高居于所有有限者之上的绝对者,我是无限的意识,同时,我也是有限的自我意识,而且按照我的整个经验的规定来说,我都是这样的;两方面及其联系,都是为我而存在的。这两方面相互寻找对方,但又逃避对方。例如,在一种情况下,我强调我的经验的、有限的意识,并将自身与无限性对立起来;在另一种情况下,我将自己从自身中排除出去,严厉谴责自己,并使无限的意识占据优势。推论的中项所包含的无非是两个极端本身的规定。它并非彼此完全对立的赫格力斯石柱。我就是这抗争和这统一,它们在我之中为我而存在;我在我自身之中,被规定为无限的,与作为有限的我相对立,并被规定为有限意识,与作为无限意识的我的思维相对立。我乃是这统一和这抗争的感觉、直观、表

① [德]费尔巴哈:《基督教的本质》,荣震华译,商务印书馆1984年版,第259—260页。

象,而且是诸抗争者的结合,是这种结合的努力和情感完全控制这种对立面的工作。”①“因此,我是这两方面的联系,这两方面并不像‘有限的和无限的’那样的抽象规定,而是每一个方面本身都是总体,这两个极端的每一个,自身就是自我,即联系者;而这结合,联系,本身就是这在独一者中与自己作斗争者和在这斗争中自我统一者。或者,我就是斗争;因为斗争正是这抗争,这抗争并不是两方面作为不同者的漠不相干,而是两方面被束缚在一起。我不是参与斗争的一方,相反,我是双方的斗争者和斗争本身。我是相互接触的水和火,而且是完全相互逃避者的接触和统一;而恰恰这种接触本身是这种二重性的、本质上冲突的联系,这种联系时而分离开来,分裂为二,时而和解,并与自身相统一。”②——“宗教作为宗教必然明确地表现为指向心和情感的”。费尔巴哈说出了什么不同的新东西了吗?只能在个别的、次要的事情上,而不能在本质性的、主要的事情上区分开费尔巴哈和黑格尔这两个人,如果考察主要的事情、考察一种世界观最终的死亡和一种新的生活艺术的开始,他们的区别几乎不值得一提。这两个人持一个立场,即实体的立场,只不过其中一个人比另一个人把线划的更精确更精细,因为他只是在跟着另一个人划线。就其规定性而言,这两个人,而不是其中某一个人,都是在任意地、而非必然地行事;这两个人都把主体对象化了,他们都不认识主体;这两个人都是从无限的东西出发,而不是从有限的东西出发,而且都以无限性为终点。当费尔巴哈把神学变成人本学(Anthropologie)③的时候,他做了什么呢?和黑格尔把神学提升为

① 参见[德]黑格尔:《宗教哲学讲演录》第1卷,燕宏远、张国良译,见《黑格尔著作集》第16卷,人民出版社2015年版,第45页。

② 参见[德]黑格尔:《宗教哲学讲演录》第1卷,燕宏远、张国良译,见《黑格尔著作集》第16卷,人民出版社2015年版,第46页。

③ 此处的“人本学”原文为“Anthropologie”,即“人类学”。

哲学时所做的事情完全一样、毫无区别。在人本学中就像在哲学中一样,神学被捧上圣坛、被神圣化、被消灭了。人本学就是宗教;类是一个独立于人、在人格之外自为地存在的力量;真理、自由、爱是最崇高的东西、真的东西、绝对的东西,是启发(Anstoß),是匮乏,它意味着自然和历史中的矛盾的真的解决,彼此分隔的诸关系的真的统一,宗教的真理性的基础和无底的深渊——真正无限的、无法抗拒的、自我创造的个性——尚未被发现。[①] 人类(die Menschengattung)明白无误地就是人对自己本身的不了解,它只是幼稚地说出了,真正的、活的、肉体的人还没有诞生,而既生的畸形儿还对付不了所有的教条公式[②];而是被迫把自己贬低为一个物,本身又接受了它曾经想要推翻的那个被神圣化的头衔,恢复了它想要否定的偏见和特权,本身又变成了绝对的东西,而它总是想要消灭绝对者的名。如此一来,它也表明了自己的思想贫乏(das testimonium paupertatis)。简而言之一句话,类是一个新的上帝,或者说,是新事物的上帝;像在每一种宗教中一样,类所表象的,只是人所不是的,类是对非人东西的直观,是对非人的直观,是对非存在物的直观,是麻木不仁、听天由命、软弱、不幸的表达,——是满足了的愿望,是满足了的爱好,是实现了的或满足了的激情,是满足了的欲望;人本学是这位上帝的建造好并装修好的天国,是由幻想塞得满满当当的储藏室。因此,被这种属神的太阳照得眼花缭乱,注视着这种属神的光辉并沉浸其中,双眼是不能看清宗教的本质的,而是只能从那个崇高之物出发(von jener Hoheit aus)定义宗教,靠着上帝的恩准来谈论宗教。因此,费尔巴哈像黑格尔一样没能发现宗教的真正本质,也没能理解宗教的真正本质,因为他把真理理解为、表象为一个固定的、封闭

① 《马克思恩格斯全集》第3卷,人民出版社1960年版,第113页。
② 《马克思恩格斯全集》第3卷,人民出版社1960年版,第114页。

的对象，而真理，无论在什么地方都不会作为完成的客体而自然地出现，它只有在个性的展开中才能展现自己并上升到统一。[①] 因为他想把流动的东西变成固定的东西，想把生成中的东西变成坚硬的东西，变成岩石，个性在上面撞得头破血流。费尔巴哈的宗教的本质与他的人类（Menschengattung）一样——是不叫上帝这个名字的上帝，有无数的属性，是靠着自身并在自身之内发展完善的对立，即是绝对者，在最后才应该得到规定、限制和限定——是彻头彻尾幻想的，是情感的作品，是幻想的子嗣。他犯下了、保护着并维护着宗教的基本错误以及一切宗教观点的灾祸和不幸，亦即人不是他本身，人格本身不是活动的和创造性的。人格不会把它的本质表象为一个与它不同的、陌生的、普遍的和绝对的本质，而是会把它的本质表象为它自身的本质，并把它收回自身之内。因此，他不是理论地，而是实践地对待他的本质的，也就是说，他带着爱好、激情、需要走向他的本质，但是却不配与其建立友情，也不配与其达成一致，因为与之建立友情和理解——就是消灭它。费尔巴哈是个奴才，他的奴性使他不能完成人的事业，认识宗教的本质。[②] 他认识不了宗教的本质，因为他所在的那个领域里，激情没有沉默，爱和激情、狂热和热情没有被驳回，偏见的软弱和恐惧没有被根除，怯懦、鲁莽、宗教和神学各种前提的狂热的忧虑和尴尬的痛苦没有被消除。他认识不了宗教的本质，因为他不知道那座可以通向宗教的源头的桥梁。[③] 毋宁说，这座桥梁折断了，使得通向那里的道路成为不可能的了。他认识不了宗教的本质，——他想要按照宗教的本质来完全地把握宗教，并且想要完全地完成宗教，但是他不能认识宗教的本质，因为

① 《马克思恩格斯全集》第3卷，人民出版社1960年版，第98页。
② 《马克思恩格斯全集》第3卷，人民出版社1960年版，第97页。
③ 《马克思恩格斯全集》第3卷，人民出版社1960年版，第97页。

他是宗教的，因此感觉不到宗教的局限，也无法认识宗教的局限，只能宗教地理解宗教的本质。——

基 督 教

“基督教就其更好的部分而言，是人的心之发明。然而，心并不像自由自在的幻想或知性那样发明；它是受动的、接受的；一切源出于它的东西，它都觉得好像是给定的、强制的，好像是以无可违拗的必然性之强力而作用着的。谁一旦被心所掌握住，则就好似被妖魔、上帝所掌握住一样。心并不知道别的什么上帝，别的什么更优越的存在者，它只知道它自己。基督教之更好的部分……却正就是起源于心、起源于对于善行、对于为人类而生死的那种内心的渴望，起源于愿望一切人都幸福、不遗弃任何一个即使是最堕落、最下流的人的那种慈善行为之属神的意向，起源于至高意义上的慈善行为之道德职责——它已经成为内在必然性，也已经成为心。”①——正如基督教有着心的优势一样，它也有心的缺陷和错误。因为只有个体才以心为自己的内容，基督教是利己主义的宗教，是类的否定，是自私自利地退回到主观性的愿望和需要。“在基督教中，人唯以自己为念；他把自己理解为唯一正当的本质，唯一具有本质的本质；他使自己脱离了世界整体，使自己成为一个自足的整体，成为一个绝对的、外于世界和超于世界的存在者。”②“基督徒直接将个体跟类等同起来，他们神化属人的个体，把它当做绝对存在者。”③——基督教破坏了教养。“心情欠缺教养之要素，欠缺自我异化这北方型

① ［德］费尔巴哈：《基督教的本质》，荣震华译，商务印书馆 1984 年版，第 98—99 页。
② ［德］费尔巴哈：《基督教的本质》，荣震华译，商务印书馆 1984 年版，第 205 页。
③ ［德］费尔巴哈：《基督教的本质》，荣震华译，商务印书馆 1984 年版，第 209—210 页。

的原则。教养的衰落同基督教的胜利是等同的。"取代客观精神，即通过自身内在必然性和事物本性之真理而限定自己的精神的是无度、贪得无厌、超自然主义和奇迹，即"现实的、超自然主义的愿望。"——基督教破坏了类。"基督徒之本质重要的目的，便在于脱离世界，脱离物质，脱离类生活。"①"死是天国的入口处。但是，如果死是福乐与道德完善之条件，那么，势所必然的，禁欲、制欲便是唯一的道德律了。"②"独身和僧侣是基督教超自然主义本质的必然结果。""无玷的童贞性神圣化为带来得救的原则，神圣化为新世界、基督教世界之原则。"③——基督教破坏了人类之爱。"在基督教里面，爱为信仰所玷污，它并不是自由地、真实地被理解。一个受到信仰限制的爱，就是一个不真的爱，是一种假装神圣的爱，因为，它隐含着信仰之憎恨；只有当信仰没有遭受侵害时，它才是良善的。"④"爱使上帝跟人，人跟上帝同一化，因而也就是使人跟人同一化，而信仰却使上帝跟人分离开，因而也就是使人跟人分离开；因为，上帝不外就是人类之神秘的类概念，从而，把上帝跟人分离开来就意味着把人跟人分离开来，解除共同的纽带。由于信仰，宗教跟人的道德性、理性、简单的真理感相矛盾；而由于爱，宗教又跟这个矛盾相对抗。信仰在内部使人跟自己分离，从而，在外部也是如此；而爱却医好了信仰所造成的人的内心的创伤。信仰使对其上帝的信仰成为法律；而爱却就是自由，它甚至也并不诅咒无神论者，因为它本身就是无神论者。"⑤——费尔巴哈就是这样表述基督教中普遍主义要素与特殊主义要素之间的对立的，就是这样表述主体对类和自然

① ［德］费尔巴哈：《基督教的本质》，荣震华译，商务印书馆1984年版，第218页。
② ［德］费尔巴哈：《基督教的本质》，荣震华译，商务印书馆1984年版，第219页。
③ ［德］费尔巴哈：《基督教的本质》，荣震华译，商务印书馆1984年版，第222页。
④ ［德］费尔巴哈：《基督教的本质》，荣震华译，商务印书馆1984年版，第343页。
⑤ ［德］费尔巴哈：《基督教的本质》，荣震华译，商务印书馆1984年版，第321—322页。

的异化的，就是这样表述把宗教情感拉回到自身，而且就是这样撤下神学家盖在宗教上的面纱的。他已经证明了，非历史性的考察方式视为基督教之赘生物的一切东西，例如童贞和独身、修道和僧侣、迫害异端和宗教法庭及其一切恐怖骇人的东西都属于基督教的整体特征。他已经表明了，人类之爱在基督教中是如何整个地收缩为并由此干枯为基督徒的爱的，人的尊严是如何整个地收缩为并由此干枯为基督徒的尊严的，人类的观念是如何整个地收缩为并由此干枯为基督徒的观念的。他曾经想要指出基督教在历史中的意义和地位。但是他没能做到这一点，因为他无法不带私利地投入研究。与他一样，黑格尔也说过："基督教发源于犹太教，发源于那种自觉的自贱。这种虚无的自我感从一开始就攫住了犹太民族，——一种贫乏卑贱即空无之感占据了他们的生命和意识。这个个别之点，以后在一定的适当的时间就变成了有普遍历史性的东西；整个世界都升高到了这个现实虚幻的因素里面，后来却从这个原则解脱出来，又走进一种思想的国土，——那个虚幻变成了实际上的已被调和了的东西"①。基督教起源于这样的时代，那时"出现了对自然的轻视，认为自然不再是自为的，它的力量是为人服务的，人可以象一个巫师一样，使自然服从自己，为自己的愿望服务。以前神识是凭借树木和禽兽发出的，那时候，认识永恒事物与偶然事物对于神圣认识是没有分开的。"到这时是信仰奇迹的时代，不是上帝行奇迹，而是蔑视自然的人在自然中选出一种与自然冲突的东西。不相信当前的自然，也就不相信过去的事（历史），不相信过去的事是发生过的。罗马人、希腊人、印度人的全部历史，它们的神话和实际的历史，甚至于个别的语词和字母，都包含着另外一种意义；它们是一种

① ［德］黑格尔：《哲学史讲演录》第3卷，贺麟、王太庆译，商务印书馆1959年版，第271页，译文有改动。

内部破碎的东西,它们有一种内在的意义,这就是它们的本质,它们有一个空洞的字母,这就是它们的实际。处在实际中间的人们在这里完全忘记了看和听,总之忘记了对于当前的现实的感觉。感性的真理对于他们已经不再有意义,他们不断地向一个人说谎;因为他们无力理解一件实在的东西,因为对于他们的精神说来,一切意义都已失去。另外一些人则放弃世界,因为他们再不能在世界中发现任何东西,而只是在自身中发现实在的东西。既然所有的神灵都聚集在一座万神庙里,所有的宗教也就汇合成为一个宗教,所有的表象方式也就凝聚成为一种表象方式。这种表象方式就是:自我意识——一个实际的人——是绝对的本质。什么是绝对的本质,人现在已经得到了启发:这就是一个人,却不是一般的人或自我意识。①“这个生活在一定时间和一定地点的个别的人,对于世界精神来说,就是这个绝对精神,但却不是自我意识的概念;换句话说,自我意识还没有被认识。”②——

费尔巴哈在批判基督教时也接受了它的各种对立和基础。他按照一个想出来的且只存在于哲学家头脑中的尺度衡量基督教,按照一个未经证实的前提、一个信仰、一个表象、一个最高原理,即类本质来衡量基督教,让基督教被类本质吞噬,与它不一致的,在它这里得到宽恕,与它一致的不敢反对它。按照基督教本身来衡量基督教,在基督教本身的各种前提和发展中寻找尺度,无偏好地刻画基督教的特征从而批判它,这是他无法完成的,因为他——是哲学家。除了用一个不同的宗教居高临下地对基督教大发雷霆,费尔哈巴还用别的东西对基督教大发雷霆了吗?除了用自己的宗教来取代基

① [德]黑格尔:《哲学史讲演录》第3卷,贺麟、王太庆译,商务印书馆1959年版,第151—152页。

② [德]黑格尔:《哲学史讲演录》第3卷,贺麟、王太庆译,商务印书馆1959年版,第153页。

督教，他否定基督教还有别的理由吗？他用偶像推翻祭坛了吗？他这样做的时候使得树立任何新上帝都成为不可能的了吗？或者说，因为他并非不羡慕献给上帝的祭品，因为他想要让自己的上帝、自己的鬼怪、自己的幽灵、自己的幻觉取代基督教的上帝在祭坛上享受这些祭品，他只是否定了基督教的上帝吗？因此，他能够扯开扔掉撕碎思辨罩在基督教教条上的幻觉和神秘假象吗？或者说，他把基督教隐藏在神秘主义中了吗？他从基督教的教条中造成一个新的秘密了吗？——除了一种浅薄的技巧，即把宾词变成主词、把主词变成宾词，认为这样就完成了事情，除了这种技巧，费尔巴哈还做了更多的事情吗？因为他把人的生命和自然生命的一切领域都贴上了属神性这个谓语的标签，从而把它们都圣化和神圣化了，除了这些，他还造成别的结果了吗？他用自己的这种图式和自己的类没有说明，只有中世纪的神秘主义是必须批判的，因为这种神秘主义是唯一的、真正的、经典的基督教，只有它才“配得上经典，才需要被思考为经典的”？——好像不是现代神学才是基督教真正经典的阶段一样，因为只有这个阶段才是完全缺乏科学的，因为它与一切党派联合了，因为它把一切信仰自白都一起淹没在空洞空虚的普遍性中了，因为它让一切规定都变成无根据的虚无了，因此这个阶段也返回到了基督教的起点，其真正的源头，情感的幸福和激情的狂热，无内容的忧心忡忡，朝思暮想的愿望和需要，负重的软弱无力和对自身一无是处的让人窒息的感觉！

费尔巴哈的唯物主义

“新哲学是不以抽象的方式，而以具体的方式思想具体事物的，是就现实的现实性，是以适合现实本质的方式，承认现实是真实的，并且将现实提升为哲学的原则和对象。因此新哲学才是黑格尔哲学的真理,才是整个近代哲学的真理。"①——"具有现实性的现实事物或作为现实的东西的现实事物,乃是作为感性对象的现实事物,乃是感性事物。真理性、现实性、感性的意义是相同的。只有一个感性的实体,才是一个真正的,现实的实体。"②——"只有通过感觉,一个对象才能在真实的意义之下存在——并不是通过思维本身。与思维共存的或与思维同一的对象,只是思想。哪里没有感觉,就没有实体,就没有现实的对象。"③——"新哲学将我们所了解的存在不只是看作思维的实体,而且看作实际存在的实体——因而将存在看作存在的对象——存在于自身的对象。作为存在的对象的那个存在——只有这个存在才配称为存在——就是感性的存在,直观的存在,感觉的存在,爱的存在。因此存在是一个直观的秘密,感觉的秘密,爱的秘密。"④——"新哲学建立在爱的真理上,感觉的真理上。在爱中,在一般感觉中——人人都承认新哲学的真理。新哲学的基础,本身就不是别的东西,只是提高了的感觉实体——新哲学只是在理性中和用理性来肯定每一个人——现实的人——在心中承认的东西。新哲学是转变为理智的心情。心情不要任何抽象的,任何形而上学的,任何神学的对象和实体,它要实在的、感性的对象和实体。"⑤——"只有那种不需要任何证明的东西,只有那种直接通过自身而确证的,直接为自己做辩护的,直接根据自身而肯定自己,绝对无可怀疑,绝对明确的东西,才是真实的和神圣的。但是只有感性的事物才是绝对明确的;只有在感性开始的地方,一

① 《费尔巴哈哲学著作选集》上卷,荣震华、李金山译,商务印书馆 1984 年版,第 164 页。
② 《费尔巴哈哲学著作选集》上卷,荣震华、李金山译,商务印书馆 1984 年版,第 166 页。
③ 《费尔巴哈哲学著作选集》上卷,荣震华、李金山译,商务印书馆 1984 年版,第 166 页。
④ 《费尔巴哈哲学著作选集》上卷,荣震华、李金山译,商务印书馆 1984 年版,第 167 页。
⑤ 《费尔巴哈哲学著作选集》上卷,荣震华、李金山译,商务印书馆 1984 年版,第 168 页。

切怀疑和争论才停止。直接认识的秘密就是感性。"①——"感觉的对象不只是'外在的'事物。人只是通过感觉而成为认识自己的对象——他是作为感觉对象而成为自己的对象。主体和对象的同一性,在自我意识之中只是抽象的思想,只有在人对人的感性直观之中,才是真理和实在。当我们用手或唇接触有感觉的东西时,我们不只感觉到石头和木头,不知感触到骨肉,我们还感觉到触觉;我们用耳朵不知听到流水潺潺和树叶瑟瑟的声音,而且还听到爱情和智慧的热情的音调。我们用眼睛不只是看见镜面和彩色幻相,我们还能看见人的视线。因此感觉的对象不只是外在的事物,而且有内在的事物,不只是肉体,而且还有精神,不只是事物,而且还有'自我'。——因此一切对象都可以通过感觉而认识,即使不能直接认识,也能间接认识,即使不能用平凡的,粗糙的感觉认识,也能用训练的感觉认识,即使不能用解剖学家或化学家的眼睛认识,也能用哲学家的眼睛认识。由此可见,经验论认为我们的观念起源于感觉是完全正确的,只是经验论忘了人的最主要的,最基本的感觉对象乃是人本身,忘了意识和理智的光辉只在人注视人的视线中才呈现出来。由此可见,唯心主义在人里面寻找观念的起源,是正确的,但是唯心主义却不正确地要想从孤立的,被固定为独立存在的实体,固定为灵魂的人中引导出观念的起源,总而言之,要想从那没有作为感觉对象的'你'的'自我'中引导出观念的起源。观念只有通过传达,通过人与人的交谈而产生的。人们获得概念和一般理性并不是单独做到的,而只是靠你我相互做到的。人是由两个人生的——肉体的人是这样生的,精神的人也是这样生的:人与人的交往,乃是真理性和普遍性最基本的原则和标准。我所以

---

① 《费尔巴哈哲学著作选集》上卷,荣震华、李金山译,商务印书馆 1984 年版,第 170 页。

确知有在我以外的其他事物的存在，乃是由于我确知有在我以外的另一个人的存在。我一个人所见到的东西，我是怀疑的，别人也见到的东西，才是确实的。"①——"感性的事物并不是思辨哲学意义之下的直接的东西，亦即并不是说，感性事物是世俗的，一目了然的，无思想的，自明的东西。直接的感性直观反倒比表象和幻想晚出。人的最初的直观——本身只是表象和幻想的直观。由此可见，哲学，一般科学的任务，并不在于离开感性事物即实际事物；而是在于接近这些事物——并不在于将对象转变成思想和观念，而在于使平常的，看不见的东西可以看得见，亦即对象化。"②"在近代，人类才像在经历过东方梦想世界以后觉醒过来的希腊时代那样，重新回到感性事物，亦即回到那种对于感性事物即实际事物的未被歪曲的，客观的看法。而正因为这样，人类才重新回到了自身；因为一个人只是研究想象的实体或抽象思想的人，本身只是一个抽象的或想象的，不现实的，不真正是人的实体。人的实在只是以他的对象的实在性为依据。如果你一无所有，那么你也就什么都不是了。"③——"新哲学，作为人的哲学，主要地也是为人的哲学——新哲学对理论的独立性和尊严性并无妨害，甚至与理论高度协调，本质上具有一种实践倾向，而且是最高意义下的实践倾向。新哲学替代了宗教，它本身包含着宗教的本质，事实上它本身就是宗教。"④——

在最后这些话里，费尔巴哈本人说明了他的唯物主义的特征以及他对这种唯物主义的判断。它"本身真正说来就是宗教"。别无

① 《费尔巴哈哲学著作选集》上卷，荣震华、李金山译，商务印书馆 1984 年版，第 172—173 页。
② 《费尔巴哈哲学著作选集》上卷，荣震华、李金山译，商务印书馆 1984 年版，第 174 页。
③ 《费尔巴哈哲学著作选集》上卷，荣震华、李金山译，商务印书馆 1984 年版，第 174—175 页。
④ 《费尔巴哈哲学著作选集》上卷，荣震华、李金山译，商务印书馆 1984 年版，第 186 页。

其他。费尔巴哈批判的以及他用批判否定的，一直想要摘下其王冠，放进人性之中的东西，他都已经在自己的非人性、崇高的王冠上支撑、强化、巩固了。在《基督教的本质》中，他想把人从宗教中解放出来，因为他认为宗教是压迫人的负担，他却没有能力做到这一点，因此在《未来哲学》中他还是一个宗教信徒。——“真理性、现实性、感性是相同的。”①因此可以理解的和可以把握的东西、可以吃的和美味的东西、固定的和不变的东西、永远与自我等同和保持不变的东西、自然和自然的东西是真理。<真理这个范畴在这里必然会繁荣。——假如没有真理，假如真理不过是一直为人所惧怕的怪影，那末费尔巴哈如何能够存在呢?② ——>因为人是一个生成中的东西，是一个自我发展的东西——费尔巴哈用尽所有力量也没有扼杀掉人格性，让人像自然一样劳苦地生活——因为人是一个从来没有——只要他是人——固定住的东西，而总是隐秘地溜走或从手中溜走的东西:人是——非真理。自然是崇高的，人是卑微的。自然是上帝，人是仆人。只有自然是美好的，人是绝对恶的。自然和它的表现是天堂，人及其生命和活动是地狱。感性是人的尺度，而且是为了人的。——就算费尔巴哈说过“人性的东西是真实的实在的东西，因为只有人性的东西才是理性的东西;人乃是理性的尺度，”③“自由和普遍性是越出人的整个本质之外的;”④就算他声称“新哲学将人连同作为人的基础的自然当作哲学唯一的，普遍的，最高的对象”⑤:他还是消灭了人，因为他把“人”这个词变成了一句空话，他像“绝对的同一哲学”一样，“完全颠倒了真理的立场”，因为他把“人的自然的<！>立场，区别

① 《费尔巴哈哲学著作选集》上卷，荣震华、李金山译，商务印书馆 1984 年版，第 166 页。
② 《马克思恩格斯全集》第 3 卷，人民出版社 1960 年版，第 97 页。
③ 《费尔巴哈哲学著作选集》上卷，荣震华、李金山译，商务印书馆 1984 年版，第 181 页。
④ 《费尔巴哈哲学著作选集》上卷，荣震华、李金山译，商务印书馆 1984 年版，第 183 页。
⑤ 《费尔巴哈哲学著作选集》上卷，荣震华、李金山译，商务印书馆 1984 年版，第 184 页。

我和你、主体和客体的立场"变成了"真正的、绝对的立场,因此也就变成了哲学的立场"①,因为他并没有制造和创造完整的人,而是把整个人类奉为绝对,因为他——这是终结之歌和歌之终结②——也没有把人类(Menschheit),而是把"感官"变成了"绝对东西的器官",并承认感觉、直观、触摸的对象,一言以蔽之,即感性事物,是绝对的、毋庸置疑的、完全确实的东西。③ ——就算费尔巴哈炫耀说:"新哲学是不会再退回去的<倒退回神学>:凡是在肉体上和精神上同时都死了的东西,是不能作为幽灵又重新走回来的。"④——这只是一些空话,它虽然能够震动空气层,但不能毁坏人的本质的各种表现,因为人的最内在的本质和人的生气蓬勃的灵魂:"新哲学就是完全地、绝对地、没有对立地把神学溶解为人本学"——已经毁坏了外在的声音,并使它成为空洞的振响。⑤ 费尔巴哈设定了他想要消灭的东西,带来了他想要送走的东西,完成了他想要消灭的东西。他在自己的进步阶段并不是不信神的,并不是无神论的,而是刚刚正好变得全心信神;他用一个绝对的君主取代了精神性的上帝,这个君主不再以自己统治,像那个与世无争、超凡脱俗的上帝一样,它也是一个无法向它祈求的幽灵,这个幽灵像压在人头上的阿尔卑斯山一样压迫着束缚着人,它像吸血鬼吸尽人的生命中的全部脑髓和血液一样,像一道不可跨越的界限,人碰到它必然会有性命之虞。⑥ 他对感性顶礼膜拜。在感性面前他一无所是。在感性面前,他沉入泥土并化

---

① 《费尔巴哈哲学著作选集》上卷,荣震华、李金山译,商务印书馆 1984 年版,第 186 页。费尔巴哈的原文是:"绝对的同一哲学将真理的立场完全颠倒过来了。人的自然的立场,区别我和你、主体和客体的立场,则是真正的、绝对的立场,因此也就是新哲学的立场。"

② 《马克思恩格斯全集》第 3 卷,人民出版社 1960 年版,第 99 页。

③ 《马克思恩格斯全集》第 3 卷,人民出版社 1960 年版,第 99 页。

④ 《费尔巴哈哲学著作选集》上卷,荣震华、李金山译,商务印书馆 1984 年,第 182 页。

⑤ 《马克思恩格斯全集》第 3 卷,人民出版社 1960 年版,第 99 页。

⑥ 《马克思恩格斯全集》第 3 卷,人民出版社 1960 年版,第 100 页。有改动。

为泥土。他为了它牺牲了自己，牺牲了物理的和心理的世界。——但是因此感性也获得了上帝和属神东西的真正外观，感性不会只是“外在的”事物：如果它还想在哲学家的眼前找到恩典的话，感性事物必须被捧上天，被盖上不确定性的宗教云朵，被提升进魔法国度的神秘的黑暗之中。“感性事物并不是这个意义之下的直接东西，它是世俗的、一目了然的，无思想的，自明的东西。”①上帝怎么可能会愿意做世俗的东西？似乎上帝可以是世俗的一样！一目了然的东西、自明的东西怎么会成为对属神东西的说明。不，只有一目了然东西背后的东西，只自明东西背后的东西才是居住在最内在的神物之中的东西，只有不世俗的东西才会是神圣的，才会自称为上帝。靠着穿越世俗东西和自明东西的净化过程，在循环往复中抛开“表象和幻象”——只有这时，才到达了那个不会滔滔不绝地控诉的国度，才到达了极乐的天堂乐土，到了永恒性的天国——在其真正的荣耀中达到感性。为了服务于它，为了在它的圣坛里表现的像个真正的仰慕者，为了做它的不会犯错的青年，人们必须改过自新，抛弃异端思想以及无神论的理智。即使人们不能“用平凡的，粗糙的感觉认识，而能用有训练的感觉认识，即使不能用解剖学家或化学家的眼睛认识，也能用哲学家的眼睛认识”②<——而且，“在感觉中，每个人都承认新哲学的真理！”③每个人。每个人都有训练的感官，都有哲学家的眼睛吗？不是还有一些人有的是平凡的感官、解剖学家和化学家的眼睛吗？感觉如何是真理的尺度？真理借此不是飞升进了无规定性、空虚和蓝色的天空中了吗？费尔巴哈说，当然不

① 《费尔巴哈哲学著作选集》上卷，荣震华、李金山译，商务印书馆 1984 年版，第 174 页。这句话中“一目了然的”可直译为“躺在扁平的手掌上的”，与下文中“扁平手掌背后的”相对应。

② 《费尔巴哈哲学著作选集》上卷，荣震华、李金山译，商务印书馆 1984 年版，第 173 页。

③ 《费尔巴哈哲学著作选集》上卷，荣震华、李金山译，商务印书馆 1984 年版，第 168 页。

是的,我的意思只是"提高到意识的感觉本质","变为理智的心"。但是,按照其本质而言,感觉和可变的、表面的、无规定的东西同由于不同的立场和教育层次而在不同人那里不同的东西有什么不同吗?"变为理智的心"和有意识的感觉有什么不同吗?感觉只不过是它自身,只不过是在它自己的本质和行动中的感觉。——>因此,人们只有用有教养的感官,用哲学家的眼睛才能达到感性的最内在神圣之地,才能达到对主的直观。一句话:人们不配是人,而必须成为非人,为了达到非人的东西、属神的东西,人们必须飘进空气中,变成机器,才能在属神的东西中、在空气中生活。——这只是同语反复,这再清楚明白不过了。————费尔巴哈不再是法国唯物主义者了,法国的唯物主义者只承认当前现实的东西,即物质,承认它是积极地展示自己并实现自己的多样性的东西,是自然。① 正如他的追随者正确地发现的,费尔巴哈是被人道主义既鼓舞又败坏了的唯物主义者,也就是忍受不住尘世以及尘世的存在,但想化为精神而升天的唯物主义者;费尔巴哈还是一个不能思考也不能建立精神世界,而被唯物主义所累的人道主义者。② 费尔巴哈提出了一种哲学,这种哲学是"黑格尔哲学的真理,才是整个近代哲学的真理"③,因为它泄露了现代哲学的秘密,因为它表明,哲学在其终结时,在其发展完善时必然会变成什么,是一种混合物,既不是鱼也不是肉,既非黑亦非白,既非天亦非地,既非神亦非人,而是在天和地之间徘徊,是无规定性,是引人犯错的理论。——他的哲学只不过是不折不扣的依赖感,是神学。——

① 《马克思恩格斯全集》第3卷,人民出版社1960年版,第101页。
② 《马克思恩格斯全集》第3卷,人民出版社1960年版,第100—101页。
③ 《费尔巴哈哲学著作选集》上卷,荣震华、李金山译,商务印书馆1984年,第164页。

费尔巴哈与唯一者

费尔巴哈的各种后果以及它们反对批判和唯一者的斗争

批判家满怀着胜利的信心，高唱凯歌勇往直前地走着自己的道路。有人诋毁他，他微笑了。有人宣称他是异教徒，他微笑了。旧世界打算发动十字军讨伐他，他微笑了。[①] 麦克斯·施蒂纳就是十字军的领袖和统帅。同时他是所有战士中最勇敢最刚毅的一个。想摧毁个人意志的政治自由主义者和想摧毁所有制的社会自由主义者都在唯一者及其所有物面前倒下去了。他们倒在唯一者的批判的屠刀之下。按照唯一者的想法，只有批判的自由主义者才想让人接受他的利己主义、它的独特性——只有批判的自由主义者没有在批判面前倒下，因为他正是批判家本人。唯一者把他变成了什么？不，他呼喊道，没有把他变成任何东西。我的独特性属于我。我保留了我的独特性；批判家，你不配也不应该从我这里拿走我的独特性。他将脚伸开，躺了下来。[②] 喧闹！现在我完成了一切，撇开了一切，摆脱了一切。我把无当作自己事业的基础。——唯一者是旧世界中的最后一个避难所，是旧世界能够发动对那个与其完全不同因此与其无法混淆的形态的攻击的最后一个角落。唯一者是达到其最抽象的抽象性的实体。这个我是无法言表的，无法叫出他的名字，也无法表达他的属性，他的内容既不在物理世界，也不在心理世界，更不在这两个世界，他的住所既没有安在天上，也没有安在地上，上帝才知道他游荡、飘荡、生活和悬浮在空中的何处，这个我是旧世界的被提升到最高阶段的、最有权力的、最强大的利己主义，但是因此也是软弱无力本身，施蒂纳的利己主义表明了，旧世界的利

① 《马克思恩格斯全集》第3卷，人民出版社1960年版，第101页。

② 出自席勒的诗《手套》。

己主义是多么得虚无和易逝,表明了旧世界的利己主义没有依靠,也没有生命,表明了旧世界的利己主义必然是这样的。施蒂纳的我并不是以自身为基础的自我意识,也不是从自身转向世界的自我意识,不是树立在自身之上的人格性。这个我不是人。人以自己的力量联结世界、解放世界并支配世界①。因为人把力量掌握在自己手里,所以人统治着世界。而是说,施蒂纳的我需要伪善、欺骗、外部暴力以及浅薄的劝说技巧来维护他的利己主义。② ——这个我是最强硬的实体,是"一切幽灵的幽灵",是过去一切历史时代的完成和顶点。——

费尔巴哈从来不能对批判家有任何损害。他乘坐在自己的凯旋车前进并荣获了新的胜利。或者毋宁说,他在进行着旧时代能够对批判发动的最光荣的战斗:他沉默了。——

对于唯一者,他不是这样做的。在这里,费尔巴哈发现了一个势均力敌的对手,发现了一个教条主义者。他能够用这个对手衡量自己,也愿意用这个对手衡量自己。《因〈唯一者及其所有物〉而论〈基督教的本质〉》,发表于《维干德季刊》1845 年第二卷第 193—205 页。费尔巴哈说:"唯一者说:'我把无当作自己事业的基础'。可是,上帝的宾词不也一无所是吗?'上帝一无所是'这个命题,难道不是宗教意识的常用语之一吗?这意思就是说,由此可见,即使'利己主义者',也是把他的事业都建筑在上帝上面。这也就是说,他也属于'敬神的无神论者'中的一员。"③——他说对了。继续往下看!——但是,费尔巴哈不能用他的批判消灭唯一者,因为他有私

① 《马克思恩格斯全集》第 3 卷,人民出版社 1960 年版,第 100 页。

② 《马克思恩格斯全集》第 3 卷,人民出版社 1960 年版,第 102 页。

③ 《费尔巴哈哲学著作选集》下卷,荣震华、王太庆译,商务印书馆 1984 年版,第 421 页。有改动。

利(interessirt ist),因为他想要针对另一个体系为自己的体系辩护,因为他只是在做神学上的批判,因为他希望自己已经说过他没有说过的东西,希望自己没有说过已经说过的东西。因此,费尔巴哈——这也是对一切被从内部控制住的批判的咒骂——不再理解他自己,也不再理解他从前的著作。就像他从前说的那样:"至于说到我跟施特劳斯和布鲁诺·鲍威尔——人们常常把我的名字跟他们放在一起——的关系,那么,我只想提出这样一点,即我们所讨论的对象不同——这一点从标题中也可以看出——,从而,很显然的可以看出,我们的工作是不同的。鲍威尔将福音书的历史,就是说将《圣经》基督教,或者说得更准确一些,将《圣经》神学作为其批判的对象。施特劳斯将基督教的信仰论和耶稣的生活——后者也可以包括在前者的题目下面,就是说将教条基督教,或者说得更准确一些,将教条神学作为其批判的对象。而我,却将一般的基督教,就是说,将基督教的宗教作为批判的对象,而作为必然的结果,仅仅将基督教的哲学或神学作为批判的对象。"①——正如费尔巴哈在这里已经暴露了他对自己以及他周围人的无知一样,因此,就像他对唯一者所做的那样,他在这次神学批判中完成了一次引人注目的进步。他想要为《基督教的本质》辩护,反对唯一者。就好像1841年与1845年之间没有任何区别一样。就好像一部著作在1841年是一个值得注意的现象,它在1845年还值得发展一样;就像它曾经处在时代之中并且介入了那个时代,现在还处在时代之中,还能够有所作为地介入时代一样。而假如它在1841年无所作为,那么它在那时并没有处于时代之中,而且一般而言,它在一切时代都从来没有处于时代之中。——其实,费尔巴哈没有学到任何东西,也没有忘

① [德]费尔巴哈:《基督教的本质》,荣震华译,商务印书馆1984年版,第23—24页。

记任何东西。在他那里,世界还处在《基督教的本质》所接受的立场上,因为他的《未来哲学》已经以其唯物主义贯彻在《基督教的本质》中。——让我们跟随费尔巴哈进入他与唯一者的斗争中!

唯一者说:"但是,费尔巴哈自己说过,他所力求消灭的,只不过是一个幻觉。"——费尔巴哈说:"是这样。不过,随着这个幻觉的消灭,人的一切幻觉、一切偏见、一切非自然的限制也都将消除,虽说这不是一下子就看得出来的;因为,作为主词的上帝,乃是人的基本幻觉、基本偏见、基本限制。然而,对于那种献出自己毕生的精力与光阴来摧毁基本幻觉与基本限制的人,是不应当要求他顺便也来摧毁派生的幻觉与限制的。"①——因此,费尔巴哈压根不能如此广泛地从事思考,也无法到达唯一者达到的地方。唯一者真正努力从根本上消灭实体。② 他不知道,这样一位教条主义者是不可能存在的——这是他的错误;因此,讽刺的是,在他想要破坏实体时他同时又支持了实体。费尔巴哈压根从来都没有想到,想要毁灭实体。他让"属神的东西"继续存在,因为他"必然让它继续存在","否则他就不能让自然和人类继续存在"。其实是不能让这种神学化的人和这种自然的幽灵继续存在。但是,人和自然那里有什么呢?为什么人与自然应该继续存在?费尔巴哈不能摆脱宗教范畴;他只知道"无神论",因此无法摆脱上帝。——

唯一者说:"费尔巴哈的神学观点便在于他使我们分裂成为一个本质的'我'和一个非本质的'我',而且,他把类,把泛称的人、也即抽象、理念,描述成为我们的真正本质,以区别于那个现实的、个体的我,把后者描述成为某种非本质的东西。"——费尔巴哈说:"唯一者呵!你有没有从头到尾读过《基督教的本质》呢?看来是没有

① 《费尔巴哈哲学著作选集》下卷,荣震华、王太庆译,商务印书馆 1984 年版,第 422 页。
② 《马克思恩格斯全集》第 3 卷,人民出版社 1960 年版,第 102 页

读过。因为,究竟什么东西组成这本书的基本论题、核心呢?正在于消除本质的'我'与非本质的'我'之间的分裂,正在于把整个的人,从头到脚,加以神化、也即加以肯定和承认。在这本书的末尾不是说过,个体的属神性乃是宗教之被暴露了的秘密吗?不是甚至还说过,'吃和喝是属神的行为'吗?但是,难道说连理念、抽象也会吃和喝吗?《基督教的本质》也正是唯一不再把当代的口头语——人格性、个体性——当作无意义的夸夸其谈的书;因为,唯有否定上帝(也即那个抽象的、无限的实体,但却被设想成为真正的实),才能够肯定个体,并且,唯有在感性之中,才能够真正地把握住个体性之意义。"①——唯一者大概已经整个地阅读了《基督教的本质》,而且比费尔巴哈本人更好地理解了《基督教的本质》。如果说吃和喝是一种"属神的行为",是"理念的行为,是抽象的行为",那么,吃和喝就是人不会运用的。相反,通过吃和喝养活人,这是善的和仁慈的,因此,关于承认整个人,《基督教的本质》在最后没有说明任何东西。其实,"只有否定上帝才能肯定个体",但不是单纯地"否定上帝是主词",而且也否定上帝是实体,首先否定上帝是实体,否定上帝是人所拥有的类本质,否定上帝是人,人是"人的上帝",作为感性,作为僵化的和石化的实体,人是上帝的幻想的表达,——而且不仅仅是否定,而是整个地扬弃、消灭和消除一切超越的东西,不论这超越的东西叫什么名字,存在何处。——这只是肯定人格性,人格性不再是"无意义的夸夸其谈"。与之相反,费尔巴哈的感性是个体性之真正被把握住的意义,与施蒂纳相反,费尔巴哈的感性只是宾诺莎实体的一个方面。当施蒂纳把孤立的我,即达到极致的"思维",实体的一个属性,作为招牌时,费尔巴哈把实体的另一个属性,即"广延"

① 《费尔巴哈哲学著作选集》下卷,荣震华、王太庆译,商务印书馆 1984 年版,第 423 页。

作为招牌,并在“感性”中恢复了实体。——

“在费尔巴哈看来,个体是绝对的、也即真正的、实在的存在物。可是,为什么他没有说:‘就是这个特殊的个体’呢?是因为那样一来他也许就不知道他想要些什么了,那样一来他也许就下落到被他所否定的观点,下落到宗教的观点上去了。其实,至少就这点而言,宗教之本质正在于它从整个阶级或类之中只特选出一个唯一的个体,使这唯一的个体跟所有其余的个体相对立,成为神圣不可侵犯。就是这个人,这个‘唯一者’、‘无可比较者’,这个耶稣基督,唯有他,才是上帝;就是这株橡树,这块地方,这片树林,这头公牛,这个日子,才是神圣的,其余的就不是神圣的了。”①——但是,施蒂纳从类中选择出了一个个体了吗?一般说来,他了解费尔巴哈的类思想吗?费尔巴哈却继续说道:“必须注意,我们既不应当给予个别的个体以少于他所应得的,却也不应该给予他以多于他所应得的。只有这样,你才会从基督教的枷锁中解放出来。当然,是个体,就意味着是‘利己主义者’,但这同时却又意味着是共产主义者,不论愿意还是不愿意。无论对事物还是对你自己,你都应当是怎样就怎样,要实事求是;因为,你怎样来对待事物,你也就怎样来对待你自己,反之亦然。你应当把天上的‘唯一者’从脑子里驱逐出去,可是,与此同时,也要把地上的‘唯一者’一起驱逐出去!”②——谁下命令,谁就变成了接受命令的人:“给!”难道这句话的背景里没有再次出现人类、一般的理性吗?这个女人说,给那个个别的个体他应得的东西。假如她没有把它给费尔巴哈的个体,那个个体怎么办呢?假如费尔巴哈没有接受这个事物,那么她怎么办呢?假如他只接受她,他在自己哲学的头脑里要如何对她想入非非呢?她如何能够在他

① 《费尔巴哈哲学著作选集》下卷,荣震华、王太庆译,商务印书馆1984年版,第425页。

② 《费尔巴哈哲学著作选集》下卷,荣震华、王太庆译,商务印书馆1984年版,第425—426页。

的哲学天国里生活呢？如果个体只是“利己主义者”（即使不是麦克斯·施蒂纳所说的“利己主义者”）而并不也是“共产主义者”，怎么办呢？——如果费尔巴哈提出了另一些主张以反对施蒂纳的主张，那么这两种主张不是同等正确的吗？不是都不正确吗？————费尔巴哈喊道：“应当遵循感官！”——如果你不理睬的话，他就再喊一遍：“应当遵循感官！”“感性的东西开始之处，就是宗教与哲学结束之处，并且由此而使我们得以获得简单而明快的真理。你看到在你面前有一位绝色的妇人；你不禁惊叹道：她的美貌无可比较！可是，请看！在那边又站着一个英俊的男子。你不是会不由自主地去将他们加以比较吗？而如果你不这样做，坚决认为你的美女是无可比较的，那么，他们自己难道就不会彼此跟自己相比较，难道就不会惊异于对方跟自己的相似（虽然有许多区别），并且惊异于对方跟自己的区别（虽然有许多相似）吗？他们不是会要不由地互相赞叹道：‘你与我一般无二！’吗？并且，最后，他们不是会以自己的人性的名义，丢掉各自的绝世无双而紧紧地拥抱起来吗？‘唯一者’说：‘我只爱这唯一的女人’；我也这样说，虽然我是一个完全平平常常的社会的人。可是，你所爱的这个唯一的女人，难道是一头牝驴、一只母猴子，或一只母狗吗？难道她不是属人的实体吗？‘唯一者’说：‘‘我’比‘人’更伟大。’可是，是不是超过‘男人’呢？难道说你的本质，或者不如说你的‘我’（因为，‘利己主义者’拒绝‘本质’这两个字，虽说意思是一样的），不是男性吗？难道你可以把男性跟你里面那个被叫做精神的东西分离开吗？难道你的脑——这个最神圣的、最高的身体器官——不具有男性的一些特性吗？难道你的感觉、你的思想不是男性的吗？而从另一方面说，难道你是雄性动物——公狗、公猴子、牡马——吗？那么，你的这个‘唯一的、不可比较的东西’，换句话说，你的这个无性别的‘我’，除了就是陈腐的基督教超自然主义之没有被消化掉的残渣以外,还能是什么东西呢?”①——“应当遵循感官!你这个彻头彻尾的男人。你在思想中从自己的男性的感性实体中抽离出来的那个‘我’,其实乃是抽象之产物,像那跟实在的桌子区别开来的柏拉图式的桌子的理念一样既是现实的,又是非现实的。可是,作为一个男人,你却本质地和必然地将跟另一个‘我’和实体——女人发生关系。因此,如果我要确认作为个体的你,那我就不可以把自己的认识仅仅限于一个你,而是应当进一步扩大到你的妻子。要确认一个个体,就必然至少也得确认两个个体。但是,光是‘两个’还不能算完,还没有意义,在二后面还有三,在妻子后面还有——孩子。会是唯一的、不可比较的孩子吗?不会!爱无可抵制地使你更要进一步。孩子的模样本身就是那么可爱,那么有魅力,使你不由自主地还想要有几个跟这孩子一样的孩子。一般说来,只有利己主义者才要一,而爱却在寻求多。”②——

应当遵循感官!那么,你就有了直接的明显的真理,也就是说,成为感性,成为一根棍子③,你就是真理了。应当遵循感官!而且你就有了真理,你就是一个完成的、曾经存在的、老朽的人。应当遵循感官!你就不再需要劳动了,因为你有真理,因为你与属神的、不需要任何东西的自然是一样的。——但是,唯一者将这样回答,善良的费尔巴哈,你也不再用你的感官看东西了吗?你没有看到,女性的美与男性的美是不同的吗?男性的美与女性的美也是不同的吗?

① 《费尔巴哈哲学著作选集》下卷,荣震华、王太庆译,商务印书馆1984年版,第426—427页。

② 《费尔巴哈哲学著作选集》下卷,荣震华、王太庆译,商务印书馆1984年版,第427页。

③ 马克思在《德意志意识形态》中嘲笑鲍威尔以“棍子”反对费尔巴哈。马克思的新哲学则在“物质生活资料的生产”这一基础上对“感性”提出了不同的理解:“即使感性在圣布鲁诺那里被归结为像一根棍子那样微不足道的东西,它仍然必须以生产这根棍子的活动为前提。”《马克思恩格斯文集》第1卷,人民出版社2009年版,第531页。

你没有看见，这两种美没有共同点，经不起任何比较吗？对它们进行比较的人，发现的只是一种柏拉图意义上的桌子理念(Tischheit)，除了抽象的、僵死的、什么也没有说的语词：美之外，在它们中间找不到别的相同之处。女性美的一切特征不都不同于男性美吗？女性美不在于柔情、轻盈、温柔吗？男性美不在于强壮、有力、阳刚吗？不是只有丰满圆润的肢体和颤抖的、飘荡的、波浪式的身材[①]才形成了女性美吗？而男性美则在于阳刚、粗糙、健硕、精干的体型。——唯一者说："我只爱这个唯一的女人"。费尔巴哈怎么说呢？我也这样，但我只爱人类的女性。难道你爱的这个唯一的女性是一只母猴子、牝驴、牝马吗？——不，唯一者反驳他说，她不是这些东西，但也只是一个人类的女性，因为人的存在也是她的一个宾词。她是一个女性，别无其他，她是女性，从头到脚都是这个确定的、这个唯一的女性。共产主义者，你为什么恰恰爱着这个女性？说一说，为什么是这一个？你不是必须要爱所有人吗？所有人的意思是，他们对你都是完全一样的，因为她们所有人都是"女性"，你拥抱女性中的哪一个呢？你只爱这一个唯一的女人，因为你是唯一者，因为她是一个唯一的女性，因为你只能与一个唯一的女人相结合。你拥抱这一个唯一的女人(diese Einzige)——而不是这一个女人(diese Eine)，因为你是唯一者，因为相同的东西不需要相互拥抱，而总是拥抱在一起的，因为只有互斥的东西才必须相互拥抱。那么，陪着你那可怜的、说教的空话留在家里吧："他们以人的名义，丢掉各自的绝世无双而紧紧地拥抱起来。"不，不是以任何东西的名义，只是因为他们想要唯一者互相拥抱。——唯一者说："我比人更伟大"。费尔巴哈怎么说呢？费尔巴哈好奇地问：你也超过男人吗？唯一者的答案

① 《马克思恩格斯全集》第3卷，人民出版社1960年版，第100页。

是，确实也超过男人。我的我也是一个男性的我，但是此外它还有更多的属性，它也是一个感觉着的、思维着的我。而且，即使感觉和思维具有男性的特征，而男性反过来也是由感觉和思维规定的，而且是由这个唯一的人的唯一的感觉和思维决定的。假如这个人完全是一个男人，不是任何更多的东西，费尔巴哈如何能够比较男性的美与女性的美呢？————你的唯一的、不可比较的我相应地是无性别的我——这就是费尔巴哈的结论。施蒂纳喊道，谁保证你达到这个结论的？好像我的我，我，这个唯一者，也没有这种确定的、和其他一切性比起来是唯一的性以及这些特定的唯一的性器官似的！① 好像我不是恰恰通过这种确定的性别才是我似的！好像唯一者不是也有唯一的性别似的！费尔巴哈，你应当遵循感官！那么你将发现，你的我确实不能与你的感性的、男性的本质相分离，但是你的男性也只是一种规定性，只是你的我的一种属性，你的我包含着这种属性，你的我就是靠着这种属性才与这个另外的唯一的我，与这个唯一的女性关联起来，而不是与一个另外的我，与女性本身关联起来，因为你的我是一个唯一的我，它想要在自己之外看见另一个唯一的我。——你以为，为了承认我是个体，你必须也承认我的女人。确实，但是只是因为她是我的女人；你是否承认一般的女性，对我来说是完全一样的，你只应该承认这个“我的”女人，你必须承认这个“我的”女人，因为你必须承认“我”。因为就像你是我的一样，你是我的女人，你就从中得出结论说，承认一个个体必然意味着至少承认两个个体？——费尔巴哈，你真的完全阅读了我、唯一者的书了吗？如果你读了我的书，那么，你对我的理解就真的这么差吗？你相信，可以从一进一步数到二，从二数到三，从三数到

① 《马克思恩格斯全集》第3卷，人民出版社1960年版，第100页。

四？——一般而言，利己主义想要的不是一，而是唯一者：是每一个样本。——

唯一者说："费尔巴哈以爱为避难所来逃避信仰。"——费尔巴哈说："哦，多么荒谬！费尔巴哈迈着坚定自信的步子从思辨的宗教的幻想之领域走到现实性之领域，脱离了人的抽象本质而走向他的实在的、完整的本质；可是，爱自在自为地还没有穷尽了人的整个本质。为了要爱，也需要理智，需要'理性规律'；无理智的爱，就其结果与功效而言，并不有别于恨，因为它并不知道什么东西有益和什么东西有害，并不知道什么东西适合于目的，什么东西不适合于目的。可是，为什么费尔巴哈会如此地看重爱呢？乃是因为，要从属神的领域过渡到属人的领域，除了爱以外，再也没有别的实践的和有机的、受对象本身指使的桥梁了，因为爱乃是实践的无神论，爱乃意味着在内心中、在意念中、在行为中否定上帝。"①——"任何的爱都是自私的，因为我不能够爱那与我自己相矛盾的东西；我只能够爱那满足我自己的东西，只能够爱那使我幸福的东西；也就是说，我不能够爱任何别的东西而不同时也爱我自己。不过，话虽如此，在那被称为利己主义的、自私的爱跟那被称为无私的爱之间，还是有着真实的区别。区别在哪里呢？简单地说，就在于：自私的爱的对象，对你来说，乃是卖弄风情的妓女，而无私的爱的对象，对你来说，就是个情人。在两种场合，我都满足了我自己，可是，在第一种场合我是使整个的实体服从于一部分，而在第二种场合我是使部分、手段、工具服从于整体，并且，正因为这样，在第一种场合我只是满足了自己的一部分，而在第二种场合我满足了整个的自己，满足了自己的完全的、完整无缺的本质。总而言之，在自私的爱里面，我为了

① 《费尔巴哈哲学著作选集》下卷，荣震华、王太庆译，商务印书馆1984年版，第432—433页。

最低的享乐而牺牲了最高的享乐，从而，为了更低的享乐而牺牲了更高的享乐，而在无私的爱里面，我乃是为了最高的享乐而牺牲了最低的享乐。”①——

费尔巴哈用爱的福音填满了基督教的福音：就其概念和本质而言，基督教是爱。但是，爱是人类“最初的庸俗”，是情感极乐的完成，是人的空心化和空虚化的最高点。爱是软弱的产物，是人对自身的摇摆不定和束手无策：是寻找与自己不同的另一个人的需要，是超出自身之外产生出爱的需要。爱证明了，人并不能自己规定自己，而是必须被外部的东西、被另一个人而且为了另一个人而被规定。爱是客观地表现出来的自我意识和人格性的缺失。爱是人没有自己的意志的信号，即人还不是人的信号。爱必须超出自身之外，献出自己、交出自己、上交自己、放弃自己——爱是一场无法打断的献祭节庆。人视之为人的一切东西，在爱面前，都必然瓦解，“高举到奴隶的肩膀上，它宣布了无意愿(Willenlosigkeit)的唯一统治权。”“出现的不是你的意志，而是我的意志。”②——《科林斯的未婚妻》说出了那句恐怖的话，这句话揭露了爱对自由犯下的可怕罪行：“这里取消了献祭/不论羔羊还是公牛/但人的献祭却是空前的！”

爱不是“不可理解的”，但也是不理智的，因为它只了解自己的法则，而不了解理智的法则。爱不是“无神论的”，而是对神的一切尊崇的基础。爱不是利己主义的，而是共产主义的，因为它从来不因自己的缘故而行动，只因他人的缘故而行动。爱强调的是它为之献身的更高的东西、别的东西。因为人在自身中不能忍受贫穷、低贱，所以人献身于一个更高的东西，就此而言，爱是自私自利

① 《费尔巴哈哲学著作选集》下卷，荣震华、王太庆译，商务印书馆1984年版，第433页。
② 这两句引文以及下述歌德的诗歌转引自施蒂纳的《关于爱的国家的若干临时意见》。

的，——但是，这还是自私吗？——它通常是无私的：它献身了自己、放弃了自己。现实的、有人格的、有自我意识的人不是爱，因为他只有他自己规定的东西，因为他并不把自己的存在归因于一个外部的启发、一个更高的东西，而是归因于自己，因为他把创造者和造物相等同。现实的、有人格的、有自我意识的人拥有爱，他需要它，而不是它需要他，它是他的一个属性；他把自己交托给另一个人，因为他愿意而不是必须为了另一个人生活，因为他让自己配得上自己的爱情，因为他服务于它；一句话：对于他而言，爱情并不存在，因为爱情并没有给他留下深刻印象。——费尔巴哈的爱是“幻想的、超自然主义意义上的”爱。因为当他也说“存在意味着爱自身”“任何存在物都不能否定自身”时，难道他并没有区分开自私的爱和无私的爱？在他这里，无私的爱是唯一的爱。除了没有任何好处地交出自己和放弃自己，除了没有要求地献身于更高的东西，无私的爱还能是什么呢？每一种无私的爱不是都必然了解一种“更高的东西”吗？正是对于这种东西而言，它才是无私的。但是，人还能够向这个更高的东西表示爱吗？或者毋宁说，他不是必须向这个更高的东西表示爱吗？更高的东西不是拥有更低的东西吗？更低的东西也能够拥有更高的东西吗？——只要人还了解一个“更高的东西”，爱而且是“超自然主义意义上的”爱就拥有了他——并不存在别的意义上的爱。

“唯一者说得很好并且很对：‘我们是十分完善的。’然而，尽管如此，我们还是感到自己是受限制的和不完善的，因为我们必然——所以说必然，乃是因为我们是会反思的实体——不仅把自己跟别人作比较，而且也必然把自己跟自己作比较，把我们现在已经成为的跟我们也许可以成为的来比较，也可能是跟在别的状况下我们真的会成为的来比较。但是，我们不仅在道德上，而且在感性上也意识到自己是受限制的，意识到自己是被约束在时间与空间之中的：确实，我们这些特定的个体，实是仅仅生存于被规定了的地点，仅仅生存于被限定了的时间中。我们要摆脱这种局限感，除了依靠关于不受限制的类的思想，也即依靠关于别的人、别的地方、别的更幸福的时代的思想以外，还能依靠什么呢？所以，谁不用类来代替神性，那谁就会给个体留下一个空虚，这个空虚不可避免地仍旧会被关于上帝的观念，也即被关于类之被人格化了的本质的观念所充满。只有类才能够同时废掉和替代神性与宗教。无宗教而存在，便意味着仅仅想到自己；有宗教，便意味着想到别人。而这唯一的宗教将永存不灭，至少，当在地球上并不是只存在有一个"唯一者"时是永存不灭的；因为，哪里有二，即男人和女人，哪里就已经有了宗教。两面、差别，乃是宗教之泉源；对'我'来说，'你'就是上帝，因为没有'你'，'我'就不存在了，'我'依赖于'你'；没有'你'，也就没有'我'。"①

如果费尔巴哈想要变成宗教的，我能够阻止他吗？不能。每一个人都是他能够成为的人，每一个人都将变成他能够变成的人，因为每一个人都是他自己的创造物，他自己的制品。我们不能阻止他，而且不愿意阻止他，但是我们能够对他说，他不是人，他不能创造人，而只能创造宗教的创造物、信徒。真正的人是自足的。他不会被任何热情改变和转变。他不让自己被规定，而是从自身出发规定自己。"他审问自己，在这样自我审问时发现了自我规定的动力：他只是在审问自己中行动。"②他的绝对的特权就是通过自己的力量把自身中的以及自身周围的一切分裂都协调一致。他摆脱了一切桎梏，而且他自己——也被消解掉了。他通过自己本身、在自身

① 《费尔巴哈哲学著作选集》下卷，荣震华、王太庆译，商务印书馆 1984 年版，第 428—429 页。
② 转引自施蒂纳的《关于爱的国家的若干临时意见》。

之中以及靠着自身总是而且本身就是最伟大的东西,而且能够成为最伟大的东西。因此,他不依赖于你,不依赖于上帝,不依赖于人,——只依赖于自己本身。——真正的人只知道他已经变成了什么,不知道他将要变成什么,——他也不会要求自己变成将要变成的样子。他没有提出任何目标,也不渴求某一个目标;因为他在每一个点上都是完善的,因为他是他能够变成的东西,而且是他只能变成的东西——人。除了人,除了这个人,他不能变成任何别的东西,因为对于他而言,除了他在其中发生改变的那些关系不存在任何别的关系,因此对于他而言,除了他走过的道路不存在任何别的道路。假如人已经变成了某物、某物和某物,那么对人们已经能够变成的东西进行反思,这就是宗教。——宗教的费尔巴哈有这样的思想。他只能从自己的"应当遵循感官!"逃到和躲进不受限制的类的思想之中,永恒的极乐之中。毋宁说,他停留于自己过去是什么,因为他的"应当遵循感官!"现在和过去都也只是一个思想。——当他接受某种东西时,他必然把它设定为等同的,他必然把他清理好的地方又掩埋在废墟之下——这是他的规定——他有一种这样的使命和任务,——这是他的使命和任务;他的局限感强迫他这样做。在这里,他和唯一者是一致的;因为这个唯一者设立的唯一性也只是逃避科学的避难所,是对某种固定的确定的东西的爱。费尔巴哈和唯一者在互相的批判中也只是互相责骂。"哦,多么错误啊!""是的。""不是的",——这就是无力和软弱的证据,——因此,他们两位互相反对对方,因为他们每个人都退回到了自己的利己主义和富足之中。

唯一者说:"费尔巴哈以唯心主义的盔甲武装了自己的唯物主义。"——费尔巴哈说:"哦,竟有这样的信口雌黄!告诉你吧,'唯一者',费尔巴哈既不是唯心主义者,也不是唯物主义者!在费尔巴哈看来,上帝、精神、灵魂、'我'是虚空的抽象。但是,在他看来,物体、物质、物性也同样是虚空的抽象。在他看来,真理、本质、实在仅仅在感性之中。难道你曾经在某个时候知觉到、看到过物体、物质吗?你只看到和知觉到这是水,这是火,这是星辰,这是石头,这是树,这是动物,这是人——永远只是完全确定的、感性的、个别的事物与实体——,但是,你从来也没有看到过作为物体的物体、作为灵魂的灵魂,作为精神的精神、作为物性的物性。可是,费尔巴哈更不是那把两个抽象结合在第三个抽象之中的绝对同一哲学的拥护者。由此可见,既不应当称费尔巴哈为唯物主义者,也不应当称他为唯心主义者,又不应当称他为同一哲学家。那他究竟是什么呢?在思想中的他,便就是在现实中的他,在精神中的他,便就是在肉体、在自己的感性实体中的他:他是人,或者,说得更确切一些——因为,费尔巴哈把人的实体仅仅置放在社会性之中——,他是社会的人,是共产主义者。"①

费尔巴哈把自己和唯一者对立起来,从而和后者处于对立的地位。他是而且希望是一个共产主义者,唯一者是而且应该是一个利己主义者;前者是圣人,后者是凡人;前者是善人,后者是恶人;前者是神,后者是人;他们两个都是教条主义者。②

《神圣家族》

施蒂纳借助他的抽象的利己主义并没有前进一步,而是在刚一开始就结束了,因为"喧闹!"占据并构成了他的整个生命,一个"喧闹!"就消灭了他的生命的压力,对于他而言,"一个跳跃"就完成了最谨慎的思维的任务,"伸直身体"就摆脱了思想的痛苦,同时"一个跳跃"就从胸中排除了宗教世界的梦魇:与此相反,费尔巴哈的教条

① 《费尔巴哈哲学著作选集》下卷,荣震华、王太庆译,商务印书馆1984年版,第434—435页。
② 《马克思恩格斯全集》第3卷,人民出版社1960年版,第103页。

主义却能够有更进一步的发展。它已经获得了这种发展。弗·恩格斯和卡·马克思所著的《神圣家族,或对批判的批判所做的批判。驳布鲁诺·鲍威尔及其伙伴。》一书已经表明,在与批判斗争时,费尔巴哈必然变成什么,他的哲学能采取什么态度。它不配也不能理解——一般而言,如果它想要反对批判家的话,这是第一位的而且也绝对是必须的——批判。它不配也不能了解、识别发展中的批判。它不配也不能知道:批判是反对一切超验的东西的永久的斗争和胜利,是持续的否定和创造,是唯一的创造性的和生产性的东西。它不配也不能知道:为了真正认清那些一直压抑着人、使人透不过气、无法生活的超验力量,为了让它们变成它们本来的样子,即变成产生于精神的精神、内在东西中的内在东西、变成远离故土又回到故土的东西,也就是认清这些超验力量是自我意识的产物和创造物并把它们变成这种产物和创造物,批判家过去和现在如何工作。它不配而且也不能知道:批判家摧毁整个宗教和有不同表现的国家是多么的无与伦比,因为只有他把"实体"的范畴——使它摆脱了神性,拒绝了它的非分要求——拉回到了它的出生地,即自我意识、人格、批判和受批判的人之中。它不配知道:批判和批判家们自存在以来就控制并创造了历史,甚至它们的敌人以及当前所有的运动和活动都是它们的创造物,只有它们才有权力,因为力量就在它们的意识之中,因为它们从自身中、从自己的行动中、从批判中、从自己的敌人中、从自己的创造物中创造了力量;——人先借助批判的行为得到解放,然后人类才获得解放,人先借助批判的行为被创造出来,然后人类才被创造出来。如果遵守费尔巴哈教条的人想起来反对批判,他是不配也不能知晓这一切的。他必然会歪曲批判,他必然会把批判变成结晶的形态,他必然会把它变成石块,把批判从流动的形式中拉出来,去除批判家的人性,把批判家抬举到实体的天空里，把批判变成蓝色的、变为天国，把批判家变成泡影和幻梦、变成神，因此，为了反对批判和批判家，他必然会在自己的脑袋中策划出一种批判，同时从自己的大脑中捏造出一个批判家，也就是说，他是在反对他自己的影子，与他自己的魂作战。——因此，恩格斯和马克思只了解《文学报》的批判，他们对这种批判所说的话正如对所有批判以及对一般的批判所说的话一样——都是错误的。因为，《文学报》提出的任务只是：解释并说明 1842 年的自由主义和激进主义及其不彻底的回响，它们的真正的本质存在于“真理”“自由”“权利”“法律”“固定的观念”“民族的解放”之中，《文学报》的批判既没有研究这些概念，也没有研究人们想要与这些概念嫁接到一起的存在物；因此，尽管当《文学报》解决了这个任务，当它把“充满思想”的人算作群众（群众是一切科学的敌人，而且批判一开始也属于群众），而 1842 年的空话套话只是因为《文学报》才得以存在时，《文学报》——必然会消失：恩格斯和马克思还是把它称为整个批判、唯一的批判，从而斩断了批判的任何进步，使批判脱离其背景并替代了批判，把《文学报》变成一副带有神圣光晕、适于“神圣家族”同时起源于“神圣家族”的漫画。他们由此给自己创造了一个势均力敌的敌人、一个教条主义者，同时和这个敌人对立起来，他们以教条主义的满腔盛怒和狂热反对这个敌人、与这个敌人战斗，他们试图遏制这个敌人，以使自己和自己的教条主义取代这个敌人，想把这个敌人从神圣的地位上拉下来，以使自己变得神圣。“现实的人道主义在德国没有比唯灵论或者思辨唯心主义更危险的敌人了，思辨唯心主义用‘自我意识’或‘精神’代替现实的个体的人，并且用福音书作者的话教诲说：‘叫人活着的乃是精神，肉体是无益的’。”因此，用一些东西取代人们拿走的东西，填补人们掏空的空间，这样一来，空洞的人、被掏空的人在自己的虚空中就不会腐坏，——只有唯灵论消失了，现实的人道主义才借此赢得了空间，获得了尊敬。在这之后，极乐就出现了，天变成了地，地变成了天。而后在天国的和谐中响起了永恒的欢乐和幸福。——这里只是在攻击受人诅咒的思辨唯心主义，<思辨唯心主义在哪儿呢？——在空气中，因此，这里只是在和空气战斗>，这样一来，真正的、天国的荣耀最后在人的四周发出光芒。——请往下看。“显而易见，这种没有肉体的精神只是在自己的臆想中才具有精神。在鲍威尔的批判中，我们所反对的正是以漫画形式再现出来的思辨。我们认为这种思辨是基督教日耳曼原则的最完备的表现，这种原则通过把‘批判’本身变为某种超验的力量来做自己的最后一次尝试。”——“批判的批判(即《文学报》的批判)越是把哲学对现实的颠倒变成最明显的滑稽剧，那就越有教益。《文学报》提供了一份材料，就连广大的读者也能通过这份材料识破思辨哲学的幻想。”这就是恩格斯和马克思为了战斗而替自己创作的疆域和敌人。他们唯独无法战胜自己的创作物。他们只能尽力用一些骂人的话把自己的创造物压制在战场上——除此以外，别无其他。——恩格斯搬出埃德加·鲍威尔的话：“工人什么也没创作。”他该如何和他战斗呢？不，他说道，“批判什么都没创作，工人创造了一切，甚至就以他们的精神创造来说，也会使得整个批判感到羞愧；英国和法国的工人就很好地证明了这一点。工人甚至创造了人；批判家却永远都是非人，而他的确对于自己是一个批判的批判家感到一阵内心的满足。”如果这个批判家“什么都没有创造”，他怎么会是“现实的人道主义”“最危险的”敌人？对于这一点有一个恶劣的证据。——爱情——埃德加指出——是一个凶神，它像所有的神一样，要支配整个人，直到人不仅将自己的灵魂，而且将自己的肉体的自我交给它，它才满足。爱情的礼拜是苦恼，这种礼拜的顶点是使自己成为牺牲品，即自杀。——这当然激怒了费尔巴哈的爱的宗教的追随者。他是怎么做的呢？他用费尔巴哈的只言片语创造了另一种爱，这种爱并非仅仅——这又有什么危害？——存在于大师及其弟子的脑袋中，埃德加抛弃了、否定了真实的爱，他是——不对的。“为了把爱情变成‘摩洛赫’，变成魔鬼的化身，埃德加先生先把它变成神。在变成神学的对象之后，爱情自然就会受到神学的批判了；何况大家都知道，神和魔鬼相差无几。”“绝对的主观性、纯粹的活动、‘纯粹的’批判怎么能不把爱情看做恶魔、看做撒旦的现身呢，因为爱情第一次真正地教人真正相信自己身外的对象世界，它不仅把人变成对象，甚至把对象变成了人。”——“被爱的是感性的对象，而批判的批判（如果它不得不屈节承认某种对象的话）最低限度也会要求对象成为一个非感性的对象。然而，爱情却是非批判的、非基督教的唯物主义者。”“对于抽象而言，爱情是‘来自异乡的少女’，她没有携带辩证的护照，因而被批判的警察驱逐出境。”“爱情的狂热对内在的发展不感兴趣，因为它不可能被先验地构造出来，因为它的发展是发生于感性世界中和现实的个人当中的现实的发展。”好多噪音，——别无其他。在对批判的批判进行批判的人用自己的骗局娱乐了我们之后，他最后——这是世界上美好东西的命运——幼稚地留在世界舞台上，看起来像个小丑一样。他想让我们相信，而且他非常严肃地断定，布鲁诺·鲍威尔为了绞死犹太人，把犹太人变成神学家、把政治解放的问题变成人的解放的问题，为了否定黑格尔，把他变成辛利克斯先生，为了摆脱法国革命、共产主义、费尔巴哈，除了不停地叫喊：“群众，群众，群众！群众、群众、群众！”没有做任何别的事情，为了赞美精神，他把群众钉在了十字架上，而这个精神就是批判，绝对观念在夏洛腾堡的布鲁诺身上真正道成肉身！——他想让我们认识到，并试图最终使他那眩晕的精神相信：在鲍威尔过去受群众的偏见束缚的时候，鲍威尔把这种局限性只是当做批判的一个必然的假象，而不是把它当做从批判的必然的发展中产生的，因此，为了回答这种“庸俗的自我礼赞”，他愿写下面这些繁琐的论文：“为什么正是必须由布鲁诺·鲍威尔先生来证明圣母玛利亚是从圣灵怀孕的这个事实呢？”“为什么鲍威尔先生必须证明，显现在亚伯拉罕面前的天使是神的真正的流出体呢？即尚未达到消化食物所必要的浓度的流出体？”“为什么鲍威尔先生要为普鲁士王室做辩护并且把普鲁士国家捧为绝对的国家呢？”“为什么鲍威尔先生在自己的‘符类福音作者批判’里要用‘无限的自我意识’来代替人呢？”“为什么鲍威尔先生要要求自己和别人来‘说明’他应该犯错误这种怪事呢？”——

这样一来，布鲁诺·鲍威尔先生自然一声不吭，批判也驯服了。毋宁说，马克思给了我们一份舞台剧，在这部剧目中，他本人最终扮演了滑稽的喜剧演员。——

莫泽斯·赫斯

恩格斯和马克思尚未完成的东西，莫·赫斯正在完成。他吹响了号角，“最后的哲学家”被剥夺了他们的神圣的外观，被无情地拖到法庭面前，被诅咒下地狱接受永恒的烈火。看起来，费尔巴哈也在他们之中：“费尔巴哈的《未来哲学》只不过是一种现代哲学，但这种现代对于德国人而言还表现为未来、表现为理想。《未来哲学原理》从哲学上、理论上说出了在英国、法国、北美以及其他地方现在已经是现实的东西，即现代国家和与之相对而立的、补充着它的市民社会。例如，费尔巴哈说，哲学本身必须被克服、否定和实现。但是如何做到这一点呢？——关于如何做到这一点，他像现代国家一样，与自己本身是对立的。他在‘现实的’人之下理解的是市民社会中个别化的人，在‘现实性’下理解的是‘有缺陷的现实性’及其法权、婚姻和财产。——他一方面对心胸狭隘的个体主义,实践的利己主义表示敬意;——与之相反,他另一方面还预见了社会的人、'类的人'、'人的本质',并认为这种本质就存在于认清了这种本质的个别人身上。"——这是什么样的"哲学的妄想和现代的国家智慧啊"![1] 然而,这种批判对于自己本身以及自己的领导[2]都没有完全弄清楚。他在细节上还没有理解费尔巴哈,或者说,器皿想要反对制陶工,莫泽斯·赫斯这位费尔巴哈的一贯的学生想要超越费尔巴哈,独立地、"独自地""孤独地"站在世界里,这个世界必须要等待着他,才能找到长久以来就在寻找的谜语答案。"类的人"——这就是找到的哲人之石——"之所以是现实的人,只是因为他生活在一个一切人都能够陶冶自己,都能够发挥自己的能力的社会里,即生活在一切人都能够实现自己的社会里。""爱、创造、劳动、生产是直接的享受。当我不再活着,这些也不再完好存在,不能产生爱——当我不再消费、享受就不再能生产。只要是利己主义者就希望享受!那么,利己主义通过什么与爱相区别呢?——利己主义者想要没有爱的生活,想要没有劳动的享受,想要没有生产的消费,他总是索取自己的东西,而自己决不想给予,即决不想奉献自己。"[3]"我之所以去爱去创造,绝不是为了享受,而是因为爱而去爱,因为创造欲、生命的冲动、直接的自然冲动而去创造。"——"社会主义严肃地对待实现哲学和否定哲学,就像它排除了国家一样,它也排除了哲学,他不写任何关于否定哲学的哲学著作,它没有单纯地说出,如何否定作为单纯学说的哲学以及如何在社会生活中实现它。"——这

① 《赫斯精粹》,邓习议编译,方向红校译,南京大学出版社 2010 年版,第 187 页。

② 原文为"Minister",直译为"部长"。鲍威尔指的是赫斯的"部长"费尔巴哈,他在该文中把赫斯视为费尔巴哈的学生和追随者。

③ 《赫斯精粹》,邓习议编译,方向红校译,南京大学出版社 2010 年版,第 191 页。

种机智把费尔巴哈的类确定为"社会主义"——这种机智"严肃地对待消灭国家和哲学",因为它"排除了国家和哲学",出于无限的怜悯,由于少年和未成年人而制造了发酸的业务,把布鲁诺·鲍威尔和麦克斯·施蒂纳扔进了它们的虚无之中。虽然他只讨论施蒂纳。然而"为了阐明'唯一者'",它必须"即使只是顺带着"延伸到"孤独者"。因为——这是最近的新鲜事物——"孤独者"这位"现代的柱头圣徒"和"唯一者","如国家和市民社会那样,互为前提。""如果合理地表述的话,'唯一者'的'后果'是这个定言命令:应当成为动物!"——"如果合理地表述的话,'孤独者'的'后果'是这个定言命令:应当成为植物!"①"施蒂纳的理想是吃掉国家的市民社会,是吃掉植物世界的动物世界"。"鲍威尔的理想是把市民社会扬弃在自身之中的国家,是把动物世界扬弃在自身之内的植物世界。""'唯一者'是白发的利己主义者,儿童化的老人。'唯一者'是卖弄小聪明的小孩。""'孤独者'是王座上的奴隶;'唯一者'是打碎了自己的锁链的奴隶。""鲍威尔头脑里装的是理论的荒谬,施蒂纳头脑里装的是实践的荒谬。"——应该如何对待这些"荒唐人"呢?——赫斯知道怎么做。"结合起来!假如他们像我们的状况和他们的哲学代表费尔巴哈一样必然经历更进一步的发展,那么,就可以期待,在内在的矛盾耗尽他们的精力之后,看到他们作为社会主义者而复活。"②——请看,费尔巴哈原来就是这样完结的!③ 他与黑格尔的一切范畴作斗争。他的这些后嗣们表明了,他是如何与之斗争,如何战胜它的。赫斯喊道:"结合起来!"黑格尔已经说过,对立必然扬

① 《赫斯精粹》,邓习议编译,方向红校译,南京大学出版社 2010 年版,第 195 页。有改动。

② 《赫斯精粹》,邓习议编译,方向红校译,南京大学出版社 2010 年版,第 201—202 页。有改动。

③ 《马克思恩格斯全集》第 3 卷,人民出版社 1960 年版,第 114 页。

弃在更高的统一性之中。赫斯喊道:“发展!”黑格尔在他之前就已经说过这话。费尔巴哈通过他的学生们喊道:“黑格尔万岁!”——但是,哲学由此也虔诚地完结了。[①] 要达到永恒的极乐!它在死前还这样做了自己的信仰告白并在告白时承认了宗教的各种范畴。它不让“期望”破灭。“期待吧,心灵!只是有点耐心!你最终将品尝到和平!”:它像基督徒一样,就这样期待着,期待着,期待着。它“相信”:这是它的指路明星和手杖,引领着它走完生命的朝圣之旅。它像基督徒一样“相信”:“内在的对立”、恶的东西被“消灭干净了”,恶变成善这一天命非常壮观地实现了。它像基督徒一样“相信”:现在“分离开、孤独的、唯一的、没有生命、没有死亡、没有复活”——将“在某一天作为社会主义者复活”<它必然在某一天的“复活”——这没有任何用>,因此,它像基督徒一样“信仰”复活。——

关于费尔巴哈和他的哲学,我们说它是他的主的恩赐。——

(二)德国理论界对《神圣家族》的评价

由于马克思的激进立场,《神圣家族》还没出版就受到德国政府的密切注视。1844 年 12 月 13 日,密探赫尔曼·艾伯纳(Hermann Ebner)向时任美因茨信息局的主管克兰纳·冯·英格尔斯霍芬(Clanner von Engelshofen)报道说:“勒文塔尔出版社也出现了一部马克思博士(《莱茵报》之前的共同编辑)的著作,这部著作将探讨并反对布鲁诺·鲍威尔的努力。”[②]

在 1845 年 6 月出版的《维干德季刊》第二期上,古斯塔夫·尤里乌斯发表了《看得见的教派与看不见的教派之争或批判对批判的批判所作的批判》,这篇文章是当时第三方书评中比较有代表性的,我们将重点讨论这篇文章的

---

① 《马克思恩格斯全集》第 3 卷,人民出版社 1960 年版,第 114 页。

② Wolfgang Mönke,“Die heilige Familie: Zur ersten Gemeinschaftsarbeit von Karl Marx und Friedrich Engels”, Berlin: Akademie-Verlag, 1972, S.161.

观点。

在这篇文章中,尤里乌斯把恩格斯和马克思对鲍威尔的批判视为一次维护派系利益的“十字军东征”。他提出:

“弗里德里希·恩格斯先生和卡尔·马克思先生对布鲁诺·鲍威尔的批判发动了一次十字军东征,他们把鲍威尔的批判称为‘批判的批判’,并把它视为批判的神化,这次‘十字军东征’是为了使‘实践的人道主义(der practische Humanismus)’神圣的墓穴挣脱不信神者的魔掌。那些不信奉者所信奉的是‘阿拉是阿拉,穆罕默德是先知’。维护物质的人(materielle Menschhaftigkeit)的神圣斗士(die heiligen Streiter)向维护观念的人(ideelle Menschhaftigkeit)的神圣斗士发动攻击。恩格斯和马克思的宣言题目如下:《神圣家族或对批判的批判所做的批判。驳布鲁诺·鲍威尔及其伙伴》(美茵河畔的法兰克福,文学馆,1845 年)。”①

尤里乌斯把论战的双方都视为“神圣性的斗士”,这表明,在尤里乌斯看来,恩格斯和马克思与鲍威尔及其伙伴并没有什么不同,都是教条主义者。尤其值得注意的是,尤里乌斯把《神圣家族》的立场称为“实践的人道主义”[也可译为“实际的人道主义”]。尤里乌斯虽然没有用“现实人道主义”这一马克思和恩格斯的术语,但是他使用的“实践的人道主义”还是准确地把握住了《神圣家族》的主题。在尤里乌斯看来,马克思和恩格斯维护的是“物质的人”,鲍威尔及其伙伴维护的是“观念的人”。尤里乌斯不用“Mensch”而用“Menschhaftigkeit”这个词,意在表明马克思和恩格斯以及鲍威尔及其伙伴都不是从真正的人出发的。

尤里乌斯进一步指出:

“马克思在《年鉴》中已经把鲍威尔理解问题的方式指称为一种

---

① Gustav Julius,“Der Streit der sichtbaren mit der unsichtbaren Menschenkirche oder Kritik der Kritik der kritischen Kritik”,*Wigand's Vierteljahrsschrift*,Juni 1845,S.326.

还彻头彻尾神学的方式。他说:'我们把神学问题转变为世俗问题。'马克思把自己描绘为由费尔巴哈奠定的那个立场的进一步发展者(Fortbildner),从这个立场出发,人们在神学中,而且以同样的尺度在哲学中,只看到被颠倒为非人性的(神性的、绝对的)人类学。在社会的当前存在的机构中,在如他所说的'公法状况'中,简单地说,马克思现在从上面说到的立场出发所窥探到的是,在'国家'中,属人的东西(das Menschliche)被宗教地、神学地、哲学地非人化。但是,国家本身的发展在历史发展进程中表现为不同的形式。作为'特权的国家',国家远远不是'完成了的基督教国家'。'那种把基督教当做自己的基础、国教,因而对其他宗教抱排斥态度的所谓基督教国家,并不就是完成了的基督教国家,相反,无神论国家、民主制国家,即把宗教归为市民社会的其他要素的国家,才是这样的国家。那种仍旧持神学家观点、仍旧正式声明自己信奉基督教、仍旧不敢宣布自己成为国家的国家,在其作为国家这一现实性中,还没有做到以世俗的、人的形式来反映人的基础,而基督教是这种基础的过分的表现。'"①

尤里乌斯在这一段点出了他批判的重点:恩格斯和马克思只不过是费尔巴哈理论的教条主义者。在尤里乌斯看来,马克思对政治国家的批判完全使用的是费尔巴哈的逻辑,即马克思也像费尔巴哈把宗教视为人的本质的颠倒那样把国家视为人的本质的颠倒。

马克思先生绝对没有把二元论扬弃于他关于人的本性的建构:他只是用现实的、物质的世界取代了整个二元论,即取代了对立的双方;在这一点上他完全追随了费尔巴哈。在这里,立即就能够发现:

① Gustav Julius,"Der Streit der sichtbaren mit der unsichtbaren Menschenkirche oder Kritik der Kritik der kritischen Kritik",*Wigand's Vierteljahrsschrift*,Juni 1845,S.326-327.马克思的引文参见,《马克思恩格斯文集》第1卷,人民出版社2009年版,第33页。

马克思作为其导师(Meister)的真正的孩子(Jünger)在用同样的词发誓,信仰其导师看问题的方法胜过信仰一部福音书,因此,他发现自己被迫把与他对立的其他观看问题的方式都说成是空虚的异端、挑战和利己主义。在他眼里,鲍威尔是根深蒂固的利己主义,因此,以古时候的正义的方式来说的话,鲍威尔也是(无神论的话翻译过来是)人心中的撒旦,古时候的撒旦想要把自己变成上帝;例如,马克思先生表明,'批判的批判'如何'把自身的愚蠢硬说成群众的愚蠢,把自己对世界在它之外的发展所进行的恶毒攻击,硬说成是这个世界对发展所进行的恶毒攻击,最后,把自己的利己主义(它以为自己汲取了、吸收了全部精神)硬说成群众对精神的利己主义式的抵抗'(《马克思恩格斯全集》第2卷,1957年版,第262页)。马克思乐意把这种利己主义赏赐给批判,对它耸耸肩、笑一笑、走开了。是啊,假如他恰好认为他没有看到批判和"批判的肉身"鲍威尔坐在了他希望由物质的人道主义及其先知费尔巴哈坐于其上的祭坛上就好了!可见,马克思表达对鲍威尔的嘲弄和厌恶时所依靠的是狂热,是愤怒。①

尤里乌斯所说的"二元论"指的是人在现代国家中被分裂为政治人和社会人。对于马克思消灭这种分裂的方案,尤里乌斯认为,马克思压根没有消灭这种二元对立,而只是"用现实的物质的世界取代了整个二元论"。

对于马克思先生而言,问题只在于这个问题:我们,即类的人(Gattungsmenschen)的广大的、大量的、至大无外的队伍,为了成为完美的人需要做的仅仅是把自己认识为类本质和承认自己是类本质,并以此来组织我们的教会?——我们要为那些把自己想象为神圣的人的小团体(这些人只是在批判的精神中寻找幸福,这些人不相信

---

① Gustav Julius, "Der Streit der sichtbaren mit der unsichtbaren Menschenkirche oder Kritik der Kritik der kritischen Kritik", *Wigand's Vierteljahrsschrift*, Juni 1845, S.328-329.

在地球上一次性地建立起一个创造极乐的组织有可能把共同体或社会整个地美化为类本质)让路？断乎不可！

你们把利己主义视为一种罪并且敌视它，而且已经接受了人道主义的信仰是唯一创造极乐的，你们现在听到了，马克思先生是如何为他的教会招募的，他错误地以为那些人(即他视其为一个与他为敌的教派，揭发这些人是一个谎言的教派，是一个恶人组成的共同体，亦即利己主义者组成的共同体，这些人把他和他的教派称为“群众”，并错误地把利己主义视为他的罪过)已经占据了全部精神。但是，我对你们说：你们拥有选择；马克思先生只是向不受局限的人暴露了自己：两种人道主义教派向我们张开了臂膀，一个教派在不可见的东西中即在批判中有自身的真正本质，另一个教派在可见的东西中组织自身，希望把整个人的世界变得幸福，即把它变成类本质，而类本质既不居住在地下室里，也不是居住在地面上，而是居住在吵闹的二层里。你们拥有选择。如果你们想要改变自己的信仰，你们是否想要摆脱基督教的人道主义的天主教徒，或者说，你们是否想要变成人道主义的新教徒。①

尤里乌斯指出了一个重要的问题，即马克思借助于费尔巴哈的“类本质”来解决现代社会的问题，克服人的个体化，但是“类本质”成了新的宗教，马克思的主张是在建立新的“教会”。尤里乌斯对马克思的这一批判带有当时的共性，即都批判费尔巴哈的“类哲学”是神学：费尔巴哈所设想的“理想的人”是神性的人，费尔巴哈虽然批判了宗教，但是又建立了一种“新宗教”。

关于尤里乌斯的这篇文章是不是马克思写作《关于费尔巴哈的提纲》的原因，巴加图利亚和陶伯特有过激烈的争论，巴加图利亚经过考证认为马

① Gustav Julius, “Der Streit der sichtbaren mit der unsichtbaren Menschenkirche oder Kritik der Kritik der kritischen Kritik”, *Wigand' s Vierteljahrsschrift*, Juni 1845, S.332-333.

克思在写作“提纲”之前不具备读到该文的时间条件。我们认可这一判断，但是该文的意义在于，它反映了把费尔巴哈的“类哲学”视为宗教是德国思想界当时的主流看法，而这一观点最早是由鲍威尔1844年9月在《文学总汇报》上提出的，并非由施蒂纳首创。而马克思并不认可这种批判。例如，他明确反对鲍威尔对费尔巴哈的如下批判，即费尔巴哈把“类本质”变成了“在个人之中并统治着个人”的东西，马克思认为，费尔巴哈说出了人的要求在遭到环境妨碍而得不到满足时就变成了“在个人之中并统治着个人”的东西，“费尔巴哈的错误不在于他说出了这一事实，而在于他以唯心主义的方式使之独立化了，没有把它看作是历史发展的一定的、暂时的阶段的产物。”①从神学上批判费尔巴哈的“类哲学”是马克思一直都不认可的。

（三）马克思和恩格斯对《神圣家族》的评价

马克思和恩格斯都高度重视《神圣家族》。1844年，马克思在为《神圣家族》寻找出版商的过程中曾经这样评价该书：“我很想看着这本每一个字都很重要的小册子就近出版，亲自校对。”②1867年，当马克思再次读到《神圣家族》时，他给恩格斯写信说：“我愉快而惊异地发现，对于这本书，我们是问心无愧的，虽然对费尔巴哈的迷信现在给人造成一种非常滑稽的印象。”③马克思不仅在刚写成《神圣家族》时很重视这部著作，而且在20多年以后还认为对这本书“问心无愧”，马克思并没有像有些后来者那样以“成熟”或“不成熟的”的二元论模式来评价该书。

恩格斯同样高度评价《神圣家族》。他在收到《神圣家族》之后，致信马克思：“《批判的批判》……真是太好了。你对犹太人问题、唯物主义的历史和

① 《马克思恩格斯全集》第3卷，人民出版社1960年版，第97页。
② 《马克思恩格斯全集》第47卷，人民出版社2004年版，第325页。
③ 《马克思恩格斯全集》第31卷，人民出版社1972年版，第293页。

《秘密》的论述非常精辟，一定会产生极大的影响。”①恩格斯对《神圣家族》的重视可以从两个细节中看出来。第一，他非常珍视自己手头的《神圣家族》，因担心丢失，从不外借。恩格斯晚年的时候，手头只有一本《神圣家族》。多位友人为了研究该书的思想曾向恩格斯借阅，恩格斯回绝了他们的请求，足见恩格斯的重视。例如，俄国社会主义者施穆伊洛夫为了编写马克思传记向恩格斯借该书，恩格斯的回复是：“关于第三点。《神圣家族》您反正是会弄到的；我自己的这一本在任何情况下也不会丢开的，……您应该了解全书。在柏林大概可以找到这本书。”②对于罗马的拉布里奥拉教授的借书请求，恩格斯表示：“如果这一本丢失，那末我今后就完全不可能在预计要出的《全集》里准备出新版了。因此这一本无论出什么代价我都不能放手。”③第二，恩格斯不仅非常珍惜自己手中的著作，而且对《神圣家族》在各地的收藏情况非常了解。恩格斯告诉布洛歇尔：“在柏林有几本《神圣家族》；在瑞士，苏黎世大学的副教授康拉德·施米特博士先生（希尔斯兰登区克路斯—赫吉巴赫街）也许可以帮您弄到一本。”④这些信息都告诉我们，在马克思和恩格斯的著述生涯中，《神圣家族》绝对不是无足轻重的，而是受到了他们高度重视的。他们之所以高度重视该书，是因为该书中的思想在他们的思想进程中具有重要价值，而且其中的思想在恩格斯看来具有久远的价值。

（四）当代读者的评论

在马克思整个思想发展进程中，《神圣家族》出版于思想转变阶段的事实决定了它必然被解读者从唯物史观创立过程的角度来审视该书。其中，列宁

① 《马克思恩格斯全集》第 47 卷，人民出版社 2004 年版，第 350 页。
② 《马克思恩格斯全集》第 39 卷，人民出版社 1974 年版，第 24 页。
③ 《马克思恩格斯全集》第 39 卷，人民出版社 1974 年版，第 184 页。
④ 《马克思恩格斯全集》第 39 卷，人民出版社 1974 年版，第 126 页。

的观点最有代表性，他就是从《神圣家族》是一部“接近生产关系思想”的著作来评判该书的。尽管现代读者们都是从其与马克思主义的关系上认识该书的，但是大家的评价并不一致。有的认为《神圣家族》已经形成了唯物史观的思想核心。例如，卢森贝提出：“历史唯物主义学说尚未展开，但已经提供出这个学说的核心。”①有的则认为该书没有超出《德法年鉴》的思想范围。例如，梅林提出：“从它的实际内容来看，它完全包括在马克思和恩格斯在该杂志中所划定的思想范围之内。”②

当代的解读者中间，麦克莱伦的看法非常有代表性：“这本书极为松散，是《文学总汇报》上没有结构、松散的批判文章。马克思的大多批判是做无谓的细微的分析，并故意把他们对手的观点歪曲到荒谬的程度。”在麦克莱伦看来，《神圣家族》对思辨唯心主义的批判都是没有意义的，“书中真正有意义的三个部分是马克思对鲍威尔抨击蒲鲁东的回应，内容涉及人民群众在历史上的作用和唯物主义。”③麦克莱伦认为：“《神圣家族》出版之时几乎没有人阅读它，当然，它也不是马克思的主要著作。”④诺曼·莱文虽不像麦克莱伦如此贬低该书，看到了《神圣家族》《德意志意识形态》和《哲学的贫困》是同一主题的著作，都是马克思对德意志意识形态的批判，但总体上对该书的评价并不高。⑤

以“唯物史观”为标尺来衡量，《神圣家族》无疑正处在走向“唯物史观”的途中。但是，“唯物史观”不是马克思和恩格斯通过“闭门造车”般的冥想而创立的，而是他们在与其思想先贤或同时代人的对话论战中、在对时代问题的

① ［苏］卢森贝：《十九世纪四十年代马克思恩格斯经济学说发展概论》，方刚等译，生活·读书·新知三联书店1958年版，第168页。

② ［德］梅林：《德国社会民主党史》第1卷，青载繁译，生活·读书·新知三联书店1963年版，第196页。

③ ［英］麦克莱伦：《马克思传》，王珍译，中国人民大学出版社2010年版，第131页。

④ ［英］麦克莱伦：《马克思传》，王珍译，中国人民大学出版社2010年版，第133页。

⑤ ［英］诺曼·莱文：《马克思与黑格尔的对话》，周阳等译，中国人民大学出版社2015年版，第296页。

深刻反思中逐步形成的。就此而言,作为对滋养着他们成长起来、并在当时的德意志非常流行的思想风尚的批判,作为他们对现代资产阶级社会问题的深刻反思,《神圣家族》有其不可替代性。缺少了对这一著作的深入研究,我们将很难澄清马克思和恩格斯在实现思想变革的过程中所作的彻底思想剥离。通过这一著作,我们能够看到,作为一种新的历史观,"唯物史观"的创立者们既彻底批判了从前的旧哲学,同时也吸纳了其思想先贤的理论成果,它们奠定了这一新思想的理论高度。当然,就对这一著作本身的认识而言,我们也需要转变过去把其归类为"前夜"或"不成熟"的成见,需要通过"现实人道主义"这一理论主题探讨其作为一个完整的公开出版著作的独立价值。

四、《神圣家族》的当代价值

马克思主义的创立是一个复杂的思想剥离和锻造过程,其中经历了曲折反复的思想清算和转变。《神圣家族》是马克思与其思想母体德国古典哲学论辩的标志性著作,是我们回到马克思主义创立的本源语境并正本清源地理解马克思主义的必须之作。尽管他们在这部著作中还没有系统地制定唯物史观的观点,但是很多相关的思想因素已经具备。这些思想虽然是在接近 200 年前提出的,但是在当今时代依然具有重要的价值。

(一)弘扬马克思主义"人的解放"的根本主题

马克思和恩格斯毕生以"人的解放"为最高追求。《神圣家族》是这一追求的鲜明体现。马克思恩格斯在《神圣家族》的"序言"中写道:"现实人道主义在德国没有比唯灵论或者说思辨唯心主义更危险的敌人了。"①这个敌人之所以最危险,就在于它宣扬"单纯理论领域内的解放"②,而且这种"改变意

① 《马克思恩格斯文集》第 1 卷,人民出版社 2009 年版,第 253 页。
② 《马克思恩格斯文集》第 1 卷,人民出版社 2009 年版,第 297 页。

识"的唯心主义哲学深深地烙印在德国人的"民族性"之中,如果这种哲学占据了缺乏辨别力的工人阶级的头脑,对于"人的解放"事业危害无穷。

马克思和恩格斯以"现实的个体的人"为出发点,反对思辨唯心主义关于"单纯理论领域内的解放"的观点。思辨唯心主义不是不追求"人的解放",但是他们的理论后果是局限于"单纯理论领域内的解放",最终不可能实现"人的解放"。思辨唯心主义用"自我意识"取代"现实的个体的人",从这种"抽象的人"出发,他们非常合乎逻辑地得出结论"一切祸害都只在工人们的'思维'中","用'纯粹的思维'就能够摆脱自己的企业主和他们自己实际的屈辱地位"。马克思和恩格斯从根本上是反对这种"单纯理论的态度"的。在他们看来,这意味着放弃通过实际的共产主义行动改造资本主义社会,如果工人接受了这种主张,任凭多少工人获得多么"纯粹的思维",整个资本主义制度依旧会存在,人受到实际奴役一点没有减少。对于马克思和恩格斯而言,如果资本主义生产关系依旧存在,就算"纯粹的思维"被塞进了人的头脑里,也无法长久地维持下去。只有从根本上改造资本主义社会,才能实现"人的解放"。

马克思主义"改变世界"的要求根本上是为了实现"人的解放"。《关于费尔巴哈的提纲》中"解释世界"与"改变世界"的问题一直以来为人们津津乐道。这一对概念只有放在马克思与青年黑格尔派的理论论争中才能有清晰的认识。《德意志意识形态》指出,鲍威尔等人认为人受到的一切束缚"都是他们意识的产物",因此需要用一种新的意识代替现在的意识,他们认为这样就消除了人受到的束缚。"这种改变意识的要求,就是要求用另一种方式来解释存在的东西,也就是说,借助于另外的解释来承认它。"①在马克思主义的语境中,所谓"解释世界"就是青年黑格尔派"改变意识的要求"。鲍威尔的思辨唯心主义哲学局限于"改变意识的要求",无法真正改

① 《马克思恩格斯文集》第1卷,人民出版社2009年版,第516页。

变资本主义社会。鲍威尔等人整天高呼自由、解放等“震撼世界的”词句，却是谋求“承认”现实的“最大保守派”。这才是马克思主义决绝地从“解释世界”走向“改变世界”的原因所在，标志着马克思和恩格斯完成了对自己“哲学信仰”的清算。

马克思和恩格斯在理论层面对于思辨唯心主义“抽象的人”的批判以及在实践层面对于共产主义革命的坚持都是为了实现“人的解放”。这是他们理论的根本主题。当前，随着“中华民族伟大复兴进入了不可逆转的历史进程”，一些不怀好意的西方政客开始大肆抹黑攻击马克思主义，甚至给它贴上了一些极端污名化的标签。面对这一不怀好意的理论攻击，必须正本清源地讲好马克思主义的声音。明确“现实的个体的人”是马克思主义的出发点和最高目的，“人的解放”是马克思主义的根本主题，具有重大的时代价值和理论意义。中国共产党不仅要高举马克思主义“人的解放”的旗帜，在实际工作中更是要时时处处以“人的解放”为根本指针，破除工作中的官僚主义，真正做到“以人民为中心”。

（二）牢牢把握住物质生产这一“历史的诞生地”

“历史的诞生地”在“地上的粗糙的物质生产”，而不是“天上的迷蒙的云兴雾聚之处”。这一论断集中反映了马克思和恩格斯同青年黑格尔派在历史观上的区别，也是他们之后唯物史观的核心思想。把物质生产而非思想观念作为“历史的诞生地”，这是马克思主义理论上的独特贡献，也是马克思主义者在实践当中的基本遵循。

物质生产的基础性地位绝不意味着见“物”不见“人”。在《德意志意识形态》中，他们强调说，生产力的发展之所以是“绝对必需的实际前提”，是因为一方面如果没有生产力的发展，就“只会有贫穷、极端贫困的普遍化；而在极端贫困的情况下，必须重新开始争取必需品的斗争，全部陈腐污浊的东西又要死灰复燃”，另一方面只有随着生产力发展才会有普遍交往，“地域性的个人为世界历史性的、经验上普遍的个人所代替”①。长期以来，对马克思主义有这样一种误解，即认为马克思主义强调物质生产就是不注重人最可宝贵的精神生活。这是巨大的误解。在马克思和恩格斯看来，只有生产力发展了，生活必需品的保障获得了满足，人们才能摆脱野蛮的生存斗争，只有在物质文明的基础上才可能有政治文明和精神文明的全面进步。如果没有生产力的发展，生活必需品极度紧缺，生存成为第一需要，哪里还谈得上政治文明和精神文明的发展？

中国特色社会主义要始终坚持把发展生产力摆在第一位。在过去的四十多年里，中国共产党带领人民高举中国特色社会主义的伟大旗帜，取得了举世瞩目的成就。社会是在矛盾中发展前进的，正是因为我们在过去四十多年里在突飞猛进地发展，四十多年下来也累积了不少急需解决的矛盾。比如，经济发展不均衡的问题、官员贪腐不收手不收敛的问题、文化的媚俗化问题、社会公平正义的问题、生态环境恶化的问题等，都需要我们党统筹兼顾加以解决，但是在解决这些问题的同时，绝不能动摇经济建设这项中心工作。而毫不动摇地坚持中国特色社会主义道路正是得到实践证明的经济发展之路、国家富强之路、人民幸福之路。改革开放的实践证明，中国特色社会主义是发展中国的必由之路，是实现社会主义现代化的必由之路，是创造人民美好生活的必由之路。推进中国式现代化，实现中华民族伟大复兴，必须在改革开放中坚持和发展中国特色社会主义。

（三）坚持人民群众的历史主体地位

《神圣家族》的一个重要理论贡献就是初步提出了“群众史观”。深化理解人民群众是历史的主体这一马克思主义“群众史观”的论断必须把它放在马克思、恩格斯与青年黑格尔派的论战中来看。马克思和恩格斯写作《神圣

① 《马克思恩格斯文集》第1卷，人民出版社2009年版，第538页。

家族》的一个目的就是为了“识破思辨哲学的幻想”，把鲍威尔所颠倒的“现实”再次倒转过来，即把被鲍威尔颠倒的“自我意识”与“现实的个体的人”的关系倒转过来。因为青年黑格尔派把人抽象为“自我意识”，把历史抽象为独立于人的活动的精神发展史，历史成了独立于人的主体，人变成了精神达到自身目的的工具。这一主张自然的逻辑结论就是，人民群众只要被动地追随精神就能达到真理，获得自由。因为鲍威尔这些人自视为发现真理的人，人民群众只要阅读鲍威尔的著作、牢记鲍威尔的教条就能够实现自身的自由。这正是《文学总汇报》的观点：“只有当人们依靠真理的论据始终追随真理的时候，……人们才完全地掌握了真理。”①鲍威尔的唯心主义哲学背后隐藏着的是英雄史观。马克思对这种观点向来不屑一顾，他在《论犹太人问题》中就挖苦鲍威尔说：“犹太人要想解放自身，不仅要做完自己的事情，而且要做完基督徒的事情，学完《符类福音作者的福音故事考证》《耶稣传》，等等。”②马克思和恩格斯把“现实的个体的人”重新确立为新的哲学世界观的出发点，把人改造世界的行动作为推动历史发展的决定性力量。这一理论直接针对的就是青年黑格尔派的英雄史观，人民群众的命运应该掌握在自己手中，而不是由少数的英雄决定历史的走向。进而言之，马克思主义的“群众史观”背后隐含的思想是，一切由少数人决定社会历史走向的观点都会带来共同体对个体发展的强制，这种共同体被他们称为“虚假的共同体”。他们所追求的“真正的共同体”正是要确保每一个个体把自己发展的条件掌握在自己的手里。这也正是《共产党宣言》所说的，在自由人联合体中，“每个人的自由发展是一切人自由发展的条件”的真实意涵。

《神圣家族》始终站在无产阶级的立场上分析和解决时代问题。马克思和恩格斯指出：“有产阶级和无产阶级同样表现了人的自我异化。”③但是因为

---

① 《马克思恩格斯文集》第 1 卷，人民出版社 2009 年版，第 283 页。
② 《马克思恩格斯文集》第 1 卷，人民出版社 2009 年版，第 48 页。
③ 《马克思恩格斯文集》第 1 卷，人民出版社 2009 年版，第 261 页。

有产阶级在这种异化中感到的是“幸福”，感到的是“自己被确证”，它没有意愿打破这种异化，反而会想方设法维护这种异化。因此要想消灭这种异化，必须依靠无产阶级。“而无产阶级在异化中则感到自己是被消灭的，并在其中看到自己的无力和非人的生存的现实。”①无产阶级是改造资本主义社会的主体，只有他们才能彻底消除无产阶级和资产阶级遭遇的异化，这是马克思和恩格斯为无产阶级确立的历史使命。无产阶级改造资本主义的方式是革命。马克思和恩格斯指出：“无论为了使这种共产主义意识普遍地产生还是为了实现事业本身，使人们普遍地发生变化是必需的，这种变化只有在实际运动中，在革命中才有可能实现；因此，革命之所以必需，不仅是因为没有任何其他的办法能够推翻统治阶级，而且还因为推翻统治阶级的那个阶级，只有在革命中才能抛掉自己身上的一切陈旧的肮脏东西，才能胜任重建社会的工作。”②在资本主义时代，无产阶级不是完美的，他们身上带有旧社会加于他们的“陈旧的肮脏的东西”。马克思和恩格斯说，“使人们普遍地发生变化是必需的”。但是仅仅通过理论批判是不能“使人们普遍地发生变化”的，因为只有无产阶级革命才能完成“重建社会”的工作，只有在新的社会环境中，才能做到“使人们普遍地发生变化”。

“群众史观”是马克思主义的宝贵知识遗产，是共产党人治国理政的重要方法论。回顾中国共产党的百年历程，中国共产党之所以能够一步一步走到今天，带领中国人民取得今天的成绩，就是因为我们始终坚持马克思主义的“群众史观”，以人民为中心想问题、办事情。习近平总书记在党的十九大上强调：“全党必须牢记，为什么人的问题，是检验一个政党、一个政权性质的试金石。带领人民创造美好生活，是我们党始终不渝的奋斗目标。必须始终把人民利益摆在至高无上的地位，让改革发展成果更多更公平惠及全体人民，朝

① 《马克思恩格斯文集》第1卷，人民出版社2009年版，第261页。
② 《马克思恩格斯文集》第1卷，人民出版社2009年版，第543页。

着实现全体人民共同富裕不断迈进。”[1]相比于改革开放之处，我国的生产力水平、人民生活水平和综合国力都有了显著提升，我们前所未有地靠近世界舞台的中央。当然，在前进的过程中，我们遇到的风险和挑战一点也不比过去少，中国共产党只有继续推进改革开放，更充分地维护、发展、充实、提高人民群众的根本利益，才能汇聚起强大的力量克服各种风险和挑战。不论我们的发展达到何种程度，中国继续发展进步都需要始终坚持马克思主义的“群众史观”，坚持“以人民为中心”的发展理念。

① 《习近平谈治国理政》第三卷，外文出版社 2020 年版，第 35 页。

参考文献

一、中文文献

[1]《马克思恩格斯文集》第1—10卷,人民出版社2009年版。

[2]《马克思恩格斯选集》第1—4卷,人民出版社2012年版。

[3]《马克思恩格斯全集》第2卷,人民出版社1957年版

[4]《马克思恩格斯全集》第2卷,人民出版社2005年版。

[5]《马克思恩格斯全集》第3卷,人民出版社1960年版。

[6]《马克思恩格斯全集》第3卷,人民出版社2002年版。

[7]《马克思恩格斯全集》第31卷,人民出版社1972年版。

[8]《马克思恩格斯全集》第39卷,人民出版社1974年版。

[9]《马克思恩格斯全集》第42卷,人民出版社1979年版。

[10]《马克思恩格斯全集》第47卷,人民出版社2004年版。

[11]《资本论》第1—3卷,人民出版社2004年版。

[12]《列宁全集》第55卷,人民出版社1990年版。

[13]《费尔巴哈哲学著作选集》上、下卷,商务印书馆1984年版。

[14]《费尔巴哈哲学史著作选》第1卷,涂纪亮译,商务印书馆1978年版。

[15]《费尔巴哈哲学史著作选》第2卷,涂纪亮译,商务印书馆1979年版。

[16][德]费尔巴哈:《基督教的本质》,荣震华译,商务印书馆1984年版。

[17][德]海德格尔:《尼采》上、下卷,孙周兴译,商务印书馆2002年版。

[18][德]黑格尔:《法哲学原理》,邓安庆译,人民出版社2016年版。

[19][德]黑格尔:《精神现象学》上、下卷,贺麟、王玖兴译,商务印书馆 1979 年版。

[20][德]黑格尔:《精神现象学》,先刚译,人民出版社 2013 年版。

[21][德]黑格尔:《逻辑学》,梁志学译,人民出版社 2002 年版。

[22][德]黑格尔:《哲学科学全书纲要》,薛华译,上海人民出版社 2002 年版。

[23][德]黑格尔:《哲学史讲演录》第 1—4 卷,贺麟、王太庆译,商务印书馆 1959、1960、1959、1978 年版

[24][德]黑格尔:《宗教哲学讲演录》第 1—2 卷,燕宏远、张松、郭成译,人民出版社 2015 年版。

[25]《赫斯精粹》,邓习议编译,方向红校译,南京大学出版社 2010 年版。

[26]卜祥记:《青年黑格尔派与马克思》,商务印书馆 2015 年版。

[27]韩立新:《〈巴黎手稿〉研究——马克思思想的转折点》,北京师范大学出版社 2014 年版。

[28]侯才:《青年黑格尔派与马克思早期思想的发展》,中国社会科学出版社 1994 年版。

[29]胡大平:《回到恩格斯:文本、理论和解读政治学》,江苏人民出版社 2010 年版。

[30]黄楠森:《马克思主义哲学史(修订版)》(八卷本),北京出版社 2005 年版。

[31]李彬彬:《思想的传承与决裂——以"犹太人问题"为中心的考察》,中国人民大学出版社 2015 年版。

[32]聂锦芳:《清理与超越:重读马克思文本的意旨、基础与方法》,北京大学出版社 2005 年版。

[33]聂锦芳主编:《重读马克思:文本及其思想》(十二卷本),中国人民大学出版社 2018 年版。

[34]聂锦芳、李彬彬主编:《马克思思想发展历程中的"犹太人问题"》,中国人民大学出版社 2017 年版。

[35]孙伯鍨:《探索者道路的探索》,南京大学出版社 2002 年版。

[36]吴晓明:《马克思早期思想的逻辑发展》,上海人民出版社 2022 年版。

[37]吴晓明:《形而上学的没落——马克思与费尔巴哈关系的当代解读》,人民出版社 2006 年版。

[38]俞吾金:《实践与自由》,武汉大学出版社 2010 年版。

[39]俞吾金:《意识形态论》,人民出版社 2009 年版。

[40]张一兵:《回到马克思:经济学语境中的哲学话语(第三版)》,江苏人民出版社 2014 年版。

[41][法]奥古斯特·科尔纽:《马克思恩格斯传》第 1—3 卷,生活·读书·新知三联书店 1965 年版。

[42][英]戴维·麦克莱伦:《卡尔·马克思传》,王珍译,中国人民大学出版社 2005 年版。

[43][英]戴维·麦克莱伦:《青年黑格尔派与马克思》,夏威仪、陈启伟、金海民译,商务印书馆 1982 年版。

[44][德]弗·梅林:《德国社会民主党史》第 1 卷,青载繁译,生活·读书·新知三联书店 1963 年版。

[45][德]弗·梅林:《马克思传》,人民出版社 1965 年版。

[46][日]广松涉:《文献学语境中的〈德意志意识形态〉》,彭曦译,张一兵校,南京大学出版社 2006 年版。

[47][苏]卢森贝:《十九世纪四十年代马克思恩格斯经济学说发展概论》,方刚等译,生活·读书·新知三联书店 1958 年版。

[48][法]路易·阿尔都塞:《保卫马克思》,顾良译,商务印书馆 2006 年版。

[49][美]罗伯特·皮平:《黑格尔的观念论》,陈虎平译,华夏出版社 2006 年版。

[50][美]诺曼·莱文:《马克思与黑格尔的对话》,周阳等译,中国人民大学出版社 2016 年版。

[51][法]欧仁·苏:《巴黎的秘密》上卷,成钰亭译,云南人民出版社 1981 年版。

[52][法]欧仁·苏:《巴黎的秘密》下卷,成钰亭、孟安、沈祖诒译,云南人民出版社 1982 年版。

[53][日]山之内靖:《受苦者的目光:早期马克思的复兴》,彭曦、汪丽影译,北京师范大学出版社 2011 年版。

[54][德]英格·陶伯特编:《MEGA:陶伯特版〈德意志意识形态·费尔巴哈〉》,李乾坤、毛亚斌、鲁婷婷等编译,南京大学出版社 2014 年版。

[55][德]于尔根·哈贝马斯:《后形而上学思想》,曹卫东、付德根译,译林出版社 2001 年版。

[56][法]约瑟夫·蒲鲁东:《什么是所有权》,孙署冰译,商务印书馆 1982 年版。

[57][波兰]兹维·罗森:《布鲁诺·鲍威尔和卡尔·马克思:鲍威尔对马克思思想的影响》,王谨等译,中国人民大学出版社 1984 年版。

[58]安启念:《从〈德意志意识形态〉看马克思的唯物史观思想》,《天津社会科学》

2017 年第 6 期。

[59]卜祥记、罗萍:《费尔巴哈的伟大功绩究竟何在——以〈1844 年经济学哲学手稿〉为例看马克思眼中的费尔巴哈》,《福建论坛(社科教育版)》2011 年第 2 期。

[60]李彬彬:《马克思〈巴黎手稿〉与黑格尔辩证法激进化的第三种方向》,《马克思主义与现实》2021 年第 5 期。

[61]鲁克俭:《〈关于费尔巴哈的提纲〉的写作原因及其再评价》,《马克思主义与现实》2008 年第 5 期。

[62]聂锦芳:《马克思为什么没有完成〈资本论〉的定稿工作?》,《中华读书报》2017 年 9 月 9 日。

[63]唐正东:《青年马克思的"现实人道主义"概念为什么很重要?》,《南京政治学院学报》2012 年第 1 期。

[64]汪行福:《意识形态批判与唯物史观》,《复旦学报(社会科学版)》2012 年第 5 期。

[65]杨耕:《重新审视唯物主义的历史形态和历史唯物主义的理论空间——重读〈神圣家族〉》,《学术研究》2001 年第 1 期。

[66]杨耕,郭利:《人的本质:三种整体探讨——论费尔巴哈、舍勒、马克思对人的本质的理解》,《社会科学战线》1989 年第 3 期。

[67]俞吾金:《马克思究竟从何时何处开始批判"抽象的人"的学说——从恩格斯记忆上的一个纰漏说起》,《教学与研究》2003 年第 5 期。

[68]俞吾金:《论思维与存在的异质性——马克思哲学思想演化中的一个关节点》,中国南北哲学论坛暨哲学的当代意义学术研讨会,2005 年,第 3 页。

[69]赵家祥:《澄清对恩格斯一段话的误解——与俞吾金同志商榷》,《教学与研究》2003 年第 9 期。

[70]张一兵:《文献学与马克思主义基本理论研究的科学立场——答鲁克俭先生和大村等日本学者》,《学术月刊》2001 年第 1 期。

[71]赵汀阳:《制造个人》,《社会科学论坛(学术评论卷)》2009 年第 1 期。

[72][德]汉斯—马丁·格拉赫:《马克思与海德格尔的形而上学批判》,朱刚译,《求是学刊》2005 年第 6 期。

二、英文文献

[1]*Karl Marx*:*Early Writings*, Translated and edited by T. B. Bottomore, Forword by

Erich Fromm, New York: Mcgraw-Hill, 1963.

[2] *A World without Jews*, edited and with an introduction by Dagobert D. Runes, Boston: Philosophical Library, 1959.

[3] *Magna Bibliotheca Anglo-Judaica, A Bibliographical Guide to Anglo-Jewish History*, New Edition, revised and enlarged by Cecil Roth, London, 1937.

[4] Albritton, Robert: *Dialectics and Deconstruction in Political Economy*, London: Palgrave Macmillan, 2001.

[5] Althusser, Louise: *Pour Marx*, Paris: La Découverte, 2005.

[6] Harris, H.S.: Hegel's Ladder: I, The Pilgrimage of Reason, Indianapolis/Cambridge: Hackett Publishing Company, Inc., 1997, pp.299-300.

[7] Lewis, Bernard: *Semites and Anti-Semites: An Inquiry into Conflict and Prejudice*. New York: W.W.Norton & Company, 1999.

[8] McLellan, David: *The Young Hegelians and Karl Marx*, London: Papermac, 1969.

[9] Roth, Cecil: *A History of the Jews in England*, Oxford: Oxford Unversity Press, 1978.

[10] Robertson, Ritchie: *The "Jewish Question" in German Literature, 1749-1939: Emancipation and its Discontents*, Oxford: Oxford University Press, 1999.

[11] Avineri, Shlomo: "*Marx and Jewish Emancipation*", in *Journal of the History of Ideas*, No.3, Vol.25(1964), pp.445-450.

[12] Cooke, Michael: "*Marx on the 'Jewish question': anti-Semitic or a cogent critique of liberalism*", in *Links International Journal of Socialist Renewal*, July 2(2013). http://links.org.au/node/3429.

[13] Fischman, Dennis: "*The Jewish Question about Marx*", in *Polity*, No.4, Vol.21 (1989), pp.755-775.

[14] Gordon, Frederick M.: "*The Contradictory Nature of Feuerbachian Humanism*", in *The Philosophical Forum*, Nos.2-4, Vol.8(1976-77), pp.31-47.

[15] Hirsch, Helmut: "*The Ugly Marx: An Analysis of an 'Outspoken Anti-Semite'*", in *The Philosophical Forum*, Nos.2-4, Vol.8(1976-77), pp.150-162.

[16] Ingram, David B.: "*Rights and Privileges: Marx and the Jewish Question*", in *Studies in Soviet Thought*, Vol.35(1988), pp.125-145.

[17] Leopold, David: "*The Hegelian Antisemitism of Bruno Bauer*", in *History of European Ideas*, 25(1999), pp.179-206.

[18] Peled, Yoav: "*From Theology to Sociology: Bruno Bauer and Karl Marx on the*

Question of Jewish Emancipation", in *History of Political Thought*, Vol.Xiii, No.3(1992), pp. 463-485.

[19]Pippin, Robert: Hegel's Idealism: Satisfaction of Self-Consciousness, Cambridge: Cambridge University Press, 1989.

[20]Sass, Hans-Martin: "*Bruno Bauer's Critical Theory*", in *The Philosophical Forum*, Nos.2-4, Vol.8(1976-77), pp.93-103.

[21]Vincent, Steven: Pierre-Joseph Proudhon and the rise of French Republican Socialism, New York: Oxford University Press, 1984.

三、德语文献

[1]*MEW*, Bd.2, Berlin: Dietz Verlag, 1962.

[2]*MEW*, Bd.27, Berlin: Dietz Verlag, 1963.

[3]*MEW*, Bd.42, Berlin: Dietz Verlag, 1983.

[4]G.F.Hegel: *Sämtliche Werke*, Bd.XI, "Berliner Schriften 1818-1831", hrsg. von Johannes Hoffmeister und Georg Lasson, Leipzig: Meiner Verlag, 1956.

[5]Bauer, Bruno: "*Das Leben Jesus, kritisch bearbeitet von David Friedrich Strauss. Erst Band*", in *Jahrbücher für wissenschaftliche Kritik*, No.111, December 1835.

[6]Bauer, Bruno: "Das entdeckte Christentum", in *Das entdeckte Christentum im Vormärz*, herausgegeben von Ernst Barnikol, Jena: Eugen Diederichs Verlag, 1927.

[7]Bauer, Bruno: "*Die Judenfrage*", in *Deutsche Jahrbücher für Wissenschaft und Kunst*, Vol.V, 1842, No.274-282, S.1093-1126.

[8]Bauer, Bruno: *Die Judenfrage*, Braunschweig: Druck und Verlag von Friedrich Otto, 1843.

[9]Bauer, Bruno: "*Die Fähigkeit der heutigen Juden und Christen, frei zu werden*", in *Einundzwanzig Bogen aus der Schweiz*, herausgegeben von Georg Herwegh, 1843; Verlag Philipp Reclam jun. Leipzig, 1989.

[10]Bauer, Bruno: "Die neuesten Schriften über die Judenfrage", in *Allgemeine Literatur-Zeitung*, hrsg. von Bruno Bauer, Charlottenburg: Verlag von Egbert Bauer, Dez. 1843 (Nr.1). S.1-17.

[11]Bauer, Bruno: "Die neuesten Schriften über die Judenfrage", in *Allgemeine*

Literatur-Zeitung, hrsg. von Bruno Bauer, Charlottenburg: Verlag von Egbert Bauer, März 1844 (Nr.4). S.10-19.

[12] Bauer, Bruno: "*Hinrichs politische Vorlesungen. Band I*", in *Allgemeine Literatur-Zeitung*, hrsg. von Bruno Bauer, Charlottenburg: Verlag von Egbert Bauer, Dez. 1843 (Nr.1). S.29-31.

[13] Bauer, Bruno: "*Hinrichs politische Vorlesungen. Zweiter Band*", in *Allgemeine Literatur-Zeitung*, hrsg. von Bruno Bauer, Charlottenburg: Verlag von Egbert Bauer, April. 1844(Nr.5). S.23-25.

[14] Bauer, Bruno: "Was ist jetzt der Gegenstand der Kritik?", in *Allgemeine Literatur-Zeitung*, hrsg. von Bruno Bauer, Charlottenburg: Verlag von Egbert Bauer, Juli 1844 (Nr.8). S.18-26.

[15] Bauer, Bruno: "Die Gattung und die Masse", in *Allgemeine Literatur-Zeitung*, hg. v. Bruno Bauer, Charlottenburg: Verlag von Egbert Bauer, September 1844(Nr.10). S.42-48.

[16] Bauer, Bruno: "*Charakteristik Ludwig Feuerbachs*", in *Wigands Vierteljahrsschrift*, Band 3, Leipzig: Verlag von Otto Wigand, 1845, S.86-146.

[17] Anonymous: "*Die heilige Familie oder Kritik der kritischen Kritik. Gegen Br. Bauer und Consorten von F. Engels und K. Marx. Frankfurt* 1845", in *Das Westphälische Dampfboot, Eine Monatsschrift*, redigiert von Otto Lüning, Glashütten im Taunus: Verlag Detlev Auvermann KG, 1845, S.206-214.

[18] Bauer, Edgar: *Bruno Bauer und seine Gegner*, Berlin: Jonasverlagsbuchhandlung, 1842.

[19] Bauer, Edgar: *Proudhon*, in: Allgemeine Literatur-Zeitung, hrsg. von Bruno Bauer, Charlottenburg: Verlag von Egbert Bauer, April. 1844(Nr.5). SS.37-52.

[20] Bauer, Edgar: *Die Romane der Verfasserin von Godwie Castle*, in Allgemeine Literatur-Zeitung, hrsg. von Bruno Bauer, Charlottenburg: Verlag von Egbert Bauer, Jan. 1844 (Nr.2). SS.30-38.

[21] Bauer, Edgar: *Union onvriöre. Par. Mme. Flora Tristan*, in Allgemeine Literatur-Zeitung, hrsg. von Bruno Bauer, Charlottenburg: Verlag von Egbert Bauer, April. 1844(Nr.5). SS. 18-23.

[22] Bauer, Edgar: *Beraud über die Freudenmädchen*, in Allgemeine Literatur-Zeitung, hrsg. von Bruno Bauer, Charlottenburg: Verlag von Egbert Bauer, April. 1844 (Nr. 5). SS. 25-35.

[23] Faucher, Julius: *Englische Tagesfragen*, in Allgemeine Literatur-Zeitung, hrsg. von

Bruno Bauer, Charlottenburg: Verlag von Egbert Bauer, Juni. 1843 (Nr.7), SS.1-8. Juli. 1843 (Nr.8), SS.28-38.

[24] Jungnitz, Ernst: *Herr Rauwerk und die philosophische Facultät*, in Allgemeine Literatur-Zeitung, hrsg. von Bruno Bauer, Charlottenburg: Verlag von Egbert Bauer, Mai. 1844 (Nr. 6), SS.17-20.

[25] Reichardt, Karl: "*Schriften über den Pauperismus*", in Allgemeine Literatur-Zeitung, hrsg. von Bruno Bauer, Charlottenburg: Verlag von Egbert Bauer, Dez. 1843 (Nr.1), SS.17-29. Jan. 1844 (Nr.2), SS.1-23.

[26] Zychlinski, Franz: "*Eugen Sue, die Geheimnisse vom Paris, Kritik von Szeliga*", in Allgemeine Literatur-Zeitung, hrsg. von Bruno Bauer, Charlottenburg: Verlag von Egbert Bauer, Juni 1844 (Nr.7). SS.8-48.

[27] [Ludwig Feuerbach:] "*Über das 'Wesen des Christentums' in Beziehung auf den 'Einzigen und sein Eigentum'*", in *Wigands Vierteljahrsschrift*, Band 2, Leipzig: Verlag von Otto Wigand, [Juli] 1845, S.193-205.

[28] [Max Stirner:] "*Rezensenten Stirners*", in *Wigands Vierteljahrsschrift*, Band 3, Leipzig: Verlag von Otto Wigand, [Oktober] 1845, S.147-194.

[29] Stirner, Max: "*Bruno Bauer*", in *Wigands Conversations-Lexikon*, Leipzig: Otto Wigand, 1846.

[30] Arndt, Andreas: "*Jenseits der Philosophie: Die Kritik an Bruno Bruno und Hegel (S. 78-100)*", in *Karl Marx / Friedrich Engels: Die Deutsche Ideologie*, hrsg. von Harald Bluhm, Berlin: Akademie Verlag, 2010.

[31] Barnikol, Ernst: *Das entdeckte Christentum im Vormärz*, Jena: Eugen Diegerichs, 1927.

[32] Breuer, Mordechai und Michael Graetz: *Tradition und Aufklärung*: 1600-1780, München: Beck, 1996.

[33] Dohm, Christian Wilhelm: *Über die bürgerliche Verbesserung der Juden*, Berlin und Stettin: Friedrich Nicolai. 1781.

[34] Eberlein, Hermann-Peter: "*Bruno Bauer, Karl Marx, Friedrich Engels*", in Neues Deutschland: Sozialistische Zeitung, 05-09-2009.

[35] Fischer, Horst: *Judentum, Staat und Heer in Preußen im frühen* 19, *Jahrhundert, zur Geschichte der staatlichen Judenpolitik*, Tübingen: J.C.B.Mohr, 1968.

[36] Friedländer, David: *Akten-Stücke: die Reform der Jüdischen Kolonieen in den*

preußischen Staaten betreffend, Berlin: Voss, 1793, Berlin: Dokumenten-Verlag , 1953.

[37] Freund, Ismar: *Die Emanzipation der Juden in Preußen, unter besonderer Berücklichtigung des Gesetzes vom* 11.*März* 1812.*Ein Beitrag zur Rechtsgeschichte der Juden in Preußen*, Zweiter Band: Urkunden. Berlin: Verlag von M. Pappelauer, 1912.

[38] Goldschmidt, Werner: "*Bruno Bauer als Gegenstand der Marx – Forschung*", in *Jahrbuch des Institute für Marxist*, Studien und Forschung, 12/1987.

[39] Herzig, Arno: *Jüdische Geschichte in Deutschland*, *Von den Anfängen bis zur Gegenwart*, München: Beck, 1997.

[40] Hirsch, Helmut: "*Karl Marx und die Bittschrift für die Gleichberechtigung der Juden*", in *Archiv für Sozial Geschichte*, VIII Band, Hannover: Verlag für Literatur und Zeitgeschehen GmbH., 1968.

[41] Hirsch, Helmut: *Marx und Moses*: *Karl Marx zur "Judenfrage" und zu Juden*, Frankfurt am Main: Lang, 1980.

[42] Hirsch, Samuel: *Das Judentum*, *der christliche Staat und die moderne Kritik*, *Briefe zur Beleuchtung der Judenfrage von Bruno Bauer*, Leipzig: Verlag von Heinrich Hunger, 1843.

[43] Horkheimer, Max und Theodor W. Adorno: *Dialektik der Aufklärung*: *Philosophische Fragmente*, Frankfurt am Main: Fischer Taschenbuch Verlag, 2006.

[44] Hundt, Martin: "*Noch einmal zu den 'Deutsche – Französische Jahrbüchern'*", in *Marx-Engels-Jahrbuch*, 2004, Berlin: Akademie Verlag, S. 118-141.

[45] Mönke, Wolfgang: *Die heilige Familie*: *zur ersten Gemeinschaftsarbeit von Karl Marx und Friedrich Engels*, Berlin : Akademie-Verlag, 1972.

[46] Mönke, Wolfgang: *Neue Quellen zur Hess – Forschung*, Berlin: Akademie Verlag, 1964.

[47] Pepperle, Ingrid: *Junghegelianische Geschichtsphilosophie und Kunsttheorie*, Berlin : Akademie Verlag, 1978.

[48] Treptow, Elmar: *Theorie und Praxis bei Hegel und den Junghegelianern*, Habilationsschrift, von der Philosophischen Fakultät der Ludwig-Maximilians-Universität München angenommen im Jahr 1971.

[49] Waser, Ruedi: *Autonomie des Selbstbewusstseins*: *eine Untersuchung zum Verhältnis von Bruno Bauer und Karl Marx* (1835-1843), Tübingen: Francke, 1994.

[50] Varnhagen von Ense, Karl August: Tagebücher von K. A. Varnhagen von Ense, Bd. 2, Leipzig : Brockhaus, 1861.

[51]Die hegelsche Linke: *Texte aus den Werken von Heinrich Heine, Arnold Ruge*, ausgewählt und eingeleitet von Karl Löwith, Stuttgart: Friedrich Frommann Verlag, 1988.

[52]Literatur des Orients: *Berichte, Studien und Kritiken für jüdische Geschichte und Literatur*, Heft 24, 11.Juni 1842; Nr.17, 25.April, 1843; Nr.25, 20.Juni, 1843, S.385–388; Nr.27, 4.Juli, 1843.

[53]*Rheinische Zeitung für Politik, Handel und Gewerbe*, Unveränderter Nachdruck mit einer Einleitung und einer Bibliographie der Publikationen von Karl Marx in der Rheinische Zeitung, Dr.Inge Taubert unter Mitwirkung von Jörg Armer, Zentralantiquariat der deutschen demokratischen Republik, Leipzig, 1974.

[54]*Zur Judenfrage in Deutschland, Vom Standpunkte Rechts und Gewissensfreiheit*, im Verein mit mehrern Gelehrten herausgegeben von Dr.Wilhelm Freund, Zweite Lieferung, Berlin: Verlag von Zeit und Comp., 1843.

后　　记

本书是在我主持的国家社会科学基金项目“《神圣家族》及其当代价值研究”(15CKS001)的结项成果基础上修改而成。这个项目立项于2015年,是我博士学位论文的自然延伸。在北京大学哲学系跟随聂锦芳老师攻读博士学位期间,聂老师在多年研究积累的基础上制定了一个马克思文本个案研究规划。当时我根据自己的学习情况,在博士论文开题时选择以《神圣家族》为中心研究马克思与青年黑格尔派的思想关系。博士论文开题时,老师们就指出这是一个非常值得进一步研究但又非常有挑战的选题,一方面是《神圣家族》本身思想的复杂性及其在马克思主义创立过程中的地位都值得进一步研究,另一方面是青年黑格尔派文献尤其是《文学总汇报》的缺失一直以来都是相关研究的痛点,迫切要求国内学术界弥补相关空白真正推进我们的研究。而要完成这两项工作并不容易。聂老师之所以同意我以此为选题,恰恰是看重我在语言方面的积累,有在文献资料的利用进而在研究上做出推进的可能性。既然做好《神圣家族》研究的前提是文献资料,那么我就必须到德国去搜集这些资料。当时聂老师明确告诉我:“到柏林,到洪堡大学去!那里有你需要的全部资料!”

时至今日,我还清晰记得,随着飞机在柏林上空越降越低,我的心情是何等忐忑。那是我生平第一次坐飞机,并且第一次就跨越万里来到大陆的另一端。飞机在泰戈尔机场顺利降落后，周围熟悉的中国面孔瞬间换成了欧洲面孔。有那么一会儿，我的脑袋一片空白。但是我很快意识到，此地不宜久留，天黑之前，必须达到预定好的公寓，确保人身安全。一想到口袋里有国家留学基金委发给我的 24 张欧元钞票，我立即心安了，毫不犹豫地叫了一辆出租车，半个小时就抵达公寓。当前台接待员告诉我“先生，您预定的房间已经准备好，祝您在柏林生活愉快！”时，我的内心是无比喜悦的！而当我到了洪堡大学图书馆，看到 1843 年到 1844 年出版的《文学总汇报》等刊物资料就摆在开放的书架上并亲手触摸到这些资料时，我更是无比兴奋，知道自己来对了地方！

在新资料的基础上，聂老师指导我把博士论文选题做适当缩小，以“犹太人问题”论战为线索研究马克思与鲍威尔的思想关系。这项“解剖麻雀”的工作进展顺利，我于 2014 年 7 月从北京大学哲学系毕业。但是，在这些新资料的基础上重新研究《神圣家族》一直是我的一个心愿。所以我就又申请了一项国家社科基金项目。在完成课题的过程中，我认真研读了《文学总汇报》上被马克思和恩格斯批判的重要篇目，并把其中的相当一部分翻译为中文。不得不说，这是一项非常重要但又非常煎熬人的工作。《文学总汇报》的印刷字体是德语花体字，不仅字号小，而且排版密集，识读起来非常困难，翻译更是不易。在清理完基础文献的基础上，我又仔细地对照了《文学总汇报》的论证逻辑以及马克思和恩格斯对它的批判，把双方讨论的问题以及各自的观点列举出来，力求符合原貌地把握他们各自的思想，做出公允的评价。通过认真研读《神圣家族》和《文学总汇报》，我对马克思主义的本质特征及其与德国哲学的复杂关系有了更深入的理解。我的一个基本体会是，尽管《神圣家族》的写作手法非常夸张，但是这并不意味着马克思和恩格斯歪曲了鲍威尔的观点。我可以确定地说，麦克莱伦等人的“歪曲说”是对《神圣家族》最大的歪曲。马克思和恩格斯不需要歪曲对手，以显示自己正确！《神圣家族》标志着马克思对于德国思辨唯心主义的局限性有了非常清楚的认识，尽管青年黑格尔派认为自己生活在一个革命的时代，并且有意通过理论引领革命，但是在马克思和恩格斯看来，青年黑格尔派的思想不仅完全不符合革命时代的需要，而且对于唯一有可能改造资本主义时代的无产阶级革命而言是一剂毒药，是“最危险的敌人”。马克思和恩格斯在《神圣家族》中已经非常明确地划清了自己与鲍威尔等人的界限，并对费尔巴哈的不足有一定的认识，虽然对费尔巴哈在批判思辨唯心主义上的功劳还有一些“迷信”，但是就对“现实的个体的人”的认识、对现代市民社会的分析、对无产阶级革命的认识而言，马克思和恩格斯都已经“开始”“超出费尔巴哈并进一步发展费尔巴哈”。

由于前期有一定的积累，本课题于2017年12月顺利提交结项，并于2018年8月通过结项鉴定，鉴定等级为优秀。2021年2月，该结项成果还在国家社会科学基金规划办公室的官方网站上被推荐介绍。尽管多位评委老师们对成果表示认可，但是我深知其中还有很多不足，比如说：《文学总汇报》上的很多文章还没有翻译出来，书稿在“现实人道主义”、马克思和黑格尔的关系、马克思和鲍威尔、费尔巴哈的关系等关键问题上前后多次讨论，显得重复有余精炼不足。当然，马克思与德国哲学的关系永远是一个说不尽的话题，作为作者，我当然希望本书对推进相关讨论能够有些许帮助，但我也深知留给我的还有更多需要进一步研究的问题。

这项研究能够顺利完成，得益于国家留学基金委和国家社会科学基金项目的资助。尤其是没有国家留学基金委的资助，我根本不可能有机会赴德国留学。没有在德国获得的重要资料，我也不可能获得国家社科基金项目的立项。而我获得的这些资助也反映了党和政府对于教育事业尤其是基础理论研究重视。在德国的求学经历让我深刻地感受到，个人与国家、民族的命运是紧密联系在一起的！衷心祝愿我们的国家发展得越来越好！本书的出版还得到了中央党校创新工程项目经费的支持，在此一并致以诚挚的谢意！

习近平总书记在纪念中国共产党成立一百周年庆祝大会上指出：“中国共产党为什么能，中国特色社会主义为什么好，归根到底是因为马克思主义行！”本书的写作过程也是我对马克思主义理解不断深化的过程。越是回到马克思主义创立的思想过程,我越是折服于马克思主义的强大精神力量和真理力量。习近平总书记要求全党"把马克思主义哲学作为看家本领"。他还要求,对于马克思主义和共产主义的理想信念,"如果觉得心里不踏实,就去钻研经典著作,《共产党宣言》多看几遍。"这本书是我学习原著的一些心得体会,希望它对读者朋友们理解马克思主义有所帮助。当然,书中肯定还有很多不足,恳请各位老师和读者朋友们多多赐教和指正!

李彬彬

2023 年 6 月